彩版

中国邮品辨伪必备

续集

耿守忠　杨治梅　著
耿　君　耿　华　显微摄影

科学普及出版社
·北　京·

图书在版编目（CIP）数据

彩版中国邮品辨伪必备：续集／耿守忠，杨治梅 著．耿君，耿华 摄．—北京：科学普及出版社，2014.2

ISBN 978-7-110-08433-5

Ⅰ．①彩… Ⅱ．①耿… ②杨… ③耿… ④耿… Ⅲ．①邮票－鉴别－中国 Ⅳ．① G894

中国版本图书馆 CIP 数据核字（2013）第 298798 号

出 版 人	苏　青
策划编辑	徐扬科
责任编辑	吕　鸣
责任校对	何士如
责任印制	李春利
版式设计	中文天地

出版发行	科学普及出版社
地　　址	北京市海淀区中关村南大街16号
邮　　编	100081
发行电话	010-62173865
传　　真	010-62179148
网　　址	http://www.cspbooks.com.cn

开　　本	787mm × 1092mm　1/16
字　　数	700千字
印　　张	38.75
版　　次	2014年2月第1版
印　　次	2014年2月第1次印刷
印　　刷	北京中科印刷有限公司
书　　号	ISBN 978-7-110-08433-5/G·3533
定　　价	168.00元

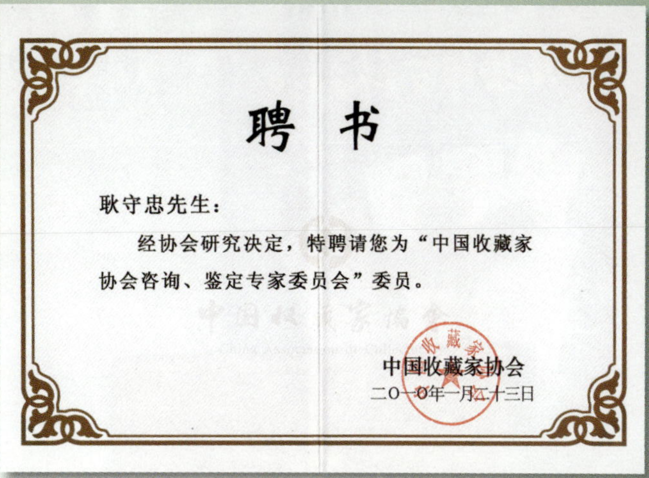
聘　书

耿守忠先生：

经协会研究决定，特聘请您为“中国收藏家协会咨询、鉴定专家委员会”委员。

中国收藏家协会
二〇一〇年一月二十三日

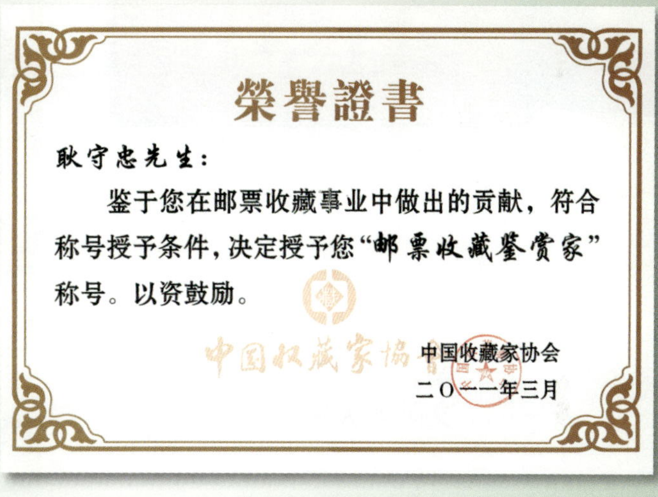
榮譽證書

耿守忠先生：

鉴于您在邮票收藏事业中做出的贡献，符合称号授予条件，决定授予您“邮票收藏鉴赏家”称号。以资鼓励。

中国收藏家协会
二〇一一年三月

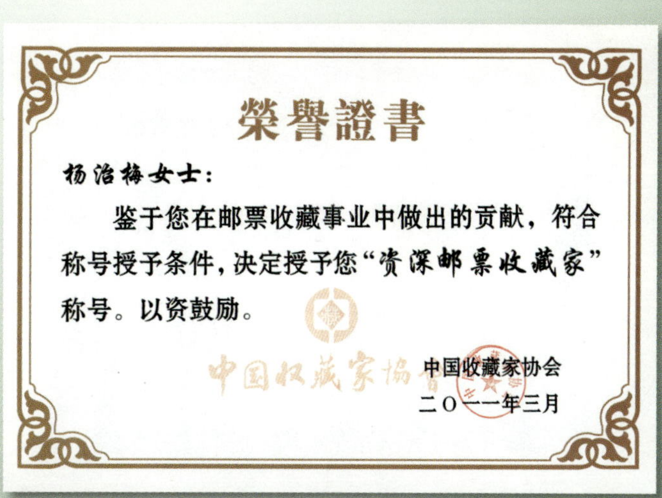
榮譽證書

杨治梅女士：

鉴于您在邮票收藏事业中做出的贡献，符合称号授予条件，决定授予您“资深邮票收藏家”称号。以资鼓励。

中国收藏家协会
二〇一一年三月

新版《中国集邮百科知识》荣获“中国1999世界集邮展览”文献类大镀金奖

彩版《中国邮品辨伪必备》荣获“中国1999世界邮展”文献类大银奖

“中国1999世界邮展”大银奖奖牌

前 言

耿守忠　杨治梅

笔者从开始集邮至今已 60 载，对邮资票品进行研究与鉴定也有三十多年了。通过对邮资票品的研究和鉴定的积累，笔者在 20 世纪末出版了两部专著：新版《中国集邮百科知识》（华夏出版社 1998 年 1 月出版）和彩版《中国邮品辨伪必备》（科学普及出版社 1999 年 1 月出版），并分别荣获“中国 1999 世界集邮展览”文献类大镀金奖和大银奖。这是对笔者艰苦研究和创作的一种肯定和赞誉。

这部新作彩版《中国邮品辨伪必备》续集，是笔者继彩版《中国邮品辨伪必备》之后，在研究和鉴定邮资票品中所取得的最新成果。书中所涉及的近 260 种邮资票品伪品，均是最近十几年笔者亲自研究和鉴定过的，与先前出版的彩版《中国邮品辨伪必备》所鉴定的 163 种邮资票品伪品，并不重复；有个别品种在这部续集中再次介绍，这是因为这个品种又出现了新的伪品，如 T · 46《庚申年》猴票等。为便于读者能够直观辨别真品与伪品在微观上的区别，笔者采用显微摄影技术，对鉴定的主要部位进行真实地放大后，让读者一目了然！由此，读者也会清楚地看到，现今造假者利用高科技，在造假水平与技巧上已很高超。他们在近十几年伪造的邮资票品，大多可以以假乱真，不仅欺骗广大集邮者，也欺骗邮政，伪品被大量用于通信。

鉴于造假者的猖狂和对邮资票品打假的责任，笔者根据多年来研究和鉴定邮资票品的体会和感受，愿直言不讳向广大集邮者、邮资票品投资者真诚地讲三句心里话：

一、要集邮就一定要学会辨伪。学会辨伪并不困难，首先应克服畏难情绪，然后要下定决心认真地学习邮识，很快就能入门，不信你就试试看。

二、要辨伪就一定要对邮资票品进行研究。学会研究也不难，不要把研究看得太神秘。

所谓研究，其实就是在你买来邮资票品之后，不要将其束之高阁，要细细地品味，认真地观赏，便会有所感受，有所发现……当然，这只是初步的研究；当你被勾起了兴趣，又享受到了乐趣之后，你就会深入研究下去。

三、要研究就一定要细致入微。细致入微就是要对邮资票品进行微观研究，在高倍放大镜的帮助下，对它们的版别特征、暗记特征、刷色特征、纸质特征、齿孔特征等，进行仔细观察，将真品研究透！这样，当遇到伪品时，就很难逃过你的“火眼金睛”。那种认为在现代化生产的情况下，不需要对邮资票品进行微观研究的说法，是对集邮研究的误导，是完全错误的！

最后需要特别说明的是，本著作鉴定的邮资票品，均为笔者亲自鉴定过的。其鉴定方法，也仅针对所鉴定的这种邮资票品而言。由于造假者的疯狂，同一种邮资票品可能被多个造假者伪造，于是便会出现一种邮资票品有多个伪品，如伪甲、伪乙、伪丙……对于笔者未涉及的伪品，读者可参考书中已鉴定过的伪品，举一反三进行鉴定。

2013 年于北京

目 录

第一编 中国邮资票品防伪辨伪研究与鉴定

第二编 中国邮资票品的真伪鉴定

二、变造品

三、臆造品

四、仿造品

附　录

第一编

中国邮资票品防伪辨伪研究与鉴定

一、邮票造假由来已久

笔者从开始集邮，至今已有60载，但对邮资票品防伪辨伪进行认真研究，则开始于20世纪80年代初。事情的起因是这样的：记得在1980年第6期（9月号）《集邮》杂志封二上，刊出了“稿”字票四方连彩色图。不久，在当年10月份，报刊上便刊出在北京发生了一起由李某、彭某、陈某等人，伪造淮南解放区发行的“稿”字四方连邮票，诈骗集邮家赫崇佩2.4万元的大案。事情的经过是这样的：陈某从天津李某手里买了一张“稿”字四方连“邮票”。这张“稿”字四方连赝品，是李某利用1980年第6期《集邮》杂志在封二上所刊“稿”字四方连加工而成的（见图1）。陈某拿着这张“稿”字四方连赝品，到北京

图1

便与彭某、王某合谋，编造谎言，轻而易举地将北京老集邮家赫崇佩欺骗。这宗案件，当时在集邮界引起轰动；也使笔者感到震惊，并引发深思：为什么一位集邮多年的老集邮家，居然会被一伙乳臭未干的小青年所欺骗？追根到底，是他辨别不出真伪！作为一位集邮多年的老集邮家，一味只收集邮票，不会辨别邮票的真伪，是十分可悲的！这也使笔者深刻地认识到：要集邮，就一定要学会辨别邮资票品的真伪！自此以后，笔者便开始对邮资票品的防伪辨伪进行深入学习和研究。

1. 世界邮票造假的历史

据史料记载，当世界上第一枚邮票于1840年在英国诞生之后，当时即有人企图利用木

刻凹版来伪造黑便士邮票。因此，邮票之父罗兰 · 希尔爵士当时在日记中写道：这是“一件可耻的事情，除了最愚昧无知的人外，不可能欺骗任何人。”之后，事隔不久，1841 年 3 月，黑便士邮票又再次被人伪造，并用于通信。可见，起初造假者伪造邮票，是为了用于寄信，欺骗邮政。

在世界上第一枚邮票——黑便士邮票在英国诞生之后，许多国家纷纷仿效，也发行了邮票。于是，伴随邮票的诞生，一种与邮票息息相关的集邮活动也在世界上开展起来。随着集邮活动的开展，集邮的人越来越多，有些稀有邮票出现供不应求。这时，造假者便乘机伪造这些邮票，来欺骗集邮者。这种被造假者故意伪造的稀少邮票的赝品，目的不是为了用于寄信，欺骗邮政，而是为了欺骗集邮者。当时由于集邮文献很少，也没有鉴定邮票真伪的专家，集邮者靠自己很难辨别邮票的真伪。因此，造假者伪造的稀少邮票的赝品，常轻而易举地使集邮者上当受骗。于是有的制假造假者开始粗制滥造，成批地伪造邮票赝品。当时的英国邮商泰勒（1838 ~ 1913 年）和瑞士日内瓦的福尔尼就是这么干的。泰勒号称 19 世纪的邮票“伪造大王”，伪造了上百种各国稀少邮票；福尔尼则比泰勒更疯狂，在他出版的一本自己伪造的邮票目录中，共收入 1200 种邮票赝品和 636 种加盖赝品。据后来的邮票鉴定家估计，世界上大约还有 100 万枚或者更多的福尔尼邮票赝品在集邮者手中，被其后人当成真品收藏，有意或无意地交换或出售给年轻无知的集邮爱好者。长此以往，其害无穷。

随着时间的推移，伪造邮票的技术越来越高超，到了 20 世纪 30 年代，意大利的斯佩拉蒂仿制的稀有邮票，竟然可以完全乱真。因此，当他将自己仿制的邮票赝品寄往国外时，结果被海关查扣，经邮票鉴定家鉴定，认为这些假邮票都是真的。斯佩拉蒂讲明这些“珍邮”都是他自己仿制的邮票，是“美术复制品”。人们不相信，他只好出示了用于制作赝品的材料作证。更为有趣的是，在鉴定过程中，有几枚真票被邮票鉴定家不小心混入斯佩拉蒂的假邮票中，使最有权威的邮票鉴定家也分辨不出真假，只好请斯佩拉蒂来指出哪个是真票，哪个是他制作的赝品。这使人们不得不感慨地说：“斯佩拉蒂的作品是杰出的，原件和复制品之间没有任何区别。”原来，他在仿制这些“珍邮”时，不仅注意采用与真票相同的纸张，在印版的制作、油墨的选择、刷色等方面，也达到了逼真。

2. 中国邮票造假的历史

中国邮票造假，起初多为在华的外国人所为。后来随着集邮活动在中国兴起和发展，在 20 世纪 40 年代，上海的钱万能开始大量臆造解放区邮票（见图 2），坑骗集邮者。到了 20 世纪 80 年代，中国邮票市场兴起以后，为牟暴利，邮票造假者开始猖狂起来。特别是到了 20 世纪 90 年代，邮市出现疯狂炒作以后，造假者利用高科技，伪造出大量邮资票品赝品，不仅用来欺骗集邮者，也用来欺骗邮政。进入 21 世纪之后，造假者利用高科技伪造邮资票品的技术更为高超，印版制作可达到足以乱真；在伪造邮票时，采用荧光纤维

图2

纸、荧光油墨、打异形齿孔，使伪品完全可以乱真。因此，这些伪品在邮市上充真打折出售，被大量用于通信（见图 3）。在邮政通信中，至少有 15% 左右的信件所贴邮票为伪品，甚至有关报纸上所称：“一个邮箱里开出 10 封信，6 封信上贴的是假邮票……”这种骇人的典型例子出现，也毫不奇怪！假邮资票品泛滥成灾，不仅使广大集邮者受害，更为严重的是它使中国邮政在经济上受到很大损失。现今邮市上的邮资票品打折出售屡禁不止，除了国家邮政自身原因之外，很重要的原因之一，就是因为假邮资票品泛滥成灾！对此如不严厉打击，将后患无穷！

图3

二、伪品的种类

伪造即造假。因此，人们常把造假的东西统称为伪品；有时，把凡是伪造的东西也统称赝品。

其实，伪品又可依据造假者伪造的目的、制作的方式和方法的不同，来分为 4 种：

1. 伪造品

造假者为牟取暴利，以欺骗集邮者或邮政为目的，故意仿真邮资票品而制作的假品。一般来说，造假者以欺骗集邮者为目的而制作的伪造品，大多选取较珍贵的和邮市上正在炒作的紧俏邮资票品，一则迎合了集邮者所需，二则珍贵的和炒作的紧俏邮资票品价值较高，一旦欺骗成功，便可牟得暴利；以欺骗邮政为目的而制作的伪造品，大多为通常所使用的邮资票品，这种伪造品主要用于通信，价值虽不是很高，但一旦欺骗成功，大量用于通信，造假者同样可牟得暴利。如今的造假者利用高科技，伪造大量足以乱真的邮资票品赝品，既用来欺骗集邮者，又用来欺骗邮政，二者通吃，牟取暴利更快、更多。造假者为了造假成功，不惜工本，采用与真品完全一样或十分相似的印刷工艺和印刷原材料，制造出十分逼真的伪造品，将它同真品掺和在一起销售；有的直接打折销售，被不明真相的购买者大量用于通信，使邮政遭受巨大的经济损失。

除此之外，造假者还常利用这些制作逼真的邮资票品伪造品，故意制造少量的“错体”、“变体”（见图 4），用来欺骗集邮者，以牟取更多的暴利。众所周知，真正的错体、变体邮资票品，数量少，比较珍贵，用来组编邮集时，能够获得较高的分。但是，集邮者一定要注意和警惕，在你组编邮集时，一旦因难辨真伪误用了伪造品而被邮展评审员发现，你的邮集就会被扣分、降级。因此，在购买错体、变体邮资票品时，一定要注意认真鉴别其真伪，对于没有十足把握的，购买时一定要慎重。

图4

2. 臆造品

图5

臆造品是造假者为牟取暴利，以欺骗集邮者或邮政为目的，无中生有，凭主观设想编造出的假邮资票品。臆造的假邮资票品是根本无真品存在的，因此，这种被集邮者误购的“邮品”，在正式出版的邮资票品目录上，是查阅不到的。由此便可判定这种“邮品”是臆造品。国外出售的“花纸头”，有的就是这种臆造品。在我国，邮商钱万能在20世纪40年代后期曾臆造过大批“解放区票”。进入21世纪，造假者利用电脑高科技，臆造了“报春花邮资封”等，并用于通信，不仅欺骗集邮者，也用来欺骗国家邮政。国内外造假者相互勾结，还臆造“样票”，来欺骗集邮者，如“清代大龙样票”、“民国熊猫样票”等（见图5），在网上销售，牟取暴利。集邮者不辨真伪，用这种“样票”组编邮集参展，一旦被发现肯定会扣分、降级，造成本不应有的损失。

3. 变造品

变造品是造假者为牟暴利，以欺骗广大集邮者为目的，对真的邮资票品进行加工改造，使普通邮品变成比较珍贵或珍罕的邮品，故也称改造品。根据加工改造的方式方法不同，变造品又可分为真品改造和真品修补两种。这两种变造品，尽管都是用真品加工改造而成的，其实质仍是伪造的假品类。用真品改造而成的变造品，主要有真品假加盖，如广大集邮者较熟悉的J.41M《里乔内第31届国际邮票博览会》（小型张）、J.42M《中华人民共和国邮票展览·香港》（小型张），这两种加字小型张，均有用真品进行假加字的变造品（见图6）。由于这种加字小型张，小型张本身是真品，只

图6

图7

图8

是加盖（印）的文字是假的，普通集邮者难辨其真伪，购买时一定要多加小心。此外，还有用真品采用物理和化学的方法变造的褪色、变色邮资票品，充当“错色”、“漏色”珍罕邮资票品（见图 7）；采用真品经涂改、挖补变造出“错体”、“变体”，如“中心倒印”（见图 8）；还有用普通票品变造齿孔，改造成稀有品，如把有齿变造成无齿，粗齿变造成细齿，点线齿变造成圆孔齿等。

真品修补主要是对有残缺、破损的真邮资票品进行加工修补后，掩盖真相，以便以次充好，坑骗购买者。依据修补的部位和修补的方式、方法，可分为以下几种：齿孔修补、纸张修补、背胶修补、票面修补、裂口修补、邮票拼接、邮票换底等。在现今邮市上出售的老纪特有背胶的邮票中，多有背胶修补，即集邮者常说的将粘损或受潮的背胶洗去后，重新刷胶；在老纪特、“文”字邮票、编号邮票中，有些“筋票”和贵重的连票，因新票稀缺，造假者便运用拼接、换底的修补方式，掩盖真相，变造出品相较好的修补品来以次充好，以假充真。如文 4《祝毛主席万寿无疆》邮票中面值 8 分新票稀缺，造假者便利用这套票中刷色同 8 分面值票十分相近的面值 52 分邮票，采用挖补、拼接的方法，变造出足以充真的面值 8 分新票（见图 9）。在文 1、文 10 连票中，也多有拼接、换底的情况出现。

图9

4. 仿制品

仿制品是仿照真邮资票品重新制版印制的无邮资凭证功能的复制品。仿制品除了在不能作邮资凭证这点上，有别于再版、仿版、重印等邮资票品，在纸质、暗记、版模特征、刷色、齿孔等方面，与真邮资票品也有明显不同。大多为某邮局、某邮展或某邮政组织选取早期较珍稀的邮票，仿印后赠售给集邮者收藏观赏。现今，在市场经济的冲击下，某些组织违反规则，违背职业道德，将本是仿制品，却按真邮资票品的另一种材质的“金箔”稀少品，高价售给集邮者，如“1998-23M 炎帝陵‘金箔’小全张”（见图 10）、《第 22 届万国邮政联盟大会 · 1999》（一）（二）“金箔”纪念邮资片。由于当时制作发行者以“金箔”张、“金箔”片误导集邮者，致使这种本无邮资凭证功能的仿制品，被用于通信，畅通无阻（见图 11）。

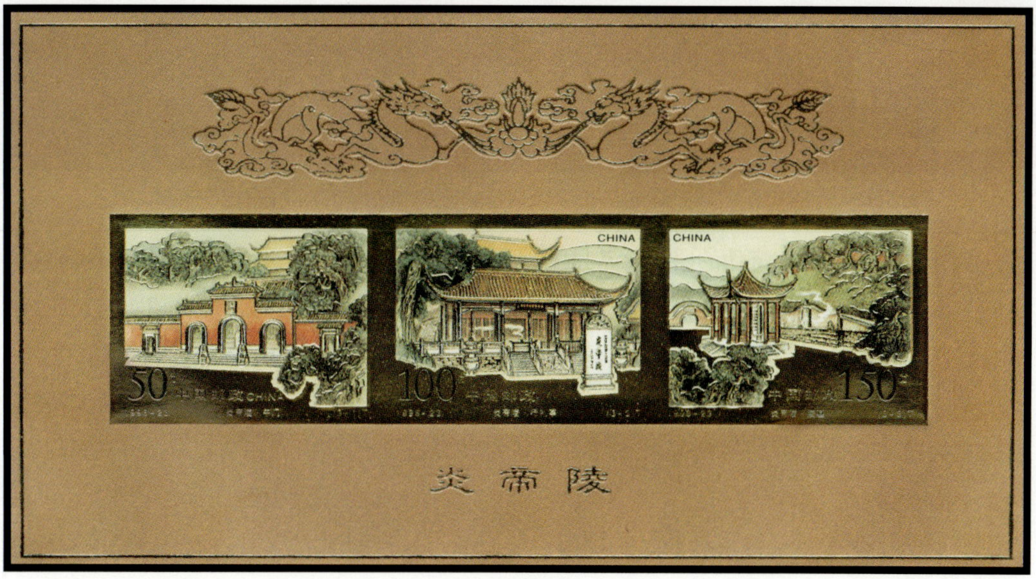

图10

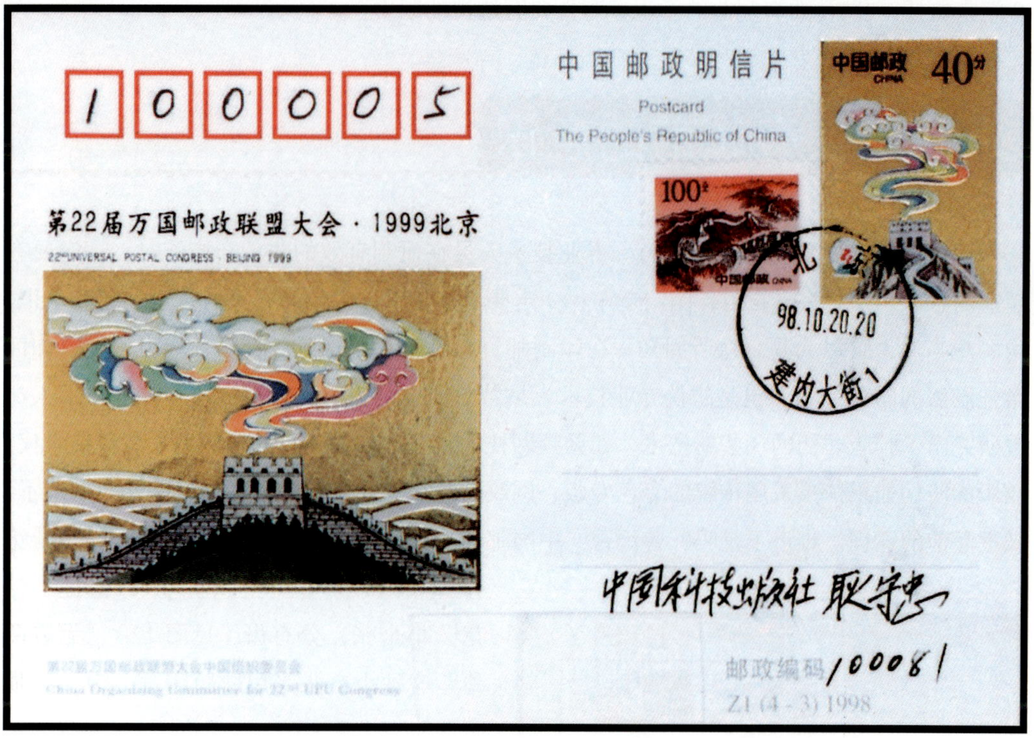

图11

之后，国家邮政不得不针对此事，发表通告广而告之，以后不能再将这种“金箔”仿制品用于通信。那么，广大集邮者被误导用大价钱购得的这种“金箔”仿制品所造成的经济损失，又该由谁来管呢？这就无人过问啦！花出去的钱，泼出去的水，想收回来，没门儿！

三、防伪辨伪研究

对于邮资票品防伪辨伪的研究，其目的因人而异。对于专业人员来说，防伪辨伪研究的目的主要在于防伪造，为此他们必须精心研制出具有有效防伪效果的原材料和印刷新技术，给造假者设置重重的伪造障碍；使得造假者越难跨越这个障碍，他们的研究成果就越成功。

对于集邮者来说，对邮资票品进行防伪辨伪的研究，目的在于研究真品的制作特征，掌握有效鉴真的技能；研究伪品制作特征，提高辨伪识真的能力，使自己在选购邮资票品时少上当受骗。

造假者也在研究邮资票品的防伪辨伪，他们的目的是要研究出突破防伪障碍的有效方法；对集邮者设置辨伪的障眼法，以保证伪造获得最大成功。

笔者作为集邮者，对邮资票品防伪辨伪研究了几十年，感觉和体会都很深刻，可用 18 个字来概括：“防伪要有超前的意识，辨伪要有透视的眼力”。

1. 防伪要有超前的意识

这主要是对专业技术人员而言。专业技术人员在研制有效的防伪新措施时，一定要有超前的意识，切忌故步自封，闭门造车；一定要高瞻远瞩，对高新科技有深刻了解和认识，切忌想当然，自以为是。众所周知，在印制邮资票品时，采用胶版其防伪能力很差；如何增强胶版的防伪能力，也是防伪专业技术人员苦心研究的大事。近些年来，专业技术人员也研究出了胶版防伪的一些新技术，如调频网技术、缩微技术等。如今已进入高科技时代，胶版的防伪如果依然采用传统的专色专版、网纹夹角、反阴版等防伪措施，这就太落伍了，缺乏超前的意识。难道不是吗？曾记否？中国邮政发行的《1995-19M 国际邮票、钱币博览会 北京 1995》（小全张）（J），俗称“桂花”小全张，分有齿（见图 12）、无齿两种。这种小全张采用胶版印制，为了加强防伪能力，竟采用 10 色印制，其中有多种刷色用专版专色印制。采用这种传统的防伪措施，满以为万无一失，会使造假者生畏。殊不知，现今的造假者为了保证造假成功，一反常态，舍得投入，再加上利用高科技来制印版，专版专色、网纹夹角、

图12

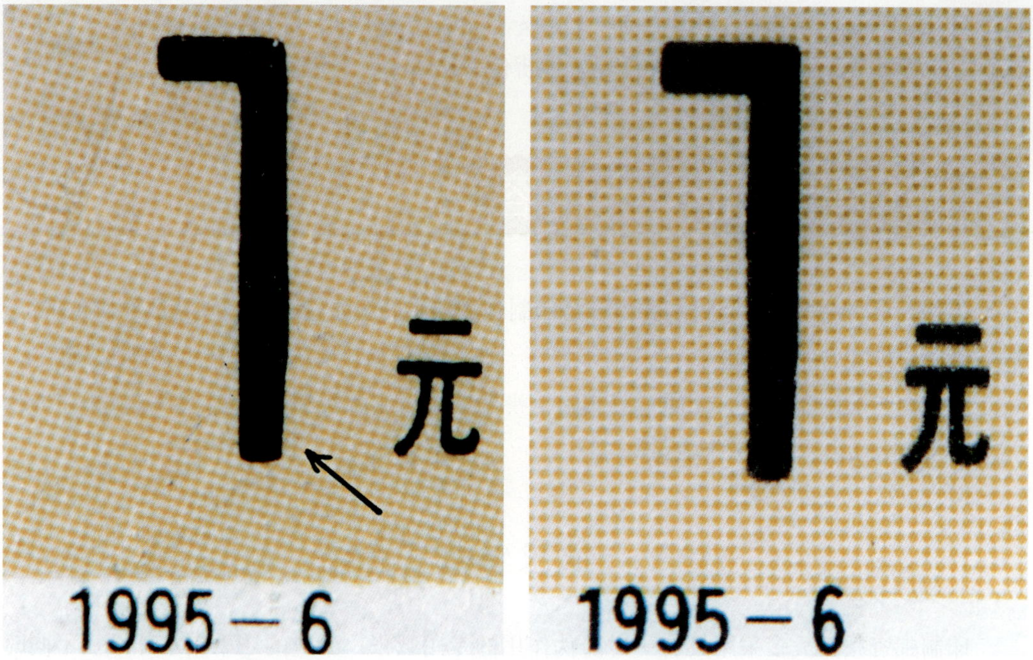

真 伪

图13

普通暗记等胶版传统的防伪措施，他们均能参照真品制作出，并能达到以假乱真的高水平。瞧，造假者同样采用10色来伪造“桂花”无齿小全张，同真品一样，其中有多种刷色采用专版专色印制，同时连暗记也制作得逼真（1元的“1”字下部变窄）。因此，这种伪品足可乱真（见图13）。

2. 辨伪要有透视的眼力

这主要是对广大集邮者而言。何谓“透视的眼力”，就是能透过假相看到本质，不被假相所欺骗，即人们通常所说的“火眼金睛”。怎样才能炼就一双“火眼金睛”呢？笔者认为必须下苦功夫做到以下两点：

一是要把邮资票品真品研究透，只有把真品研究透了，伪品就骗不过你的眼睛。这就如同有人乔装打扮冒充你的一位十分熟悉的朋友来招摇撞骗，你肯定一眼就能识破。因为你对你的这位朋友的音容笑貌都十分熟悉，骗子靠乔装打扮的伪装，骗不了你！

二是要研究、掌握造假者伪造邮资票品的技能、技法和新动向。集邮者对这一点往往忽视。俗话说“知彼知己，百战不殆。”对造假者制造伪品所采用的技能、技法和制假售假的新动向一无所知，或不深入研究，怎么可能有效地辨伪识真呢？！难怪有的集邮者常误把造假者制作逼真的伪品，当作真品的另一种版型来收集、研究；或者把造假者用伪造品制作的“错体”、“变体”，当作真品来收集。要知道，集邮者对伪品深入研究就是为了识真；这就如同对真品深入研究透才能更好地辨伪一样，二者是相辅相成的。

3. 防伪研究的主要内容

集邮者对防伪进行研究的主要内容是印制邮资票品的纸张特征、版别特征、刷色特征、暗记特征、齿孔特征、背胶特征、水印特征、票幅和规格。只有把这诸多内容都研究透，并能牢固掌握和灵活运用，才能独具慧眼，辨伪识真。那些对邮资票品不进行深入研究的人，就想能辨伪识真，纯粹是异想天开！

纸张特征

印制邮资票品大多采用具有一定防伪作用的专用纸张；少量的还采用水印纸。不同时期，所用的纸张特征也有所不同。拿中华人民共和国成立以后发行的邮票来说吧，从20世纪50年代初到90年代，均采用专用纸张印制。这种专用纸张由定点厂家生产，纸面光洁平整，吸墨性强，有韧性，挺括；耐水洗，平展性好。这种纸张填料中，一般不含荧光增白剂、漂白剂，在紫光灯照射下，白色纸面一般不呈现亮白的荧光反应，多呈现暗紫色或紫红色、淡紫色反应。但笔者研究发现，有些大套票中，偶尔也有1～2枚票采用含有增白剂的纸张来印制，在紫光灯下呈现亮白的荧光反应。这样做也是一种防伪手法。如T·98《吴昌硕作品选》中的（8–1）、1992–11《敦煌壁画（四）》（T）中的（4–4）等。

20世纪90年代末，为加强防伪，在1999年3月16日发行的1999–2《汉画像石》（T）邮票时，首次采用荧光邮票纸（见图14）。在紫光灯照射下，邮票背面白纸面上呈现星星点点的荧光。之后不久，便又改用荧光纤维纸；2000年6月28日发行的2000–13《盉壶与马奶壶》（T）邮票，首次采用红色荧光纤维纸印制。

图14

荧光纤维纸具有一定的防伪能力，但造假者很快也开始用这种荧光纤维纸来伪造邮票。由于造假者利用高科技，伪造的邮票足可乱真，被大量用于通信，使国家邮政在经济上遭受了重大损失。

2005年11月12日发行的2005–28《第29届奥林匹克运动会——会徽和吉祥物》（J）邮票和2006年1月5日发行的2006–1《丙戌年》（T）邮票时，开始采用红、黄、蓝、绿荧光彩点专用邮票纸印制。到了2010年，造假者便也开始采用这种四色荧光彩点纸来伪造邮票。

近些年，中国邮政印制发行的邮资封、片所用的布纹纸、白卡纸，有的具有一定的防伪能力，有的早已失去防伪能力。现今已出现采用与真品所用纸张特征相同的邮资封、片赝品，伪造得十分逼真。

因此，研究并掌握不同时期印制邮资票品所用纸张特征，有助于辨伪识真。

版别特征

印制邮资票品的版别，实际上就是它们的出生证和“身份证”。深入研究和掌握各种版别特征，对鉴定邮资票品的真伪，至关重要。笔者研究发现，在鉴定邮资票品真伪时，只有在对版别进行鉴别时，才可以采用“一票否决”，即版别与真品不一样，必假无疑！不同时期，印制邮资票品所采用的版别不一样，其工艺特点也各不相同；因此，即使相同的版别，由于工艺的改进和技术进步，在刷色网纹特征上也不尽相同，这对断定邮资票品的印制时间十分重要，也是鉴定真伪的重要依据。版别有多种，按印刷方式来划分，主要有凸版、凹版、平版、誊写版等。不同的版别，有不同的特征。只有牢固掌握了它们的特征，才能更好地辨伪识真。

凸版特征 凸版因印版着墨部位呈凸起状，故得名。印刷时，在凸起的部位涂上油墨，然后直接将图文印到纸张上，类似盖图章。按照制版方法不同，有雕刻凸版、照相凸版。世界上的早期邮票，有许多都是采用凸版印制而成。中国第一套邮票“大龙”邮票，就是采用雕刻凸版印制而成，印版材质为铜质凸版；“稿”字邮票采用木质凸版印制而成。新中国邮票中“普 2”、“欠 1”邮票，是采用锌质照相凸版印制而成。凸版的基本特征是：单色雕刻凸版和套色照相凸版所印点、线均是实地印刷，单色和三色（红、黄、蓝）网目版的网点细密、规则、均匀；所印图文色块、线条比较呆板，看上去与平版特征很相似，但与平版印刷最为明显的区别是色块和线条所刷油墨，时有膨胀外溢，即人们常说的，在刷色边沿有溢墨特征（见图 15）；此外，有时在邮票背面可见印版凸出部分的压痕。

图15

凹版特征 凹版是因印版的图文部分低于空白部分，着墨部位呈低凹形状，故得名。印刷时，全版面涂墨后，将平面上空白部分的油墨除掉，只留图文部分的油墨，然后覆纸加压，将版面低凹部分的油墨印刷到纸面上。按照制版方法不同，有照相凹版、手工雕刻凹版、电子雕刻凹版。

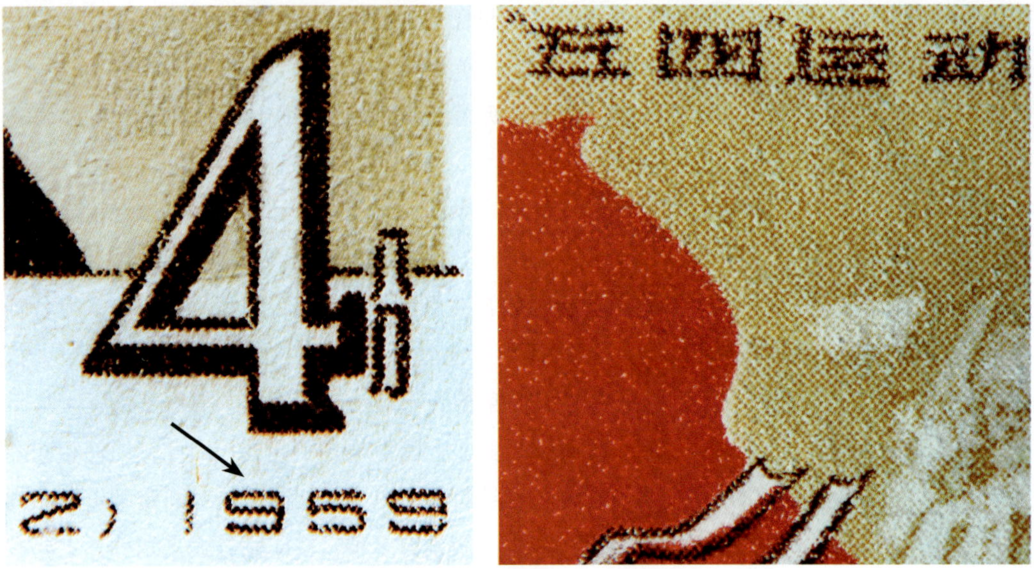

图16

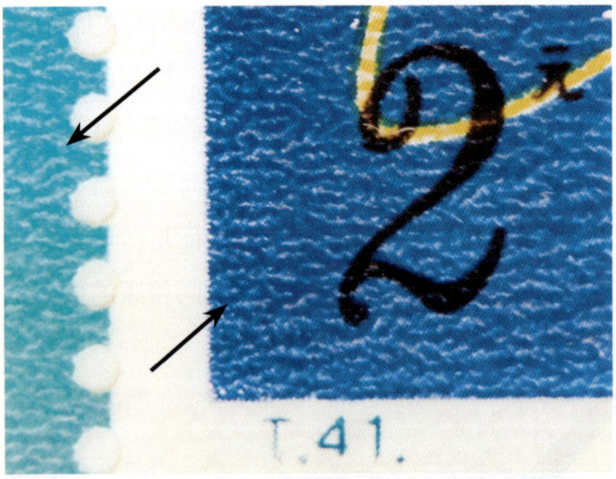

图17

照相凹版是一种采用照相腐蚀的方法制成的凹版印版，也称影写版。1914年，世界上已出现采用影写版印刷邮票的技术；我国在1959年北京邮票厂建成后，才开始印制发行影写版邮票。1959年7月1日发行的纪62《“五四”运动四十周年》邮票，是我国印制发行的第一套影写版邮票（见图16）。之后，影写版被大量用来印制邮票，不仅用于印制纪、特、J、T票，还用于印制普通邮票。这是因为这种版别有较好的防伪能力。

影写版的特征是版纹深，网纹细，吃墨量大，表现力强，靠不同厚度的油墨层次来表现图像的层次；层次明亮部位墨层薄，层次最暗部位墨层厚。因此，影写版表现出的最为明显的特征，就是靠网点的深浅来表现刷色的层次变化，其网点大小相同，呈圆形中心空白或呈枣核形中心墨色比四周浅；各种刷色网点均呈现45°夹角；所印图案和文字的边沿参差不齐，呈锯齿状；浓重的深刷色部位，常呈现水波纹（见图17）。

随着科技的进步与发展，影写版制作工艺也在不断地发展变化着。因此，同是采用照相方法制成的凹版，不同时期，在网纹密度和网点形状和大小上，常存有较明显的不同。特别是进入高科技时代以后，利用电脑高科技方法制成的电子雕刻凹版，已成为现今最先进的影写版，并正在取代传统的照相凹版。电子雕刻凹版是将邮票原图稿进行电子扫描分色，在电脑上进行修正，并将图文拼好，然后将数据传送给电子雕刻机，通过光电系统转换成不同的电子信号，用金刚石制成的电子雕刻刀，按照电子信号的强弱而进行高速振动，依次在滚筒表面上进行雕刻，每秒约 4000 次，刻成能反映刷色深浅的网点，然后再经过镀铬，制成影写印版。电子雕刻的影写版，是采用金刚石电子雕刻刀来雕刻网点，这同采用照相腐蚀的方法制成的影写版，在网点形状特征上有较明显的不同：照相凹版网点均为圆形中空，而电子雕刻凹版网点则均匀为枣核形或近似菱形，中心呈空白或墨色比四周浅淡（见图 18）。除此之外，二者的其他特征均相同。了解和掌握这些特征，对鉴定邮票真伪十分重要。为了加深广大集邮者对这一点的认识，笔者不妨举个例子来说明：众所周知，我国发行的“文”字头邮票均是采用照相凹版印制的，假如在鉴定中发现有采用电子雕刻凹版印制的“全国山河一片红”、“黑题词”邮票等，尽管版别是影写版，也照样可以断定为赝品，因为在“文革”时期，我国还未采用电子雕刻凹版印制邮票。

图18

图19

雕刻凹版也称雕刻版。通常是在钢版上由雕刻师精雕细刻出与邮票大小一样的画面和文字，然后经过淬火使钢版硬化，再用母模复制成印版。印刷邮票时，图案和文字均由版纹的点、线组合表现出来。版纹有深有浅，深版纹是原版刻制的凹度深；浅版纹是原版刻制的凹度浅，因而油墨凸起的程度不同，颜色便显出不同的深浅层次了。雕刻版的特征主要是：印刷的图案和文字均由点、线组合而成，墨色厚实，线条凸起；线条精细，图案和文字都非常清晰；观察刷色正面，点、线呈凸起状，刷色背面有凹的压痕（见图 19）。雕刻版除手工雕刻制版外，如今已发展到采用机器进行雕刻制版。

平版特征 平版因印版的图文和空白部分在同一平面上，故得名。印刷时，利用油水相拒的原理，在印版版面润湿后涂墨，只有图文部分能着墨，然后覆纸，图文上的油墨便会印到纸上。按照版材划分，有石版、胶版和珂罗版。

石版即石印。采用天然多微孔的石印石为版材，用脂肪性的转写墨直接把图文反像描绘在石面上，或通过转写纸转印在石面上。印刷时，先用水润湿版面，只有图文部分能附着油墨，覆纸后版面上的油墨即印在纸面上。石版印刷的特征是：刷色专一，色彩纯正、鲜艳、沉着，图和文字刷色均为实印。在我国清代就发行过《石印蟠龙邮票》（见图20）；革命战争时期，“解放区邮票”中，有些也是采用石版印制的。

图20

图21

胶版，也称平版胶印、照相平版，是采用照相，晒版工艺制成印版的一种印刷方法。早在1843年，瑞士最先用胶版印刷邮票。印刷时，利用油水相拒的原理，先将黏附在邮票图案和文字上的油墨转印到橡皮辊上，然后通过印版花纹部位吸墨和空白部位不吸墨的原理，再间接平印到纸面上。胶版印刷的特征是：刷色墨层薄，色彩鲜亮、柔和，表现力强。单色胶印，图文均为实印，线条实在，平印在纸面上（见图21）。多色胶印是利用网纹印出丰富的色彩和层次变化，利用实地印出平版的底色和清晰的文字；采用网纹印刷的部位，不同的刷色采取不同的网纹夹角，网点大小不同，呈实印，红、黄、蓝、黑网点的网纹角度也各不相同，如红色45°、黄色0°、蓝色15°、黑色75°等四种刷色的网纹夹角套印在一起，常呈梅花状或铜钱状（见图22）。胶版最大的缺点是防伪能力差，为了加强胶印的防伪能力，出现了一些新技术，如多色接线印刷法（也称接纹工艺），缩微暗记等。接纹工艺已成为印制钞票和邮票等有价证券的专用工艺，具有较好的防伪性能。除此之外，20世

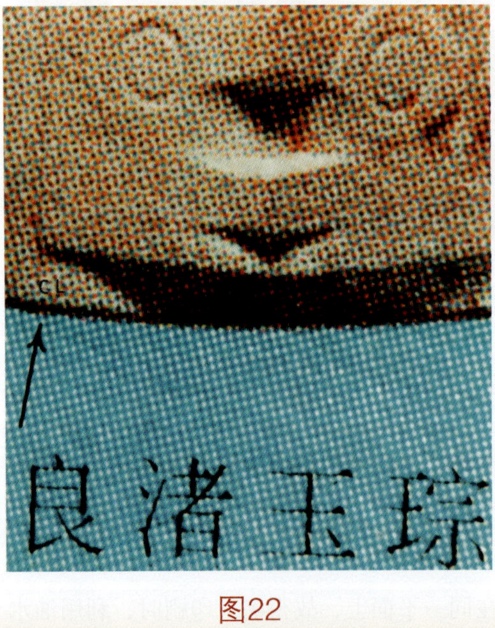

图22

纪 90 年代出现的调频网胶印新技术，其特征是网点细小密度大，相当于一般胶印的 350 ~ 400 线 / 英寸，因此刷色更为丰富、细腻，清晰度高，稳定性强，使防伪能力提高（见图 23）。

图23

珂琊版又称玻璃版。采用玻璃版照相制成平版，故得名。制版时无需加网，制成的版面上有不规则的纤细皱纹，硬化的部分亲油，膨胀的部分亲水，致使版面具有不同的吸附油墨的能力，通过平台圆压印刷机，将图文印在纸张上。珂琊版具有能较好表现原稿的浓淡层次、色调很接近原稿的特征。前苏联印制的邮票中，有的就是这种版别。

混合版特征 混合版是指采用两种以上的版别进行套印的印刷方式，故得名。按照采用的版别不同，有影写版和雕刻版混合套印，称影雕套印；胶版和雕刻版混合套印，称胶雕套印；雕刻版和凸版套印，称雕凸套印；胶版与凸版混合套印，称胶凸套印等。混合版具有两种版别各自的特征，可以集两种版别的优点于一身，取长补短，使印刷效果和防伪能力大大提高。在我国，采用混合版印制邮票较多的是影雕套印（见图 24）和胶雕套印。最少的是胶凸套印，仅有特 53《中国民间舞蹈（第二组）》。影雕套印是先用影写版印刷图案色彩层次，再用雕刻版印轮廓和文字；胶雕套印是先用胶版印出底色和大的色块，再用雕刻版印出图案线条；胶凸套印是先用胶版印出底色和大的色块，再用凸版印出所需印刷部位。了解和掌握这些印刷方式和方法，对鉴别邮票真伪是十分重要的。

图24

誊写版特征 誊写版是用铁笔在蜡纸上刻写文字和图案制成的印版，然后放在油印机上进行印刷，故也称油印。用誊写版印刷的邮票，图案和刷色均很简单，工艺粗糙，极易伪造，只有在艰苦的条件下，迫不得已才采用这种印刷方法。在中国早期解放区邮票中，曾采用誊写版印制过邮票（见图 25）。

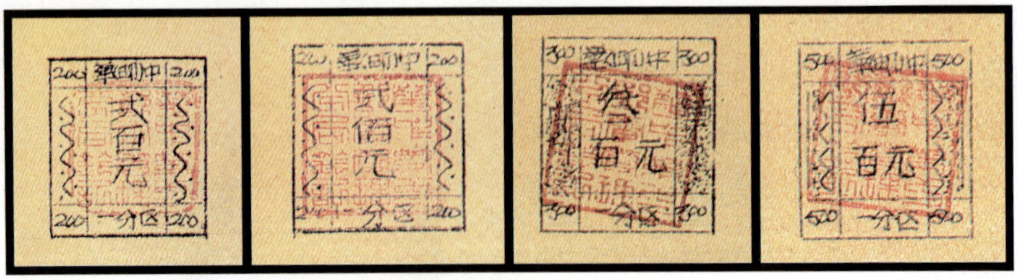

图25

刷色特征

刷色即邮资票品所印的颜色，它是反映邮资票品设计和印刷工艺的重要指标。刷色是油墨、印刷工艺、纸张的综合产物，其中油墨起决定作用，也受印刷工艺和纸张的影响。

油墨是印制邮资票品的主要材料之一，由粉状颜料分散在含油的溶剂中制成。按照印版类别和印刷机种类，油墨可分为平版油墨、凸版油墨、凹版油墨三大类。印制邮票所使用的油墨大多是特制油墨。这种油墨一般既具有良好的化学性能，如化学稳定性强，耐酸碱，耐氧化剂和还原剂，耐溶剂，耐洗涤剂等，同时又具有良好的物理性能，如耐用度和稳定性强，耐光、耐磨、耐冷热等。为了更好地防伪造，现如今在印制邮资票品时，还使用具有各种不同性能的防伪油墨，如荧光油墨、磷光油墨、荧光喷墨、珠光油墨、双波隐形荧光油墨、核加密荧光油墨、彩色荧光防伪油墨、金属光泽防伪油墨，如2005-11《复旦大学建校一百周年》邮票，就采用了金属光泽防伪油墨印制（见图26）。所有荧光油墨，在紫光灯照射下，均呈现出各自特有的荧光反应，具有一定的防伪作用。

邮资票品采用特制油墨，配以特制的纸张，加上先进的印刷技术，印出的邮资票品其刷色特征是：图案和文字刷色色相纯正、美观，色泽鲜亮，色调柔和，色彩艳丽，线条精细、光洁、瓷实，各种刷色网点细密。但是，笔者研究发现，如今的造假者利用高科技、大投入，采用与真品完全一样或十分相似的原材料和印刷工艺，伪造出完全可以乱真的伪品，就刷色而言，使集邮者真假难辨。

图26

暗记特征

在邮资票品中置入暗记，是一种比较有效的防伪措施。在过去，邮资票品上的暗记是保密的，集邮者要想得知邮品的暗记，只有通过深入微观研究来发现。现如今，由于造假者猖狂，为便于集邮者识别真伪，邮政部门已将邮资票品中的暗记公开化或部分公开化。我国邮资票品上的暗记可谓五花八门，种类很多，主要有文字暗记、字母暗记、线条暗记、色点暗记、图纹暗记、荧光暗记、缩微暗记等（详见笔者专著新版《中国集邮百科知识》和新版《中国集邮百科知识》（续集）第一篇中“暗记研究”）。可以毫不夸张地说，用来印制邮资票品的各种版别，均有各具特色的暗记。雕刻版暗记由雕刻的点线构成，多采用文字暗记、字母暗记、线条暗记、图纹暗记等，其暗记大多清晰、肯定，线条色彩纯正。影写版暗记由大小相同的中空网点构成，各种刷色网纹夹角均呈45°，网纹的点、线边缘均呈锯齿状，多采用文字暗记、线条暗记、缩微暗记等，其暗记的清晰度要比雕刻版差，较难辨认。胶版暗记由实心的网点或线条构成，多采用字母暗记、线条暗记、色点暗记、缩微暗记等，其暗记中的缩微暗记有的线条可能不够清晰。在混合版中，胶雕、影雕套印，其暗记大多采用在雕刻版上做文字暗记、字母暗记、线条暗记、图纹暗记等，其暗记特征与雕刻版的暗记特征相同。为了更好地防伪，有时会在一枚邮资票品上制作多个暗记。在一枚邮资票品上仅有一个暗记，称为单一暗记；有多个暗记，称为复核暗记。

文字暗记　选用与邮资票品主题、图案、发行单位或承印厂家有关的文字，巧妙地隐藏在邮资票品图案中作为暗记。如J.49《约·维·斯大林诞生一百周年》邮票，全套2枚，（2–1）在斯大林上衣领子间纽扣上藏有一个“人”字，（2–2）在斯大林耳廓上藏有一个“中”字（见图27），暗记选用发行单位“中国人民邮政”中的“中”、“人”文字。

图27

字母暗记　采用英文字母或汉语拼音字母A、B、C、D、E、F、G等字母，巧妙地隐藏在邮资票品图案中

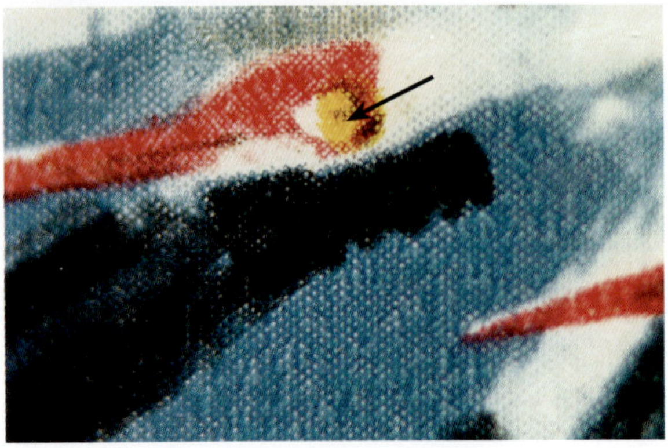

图28

图29

作为暗记。

线条暗记 在邮资票品图案和文字上，巧妙地采用线条的长短、多少、断连等方式做的暗记。广义上的线条暗记，包括邮资票品上文字笔画断线、多点、镂空等。

色点暗记 在邮资票品图案中，巧妙地印有某种颜色的圆点，如鹅绒黄色点等。

荧光暗记 在邮资票品图案中某一特殊部分，采用荧光油墨作为暗记，或采用无色荧光油墨在邮票上印制某种图案作为背景；因采用无色荧光油墨印制，直观是看不见的，但在紫光灯照射下可呈现特殊的荧光和隐藏的荧光图案。如T.110M《白鹤》（小型张）邮票图案上的白鹤眼睛，就巧妙地采用了荧光暗记（见图28）。

图纹暗记 在邮资票品图案中，巧妙地利用图纹做暗记。多是在图案中某一处搞一图纹特征，或在图案中再置图形。

缩微暗记 在邮资票品中，巧妙地藏有细微的缩写拼音字母（见图29）或文字、数字构成的暗记。

背胶特征

背胶是指邮资票品背面所刷的胶质物，故得名。邮资票品刷背胶，主要是为了方便使用。但是由于不同时期、不同厂家、不同版次所刷背胶有可能不同，这就为鉴别邮资票品的真伪提供了一种参考依据。因此，掌握不同时期、不同厂家印刷邮资票品所刷背胶特征，对鉴别不同时期邮票或背胶真伪，是很重要的。

背胶有多种 按制作材质分类，有动物胶、植物胶、化学合成胶、混合胶等；按胶的色泽分类，有黄胶、白胶、红胶、蓝胶等；按胶的厚薄分类，有厚胶、薄胶；按胶的使用特征分类，有干性胶和不干胶；按背胶的涂刷方式分类，有原（先）刷胶、后刷胶、再刷胶；按背胶所呈现的图文分类，有花纹背胶、网纹背胶（背胶上印有文字也可归此类）等；此外，还有独成一体的香味背胶。

利用背胶鉴别邮票的真伪，主要是依据胶质、胶面质感和是真胶还是假胶进行判断。中国早期的清代、民国邮票，所刷背胶多为植物胶，如糊精胶；中国人民革命战争时期解放区发行的邮票，因条件所限，大多未刷背胶；中华人民共和国成立后，初期发行的邮票均无背胶，自 1959 年 7 月开始，在发行的部分邮票上刷有糊精胶；自 1965 年开始换用化学合成胶（PVA）。

糊精胶的胶质特征是颜色微黄，胶面厚实，有光泽，发亮，对温度和湿度变化比较敏感，容易碎裂、脱胶，容易吸潮、粘连。化学合成胶（PVA）的胶质特征是颜色洁白，黏性强，胶面稀薄，均匀，对温度和湿度变化的适应性强，抗潮性能好，不容易粘连。

根据邮资票品背胶特征，可以较好地鉴别不同时期、不同厂家、不同版次等邮资票品的真伪和背胶的真伪。例如，1960 年发行的某一套老纪、特邮票，原本刷有糊精胶背胶，假如在鉴定时发现是刷的化学胶，这套邮票从版别上鉴别是真票，显然背胶是假背胶，即伪胶，不是原胶；如若这套邮票在版别上与真票不一样，即可断定此票是伪品，背胶也是伪胶，是双料伪品。鉴定邮票刷假背胶的方法，是用高倍放大镜观察邮票齿孔。在邮票齿尖和孔周围常能看到伪胶（见图 30）或用潮湿的手指检验背胶有无黏性。不同厂家所印的同一种邮资票品（同图、同面值、同图案）不同印版的产品，有的也可通过背胶进行鉴别。如 1993 年 11 月发行的首套贺卡型生肖邮资封，同一种邮资票品有两种版，一种为上海版（南方版），另一种是北京版（北方版）。上海版邮资封封舌上刷的是蓝胶，北京版封舌上刷的则是白胶。鉴别这两种版时，只要观看邮资封封舌上所刷背胶颜色，即可立刻将它们区别开来。

图30

齿孔特征

齿孔是邮票边沿上的孔洞。单枚邮票边沿凸出的部分称齿，凹进的部分称孔。邮票打有齿孔，当初是为了便于把整张邮票分撕成不同的连票或单枚票，使用方便。后来，由于使用不同的打孔机，采用不同的打孔方式，打出的齿孔形状和大小各不相同，齿孔便成了邮票的重要特征之一。在圆形齿孔中加打异形齿孔，如十字齿孔、五角星齿孔、菱形齿孔等，具有较好的防伪效果。齿孔的种类，细分起来，多而繁杂。主要可根据打孔方式、孔形、孔距、孔径和孔的质量进行分类（详见笔者专著新版《中国集邮百科知识》和新版《中国集邮百科知识》（续集）华夏出版社 1998 年版和 2013 年版 1 月），这里就不一一细谈，现在仅按打孔方式的分类，简要地谈谈其齿孔的特征。

图31

线式齿孔 线式齿孔特征有二：其一，在邮票四角打出的齿孔不太规则，把整张邮票分撕成单枚票后，四角齿尖几乎都不一致，互不对称，邮票四方连的中心齿孔，常呈现为不规则的叠孔或围孔（见图 31）。其二，在整张邮票中，版票四周的线式齿孔全通边。

梳式齿孔 其特征有二：其一，在邮票四角打出的齿孔形状规则，将整张邮票撕成单枚后，四角凹进，接近对称；邮票四方连的中心齿孔，整齐而居中，但时常有中心孔与相邻近的上下两孔之间距离不相同的情况。其二，整张邮票齿孔也呈梳式，三边均不贯通（在所售的邮局全张票中，有上下均贯通和上不贯通或下不贯通）。

棋盘式齿孔 因像棋盘一样，呈“封闭式孔”，打孔机动作一次便把全张邮票打出齿孔，其特点是：其一，邮票边角上的齿孔全一样，四角凹进，并完全对称；邮票四方连中心孔整齐、居中，四周孔均衡、规则。其二，整张邮票上的齿孔，四周全不通边（见图 32）。

根据不同的打孔方式打出的齿孔所具有的不同特征，可作为鉴别邮票真伪的参考依据。一般来说，邮票真品打的齿孔都比较规范、整齐、光洁，而伪品齿孔，往往不够规范，齿孔大小不一，打得不够笔直。这种情况在过去造假者伪造的伪品中是常见的；而现今的造假者，利用高科技打出的齿孔，足以乱真，就连异形齿孔，他们都伪造得像模像样的。因此，在鉴定邮票真伪时，一定要认真、仔细观察齿孔特征。

图32

水印特征

邮资票品上的水印特征，主要表现在所使用的水印纸上，在造纸过程中，趁纸浆处于潮湿状态，用金属网线或水印辊，将其上面的图案或文字，轧压在纸上，留下或薄或厚的纹印，这就是水印。带有水印的纸，称为水印纸。

水印按其明亮度分类，有亮水印和暗水印两种。亮水印又称阴纹水印；暗水印又称阳纹水印。亮水印的水印图案在纸上会比其他地方薄，迎光观看，水印是透亮的；暗水印的水印图部分的纸要比其他部分厚，迎光观看，水印图不如周围的纸透亮。因此，亮水印又称凹水印；暗水印又称凸水印。

水印按其在邮票上的分布情况分类，又有单一水印、全张水印、复合水印。单一水印是指在每枚邮票上只有一个水印图案；复合水印是指水印图案在全张邮票上反复出现，也可能是纵横交织成的网状或某种图案；全张水印是指在一全张上只有一个大水印图案，因此，只有从全张邮票上才能看出整个水印图案的全貌。

水印图案是千姿百态的，一个国家，不同时期发行的邮票，其水印图案也各不相同。中国清代大清邮政发行的《小龙邮票》，在每枚邮票上均有一个太极图水印；中华民国时期发行的《香港中华三版孙中山像邮票》，其水印为连续的篆字“邮”字；中华人民共和国发行的普东 2《天安门图案普通邮票（东北贴用）》（见图 33），全套 13 枚邮票中，有 10 枚采用图案为“M”状波纹图水印。掌握不同时期所用水印图案特征，对鉴定邮资票品真伪十分重要。

图33

4. 辨伪研究的主要内容

集邮者对辨伪进行研究的主要内容，同防伪研究的内容是相对应的，主要研究造假者在伪造邮资票品时，其纸张特征、版别特征、刷色特征、暗记特征、齿孔特征、背胶特征、水印特征、票幅和规格。只有在把真品研究透的基础上，并把造假者在伪造邮资票品时所惯用的这些技术和材料特征，与真品相对应比较，才能更好地鉴别真伪。这就叫“知己知彼，百战不殆”。

纸张特征

邮资票品真品大都采用专用纸印制，而造假者在伪造时，因受条件所限，难于搞到专用纸，只好采用普通胶版纸、铜版纸或书写纸进行伪造。因此，在纸质上与真品存有差别；在紫光灯照射下，纸的白色呈现不同的颜色，含有增白剂的，纸面呈亮白色，未含增白剂的呈现暗紫色或紫红色、淡紫色。印制邮票所用的专用纸，大多不含有增白剂，而造假者伪造邮票所用的普通纸，大多含有增白剂，这样便可依据白色纸张在紫光灯下所呈现的不同反应，为鉴定邮资票品真伪获得一种参考依据。这只能作为参考依据之一，现今的造假者是十分狡猾的，他们在造假时尽量选用纸质特征与真品相似或近似的纸张来伪造，甚至采用与真品一样的荧光纤维纸伪造邮票，采用与真品一样的布纹纸伪造纪念邮资封。如2000-15《小鲤鱼跳龙门》(T)、2000-19《木偶和面具》(T)、2001-15《第二十一届世界大学生运动会》(J)、2003-4《百合花》(T)(见图34)等邮票的伪品，就是采用荧光纤维纸伪造的，其纸质特征均与真品相似，甚至无差别。JF.61《中非合作论坛——北京2000年部长级会议》、JF.68《大公报创刊100周年》等纪念邮资封伪品，均采用与真品一样的布纹纸伪造而成。

图34

版别特征

邮资票品的伪品大多采用胶版进行伪造，极少采用雕刻版、影写版进行伪造。因为胶版工艺简单、省工省时，制作成本低。为了防伪，邮票真品大多采用雕刻版、影写版、影雕套印、胶雕套印印制。因此，在鉴定邮资票品真伪时，只要版别不同，即可采用“一票否决”。对于采用相同版别伪造的邮资票品，可通过真伪对照，在版纹和印刷网点上的差别进行鉴别。如T.46《庚申年》邮票早期出现的伪品，邮票图案和文字采用雕刻版伪造，但在版纹特征上与真品存有差别。更为重要的是真品采用影雕套印，邮票上红、金刷色均为影写版；伪品采用胶雕套印，红、金刷色均为胶版实印。影写版网点特征与胶版实印特征有着明显不同，用高倍放大镜观察即可鉴别。

笔者研究发现，如今造假者在用胶版伪造采用影写版印制的邮票时，利用高科技，用胶版来模仿影写版特征。他们在伪造 1998–18《中国古典文学名著——〈三国演义〉》（第五组）（小型张）（T）时，将影写版所具有的邮票图案上线条和文字的边缘参差不齐，所呈现锯齿形状的特征，采用胶印网纹版冒充，以达到鱼目混珠的骗人目的（见图 35）；他们还利用胶版伪造文 4 面值 8 分邮票，采用点、线实印冒充雕刻版（见图 36）。他们的这些伎俩，很容易使缺乏深入研究邮资票品各种版别特征、对邮资票品缺乏鉴定经验的集邮者上当受骗。

对于造假者采用与真品同样版别伪造的邮资票品赝品，如没有丰富的鉴定经验，最好采用与真品比对，寻找差异，从而明辨真伪。值得提醒广大集邮者注意的是，如今的造假

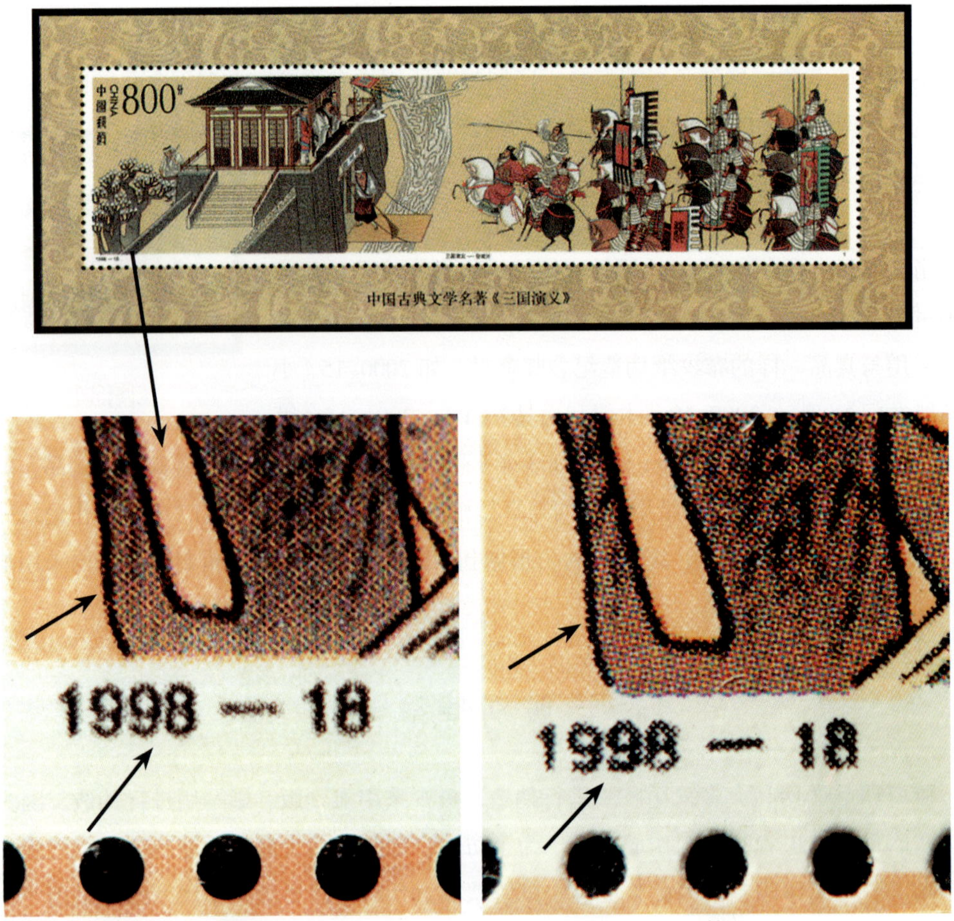

真　　伪

图35

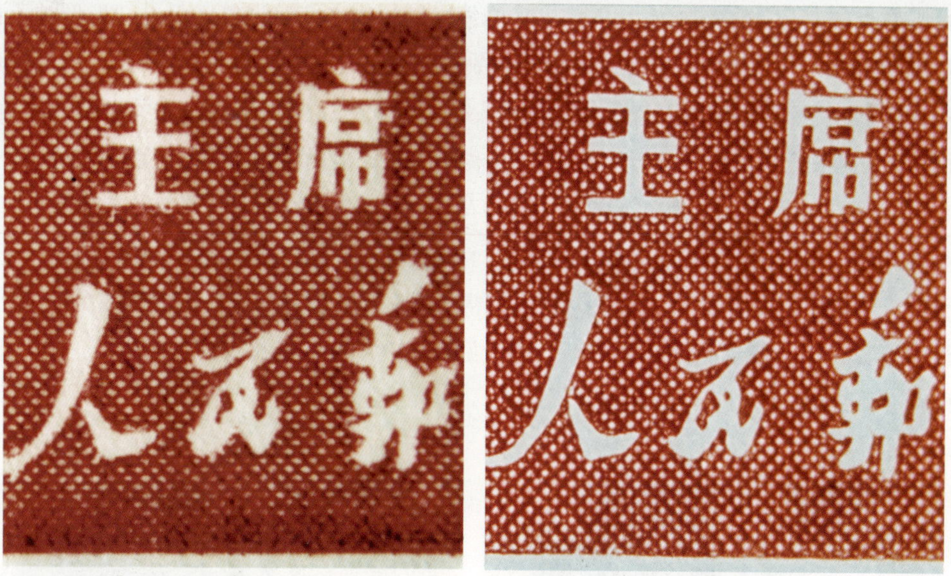

真　　伪

图36

者越来越狡猾，他们利用高科技，使造假技术与技巧有了空前的提高，所造伪品足以乱真。因此，在鉴定与真邮票采用相同版别伪造的赝品时，一定要与时俱进，改变陈旧的观念。比如，印刷专家一直认为，采用与真品相同的胶版伪造的邮资票品，其网点及间距要比真品的网点及间距大，图案显得粗糙；在相同部位的同一颜色的网点角度不同等。事实上，被印刷专家认为有很好防伪能力的、采用10色胶版印制的《1995-19M 桂花》无齿小型张，已被造假者利用高科技如法炮制。伪品《桂花》无齿小型张不仅印制得同真品一样精细，甚至有的专色网点的角度都接近相同。

刷色特征

过去，造假者有的粗制滥造，制造的伪品与真品存有较明显的差异；现今，他们利用高科技，制造出的伪品在刷色上与真品几乎无差别，足以乱真。笔者研究发现，造假者在伪造邮资票品时，虽然对真品所用油墨中的荧光油墨和油墨中所加入的加密材料无法破解，但他们采用照猫画虎的手法，同样在邮票上喷印无色荧光数码，采用与真品十分接近的荧光油墨进行刷色，在紫光灯下呈现的荧光反应，足以乱真。因此，这些伪品被大量用于通信，使国家邮政遭受很大的经济损失。

暗记特征

造假者在伪造的邮资票品上，有的也模仿真品置入暗记。不过，他们利用高科技，参照真邮票上的暗记“照猫画虎”描摹出来的缩微暗记、文字暗记等，只是“形像神不像”只要用高倍放大镜认真、仔细鉴别，即可辨别出真伪，更何况大多数伪品与真品的版别都不一样，即使伪品暗记做得十分像，也可从版别上识破。比如纪 50M《关汉卿戏剧创作七百年》（小全张）伪品，其暗记“中”字虽做出来了，但伪品与真品的版别不一样；普 31《中国鸟》80 分票和 1.2 元票、2002–3《珍稀花卉》中（2–2）“炮弹花”等，造假者在制造这些伪品时，虽然也在与真品相同部位描摹了缩微暗记，但缩微暗记的字母与真品并不完全一样；即使字母完全相同，如普 31（9）“褐头凤鹛”1.20 元邮票，尽管伪品的缩微暗记做得很逼真，但它与真品的版别并不一样（见图 37）。这种不真实的“暗记”，正是造假者挖空心思，想出的鱼目混珠的伎俩。

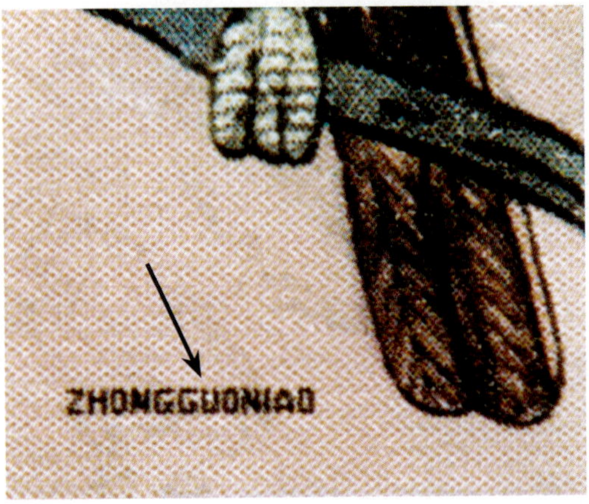

真

伪

图37

背胶特征

造假者在伪造邮票时，由于搞不到印制邮票的专用纸，因此，在所印制的伪品中，常没有背胶，或者刷一种无黏性的假背胶，这在过去伪造的邮票中是比较常见的。现今，在市场经济情况下，造假者为了获得成功，有的也能从市场上购买到与邮票真品一样或极相似的刷有背胶的纸张来伪造邮票。这种带有背胶的伪品，具有一定的欺骗性。

齿孔特征

过去造假者伪造的邮票赝品，所打齿孔，常不够规范，或齿孔间距不等，或不够笔直。如今造假者利用高科技伪造出的足以乱真的邮票赝品，其齿孔几乎与真品毫无差别。不仅如此，他们还能打出具有一定防伪功能的异形齿孔。如普 30《保护人类共有的家园》面值

80分“珍惜生命之水”邮票、2003-23《中国2003第十六届亚洲国际邮票展览》（J）邮票，2004-1《甲申年》（T）邮票、普31《中国鸟》面值1.2元邮票等，造假者均模仿真票在伪造的邮票上打出菱形、六角星形、椭圆形等异形齿孔（见图38）。

真　　伪

图38

水印特征

笔者在鉴定邮资票品时，尚未发现造假者利用与真品一样的水印纸伪造邮资票品。

四、邮资票品的真伪鉴定

对邮资票品的真伪鉴定，根据笔者多年来研究和实践，主要就从以下几个方面进行综合鉴定：

1. 熟悉纸质

2. 确认背胶

3. 测量齿孔

4. 区分版别

5. 分辨刷色

6. 比较票幅

7. 掌握暗记

8. 观察水印

有关这几个方面的详细论述，笔者在彩版《中国邮品辨伪必备》（科学普及出版社 1999 年 1 月出版）一书中已有详细论述。这里不再赘述了。

第二编

中国邮资票品的真伪鉴定

一、伪 造 品

1.“纪”字头邮票

纪1 庆祝中国人民政治协商会议第一届全体会议（东北贴用）（再版）

中国人民政治协商会议简称“中国人民政协”，是中国人民的爱国民主统一战线组织形式。为区别1946年在重庆召开的政治协商会议（即“旧政协”），也称“新政协”。1949年9月21日至30日，中国人民政治协商会议在北平举行了第一届全体会议。会议通过了《中国人民政治协商会议共同纲领》、《中国人民政治协商会议组织法》、《中华人民共和国中央人民政府组织法》，宣告中华人民共和国成立，并定首都为北京，国旗为五星红旗，采用《义勇军进行曲》为代国歌，纪年用公元。会议选举毛泽东同志为第一届人民政协全国委员会主席，周恩来、李济深、沈钧儒、郭沫若、陈叔通为副主席。1954年9月，中华人民共和国第一届全国人民代表大会第一次会议召开，中国人民政治协商会议全体会议代行全国人民代表大会职权的任务已经结束。但作为人民民主统一战线的组织，中国人民政治协商会议仍继续存在，以统一各民主党派和各人民团体的意志、巩固人民的大团结。

1949年10月8日，为了庆祝中国人民政治协商会议第一届全体会议胜利召开，中华人民共和国华北邮政总局以“中华人民邮政”名义向全国发行一套《庆祝中国人民政治协商会议第一届全体会议》纪念邮票，全套4枚。张仃、钟灵设计。孙传哲绘制版图。胶版。齿孔12.5度。无背胶。邮票规格为21毫米 ×29毫米。邮局全张枚数100（10×10）。上海商务印书馆印制。1955年1月10日再版，上海市印刷一厂印制。

这套邮票是中华人民共和国成立后发行的第一套纪念邮票，因新中国成立初期东北地区流通的是东北币，尚未用人民币收兑，故采用两种印版来印制，其中一种专印东北币值邮票，供东北地区贴用，邮票上印有“东北贴用”字样。其面值分别为东北币（4–1）1000元、（4–2）1500元、（4–3）3000元、（4–4）4500元。纪1“东北贴用”邮票，初版（原版）发行数量很少，后来根据需要，二次印刷，发行了再版票。这组邮票，无论原版票还是再版票，其新票的存世量都很少，市场上售价也比较高。因此，造假者为牟暴利，便利用高科技，采用真品原大翻拍制版，采用与真品相同的胶版实印，打上与真品相同的齿孔度数，伪造出全套4枚足以乱真的伪品，在邮市上欺骗集邮者和邮资票品投资者。由于这种伪品制作逼真，购买时如不认真仔细鉴别，极易上当受骗。

那么，应该怎样来鉴别纪1（东北贴用）再版票的真伪呢?

① **看铭文** 纪1真品采用胶版实印，伪品采用与真品一样的胶版实印，但由于真品不是采用原图稿制版，而是用真品翻拍制版，因此，在细微之处，很难做到完全同真品一模一样。比如纪1（4–1）其铭文“中华人民邮政”字样，真品文字笔锋锐利，有棱有角，而伪品文字笔画糙钝，缺棱角和笔锋（见图39）。

② **看邮票左上方宫灯上的政协会徽** 真品纪1（4–2）、（4–3）政协会徽上的“1949”字样，笔画规整，有棱角和笔锋；伪品政协会徽上的“1949”字样，笔画印得粗糙，有的缺棱角和笔锋。除此之外，看政协会徽上的地球图，在我国地图右下方台湾岛处，真品与伪品存有较明显的不同之处（见图40）。

③ **看纪1（4–4）邮票志号** 真品纪1（4–4）邮票志号中“纪”字和“4–4”中的后一个“4”字，真品笔画规范、清晰，伪品则模糊，出现糊笔（见图41）。

④ **用紫光灯鉴别** 真品纪1在紫光灯照射下，呈暗紫色，而伪品则呈亮白色。

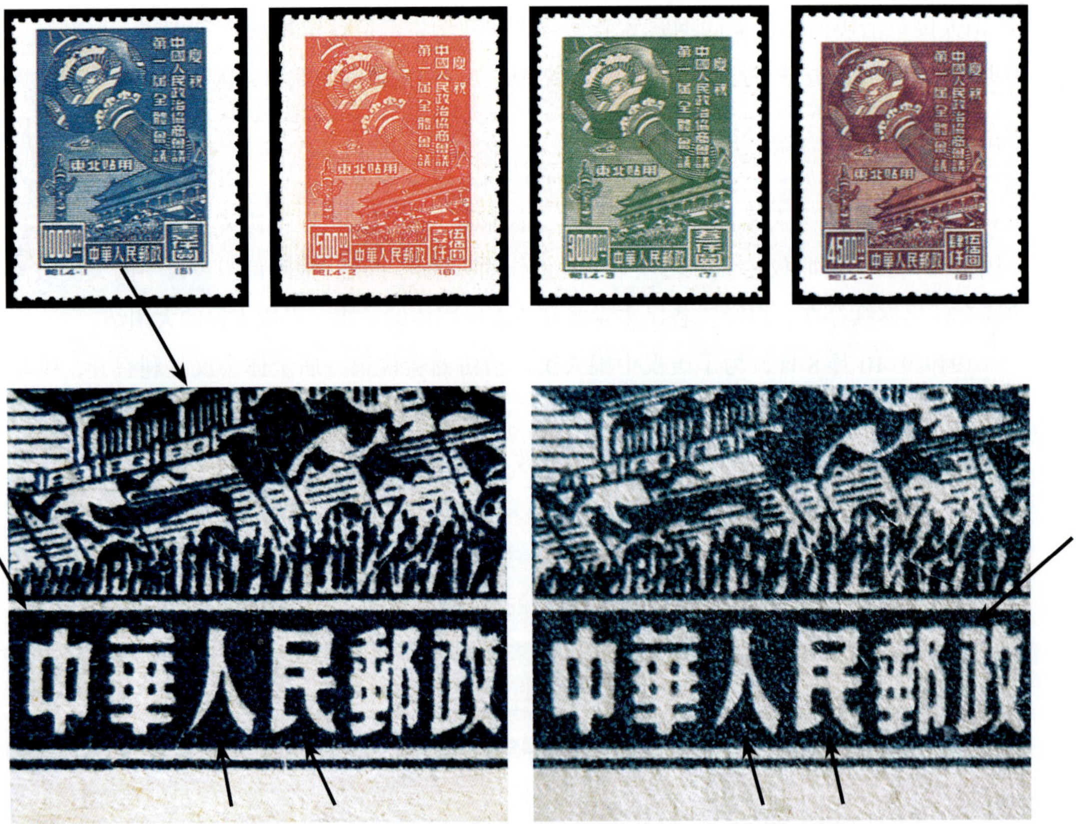

真　　伪

图39

真 伪

图40

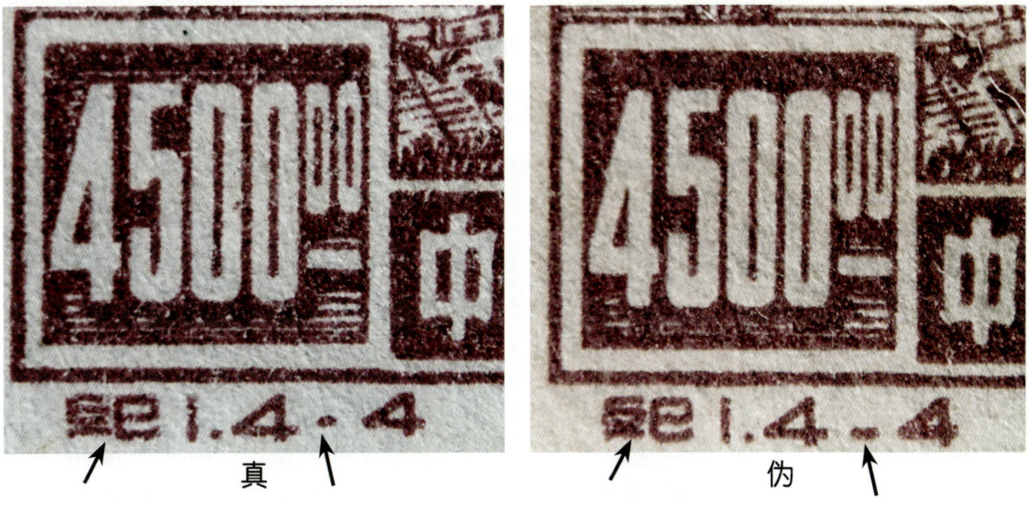

真 伪

图41

纪3 世界工联亚洲澳洲工会会议纪念（原版）

世界工联是世界工会联合会的简称。1949年11月16日至12月1日，世界工联执行局领导下举行的亚洲澳洲工会会议在中国北京召开。参加会议的有：中国、苏联、日本、蒙古、朝鲜、印度、越南、缅甸、锡兰、巴基斯坦、泰国、印度尼西亚、菲律宾、马来亚、伊朗、塞浦路斯、黎巴嫩、叙利亚、澳大利亚和新西兰等工会代表。会议通过了建立世界工联亚澳联络局等决议，并确定了亚澳各国工人斗争的方针。这次会议标志着亚澳工人阶级团结一致，共同反对帝国主义的侵略战争，谋取被压迫民族的解放，保卫世界持久和平。

1949年11月16日，为了庆贺世界工联亚洲澳洲工会会议胜利召开，中华人民共和国华北邮政总局以“中华人民邮政”名义发行一套《世界工联亚洲澳洲工会会议纪念》纪念邮票，全套3枚。志号为纪3。曹必慧、王润丰设计。孙传哲绘制版图。胶版。齿孔12.5度。无背胶。邮局全张枚数100（10×10）。上海商务印书馆印制。1955年1月10日再版，上海市印刷一厂印制。邮票票幅规格28毫米×37毫米。（17）和（20）面值为旧人民币100元和东北币5000元，发行量为150万枚和70万枚，图案为“地球东半球及手持铁锤”；（18）和（21）面值为旧人民币300元和东北币20000元，发行量为100万枚和25万枚，图案为“地球东半球及手持铁锤”；（19）和（22）面值为旧人民币500元和东北币35000元，发行量为50万枚和25万枚，图案为“地球东半球及手持铁锤”。

这套邮票发行量少，因此后来又发行了再版票。在售价上，原版票要比再版票高，特别是纪3（东北贴用）票，原版票稀少，售价很高。关于这套邮票的赝品，笔者在1999年由科学普及出版社出版的彩版《中国邮品辨伪必备》专著中，曾介绍过一种。这里介绍的是足以乱真的全套3枚纪3原版票伪品。这种伪品是利用臆造的纪3无齿票打孔制作而成的（见图42）。这种纪3原版票伪品采用与真品相同的版别印刷，刷色相同，所用纸张也十分相似，所打齿孔也与真品仅存有细微区别（孔径较真品稍大，见图43）。因此，这种

无齿伪票　有齿伪票

图42

有齿伪票　真

图43

纪3原版票伪品以及臆造的无齿票一出笼，便导致了一些集邮多年的集邮者上当受骗。

那么，应该怎样来鉴别纪3原版票的真伪呢？

① 看刷色 纪3原版票真品采用单色胶版实印，邮票图案上的线条和文字笔画油墨印得瓷实，清晰而整齐。伪品用真品翻拍制版，虽然也采用单色胶版实印，但邮票图案上的线条和文字笔画油墨不如真品印得瓷实，显得肤浅，呈虚浮纸上，因此线条和笔画均不如真品清晰、整齐（见图44）。

② 看铭记 纪3原版票真品上的铭记“中华人民邮政”，文字笔画清晰，有棱有角。伪品上的铭记“中华人民邮政”，文字笔画印得不规整、肤浅，有的无棱角，特别是“人民邮政”4个字，与真品有较明显的区别（见图45）。

③ 看票题 纪3原版票真品票题“世界工联亚洲澳洲工会会议纪念”文字中“澳洲”的“洲”字，其第3笔与第4笔相连，呈“U”状；而伪品中则不相连（见图46）。

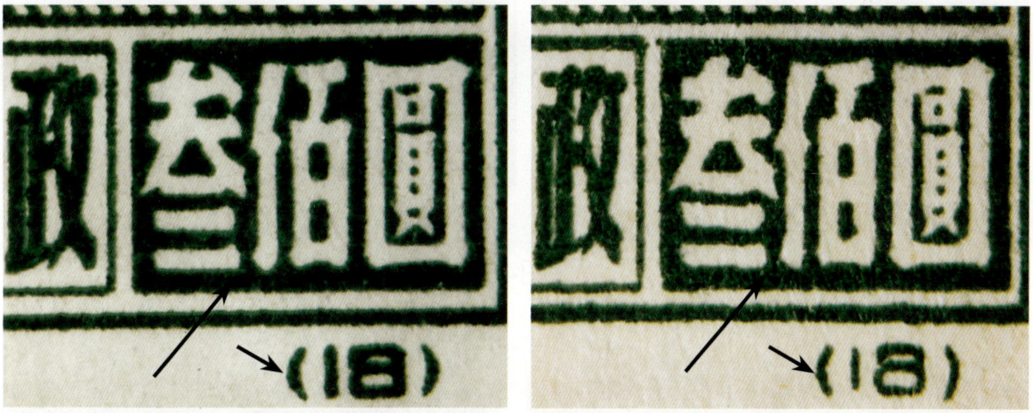

真　　伪

图44

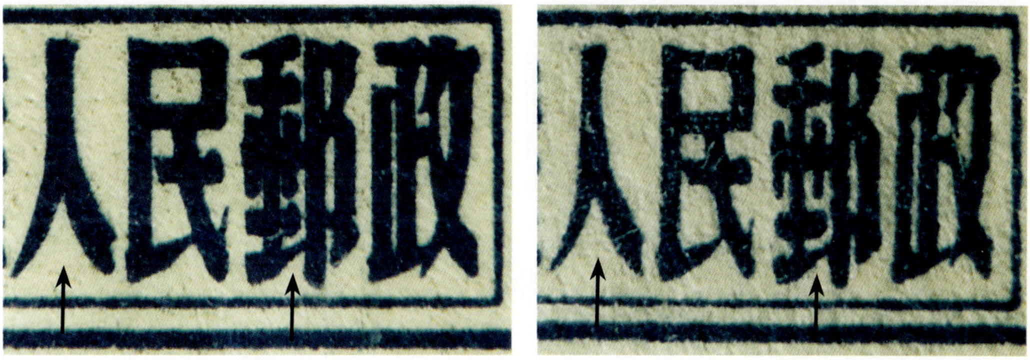

真　　伪

图45

④ **看特殊部位** 纪3原版票真品邮票图案中，手握铁锤上书写着“1949”字样，其笔画印得整齐、规范；伪品则印得不整齐、不规范，特别是“1949”中的“4”字，与真品存有明显的差别（见图47）。

这里，值得明确指出的一点是，集邮者在邮市上如果遇到纪3原版无齿票，不必去鉴别，便可判其为赝品。因为纪3无论是原版还是再版票，从来没有发行过无齿票。过去没有，将来更不会有。而这种所谓的纪3原版无齿票，是造假者臆造出来的（其鉴定方法详见本书“臆造品”中的“纪3原版无齿票”）。

真 伪

图46

真 伪

图47

纪6 中华人民共和国开国一周年纪念

1949年10月1日下午3时整，在北京天安门广场隆重举行了庆祝中华人民共和国中央人民政府成立典礼。毛泽东主席在天安门城楼上宣布中华人民共和国中央人民政府成立，并亲自按动电钮，升起共和国的第一面五星国旗。中华人民共和国开国大典，向全世界庄严宣告了旧中国的永远灭亡和伟大的新中国的诞生。

1950年10月1日，正值中华人民共和国成立一周年纪念日，中华人民共和国邮电部发行一套《中华人民共和国开国一周年纪念》邮票，全套5枚。志号为纪6。孙传哲设计。胶雕套印。刘国桐、林文艺、李曼曾、沈彤雕刻。齿孔14度。无背胶。邮局全张枚数（37）（38）（40）（41）为50（10×5），（39）为20（5×4）。北京中国人民印刷厂印制。分为人民币值和东北币值两组。（37）和（42）票幅规格32毫米×39毫米，面值为旧人民币100元和东北币1000元，发行量为100万枚和25万枚；（38）和（43）票幅规格32毫米×39毫米，面值为旧人民币400元和东北币2500元，发行量为120万枚和25万枚；（39）和（44）票幅规格45毫米×54毫米，面值为旧人民币800元和东北币5000元，发行量为250万枚和80枚；（40）和（45）票幅规格32毫米×39毫米，面值为旧人民币1000元和东北币10000元，发行量为50万枚和25万枚；（41）和（46）票幅规格32毫米×39毫米，面值为旧人民币2000元和东北币20000元，发行量为50万枚和25万枚。邮票图案均采用了中华人民共和国庄严、美丽的五星国旗。

这套邮票发行量少，特别是原版票，存世量更为稀少。不法分子为牟利，便伪造出纪6赝品，欺骗广大集邮者。纪6赝品采用胶版印制，在印刷工艺上，利用胶版仿制真品的胶雕套印的效果；打有齿孔，但齿孔很不规范。集邮者如不仔细辨别，容易上当受骗。

那么，应该怎样来鉴别纪6邮票的真伪呢？

① **看版别** 纪6真品采用胶雕套印，邮票图案上的五星国旗部分，采用胶版印制；五星国旗下部的票题“中华人民共和国开国一周年纪念”、面值、铭记、志号等，均为雕刻版印制。纪6伪品采用胶版印制，五星国旗部分同真品一样采用胶版印制；五星国旗下部的票题、面值、铭记、志号等，则采用胶版实印仿制雕刻版效果，其墨色浅淡、线条模糊，不如真品墨色饱满，线条清晰（见图48）。

② **看暗记** 纪6真品邮票图案五星国旗的5颗五角星周围均刷有网点，原版票所刷网点的夹角为45°；再版票所刷网点夹角则为72°。这是区别原版票与再版票的暗记。纪6伪品则在五星国旗上所刷网点夹角为15°，并且在5颗五角星上也都印刷了网点；五角星也很不规范，与真品存有明显的区别。

③ **看齿孔** 纪6真品齿孔打得规范、整齐。伪品齿孔打得不规范，不规整。

中華人民共和國
開國一週年紀念
中國人民郵政

中華人民共和國
開國一週年紀念
中國人民郵政

中華人民共和國
開國一週年紀念
100
圓
1950
十月一日
人民郵政
(37)

真

中華人民共和國
開國一週年紀念
100
圓
1950
十月一日
人民郵政
(37)

伪

图48

纪 50M 关汉卿戏剧创作七百年（小全张）

关汉卿是中国元代著名的戏剧作家。大都（今北京市）人。约生于金末，卒于宋亡（公元 1279 年）之后。13 世纪时，大都是北方地区的政治文化中心。关汉卿生活在这样的环境里，观察到各阶层人民的生活状况。他同情被压迫者，反抗黑暗的封建统治制度，以毕生的精力从事戏剧创作。关汉卿创作的杂剧，现在知道的有 60 多种，其中《窦娥冤》、《救风尘》、《拜月亭》、《调风月》、《望江亭》、《单刀会》、《蝴蝶梦》、《玉镜台》、《金线池》、《谢天香》、《绯衣梦》、《西蜀梦》、《哭存孝》13 种，都比较完整地保存下来了。关汉卿的剧本内容丰富，既写有历史上的英雄人物，歌颂了劳动人民纯朴、真挚的感情和坚毅的精神，又憎恨并鞭挞了横行一世的恶霸、贪官、流氓。而表现得最成功的是那个时代青年妇女的苦难遭遇和斗争精神，塑造了窦娥、赵盼儿、王瑞兰等多种典型的妇女形象。关汉卿的剧作在戏剧文学史上占有极高的地位。

1958 年 6 月 20 日，为了纪念关汉卿戏剧创作 700 年，中华人民共和国邮电部发行一套纪 50《关汉卿戏剧创作七百年》纪念邮票，6 月 28 日又发行了 1 枚小全张。小全张志号为纪 50M。孙传哲设计。雕刻版。李曼曾、唐霖坤、高振宇雕刻。无齿孔。无背胶。中国近代印刷公司印制。小全张尺寸规格 130 毫米 ×100 毫米，每枚邮票票幅规格 27 毫米 ×37 毫米。小全张面值 32 分，发行量 25 万枚，图案由纪 50《关汉卿戏剧创作七百年》全套 3 枚邮票组成。

有关这枚纪 50M 小全张伪品的鉴定，笔者在 1999 年出版的彩版《中国邮品辨伪必备》中，曾介绍过两种。这里介绍的是近期出现的又一种伪品，它伪造得更为逼真，甚至能够以假乱真。伪品采用的纸质与真品十分相似，采用胶版专色实印，刷色与真品十分接近，不要说缺乏鉴别真伪经验的集邮者肯定会上当受骗，就是有鉴别真伪经验的集邮者，也难免有上当受骗者。

那么，应该怎样来鉴别纪 50M《关汉卿戏剧创作七百年》（小全张）的真伪呢？

① **看版别** 纪 50M 真品采用雕刻版专色印制，点和线印刷清晰可数，油墨厚实，有凸起感。伪品利用高科技制版，胶版专色印制，点和线不够清晰，有糊笔、堆墨，油墨较平淡，浅肤，无凸感（见图 49）。

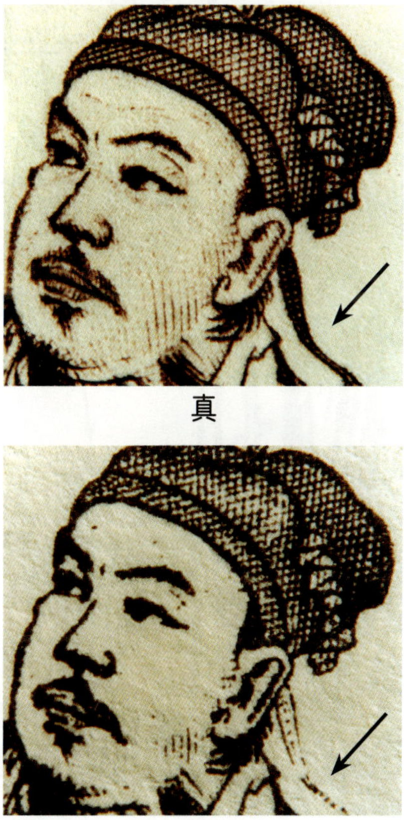

真

伪

图49

② **看暗记** 纪50M真品在（3–1）邮票图案的树根部右边草丛中，藏有一个“中”字暗记。伪品用高科技制版，虽然也仿制出暗记“中”字，但与真品有明显的区别（见图50）。

③ **量规格** 纪50M真品小全张上的邮票规格均为27毫米×37毫米。伪品小全张上的邮票规格（3–1）和（3–3）均为26毫米×35.8毫米；（3–2）27毫米×36.8毫米。

④ **看刷色** 纪50M真品小全张上的3枚邮票均采用专色印制（3–1）、（3–3）所用专色相同，（3–2）采用另一种专色，与边饰图上的文图专色一样。伪品也采用与真品相同的专色方式印制，但刷色偏黑，不如真品刷色纯正。

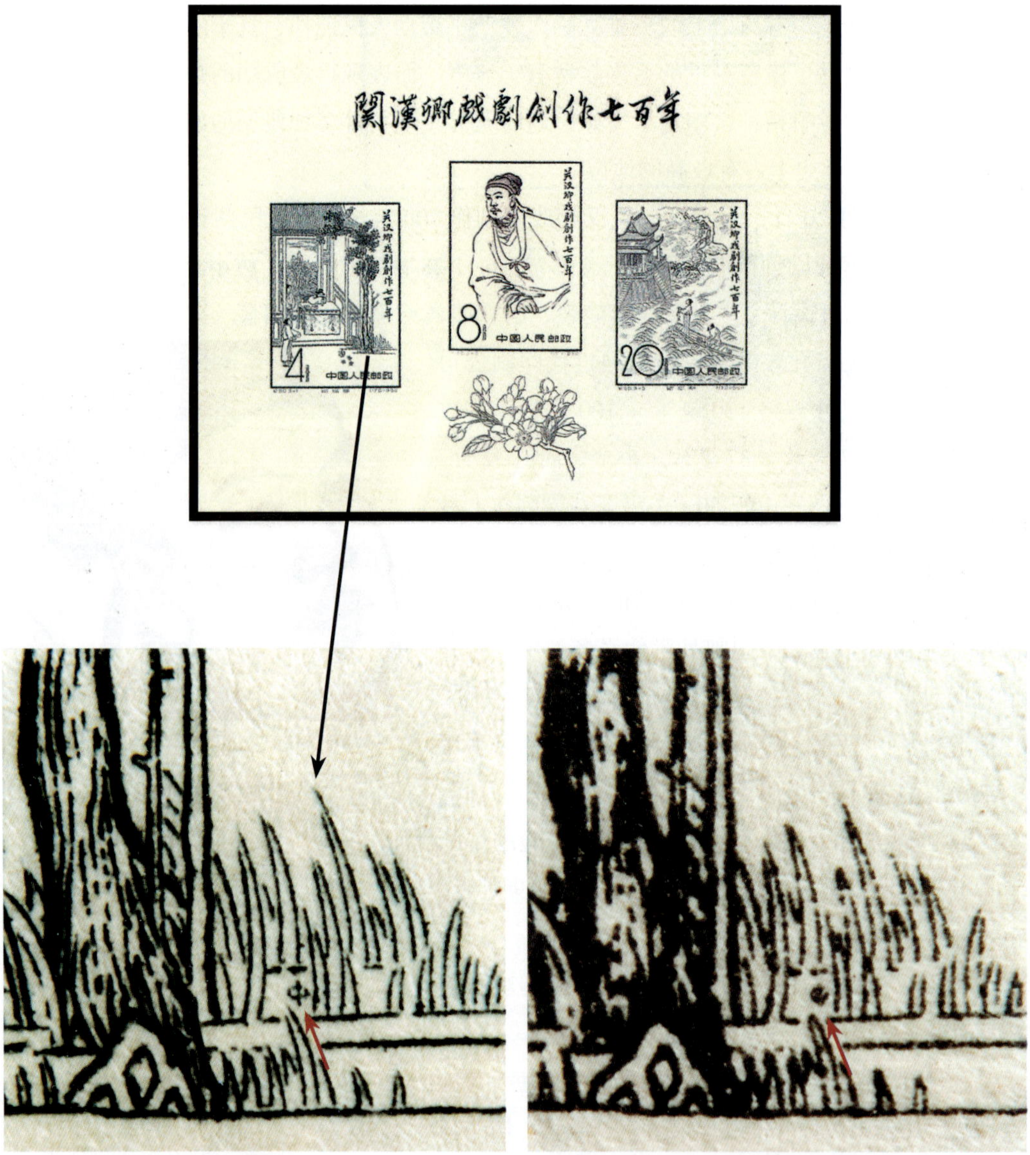

真　　伪

图50

纪106M 中华人民共和国成立十五周年（小全张）

1964年10月1日，为庆祝中华人民共和国成立15周年，中华人民共和国邮电部特发行一套《中华人民共和国成立十五周年》纪念邮票，全套3枚。面值均为8分。卢天骄设计。在发行这套邮票时，还于1964年10月20日发行了小全张。小全张规格为155毫米 ×115毫米。邮票规格为93毫米 ×52毫米（全套3枚邮票之间未打齿孔）。齿孔11.5°。每枚售价24分。发行量4万枚。影写版。北京邮票厂印制。

这枚小全张题材好，印制精美，深受广大集邮者的喜爱。因发行量仅为4万枚，现如今供不应求。有些不法分子为牟暴利，便乘机利用纪106M原大、原色的仿制邮票图录中的纪106M，进行“加工”，打上齿孔，鱼目混珠，以假充真，插在邮册中出售，欺骗缺乏鉴定邮品真伪的集邮者和邮资票品投资者。

那么，应该怎样来鉴定纪106M的真伪呢?

① **看版别和刷色** 纪106M真品采用影写版印制，刷色纯正、自然；伪品采用胶版印制，其网纹特征与真品存有明显的差别。邮票图案上的金色，采用专版、专色印制，金光灿烂；伪品纪106M采用胶版印制，邮票图案上的金色是采用套色印制，线条模糊，色彩杂乱，无金色油墨特征，暗无光泽（见图51）。

② **看纸质** 纪106M真品采用专用邮票纸印制，纸质坚挺，吸墨性能好；伪品采用铜版纸印制，纸面光滑白亮。

③ **看背胶** 纪106M真品刷色糊精胶，胶面厚而呈浅黄色；伪品未刷背胶或刷有假背胶，邮票背面呈铜版纸光亮的本色或假背胶白亮的特色。

④ **看齿孔** 真品纪106M齿孔打得规范、整齐；伪品齿孔打得不够整齐、规范，在齿孔边缘，常留有印刷齿孔的痕迹，这是造假者沿着印刷齿孔打孔时，未能对准所致。

⑤ **用紫光灯鉴别** 纪106M真品在紫光灯照射下，白色纸面呈暗紫色；伪品则呈亮白色。

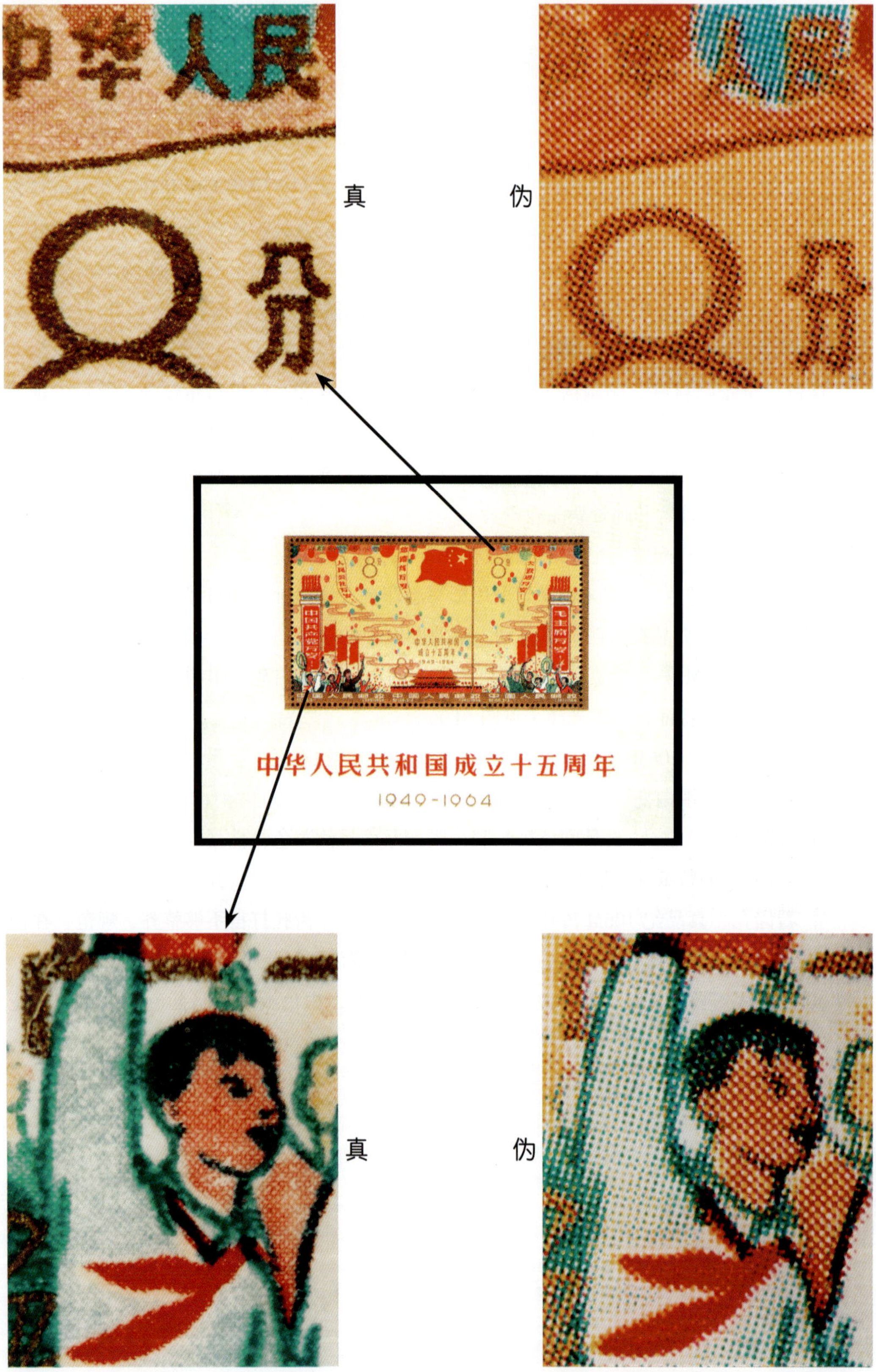

图51

2. “文”字头邮票

文2 毛主席万岁（8）10分票

“万岁”这个词，最初只是一个欢呼语，人们借以宣泄内心的喜悦和庆贺之情。秦汉以前，欢呼“万岁”比较普遍。秦汉以后，臣拜见君，为了表示对皇帝的尊崇，常呼皇帝为“万岁”、“万万岁”，并逐渐形成为一种礼节。当时“万岁”成了皇帝的代称。到宋朝，“万岁”成了皇帝的专用名词。清王朝被推翻后，“万岁”一词才又恢复了其本意，人们依然把它作为一种庆贺的欢呼语使用。中国人民欢呼“毛主席万岁”，主要表达了对毛泽东同志的崇敬和祝愿之情。

1967年5月1日，正值庆祝“五一”国际劳动节之际，当时为了宣传毛泽东思想和“文化大革命”，中华人民共和国邮电部发行一套《毛主席万岁》“文”字头邮票，全套8枚。其中（6）（7）（8）于1967年9月发行。夏中东、陈晓聪、邵柏林、孙传哲、张克让、万维生设计。（1）影雕套印，（2）～（8）影写版。孔绍惠雕刻。齿孔（1）～（4）11度×11.5度，（5）～（8）11度。背面刷胶。邮局全张枚数（1）～（4）为25（5×5），（5）（6）为28（7×4），（7）（8）为28（4×7）。其中（8）面值10分，票幅为54毫米×40毫米，发行量700万枚。北京邮票厂印制。

这套邮票的前4枚图案，由北京邮票厂工人用当时的宣传画剪贴组成；后4枚图案，根据新华社和《人民画报》发表的毛主席在天安门城楼上接见红卫兵等新闻照片，由邮票设计家剪裁结构而成。“中国人民邮政”6个字采用毛泽东行草手书体。

这套邮票发行量比较少，发行之后又被大量用于通信。其中（8）“毛主席和林彪在一起”面值10分邮票，仅发行700万枚，发行量更少。在“林彪事件”之后，这枚邮票又被大量销毁。因此，这枚票无论是新票还是旧票，存世量均比较少。于是，便有造假者利用高级彩色复印机复印这枚面值10分邮票之后，将其打薄，然后换底，伪造出鱼目混珠的伪品，或将这种伪品盖上邮戳，冒充真品信销票（见图52）。由于这种复印邮票制作较逼真，集邮者和邮资票品投资者在购买时，如不用高倍放大镜仔细鉴别，很容易上当受骗。

图52

那么，应该怎样来鉴别文2（8）面值10分邮票的真伪呢？

① **看版别** 文2真品（8）面值10分邮票，采用影写版印制，各种刷色网纹夹角均呈45°，网点呈中空状，文字和线条边缘呈锯齿状；用复印机复印的伪品，各种刷色混杂在一起，网点呈不规则的实印状，

与真品存有明显的不同（见图 53）。

② **看邮票上刷色边缘的白地部位** 用高倍放大镜观察刷色边缘的白地部位，真品的白纸部位白地纯洁，无刷色网点；用复印机伪造的伪品，刷色边缘的白地上，可观察到零星的复印刷色网点。

③ **看纸质** 用复印机复印邮票，再经过打磨变薄后进行换底，其纸质往往变得厚薄不匀，使纸质变厚，凭人手感便可鉴别出。

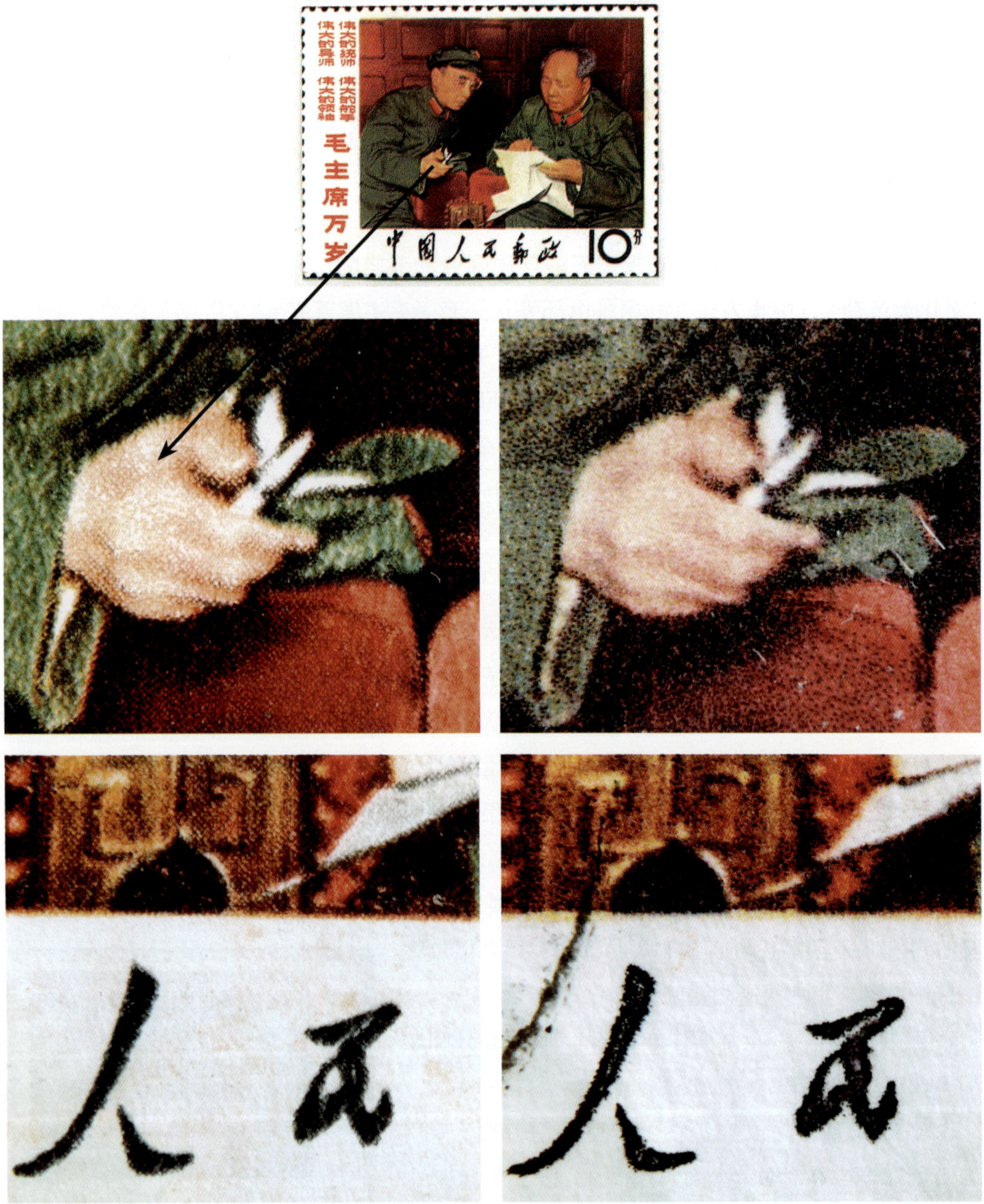

真 伪

图53

文4 祝毛主席万寿无疆（2）8分票

1967年7月1日，为庆祝中国共产党成立46周年，邮电部发行了一套《祝毛主席万寿无疆》纪念邮票，全套共5枚，编号为“文4”。其中（3）、（4）、（5）于1967年9月18日发行。票幅均为27毫米×40毫米。齿孔均为11度。（1）面值4分，发行量840万枚；（2）面值8分，发行量850万枚；（3）面值35分，发行量390万枚；（4）面值43分，发行量290万枚；（5）面值52分，发行量490万枚。邮局全张70（10×17）。刷有背胶。原图稿作者沈尧伊。刘硕仁设计。雕刻版，孙鸿年雕刻。北京邮票厂印制。

这套邮票发行量较少，其中面值4分、8分的邮票，由于大量用于通信，新票存世量少，要配齐全套新票，在全套5枚新票中，仅4分、8分面值稀缺。因此造假者便乘机伪造、变造这两种新票，欺骗集邮者。关于面值4分伪品的鉴定方法，笔者已在彩版《中国邮品辨伪必备》专著中作了详细介绍；关于采用面值52分真品来变造8分票，笔者将在这部书“变造品”中来进行详细揭露。这里要讲的是造假者利用高科技最近伪造的是足以乱真的面值8分票。文4全套新票，现如今市场价在2000余元，而稀缺的8分新票每枚高达1500多元，其售价竟占全套票的3/4。这种伪品采用胶版实印仿雕刻版，由于制版精细，胶版实印效果很像雕刻版，线条根根可数，对于缺乏鉴定邮资票品真伪经验和对版别缺乏深入研究的集邮者来说，极可能误认为是雕刻版。再加上这种伪品刷有背胶，也打有与真品相同的齿孔度，纸质也同真品接近，不要说普通集邮者，就是有鉴定经验的集邮者也难免上当受骗。在鉴定这种足以乱真的邮资票品时，一定要使用30倍以上的放大镜仔细观察版别、纸质、背胶、暗记等特征，看其是否与真品的特征有区别，哪怕是细微的区别，都应引起高度警惕。因为现如今的造假者是在利用高科技来制假，足可将细微之处仿真。但是，假的就是假的，不管造假者将伪品伪造得多么逼真，也不可能将其伪造得同真品一模一样，总会有细微的区别的。对于这种仿真度很高的伪品，鉴别时只能从细微处找漏洞、辨真伪。因此，仅用肉眼是观察不出来的，一定要借助30倍以上的高倍放大镜进行仔细观察，不可麻痹大意。

那么，应该怎样来鉴别文4面值8分邮票的真伪呢？

① **看版别** 用高倍放大镜（30倍以上）仔细观察版别，真品采用雕刻版印制，雕刻线条的刷色深沉瓷实、厚重；伪品采用胶版实印仿雕刻版印制，图案线条虽貌似雕刻版根根可数，但线条刷色浅浮、淡薄，红色线条上呈现出反阴白色的网点。这种白色网点很细小，只有用高倍放大镜才能观察出（见图54）。

② **看面值“8分”** 真品面值“8分”的笔画特征与伪品存有不同；伪品笔画在制版时经过修版，笔画整齐划一，显得比真品还整齐。造假者利令智昏，殊不知弄巧成拙，反而露出马脚。瞧，“8分”中的“分”字，真品与伪品区别很明显。

③ **看票题和铭记** 邮票图案下部“祝毛主席万寿无疆”票题和“中国人民邮政”铭记，其文字笔画特征，真品与伪品也存有明显的不同。

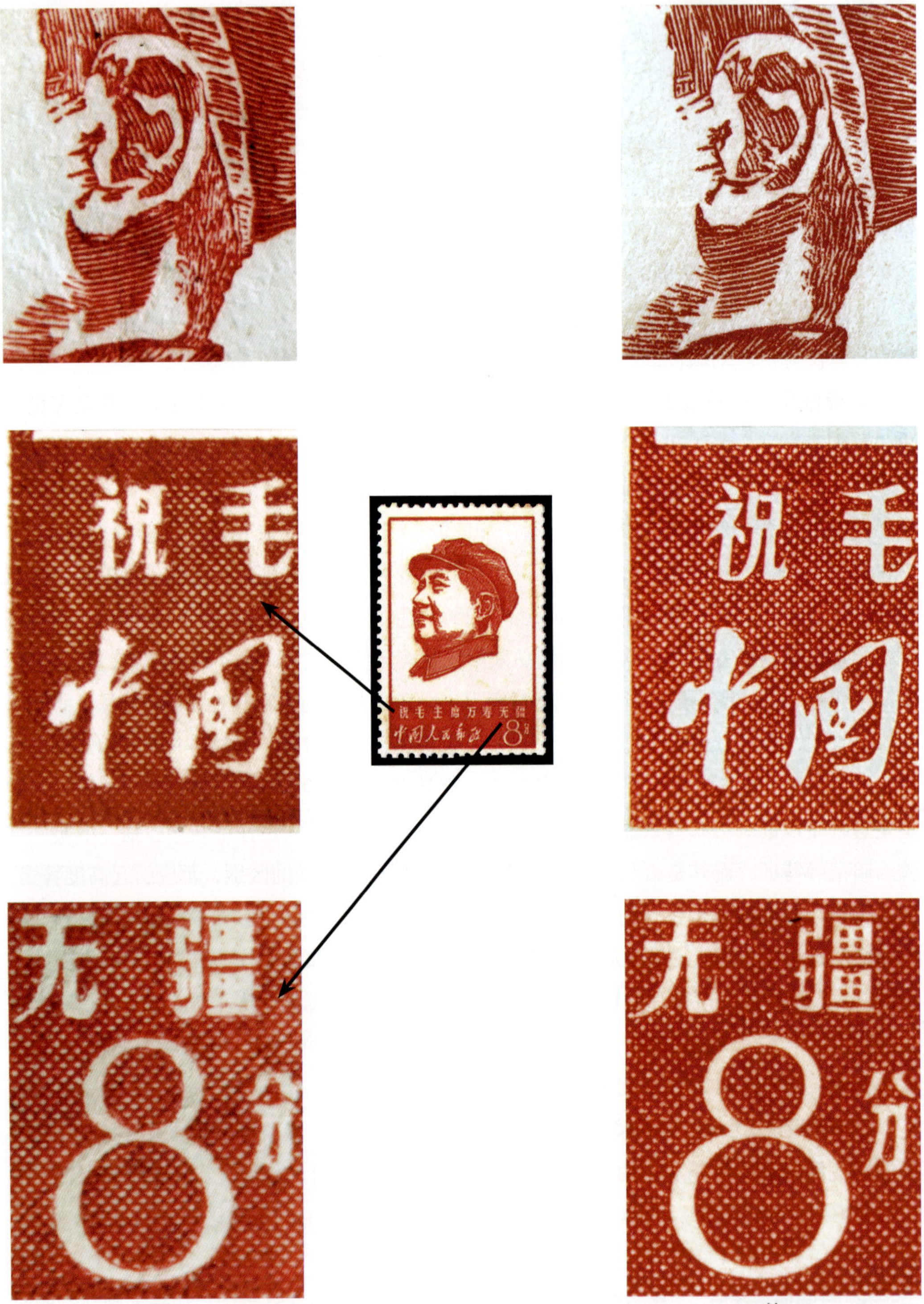

真 伪

图54

文7 毛主席诗词（11）8分票

文7“毛主席诗词”邮票，其真伪鉴定，笔者在1999年彩版《中国邮品辨伪必备》专著中曾作过详细介绍。这里仅谈文7（11）《浪淘沙 · 北戴河》这枚邮票的信销票的真伪鉴定。

众所周知，集邮者要想集齐全套“文”票的信销票，并非易事。有些不法分子为牟暴利，便利用原色、原大印制的“文”票仿印图样，打上齿孔，盖上假邮戳，伪造出全套“文”票信销票赝品，在收藏市场上高价出售，欺骗收藏者。还有的将“文”票中的筋票信销票的仿印图样打上齿孔，插进邮票册内，冒充真信销票。由于这种仿印的图样，采用原色、原大来印制，又打有与真票相同的齿孔度，再加上它是插在全套“文”票信销票中冒充真票出售，如不认真辨别，很容易上当受骗。这里所谈的文7（11）《浪淘沙 · 北戴河》邮票赝品，就是一枚插在全套“文”票信销票邮册中冒充真票，致使集邮者上当受骗。

那么，应该怎样来鉴别“文”票信销票的真伪呢？

① **用放大镜仔细观察每一枚信销票** 在现今有全套“文”票假票盖上假邮戳，在收藏市场上公开出售的情况下，集邮者在购买“文”票信销票时，用放大镜逐枚观察其真伪，是非常必要的，也必须这样做。不然，就很可能上当受骗。

② **看版别** 文7中毛主席诗词邮票均采用影雕套印，主席诗词的文字为雕刻版印制，刷色单纯，线条清晰。其他部分采用影写版印制。伪品采用胶版印制，主席诗词的黑色文字，采用彩色套印而成，线条毛糙，充满彩色网点（见图55）。

③ **看邮戳** 有的“文”票信销票采用伪品盖上假邮戳，邮戳虽是实盖上去的，但邮票是假的，也掩盖不了假信销票的实质；有的“文”票信销票中的筋票，是用信销票原色、原大的印刷图样来充真，但其邮戳也是印刷的，在放大镜下，可看见粗糙的印刷网点。

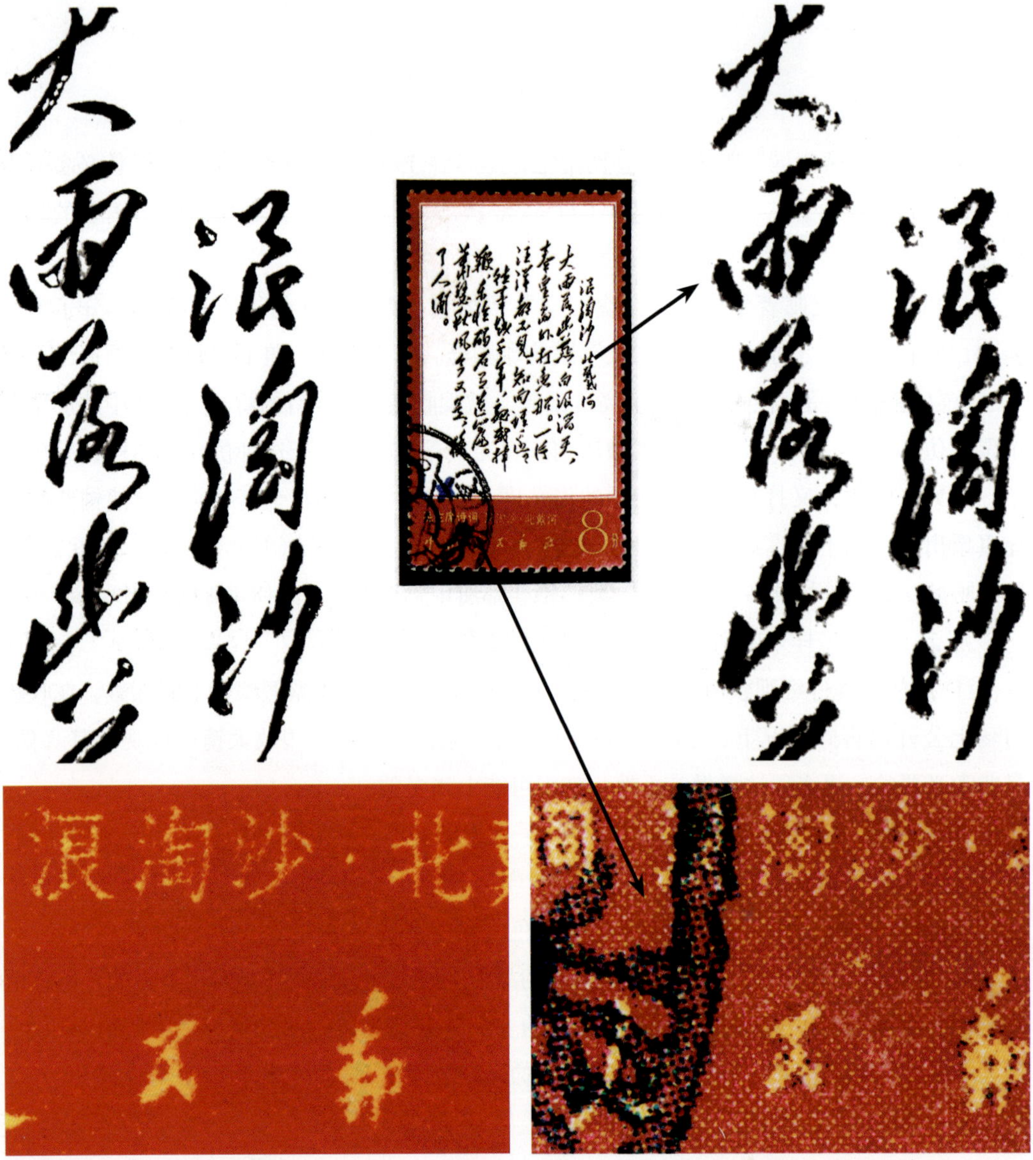

真　　　　伪

图55

文8 大海航行靠舵手 干革命靠毛泽东思想

1967年7月15日至12月5日，中国人民解放军海军召开了首次学习毛主席著作积极分子代表大会。11月29日，当时担任国防部长的林彪为大会题词：“大海航行靠舵手，干革命靠毛泽东思想。”

1967年12月26日，正值毛泽东同志诞辰之日，根据当时邮电部军代表的指示，中华人民共和国邮电部发行一套《大海航行靠舵手，干革命靠毛泽东思想》“文”字头邮票，全套1枚。面值8分。邮票规格40毫米 ×30毫米。邮局全张枚数为50（10×5）。背面刷胶。齿孔11度。发行量1000万枚。万维生设计。影写版。北京邮票厂印制。

这套邮票发行之后，被大量用于通信，消耗比较多。“林彪事件”之后，又销毁了一部分，因此，存世的新票很少。近期邮市上的“文字邮票”全套新票高达十几万元，其中文8新票因稀缺，于是造假者便利用高科技制版，采用刷有背胶的纸张、彩色胶印，并打有与文8真品相同的齿孔度，伪造出能够乱真的伪品。这种伪品，刷色同真品一样，缺乏鉴定邮品真伪经验的集邮者和邮资票品投资者，极易上当受骗，就是有一定鉴定邮品真伪经验的人，如不仔细观察，稍有大意，也会上当受骗。

那么，应该怎样来鉴别文8邮票的真伪呢?

① **看版别** 文8真品采用影写版印制，刷色纯正，文字和线条边缘呈锯齿状，伪品采用胶版印制，文字和线条均为实印，边缘较整齐，没有影写印制的真品所固有的锯齿状特征（见图56）。

② **看面值“8分”** 文8真品采用影写版印制，伪品则采用胶版实印，因此，面值“8分”真品印刷的版纹特征与伪品存有明显的不同。伪品面值“8分”文字，笔画整齐；真品面值“8分”文字边缘呈锯齿状。

③ **用紫光灯鉴别** 文8真品在鉴伪仪上的紫光灯照射下，白纸面呈亮白色；伪品在紫光灯照射下，白纸面呈暗紫色。

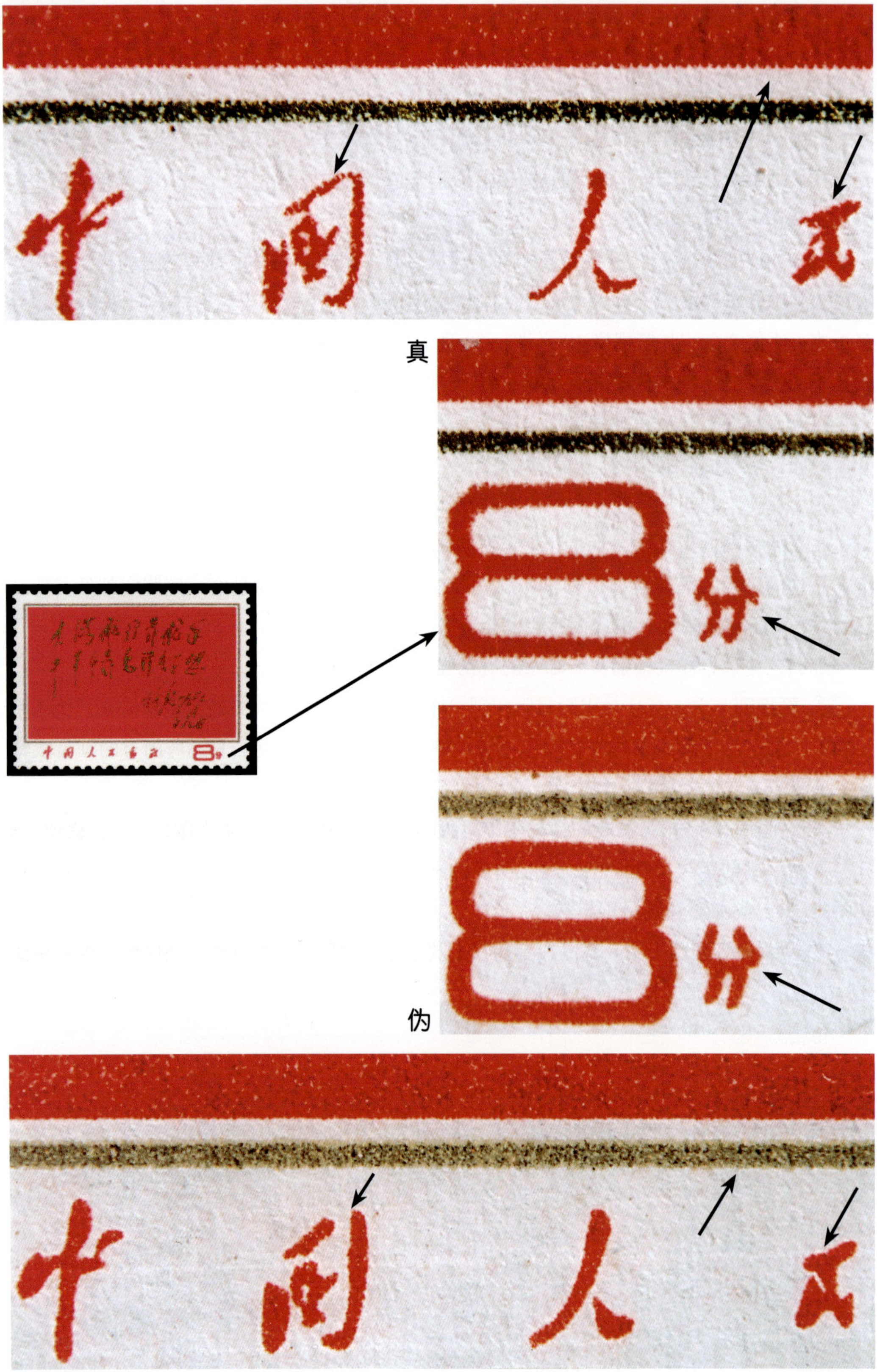

图56

3. 编号邮票

编 8–11 纪念巴黎公社 100 周年

1871 年 3 月 18 日，法国巴黎无产阶级举行起义，用革命的手段推翻了资产阶级的统治，3 月 28 日建立了人类历史上第一个无产阶级的政权“巴黎公社”。巴黎公社的诞生，是法国社会经济和政治矛盾发展的结果。当时拿破仑三世统治的法兰西第二帝国，对内实行残酷的压迫和剥削，对外发动侵略战争，劳动人民处于水深火热之中。1870 年 7 月，拿破仑三世在普法战争中被俘，战争失败。巴黎无产阶级为了挽救民族危机，在 1870 年 9 月 4 日发动了起义，推翻了拿破仑三世的统治，建立了由工人和手工业者组成的武装力量。但是，法国资产阶级利用巴黎工人的起义，从封建王朝手里攫取了政权，建立了“国防政府”，并勾结德国占领者对人民进行残酷的镇压。为了消灭革命力量，1871 年 3 月 17 日下半夜，法国资产阶级派遣反革命武装，向巴黎工人区进攻。这时，巴黎无产阶级毅然举行了武装起义，打退了资产阶级的进攻，夺取了政权。以梯也尔为首的反动政府逃往凡尔赛。3 月 26 日进行公社选举，3 月 28 日成立了巴黎公社。巴黎公社是无产阶级用革命暴力反对反革命暴力的结果。

1971 年 3 月 18 日，正值巴黎公社 100 周年纪念日，中华人民共和国交通部发行了《纪念巴黎公社一百周年》编号票，全套 4 枚。志号为“编 8–11”。面值分别为（8）4 分、（9）8 分、（10）10 分、（11）22 分。发行量（8）1114.5 万枚、（9）1514 万枚、（10）764 万枚、（11）196.5 万枚。邮票规格（8）、（10）为 30 毫米 ×40 毫米；（9）、（11）为 40 毫米 ×30 毫米。齿孔度（8）、（10）为 11 度 ×11.5 度；（9）、（11）为 11.5 度 ×11 度。邮局全张枚数（8）、（10）为 50（10×5）；（9）、（11）为 50（5×10）。张克让、吴建坤设计。（8）、（11）为影写版，（9）、（10）为影雕套印。（9）孙鸿年雕刻，（10）吴彭越雕刻。北京邮票厂印制。

这套邮票发行量比较少，当时面值 4 分、8 分邮票都被大量用于通信，因此，保存下来的全套邮票已经很少。早在 20 世纪 90 年代，邮市上已经出现伪品，笔者在 1999 年彩版《中国邮品辨伪必备》专著中曾经做过介绍，那时的伪品制作不精细，难以乱真。这里介绍的是造假者利用高科技制版，伪造的编 8、编 9，面值 4 分、8 分足可乱真的新伪品。这种新制作的伪品，编（8）采用胶版仿影写版，编（9）采用胶版仿胶雕套印；同真品一样均打有相同的齿孔度，刷有背胶；更让人吃惊的是，造假者连编（9）上的雕刻版暗记都伪造出来了。

编（8）“巴黎公社的一面旗帜”面值 4 分票，其鉴定方法如下：

① **看版别** 真品采用影写版印制；伪品则采用胶版仿影写版印制，红旗上的红色网纹夹角虽呈 45°，网点虽形似中空状，但均是采用胶版网纹仿制的，用高倍放大镜可看出它与真品的区别（见图 57）。

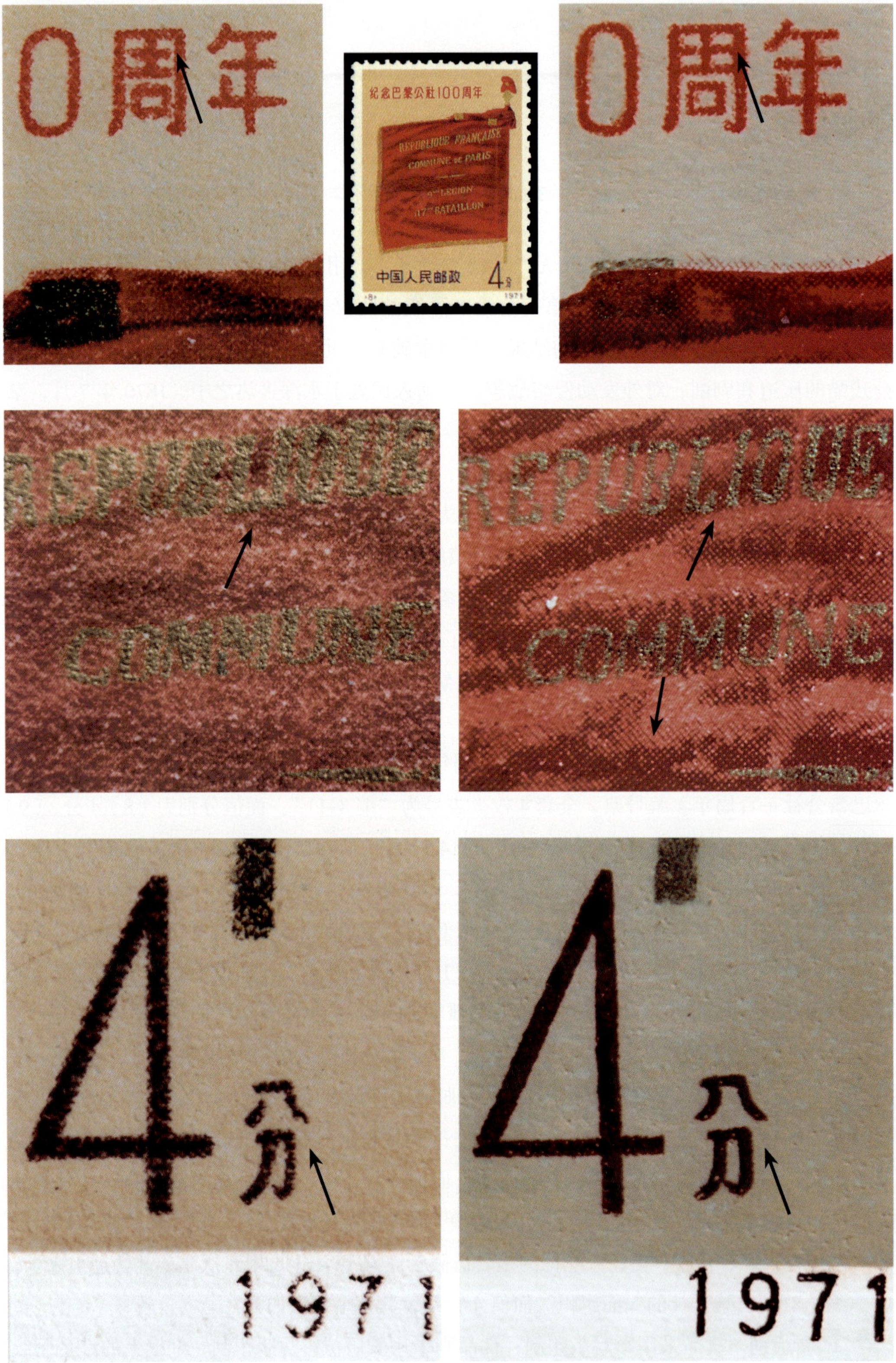

真 伪

图57

念巴黎

真

8分

念巴黎

伪

8分

真

纪念巴黎公社100周年
8分
中国人民邮政
(9)
1971

纪念巴黎公社100周年
8分
中国人民邮政
(9)
1971

伪

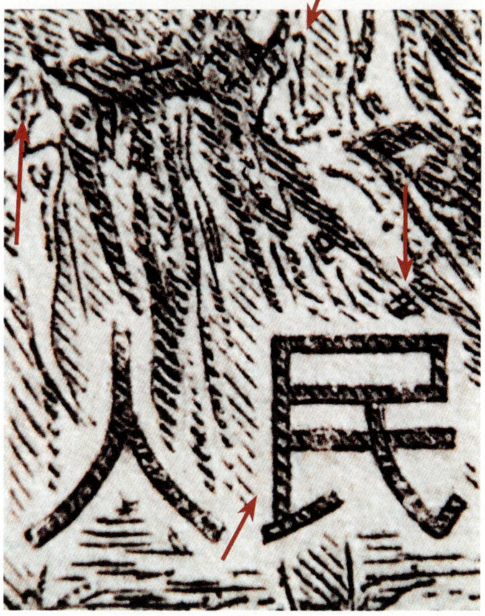
人民

真

人民

伪

图58

② 看邮票图案旗帜的顶部 真品旗帜顶部和票题“纪念巴黎公社100周年”中的“周”字，在网纹特征和文字笔画上，均与伪品存有较明显的差别。

③ 看面值“4 分”和“1971” 真品右下角上的面值“4 分”和年份“1971”，在网纹特征上与伪品有明显的不同，真品文字和数字笔画边缘呈锯齿状，伪品则呈胶版实印。

编（9）“巴黎无产阶级及其他劳动人民举行武装起义”8 分票，其真伪鉴定方法如下：

① 看版别 真品采用影雕套印，伪品则采用胶版仿影雕套印。因伪品用胶版仿影写版，在文字和刷色上，几可乱真，只有用高倍数放大镜观看，从文字笔画上发现它与真品的细微差别。如邮票上方的票题“纪念巴黎公社 100 周年”中的“黎”字，其第 12、13 笔处，伪品与真品存有较明显的笔画特征不同（见图 58）。

② 看暗记 编9真品在铭记“中国人民邮政”中的“人”字左上方和“民”字右上方，均藏有雕刻版的文字暗记“中”和“邮”字；伪品采用胶版实印仿雕刻版，印得十分精细，将真品中的文字暗记也都制作出来了，但只要用高倍放大镜仔细观察，就会发现伪品上的暗记与真品暗记在笔画上仍存有差别。除此之外，真品雕刻版印出的文字笔画上，均呈现有雕刻线条，而且线条均根根可数。而伪品文字笔画，几乎呈实印状，看不出线条，仅呈现星星点点的反白点儿。

③ 用紫光灯鉴别 在紫光灯照射下，真品编（9）白纸面呈亮白色，伪品则呈暗紫色。

编 78-81　工业产品

1949 ~ 1974 年，新中国成立 25 年来，中国机械制造工业贯彻自力更生、奋发图强的方针，发展速度很快，为各行各业提供了大量的新产品，而且有些产品已达到或超过了世界先进水平。

1974 年 12 月 23 日，为了宣传中国机械制造工业取得的成就，中华人民共和国邮电部发行了一套《工业产品》编号邮票，全套 4 枚。志号为编 78–81。面值均为 8 分。齿孔 11 度。背面刷胶。邮票规格（78）、（79）、（80）为 60 毫米 ×27 毫米；（81）为 27 毫米 × 60 毫米。邮局全张枚数（78）、（79）、（80）均为 35（5×7）；（81）为 35（7×5）。发行量均为 300 万枚。（78）、（80）、（81）杨白子设计；（79）程传里设计。影雕套印。其中（78）、（81）高品璋雕刻；（79）、（80）孙鸿年雕刻。北京邮票厂印制。

编（81）邮票图案是一台矿山机械——露天潜孔凿岩机，由第一重型机器厂制造。露天潜孔凿岩机是露天采矿中用以穿凿大直径（100 毫米以上）深孔的一种钻机。有旋转式和冲击式两种。普通旋转式钻机多用于穿凿煤层或中硬以下的岩层，冲击式钻机和牙轮旋转式钻机多用于中硬以上的岩层。

这套邮票发行量较少，仅 300 万枚。经通信消耗，新票存世量更少，因此全套新票售价较高。现今市场价为 1800 元。造假者为谋暴利，利用高科技制版，采用胶版仿影雕套印：用胶版网线仿影写版；用胶版实印仿雕刻版，伪造出足以乱真的编（81）邮票。

那么，应该怎样来鉴定编（81）“露天潜孔凿岩机”邮票的真伪呢?

① **看版别**　真品编（81）采用影雕套印；伪品采用胶版印制，用胶版仿影写版，但在版纹特征上与影写版存有不同，邮票上机器图案上的底色，其网纹夹角呈 0°；用高倍放大镜仔细观察邮票图案，尽管其用胶版实印仿雕刻版印制的线条很像雕刻版线条，足可以乱真，但是某些局部细微之处，仍与真品存有不同（见图 59）。

② **看邮票下方的票名**　真品编（81）票名“露天潜孔凿岩机”，文字笔画雕刻线条单一。印得瓷实，笔画上无反白；伪品则有反白，并且“露”、“潜”、“凿”等字，在笔画粗细、长短上，与真品存有一些不同。

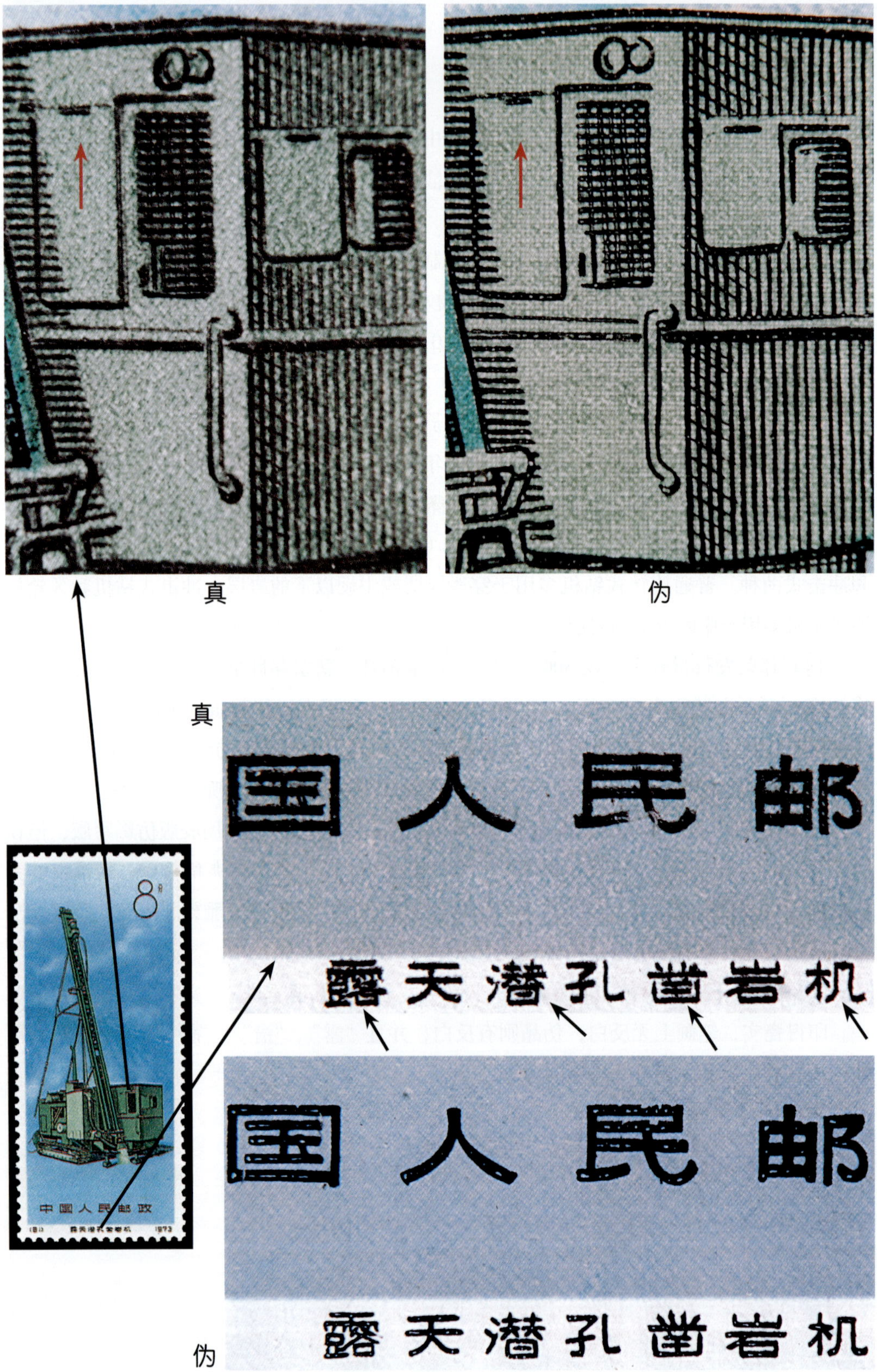

图59

4.“J”字头邮票

J.41M 里乔内第31届国际邮票博览会（小型张）

这枚小型张是中华人民共和国首次发行的加字小型张，单独占有一个志号，集邮者称其为“J.41M 加字小型张”。关于利用在 T.38M《万里长城（小型张）》真品上伪造加字变造的“J.41M 加字小型张”，笔者已在 1999 年彩版《中国邮品辨伪必备》专著中做了详细介绍。这里介绍的是造假者利用原色、原大印制精美的“J.41M 加字小型张”仿制品，打上齿孔，以假充真。这种伪品利用真品翻拍制版，用铜版纸采用胶版套印。因印制精美，对于缺乏鉴定邮资票真伪经验的集邮者来说，具有很大的欺骗性。

那么，应该怎样来鉴别这种“J.41M 加字小型张”的真伪呢？

① **看版别** 真品“J.41M”采用 T.38M 小型张在上面加字，T.38M 小型张采用影写版印制，因此真品“J.41M”其母体 T.38M 小型张上的邮票图案和小型张边饰图案，均是采用影写版印制；而伪品则均采用胶版印制，版别不一样，必假无疑（见图 60）。

② **看加字的金墨刷色** J.41M 加字小型张真品上加印的“里乔内第 31 界国际邮票博览会 1979 年”和志号“J.41（1–1）1979”的金墨刷色不一样，其中“里乔内第 31 届国际邮票博览会 1978 年”为烫金加字，金光灿烂；“J.41（1–1）1979”则为金墨印制，金光不够灿烂。伪品则采用胶版套印，用高倍放大镜观察这些加字，色彩混杂，网点粗糙，与真品存有十分明显的不同。

③ **看纸质** 真品采用专用邮票纸印制，纸质挺括；伪品采用铜版纸印制，纸质绵软。

④ **用紫光灯鉴别** 真品在紫光灯照射下，白色纸面呈紫红色，而伪品则呈淡紫色。

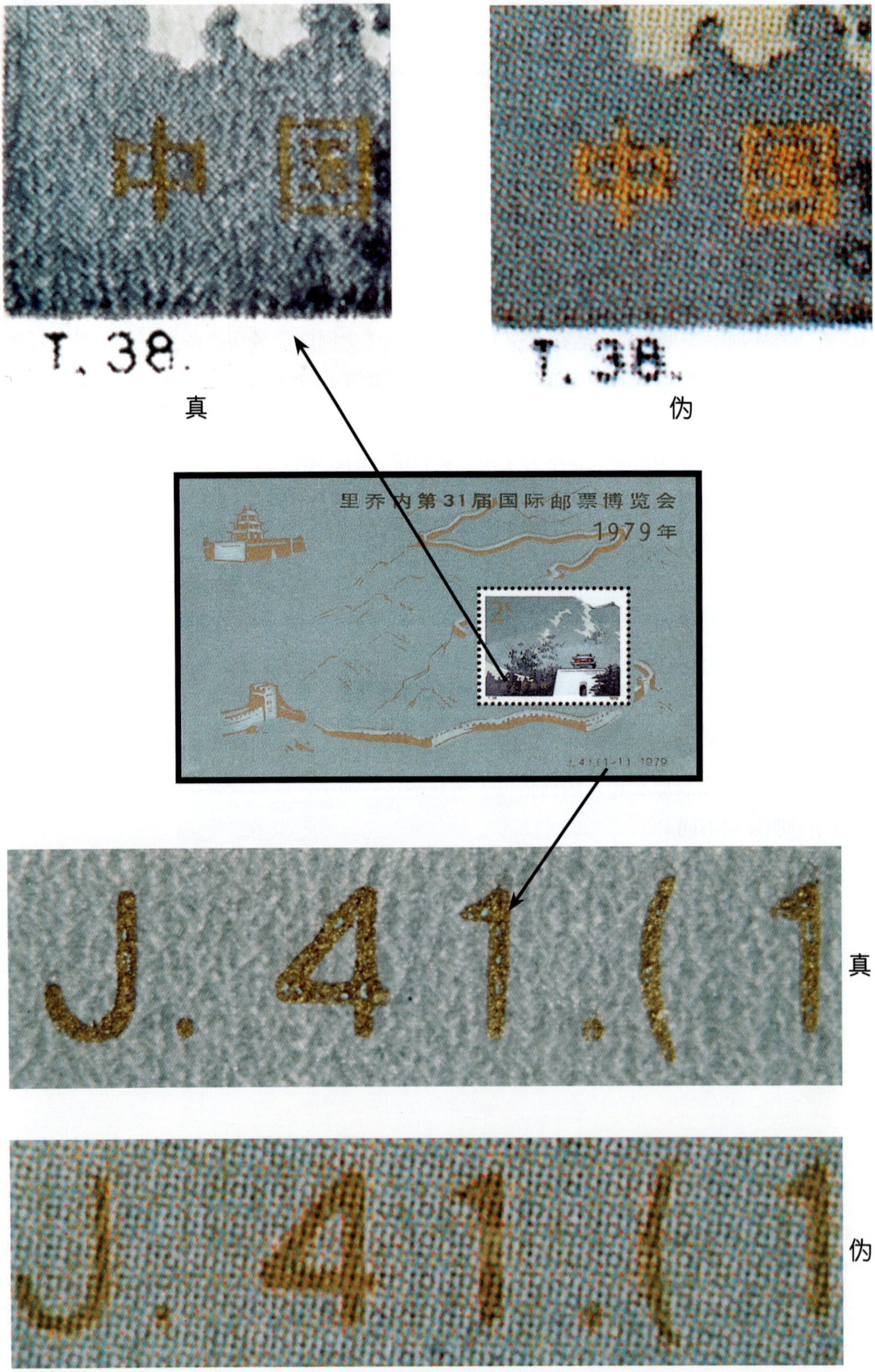

图60

J.42M 中华人民共和国邮票展览·香港（小型张）

J.42M 加字小型张是继 J.41M《里乔内第 31 界国际邮票博览会（小型张）》之后，中华人民共和国发行的第 2 枚加字小型张。关于利用在 T.37M《云南山茶花（小型张）》真品上伪造加字变造的“J.42M 加字小型张”，笔者已在 1999 年彩版《中国邮品辨伪必备》专著中详细介绍了。这里介绍的是造假者利用高科技用 J.42M 真品原大翻拍制版，彩色仿印，打上齿孔，以假充真。这种伪品，因印制精美，对于缺乏邮资票品鉴定经验的集邮者来说，容易上当受骗。

那么，应该怎样来鉴别 J.42M 加字小型张的真伪呢？

① **看版别** 真品 J.42M 采用 T.37M 小型张作为“母体”，在上面加字。T.37M 小型张采用影写版印制，其网纹特征为各种刷色均呈 45° 夹角，网点大小相同，呈中空状；伪品采用胶版套色印制，刷色杂乱。

② **看志号和铭文** J.42M 真品上，小型张上邮票志号和铭文均采用金色专版印制，文字金灿灿，刷色纯正；伪品采用胶版套印，刷色杂乱，志号模糊（见图 61）。

③ **看票名** 真品小型张边饰上的票名“山茶花”刷色纯正，金墨灿烂；伪品采用胶版套印，刷色杂乱。

④ **看加字的金墨刷色** J.42M 真品上加印的“中华人民共和国邮票展览一九七九年香港”和“J.42（1–1）1979”均为烫金加字，金光灿烂；伪品上的这些加字，均为胶版套印，用高倍放大镜观察，文字刷色混杂，无金色光泽（见图 62）。

⑤ **看纸质** 真品 J.42M 采用邮票专业纸印制，纸质挺括；伪品采用铜版纸印刷，纸质软绵，不挺括。

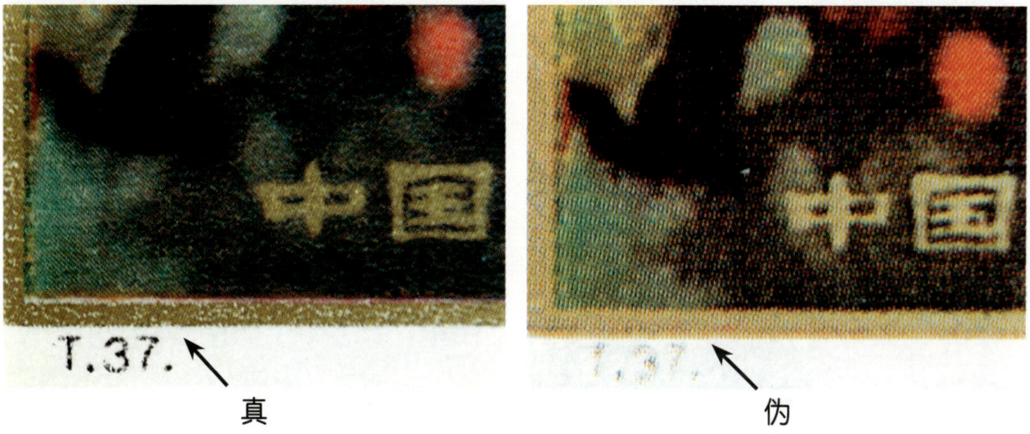

图61

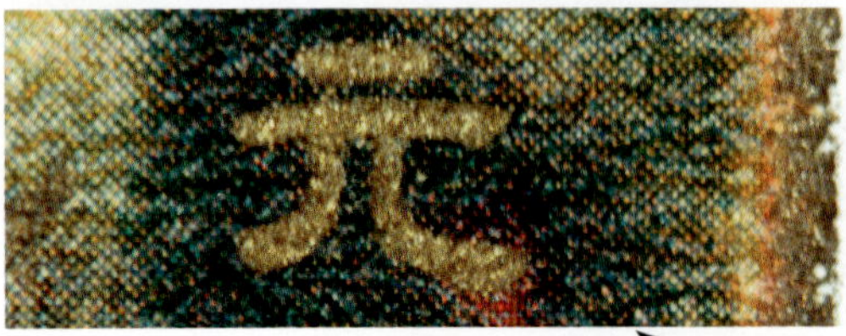

真

伪

真

伪

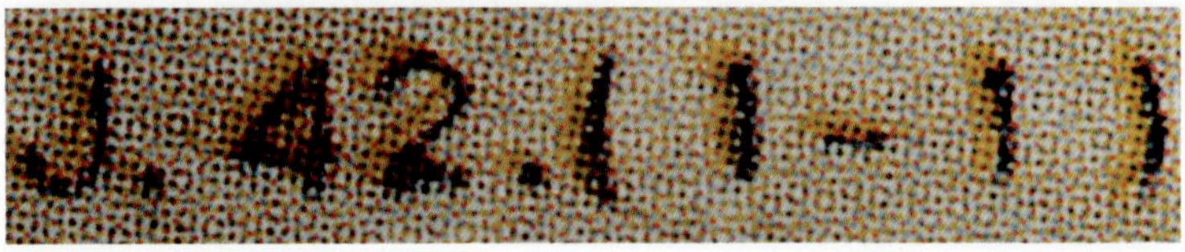

真

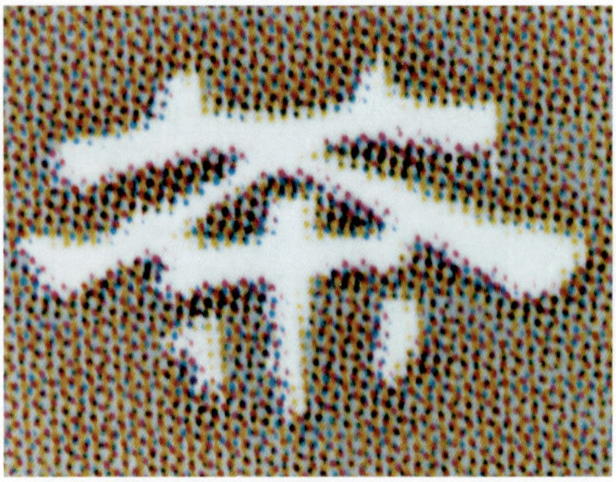

伪

图62

J.103M 第二十三届奥林匹克运动会（小型张）

1984年7月28～8月12日，第23届奥林匹克运动会在美国洛杉矶举行。中华人民共和国体育运动委员会派出体育代表团参加了这届奥运会。这是国际奥委会正式恢复中国奥委会合法席位以来，中国首次参加奥运会。为此，中华人民共和国邮电部发行一套《第二十三届奥林匹克运动会》纪念邮票，全套6枚，同时发行小型张1枚。小型张面值2元。小型张规格为96毫米 ×70毫米，邮票票幅规格为62毫米 ×38.5毫米。小型张图案由艺术体操中的藤操与奥运会标志五色环巧妙组成。齿孔11.5度。卢天骄设计。发行量219.2万枚。影写版。北京邮票厂印制。

这枚小型张发行量比较少，再加上题材比较好，受到广大集邮者的喜爱。邮市上发现的J.103M伪品均是采用真品原大翻拍制版，采用胶版印制。在笔者1999年彩版《中国邮品辨伪必备》一书中，已介绍过一种伪品，这里介绍的是另一种利用仿印的原大、原色邮票图，经伪造者打孔等“加工”而成的伪品。

鉴定这种伪造品的具体方法：

① **看版别和刷色** J.103M真品采用影写版印制，网点大小相同，呈中空，刷色纯正，各色网点均呈45°网纹夹角，小型张边饰采用金墨铺底，金墨灿亮，上面的图案和文字都很清晰；J.103M伪品采用胶版印制，各色网点均呈实心，网纹夹角也各不相同，边饰上的假金墨，采用套色印制，上面的图案和文字刷色杂乱，模糊不清（见图63）。

② **看志号和面值** J.103M真品志号和面值采用金墨专色、专版印制，刷色纯正；J.103M伪品采用四色套印，刷色杂乱，尤其是志号印得模糊不清。

③ **看纸质** J.103M真品采用专用邮票纸印制，纸质挺括，吸墨性能好；伪品采用铜版纸印制，纸面光滑发亮。

④ **看背胶** J.103M刷有背胶，胶面薄而均匀；伪品未刷背胶，小型张背面呈铜版纸本色。

⑤ **用紫光灯照射** J.103M真品与伪品所使用的纸张不同，在紫光灯照射下，真品白色纸面呈暗紫色，而伪品白色纸面则呈亮白色。

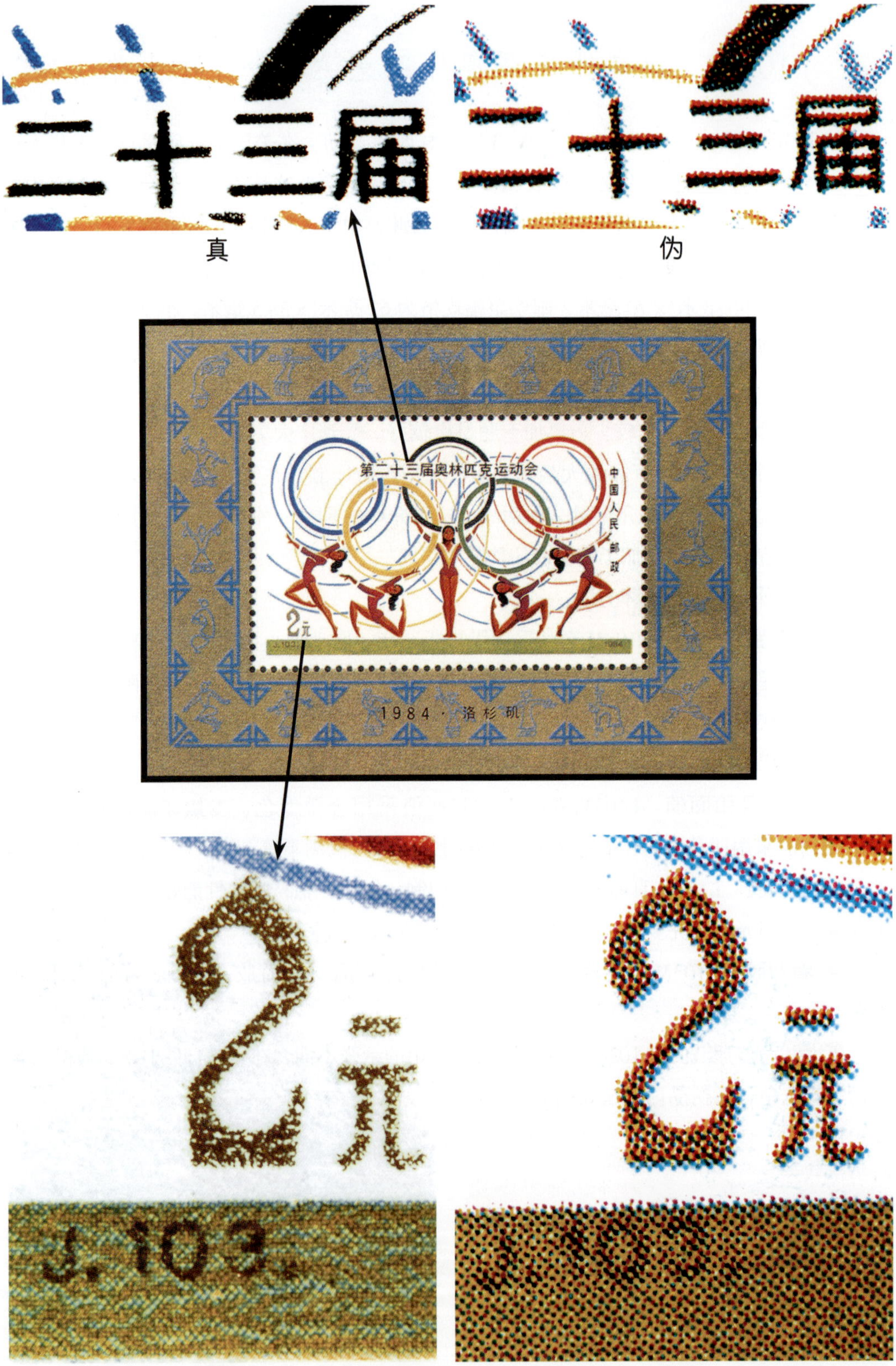

图63

J.135M 中华全国集邮联合会第二次代表大会（小型张）

1986年10月17～21日，中华全国集邮联合会第二次代表大会在北京人民大会堂召开。会上，会长成安玉代表全国集邮联合会第一届理事会向大会作了题为《发展和繁荣中国的集邮活动，为建设社会主义精神文明做出新贡献》的工作报告。工作报告总结了四年来的基本经验，指出了全国集邮联合会今后的中心任务。10月21日，大会举行全体会议，选举出第二届理事97人。第二届理事会举行第一次全体会议，聘请薄一波、朱学范为中华全国集邮联合会名誉会长，成安玉为顾问；选出朱高峰为会长，许宇唐、宋兴民、马任全、张包子俊、常增书为副会长，贾明为秘书长。同时选出25名常务理事。

1986年10月17日，为了祝贺中华全国集邮联合会第二次代表大会开幕，中华人民共和国邮电部发行1枚《中华全国集邮联合会第二次代表大会（小型张）》，志号为J.135M。刘硕仁设计。胶版。齿孔11.5度。背面刷胶。北京邮票厂印制。小型张面值2元，尺寸规格130毫米×80毫米，发行量388.433万枚。邮票票幅规格60毫米×40毫米，图案采用了北京故宫博物院收藏的战国邮驿凭证——“王命传”虎节。

这枚小型张发行量不算多，又是中华全国集邮联合会代表大会的系列小型张之一，发行之后就受到广大集邮者的欢迎。这枚小型张采用胶版印制，缺乏有效的防伪措施。不法分子为牟取暴利，利用高科技伪造J.135M《中华全国集邮联合会第二次代表大会》小型张。伪品用薄的蜡光纸胶版印制，打有齿孔。刷有假背胶，图案和文字比较清晰、逼真，只是刷色较真品显得浅淡；小型张边饰图上下两排“传舍之印”封泥印，也伪造得逼真。伪造的J.135M小型张整封出售，如不开封认真鉴定，极易上当受骗。

那么，应该怎样来鉴定J.135M小型张的真伪呢？

① **看网纹** 小型张真品采用胶版印制，伪品也采用胶版印制，印刷方式虽然相同，但真品与伪品的刷色网纹存在明显区别，真品的黑色和蓝绿色网纹夹角与伪品不同，这从小型张图案王命传虎节的虎头眼和耳部可清晰地看出（见图64）。

② **看志号和铭记** J.135M《中华全国集邮联合会第二次代表大会》小型张真品志号和铭记用黑色专版实印，伪品也是这样，但真品志号和铭记字体笔画印得瓷实、整齐，边缘整齐划一；伪品的志号和铭记字体印得轻浮，笔画不整齐，边缘凹凸不平整，有毛茬儿。这用高倍放大镜可以清晰地看出区别。

③ **看齿孔** J.135M《中华全国集邮联合会第二次代表大会》小型张真品齿孔度为11.5度，齿孔整齐、规范；伪品齿孔度也接近11.5度，但齿孔不整齐，齿孔间距不全一样，不在同一直线上。

④ **量规格** J.135M《中华全国集邮联合会第二次代表大会》小型张真品邮票规格为60毫米×40毫米，小型张外形规格为130毫米×80毫米；伪品邮票规格则为59毫米×40

毫米，小型张外形规格则为 128 毫米 ×80 毫米，均比真品小 1 ~ 2 毫米。

⑤ **看背胶** J.135M《中华全国集邮联合会第二次代表大会》小型张刷有化学背胶，薄而均匀；伪品刷有假背胶，迎光观看有胶星，但无黏性。

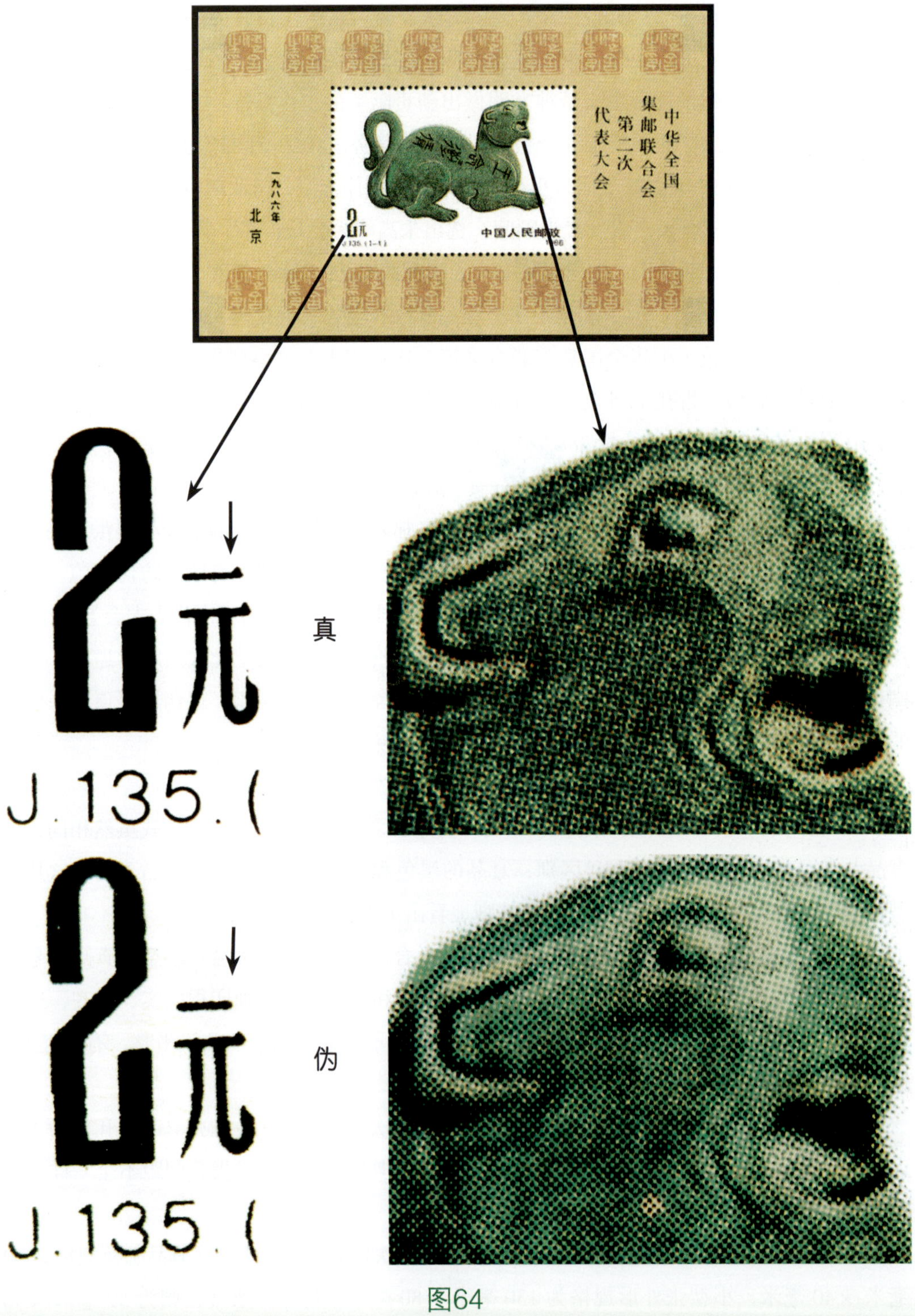

图64

J.174M 中华全国集邮联合会第三次代表大会（小型张）

1990年11月26～29日，中华全国集邮联合会第三次代表大会在北京人民大会堂举行。会上，会长朱高峰代表全国集邮联第二届理事会作了《为建设有中国特色的社会主义集邮事业而奋斗》的工作报告。大会选举出第三届理事会成员，朱高峰任会长。

1990年11月28日，为了祝贺中华全国集邮联合会第三次代表大会胜利召开，中华人民共和国邮电部发行一枚《中华全国集邮联合会第三次代表大会（小型张）》，志号为J.174M。小型张面值2元，尺寸规格130毫米×80毫米，发行量904.8万枚。邮票票幅规格60毫米×40毫米，图案采用了位于江苏省苏州市西南横塘彩云桥北侧的横塘驿亭建筑。齿孔11.5×11度。背面刷胶。影写版。刘硕仁设计。北京邮票厂印制。

这枚小型张发行以后，因票题“中华全国集邮联合会第三次代表大会”中的“第”字第七、九笔画相连封口，因此出现封口“第”变体，邮市一度对这枚小型张进行炒作。于是不法分子便乘机利用原大、原色仿印的小型张图案，打上齿孔，裁切成同小型张一样规格，在邮市上欺骗集邮者和邮资票品投资者。这种伪造的小型张，因采用铜版纸精印，刷色较逼真，再加上规格和齿孔度数与真品均相同，不会辨别真伪的人极易上当受骗。

那么，应该怎样来鉴定J.174M的真伪呢？

① **看版别** 真品J.174M采用影写版印制，印刷网点为圆形，大小相同，呈中空状，刷色网纹夹角均呈45°；伪品采用胶版彩色套印，印刷网点大小不一，呈实心状，各种刷色网纹夹角各不相同（见图65）。

② **看志号** 真品志号J.174M（1–1）采用黑色专版印制，伪品则采用四色套印；用高倍放大镜观看，真品黑版空心网点规正，色彩单纯；伪品呈现红、黄、蓝、黑色实心网点混杂在一起，造成笔画不规正。

③ **看小型张边饰** 真品小型张边饰上的蓝地，采用影写版蓝色网纹专版印制，刷色纯正；伪品采用红、蓝两色网版套印，刷色不单纯，蓝底色上混有红色网点。

④ **看背胶** 真品小型张刷有背胶，胶面均匀、整洁；伪品没有刷背胶，呈现铜版纸所应有的亮泽。

⑤ **看纸质** 真品小型张采用邮票纸印制，纸质挺括；伪品采用铜版纸印制，纸面光亮。

联

真

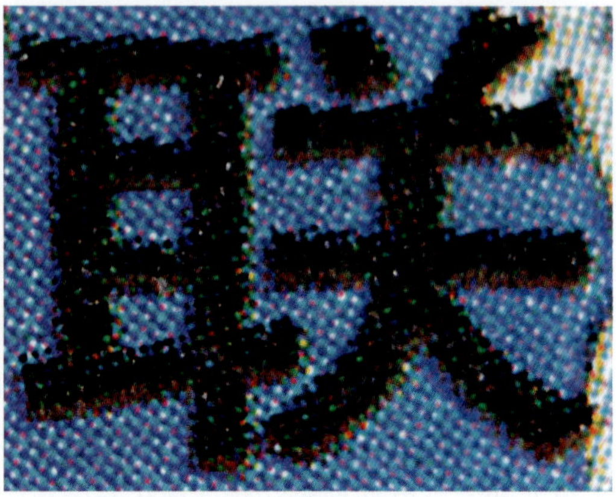
联

伪

中华全国集邮联合会第三次代表大会
中国人民邮政
2元
一九九〇年十一月北京

中国
J.174.(1—1)

真

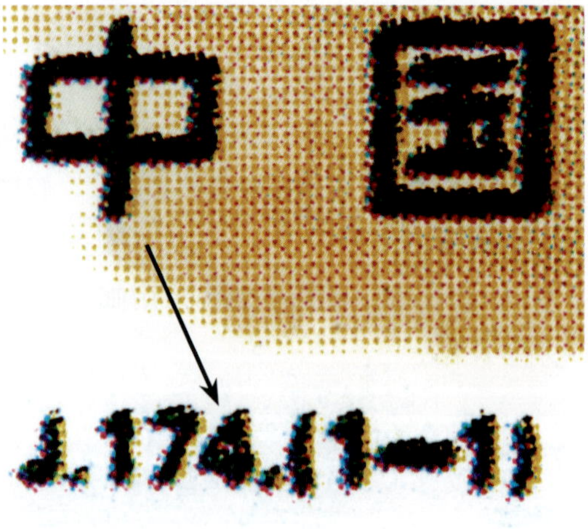
中国
J.174.(1—1)

伪

图65

J.176M 和平解放西藏四十周年（小型张）

1949 年 10 月 1 日，中华人民共和国成立。当时西藏还未获得解放，基于西藏特殊的历史、地理、民族、宗教等情况，中央人民政府制订了和平解放西藏的方针。这一方针有利于揭露帝国主义挑拨离间的阴谋，有利于消除长期封建统治所造成的民族隔阂，符合广大藏族人民和爱国的民族宗教上层人士的愿望。但是，帝国主义唆使西藏地方噶厦政府中的分裂主义分子，千方百计地企图阻挠人民解放军进驻西藏，阴谋将西藏从祖国大家庭中分裂出去。以摄政大札为首的分裂主义分子派"亲善使团"出国的阴谋虽未能得逞，但他们玩弄阴谋，拒派和谈代表，并从外国运进大批军火和军事器械，积极扩军备战，布重兵于昌都一带，企图依赖金沙江同人民解放军对抗。为了统一祖国，从极端反动、残酷的农奴社会中解放西藏人民。1950 年春，中央人民政府命令中国人民解放军向西藏进军。1950 年 10 月 7 日，中国人民解放军巧渡金沙江，于 19 日解放昌都，打击了帝国主义和分裂主义分子的嚣张气焰，为和平解放西藏铺平了道路。1951 年春，大札下台，十四世达赖喇嘛亲政，即委派以噶伦阿沛 · 阿旺晋美为首席代表的 5 人全权代表，到北京进行谈判。在充满团结和睦、互敬互谅的友好气氛中，经过近一个月的谈判，终于在 1951 年 5 月 23 日正式签订了《中央人民政府和西藏地方政府关于和平解放西藏办法的协议》（简称"十七条协议"），宣告了帝国主义妄图分裂中国、策划"西藏独立"阴谋的破产，祖国大陆实现了统一。

1991 年 5 月 23 日，正值《中央人民政府和西藏地方政府关于和平解放西藏办法的协议》正式签订 40 周年纪念日，中华人民共和国邮电部发行纪念邮票一套，同时发行小型张 1 枚。志号为 J.176M。小型张面值 2 元。规格为 75 毫米 ×100 毫米。邮票票幅为 40 毫米 × 54 毫米。图案采用"票中票"形式，中心图案为 1952 年 3 月 15 日发行的纪 13（4–1）"西藏布达拉宫全景"，周围环绕着装饰化的祥云和展翅飞翔的仙鹤。小型张邮票齿孔 11 度。发行量 883.6 万枚。嘎德、王虎鸣设计。影写版。北京邮票厂印制。

这枚小型张发行之后，正值邮市"热炒"，于是有的不法分子为牟利，使用原大、原色仿印的小型张图案，打上齿孔，在邮市上招摇撞骗，欺骗缺乏鉴定邮票真伪经验的集邮者。伪品采用铜版纸彩色胶印，刷色逼真，规格和齿孔度均与真品相同。

那么，应该怎样来鉴定 J.176M 小型张的真伪呢?

① **看版别** 真品采用影写版印制，刷色纯正，网点呈圆形中空状，各种刷色网纹夹角均呈 45°；伪品采用胶版套印，刷色混杂，网点呈实心状，各种刷色网纹夹角不相同，其红色呈 45° 网状（见图 66）。

② **看面值和志号** 真品面值和志号均采用金墨印制，金光灿烂；伪品采用套色印制，刷色混杂。

③ **看纸质** 真品采用邮票纸印制，纸质挺括；伪品采用铜版纸印制，纸面光亮。

真

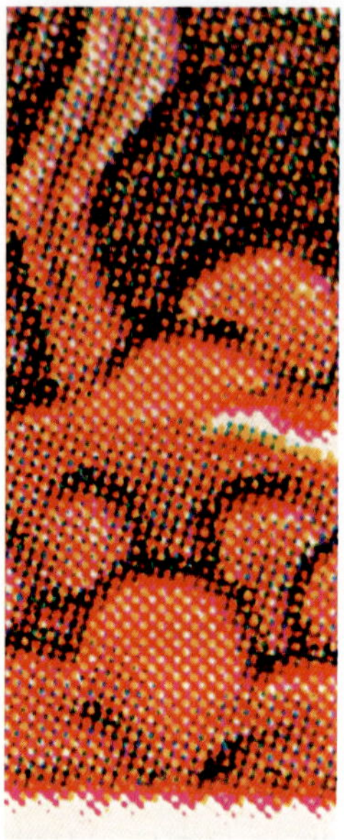

伪

真

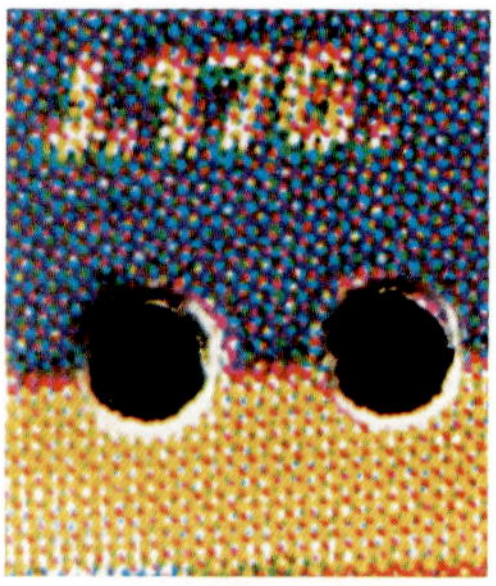

伪

真

伪

图66

5.“T”字头邮票

T.11 革命纪念地——韶山

韶山位于湖南省湘潭县城西40千米，湘乡、宁乡、湘潭县交界处。四周峰峦耸峙，气势磅礴，是南岳七十二峰之一。相传，虞舜南巡经过此峰时，曾演奏过韶乐，故而得名。韶山四季松柏葱茏，风景十分秀丽。山麓有毛泽东故居。中华人民共和国成立后的1964年建立了毛泽东故居陈列馆。1967年，修筑了韶山至长沙的铁路，建立了韶山火车站，以便人们前往瞻仰、参观。1968年，按照毛泽东1925年领导农民运动时的湘潭西二区所辖范围，建立了韶山区，直属湖南省领导。

1976年12月26日，正值毛泽东诞辰纪念日，中华人民共和国邮电部发行一套《革命纪念地——韶山》特种邮票，全套4枚，志号为T.11。许彦博设计。影写版。背面刷胶。邮局全张枚数30（3×10）。北京邮票厂印制。齿孔11度×11.5度。邮票票幅规格60毫米×30毫米。（4–1）面值4分，发行量1000万枚，图案为毛泽东的韶山故居外景；（4–2）面值8分，发行量1000万枚，图案为毛泽东创办的韶山农民夜校旧址外景；（4–3）面值为8分，发行量500万枚，图案为1927年毛泽东考察湖南农民运动时建立的农民协会旧址外景；（4–4）面值10分，发行量200万枚，图案是韶山火车站外景。全套4枚邮票图案，统一采用金色粗线边框，并将铭记、面值和票名、志号等文字，分别设计在边框外右侧与底部的白地上，即使画面保持完整，又显得醒目庄重。

这套邮票发行量比较少，题材比较好，受到广大集邮者喜爱。有的不法之徒为了牟利，将原色原大仿真印制的邮票图案，打上齿孔，以假充真卖给缺乏鉴定邮资票品真伪经验的初学集邮者，使他们上当受骗。

那么，应该怎样鉴定T.11邮票的真伪呢?

① **看版别** T.11真品采用影写版印制，刷色纯正，网点大小相同，呈圆形中心空心状；T.11伪品采用胶版套色印制，网点大小不同，呈实心状。二者有明显的区别（见图67）。

② **看纸质** T.11真品采用邮票专用纸印制，纸色挺括坚韧；伪品采用铜版纸印制，纸面光滑明亮，纸质绵软。

③ **看背胶** T.11真品背面刷有背胶，胶面均匀光亮；伪品背面未刷背胶。

④ **看刷色** T.11真品刷色纯正、鲜艳，边框和面值、志号均采用专版专色印制；伪品刷色不够鲜亮，采用套色印制，与真品有明显的区别。

图67

T.37M 云南山茶花（小型张）

山茶花又名曼陀罗树，常绿灌木或小乔木，原产于中国、朝鲜和日本等地，是著名的观赏植物。中国山茶主要分布在长江以南各省，以云南为最盛。云南山茶花名南山茶，又名滇山茶、大茶花，树干高疏，叶色深绿，花色常见的有桃红、银红、艳红、白色等。据说，云南有一种很少见的紫色山茶花。有人评价山茶花有十绝：（一）艳而不妖；（二）寿经 300 ~ 400 年尚如新植；（三）枝干高耸 4 ~ 5 丈，大可合抱；（四）肤纹苍润，黯若古云气樽罍；（五）枝条黝纠，形如鹿尾龙形；（六）蟠根兽攫轮囷离奇，可凭而几，可借而枕；（七）丰叶如幄，森沉苍茂；（八）性耐霜雪，四时常青；（九）次第开花，历 2 ~ 3 月；（十）水养瓶中，十多日颜色不变。

1979 年 11 月 10 日，为了展现中国珍贵的植物资源，中华人民共和国邮电部发行一套《云南山茶花》特种邮票，全套 10 枚（有关全套 10 枚邮票真伪的辨别方法，详见笔者 1999 年彩版《中国邮品辨伪必备》），同日发行小型张 1 枚。小型张志号为 T.37M。面值 2 元，尺寸规格 135 毫米 ×90 毫米，发行量 25 万枚。邮票票幅规格 90 毫米 ×40 毫米，图案由云南山茶花中的“宝珠茶”、“松子麟”、“麻叶蝶翅”等名贵品种组成。任宇设计。影写版。齿孔 11.5 度 ×11 度。背面刷胶。北京邮票厂印制。

这枚小型张印制精美，发行量少，供不应求，邮市上售价比较高。在炒邮高潮时期，有些不法分子便乘机用 T.37M 真品原大翻拍制版，彩色仿印，打上齿孔，以假充真。

那么，应该怎样鉴定 T.37M 的真伪呢？

① **看版别** 真品 T.37M 采用影写版印制，伪品采用胶版印制，二者版别不同，网点特征不一样。这可以用来进行快速鉴定（见图 68）。

② **看志号** 真品 T.37M 志号“T.37”采用金墨专版印制，用高倍放大镜观察，可见金光灿烂：伪品采用套色胶印，可见红、黄、蓝网点。

③ **看背胶** 真品 T.37M 刷有背胶，胶面薄而均匀；伪品未刷背胶。

④ **看面值** 真品 T.37M 面值“2 元”二字，采用金墨专版印制；伪品面值“2 元”二字，用胶版彩色套印，二者存在明显区别。

⑤ **看边饰图上的“山茶花”文字** 真品 T.37M 边饰图用金墨专版套印，用高倍放大镜观察“山茶花”字样，可见金色；伪品采用彩色套印，无金色，刷色混杂，文字发虚，笔画不整齐。

真

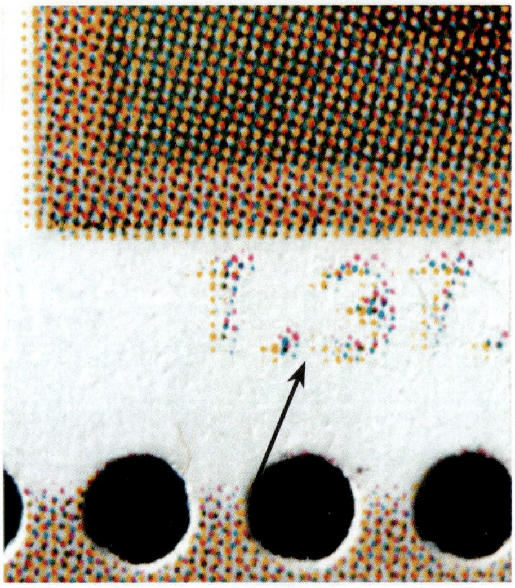

伪

真

伪

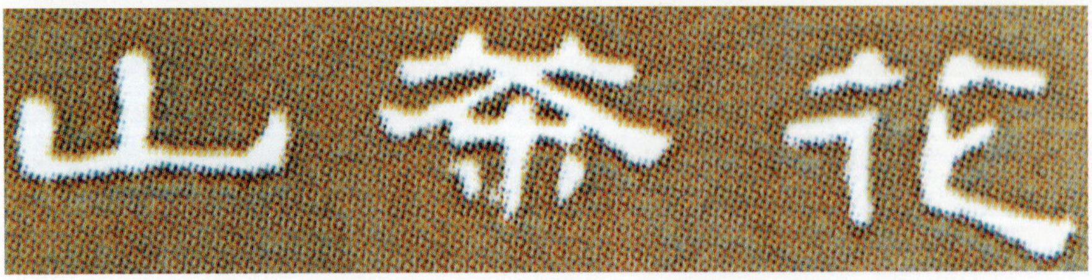

图68

T.42 台湾风光

台湾是中国第一大岛。位于中国东南部海洋上，隔台湾海峡与福建省相望。自隋至元约七八百年间，台湾曾有“夷州”、“流求”、“留仇”、“流虬”、“瑠球”等许多名称。明嘉靖（公元1522年～1566年）以后，台湾海峡两岸贸易频繁，大陆沿海居民都与台南地区一个叫“台窝湾”的土著民族交易，后来，人们的发音转化了，把“台窝湾”叫成“大员”、“大湾”、“台员”，最后，便统称全岛为“台湾”。清初设置的台湾府；清光绪十一年（公元1885年）开始改为行省，称台湾省。台湾省包括台湾岛、澎湖列岛和龟山岛、火烧岛、兰屿、彭佳屿、钓鱼岛、赤尾屿等70多个大小岛屿，面积36000平方千米。其中台湾本岛像一个纺锤，面积35780平方千米。台湾中央凸起为台湾山脉，东部陡峭，面临数千米深的大洋海沟；西部比较平缓，与大陆相隔的台湾海峡深不及80米。从种种迹象研究，千百万年前台湾曾和祖国大陆相连，在第三纪喜马拉雅造山运动时期才升起成山，逐步成为目前形式的一大陆岛。居民以汉族为主，占97%；少数民族有高山族。1895年（清光绪二十一年），台湾为日本侵占；1945年抗日战争胜利后归还中国；1949年蒋介石集团逃窜台湾后，在美帝国主义的支持下，千方百计搞“台湾独立”、“两个中国”等阴谋，企图把台湾从祖国大家庭中分割出去。1978年，中国政府向台湾当局提出“通邮、通航、通商”的三通建议后，为促进海峡两岸人民的交往和相互了解，《人民日报》自1978年开始，以“祖国的宝岛——台湾”为刊头，陆续刊登有关台湾的消息和介绍台湾的风光。1979年2月4日（星期日），《人民日报》在第六版上以整版篇幅，刊出10幅台湾风光彩色照片，这是《人民日报》第一次刊登台湾风光照片，引起了国内外人士的普遍关注。当天，中华人民共和国邮电部邮票发行局领导便研究决定，在1979年度的邮票发行计划中增添了一套《台湾风光》特种邮票。

1979年10月20日，为了介绍台湾的美丽风光和悠久历史，中华人民共和国邮电部发行一套《台湾风光》特种邮票，全套6枚，其中低面值8分（6–1）、（6–2）、（6–3）、（6–4）发行量均为1500万枚；高面值55分、60分的（6–5）、（6–6）发行量均为150万枚。孙传哲设计。影写版。齿孔11度 ×11.5度。背面刷胶。邮票规格为40毫米 ×30毫米。邮局全张枚数50（5×10）。北京邮票厂印制。

这套邮票全套仅发行150万套，发行量比较少，筋票是2枚高面值邮票。造假者如若造假，首选应是其中的高值票。因为这套邮票中4枚低面值8分邮票，发行量均为1500万枚，是比较多的。但是，造假者利用高科技伪造的这套可乱真的邮票赝品，首先被发现的是低面值8分（6–1）、（6–2）、（6–3）、（6–4），被鱼目混珠装进《祖国万岁》60周年礼品册内。笔者推断，造假者很可能伪造了全套邮票，将其中高面值2枚赝品与真票中发行量大的4枚低值票配套；而将赝品中低值票，则装进礼品册内欺骗购买者。由于造假者利用高科技制版，将这套邮票伪造得比较逼真，这就给集邮者和邮资票品投资者在鉴定其真

真　伪

图69

伪时带来一定困难。

那么，应该怎样来鉴别T.42《台湾风光》邮票的真伪呢？

① 看版别 真品 T.42 采用影写版印制，伪品则采用胶版印制，两者版纹特征不同：真品版纹细腻，伪品版纹粗糙；真品各种刷色网纹夹角均呈 45°，伪品各种刷色网纹夹角各不相同，套色后呈“梅花”状（见图 69）。

② 看志号、铭记和面值 真品 T.42 志号、铭记和面值均采用影写版黑色专版印制，笔画边缘呈锯齿状；伪品利用高科技制版，则采用胶版黑色专版印制，笔画边缘实印得整齐，或采用胶版仿影写版使笔画边缘呈“锯齿”状，但“锯齿”网点呈实心，毫无真品锯齿中的中空网纹特征（见图 70）。面值中“分”字，真品与伪品有明显的不同。

③ 看特殊部位 真品 T.42（6–4）中飞翔的海鸟刷色纯正，网纹均呈 45° 中空状，伪品刷色杂乱，网纹呈实心状；真品海水蓝色呈影写版所特有的水波纹，伪品海水蓝色呈胶版套印刷色网点杂乱。

④ 用紫光灯鉴别 真品 T.42 在紫光灯照射下，白纸呈淡紫色；伪品白纸呈暗紫色。

真

真

伪

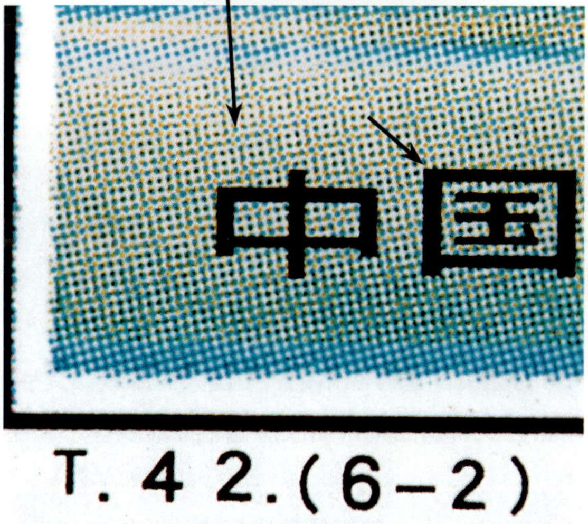

伪

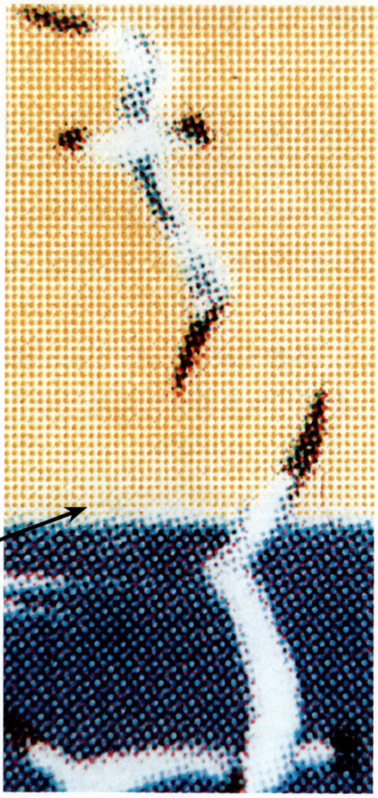

伪

伪

图70

T.43 中国古典小说——《西游记》

1979年12月1日，为了宣扬中华民族伟大的古典文学遗产，中华人民共和国邮电部发行一套《中国古典小说——〈西游记〉》特种邮票，全套8枚。《西游记》是中国文学史上一部不朽的神话小说，二十卷一百回。作者吴承恩。这套邮票图案吸取了京剧和动画片的一些特点，运用民间年画的处理手法，工笔单勾，重彩浓染，人物略有夸张，使孙悟空的形象突出地活现在画面上，具有较强的艺术感染力。邮票规格30毫米×40毫米。邮局全张枚数50（10×5）。邮票面值和发行量：（8–1）8分1500万枚；（8–2）8分1500万枚；（8–3）8分1500万枚；（8–4）8分1500万枚；（8–5）10分500万枚；（8–6）20分400万枚；（8–7）60分150万枚；（8–8）70分150万枚。齿孔11.5度×11度。李大玮设计。影写版。北京邮票厂印制。

这套邮票发行之后，深受广大集邮者的喜爱。但由于全套发行量少，特别是高值票，面值60分、70分仅发行150万枚，因此，全套票仅有150万套。由于全套邮票较紧俏，全套邮票中面值60分、70分票便成了“筋票”。造假者为牟暴利，利用高科技，将面值60分和70分真票翻拍制版，胶版印制，打上与真票相同的齿孔度，伪造出足以乱真的T.43（8–7）、T.43（8–8），同发行量较大的T.43其他6枚邮票的真品配成全套，在邮市上高价出售。由于这2枚面值60分、70分的高值票伪品制作逼真，刷色精美，票幅和齿孔度均与真品一样，集邮者在购买时，如不认真鉴定其真伪，极易上当受骗。

那么，应该怎样鉴定T.43（8–7）、T.43（8–8）的真伪呢？

① **看版别** T.43真品采用影写版印制，伪品则采用胶版印制，尽管造假者利用高科技，在制版时，尽力用胶版来模仿影写版的线条边缘呈锯齿状的特征，但网点特征并不一样，影写版网点呈圆形中空状，胶版网点则呈实心状；在深刷色处，影写版常呈现水波纹，而胶版则呈网点套印，呈铜钱状（见图71）。

② **看志号和铭记** T.43中面值60分、70分票真品志号和铭记“中国人民邮政”文字，采用影写版黑色专版印制，文字笔画边缘呈锯齿状；伪品则采用胶版黑色专版实印，文字笔画瓷实、边缘光洁。

③ **看面值和边框线** 真品T.43面值60分、70分票，其面值和边框线均采用影写版黑色专版印制，文字笔画和边框线的边缘，均呈锯齿状；伪品T.43面值60分、70分则采用胶版印制，其面值和边框线采用胶版黑色专版实印，文字和边框线边缘整齐，与真品存有明显的差别（见图72）。

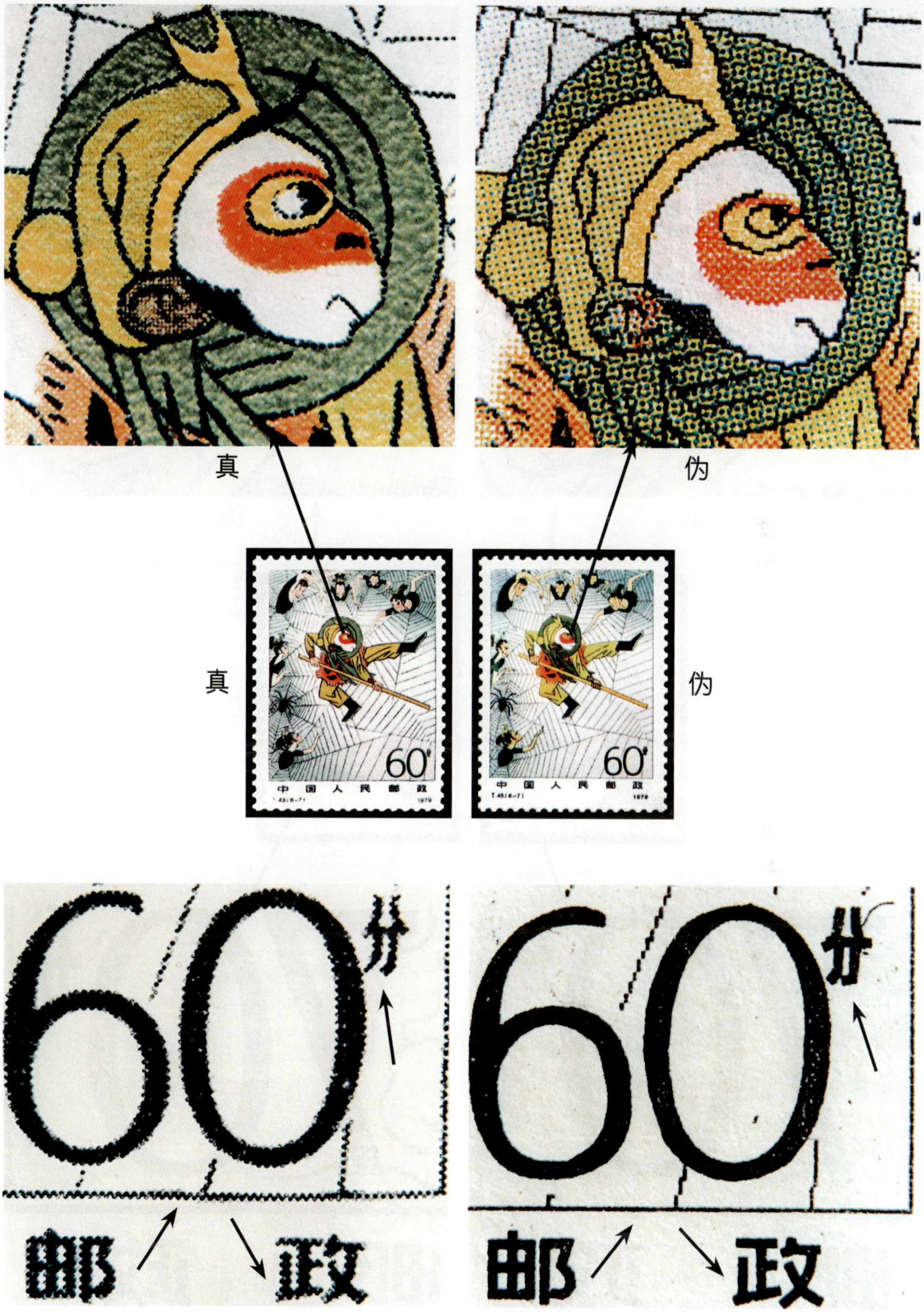

图71

真

伪

真

伪

真

伪

图72

T.46 庚申年

1980年2月15日发行的T.46《庚申年》猴票，不仅人见人爱，深受广大集邮者的厚爱，而且也成为中国邮市是“牛”、是“熊”的风向标。特别是2010年春节之后，T.46《庚申年》猴票几乎一个月一个价，成了邮市领涨的“带头羊”，由年初单枚售价4000多元，直涨到5月的每枚售价8000多元；更为惊人的是整版《庚申年》猴票由年初售价不足50万元，到5月已涨到100万元。这大大出乎许多业内人士的意料。《庚申年》猴票，当之无愧地成了新中国发行的珍贵邮票之一，也是新中国正式发行的邮票中增值最多、最快的邮品。因此，它也成为造假者伪造的重要目标。早在20世纪90年代，邮市上就陆续出现了多种用雕刻版伪造的赝品，使许多不识真伪的集邮者上当受骗。这些赝品尽管采用雕刻版和胶版套印，但与真品采用影写版和雕刻版套印，无论在雕刻线条和印刷版纹上，均存有明显的差别。一般来说，有一定鉴别邮票真伪经验的集邮者，还是能够辨别的。

现如今，又出现了两种新伪造的《庚申年》猴票，一种为伪甲，另一种为伪乙。这两种新伪品制作工艺相同，仅在细微处存有不同。这是造假者利用高科技制版，采用胶版仿影写版和雕刻版照样仿真，采用胶版套印，打有与真品相同的齿孔度；刷有背胶；邮票背面也同真品一样有黑色油墨沾印；邮票图案上的金墨金光灿烂，“雕刻线条”清晰、根根可数，简直如同真品，像是从一个模子出来的一样。说它真的能乱真，一点儿也不夸张，极具有欺骗性（见图73）。笔者曾将这种赝品同真品一起，在集邮圈内让人辨别，大多数被测试者误将赝品当真品。这真是假作真来真也假啊！

这两种新出现的《庚申年》猴票赝品，根据笔者所见到的伪甲带边纸票分析判断，应该是同真品一样，采用印刷全张印制；一个印刷全张可以裁切成2个邮局全张，在版票边纸上印有色标和厂铭。将这种赝品整版分撕成单枚出售，甭说缺乏鉴定经验的集邮者和邮资票品投资者难辨出真伪，就是有一定鉴定经验的人，如不用高倍放大镜（30～100倍）仔细观察和分辨，也可能鉴别不出其是真是伪。

伪甲

图73

那么，应该怎样来鉴别这种T.46《庚申年》猴票的真伪呢？

① **看邮票图案红底色的网纹特征** 用高倍放大镜观察邮票红底色的网纹特征，真品采用影写版印制，网纹细密而均匀；伪品则采用胶版仿影写版印制，其红底色网纹虽酷似影写版，但网点明显比真品粗大、不均匀，但伪乙较伪甲更逼真（见图74）。

② **看铭文和“庚申年”** 真品T.46上的“中国人民邮政”铭文和“庚申年”，文字笔画雕刻较细；伪品笔画较粗，特别是“中国人民邮政”中的“中国”、“政”字和“庚申年”中的“庚”、“年”字，伪品同真品存有较明显的差别，伪乙更逼真（见图75）。

③ **看志号** 真品T.46（1-1）志号笔画雕刻较细；伪品则较粗。

④ **看面值“8分”和“1980”** 真品面值“8分”中的“8”字，其上半部分的“0”笔画上的右下部最后一根雕刻线条，与下半部分“0”笔画上的雕刻线条不相连接；

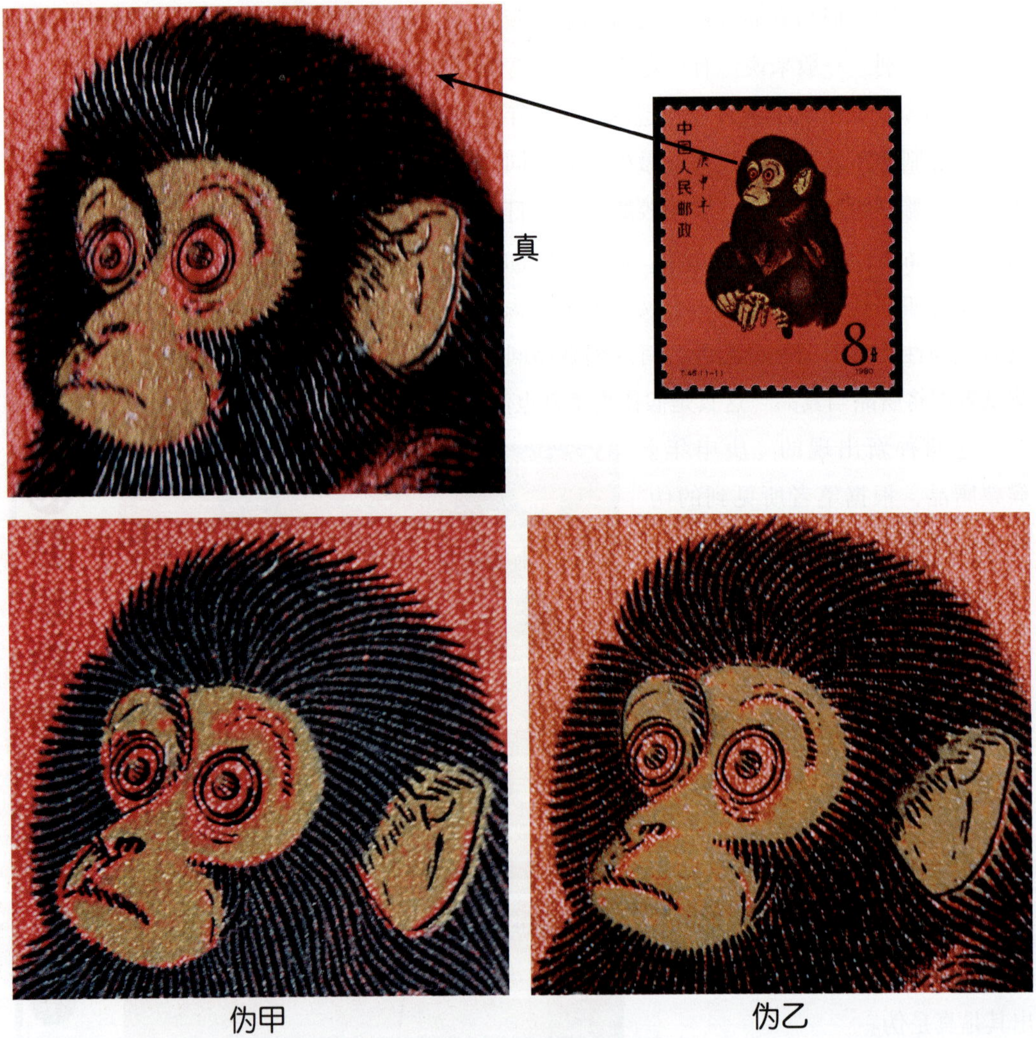

图74

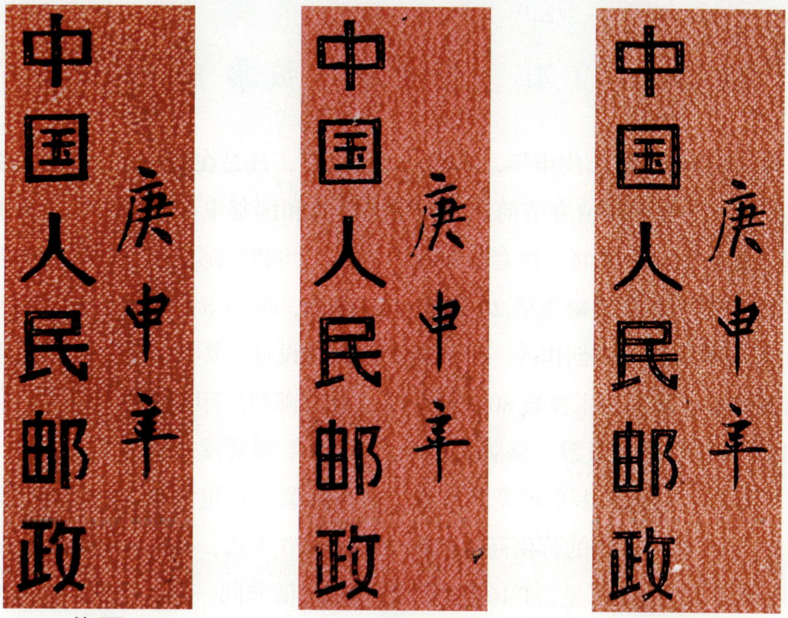

伪甲　　真　　伪乙

图75

伪甲则相连接，而伪乙则不相连接。“1980”中的“0”字，真品较圆、较大；伪甲则较瘦、较小，伪乙较逼真（见图 76）。

⑤ **看刷色**　真品邮票图案上的黑色，采用雕刻版油墨印制，墨色厚重、发亮；伪品则采用普通油墨印制，墨色光亮度差。伪甲红底色偏紫红，不如真品鲜红。

⑥ **看纸质**　真品 T.46 纸质精细，纸面光洁；伪品纸面略显粗糙，不如真品洁白。

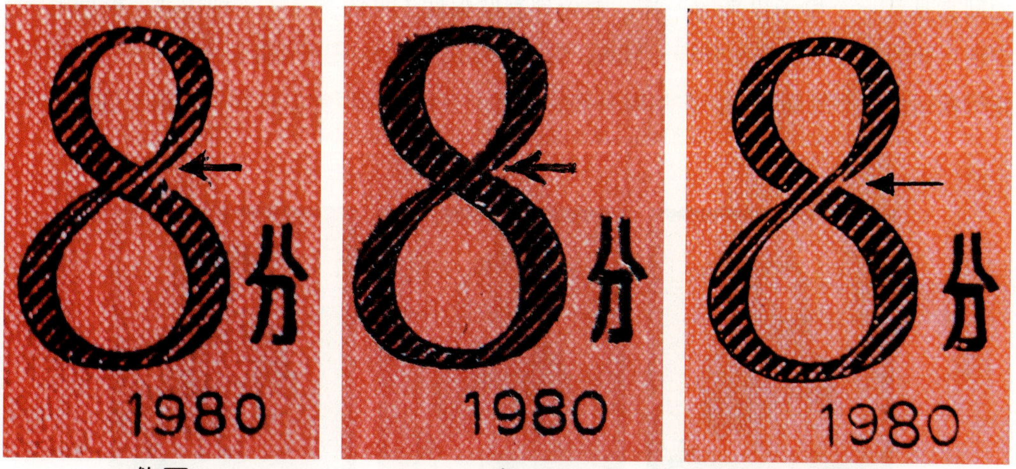

伪甲　　真　　伪乙

图76

T.46 庚申年（版票）

公历 1980 年是中国农历庚申年，申猴，也称猴年，凡是在这一年出生的人都属猴。

1980 年 2 月 15 日，时值春节前夕，中华人民共和国邮电部发行一套《庚申年》特种邮票，全套 1 枚，志号为 T.46。这套邮票是中华人民共和国邮电部发行的第一轮十二生肖系列邮票的第一套。邮票票幅规格 26 毫米 ×31 毫米，面值 8 分，发行量 460 万枚。图案采用了中国著名画家黄永玉创作的一只金猴。邵柏林设计。影雕套印。姜伟杰雕刻。齿孔 11.5 度。背面刷胶。邮局全张枚数 80（8×10）。北京邮票厂印制。

庚申年版票即邮局全张票，整版为 80 枚。庚申年猴票发行量为 460 万枚，共计仅有 5.75 万版。5 万多版票绝大多数被撕开出售了，整版票的存世量越来越少。因此，T.46 整版猴票的售价要比撕开零售的价格高。早在 20 世纪 90 年代，在集邮界就曾夸张地流传着“一版猴，一座楼”。由此可见，T.46 猴版票的收藏价值非同一般。如今，T.46 猴版票市场价已高达 120 万元；不法分子为牟取暴利，早在 20 世纪 90 年代初，便挖空心思，采用胶雕套印伪造出可以乱真的 T.46 伪品。关于这种伪品的鉴定，在笔者 1999 年彩版《中国邮品辨伪必备》专著中，已作过详细介绍。这些伪品，尽管都采用雕刻版和胶版套印，但与真品采用影雕套印，无论在雕刻线条和印刷网纹上，均存有较明显的差异。一般来说，有一定鉴别邮资票品经验的集邮者还是能够辨别其真伪的。

现如今新出现的 T.46《庚申年》猴票伪品，造假者利用高科技，参照雕刻印样仿真制版，采用胶版仿影写版、胶版实印仿雕刻版，伪造出这种新伪品，酷似影雕套印的 T.46 真品，再加上打有同真品相同的齿孔度，相同的票幅；邮票图案上的金墨刷色，金光灿烂，猴毛的雕刻线条根根可数；刷有背胶，邮票背面上也有同真品一样的黑色油墨沾印，简直如同真品从一个模子出来的一样，十分具有欺骗性（见图 77）。这种伪品，根据笔者鉴定所见到的带边纸邮票来分析、判断，应该同真品一样，采用印刷全张印制，一个印制全张可裁切成 2 个邮局全张，在邮局全张的边纸上有色标和厂铭。这种伪品由于伪造得十分

伪甲 真 伪乙

图77

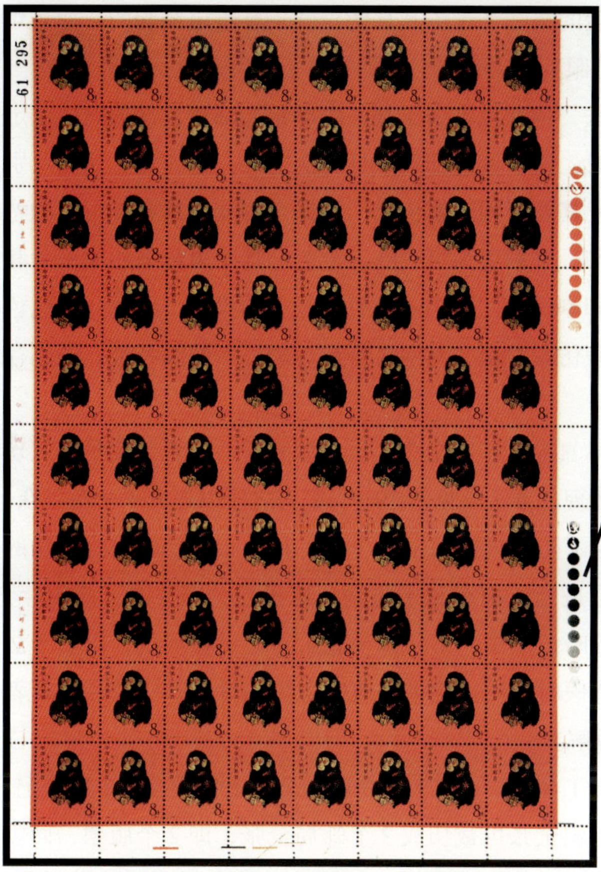

真

伪

图78

逼真，甭说缺乏鉴定邮资票品真伪经验的集邮者难辨其真伪，就是有鉴定经验的，如若对T.46猴票真品缺乏深入研究，也会“打眼”。

关于这种逼真的新伪品的鉴定方法，请参见本书T.46《庚申年》邮票真伪的具体鉴定方法。在鉴定T.46《庚申年》整版票时，除了鉴定邮票本身真伪之外，还应注意认真鉴别票边纸上的色标、厂铭、规矩线等，尤其要仔细观察色标、厂铭是否真正具有影写版的特征。众所周知，T.46真品采用影雕套印，其刷色为黑、红、金色，其中黑色采用雕刻版和影写版印制，而红色、金色为影写版印制。因此，T.46版票边纸上的黑色、红色、金色色标，均具有影写版特征。伪品采用胶版仿影写版，其网纹特征与影写版网纹特征，还是存有明显的差别（见图78）。

除此之外，还可以看版暗记。T.46真品在印刷全张上设有版暗记。笔者研究早就发现其版暗记是一个缩微的金色的、活灵活现的猴头（见图79）。笔者之所以迟迟不公布于众，完全是为了防伪辨伪保密。今天将其公布于众，也是辨伪的需要。但是为了更有利于防伪，这里仅公布T.46《庚申年》版暗记的暗记图案，不具体谈此版暗记设在何处，以防不法分子在造假时利用。此举，请广大集邮者和邮资票品投资者理解、谅解。

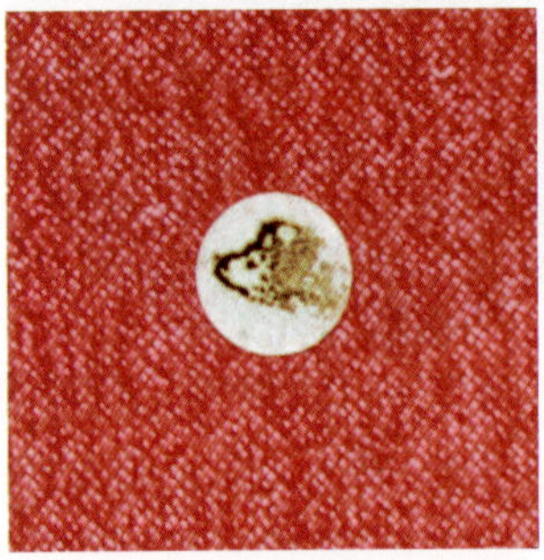

图79

由于T.46《庚申年》一个印刷全张上仅设有一个版暗记，而一个印刷全张可裁切成2个邮局全张，即2个版票，而版暗记仅存在其中一个版票上。因此，带有版暗记的猴版票，其价值应当更高。

T.56 苏州园林——留园 60分票

留园是苏州四大名园之一，不仅建筑结构和装饰别致多彩，而且以连绵不断的建筑群把景物分开，又使建筑物本身的窗棂沟通两面，使景物联成一体，是清代具有代表性的园林之一。1980年10月25日，为了表现苏州园林的文化传统和艺术特点，中华人民共和国邮电部发行一套《苏州园林——留园》特种邮票。全套4枚。邮票面值分别为：（1）（2）为8分，（3）为10分，（4）为60分。票幅规格均为62毫米 ×26毫米。发行量（1）（2）为1200万枚，（3）为400万枚，（4）为100万枚。齿孔为11.5度。背面刷胶。邮局全张枚数40（5×8）。孙传哲设计。影写版。北京邮票厂印制。

这套邮票题材好，设计和印制精美，发行量又少，市场上全套邮票供不应求，售价不断上涨。因其中的面值60分的高值票仅发行了100万枚，最为稀缺。早在20世纪90年代就有不法分子利用T.56真品翻拍制版。原大、原色印制伪品，欺骗集邮者。笔者在1999年彩版《中国邮票辨伪必备》中已作了详细介绍。这里介绍的是近年来造假者利用高科技伪造的全套邮票中最稀缺的面值60分的高值票伪品，与（1）（2）（3）真品配成全套邮票出售。现今全套真票售价近500元，而其中面值60分单枚票的售价就高达400元左右。这

图80

种伪品制作精美，采用具有防伪能力的调频网胶印新技术，仿影写版伪造出足以乱真的赝品。这种赝品刷色、齿孔均与真品相同，刷有背胶，纸质与真品十分接近，具有很大的欺骗性。

那么，应该怎样来鉴别 T.56 面值 60 分的真伪呢？

① 看版别 真品 T.56 采用影写版印制，网点呈中空状，各色网点均呈 45° 夹角；伪品采用调频网胶印，网点呈实心状，各色网点呈无序状，细而密（见图 80）。

② 看志号和铭文 真品 T.56 的志号和铭文“中国人民邮政”均采用黑色专版印制；伪品志号也采用黑色专版印制，而铭文“中国人民邮政”则采用套色印制，文字刷色不单纯，两者与真品相比较，均与真品存有较明显的差别（见图 81）。

真

伪

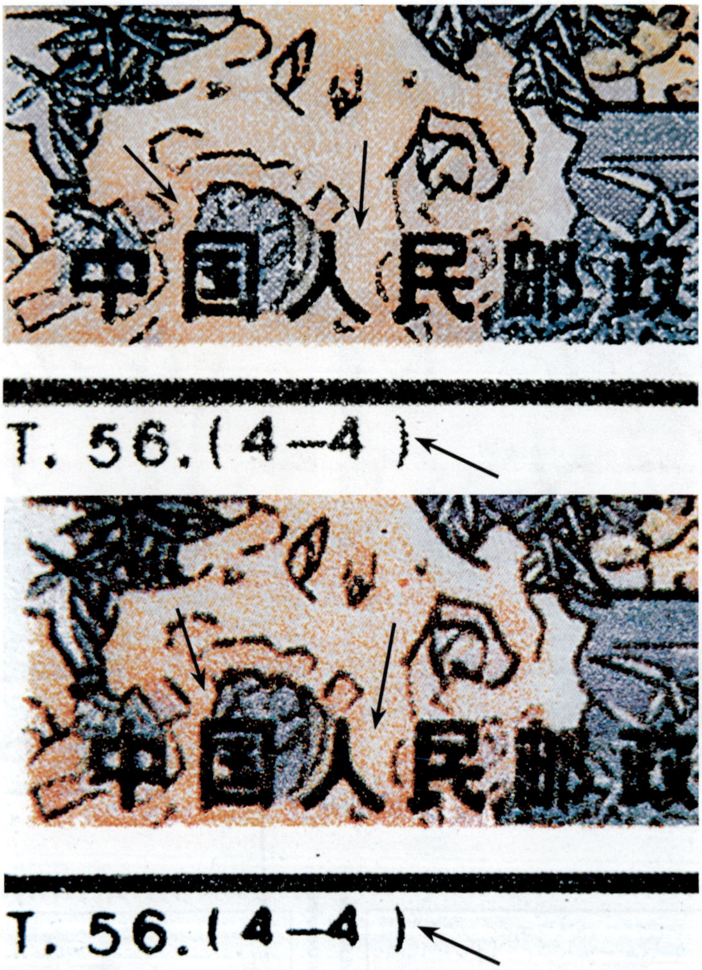

图81

③ 看面值“60 分” 真品 T.56 其面值“60 分”刷色单纯，背景底色纯正，网点呈中空状；伪品则刷色杂乱，不纯正，网点呈实心状。

T.58 辛酉年

公历 1981 年是中国农历辛酉年，酉鸡，也称鸡年。凡是农历这一年出生的人都属鸡。

1981 年 1 月 5 日，正值农历春节前夕，中华人民共和国邮电部发行一套 T.58《辛酉年》特种邮票，全套 1 枚，志号为 T.58。这是中华人民共和国邮电部发行的第一轮生肖系列邮票的第 2 套。程传理设计。邮票面值 8 分。票幅规格 26 毫米 ×31 毫米。齿孔 11.5 度。发行量 931.16 万枚。影雕套印。孙鸿年雕刻。邮局全张枚数 80（8×10）。北京邮票厂印制。邮票图案采用张仃创作的原画，画面以白色衬底，刻画了一只五彩纷披、英姿勃勃正在昂首啼鸣的花公鸡。同时，中华人民共和国邮电部还首次发行了编号为 SB（3）的 T.58《辛酉年》小本票一册（有关利用 SB（3）中的鸡票变造 T.58 四方连的辨别方法，详见笔者 1999 年彩版《中国邮票辨伪必备》一书）。

T.58《辛酉年》是中华人民共和国邮电部发行的第一轮十二生肖系列邮票的第 2 套，发行量比较少。因此，T.58《辛酉年》邮票一发行，就出现了供不应求的局面。在几次邮市热潮中，其售价都有大幅度的上涨。1997 年邮市高潮时，邮局全张 T.58《辛酉年》曾一度炒到近万元。有些不法分子财迷心窍，弄虚作假，以谋暴利。他们用整版（邮局全张）T.58 鸡票进行翻拍制版，原大、原色套色胶印，打上齿孔，以仿印品冒充真品，欺骗缺乏鉴定邮票真伪经验的集邮者和邮资票品投资者；还有的利用破版撕开后的零散连票，或用鸡本票进行拼接，变造成邮局全张票，鱼目混珠，售高价。对于用真 T.58 鸡票零散票或鸡本票拼接成整版票，因鸡票是真的，作伪处在齿孔拼接，因此，在选购鸡全张票时，只要用高倍放大镜认真观察邮票的齿孔处，在有拼接的地方就会发现有贴接的裂痕。对于用胶印仿制的整版鸡票或零售的单枚鸡票，其鉴定方法如下：

① **看版别和刷色** T.58 真品采用影雕套印，其黑色专版为雕刻版，其他红、蓝、绿色均为影写版；刷色纯正，色彩亮丽。T.58 伪品采用套色胶印，用高倍放大镜观察雄鸡头部，充满粗糙的胶印网点；刷色不纯正，色彩灰暗，无亮丽的光彩（见图 82）。

② **看纸质** T.58 真品采用邮票专用纸印制，纸质坚挺，吸墨性能好；伪品采用铜版纸印制，纸质松软、较厚。

③ **看背胶** T.58 真品刷有 PVA 背胶；伪品未刷背胶。

④ **看志号** T.58 真品志号“T.58（1–1）1981”为黑色雕刻专版印制，字迹清晰，笔画规整；伪品志号为胶版黑色专版印制，字迹笔画发毛，不整洁，当用高倍放大镜观察其右下角“1981”与鸡爪之间票面时，能较清晰地看出在仿印品上原印的一条黑色斜杠线，被轻轻刮掉，但在高倍放大镜下仍可见刮痕。这是作伪者做的手脚。

真

伪

真

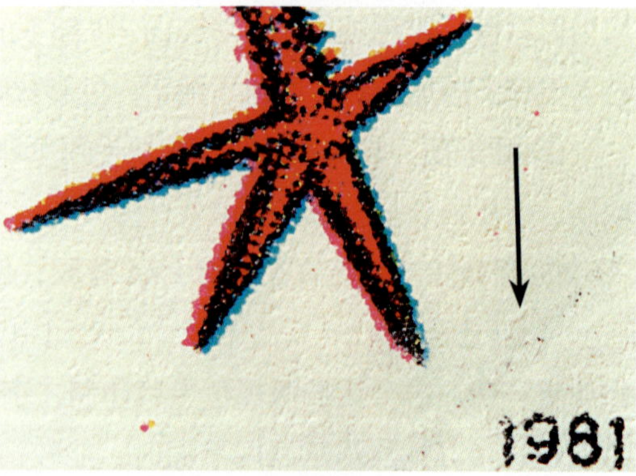

伪

图82

T.69M 红楼梦（小型张）

1981年11月20日，为了表现中华民族灿烂的古典文学成就，中华人民共和国邮电部发行一套《红楼梦——金陵十二衩》特种邮票，全套12枚，志号T.69。与此同时发行小型张1枚。小型张面值2元。尺寸规格为140毫米 ×78毫米。小型张邮票票幅规格为60毫米 ×40毫米。小型张图案采用了中国著名画家刘旦宅创作的原画《双玉读曲》。该画主题选自《红楼梦》第二十三回“西厢记妙词通戏语 牡丹亭艳曲警芳心”，描绘了贾宝玉和林黛玉在大观园阅读当时的禁书《西厢记》的情景。齿孔11.5度 ×11度。发行量81.85万枚。潘可明设计。影写版。北京邮票厂印制。

这枚小型张印制精美，题材好，发行量较少，邮市上供不应求，售价比较高，有些不法分子为牟暴利，便乘机伪造T.69M进行出售。笔者在1999年彩版《中国邮票辨伪必备》专著中，已介绍过一种。这里所谈的是T.69M另一种伪品。这种伪品是利用原色、原大印制精美的邮票目录中的T.69M小型张印刷品，打上齿孔，欺骗缺少邮资票品真伪鉴定经验的集邮者和邮资票品投资者。尤其是将这种伪品插进集邮年册中整体出售，具有较大的欺骗性。

那么，应该怎样来鉴定T.69M的真伪呢?

① **看版别** T.69M真品采用影写版印制，刷色纯正、鲜亮，若用高倍放大镜观察邮票图案和文字，色泽中印制网点均呈现大小相同的空心圆形，并呈现45°的网纹夹角；文字边缘呈锯齿状。这是影写版所具有的特征。伪品采用胶版印制，刷色不够纯正，色彩因采用胶版套印而显得杂乱，其网点均为实心，各色网纹夹角也不相同（见图83）。

② **看纸质** T.69M真品采用专用邮票纸印制，纸质细腻、坚韧挺括，吸墨性能好；伪品采用铜版纸印制，纸质松软，不挺括。

③ **看背胶** T.69M真品刷有化学胶，胶面薄而均匀；伪品未刷背胶，票背面呈铜版纸洁白、光亮的特征。

④ **看铭文、志号和面值** T.69M真品中的“中国人民邮政”、“T.69”、“2元”，均采用黑色专版印制，文字清晰，刷色纯正、厚实；伪品则采用胶版套印，文字模糊，刷色杂乱，网点粗糙，与真品存有明显的不同。

⑤ **用紫光灯鉴别** 在紫光灯照射下，T.69M真品白色纸面呈暗紫色；伪品白色纸面则呈亮白色。

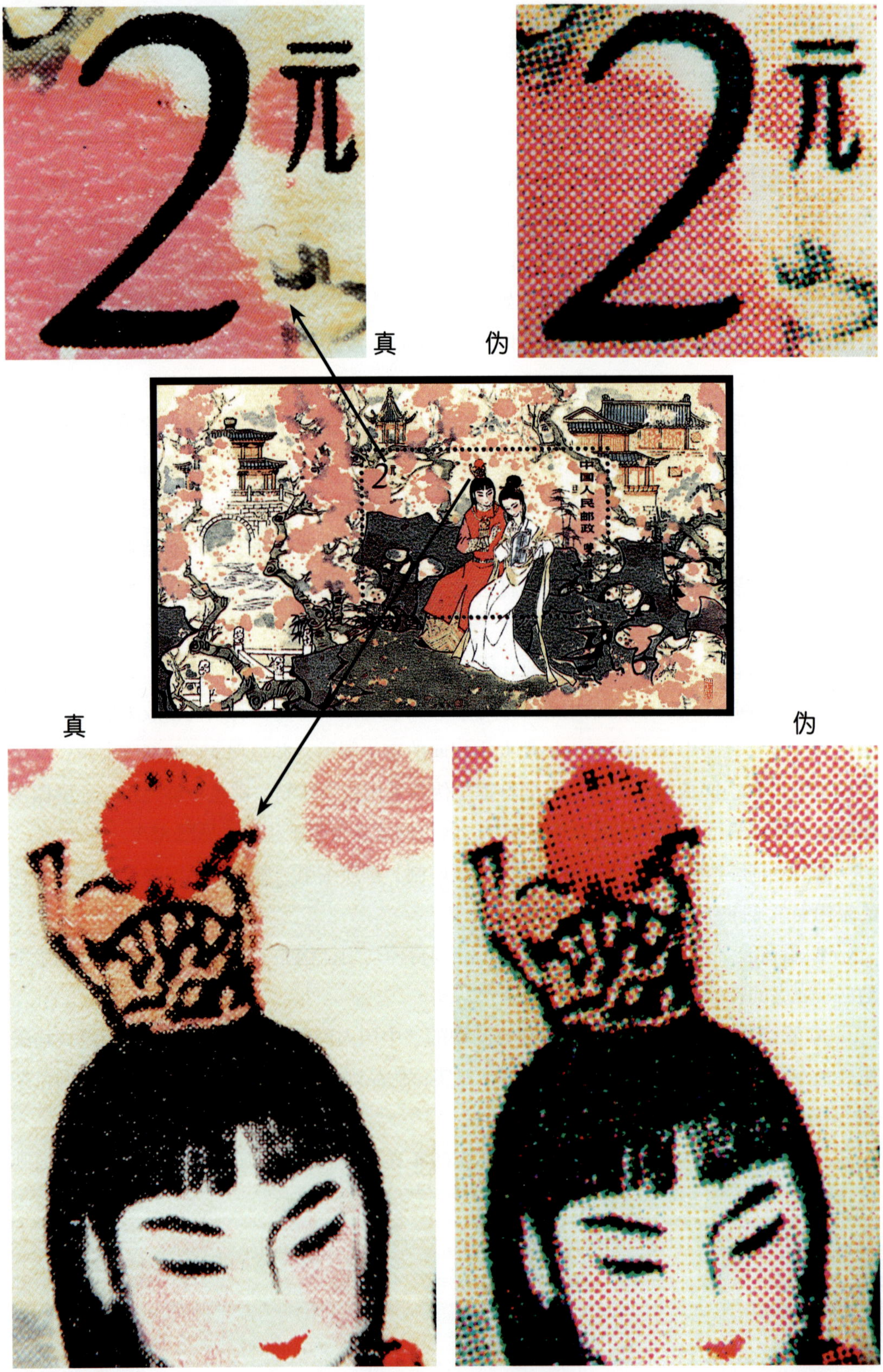

图83

T.110M 白鹤（小型张）

白鹤也称“西伯利亚鹤”，在鹤类中体型最大，身长超过1米，翅膀宽约2米，体重达7～8千克。白鹤“素装玉立”，全身羽毛洁白，体态婀娜；惟初级飞羽黑色，故又称“黑袖鹤”，其喙及跗跖呈暗红色。白鹤属大型涉禽，生活在沼泽、浅滩、草甸地带，以植物嫩芽、昆虫、鱼及软体动物等为食。在中国东北扎龙自然保护区能见到路过的白鹤群，有数十只。白鹤是迁徙鸟和越冬鸟，每年4月初至5月下旬，经过齐齐哈尔的乌裕尔河下游，飞往西伯利亚等地。越冬时飞到中国江西省鄱阳湖一带。白鹤一般每窝产卵2枚，于4月～5月份产下卵，卵略呈绿色、带有褐色或粉红色斑点，由雌雄亲鸟轮流卧孵，孵化期一般30多天。白鹤幼雏有一个奇特现象，即两只幼雏出壳后互不相容，一遇机会就互相猛啄，拼得你死我活，直到其中有一只被啄死为止。这使白鹤的繁殖受到影响，加上其他因素，目前世界上白鹤的数量已十分稀少。白鹤是国际一级稀有濒危动物，国际上十分重视对鹤类的保护，并成立了“国际鹤类基金会”。白鹤是中国的珍贵鸟类，也是中国的一类保护动物。目前世界上有15种鹤，其中中国有8种，即白鹤、丹顶鹤、灰鹤、黑颈鹤、赤颈鹤、白头鹤、白枕鹤、蓑羽鹤。

1986年5月22日，为了宣传保护鹤类的意义，中华人民共和国邮电部发行一套T.110《白鹤》特种邮票，全套3枚。同日又发行1枚《白鹤（小型张）》，志号为T.110M。图案以蔚蓝的天空为背景，描绘了11只白鹤成群结队飞翔前进的壮观景象。小型张面值2元，尺寸规格160毫米×54毫米，邮票票幅规格120毫米×30毫米，发行量508.82万枚。黄永玉设计。影写版。齿孔11度×11.5度。背面刷胶。北京邮票厂印制。

这套邮票题材较好。因邮票采用金墨印制，不好保存，小型张发行量也较高，发行后在邮市上的表现一直平平。邮市“炒热”时期，小型张随大流向上攀升。不法分子为牟利，利用电脑翻拍制版，原大、原色、原样打孔，伪造T.110M，欺骗集邮者和邮资票品投资者。伪品用铜版纸胶版套印，只要用高倍放大镜观察，不难辨其真伪。

① **看版别** T.110M真品小型张采用邮票纸，影写版印制；伪品则采用铜版纸，胶版套色印制而成。在高倍放大镜下，真品网点呈中心空心状；伪品则呈实心网点（见图84）。

② **看铭记和志号** T.110M真品的铭记和志号，均采用专色专版印制而成；伪品则均为套色印制而成。因此，真品文字笔画规正，色彩单纯；伪品文字笔画则不规正、模糊，色彩不单纯。

③ **用紫光灯鉴别** T.110M真品小型张邮票图案上的白鹤眼睛，在紫光灯照射下，黑暗中呈现明亮的荧光，像小明灯似的；伪品在紫光灯照射下，不呈现荧光。

真

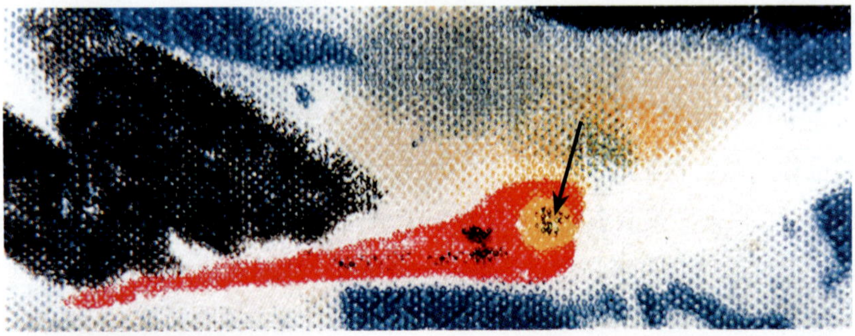

伪

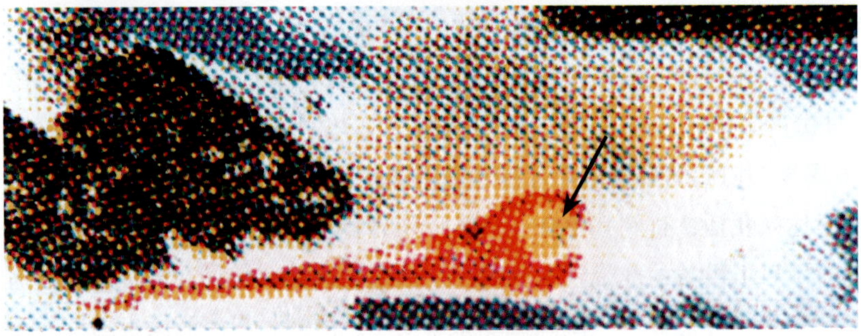

真

伪

图84

T.122M 曾侯乙编钟（小型张）

1987年12月10日，为了展示世界音乐史和铸造史上的奇迹，中华人民共和国邮电部发行一套《曾侯乙编钟》特种邮票小型张，全套1枚。志号T.122M。曾侯乙编钟是中国战国早期的大型青铜古乐器，1978年在湖北随县出土，被列为国家特级文物。这枚小型张图案以取自墓中文物上古铜色带有暗花的纹地为底衬，突出展现了呈曲尺形交叉排列的三排吊在铜架上的编钟，其上层是钮钟，中、下层是甬钟。小型张面值3元。尺寸规格为92毫米×165毫米。无齿孔。背面无胶。邵柏林设计。发行量396.45万枚。胶版、间接凹版。孙鸿年雕刻。中国人民银行印刷科学技术研究所印制。

这枚小型张是中华人民共和国邮电部计划全都以小型张形式发行的“国宝系列”邮票的第1枚，是“龙头”。其发行量因比较少，供不应求。于是有些不法分子便乘机制作伪品，在邮市上欺骗集邮者和邮资票品投资者。在笔者1999年彩版《中国邮品辨伪必备》专著中，曾介绍过一种伪品，这里所谈的是另一种伪品。这种伪品是利用原色、原大印制精美的邮票目录中T.122M小型张印刷品，来以假充真。由于这枚T.122M小型张真品未刷背胶，邮票也未打齿孔，这就为造假者以假充真提供了便利条件。

那么，应该怎样来鉴别T.122M的真伪呢？

① **看版别** T.122M真品采用胶版、间接凹版印制，刷色纯正、厚实，色泽鲜亮，线条和文字清晰，均为实印；小型张边饰上的金色文字，采用专版金墨印制，墨色真实。伪品则用胶版套色印制，刷色不纯正，邮票图案线条和文字，刷色混杂，不够清晰；小型张边饰上的金色文字，采用套色印制，无金色光泽，文字模糊、发虚。

② **看纸质** T.122M真品采用布纹纸印制，纸质厚实，用高倍放大镜观察纸面，纸面上布纹突出；伪品则采用铜版纸印制，纸面光亮平滑。

③ **看面值和志号** T.122M真品面值“3元”和志号采用专色印制，刷色纯正；伪品采用胶版套色印制，刷色混杂（见图85）。

④ **用紫光灯鉴别** 在紫光灯照射下，T.122M真品白色纸面呈浅紫色；伪品则呈亮白色。

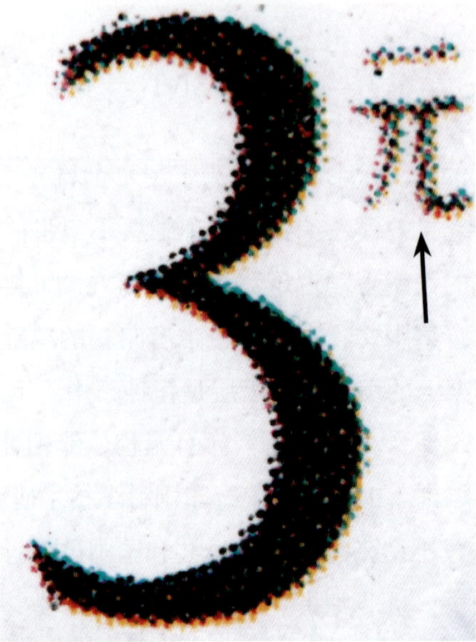

真　　伪

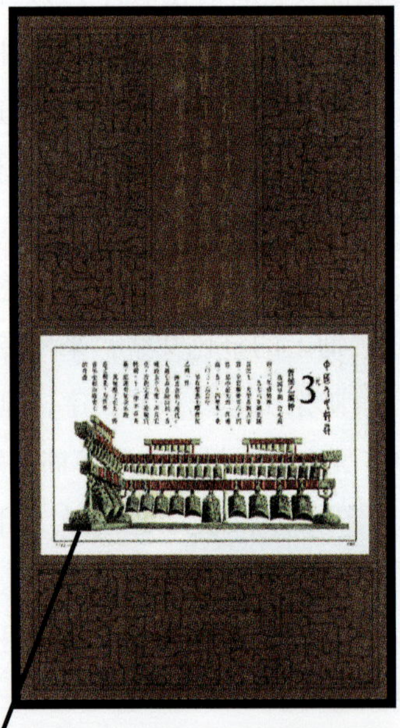

真　　伪

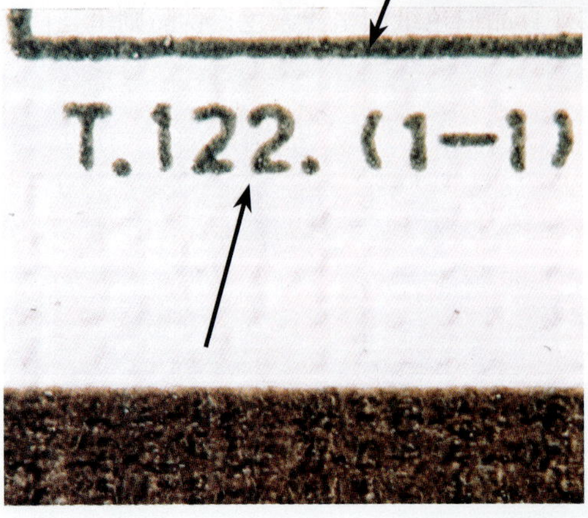

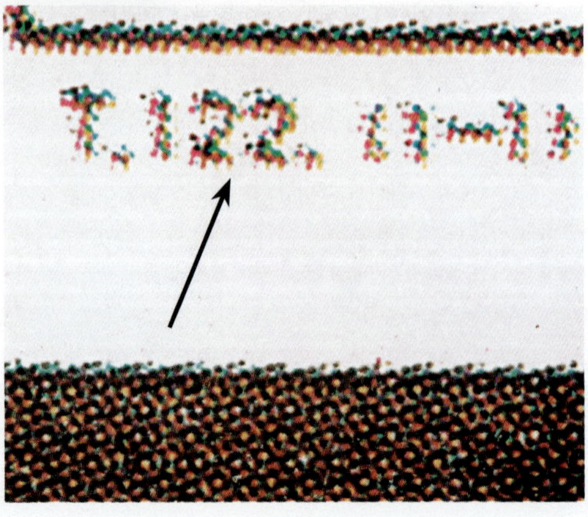

图85

T.129M 中国兰花（小型张）

兰花为多年生草本植物。全球除极地外，大部分地区均有兰花分布，尤见于热带。在植物界，兰科是个大家族，全世界共有700个属，25000种，与菊科并称被子植物中的冠军。中国地跨热带、亚热带和温带，兰科植物资源极为丰富，据研究，全国共有158个属近1000多种，而且其中有许多中国特有的珍品。自古以来，中国人民酷爱兰花，有“香祖”、“王者香草”之咏赞，并将其与松、竹、梅合称为“四君子”。

1988年12月25日，为表现中华大地珍贵的植物资源，中华人民共和国邮电部发行一套《中国兰花》特种邮票，全套4枚，同日还发行1枚小型张。小型张志号为T.129M。小型张面值2元，发行量466.5万枚，图案选用了具有代表性的珍贵品种“红莲瓣”兰花。小型张尺寸规格120毫米 ×85毫米，邮票票幅规格60毫米 ×40毫米。龚文祯设计。影写版。齿孔11.5度 ×11度。背面刷胶。北京邮票厂印制。

这套邮票发行之后，邮市上很快便出现了T.129M中国兰花小型张伪品。当初出现的伪品，笔者在1999年彩版《中国邮品辨伪必备》中已经进行了介绍。后来，邮市上又出现了制作更逼真的伪品。伪品采用胶版印制，刷色同真品相同，打有与真品相同的齿孔，颇可以乱真。

那么，应该怎样来鉴定这种T.129M的伪品呢?

① **看版别** T.129M真品采用影写版印制，其印刷网点呈大小相同的中心空的圆形网点，网纹夹角均呈45°；伪品采用胶版印制，花朵上的红色网纹夹角虽然也是45°，网点也大小一样，但网点是实心的，套色印制，刷色混杂（见图86）。在鉴定邮资票品真伪时，只要版别不一样，即可进行“一票否决”。此项可用于快速鉴定。

② **看纸质** T.129M真品采用邮票纸印制，纸质细腻，薄而坚挺；伪品采用铜版纸印制，纸质较厚、坚挺。

③ **看背胶** T.129M真品刷有背胶，胶面薄而均匀；伪品则未刷背胶。

④ **看暗记** T.129M真品边饰上印有朱德的咏兰诗句，在“纵使无人见欣赏”一句中“见”字的最后一笔钩尖处有断笔，断笔的钩尖末端由5个空心网点组成；伪品在用真品翻拍制版时，“见”字钩尖上的暗记未能制出，“见”字最后一笔钩尖处无断笔尖，呈平顶状。

⑤ **用紫光灯鉴别** 在紫光灯照射下,T.129M真品邮票图案上的兰花，呈现亮黄色荧光，白色纸面呈现暗紫色；伪品图案上的兰花在紫光灯下呈现荧光，但没有真品呈现的荧光强烈，白色纸面呈现淡紫色。

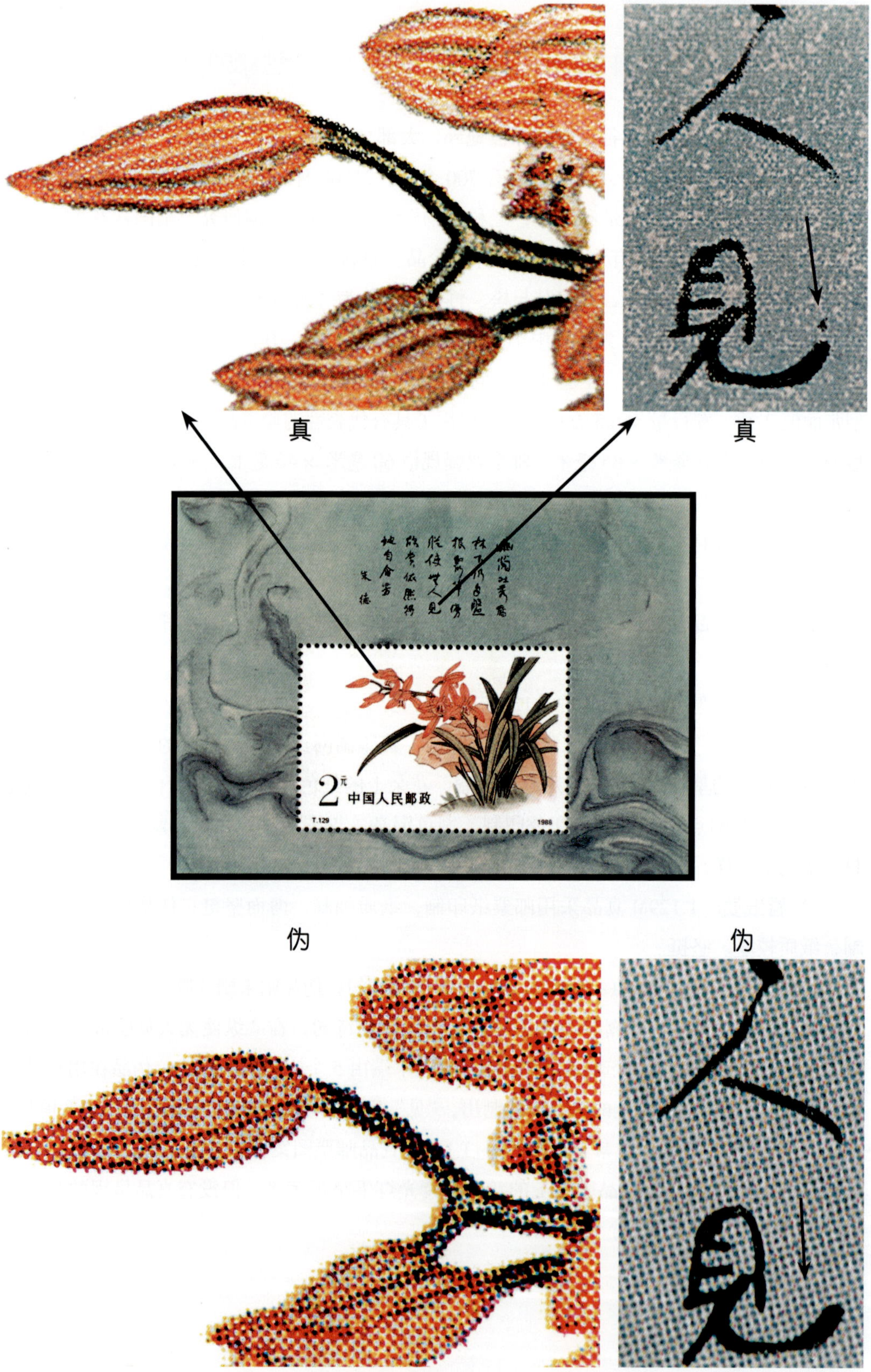

图86

T.135M 马王堆汉墓帛画（小型张）

马王堆在湖南省长沙市东郊五里牌，距市中心约 8 千米。西汉初期的轪侯利苍和他的妻子、儿子埋葬在这里。1972 年初至 1974 年初，由湖南省博物馆考古工作者在马王堆科学发掘一、二、三号汉墓，共出土文物 3000 多件。其中有“T”形彩绘帛画两幅，内容基本相似，但以一号墓（即丞夫人墓）中的一幅绘制最精，是中国迄今发现的古代帛画中画面最大、最完整、内容最丰富、艺术性最高的帛画，具有重要的研究和观赏价值。出土时，画面朝下，覆盖在棺材盖板上。整幅帛画由 3 块精细的棕色绢拼制而成，中间一块是主体，长 205 厘米；上部左右各拼一小块呈“T”形；上部宽 92 厘米，下部宽 47.7 厘米。帛画顶端包有一根竹竿，上系丝带，用以张举。中部、下部、四角各缀一条约 20 厘米穗状的青黑色麻质绦带。帛画用朱砂、石青、石绿、青黛、藤黄、哈粉等矿物、植物、动物颜料绘制而成。关于这幅帛画的名称和内容，至今看法不一。但大多数学者认为这幅帛画属旌旗画幡一类东西，即古代文献中的“铭旌”；帛画从上到下所绘三层内容为“天上、人间、地下”。铭旌也叫明旌、铭、柩、旐、丹旐等，送葬时使用，作为灵车前导张举的仪仗，招摇过市，以导引死者的灵魂升天。这幅帛画出土时保存完好，为研究西汉初期及先秦时期的社会、政治、经济、科学文化等方面的发展情况提供了可靠的物证。现存湖南省博物馆。

1989 年 3 月 25 日，为展现中华民族的艺术瑰宝，中华人民共和国邮电部发行一套 T.135《马王堆汉墓帛画》特种邮票，全套 3 枚。同日发行 1 枚《马王堆汉墓帛画（小型张）》，志号为 T.135M。小型张图案为马王堆汉墓帛画全貌。小型张面值 5 元，尺寸规格 90 毫米 × 165 毫米，邮票票幅规格 60 毫米 ×120 毫米，发行量 727.77 万枚。胶版。无齿孔。背面无胶。王虎鸣设计。北京邮票厂印制。

这枚小型张是“国宝系列邮票”的第二组，题材虽好，但制作一般。它与“国宝系列邮票”第一组“编钟”一样，采用布纹纸印制，无齿孔，无背胶，防伪能力较差。在邮市上发现的这枚小型张的伪品，用铜版纸原大、原色胶版套色精印，刷色比较逼真。没有鉴定邮品真伪经验的集邮者和邮资票品投资者容易上当受骗。有一定邮品真伪鉴定经验的集邮者，只要借助放大镜进行辨别，就可识别其真伪。

① **看邮票图案** T.135M 真品采用胶版印制，小型张邮票图案底色采用金墨专版实印，用高倍放大镜观察，呈现金灿灿的纯正刷色；志号 T.135M 用黑色专版印制，文字清晰、规范。T.135M 伪品也采用胶版印制，但小型张邮票图案底色和志号，采用套色印制，故小型张邮票图案的金底色呈假金色，志号文字笔画模糊，刷色混杂（见图 87）。

② **看纸质** T.135M 真品采用布纹纸印制；伪品采用铜版纸印制。在高倍放大镜下，布纹纸呈凹凸不平的布纹状；铜版纸则无此特征，表面光滑明亮。此项可用来快速鉴定。

③ **看边饰上方的票题** T.135M 小型张上方票题《马王堆汉墓帛画》，真品和伪品底色有明显区别。

④ **看邮票图案** T.135M 小型张邮票图案右上方红太阳中的黑色金乌鸟，真品印得精细，伪品印得粗糙；尽管都是用胶版印制，但真品网纹细，伪品网纹粗，两者存在明显区别。

真

伪

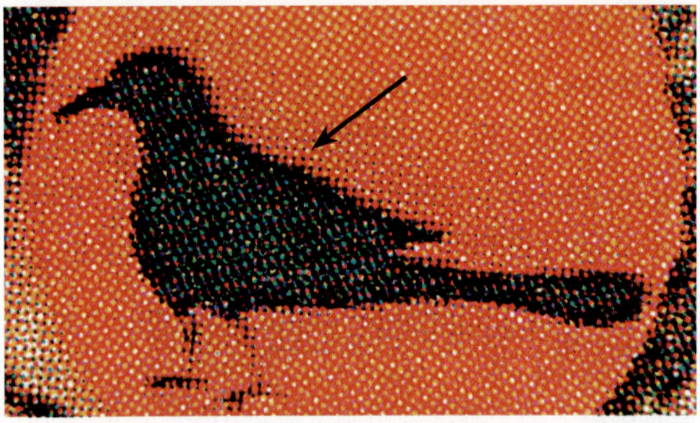

真 伪

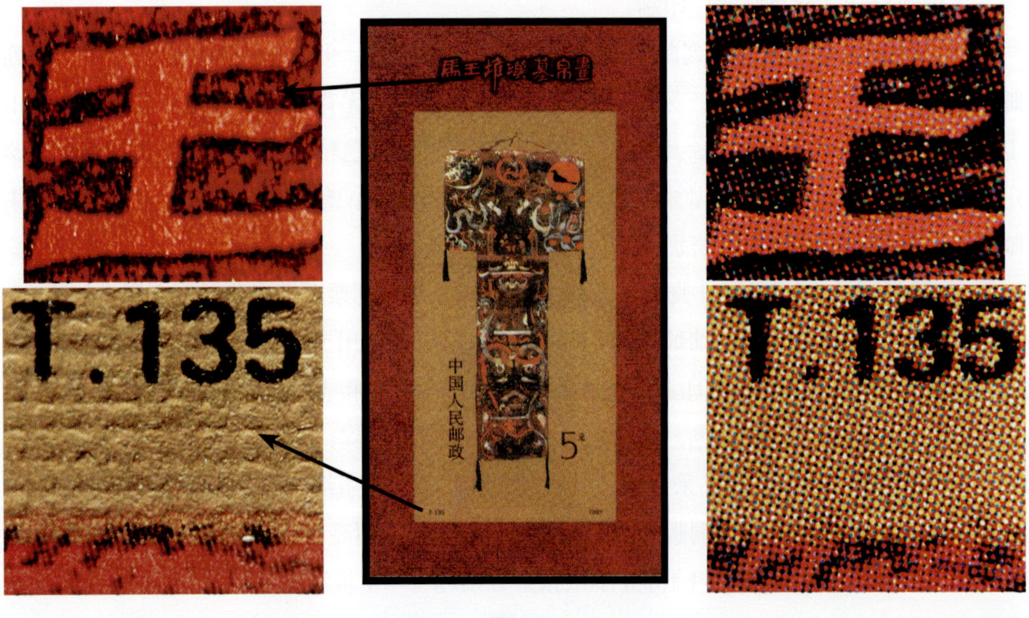

图87

T.151M 秦始皇陵铜车马（小型张）

1978 年夏，中国考古工作者在陕西省临潼县秦始皇陵封土西侧，发现一个大型陪葬坑。1980 年 12 月开始发掘。坑内有一个用木板叠砌而成的木椁，椁内空间高约 2 米，东西长 6.8 米，南北宽 2.1 米。铜车马就安放在木椁内，呈面西方向，一前一后纵向排列。因年代久远，木椁朽烂，填土自然下沉，铜车马及御官俑全被压破成千余块碎片。1981 年 ~ 1988 年，考古工作者成功地将铜车马修复成原状，并组合展出。铜车马及御官俑尺寸为真车、真马、真人的 1/2，前后两乘合为一组。经研究，前面一乘车定名为“高车”，后面一乘车定名为“安车”。“高车”车身上装有一柄立式高伞，车前驾有 4 马，车上有一名呈站立姿势的御官俑。“安车”车体上方装有卷棚式车盖，车前驾有 4 马，车分前、后两室，前室有一名御官俑，呈双膝着地、上身挺直的跽坐姿势。铜车马及御官俑通体采用青铜铸造，并杂有大量金、银材料作为车马及御官的装饰品，再配以精美的彩绘花纹，显得富丽堂皇，放射着中华民族的智慧之光。秦始皇陵铜车马被专家誉为“青铜之冠”，现存陕西省秦始皇陵兵马俑博物馆。

1990 年 6 月 20 日，为展现中华民族的伟大创造精神和优秀文化传统，中华人民共和国邮电部发行 T.151《秦始皇陵铜车马》特种邮票的同时，发行了 1 枚小型张。小型张志号为 T.151M。小型张尺寸规格 140 毫米 ×78 毫米；邮票票幅规格 120 毫米 ×40 毫米。小型张面值 5 元，发行量 962.82 万枚，图案为 1980 年冬在陕西省临潼县出土的秦始皇陵铜车马全貌。王虎鸣、刘之军设计。影写版。齿孔 11.5 度 ×11 度。背面刷胶。北京邮票厂印制。

这枚小型张笔者在 1999 年彩版《中国邮品辨伪必备》中介绍过，这里就不再涉及。之后，邮市上又出现了利用高科技制版，用胶版印制的更为逼真的伪品。造假者在制作这些伪品时，尽力模仿真品的印制方法，将志号、票题、面值，也均采用专色专版印制，并刷有真背胶，具有较大的欺骗性。

那么，应该怎样来鉴定这种 T.151M 伪品呢？

① **看版别和刷色** 真品 T.151M《秦始皇陵铜车马》小型张采用影写版印制，刷色纯正，用高倍放大镜观察邮票图案和文字，色彩逼真，文字笔画规整，网点大小相等，中间空心；伪品采用胶版印制，色彩不够纯正，较暗淡，用高倍放大镜观察，其胶版印刷网点呈大小不一的实心状，志号、面值、铭记，采用专色专版实印，无网点。

② **看志号和边饰** 真品 T.151M《秦始皇陵铜车马》小型张志号“T.151”采用影写版黑色专版印制，用高倍放大镜观察，影写版网点特征明显；边饰图也是这样。伪品小型张志号采用胶版黑色专版印制，用高倍放大镜观察，无网点，呈黑色实印；边饰图采用套色胶印，网点粗糙。真品与伪品存在明显区别（见图 88）。

③ **看铜车马的车轮** 用高倍放大镜观察 T.151M 小型张邮票图案上右边铜车马的外车轮，真品与伪品在印刷网点上存在明显的差别。

④ 看纸质　真品 T.151M《秦始皇陵铜车马》小型张采用邮票纸印制，纸质坚挺，吸墨性能好；伪品采用铜版纸印制，纸面光滑、较厚。

⑤ 用紫光灯鉴定　在紫光灯照射下，T.151M 真品的白纸面呈暗紫色，伪品呈亮白色。

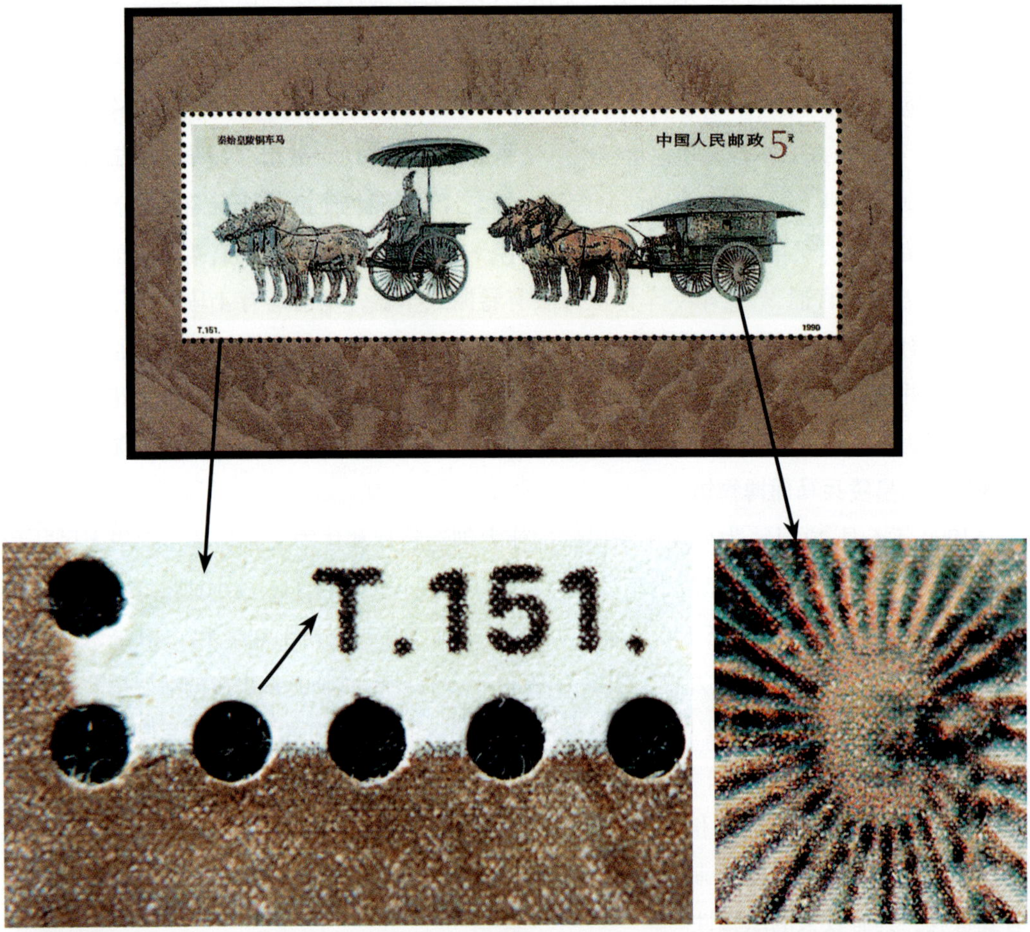

真

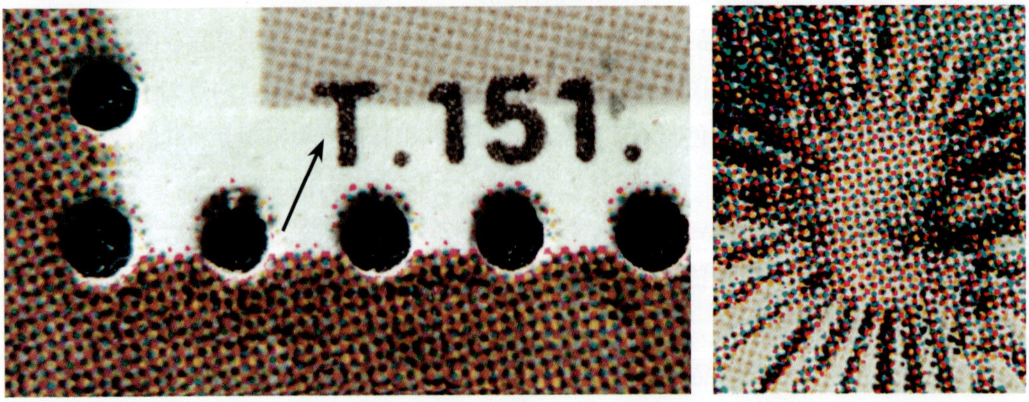

伪

图88

T.162M 杜鹃花（小型张）

1991年6月25日，为了展现中华大地珍贵的植物资源，中华人民共和国邮电部发行T.162《杜鹃花》特种邮票一套，全套8枚。与此同时发行小型张1枚。志号为T.162M。小型张面值5元。小型张规格为135毫米 ×90毫米。邮票票幅规格为80毫米 ×40毫米。齿孔12度。背面刷胶。发行量930.7万枚。曾孝濂设计。胶版彩印。北京邮票厂印制。

这枚小型张设计和印制都比较精美，又是比较热门的花卉专题题材，受到广大集邮者的喜爱。尽管发行量不算少，但仍供不应求，邮市上售价也被炒得不断升高。于是造假者便乘机伪造赝品，在邮市上欺骗广大集邮者和邮资票品投资者。笔者在1999年彩版《中国邮品辨伪必备》一书中，曾介绍过一种早期T.162M伪品。这里所谈的是后来造假者利用高科技，伪造的足以乱真的T.162M赝品。这种伪品采用与真品相接近的纸张印制，刷色与真品一样，打有与真品一样的齿孔度，与真品有所不同的是伪品未刷背胶。这种伪品因足以乱真，将其插进邮册里或整封出售，集邮者如无丰富的鉴别邮资票品真伪的经验，很难辨其真伪，极易上当受骗。

那么，应该怎样来鉴别T.162M的真伪呢?

① **看版别和刷色** T.162M采用胶版印制，伪品也是采用胶版印制；真品小型张上的文字，如铭记、面值、志号、票名等，为加强防伪，均采用黑色专版印制，伪品上的这些文字也同样采用黑色专版印制。既然版别一样，刷色也一样，应该怎样来鉴别真伪呢？主要通过各种刷色的网纹夹角和网纹粗细来鉴别。由于伪造者在伪造时没有原制版图稿，因此，只能采用印制好的真品翻拍。这就难免在文字上和各色网纹上与真品存有细微的不同。鉴别时，只要用高倍放大镜仔细观察，就能发现蛛丝马迹。如真品红色杜鹃花红色网纹夹角为45度，而伪品则为75度；真品网点较粗伪品网点较细（见图89）。

② **看背胶** T.162M真品背面刷有化学胶，胶面均匀，质感好；伪品未刷背胶，呈现纸的原质感。

③ **看暗记** T.162M真品邮票图案左下角票名“黄杯杜鹃”下方的学名“Rhododendron”中的第一个“n”字母，在两竖笔之间的连线呈断笔画状，伪品则未断笔画。

④ **用紫光灯鉴别** 在紫光灯照射下，T.162M真品的白纸面呈亮白色，伪品则呈暗紫色。

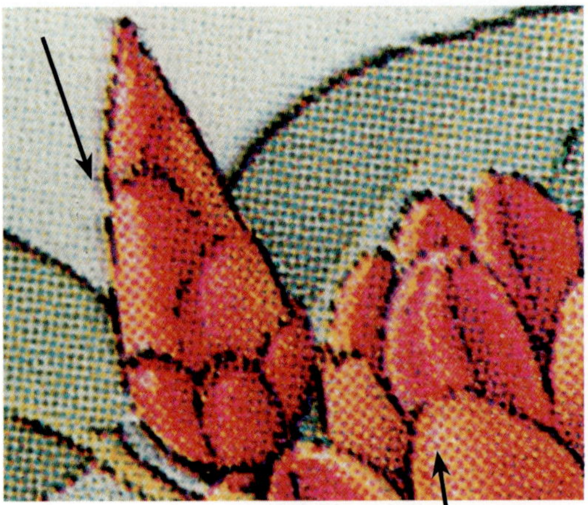

真

伪

真

伪

图89

6. 按年份编号邮票

1992-1 壬申年（T）

公历1992年也是中国农历壬申年，申猴，也称猴年，凡是在农历这一年出生的人都属猴。

1992年1月5日，为了庆祝中华民族的传统春节，中华人民共和国邮电部发行一套《壬申年（T）》特种邮票，全套2枚，（2-1）曹鸿年设计，（2-2）许彦博、王振华设计。影雕套印。呼振源雕刻。齿孔11.5度。背面刷胶。邮局全张枚数32（8×4）。北京邮票厂印制。

这套邮票是中华人民共和国邮电部发行的第二轮十二生肖系列邮票的第一套，全套共2枚。（2-1）“猴桃瑞寿”：面值20分，票幅规格26毫米×31毫米，发行量23374.5万枚，图案由猴子、鲜桃和桃花、蜜蜂组成。（2-2）“喜鹊登梅”：面值50分，票幅规格26毫米×31毫米，发行量20400.1万枚，图案是在民间剪纸挂帘中间书写着一个篆体“猴”字。

这套生肖邮票发行量很大，自发行之后，一直在邮市上打折出售多年。直到2011年邮市回暖，生肖邮票出现快速增值，生肖版票很吃香，全套24版第二轮生肖版票在邮市上售价高达近万元。正值此时，造假者便乘机伪造出第二轮生肖邮票假票，在邮市上和网上同时出售。这种第二轮生肖邮票版票伪品，在邮市上和网上出售的不止一种，仅经笔者鉴定过的就有两种。这两种伪品均采用高科技制版，胶版印制，刷色同真品相同；所用纸张与真品有所不同；齿孔与真品不同；背面同真品一样，刷有背胶。邮局全张版票边上，同真品一样印有各色色标、厂铭、十字线等。这种生肖版票或单套票，对于缺乏鉴定邮资票品真伪经验的集邮者和邮资票品投资者来说，难辨其真伪，很容易上当受骗。

那么，应该怎样来鉴别其真伪呢？

① **看版别**　真品1992-1壬申年（T）邮票采用影雕套印，（2-1）（2-2）邮票图案上的黑色文字，均采用雕刻版印制，其他刷色，均采用影写版印制；伪品则采用胶版印制，邮票图案上的黑色文字，采用胶版实印，其他刷色，采用胶版网纹套印。因此，两者在版别上存有极明显的差别：真品（2-1）T和面值20分以及邮票图案，均呈现影雕套印固有的特征，伪品则呈现胶版套印所固有的特征；（2-2）T也是这样，特别是邮票中心的“猴”字，真品雕刻线条根根可数，而伪品则为胶版实印，毫无雕刻版特征（见图90）。版别不同，即可采用一票否决。

② **量齿孔**　真品的齿孔为11.5度，而伪品的齿孔为12.5度。

③ **用紫光灯鉴别**　真品1992-1壬申年（T）邮票，其背面在紫光灯照射下，不呈现荧光纤维或四色彩点荧光；伪品在紫光灯照射下，则呈现四色彩点荧光。这是造假者为了迷惑购邮者，故意采用现今印制邮票常用的四色彩点荧光纸，殊不知，当初在发行1992-1壬申年（T）邮票时，还没有这种四色彩点荧光纸，造假者真是利令智昏！

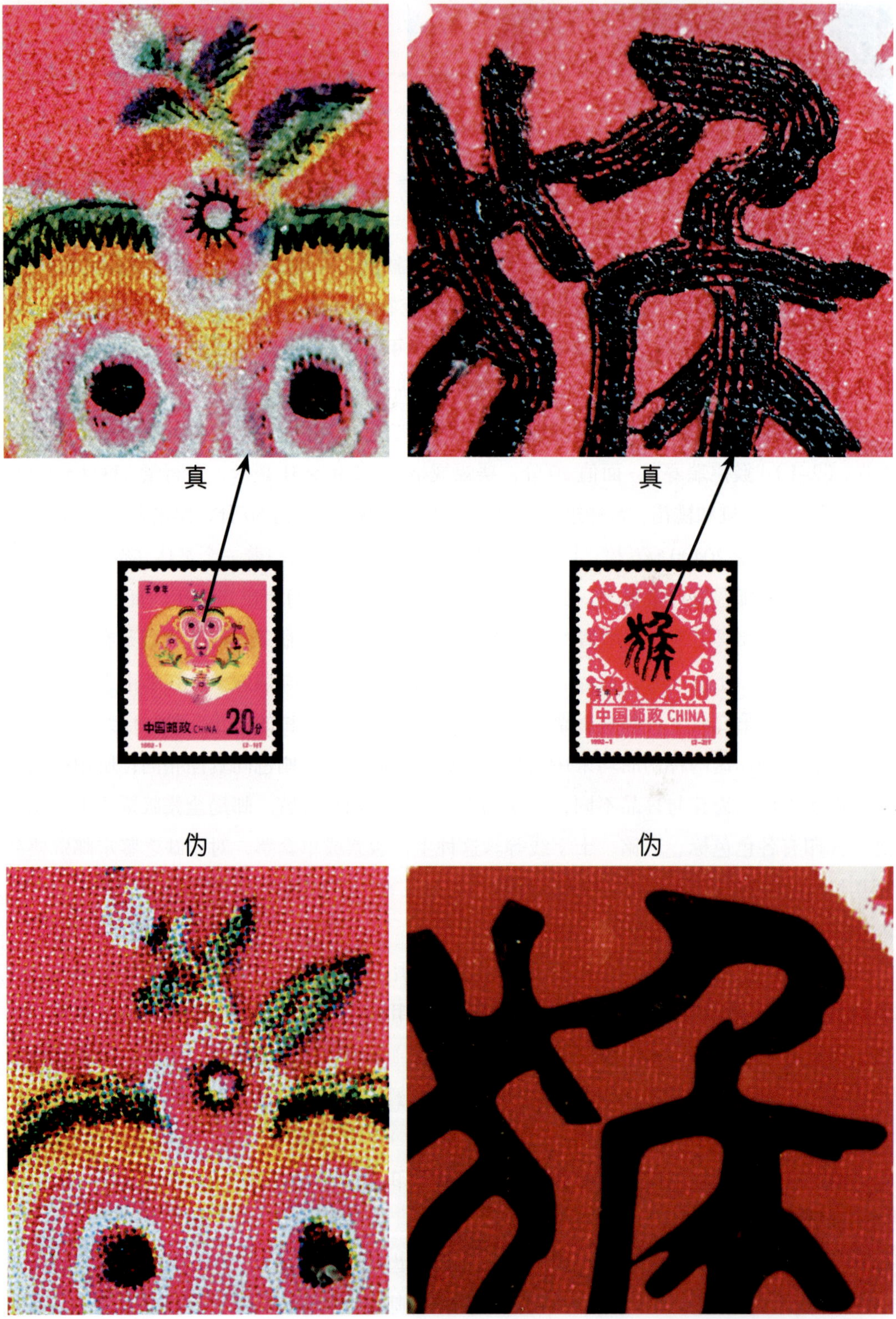

图90

1992–16 青田石雕（T）

青田石雕是浙江省青田等地以青田所产的青田石为主要原料雕刻的各种工艺品。有山水、花卉、人物、动物、炉瓶、文具和石章等品类。青田石的主要产地在青田县城东南的山口、方山一带，是一种以叶蜡石为主要成分的致密石料，呈青白、浅绿、浅黄、褐紫等色，富有蜡感。据史实记载，早在公元222～589年的元朝，便有形态生动活泼的青田石雕小猪问世。清朝初期，青田石雕开始销往欧洲。清末民初，青田石雕的生产和外销已具有一定规模。1915年，在美国旧金山举行的“巴拿马太平洋博览会”上，12件青田石雕作品荣获银奖。1949年中华人民共和国成立后，党和政府重视青田石雕生产的发展，成立了石雕生产合作社。1956年，从事石雕的人员为486人，年产值22万元。1987年，石雕从业人员已达5000多人，特别是在方山、山口一带，几乎家家户户都从事石雕生产，年产值高达3000多万元。1978年春，在北京举办的首届全国工艺美术展览会上，有20多件青田石雕艺术精品展出。1982年，在第二届中国工艺美术品百花奖评比中，青田石雕荣获最高奖国家“银杯奖”。10多件青田石雕精品被国家征集收藏，陈列于中国工艺美术馆珍宝馆。在国家和省市外贸部门于欧洲、美洲、日本、东南亚等地举办的中国工艺美术展览会上，曾有数百件青田石雕精品被选送参展，弘扬了中华传统工艺美术，增进了国际艺术交流。

1992年12月15日，为了展现青田石雕艺术风貌，弘扬中华传统工艺美术，中华人民共和国邮电部发行一套《青田石雕（T）》特种邮票，全套4枚。（4–1）春，10分，发行量5591万枚；（4–2）“高粱”，20分，发行量5716.215万枚；（4–3）“丰收”，40分，发行量5312.2万枚；（4–4）“花好月圆”，2元，发行量4958.7万枚。任国恩设计。胶版。齿孔12度。背面刷胶。邮局全张枚数50（10×5）。河南省邮电印刷厂印制。

这套邮票发行之后，因发行量过多，一直在邮市上打折出售，这就使造假者有机可乘。造假者利用高科技制版，采用与真品相同的胶版，利用四色彩点荧光防伪纸，伪造出足可乱真的（4–4）“花好月圆”面值2元高值邮票，在邮市和互联网上鱼目混珠，使许多用邮票者和集邮者上当受骗。与此同时，也被大量用于通信。

那么，应该怎样来鉴别1992–16（4–4）“花好月圆”面值2元票的真伪呢？

① 看邮票上的中英文铭记 由于伪品采用与真品相同的版别印制，其铭记“中国邮政”和“CHINA”同真品一样采用黑色专版实印，这就给鉴别真伪增加了难度。但只要用高倍放大镜仔细观察，真品与伪品在字体笔画特征上存有不同：真品“国”字中的“玉”字，比伪品明显“瘦”，“政”字中右半部偏旁第一笔与最后一笔，真品不相连，伪品则相连；英文“CHINA”中的“C”字母，真品与伪品明显不同（见图91）。

② **看各种刷色网纹夹角** 真品红色网纹夹角呈 45 度，伪品则呈 15 度。

③ **量齿孔** 真品齿孔为 12 度，伪品则为 10 度。

④ **用紫光灯鉴别** 在紫光灯照射下，真品呈白色，伪品则呈暗紫色，并呈现四色荧光彩点。

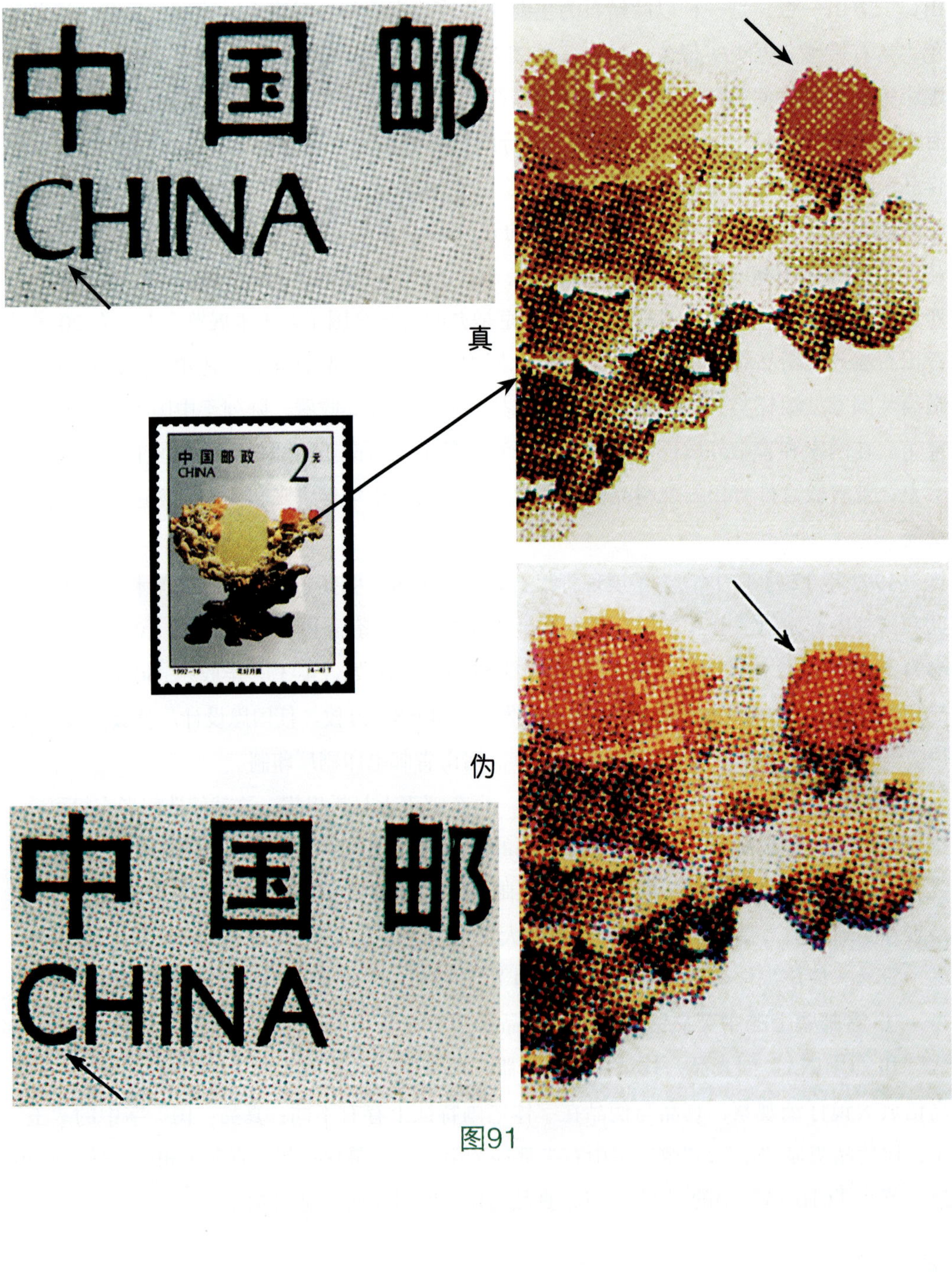

图91

1993-1 癸酉年（T）

公历1993年也是中国农历癸酉年，酉鸡，也称鸡年，凡是在农历这一年出生的人都属鸡。

1993年1月5日，为了庆祝中华民族传统的春节，中华人民共和国邮电部发行一套《癸酉年（T）》特种邮票，全套2枚。蔡兰英设计。影雕套印。（2-1）呼振源、阎炳武雕刻，（2-2）李庆发、姜伟杰雕刻。齿孔12度。背面刷胶。邮局全张枚数32（8×4）。北京邮票厂印制。

这套邮票是中华人民共和国邮电部发行的第二轮十二生肖系列邮票的第二套，全套2枚。（2-1）“雄鸡报晓”：面值20分，票幅规格26毫米×31毫米，发行量30006.6万枚，图案的主体画面是一只昂首挺胸、引颈高歌的大红公鸡。（2-2）“四季吉祥”：面值50分，票幅规格26毫米×31毫米，发行量25062.5万枚，图案的主体画面为一个篆体“鸡”字。

这套邮票发行量很大，高达2亿多套。因此，发行之后，在邮市上一直打折出售。直到2011年邮市再次回暖之后，由于生肖邮票出现收藏热。于是造假者便乘机利用高科技伪造出可乱真的全部第二轮生肖邮票版票，在网上和邮市上出售。第二轮生肖邮票全套共24版，网上售价六七千元，有集邮者从网上购得全套24版版票，经笔者鉴定均为伪品。第二轮生肖邮票全套版票伪品，经笔者鉴定过的就有两种。这两种伪品均采用高科技制版，胶版印制，可以乱真。笔者选择其种一种谈谈如何鉴定：

① **看版别**　真品1993-1癸酉年（T）邮票采用影雕套印：其中（2-1）邮票上的黑色文字和志号，均采用影写版印制，而剪纸鸡红色图案，采用雕版印制，（2-2）邮票上的黑色文字和志号，以及红底色，均采用影写版印制，而大红底色上所印的白色“鸡”字和四周的花朵，均采用雕刻版印制。伪品采用胶版印制，黑色文字和志号均采用胶版实印，其他图案和底色采用胶版网纹印制。因此，伪品与真品在版别上不同，在网纹特征上存有明显的不同（见图92）。

② **量齿孔**　真品1993-1癸酉年（T）邮齿孔为12度，伪品则为12.5度。

③ **用紫光灯鉴定**　真品采用邮票纸印制，在紫光灯照射下，无荧光反应；伪品在紫光灯照射下，白纸上呈现四色彩点荧光，这是造假者采用现今的防伪纸印制，目的是要迷惑集邮者，殊不知，恰恰在这里露了马脚。

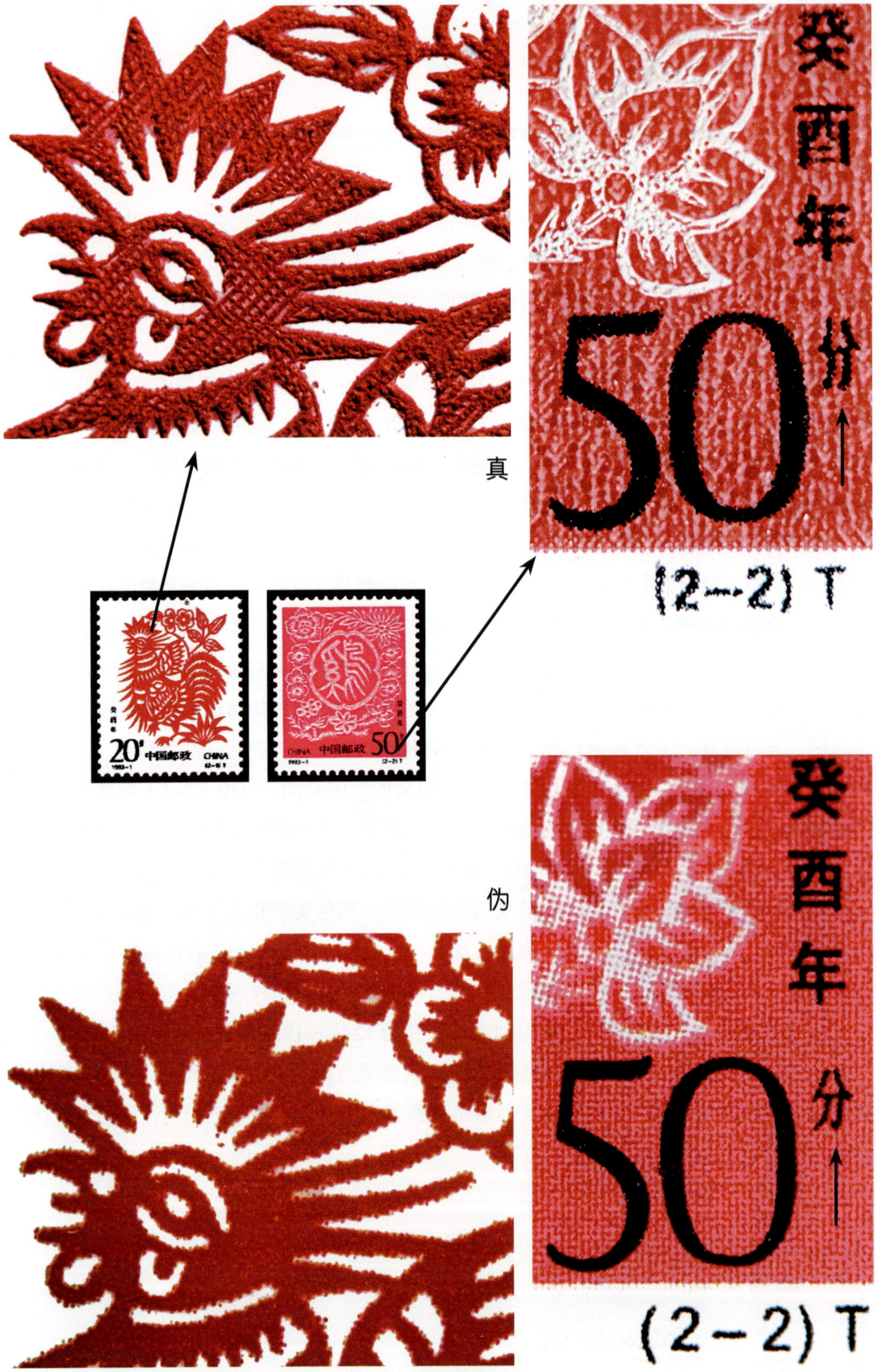

图92

1993-17 毛泽东同志诞生一百周年（J）

毛泽东（1893 ~ 1976），字润之，1893年12月26日生于湖南省湘潭县韶山冲。早期即开始革命活动，接受并传播马克思列宁主义，创办《湘江评论》。1921年7月，代表湖南共产主义小组到上海出席中国共产党第一次全国代表大会。1924年初，协同李大钊等帮助孙中山改组国民党和制定联俄、联共、扶助农工三大政策。1926年主持广州农民运动讲习所（第6届），为党培养了大批农民运动骨干。1926年3月和1927年3月，毛泽东先后发表《中国社会各阶级的分析》和《湖南农民运动考察报告》，明确提出了坚持无产阶级对民主革命领导权和依靠农民同盟军进行革命斗争的主张。1927年8月7日，毛泽东在“八七”会议上，提出了“枪杆子里面出政权”的著名论断，会后即到湘赣边界发动农民、工人举行秋收起义，建立了第一支工农红军。接着，率领部队进入井冈山地区，建立了第一个农村革命根据地。后与朱德、陈毅率领的一部分部队会师，组成中国工农红军第四军，毛泽东任党代表，朱德任军长。从1928年开始，先后写了《中国红色政权为什么能够存在？》、《星星之火，可以燎原》等著作，创造性地提出了建立农村革命根据地，以农村包围城市，最后夺取城市的战略思想，开创了武装夺取政权的新的革命道路。1931年11月，中央工农民主政府在江西瑞金建立，毛泽东任主席。1934年10月至1935年10月，胜利领导工农红军完成了二万五千里长征。在长征途中，1935年1月中共中央在贵州遵义召开的政治局扩大会议，结束了王明“左”倾机会主义路线在党内的统治，确立了毛泽东同志在党内的领导地位。1935年10月到达陕北后，毛泽东被选为中共中央军事委员会主席，他担任这一职务直至逝世。抗日战争时期，毛泽东在《论反对日本帝国主义的策略》的报告中，阐明了抗日民族统一战线的理论、路线和政策；在《论持久战》等著作中，批判了速胜论和悲观论两种错误思想，为党制定了正确的路线和一系列方针、政策。1943年3月，党中央委员会选举毛泽东同志为中央委员会主席和中央政治局主席，以后在历届中央委员会上都连续当选，直至逝世。抗战胜利后，针对国民党要从人民手中夺取抗战胜利果实的形势，毛泽东提出了“针锋相对，寸土必争”的方针。在1945年8月28日，毛泽东与周恩来等赴重庆谈判。1948年9月至1949年1月，毛泽东亲自领导指挥辽沈、淮海、平津三大战役，取得了解放战争伟大战略决战的胜利。1949年3月，毛泽东主持召开了党的七届二中全会，提出了全国胜利以后，国内的基本矛盾是工人阶级和资产阶级的矛盾，民主革命要不停顿地转变为社会主义革命。党的工作重心必须由农村转入城市，必须努力去学习管理和建设城市。1949年9月21日，毛泽东同志在中国政治协商会议第一届全体会议上向全世界庄严宣告：“占人类总数四分之一的中国人民从此站立起来了！”并当选为中华人民共和国中央人民政府主席；10月1日，在北京天安门城楼上庄严宣告中华人民共和国成立。从新中国成立到1952年，领导全党用3年时间恢复了国民经济，并发动广大群众胜利完成了土地改革、镇压反革命、三反五反和知识分子思想改造运动。1953年胜利完成了抗美援

图93

朝运动。1962年，提出了以农业为基础，以工业为主导的发展国民经济总方针。1966年，发动了“文化大革命”。1971年，领导全党粉碎了林彪反党集团。1974年，提出了关于三个世界的理论。1976年9月9日毛泽东同志因病在北京逝世。半个多世纪以来，毛泽东同志领导全党和全国各族人民，取得了新民主主义革命的彻底胜利，创建了中华人民共和国，领导全党和全国各族人民取得了社会主义革命和社会主义建设的伟大胜利。毛泽东把马克思列宁主义的普遍真理同中国革命的具体实践相结合，在革命理论和革命实践上，为中国人民和世界人民立下了丰功伟绩，赢得了中国人民和世界人民的爱戴和尊敬。

1993年12月26日，为了纪念毛泽东同志诞生100周年，中华人民共和国邮电部发行一套《毛泽东同志诞生一百周年（J）》纪念邮票，全套2枚。面值分别为（2–1）20分，（2–2）1元。魏楚予设计。影写版。齿孔11.5度。背面刷胶。邮局全张枚数40（8×5）。发行量（2–1）8190.9万枚，（2–2）5095.7万枚。北京邮票厂印制。

这套邮票发行之后，因发行量较多，很快便成为邮市上的打折票。经过多年消耗后，反而变成紧俏票，造假者利用高科技制版，伪造出可乱真的伪品作为“产品票”，装进礼品册或邮票册中以假乱真，鱼目混珠进行销售。伪品采用红色防伪荧光纤维纸胶版印制，刷色逼真，刷有背胶，鉴定邮资票品经验不丰富的集邮者，极易上当受骗。

那么，应该怎样来鉴定这套邮票的真伪呢？

① **看版别** 真品采用影写版印刷，网点呈中空状，各种刷色网纹夹角均呈45°；伪品采用胶版印刷，网点呈实心状，各种刷色网纹夹角各不相同（见图93）。

② **看邮票图案四周用金墨印刷的反白边框线** 真品印刷的反白边框线呈现出影写版所特有的不规则锯齿状特征；伪品则整齐划一，线条规整，而且比真品明显粗一些。

③ **用紫光灯鉴别** 真品采用邮票纸印制，在紫光灯照射下，白纸面呈暗紫色，无荧光纤维；伪品采用防伪荧光纤维纸印制，在紫光灯照射下，呈现红色荧光纤维，白色纸面同真品呈现相同的暗紫色。

1994-1 甲戌年（T）

公历 1994 年也是中国农历甲戌年，戌狗，也称狗年，凡是在农历这一年出生的人都属狗。

1994 年 1 月 5 日，为了庆祝中华民族传统的春节，中华人民共和国邮电部发行一套《甲戌年（T）》特种邮票，全套 2 枚。张二苗设计。影雕套印。（2–1）呼振源、阎炳武雕刻，（2–2）李庆发、姜伟杰雕刻。齿孔 11.5 度。背面刷胶。邮局全张枚数 32（8×4）。北京邮票厂印制。

这套邮票是中华人民共和国邮电部发行的第二轮十二生肖邮票的第三套，全套 2 枚。（2–1）“平安家福”：面值 20 分，票幅规格 26 毫米 ×31 毫米，发行量 21340.9 万枚，图案的中心画面是一只卧式泥玩具小狗。（2–2）“祥瑞兴旺”：面值 50 分，票幅规格 26 毫米 ×31 毫米，发行量 16011.3 万枚，图案的中心画面是一个篆体“狗”字。

这套邮票发行量很大，全套多达 1.6 亿，仅次于 1993–1 癸酉年（T）邮票。发行之后，邮市上一直在打折出售。2011 年邮市回暖后，生肖邮票成为邮市上的热门品种。第二轮全套 24 版邮票，在邮市上售价高达万元。于是造假者便乘机利用高科技，伪造出可乱真的第三轮全套 24 版版票，在邮市上和互联网上鱼目混珠出售，售价六七千元。有集邮者购买以后，经笔者鉴定全都是伪品。第二轮生肖邮票全套版票，仅笔者鉴定过的就有两种。这里仅选其中的一种，介绍一下鉴定方法。

① **看版别** 真品 1994 年 1 月甲戌年（T）邮票采用影雕套印，雕刻印制的图案，线条清晰、凸出，影写版印制的图文，各色网纹夹角均呈 45°，网点呈圆形中空状，文字笔画边缘呈锯齿状；伪品采用胶版印制，各种刷色网纹夹角各不相同，套色印在一起刷色混杂，（2–2）中的图案中心篆书“狗”字采用黑色专版实印，但与真品采用雕刻版印制存有明显的不同。依据在邮资票品鉴定中，只有版别不同便可采用一票否决的原则，伪品与真品版别不相同，区别十分明显（见图 94）。

② **量齿孔** 真品齿孔为 11.5 度，伪品齿孔为 12.5 度。

③ **用紫光灯鉴别** 真品采用前期邮票纸印制，在紫光灯照射下，白纸面无荧光反应；伪品则采用近期防伪纸印制，在紫光灯照射下，白纸面呈现四色彩点荧光。

中国
1994-1

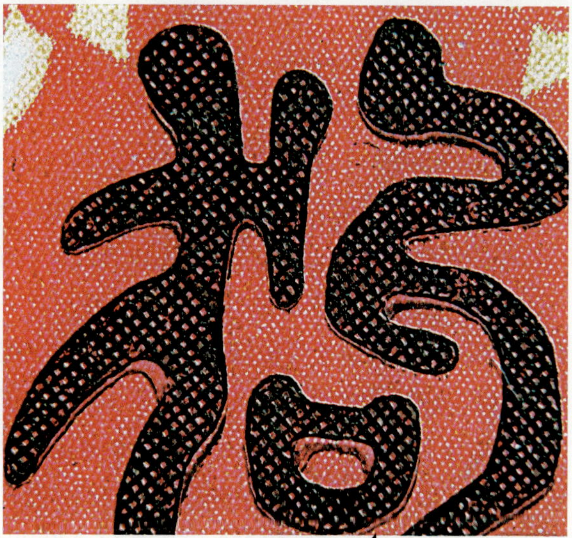

真　　　　真

20分
中国邮政 CHINA
1994-1
(2-1) T

CHINA
中国邮政 50分
1994-1
(2-2) T

伪　　　　伪

中国
1994-1

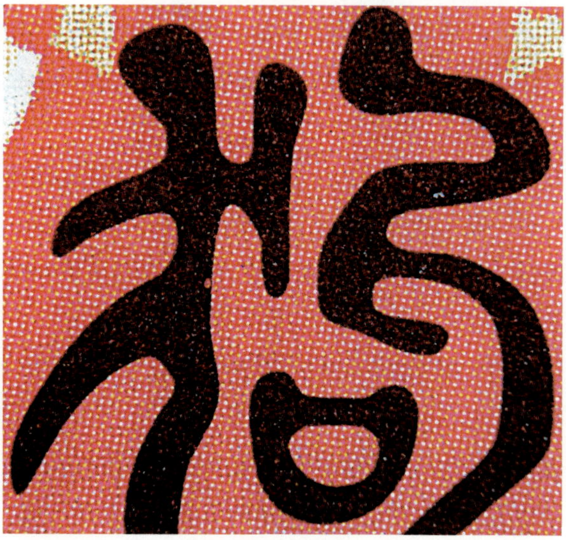

图94

1994-20 经济特区（J）

经济特区是一个主权国家在某一地区内划出一定的区域范围，在对外经济活动中采取更为开放的政策，如实行优惠税率，提供良好、安全、可靠的投资环境，建立事权集中、高效能的管理体制，以吸引外资，引进先进技术和管理经验，扩大劳动就业，增加外汇收入，繁荣本地区和附近地区的经济。经济特区与一般的出口加工区不同。它是工业、农业、商业、服务业、旅游业等相结合的综合性的经济特别区，一般设置在地理位置优越、交通方便的港口或边境城镇。经济特区始于16～17世纪。1547年，在意大利西北部热那亚湾里窝那港建立了世界第一个自由贸易港。第二次世界大战前，全世界有26个国家和地区设立了68个经济特区。20世纪80年代初，全世界已有62个国家和地区设立了521个经济特区，贸易额约占世界贸易总额的10%，其中14个发达国家占178个，68个发展中国家占343个。中国的经济特区是中国在进行经济改革开放中的一种社会主义市场经济体制试验场，由邓小平同志倡导、中央和人大常委会决定的。1979年4月中央工作会议期间，广东省委负责人谈到发挥广东优势时，邓小平同志提出可以办特区。1979年7月，中央和国务院发出文件，决定在深圳、珠海、汕头、厦门试办特区，当时叫做“出口特区”。1980年5月，中央和国务院又发出文件，正式定名为“经济特区”。1980年8月，全国五届人大常委会第15次会议公布了《广东省经济特区条例》，正式批准建立经济特区。1981年和1982年，中央和国务院又相继发出3个文件，进一步规定了办经济特区的各项方针政策。1988年4月13日，全国七届人大第一次会议通过开始兴建海南特区。经济特区的产业结构呈多样化形式，既有门类众多的加工业，也有商贸、金融、旅游、航运等行业，而且与国内其他地区保持着密切的经济联系。经济特区的经济活动基本上按照市场经济的模式操作，发展建设资金主要来源于吸收外资和自我积累，产品以出口为主，发展方向是以工业为主、多业并举的外向型经济。经过十多年的创业和发展，仅占全国总面积0.35%和人口0.08%的经济特区，在经济建设上取得了惊人的成就，对全国改革开放和经济发展起到了示范和带动作用，被誉为“东方明珠”。

1994年12月10日，为了宣传经济特区的建设成就和面貌，中华人民共和国邮电部发行一套《经济特区（J）》纪念邮票，全套5枚。面值均为50分。王振华、陈晓聪设计。胶版。齿孔12度。背面刷胶。邮局全张枚数50（5×10），5枚连印。发行量均为3542.75万枚。辽宁省沈阳邮电印刷厂印制。

这套邮票发行之后，因发行量较大，在邮市上成为打折票，低于面值出售，被用于通信而大量消耗。但因题材较好，后被称为“产品票”装进礼品册，致使造假者有机可乘。这套票的伪品，首先是在庆祝中华人民共和国诞辰60周年邮票小型张、纪念章、纪念币珍藏册中被发现的。这套邮票的真品采用胶版印制，而伪品也同样采用胶版印制。伪品采用高科技制版，与真品的网线十分接近，各种刷色的网纹夹角也均相同。因此，刷色十分逼真，足可以假乱真。不要说缺乏鉴定邮资票品真伪经验的集邮者难辨真伪，就是有鉴定经验的集邮者，稍有疏忽也会上当受骗。

那么，应该怎样来鉴定这套邮票的真伪呢？

① **看面值 50 分** 真品全套邮票面值均为 50 分，采用铁灰色专版印制，伪品面值 50 分，则采用黑色印制而成；真品“50 分”的笔画比伪品的明显粗一些（见图 95）。

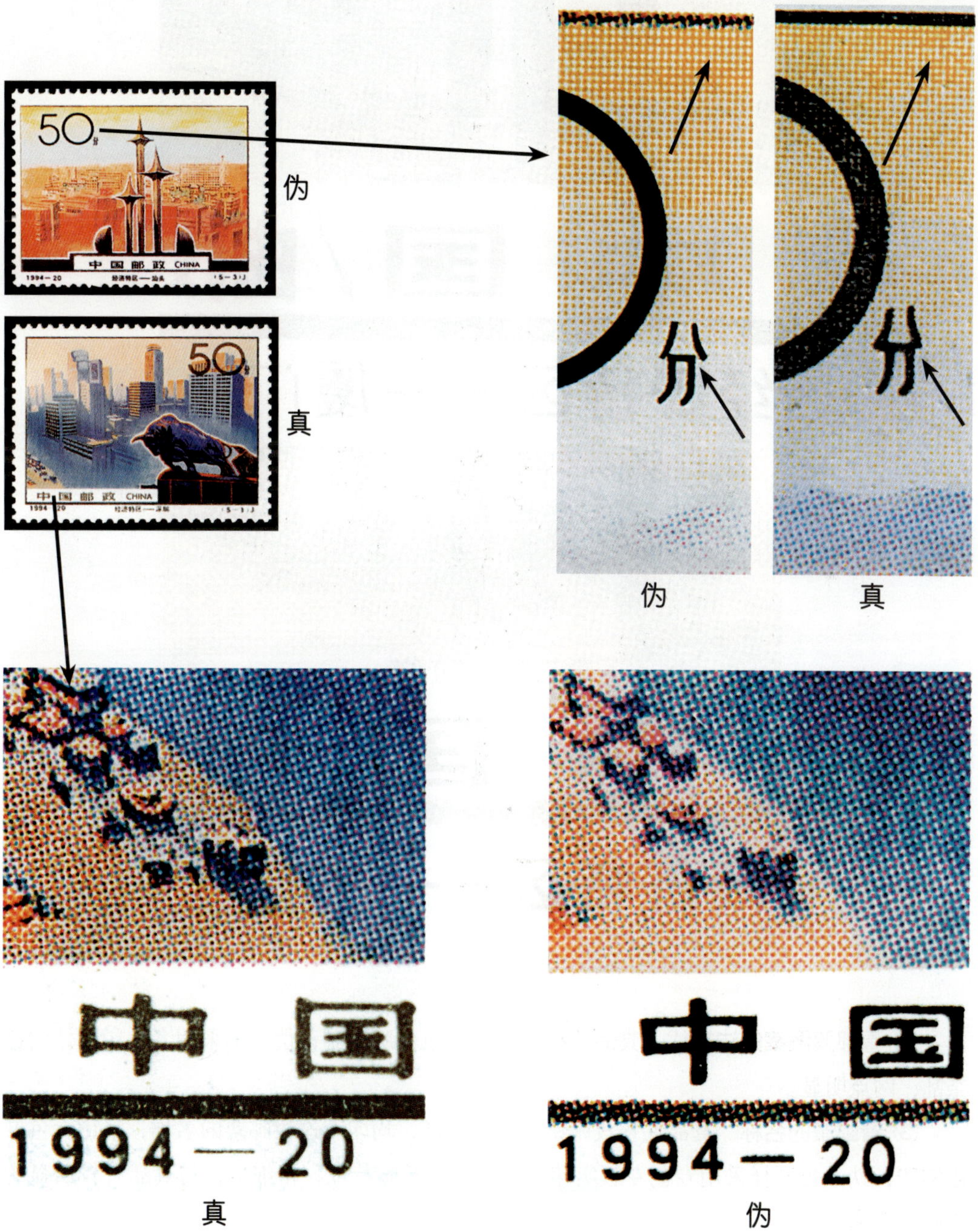

图95

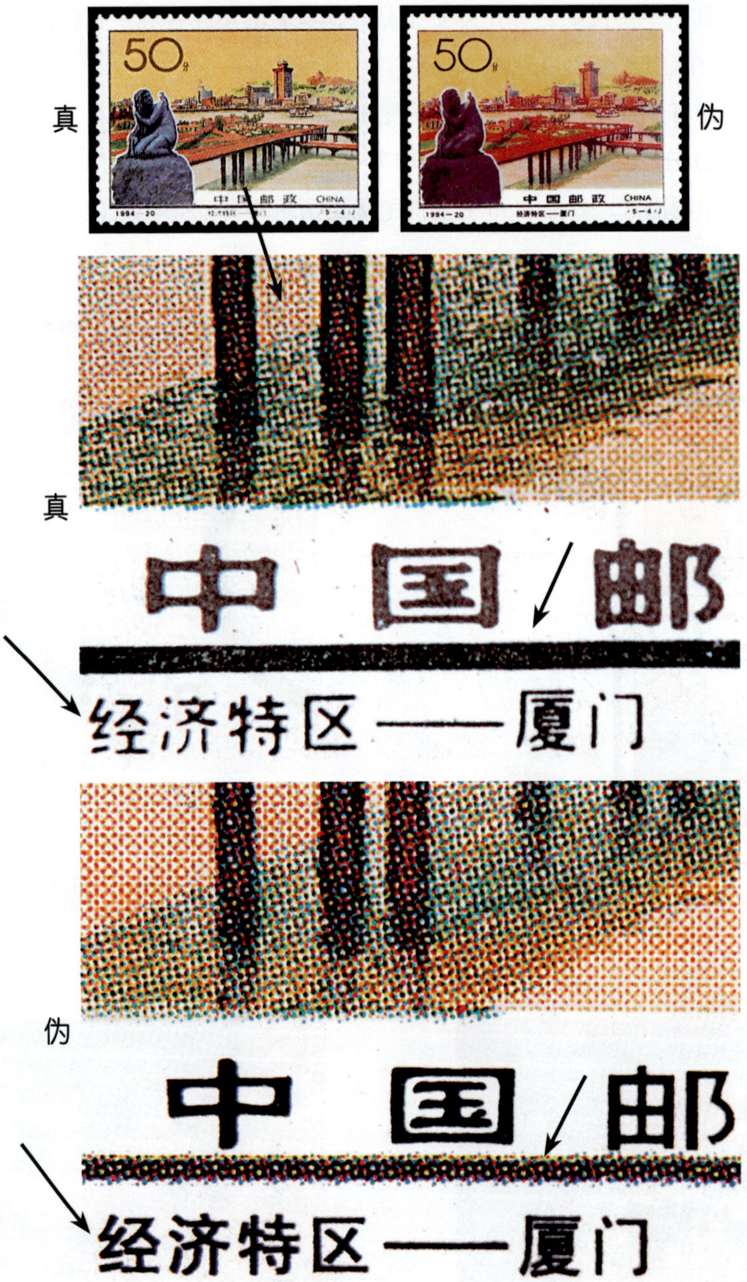

图96

② **看邮票图案的边框线** 真品边框线采用专色专版印制；伪品则采用套色印制，刷色杂乱，网点明显。

③ **看邮票的名称** 真品在每枚邮票下边的中部，均印有这枚邮票的名称，采用专色专版实印；伪品也同样采用专色专版实印，但在文字笔画特征、粗细上，与真品有较明显的不同（见图96）。

④ **用紫光灯鉴别** 真品在紫光灯下，白色纸呈亮白色；伪品则呈暗紫色。

1995-1 乙亥年（T）

公历 1995 年也是中国农历乙亥年，亥猪，也称猪年，凡是在农历这一年出生的人都属猪。

1995 年 1 月 5 日，为了庆祝中华民族传统的春节，中华人民共和国邮电部发行一套《乙亥年（T）》特种邮票，全套 2 枚。吴建坤、杨文清设计。影雕套印。阎炳武、呼振源雕刻。齿孔 11.5 度。背面刷胶。邮局全张枚数 32（8×4）。北京邮票厂印制。

这套邮票是中华人民共和国邮电部发行的第二轮十二生肖系列邮票的第四套，全套 2 枚。（2-1）“肥猪拱门”：面值 20 分，票幅规格 26 毫米 ×31 毫米，发行量 10006.5 万枚，图案的中心画面采用了一只玩具小黑猪形象。（2-2）“喜迎新春”：面值 50 分，票幅规格 26 毫米 ×31 毫米，发行量 8062.5 万枚，图案的中心画面是一个写在农家窗纸上的隶体“猪”字。

这套邮票发行量有所减少，但仍没逃出在邮市上打折出售的命运。2011 年邮市回暖以后，生肖邮票成为邮市上的热门品种，特别是生肖版票，更受投资者的厚爱。全套第二轮生肖版票，共计 24 版，在邮市上售价高达近万元。于是，造假者便利用高科技制版，乘机伪造出可以乱真的第二轮生肖邮票全套 24 版版票，在邮市上和互联网上鱼目混珠，高价出售。致使不少集邮者和投资者因难辨真伪而上当受骗。第二轮生肖邮票全套 24 版版票，经笔者鉴定出的伪品就有两种。这两种伪品均采用胶版印制，制作工艺大同小异，今选其中一种，介绍一下如何辨别真伪。

① **看版别**　真品 1995-1 乙亥年（T）邮票，采用影雕套印，其影写版印制的各种刷色网纹夹角均呈 45°，网点大小相同呈圆形中空状，雕刻版印制的图形线条清晰，凸出纸面；伪品采用胶版印制，网点大小不同，呈实心状或网状，各种刷色网纹夹角不同，套印在一起呈梅花状。用高倍放大镜观察、鉴别时，就会看出两者存有明显的不同（见图 97）。

② **量齿孔**　真品 1995-1 乙亥年（T）邮票，齿孔为 11.5 度；伪品则为 12.5 度。

③ **用紫光灯鉴别**　真品 1995-1 乙亥年（T）邮票在紫光灯照射下，白纸面上无荧光反应；伪品在紫光灯照射下，白纸面上呈现四色彩点荧光。这是造假者利令智昏，想用现今采用的四色彩点荧光防伪纸，来迷惑集邮者。殊不知，当年印制 1995-1 乙亥年（T）邮票时，还没有这种纸！

真

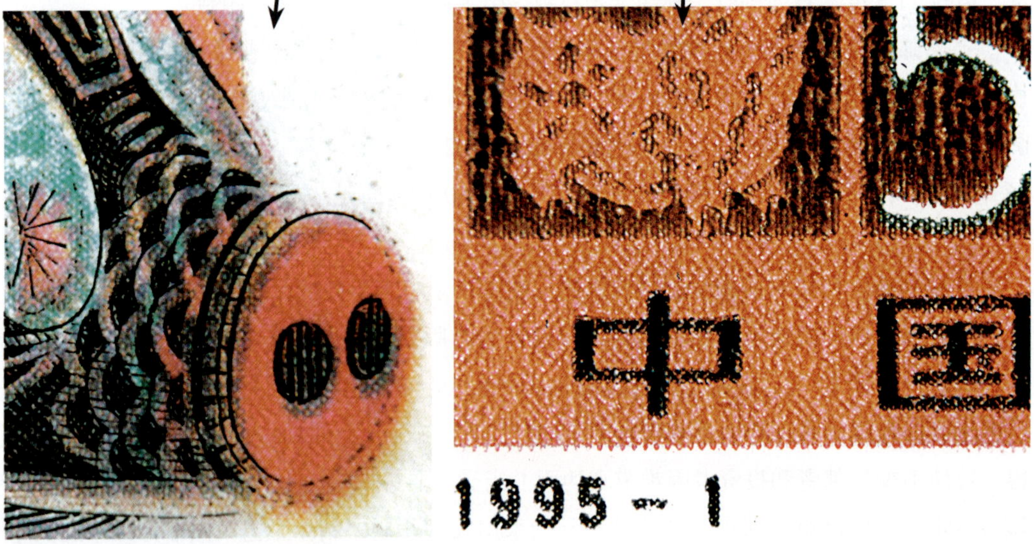

伪

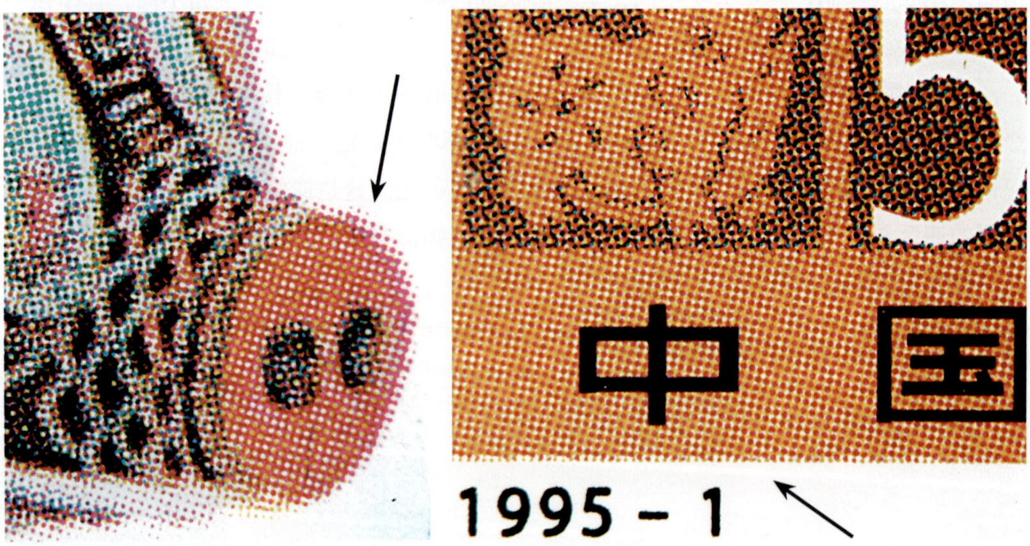

图97

1995-4 社会发展 共创未来（J）

1995年3月6～12日，联合国社会发展世界首脑会议在丹麦首都哥本哈根召开。这次会议是1991年5月由智利代表团在联合国经社理事会会议上提出建议，1992年第47届联大通过决议召开的。这是全球和联合国历史上第一次举行有关世界社会发展问题战略的最高规格会议，标志着社会发展问题已成为联合国工作的重要领域。社会发展的内容十分广泛，如人口控制与计划生育，劳动就业，收入分配调节与社会保障，公共安全及治安，城市化发展与住房和公共设施建设，生态与环境保护，卫生医疗保健，文化体育，民族、宗教及妇女儿童、残疾人、老龄人的保护等领域。这次会议的三大主题是解决贫困、失业和两极分化，即讨论加强社会融合、减轻和减少贫困以及扩大生产性就业等问题。社会发展，共创未来是人类共同的事业，世界各国政府都致力于它的研究和开拓。中国政府积极支持智利代表团提出召开社会发展世界首脑会议的建议。1994年10月，社会发展国际研讨会在北京举行，交流各国社会发展经验，探讨社会发展问题，加强国际交流，为社会发展世界首脑会议文件起草做了实质性贡献。

1995年3月6日，为了祝贺联合国社会发展世界首脑会议召开，中华人民共和国邮电部发行一套《社会发展 共创未来（J）》纪念邮票，全套1枚。面值20分。郭振山设计。影写版。齿孔11度×11.5度。背面刷胶。发行量为5204.2万枚。邮局全张枚数50（5×10）。北京邮票厂印制。

这套邮票发行量大，在邮市上被打折出售，经过多年消耗，存世量锐减。因此，当它作为“产品票”被收购装进礼品册时，市价猛涨，高达一二十元一枚。于是，造假者利用高科技制版，采用荧光防伪纸，伪造出具有欺骗性的伪品，装进礼品册或年册内进行销售，使不明真相的集邮者和收藏者上当受骗。

那么，应该怎样来鉴别这套邮票的真伪呢？

① **看版别** 真品采用影写版印制，刷色纯正，在深刷色部位呈现影写版所特有的水波纹；伪品采用套色胶印，刷色混杂、粗糙（见图98）。

② **看英文票题** 真品英文票题的文字采用银色专版印制；伪品则采用套色印制，文字暗淡，无明亮的银色光泽。

③ **看面值和志号** 真品刷色纯正，具有影写版特有的特征；伪品因采用胶版套印，刷色混杂。

④ **用紫光灯鉴别** 真品在紫光灯照射下，白色纸面呈暗紫色，无荧光纤维；伪品白色纸面同真品一样呈暗紫色，但还呈现红色荧光纤维。对真品缺乏深入研究的集邮者，据此，有可能把伪品误当真品，因为伪品采用的是防伪荧光纤维纸呀！

真

真

伪

伪

图98

1995–19M 桂花（有齿小全张）（J）

1995 年 9 月 14 ~ 18 日，“国际邮票、钱币博览会 北京 1995”在北京中国国际贸易中心隆重举行。由中国集邮总公司和中国金币总公司联合举办。这是中华人民共和国成立以来，首次举办的集邮票与钱币、展览与销售于一体的大型邮票钱币博览会。参展的有美国、澳大利亚、俄罗斯、瑞士、日本、奥地利、英国、加拿大、德国、西班牙、新加坡、南非、安道尔、中国香港等 40 多个国家和地区的造币厂及钱币经销商，并同时展销他们的最新纪念币、章。此次博览会，中国金币总公司同时展示最新金银纪念币，如联合国 50 周年纪念币、抗战胜利 50 周年纪念币等，并推出了中国集币史上第一个集币护照册销售。

1995 年 9 月 14 日，正值“国际邮票、钱币博览会 北京 1995”在北京中国国际贸易中心开幕之日，中华人民共和国国家邮政局发行了 1 枚《国际邮票、钱币博览会 北京 1995（小全张）》，志号为 1995–19M。朱力钊设计。胶版。齿孔 12 度。同时发行 1 枚无齿小全张。背面刷胶。河南省邮电印刷厂印制。小全张面值 1.9 元，售价 3 元，尺寸规格 143 毫米 ×85 毫米，邮票票幅规格 40 毫米 ×30 毫米 ×2。发行量有齿 2482.76 万枚，无齿 56.7 万枚。图案选用了 1995 年 4 月 14 日发行的《1995–6 桂花（T）》全套 4 枚邮票，故俗称“桂花小全张”。

“桂花有齿小全张”发行以后，因发行量大，在邮市上便出现打折出售。1997 年邮市升温，出现炒作时，“桂花有齿小全张”在邮市上最高售价曾一度飙升为每枚 35 元左右。造假者为牟暴利，便乘机利用高科技制版，采用铜版纸彩色胶印，伪造出较逼真的赝品，在邮市上鱼目混珠，欺骗不明真相的集邮者和邮资票品投资者。

那么，应该怎样来鉴别“桂花有齿小全张”的真伪呢？

① **看纸质** 真品“桂花有齿小全张”采用专用邮票纸印制，纸质坚韧挺括，吸墨性能好，背面刷有背胶；伪品采用铜版纸印制，纸面光亮，较厚，无背胶。

② **看版别和刷色** 真品“桂花有齿小全张”采用 10 色胶版印制，邮票图案上的底色、小全张边饰底色以及邮票上的铭记、面值、志号等都采用专色、专版印制；伪品也采用与真品相同的印刷工艺印制，因此制作逼真，只有用高倍放大镜仔细观察，才能发现其与真品在有的刷色上采用的网纹夹角存有不同，如红色，真品网纹夹角为 45°，而伪品则为 75°（见图 99）。

③ **看小全张边饰图和底色上的黑线条** 真品“桂花有齿小全张”边饰图玉兔、月亮和云朵采用银墨专版印制；边饰底色上的黑线条，采用细小的斜向左上方的黑色网点构成。伪品边饰图王兔、月亮和云朵也采用银墨专版印制，但不如真品精细，银墨灰暗，不明亮；边饰底色上的黑线条，采用平直的较大的黑色网点构成。

④ **看暗记** 真品“桂花有齿小全张”中（4–4）面值 1 元票，“1”字下部变窄，这是暗记，伪品中“1”字则上下一样宽窄。（注意：“桂花无齿小全张”伪品这个暗记作得很像，可乱真。）

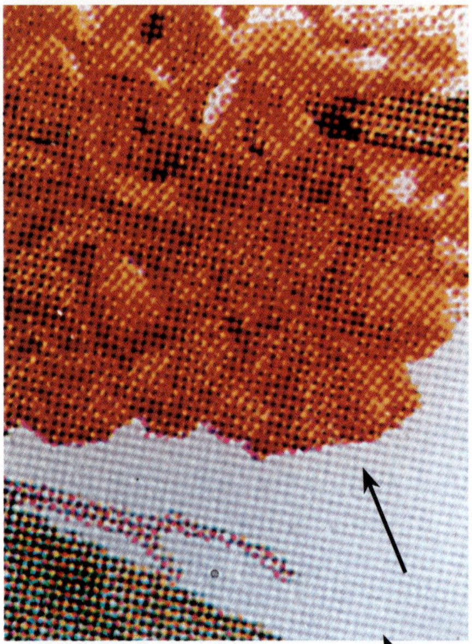

真

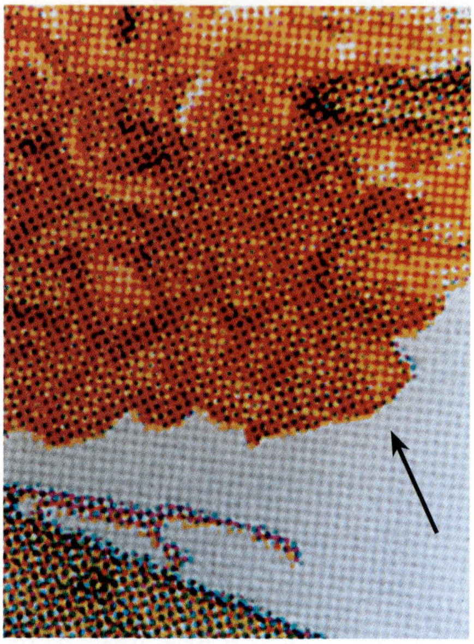

伪

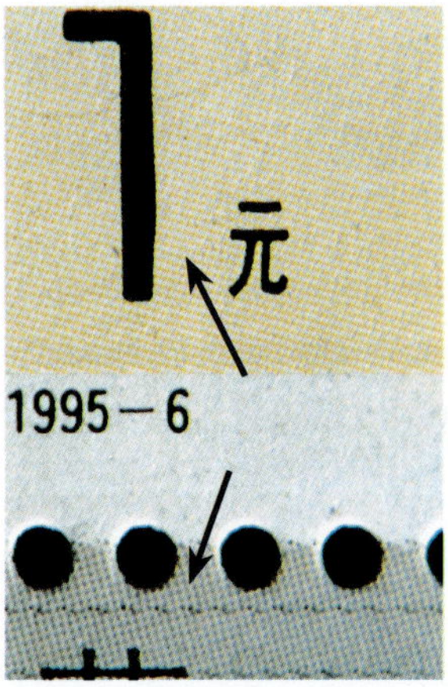

真

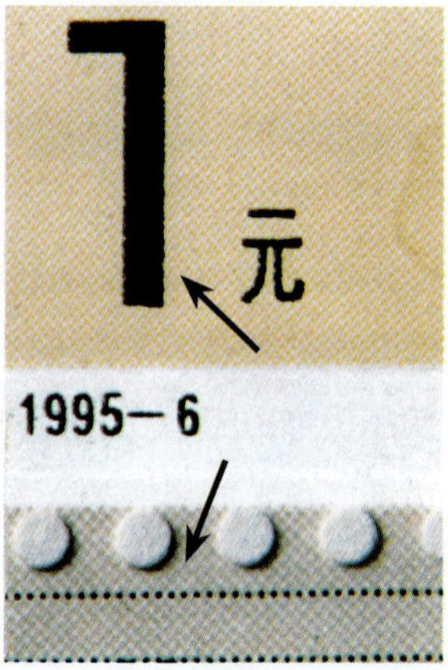

伪

图99

1995–19M 桂花（无齿小全张）（J）

1995 年在北京举办了“国际邮票、钱币博览会　北京　1995”，中华人民共和国国家邮政局特发行了用《1995–6 桂花（T）》邮票印制的加字有齿和无齿小全张。“桂花无齿小全张”仅发行 56.7 万枚。因发行量少，对当时冷清不振的邮市，起到了一定的刺激作用，因此，被邮人戏称为“短腿效应”。“桂花无齿小全张”也就成了“短腿效应”的开山鼻祖。之后，在邮市转热，进行炒作时，“桂花无齿小全张”一路上扬，最高每枚市场价曾高达 600 元左右。后来邮市变“熊”，尽管“桂花无齿小全张”是“短腿效应”的鼻祖，其市场售价也未能抵挡一路下滑的命运，到 2004 年已跌至每枚售价 200 元左右。正是在此时，造假者利用高科技，用真品“桂花无齿小全张”进行翻拍制版仿造出足可以假乱真的伪品。伪品用邮票纸胶版印制，纸质坚挺，有背胶，刷色同真品一样，票幅与真品相同，甚至连小全张上的断线暗记都相同。更使人惊讶的是，真品“桂花无齿小全张”为加强防伪能力，采用 10 色印制，其中有 6 种刷色用专版专色印制。而伪造者为使伪品获得以假乱真的效果，也不惜工本，进行大投入，采用与真品一样的 10 色印制。因此，它比前面介绍的“桂花有齿小全张”伪品，在伪造技术与技巧上，要高超得多，并且十分专业，当将真假“桂花无齿小全张”放在一起，不要说缺乏鉴定真伪经验的集邮者难辨哪个是真，哪个是假，就是有一定鉴定真伪经验的集邮者，在没有真品用来进行对比鉴定的情况下，也难辨真伪。

那么，应该怎样来鉴定“桂花无齿小全张”的真伪呢？

① **看版别网纹特征**　“桂花无齿小全张”真品、伪品均采用同样版别——胶版印制。真品与伪品尽管用相同版别印制，因伪品在制版时无原设计图稿，只能用真品进行翻拍，因此，在网纹夹角、网点粗细上存在较明显的差别。真品“桂花无齿小全张”边饰底色采用 15° 网纹夹角专版专色印制，底色上印的浅黑色条纹，呈左上旋，由 3 个黑网点组成；伪品“桂花无齿小全张”边饰底色则采用 45° 网纹夹角专版专色印制，网点也较真品粗大，底色上印的浅黑色条纹，虽也呈左上旋，但不是均由 3 个黑色网点组成，有的为 3 个网点，有的则为 1 个网点或 2 个网点组成，黑色网点损失严重，因此条纹较浅淡（见图 100）。

② **看邮票图案上的铭记**　真品“桂花无齿小全张”邮票上的中文铭记“中国邮政”，在笔画特征上与伪品存在差别：真品（4–1）铭记中的“政”字，其最后一笔“㇏”的起笔处，呈尖顶状，伪品则呈平顶状。

③ **看刷色**　真品“桂花无齿小全张”采用 10 种颜色印制，伪品也如法炮制，因此，仅从表面上看刷色，几乎无区别，但用高倍放大镜来观看，其刷色的网纹夹角和粗细，就一目了然。真品刷色中的红色网纹夹角为 45°，伪品则为 75°；4 枚邮票的 4 种专色，其网纹夹角和粗细真品与伪品有区别，如（4–2），真品蓝色网纹夹角为 75°，网纹较细密，伪品网纹夹角则为 15°，网纹较粗疏（见图 101）。

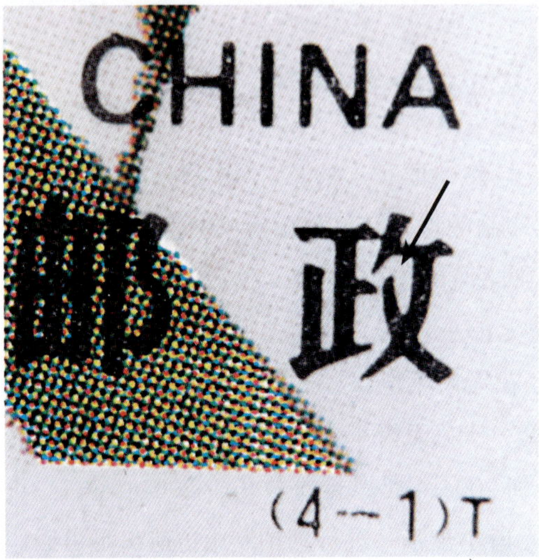
CHINA
邮政
(4-1)T

真

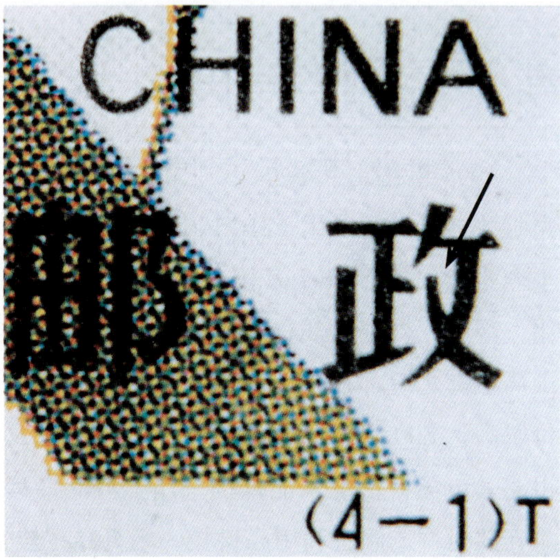
CHINA
邮政
(4-1)T

伪

国际邮票、钱币博览会
北京 1995
20分
中国邮政
CHINA
50分
1元
桂 花

1995

真

1995

伪

图100

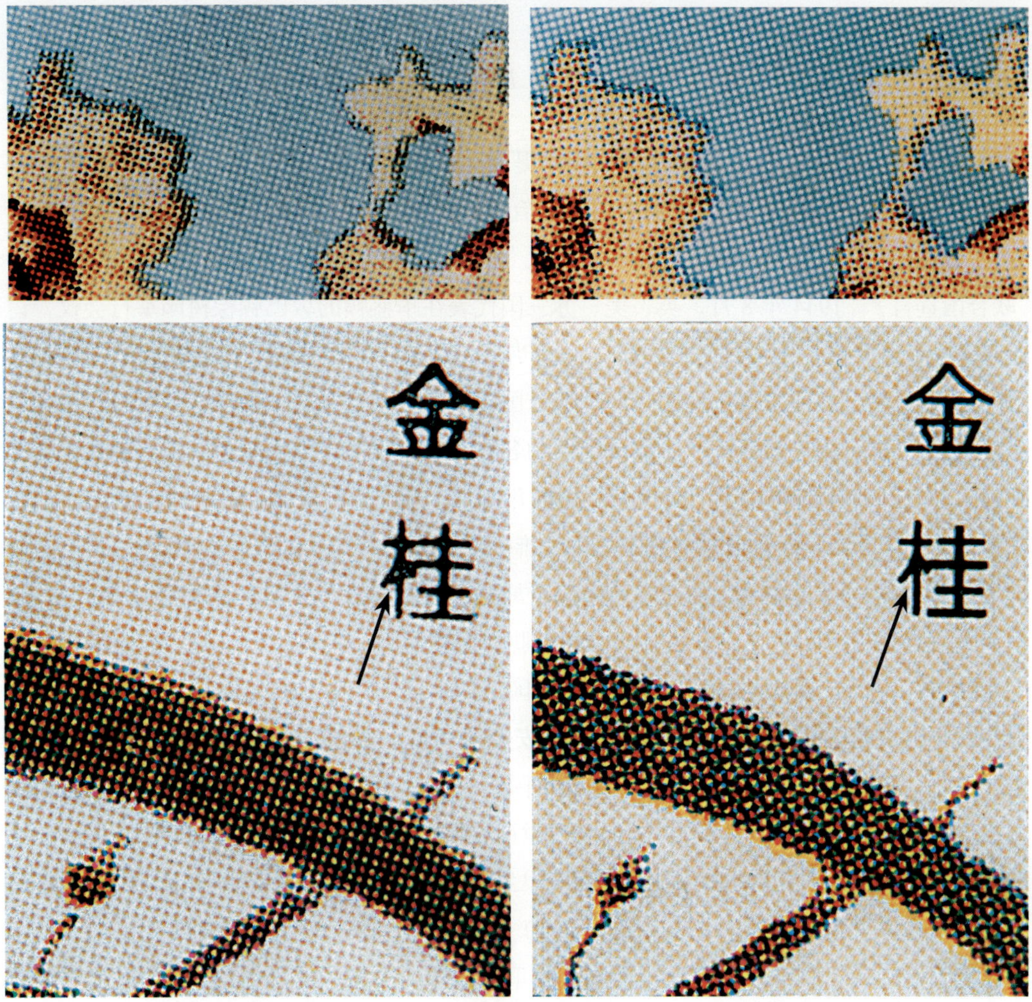

真　　伪

图101

④ **看邮票上桂花名称和小全张志号**　真品“桂花无齿小全张”每枚邮票上的桂花名称文字笔画，很有特征，特别是“桂”字，具有的特征更为明显，而伪品则与真品存在明显的差别。

⑤ **看小全张左边的边饰图**　真品“桂花无齿小全张”上左边玉兔、月亮、云朵边饰图案采用银墨专色印制，银光明亮；伪品也采用银墨专色印制，但银光较灰暗。在边饰图案中，云朵纹线真品的线条与伪品线条存有细小差别。

⑥ **看纸质**　真品“桂花无齿小全张”纸质与伪品仅存有细微差别，纸质都挺括，但伪品纸较真品略厚，因此，更显坚挺。

1995–22 联合国成立五十周年（J）

“联合国”一词最早由美国总统罗斯福提出。1942 年 1 月 1 日，美、苏、中、英等 26 个国家为建立统一战线，共同打败法西斯统治者，在美国首都华盛顿发表了一个共同宣言。根据当时美国总统富兰克林 · 罗斯福提议，该宣言名称为《联合国家宣言》，也可译为《联合国宣言》。1944 年 8 月，英、美、苏三国代表在华盛顿的敦巴顿橡树园举行会议，讨论起草关于建立战后国际组织的具体方案，当谈到这个未来国际组织的名称时，三国都同意沿用 1942 年“共同宣言”使用过的“联合国”一词。最后，这个提议获得了旧金山制宪会议批准，“联合国”便作为一个国际组织的名称开始使用，并沿用至今。联合国是当今世界最大和最有影响力的国际组织。根据 1945 年 6 月 1 日旧金山会议上签署的《联合宪章》，联合国于同年 10 月 24 日成立。其宗旨为：维护世界和平与安全；发展各国间的友好关系；促进国际合作；协调各国行动。并遵循以下原则：会员国主权平等；善意履行宪章义务；用和平方式解决国际争端；禁止以武力相威胁或使用武力；集体协助；确保非会员国遵守宪章原则；不干涉成员国内政。总部设在美国纽约，瑞士日内瓦和奥地利维也纳设有办事处。联合国主要机构有六个：联合国大会、安全理事会、经济及社会理事会、托管理事会、国际法院、秘书处。联合国大会由全体会员国组成，其任务是：审议安理会及其他机构年度报告；选举安理会非常任理事会和经济及社会理事会、托管理事会理事国；选举国际法院法官；批准接纳新成员国和委任秘书长。大会于每年 9 月的第三个星期二开幕，12 月 25 日闭幕。在联合国第 3 届大会上，定每年 10 月 24 日为“联合国日”。大会正式文字使用中、英、俄、法、西班牙、阿拉伯文。凡属重要问题的决定，需经投票国 2/3 以上多数通过；其他问题只需简单多数通过。安理会是联合国的核心，由中、英、法、俄、美五个常任理事国和十个非常任理事国组成。安理会决议必须由九个以上成员国赞成方可通过；实质性问题实行大国一致原则，常任理事拥有否决权。安理会对维护国际和平和安全负有主要责任。秘书处由秘书长一人、副秘书长若干人和其他行政人员组成。秘书长是联合国行政首长，由安理会推荐经大会任命，任期五年，可连任。秘书长只对联合国负责。1949 年，新中国在联合国的合法席位上被剥夺，直至 1971 年才恢复。

1995 年 10 月 24 日，正值联合国日，中华人民共和国邮电部发行一套《联合国成立五十周年（J）》纪念邮票，全套 2 枚。面值分别为（2–1）20 分、（2–2）50 分。阎炳武、秦明亮设计。胶版。齿孔 12 度。背面刷胶。邮局全张枚数 50（5 × 10）。发行量（2–1）为 5014.25 万枚、（2–2）为 2601.75 万枚。辽宁省沈阳邮电印刷厂印刷。

这套邮票发行量相对比较少，由于全套邮票采用胶版印制，其防伪能力不强。造假者利用高科技制版，轻而易举地伪造出较能乱真的赝品，作为“产品票”装进礼品册内或混进年票册内进行销售。

那么，应该怎样来鉴别这种邮票的真伪呢？

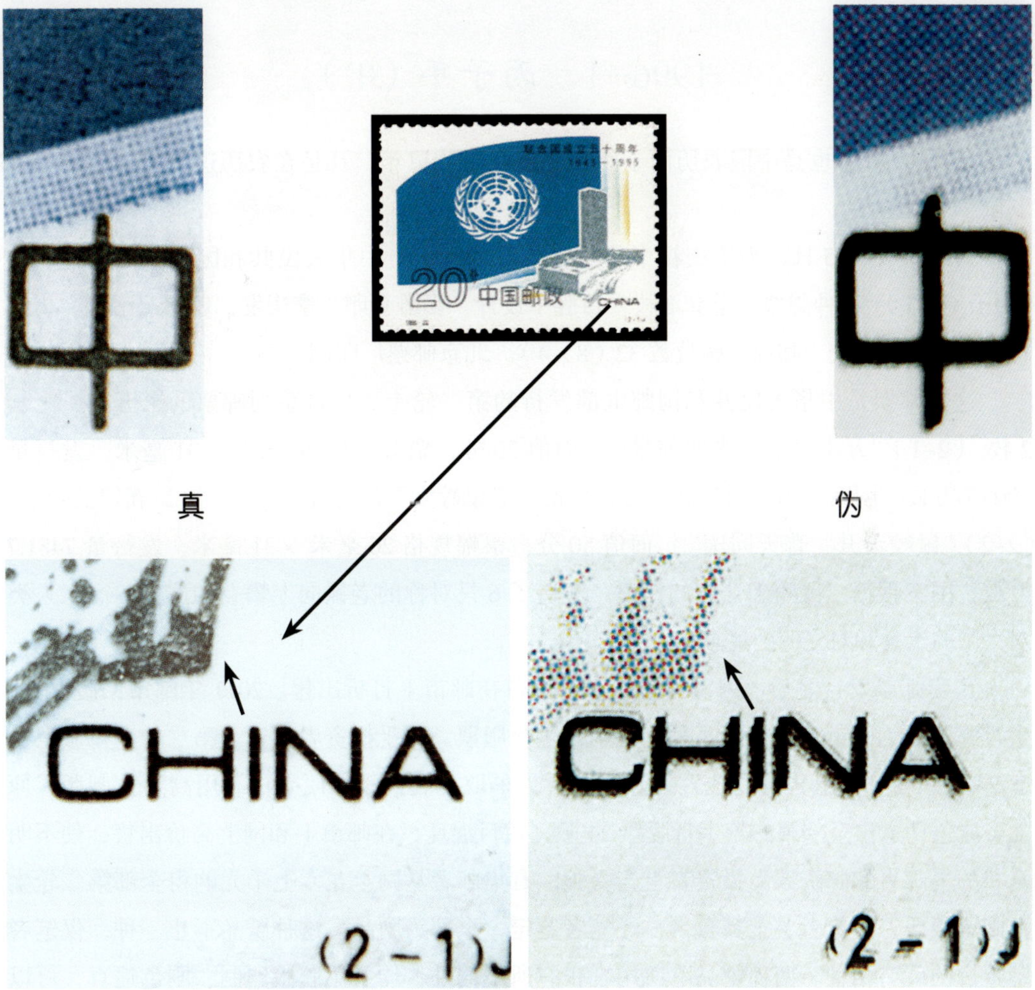

图102

① **看版别特征** 真品和伪品虽然均采用胶版印制，但在印刷工艺上有所不同：这套邮票（2–1）中联合国大厦，真品采用银墨专色专版实印而成，刷色单纯；而伪品则采用套色印制，刷色混杂，与真品存有明显的区别（见图102）。

② **看铭记和面值** 真品“中国邮政”中的“中”字和面值20分中的“分”字在笔画结构上与伪品存有明显的不同；“分”字后面的蓝底色，真品采用专色专版实印，伪品采用套色印制，有明显的网纹。

③ **用紫光灯鉴别** 在紫光灯照射下，真品白纸呈亮白色，无荧光纤维；伪品则呈暗紫色，有红色荧光纤维呈现。

1996–1　丙子年（T）

公历 1996 年也是中国农历丙子年，子鼠，也称鼠年，凡是在农历这一年出生的人都属鼠。

1996 年 1 月 5 日，为了庆祝中华民族传统的春节，中华人民共和国邮电部发行一套《丙子年（T）》特种邮票，全套 2 枚。吕胜中设计。影雕套印。李庆发、姜伟杰雕刻。齿孔 11.5 度。背面刷胶。邮局全张枚数 32（8×4）。北京邮票厂印制。

这套邮票是中华人民共和国邮电部发行的第二轮十二生肖系列邮票的第五套，全套 2 枚。（2–1）“万家灯火　光明前景”：面值 20 分，票幅规格 26 毫米 ×31 毫米，发行量 9009.7 万枚，图案运用民间年画手法，根据“老鼠嫁女”的传说，塑造一个鼠新娘的形象。（2–2）“鼠咬天开　普天同庆”：面值 50 分，票幅规格 26 毫米 ×31 毫米，发行量 7481.7 万枚，图案根据“鼠咬天开”的传说，塑造了 6 只对称的老鼠向上攀登的群像，寓意人类对太阳的崇拜和对光明的追求。

这套邮票发行之后，因发行量较多，也曾在邮市上打折出售。2011 年邮市回暖之后，生肖邮票成为邮市上的热门品种，特别是生肖版票，更受投资者重视。第二轮生肖版票全套 24 版，在邮市上售价高达万元。造假者为牟取暴利，于是便乘机利用高科技制版，原大、原色伪造出全部第二轮生肖版票 24 版，鱼目混珠，在邮市上和网上高价出售，使不明真相的集邮者和邮资票品投资者上当受骗。有集邮者从网上花六七千元购得全部第二轮生肖邮票版票，找笔者鉴定其真伪，经笔者鉴定，全部为赝品。这种赝品不止一种，仅笔者鉴定过的就有两种。两种赝品除所用纸张有所不同外，均采用胶版印制，刷色逼真，可以假乱真。对于缺乏鉴别邮资票品真伪经验的集邮者，容易上当受骗。今就 1996–1 丙子年（T）伪品其中的一种，介绍一下鉴定真伪的方法。

① **看版别**　用高倍放大镜观看 1996–1 丙子年（T）真品，采用影雕套印，影写版刷色纯正，各种刷色网纹夹角均呈 45°，网点呈中空状，雕刻印制的线条清晰，凸出纸面；伪品采用胶版印制，各种刷色网纹夹角各不相同，套印在一起，色彩混杂，与真品版别存有明显的不同，可采用“一票否决”（见图 103）

② **量齿孔**　真品 1996–1 丙子年（T）邮票齿孔为 11.5 度，伪品则为 12.5 度。

③ **用紫光灯鉴别**　真品 1996–1 丙子年（T）邮票，在紫光灯照射下，白纸面不呈现荧光反应；伪品则呈现四色彩点荧光。这是造假者为迷惑集邮者，利令智昏，采用现今常用的防伪纸来印制伪品。

伪

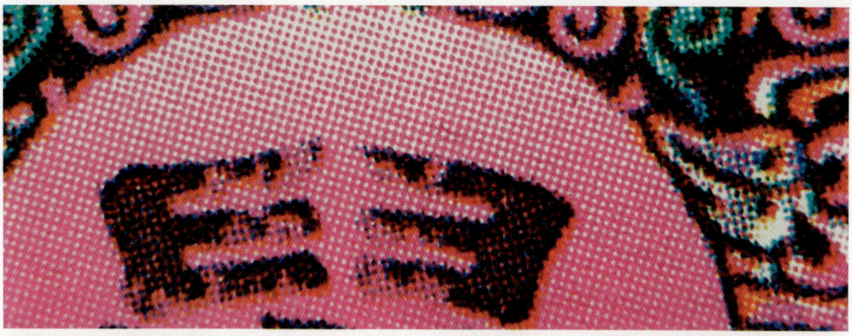

真

中国邮政 CHINA
20分
1996-1
(2-1) T
CHINA
50分
CHINA
中国邮政
1996-1
(2-2) T

真

(2-1) T

伪

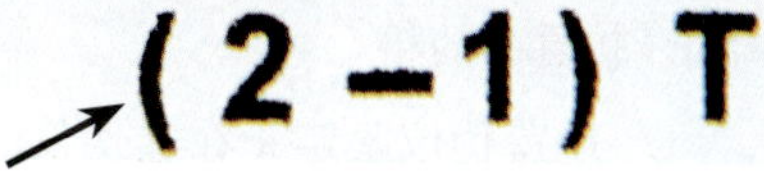
(2-1) T

图103

1996-11M 1996中国——第九届亚洲国际集邮展览（无齿小型张）（J）

1996年5月18～24日，第九届亚洲国际集邮展览在中国北京举行。为此，中华人民共和国邮电部特发行小型张1枚，同时发行了无齿小型张。阎炳武设计。面值500分。尺寸规格77毫米×140毫米。发行量545.6万枚。胶版。北京邮票厂印制。

这枚无齿小型张发行量较少，再加上邮市“炒作”，在邮市上售价不断上涨。现今在邮市不景气的情况下，每枚无齿张的售价也近百元。不法分子为牟利，便利用1996-11M《1996中国——第九届亚洲国际集邮展览（J）》无齿小型张真品，利用高科技制版，用铜版纸套色胶印，伪造出1996-11M（J）无齿小型张。因利用高科技制版，足以以假乱真，一般集邮者，甚至连已集邮多年的成熟的集邮者，都难免上当受骗。

那么，应该怎样来鉴定1996-11M（J）无齿小型张的真伪呢？

① **看版别和刷色** 1996-11M（J）无齿小型张真品和伪品均采用胶版印制，但用高倍放大镜（30倍以上的）观察邮票图案和文字，两者仍存在着十分明显的差别：其一，无齿小型张邮票图案上的白地色，真品为纯白，呈邮票纸的原色，无任何网点；伪品因制版时分色、铺网，白地上呈现蓝色网点。其二，真品网纹细密；伪品网纹较粗糙。其三，真品无齿小型张边饰上的票名、展徽和英文字，分别采用金墨专版或黑墨专版印制，伪品虽然也采用同样的专版印刷，足以以假乱真，但金墨刷色真品较伪品鲜亮；更为重要的是，真品无齿小型张边饰图采用蓝色、黑色双色网版印制，伪品则采用红色、黄色、蓝色、黑色四色网版套印，因此，在边饰图上呈现有红、黄、蓝、绿、黑5种网点，其中绿色网点为三原色所致（见图104）。

② **看纸质** 1996-11M真品无齿小型张采用邮票纸印制，纸质坚挺，吸墨性能好；伪品采用铜版纸印制，纸质厚而挺，纸面发亮，吸墨性能差。

③ **看背胶** 真品无齿小型张刷有PVA合成胶，胶面薄而均匀；伪品刷有假背胶，无齿小型张边沿部分显得脏。

④ **量规格** 真品无齿小型张尺寸规格为77毫米×140毫米；伪品的规格为78毫米×141毫米，其长宽均比真品大1毫米。

⑤ **看面值与铭记** 1996-11M真品无齿小型张的面值“500分”与英文铭记“CHINA”，笔画均较伪品细些，其中英文字母存有很明显的区别，如“C”字真品开口要比伪品明显大，真品为大口“C”，伪品则为小口“C”；“A”字真品上部为尖顶，伪品上部则为平顶。

⑥ **看志号** 真品志号1996-11M字体笔画较细；伪品志号字体虽然与真品一样，但笔画明显较真品的粗。

⑦ **用鉴伪仪鉴定** 在鉴伪仪的紫光灯照射下，1996-11M无齿小型张真品白色纸面呈暗紫色，而伪品白色纸面则呈亮白色。

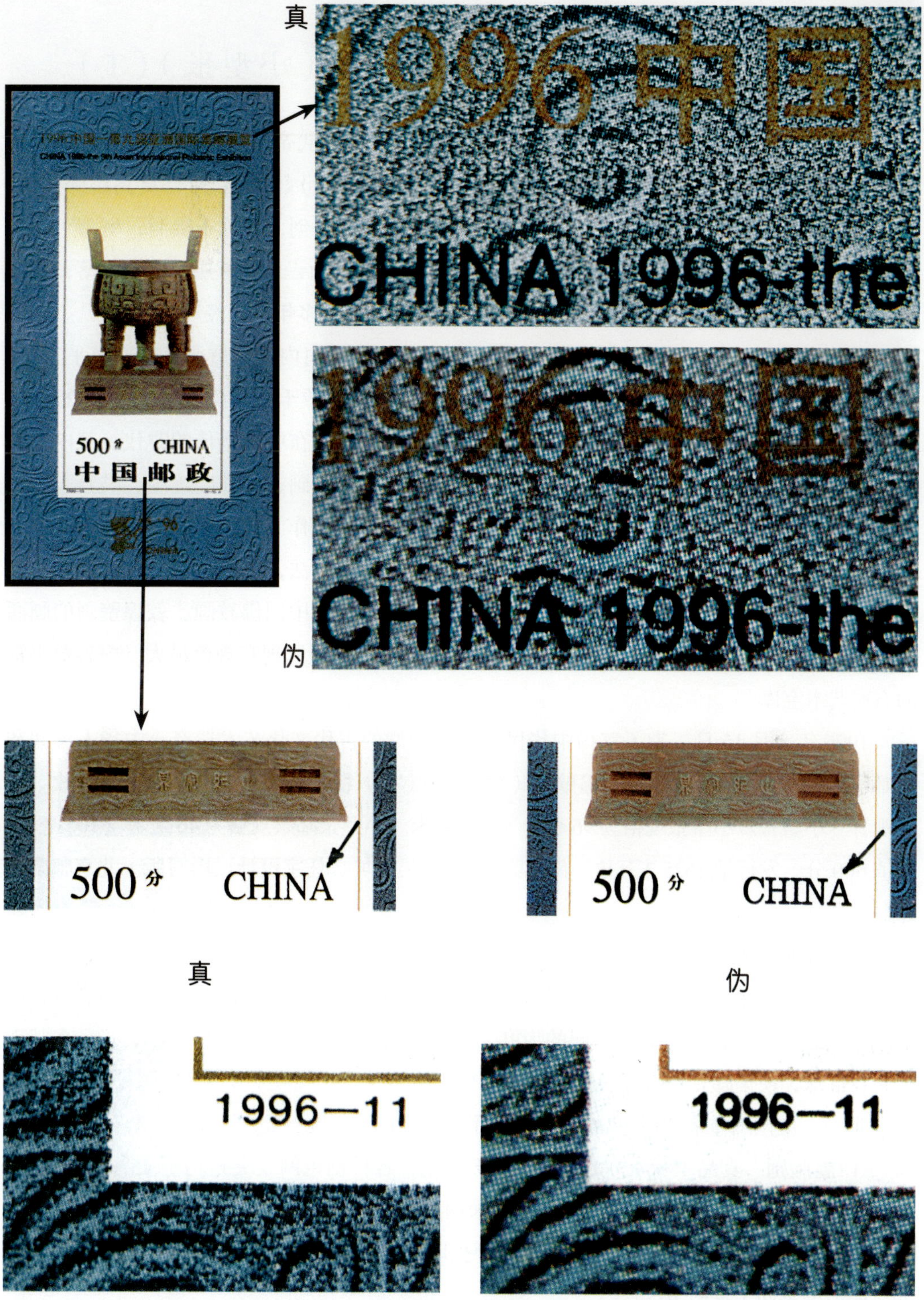
真
伪
500分 CHINA
中国邮政
CHINA 1996-the
500分 CHINA
真
伪
1996—11
1996—11

图104

1996-20M 敦煌壁画（第六组）（小型张）（T）

敦，大也；煌，盛也；敦煌即繁荣盛大的城市。在汉武帝时，敦煌曾是一个“大都会”，为丝绸之路的咽喉要道。据唐圣历元年（公元698年）《李怀让重修莫高窟佛龛碑》记载，莫高窟于前奉建元二年（公元366年）由乐僔和尚开创，俗称千佛洞，坐落于甘肃省敦煌县城东南25千米处鸣沙山东麓的崖壁上，面对三危山，上下5层，高低错落，鳞次栉比，南北长1600多米。早期的敦煌壁画，至今已有1600多年，虽经风化、沙压、地震、烟熏和人为破坏，仍保留着历代壁画和塑像洞窟492个，窟内共有壁画45000多平方米，彩塑2415身，唐宋木结构建筑5座，莲花柱石和铺地花砖数千块。莫高窟是一座由建筑、绘画、雕塑组成的综合艺术宝库。敦煌壁画产生于印度佛教在中国盛传的时代，其内容大多反映佛教生活，可分为佛像画、故事画、传统神话、经变画、佛教史迹画、供养人画和装饰画七类。敦煌壁画继承现实主义和浪漫主义相结合的创作方法，采用线描造型、夸张变形、想象组合、散点透视、装饰构图、以形写神等表现手法，创造了单幅画、组画、连环画、神人结合形象、宗教幻想境界等独具敦煌本土特色的中国佛教画。敦煌壁画的画面若按照2米高排列起来，可以构成长达25千米的画廊，是中国现存规模最大、内容最丰富的石窟艺术宝库。

1996年8月15日，为了宣扬中华民族光辉灿烂的古代文化艺术遗产，中华人民共和国邮电部发行一套1996-20《敦煌壁画（第六组）（T）》特种邮票的同时，发行了一枚“千手观音”小型张。小型张规格为96毫米 × 135毫米。小型张邮票规格为46毫米 × 102毫米。面值500分。发行量1625.2万枚。齿孔为11度。吴建坤、任宇设计。影写版。北京邮票厂印制。

这枚小型张发行量适中，但由于其题材好，又是系列邮票中的大套票，因此，发行之后邮市上便出现了炒作。这就使造假者有机可乘。造假者利用高科技制版，采用刷有背胶的纸，胶版印制，打有与真品相同的齿孔，伪造出可乱真的“千手观音”小型张，在邮市上鱼目混珠，使集邮者和邮资票品投资者上当受骗。

那么，应该怎样来鉴别1996-20M“千手观音”的真伪呢？

① **看版别** 真品1996-20M采用影写版印制，各种刷色网纹夹角均呈45°，网点呈中空状，文字、线条边缘均呈锯齿状；伪品采用胶版印制，各种刷色的网纹夹角均不相同，网点呈实心状，套色印制后，呈铜钱状，金墨印制的文字和线条，均采用胶版实印，与真品有明显的不同（见图105）。

② **看特殊部位** 真品1996-20M邮票图案“千手观音”，刷色纯正，网点精细，线条清晰；伪品刷色混杂，网点粗糙，线条模糊，与真品存有实质区别。

③ **用紫光灯鉴别** 真品1996-20M小型张在鉴别仪上的紫光灯照射下，白色纸面呈暗紫色；伪品在紫光灯照射下，白色纸面呈亮白色。

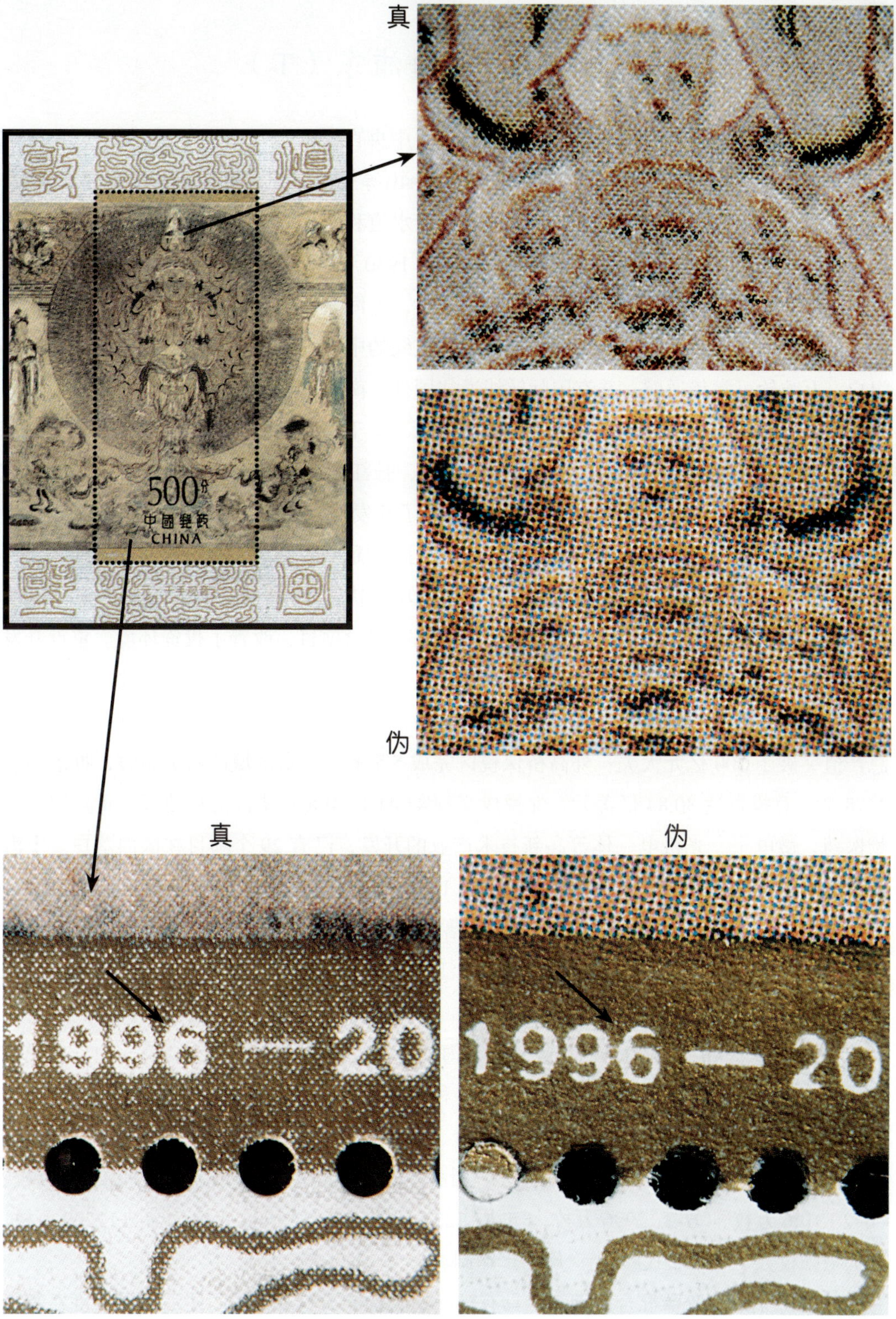

图105

1996-26 上海浦东（T）

上海市简称沪，是我国重要的工商业城市，中央直辖市之一。坐落在全国大陆海岸中部长江口南岸，全境为冲积平原，仅西南境有余山等火山岩丘。郊区河港密布，黄浦江、吴淞江（亦称苏州河）流贯市内，为太湖主要泄水道和航运要道。鸦片战争后，帝国主义强迫清政府辟为商埠。1928 年，设上海特别市。1930 年，改为上海市。1921 年 7 月 1 日，中国共产党在上海诞生。中华人民共和国成立后，上海改建成了重、轻工业各个门类比较齐全的综合性工业基地。上海是我国沿海南北航线的中枢和对外贸易港，长江流域出海的门户，万吨轮可常年通航，并有国际航线通往国外。南北流贯上海市内的黄浦江，为长江下游支流。源出淀山湖，至吴淞口入长江。全长 114 千米，河面宽约 400 米。下游河宽水深，可航巨轮。“浦东”即指上海市黄浦江以东，长江口西南的一块三角形地区，占地约 522 平方千米。1990 年 4 月 18 日，国务院宣布了开发浦东的决定。邓小平同志视察上海浦东时，曾语重心长地说：“抓紧浦东开发，不要动摇，一直到建成。”1990 ~ 1996 年的 6 年间，上海浦东完成了两座黄浦江大桥、两座城市快速干道、4 个万吨泊位码头、50 万门程控电话、水电煤厂、合流污水排放工程等基础建设项目，改善了投资环境。重点开发小区建设效益显著，陆家嘴金融贸易区开工建造 100 多幢高楼大厦，形成重要的金融、商贸和信息中心；金桥出口加工区引进项目 301 个，吸引投资 44.27 亿美元，1996 年的工业总产值突破了 200 亿元大关；外高桥保税区完成 5.5 平方千米区域的封关验收，批准项目 2478 个，总投资达 30.84 亿美元，保税成交额 41.41 亿美元；张江高科技园区重点突出生物医药、微电子、光机电一体等高新技术产业的开发，已有 29 个项目在区内落户。上海浦东的生产总值从 1990 年的 60 亿元上升到 1995 年的 412 亿元，经济综合实力明显增强，世界上著名的 500 家跨国公司已有 60 多家落户上海浦东。浦东成为具有世界一流水平的外向型、多功能、现代化的新区，并带动长江流域经济新飞跃，实现共同富裕和繁荣，是一项面向世界、跨越世纪的伟大工程。

1996 年 9 月 21 日，为了向世界宣传上海浦东开发开放取得的伟大成就，中华人民共和国邮电部发行了一套《上海浦东（T）》特种邮票，全套 6 枚。志号 1996-26。面值分别为（6-1）10 分、（6-2）20 分、（6-3）20 分、（6-4）50 分、（6-5）60 分、（6-6）100 分。李斌、杨顺泰、王安朴设计。胶雕套印。齿孔 11.5 度。发行量分别为（6-1）2578 万枚、（6-2）3146 万枚、（6-3）2996 万枚、（6-4）3252 万枚、（6-5）2606 万枚、（6-6）2298 万枚。邮局全张枚数 40（4 × 10）。上海印钞厂印制。

这套邮票采用胶雕混合版印制，具有较好的防伪能力。邮票发行之后，曾一度在邮市上掀起“炒作”。邮市不景气之后，其表现一直平平。为庆祝中华人民共和国成立 60 周年，社会上掀起制作礼品册热潮，这套邮票因题材好，比较精美，被作为“产品票”选装进礼品册内。造假者为牟利，便乘机利用高科技制版，用刷有背胶的防伪荧光纤维纸制出伪品，

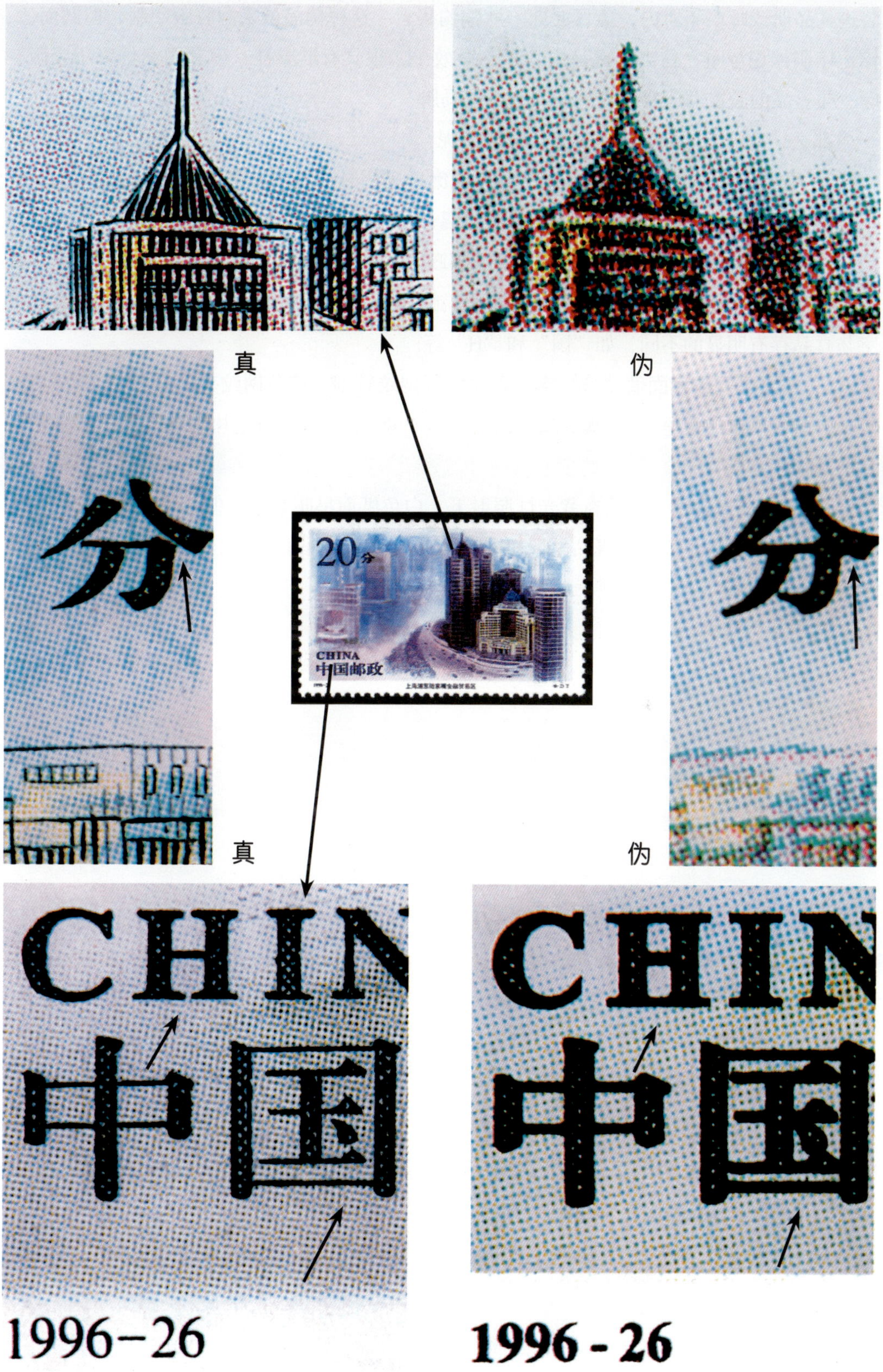

图106

装进礼品册或邮票年册内，鱼目混珠，欺骗购买者。这种伪品虽采用胶版印制，但其面值、铭记印刷油墨浓重，仿出了真品中的雕刻版效果，很具有欺骗性，但其图案仍采用胶版套印，与真品的胶雕套印有明显的不同，露了马脚。

那么，应该怎样来鉴别这套邮票的真伪呢？

① 看版别 真品采用胶雕套印，邮票图案中采用雕刻版印的建筑物等，线条清晰，根根可数；伪品采用胶版套印，邮票图案刷色混杂，线条模糊不清（见图 106）。

② 看邮票上的铭记 真品铭记“中国邮政”、“CHINA”，均采用雕刻版印刷，笔画规整，墨色凸出纸面；伪品采用胶版仿雕版印制，墨色虽浓重，但笔画均比真品粗，有的文字与真品存有明显的不同，如“国”和“H”等。

③ 看胶版网纹和面值“分”字 真品胶版网纹较细，蓝色网纹夹角呈 75°；伪品网纹较粗，蓝色网纹夹角呈 15°。真品邮票面值上的“分”字，其第 3 笔均不与第 1、2 笔画相连；伪品则均相连。

④ 用紫光灯鉴别 真品在紫光灯照射下，白色纸面呈暗紫色，但无荧光纤维；伪品在紫光灯照射下，白色纸面同真品呈现相同的暗紫色，纸上同时呈现出红色荧光纤维。

1997-1 丁丑年（T）

公历1997年也是中国农历丁丑年，丑牛，也称牛年，凡是在农历这一年出生的人都属牛。

1997年1月5日，为了庆祝中华民族传统的春节，中华人民共和国邮电部发行了一套《丁丑年（T）》特种邮票，全套2枚。呼振源设计。影雕套印。呼振源雕刻。齿孔11.5度。背面刷胶。邮局全张枚数32（8×4）。北京邮票厂印制。

这套邮票是中华人民共和国邮电部发行的第二轮十二生肖系列邮票的第六套，全套2枚。（2-1）“金牛奋蹄”：面值150分，票幅规格26毫米×31毫米，发行量8281.7万枚，图案是根据山东高密县民间艺人齐秀花的剪纸作品《媳妇骑牛》稍加改变而成。（2-2）“牛耕年丰”：面值50分，票幅规格26毫米×31毫米，发行量9347.3万枚，图案以一盏点亮的宫灯为中心画面，用象征手法表现了牛用自己辛勤耕耘为人们创造出的幸福生活。

这套邮票发行前，正赶上邮资调整，因此全套两枚邮票的高低面值，在调整时，顺势将（2-1）改为高面值150分，（2-2）则变为低面值50分。之后，在发行1998-1戊寅年（T）邮票时，又恢复（2-1）为低面值，（2-2）为高面值。所以说，1997-1丁丑年（T）邮票，在第二轮生肖邮票高低面值编排上与众不同，是一个特例。2011年生肖邮票成为邮市上的热门邮品，全部第二套生肖邮票24版版票，售价高达上万元。造假者为牟取暴利，便乘机利用高科技制版，采用胶版原大、原色伪造出可乱真的全部第二轮生肖邮票24版版票，在邮市上和互联网上鱼目混珠，高价出售，使不明真相的集邮者和邮资票品投资者上当受骗。这种伪品，仅经笔者鉴定过的就有两种。今选择其中一种，介绍一下1997-1丁丑年（T）邮票的真伪鉴定方法。

① **看版别** 用高倍放大镜观察1997-1丁丑年（T）邮票，真品采用影雕套印，影写版各种刷色纯正，网点均呈现45°夹角，中空状，雕刻版线条清晰，凸出纸面；伪品采用胶版印制，各种刷色网纹夹角各不相同，网点呈实心状，刷色混杂。两者存有明显的不同（见图107）。

② **量齿孔** 真品1997-1丁丑年（T）邮票，齿孔为11.5度；伪品则为12.5度。

③ **用紫光灯鉴别** 真品在紫光灯照射下，白色纸面不呈荧光反应；伪品在紫光灯下白纸面则呈现四色彩点荧光。这是造假者为迷惑集邮者，采用现今的防伪荧光纸来伪造多年前的生肖票。殊不知，那时印制的生肖邮票根本没采用防伪荧光纸。真是利令智昏！

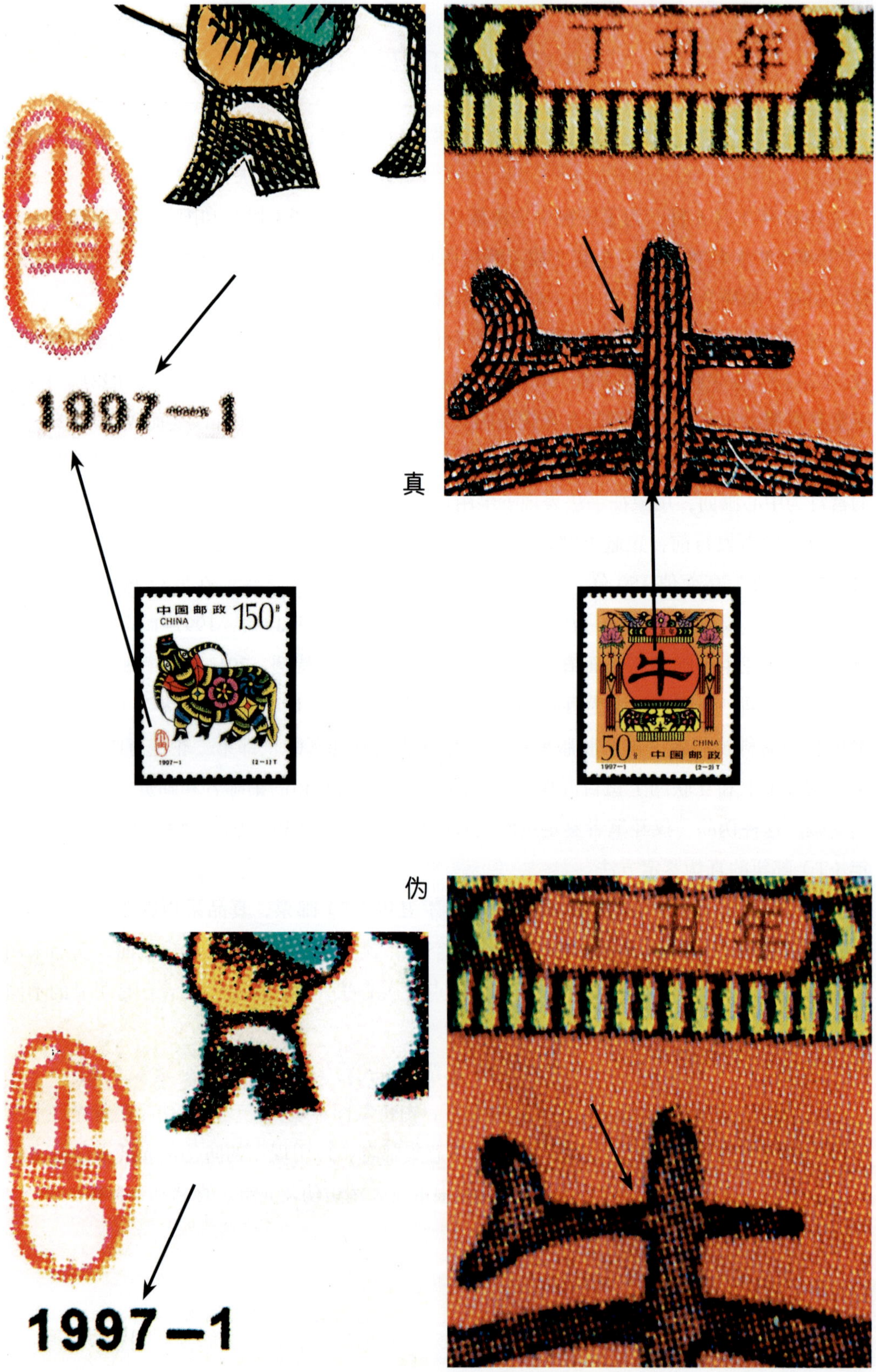
丁丑年
1997-1
真
中国邮政
150分
CHINA
1997-1
(2-1)T
牛
50分
CHINA
中国邮政
1997-1
(2-2)T
伪
丁丑年
1997-1

图107

1997-2　中国首次农业普查（J）

中国是世界上拥有 9 亿多农村人口的农业大国，也是亚洲惟一没有搞过农业普查的国家。农业是国民经济的基础，农村经济是国民经济的重要组成部分。为了摸清基本国情，准确地掌握我国农业生产要素的规模和结构，进一步查清农村经济和社会发展情况，为研究确定国民经济发展战略、制定农村政策提供科学依据，推动农业和农村经济更快更好地发展，中国政府决定：1997 年进行第一次全国农业普查。根据国务院决定，全国农业普查将周期性开展，从 1997 年开始，每 10 年进行一次，全面调查农业和农村的基本情况。本次农业普查是一项重大的国情力调查，对全国 2.3 亿个农村住户、近 80 万个行政村、5 万个乡镇、2000 多万乡镇企业进行了全面查点。1994 ～ 1996 年进行准备，1997 年 1 月 1 日正式查点，上半年提供手工汇总的主要数据，全部调查及数据处理工作于 1998 年底结束。农村普查的对象是全国范围内的各种类型的农业生产经营单位、农村住户、乡镇企业、行政村和乡镇。农业普查的主要内容是：（一）农村住户调查和非农村住户调查及农业生产经营单位调查。其中包括农村住户家庭人口和非住户农业生产经营单位基本特征；从业人员的自然情况、从业时间、从业地点与从事的行业；农村住户雇主情况；耕地、园地、林地、牧草地和渔业用地结构；农作物种植和科技应用情况；畜牧、家禽饲养情况；农业生产机械、设备和生产用房情况；农村住户的经营类别。（二）行政村调查和乡镇调查。其中包括基本特征：户数和人口；社区环境；农业科技与服务单位和人员；农业生产机械、设备和生产用房；集贸市场；财政状况；镇区情况。（三）非农业乡镇调查。其中包括单位类型、行业类别；合作合资情况；股份制和股份合作制情况；企业所在地；从业人员基本情况；生产经营情况。（四）农业用地调查。其中包括土地详查的农业用地面积；土地详查后农业用地的增加、减少情况；1996 年底实有的农业用地面积。

本次普查的时点指标的标准时间是 1996 年 12 月 31 日；时期指标的标准时间是 1996 年 1 月 1 日 ~ 1996 年 12 月 31 日。本次农业普查采用普查员直接访问普查对象、当场询问登记方式进行；1997 年 1 月 1 日农业普查在全国范围内全面展开。这次中国农业普查是 20 世纪末世界上规模最大的一次农业统计调查活动，联合国粮农组织和世界各国政府也十分关注，这项“温暖农业的工程”具有重大而深远的意义。

1997 年 1 月 1 日，为了宣传全国农业普查的意义，中华人民共和国邮电部发行了一套《中国首次农业普查（J）》纪念邮票，全套 1 枚。志号 1997-2。面值 50 分。卢天骄设计。胶版。齿孔 12 度。邮局全张枚数 50（10 × 5）。发行量 3059.25 万枚。辽宁省沈阳邮电印刷厂印制。

这套邮票发行量不算少，但经过邮市上多年打折消耗，存世量已经锐减。因此，在供求关系发生变化之后，其售价也出现水涨船高，如今每枚售价竟高于面值 6 倍之多。由于其题材特殊，在庆祝中华人民共和国成立 60 周年之际，被作为“产品票”装进礼品册，使其变得更加紧俏。于是造假者便乘机伪造出可以乱真的伪品，被装进礼品册内或邮票年册内，鱼目混珠，使不明真相的购买者上当受骗。

那么，应该怎样来鉴别这套邮票的真伪呢？

① **看版别** 真品和伪品均采用胶版印制，版别虽相同，但网纹粗细，各种刷色的网纹夹角有可能不同。这套邮票的真品网纹细密，印刷出的邮票图案上正在耕作的拖拉机比较清晰；伪品网纹较粗，图案印得粗糙、模糊不清（见图 108）。

② **看邮票图案上所印票题文字** 真品邮票图案上“中国首次农业普查”和“1997.01.01T00:00”，均采用专色专版实印；而伪品则采用套色印成，不如真品文字清晰。

③ **看齿孔** 真品齿孔打得规范、圆润；伪品齿孔打得不规则，毛糙。

④ **用紫光灯鉴别** 真品在紫光灯照射下，白色纸面呈亮白色；伪品白纸面则呈暗紫色。

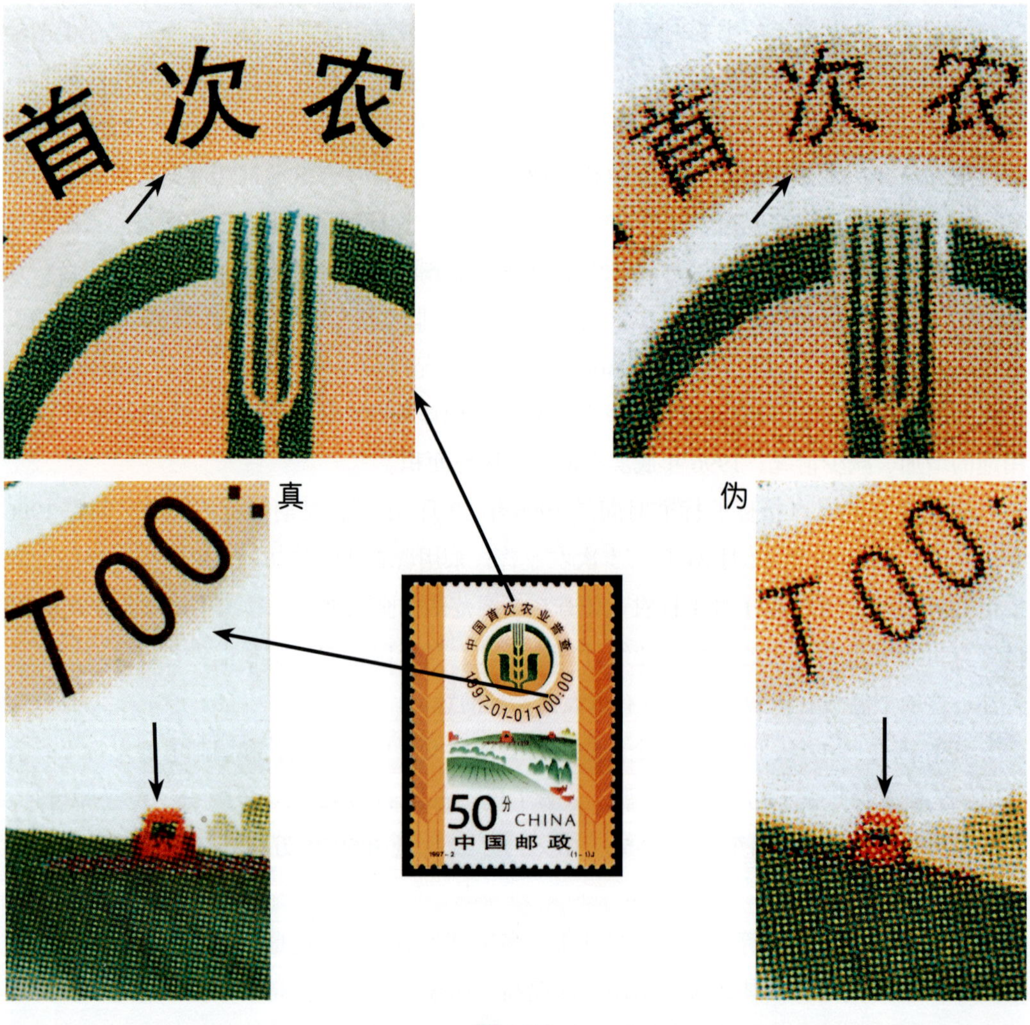

图108

1997-7 珍禽（中国和瑞典联合发行）(T)

1997年5月9日，为了增进中国与瑞典王国的友谊，中华人民共和国邮电部和瑞典王国邮政部门联合发行了一套《珍禽（T）》特种邮票，全套2枚。志号1997-7。(2-1)“白腹锦鸡”,50分，发行量3275.7万枚；(2-2)“环颈雉”,540分，发行量2612.7万枚。(2-1)曾孝濂设计，(2-2)瑞典英格·卡琳爱丽逊设计。影雕套印。瑞典著名邮票雕刻大师赛斯罗·斯拉尼亚雕刻。齿孔12度。邮局全张枚数20（5×4）。北京邮票厂印制。

这套邮票全套仅2枚，但其中(2-2)“环颈雉”面值竟高达540分。近几年来造假者为牟取暴利，专挑历年来JT票中的高值票进行伪造。他们利用高科技制版，采用与真品相似的纸张或防伪纸张，采用与真品相同的印刷工艺或相近似印刷工艺，伪造了大量这种几可乱真的高值票，在互联网上和邮市上打折出售，使不明真相的用邮者购买以后，大量用于通信或邮寄包裹；使不辨真伪的邮资票品投资者和集邮者上当受骗。造假者利用这些假票既欺骗邮政，又欺骗集邮者和邮资票品投资者，可谓“双吃”。这种高值假邮票泛滥成灾，给国家邮政带来巨大的经济损失。据报载，仅上海邮政网点在“最近半年内”，“均发现有人用假邮票寄国际包裹，金额高达几十万元”。为此，上海邮政发布公告，“从2012年9月1日起，对国际及港澳台贴票包裹实行定点收寄。”在公告确定的12个网点上，都配有专门的邮票识别仪器。就在这则消息见报不久，笔者到北京某邮局去寄发首日封，正好碰见有人邮寄国际包裹，上面贴满了整版面值540分的“环颈雉”邮票。因笔者早就鉴定过这种假票，并拍摄了显微照片，一眼看上去就发现包裹上贴的是假票。为进一步验证判断正确与否，笔者便用手触摸包裹上的邮票图案，表面平整光滑，毫无雕刻版特征，必假无疑。要知道，这套邮票采用影雕套印，无雕刻版的凹凸线条感，显然是采用胶版印制的伪品。笔者在发完首日封之后，便直接找到该局值班局长，向她讲明寄包裹的人用的是假邮票，并告诉她如何鉴定其真伪，之后便回家了。

过了几天，笔者又去该邮局寄发首日封，顺便向那位值班局长问起查处寄包裹使用假邮票的情况，她回答说判断不出真假，放行了。这使笔者感到十分惊讶，明明是假邮票，邮局工作人员竟然不会鉴别（笔者事先已告诉她如何鉴别）。这是在北京数一数二大的邮局啊！由此不难想象，照这样下去，假邮票泛滥成灾，将会给国家邮政带来多么巨大的经济损失啊！

那么，应该怎样来鉴别1997-7(2-2)“环颈雉”面值540分邮票的真伪呢？

① **看版别** 用高倍放大镜观察邮票上的图案和文字，真品采用影雕套印，“环颈雉”的羽毛，雕刻线条凸出纸面，线条十分清晰，刷色纯正；邮票上的文字，采用影写版印制，网点呈中空状，大小相同，网纹夹角呈45°，文字笔画边缘呈锯齿状。伪品采用胶版印制，网点呈实心状，各种刷色网纹夹角也不同，如红色网纹夹角呈75°，黄色网纹夹角呈0°等，刷色混杂；邮票上的文字采用胶版实印，笔画整齐划一（见图109）。

② **用紫光灯鉴别** 真品采用邮票纸印制，伪品则采用防伪纸张印制，在紫光灯照射下，真品与伪品呈现相同的暗紫色，但伪品白纸面上还呈现出四色彩点荧光。

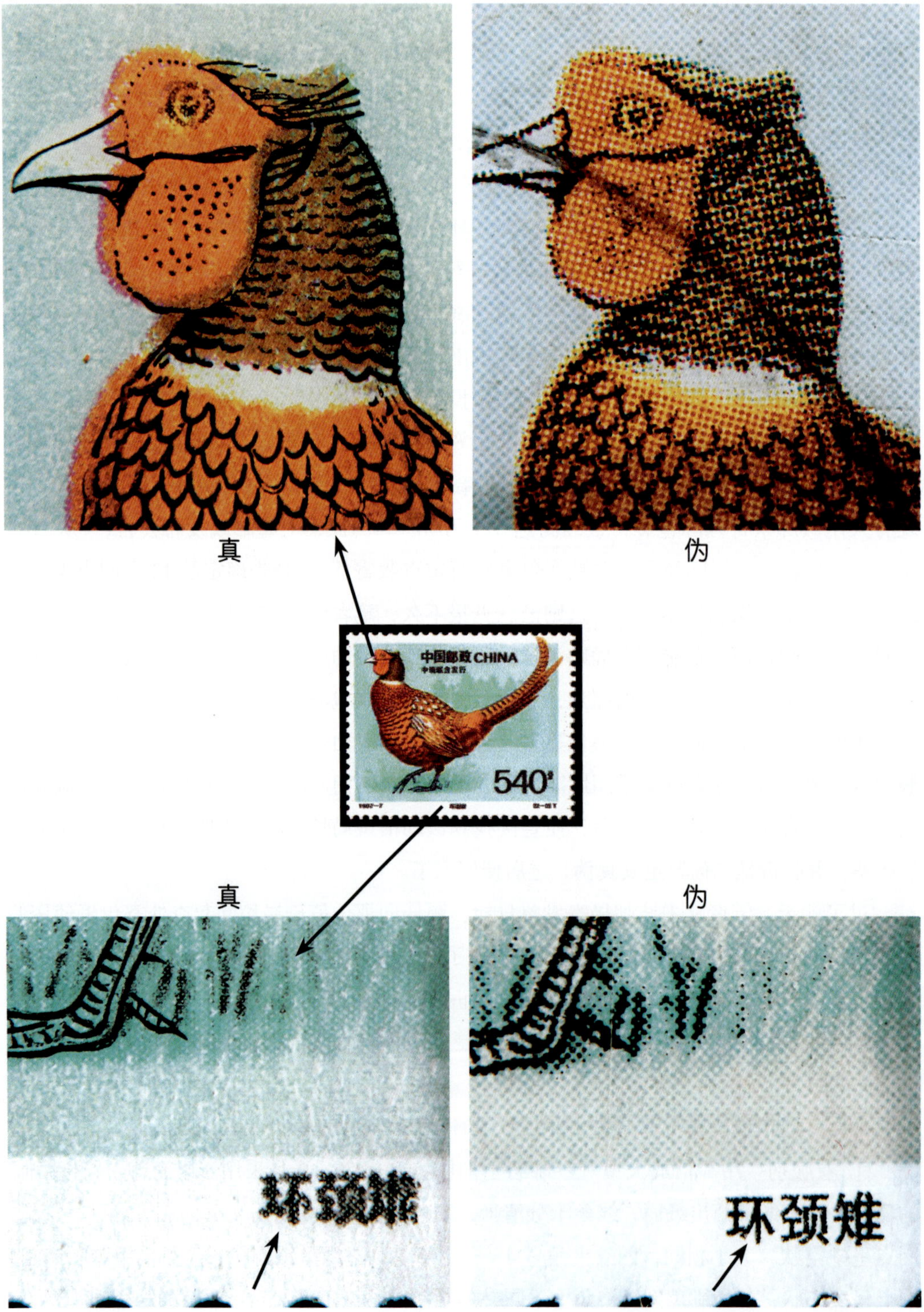

图109

1997–10M 香港回归祖国（小型张）（J）

香港位于广东省珠江口东侧，包括香港岛和九龙半岛两部分。鸦片战争后的1842年（清道光二十二年），英国通过《南京条约》割占香港岛；1860年（清咸丰十年），通过《北京条约》强占九龙半岛南端及昂船洲；1898年（清光绪二十四年），通过《拓展香港界址专条》强租新安县大片陆地及周围235个岛屿连同广阔水域99年，并将其改称"新界"。这都是清廷屈服于英国的炮舰而签订的不平等条约。自古以来，香港就是中国的领土。辛亥革命之后的历届中国政府，都不承认帝国主义强加给中国的三个不平等条约。特别是1979年邓小平提出的解决香港问题的"一国两制"原则，确定了中英会谈的基础。1984年12月19日，中英关于香港问题的联合声明在北京正式签署，宣布中国将于1997年7月1日对香港恢复行使主权；英国政府于同日将香港交还给中华人民共和国。在对香港恢复行使主权时，根据中华人民共和国宪法第三十一条的规定，设立香港特别行政区，并按照"一国两制"的方针，特别行政区享有行政管理权、立法权、独立司法权和终审权，保持香港原有的资本主义制度和生活方式。中华人民共和国全国人民代表大会将中国对香港的上述基本方针政策以香港特别行政区基本法规定之，50年不变。1997年7月1日，中华人民共和国正式恢复对香港行使主权，百年国耻得以雪洗。

1997年7月1日，为了庆祝香港回归祖国，中华人民共和国邮电部发行了1枚小型张《香港回归祖国》，志号1997–10M。同日还发行1枚同图案面值50元金箔小型张。小型张面值800分，发行量5770.96万枚。小型张图案为烟花璀璨的香港夜景，邮票图案为邓小平肖像和"一国两制"字样。小型张尺寸规格140毫米×95毫米，邮票票幅规格60毫米×50毫米。齿孔12度。王虎鸣、任宇设计。胶版。辽宁省沈阳邮票印刷厂印制。

这枚小型张发行量高达5770.96万枚，因此，在1997年邮市高潮过后，很快便跌入打折邮票的行列。即使这样，它也未能幸免造假者的侵害。造假者利用高科技制版，采用与真品相同的胶版印制，小型张上的"香港回归祖国"、铭记"中国邮政CHINA"、面值"800分"，志号"1997–10"等，也同真品一样，均采用专版、专色印制，伪造逼真，足可以假乱真。

那么，应该怎样来鉴定《香港回归祖国（小型张）》的真伪呢？

① **看邮票面值和志号** 真品《香港回归祖国（小型张）》面值"800分"采用金墨印制，金光闪亮；伪品也采用金墨印制，但金墨质量较差，金色光泽不够闪亮。真品志号"1997–10"笔画较粗短，墨色呈铁灰色；伪品笔画较细长，为黑墨色（见图110）。

② **看英文铭记** 真品和伪品的英文铭记"CHINA"尽管均采用黑色专版印制，但铭记中的"C"和"A"，存有明显的不同：真品中的"C"为小口"C"，伪品则为大口"C"；真品中的"A"上半部构成的等腰三角形较大，伪品上半部构成的等腰三角形比真品小。

③ **看红色网纹夹角** 真品红色网纹夹角呈45°；伪品红色网纹夹角呈15°。

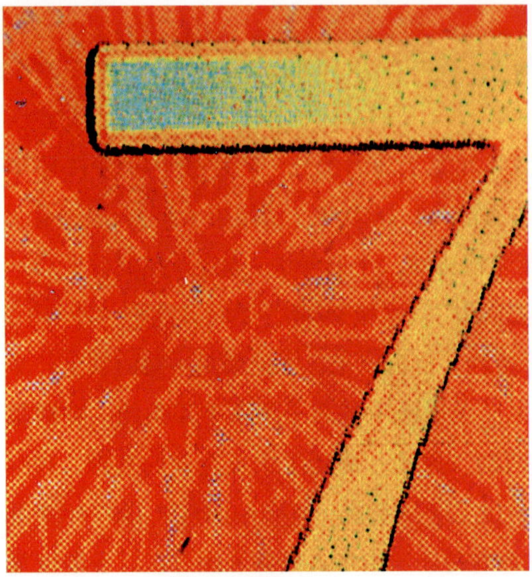

真

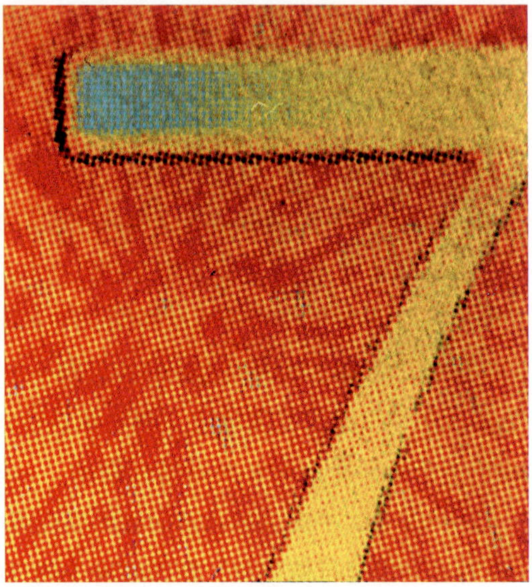

伪

真

伪

真

伪

图110

1997–23　长江三峡工程·截流（T）

由瞿塘峡、巫峡和西陵峡组成的长江三峡是中国著名的峡谷，以峡长壁陡、谷窄滩险、水急浪大和峰奇洞多为特征。早在 1924 年，孙中山就首次提出了三峡水利工程。中华人民共和国成立之后，为了提高长江中下游的防洪标准，充分利用长江三峡的水力资源，经过长达 40 年的论证，1992 年 4 月 3 日全国人大七届五次会议批准建设三峡水利枢纽工程，并于 1994 年 12 月 14 日正式开工。三峡水利枢纽位于长江西陵峡中段，坝址在湖北宜昌三斗坪，由拦河大坝及池水建筑物、水电厂房、通航建筑物等组成，是一个具有防洪、发电、航运、供水等巨大综合利用效益的特大型工程。计划发电的单机容量将达到 70 万千瓦，装机总量达 1820 万千瓦，年平均发电量达 847 亿千瓦时。这座世界上最大的水电站建成后，将为华中、华东、川东等地区提供大量的电力，对长江沿岸的经济繁荣产生巨大的推动作用，并将极大地改善长江的航运条件，万吨船队可以从武汉直达重庆。建筑总工期为 17 年，分三期施工：一期工程 5 年，以大江截流为标志；二期工程 6 年，实现首批机组发电，永久性船闸通航；三期工程 6 年，全部工程完成。长江三峡水利枢纽正常蓄水位 175 米，坝顶高程 185 米，最高坝高 175 米，坝轴线长度 2335 米，淹没面积 38.8 万亩，淹没区人口 84.46 万，坝型为混凝土重力坝，总投资 2000 亿元人民币。经过认真筹划，三峡的名胜古迹将得到最大限度的保护，而且可以形成新的景观。建成后的长江三峡水利枢纽，将是世界上防洪效益最大、水电站最大、航运效益最显著的水利枢纽。

1997 年 11 月 8 日，为了祝贺长江三峡工程顺利进行大江截流，中华人民共和国邮电部发行了一套《长江三峡工程·截流（T）》特种邮票，全套 2 枚。志号 1997–23。面值均为 50 分。徐勇民、王涌、刘寿祥、宋志静设计。影写版。齿孔 11.5 度。邮票规格均为 50 毫米 ×30 毫米。邮局全张枚数 32（4×8），2 枚连印。发行量均为 2922.5 万枚。北京邮票厂印制。

这套邮票采用影写版印制，具有较好的防伪能力。造假者为牟利，利用电脑高科技制版，采用与真品邮票相似的纸张，利用胶版印制，打有齿孔，刷有背胶，刷色逼真，装进礼品册或邮票年册内，足以以假乱真。

那么，应该怎样来鉴别这套邮票的真伪呢？

① **看版别**　真品采用影写版印制，其各种刷色，网纹夹角均呈 45°，用高倍放大镜观察到的网点，均呈中空状，文字边缘呈锯齿状；伪品采用胶版印制，各种刷色所呈现的网纹夹角也不相同，网点呈实心，文字为专版实印，边缘较整齐（见图 111）。

② **看齿孔**　真品齿孔打得规范，整齐；伪品齿孔打得不规范，这从分撕开的邮票四个边角上可明显发现。

③ **看志号和铭记**　真品志号和铭记采用专色专版印制，文字边缘呈锯齿状；伪品也采用专色专版印制，文字采用胶版实印，笔画特征与真品存有明显的区别。

④ **用紫光灯鉴定** 在紫光灯照射下，真品与伪品的白色纸面均呈暗紫色，但伪品纸面上有红色荧光纤维。

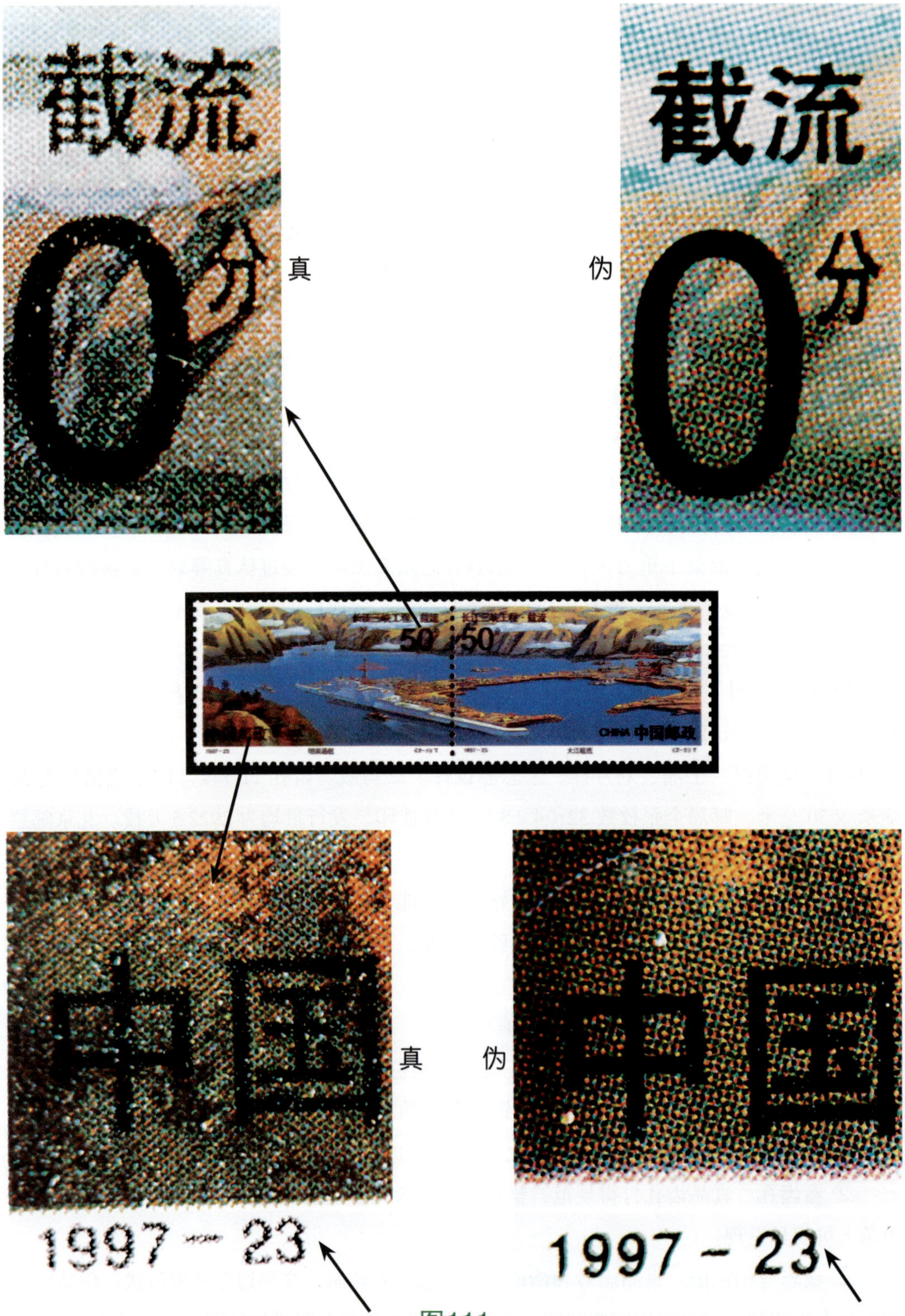

图111

1998-1 戊寅年（T）

公历1998年也是中国农历戊寅年，寅虎，也称虎年，凡是在农历这一年出生的人都属虎。

1997年1月5日，为了庆祝中华民族传统的春节，中华人民共和国邮电部发行一套《戊寅年（T）》特种邮票，全套2枚。志号1998-1。王虎鸣、马刚设计。影雕版。姜伟杰、李庆发雕刻。齿孔11.5度。背面刷胶。邮局全张枚数32（8×4）。北京邮票厂印制。

这套邮票是中华人民共和国邮电部发行的第二轮十二生肖系列邮票的第七套，全套2枚。（2-1）“虎虎生威”：面值50分，票幅规格26毫米×31毫米，发行量10028.7万枚，图案采用了山西省黎城县城关谷驼村一位50多岁普通农妇高秋英缝制的布老虎“黎侯虎”。（2-2）“气贯长虹”：面值150分，票幅规格26毫米×31毫米，发行量8556.7万枚，图案采用了唐代大书法家颜真卿所书《裴将军诗》中的草书“一笔虎”字。

这套邮票发行量较多，发行之后在邮市上开始低于面值打折出售。2011年邮市回暖后，生肖邮票成为邮市上的热门品种，尤其是邮局全张整版票，更受投资者喜爱。因此，第二轮全部生肖邮票24版版票，在2000-1庚辰年龙票的带动下，市场售价猛涨，使第二轮全套生肖邮票24版版票，售价高达万元。造假者为牟暴利，利用高科技制版，原大、原色伪造出可乱真的第二轮生肖邮票全套版票，在邮市和网上高价出售，使不明真相的集邮者和邮资票品投资者上当受骗。这种伪品，集邮者购买后，经笔者鉴定后确定为伪品的就有两种，均为胶版印制，印刷工艺大同小异，纸张有所不同。这里仅选择其中一种，介绍一下1998-1戊寅年（T）邮票的真伪鉴定方法。

① 看版别 用高倍放大镜（30倍以上）观察1998-1戊寅年（T）邮票，真品采用影雕套印，影写版各种刷色网纹夹角均呈45°，刷色纯正，网点大小相同，呈中空状，浓重的底色上常呈现水波纹，雕刻版印制的线条清晰，凸出纸面；伪品采用胶版印制，各种刷色网纹夹角各不相同，套印在一起，色彩混杂，与真品存有明显的不同（见图112）。

② 量齿孔 真品1998-1戊寅年（T）邮票齿孔为11.5度；而伪品则为12.5度。

③ 用紫光灯鉴别 真品在紫光灯照射下，白色纸面不呈荧光反应；伪品在紫光灯照射下，白色纸面呈现出四色彩点荧光。这是造假者为迷惑集邮者，采用现今印制邮票常用的防伪荧光纸来印制，殊不知，恰恰在这里露出了狐狸的尾巴。要知道，当年印制1998-1戊寅年（T）邮票时，这种防伪纸还未用于印制邮票！

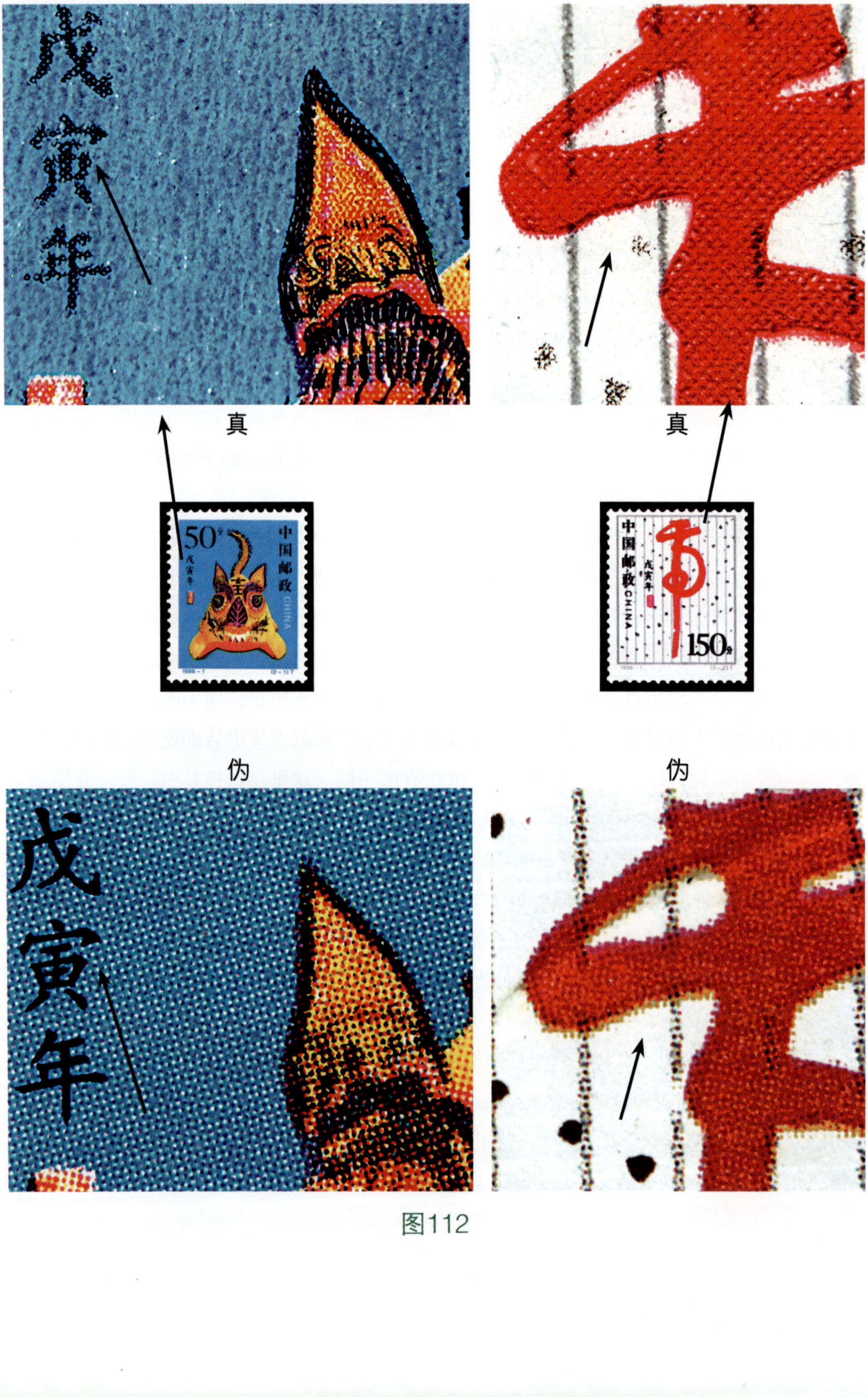

图112

1998-6M 九寨沟（小型张）（T）

九寨沟位于四川省阿坝藏族自治州南坪县境内，是岷山山脉万山丛中一条纵深40多千米的山沟谷地，距省会成都400多千米。因沟内有则查洼、荷叶、树正、黑角、盘亚、亚拉、尖盘、热西、国都九个藏族村寨，故名九寨沟。九寨沟地处我国亚热带秦巴湿润区与青藏高原波密至川西湿润区的过渡带，是南北交替地带，从雪峰下至湖滨又呈垂直分布，植物种类繁多，如资源植物、药用植物、芳香植物等，尤其是珍稀濒危植物种类繁多，堪称“植物宝库”。优越的生态系统和自然环境，为各种野生动物提供了繁殖的适宜环境，拥有大熊猫、金丝猴、牛羚、白唇鹿等数十种珍稀动物。九寨沟自然景观融彩林、翠海、叠瀑、雪峰为一体，有“童话世界”、“神奇的绿宝石”、“世外桃源”、“人间仙境”之誉。1978年，九寨沟被列为国家自然保护区。1992年，被联合国教科文组织列入《世界自然遗产名录》，成为全人类共同拥有的财富。

1998年3月26日，为了展现中华山川的壮美景色，中华人民共和国邮电部发行了一套《九寨沟》特种邮票，全套4枚；同时发行小型张1枚。志号1998-6M。小型张面值为800分。小型张规格为150毫米 ×85毫米，邮票规格为93毫米 ×52毫米。小型张图案描绘了九寨沟“长海”的自然景观。长海位于则查洼沟的尽头，南北长约7.5千米，宽处近2千米，海拔3100多米，湖水平均深80多米，最深处可达100米，是九寨沟中最大、最高的湖泊。周围山峰终年积雪，沿岸树木繁茂幽深，湖水碧蓝，清澈如镜，显得那样深邃、幽远、秀美、宁静，犹如一颗被森林环绕保护着的硕大绝色宝石。齿孔为12度。原摄影作者王建军。李荣卿、黎长青、张幼矩设计。发行量3198.8万枚。胶版。河南省邮电印刷厂印制。

这套邮票发行量大，在邮市不景气的情况下，成了打折票一族。这就使造假者有了可乘之机。造假者利用高科技制版，采用与真品相似的刷有背胶的纸张，用与真品相同的胶版印制，刷色同真品一样，并打有与真品相同的齿孔度，足可以以假乱真。

那么，应该怎样来鉴别1998-6M《九寨沟》小型张的真伪呢？

① **看版别和刷色** 真品与伪品均采用胶版印制，但在刷色的网纹夹角上不尽相同，真品蓝色网纹夹角呈15°，伪品虽然也呈15°，但网纹比真品粗疏；真品红色网纹夹角呈45°，伪品则呈75°，这从面值800分处，蓝色网纹上叠印的红色网点可看出明显区别。

② **看暗记** 真品1998-6TM在邮票左上角靠近齿孔上方的边饰图山峰白雪处，有缩微暗记“ZG”，是“九寨沟”中“寨沟”拼音的首字母；伪品在此处没有这种暗记（见图113）。

③ **看志号** 真品小型张上的志号“1998-6”、“T”采用专版实印，伪品则为套色印制；真品邮票右下角的“T”印得瓷实、清晰；伪品则色彩杂乱很毛糙。

图113

1998–12 第22届万国邮政联盟大会会徽（J）

万国邮政联盟，简称“邮联”，成立于1874年10月9日，是商定邮政事务的政府间国际组织。1948年成为联合国负责邮政事务的专门机构，总部设在瑞士伯尔尼。万国邮政联盟大会是邮联大会最高权力机构，一般每5年举行一届，至1994年共举行过21届。1999年8月，第22届万国邮政联盟大会在北京召开。按照惯例，历届万国邮政联盟大会召开时，其会徽均由东道主国负责设计。第22届万国邮政联盟大会的会徽由长城烽火台和烽火，以及法文“22e CONGRES UPU—BEIJING 1999”组成。长城烽火台是中国举世闻名的古代的通信设施；烽火是中国古代举火为号利用光来传递信息的一种古老的通信方式。这不仅极富有中国特色，而且还充分表现出中国悠久的历史和灿烂的文明，以及中国人的聪明与智慧。会徽中长城烽火台呈信封的变形，反映出本届大会“邮政”这一主题；烽火采用“22e”变形，反映出第22届万国邮政联盟大会。会徽整体充分表现了第22届万国邮政联盟大会在中国举办的主题。会徽上长城烽火台和法文的颜色用绿色，绿色一方面是中国邮政的标志色，同时也代表着和平与进步；烽火的颜色为红色，即为红火色，又象征着生命力和成功，一方面喻示邮政事业的兴旺发达，同时也喻示着本届万国邮政联盟大会举办成功。本届“邮联大会”会徽由方军设计。

为纪念第22届万国邮政联盟大会在中国举行，1998年5月15日，中华人民共和国信息产业部特发行“第22届万国邮政联盟大会会徽”纪念邮票一套，共2枚。志号1998–12。邮票图案均为“第22届万国邮政联盟大会会徽”。面值分别为（2–1）50分，（2–2）540分。邮票规格：（2–1）40毫米 ×30毫米，（2–2）30毫米 ×40毫米。齿孔均为12度。邮局全张枚数，均为50枚。发行量（2–1）4199.9万枚，（2–2）3199.9万枚。王虎鸣、黄里设计。胶版印刷。河南省邮电印刷厂印制。

这套邮票发行量比较大，面值也高，在邮市低迷时，很快便跌破面值，进入打折票的行列。这就使造假者有机可乘。造假者利用电脑高科技，制作出完全可以乱真的赝品，在邮市上以假乱真，打折出售，用来欺骗邮政。这种伪品，笔者在鉴定中，曾发现有两种，即伪甲、伪乙，均采用与真品相同的纸质和版别印制，刷有与真品完全一样的刷色，打有与真品相同的齿孔度，不要说缺乏鉴定邮资票品真伪经验的集邮者，就是有鉴定经验的人，如不认真鉴别，也会以假当真。

那么，应该怎样来鉴别“第22届万国邮政联盟大会会徽”邮票的真伪呢？

① **看暗记** 真品“1998–12（J）万国邮政联盟大会会徽”邮票，在邮票上部票题最后一个字“徽”字右边反“文”的第一笔收笔处，有一个缩微暗记字母“W”，而伪品则没有。这里需要提醒集邮者注意，真品上的这个缩微暗记“W”，有的印得清晰，有的印得不清晰，一定要用30倍以上的放大镜来仔细观看。

② **看版别** 真品和伪品虽然都采用胶版印制，版别相同，但在蓝底色网纹特征上却存

有明显的不同：真品蓝色网点呈 0°，而且细密；伪甲蓝色网纹夹角呈 15°，伪乙则呈 45°，网点均比真品粗大（见图 114）。

③ **用紫光灯鉴别** 真品在紫光灯照射下，白色纸面呈暗紫色；伪甲、伪乙则均呈亮白色。

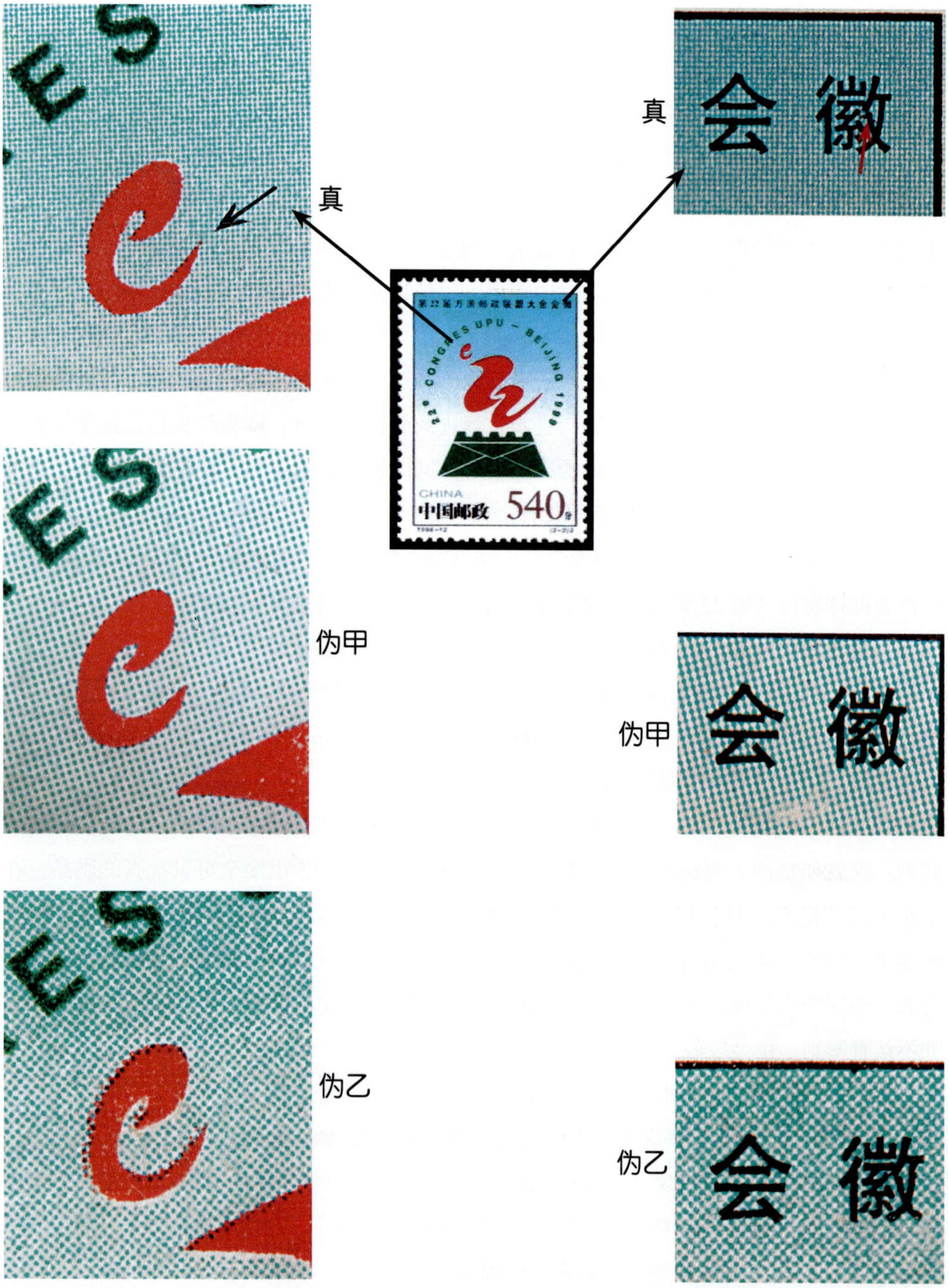

图114

1998–16M　锡林郭勒草原（小型张）（T）

锡林郭勒草原位于内蒙古自治区中部锡林郭勒盟境内，是我国典型的温带生态系统草原，也是亚欧大陆草原的重要组成部分，面积为19.65万平方千米，占全盟总面积的90%。锡林郭勒草原是我国四大草原之一内蒙古草原的主要天然草场，从荒漠草原、典型草原到草甸草原，生态系统完整，生态、物种、遗传等多样性分布的特点鲜明。1985年8月5日，内蒙古自治区人民政府批准成立了锡林郭勒草原自然保护区，控制面积为107.9万公顷，为我国第一个草地类自然保护区。1987年9月7日，联合国教科文组织接纳锡林郭勒草原保护区为国际生物圈保护网成员。1997年12月8日，锡林郭勒草原被国务院正式批准为国家级保护区。锡林郭勒盛产品种优良的乌珠穆沁肥尾羊、内蒙古细毛羊、草原红牛、花白奶牛、锡林郭勒马、苏尼特双峰驼等，畜牧业发达。近年来，草原的风能得到了成功开发，绿色能源发展前景十分可观。草原上主要是多年生草本植物。每年夏季，锡林郭勒草原就如一块无边无际的绿色地毯，五彩缤纷的野花点缀其间，风吹草低见牛羊，景色既悠闲宁静，又蔚为壮观。自13世纪起，蒙古族已成为锡林郭勒草原的主体民族，元世祖忽必烈称帝前即在此就大汗位。现在，锡林郭勒草原是一个蒙族、汉族等17个民族近百万人和睦聚居的地方。

1998年7月24日，为了展现中华山河的壮美风貌，中华人民共和国信息产业部发行了一套《锡林郭勒草原》特种邮票，全套3枚，同日发行1枚小型张。小型张志号1998–16M。齿孔12度。小型张尺寸规格140毫米×80毫米，邮票票幅规格60毫米×40毫米。小型张面值800分，发行量3017.8万枚，图案为“锡林郭勒河曲”。马莲、丹森设计。胶版。辽宁省沈阳邮电印刷厂印制。

这枚1998–16M（T）小型张因发行量大，面值高，在邮市不景气时，跌入深度打折票行列，直到2004年，依然以5折多在市场上销售。这就使造假者有机可乘。不法分子利用电脑高科技制版，制作出足可以假乱真的伪品，与真品混杂在一起，在邮市上打折倾销。由于伪品与真品采用相同的胶版印制，打有相同的齿孔，刷色也均相同，纸质也十分相似，并刷有背胶，如不仔细用高倍放大镜进行鉴别，或无真品进行对比鉴别，极易上当受骗。

那么，应该怎样来鉴定1998–16M（T）小型张的真伪呢？

① **看版别和刷色网纹特征**　1998–16M真品采用胶版印制，小型张上的票铭、志号、铭记、面值及边饰上的图文，均采用专色专版印刷。伪品也如法炮制，伪造得十分逼真。但是，只要用高倍放大镜进行观察，便可分辨出真伪：真品的蓝色网纹呈15°夹角，网线细密；伪品的蓝色网纹呈75°夹角，网线较疏粗（见图115）。

② **看志号**　1998–16M真品志号中“1998–16”笔画较细，特别是“–”更细；伪品笔画较粗，字体也较真品略小，“–”较真品明显的粗。

③ **看铭记** 1998-16M 真品上的“中国邮政”中的“政”字，其第 7 和第 8 笔交接处，在右下方有豁口，未全相连；伪品则全相连了。

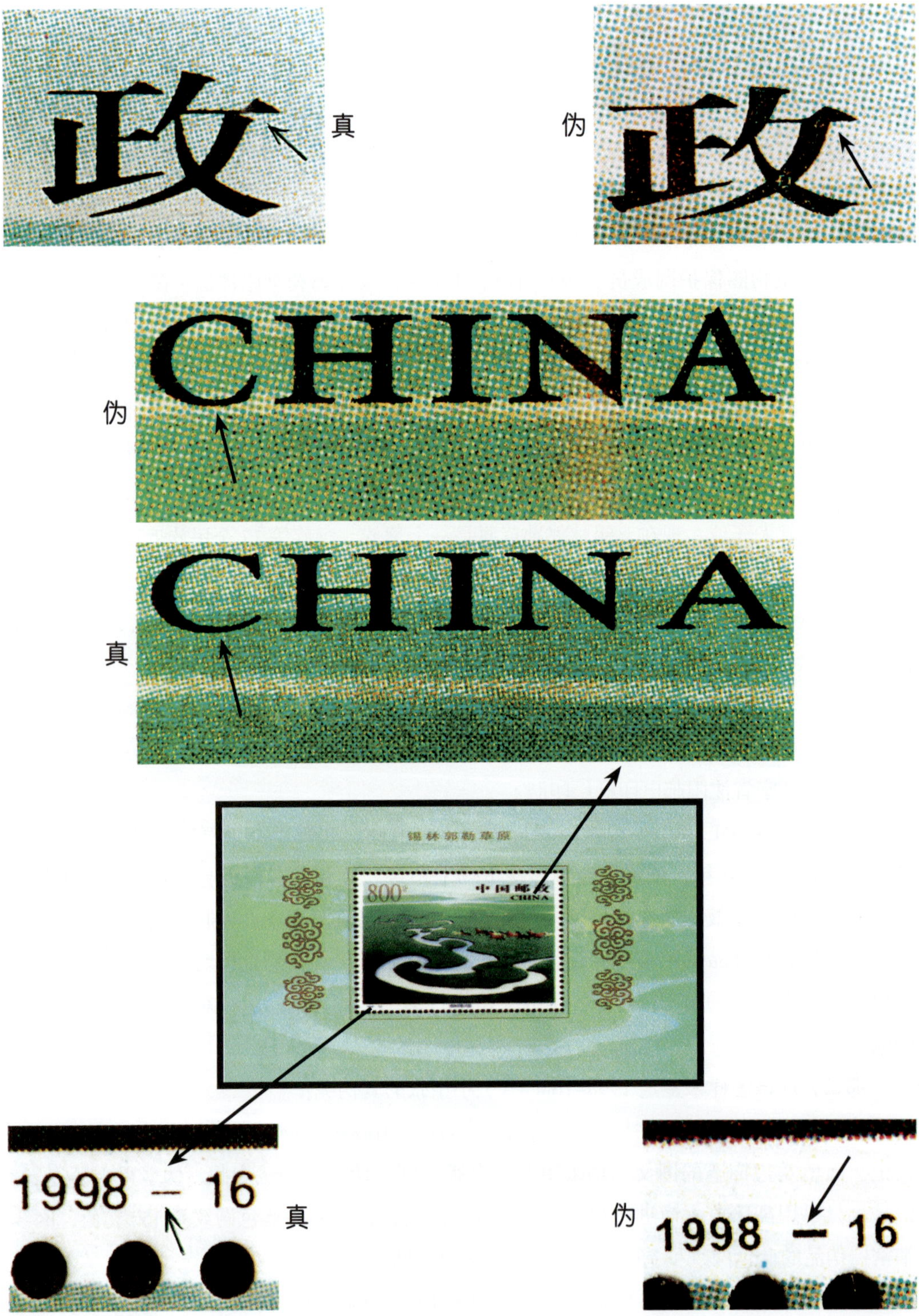

图115

1998-18M 中国古典文学名著——《三国演义》（第五组）（小型张）（T）

1998年8月26日，为反映中国古典文学的辉煌遗产，中华人民共和国信息产业部发行了一套《中国古典文学名著——〈三国演义〉（第五组）》特种邮票，同日发行1枚小型张。志号1998-18M。小型张尺寸规格182毫米 ×65毫米，邮票票幅规格162毫米 ×40毫米。小型张面值800分，发行量3180.7万枚，图案为“空城计”。戴宏海设计。影写版。齿孔11度。北京邮票厂印制。

这组中国古典文学名著——《三国演义》系列邮票，因题材好，印制精美，深受广大集邮者的喜爱。1998-18M小型张“空城计”是这组系列邮票关门票中的最后一枚小型张。这枚小型张发行量高达3000多万枚。尽管如此，在发行之后，仍受到集邮者的追捧。造假者为牟取暴利，利用高科技制版，伪造出多种伪品，仅笔者鉴定过的就有三种，均为胶版印制。其中有原大、原色印刷，但无铭记、无面值、无志号、无齿孔的纪念张，将其装进真品用过的原包装盒内，在整封交易中以图“蒙混过关”，进行欺骗；还有原大、原色印制，有铭记、有面值，打有齿孔，就是未印志号“1998-18　T”；更有足可乱真的一种伪品，利用电脑高科技制版，采用胶版仿制影写版版纹特征，其刷色、齿孔、规格、背胶等，均与真品一样。这种伪品，不要说缺乏鉴定邮资票品真伪经验的集邮者难辨其真伪，就是有经验的集邮者，稍一疏忽，也难免上当受骗。

为便于叙述，这里把用胶版仿影写版伪造的伪品称为伪甲，把用胶版套色胶印伪造的伪品称为伪乙。伪甲、伪乙的主要区别在于小型张的边饰图案和邮票图案底色，伪甲同真品一样，采用专版、专色印制，特别是小型张的边饰图，伪甲采用参照真品依样重新描绘，虽有少许差别，也足可以假乱真；伪乙则用真品翻拍制版，边饰图和邮票图案底色采用套色印制。还有，伪甲的志号和票题文字采用黑色胶版网纹印制，因网纹之间有网空，用10倍放大镜观看时，很像影写版圆形中空网点；如用30倍以上的放大镜观看，便可发现这种胶版网纹虽呈45°网纹夹角，文字边缘也呈锯齿状，但网纹均呈方格状，并非呈圆形中空状（见图116）。这是造假者想利用胶版网纹，冒充影写版。这种高仿伪品，缺乏鉴定经验的集邮者，是难以看出其破绽的。

那么，应该怎样来鉴定1998-18M小型张“空城计”的真伪呢？

① **看版别**　真品1998-18M采用影写版印制，刷色纯正，各种刷色网纹夹角均呈45°，其土黄底色专色印制，有影写版所特有的水波纹；伪甲采用胶版仿影写版印制，其土黄底色也采用专色印制，采用胶版实印，无水波纹；伪乙采用胶版套印，各种刷色混杂，网点呈实心状。伪甲虽足可乱真，但其实质是利用胶版印制，版别不同，在鉴定邮资票品时便可“一票否决”；伪乙胶版实质尽显，与真品存有明显的区别（见图117）。

② **看铭文“CHINA”和小型张右下角的志号“T”**　真品影写版刷色所固有特征尽显；

伪甲虽用胶版仿影写版印制得很逼真，但网纹特征与真品存有差别；伪乙用胶版套印，与真品存有许多明显的差别，更为明显的区别是未印志号“T”。

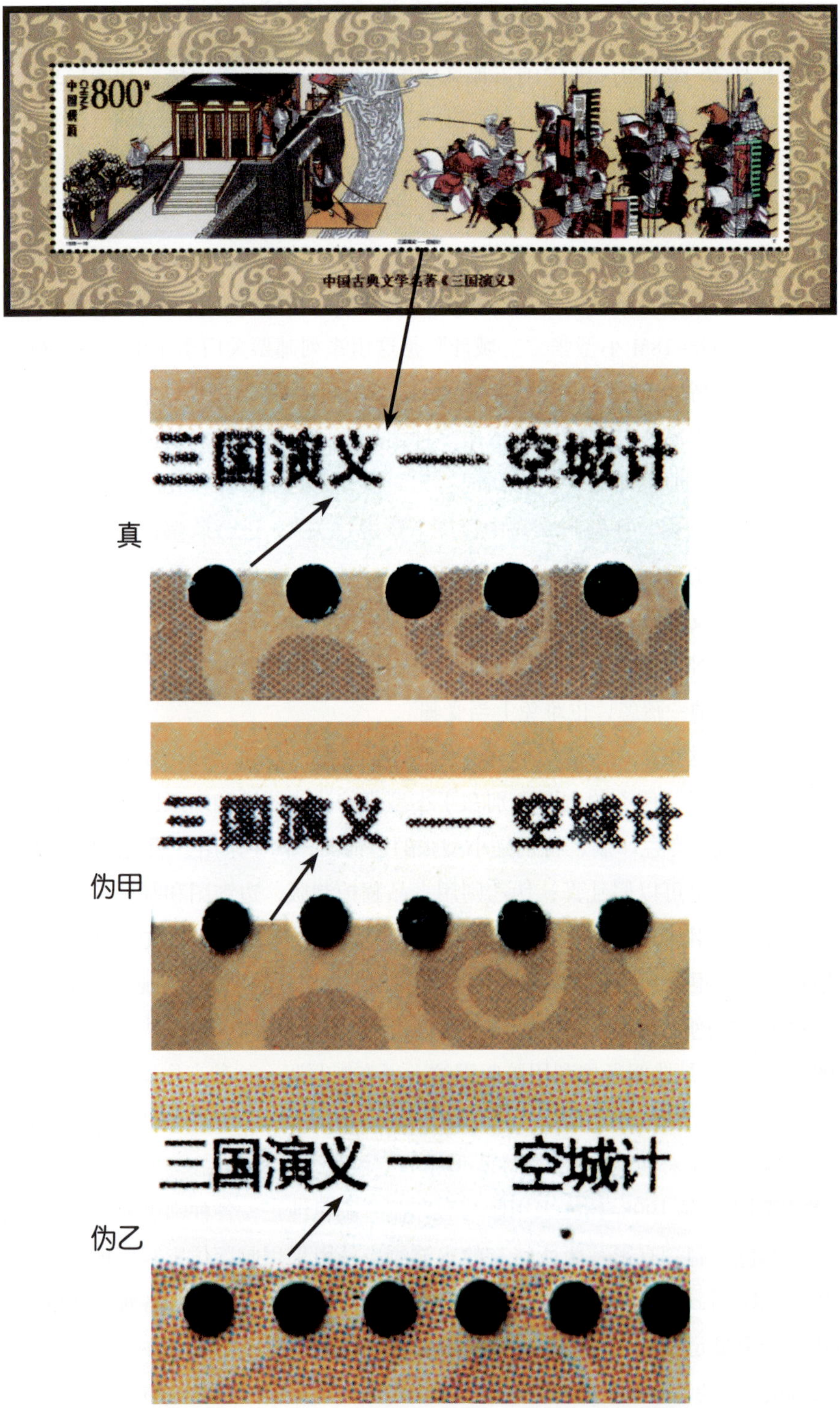

图116

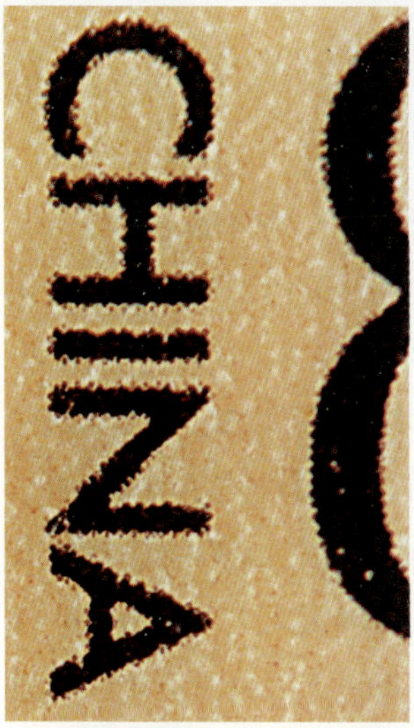

真

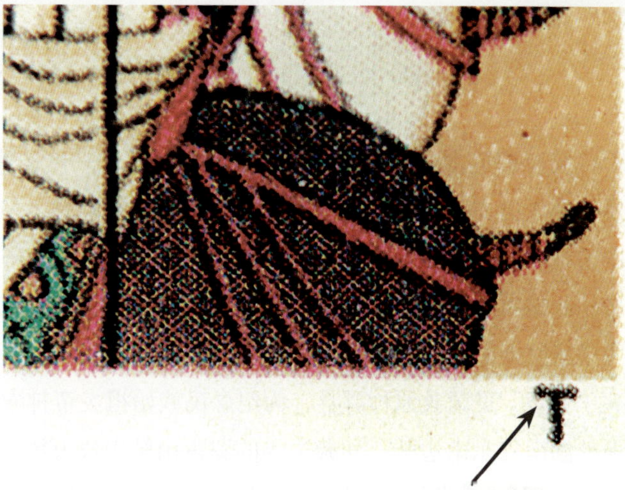

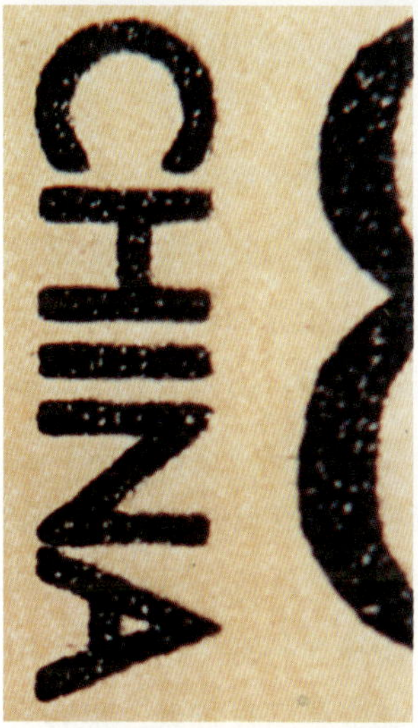

伪甲

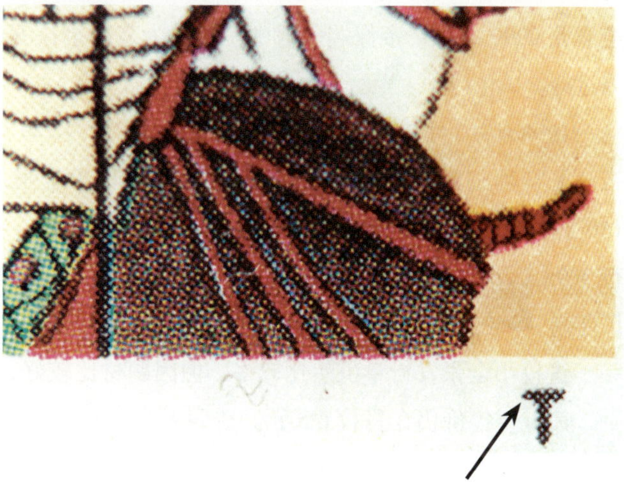

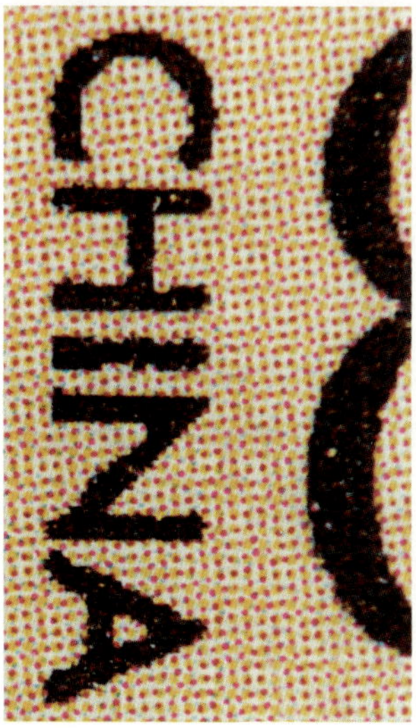

伪乙

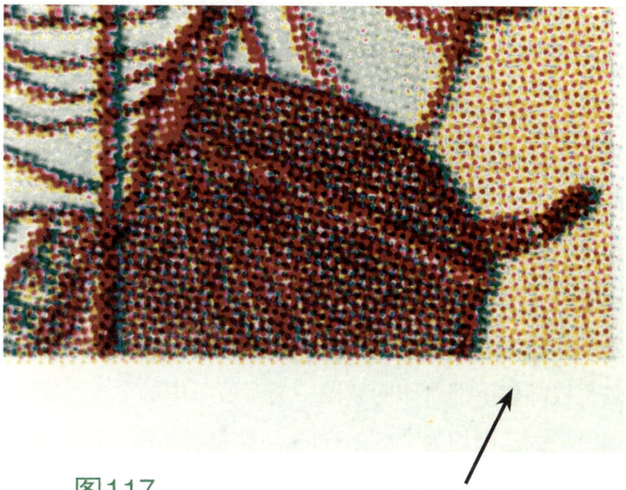

图117

1998-23M 炎帝陵（小全张）（T）

炎帝即远古的神农氏，中华民族的始祖之一和农耕文化的开创者。他缔造了中华古国最早的人类文明。据史书记载，炎帝生于湖北随州，游于陕西宝鸡，后沿渭河南下至黄河中游地带，再去江汉平原及湖南，“始作耒耜，教民耕种，普尝百草，发明医药；治麻为布，制作衣裳；日中为市，首辟市场；削桐为琴，结丝为弦；剡木为矢，以威天下。”炎帝为中华民族的繁衍昌盛作出了伟大贡献，最后因在湘东一带采药误尝“断肠草”中毒而亡，葬于炎陵。炎陵县原称酃县，为纪念民族始祖炎帝神农氏，1994 年更名为炎陵县。炎陵县地处湖南省东南边陲，湘赣边界的罗霄山脉中段万泽山西麓。炎帝神农氏之墓坐落在炎陵县城之西 17 千米的白鹿原。陵殿坐北朝南，占地面积 3999 平方米，前后分为五进：一进为午门；二进为行礼亭；三进为主殿，高 19.99 米，阔 20.4 米，进深 15 米，重檐飞阁，精绘彩龙 9999 条，炎帝像端坐殿中；四进为墓碑亭；五进为陵墓。现今的陵殿是 1988 年整修过的。

1998 年 10 月 28 日，为弘扬中华民族精神，中华人民共和国国家邮政局发行一套《炎帝陵》特种邮票，全套 3 枚。同日发行了 1 枚小全张，志号 1998-23M。小全张尺寸规格 150 毫米 ×80 毫米，邮票票幅规格 40 毫米 ×30 毫米。齿孔 12 度。小全张面值 300 分，发行 3098.8 万枚，图案由 1998-23（T）全套邮票组成。李德福设计。胶版。河南省邮电印刷厂印制。

这枚小全张发行量虽然比较多，但因题材比较好，印制也较精美，在邮市低迷的情况下，其市场售价仍在每枚 6.5 元。造假者为牟利，便利用高科技制版，伪造出可乱真的伪品。伪品有多种，经笔者鉴定过的有伪甲、伪乙两种，其规格、齿孔均与真品相同，采用与真品相同的胶版印制，缺乏鉴别邮资票品真伪经验的集邮者和邮资票品投资者，很容易上当受骗。

那么，应该怎样来鉴别 1998-23M《炎帝陵》小全张的真伪?

① **看版别** 尽管真品和伪品均采用胶版印制，版别相同，但因伪品在利用高科技制版时，只能采用真品翻拍制版，因此在网纹上常与真品存有差别。这是鉴别真伪的重要依据。真品小全张边饰底色是用细密的胶版网点印制而成；边饰图、边框线、票题“炎帝陵”，均采用深棕色专版印制而成；小全张邮票图案上的铭记、面值、志号、票题和票名，均采用黑色专版印制，文字笔画整齐。伪品小全张边饰图、边框线、票题“炎帝陵”，伪甲边饰图底色采用棕色实印，伪乙采用套色印制，网点粗大；小全张邮票上的铭记、面值、志号、票题和票名，伪甲、伪乙也均采用黑色专版印制，但文字不规范，与真品存有差别，尤其是每枚邮票下部所印的票题“炎帝陵”中的“炎”字，真品第一笔和第五笔均为“丶”，而伪甲、伪乙则均为“/”，同真品存有明显的不同（见图 118）。

② **看暗记** 真品《炎帝陵》小全张上 3 枚邮票，均有相同的缩微暗记“YD”（即“炎

真

伪甲

真 伪甲

伪乙

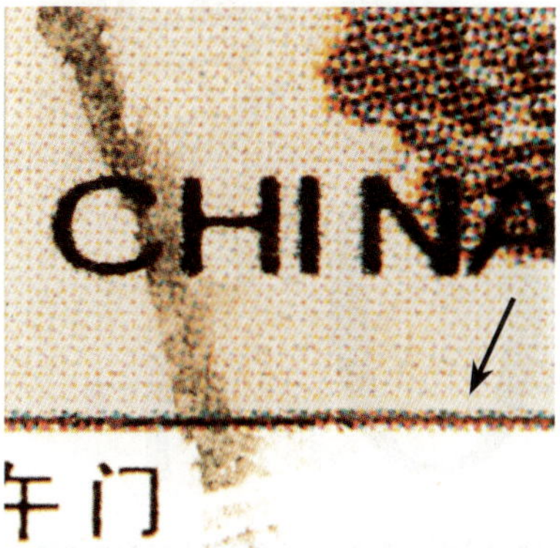

图118

帝”二字的汉语拼音的第一个字母）。（3–1）邮票上的暗记藏在邮票图案右边的石狮子的前腿上；（3–2）暗记藏在邮票图案左边的鼎炉上；（3–3）暗记藏在邮票图案中心偏右的石狮子上。全套3枚邮票上的暗记，以（3–2）邮票上的暗记最便于观察。伪品中伪甲、伪乙均没有此种暗记，只呈现糙造的胶印网点（见图119）。

③ **看邮票图案的四周边框线** 真品采用黑色专版实印；伪甲、伪乙则采用套色印制。

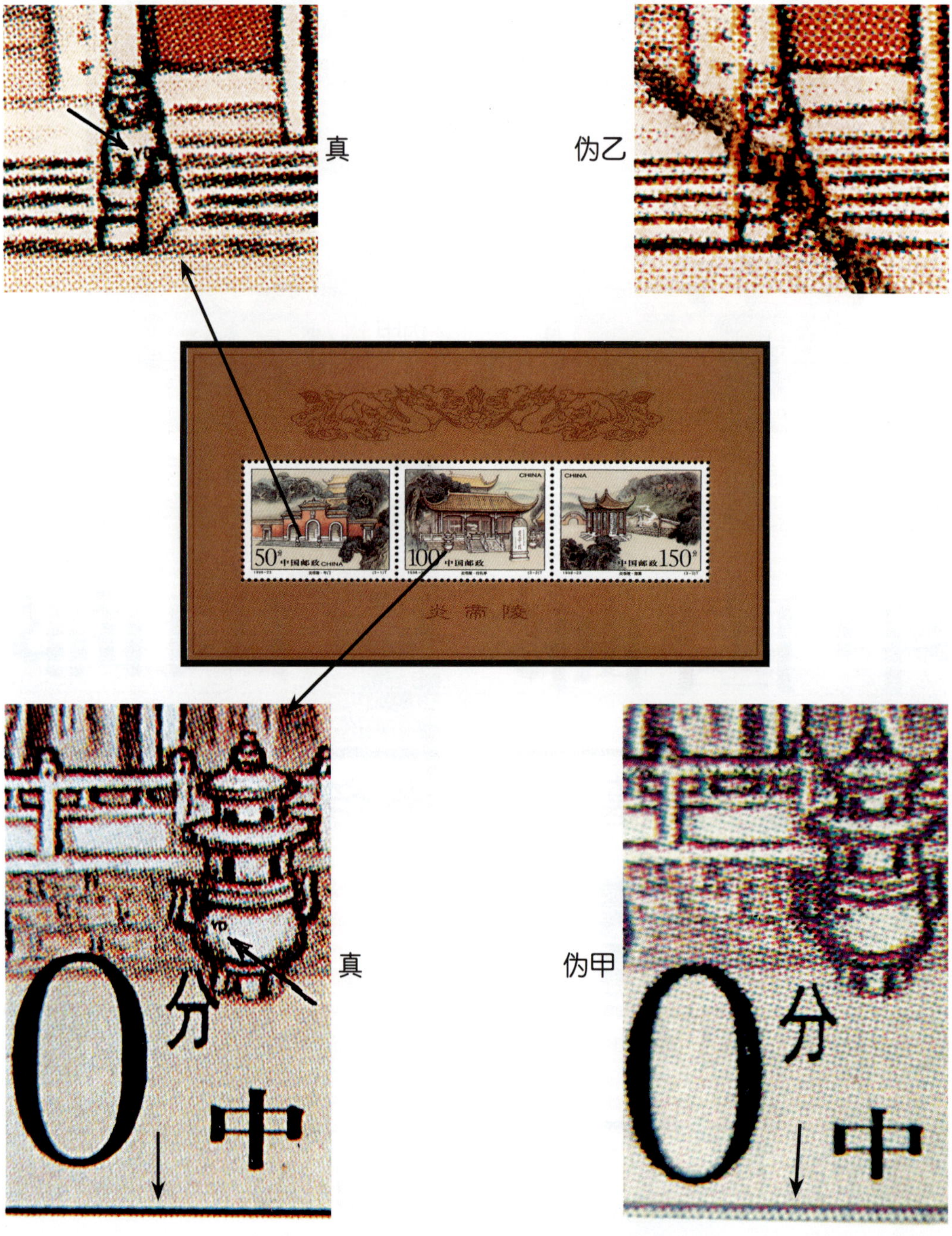

图119

1998–26 瘦西湖和莱芒湖（中国和瑞士联合发行）（T）

瑞士是欧洲中部的一个内陆国家，面积4.13万平方千米，首都伯尔尼。关于瑞士国名的来源有两种解释：其一，瑞士联邦来源于境内一个州“施维茨”的名称。“施维茨”一词与古高德语中的“焚烧”有关。这一地区原为一片森林，放火烧荒后才适宜人类居住，最早的居民点建在被焚烧过的林间空地上。其二，瑞士来源于古高德流“Schweizerei”，即“奶酪场”的意思，现今瑞士的奶制品业仍然很著名。自16世纪起，瑞士即执行中立政策，在历次国际战争和两次世界大战中都保持中立。联合国的欧洲办事处就设在瑞士日内瓦。瑞士行联邦制，议会由国民议会和联邦议会组成。联邦议会为最高行政机构，委员会主席为国家元首及行政首长。钟表制造业发达，制作精良。1950年9月14日，瑞士和我国建立正式外交关系。

1998年11月25日，为了增进两国之间的文化交流，中华人民共和国国家邮政局和瑞士邮政部门联合发行了一套《瘦西湖和莱芒湖（中国和瑞士联合发行）（T）》特种邮票，志号1998–26。全套2枚。（2–1）“莱芒湖 · 汐雍城堡”，50分，发行量4046.9万枚；（2–2）“瘦西湖 · 二十四桥”，540分，发行量3159.9万枚。邮票规格40毫米 ×30毫米。许彦博（中国）、贝尔娜黛特 · 巴尔蒂丝（瑞士）设计。影写版。齿孔11度 ×11.5度。邮局全张枚数20（5×4）。北京邮票厂印制。

这套邮票发行量比较多，面值也高，发行之后，邮市上便打折出售，在通信中消耗了许多。之后，造假者为牟取暴利，便利用高科技，采用四色彩点荧光纸，胶版印制，伪造出足可乱真的（2–2）“瘦西湖 · 二十四桥”面值540分高值票，在邮市和互联网上鱼目混珠，打折出售，使用邮者在不知情的情况下大量购买，用于通信。与此同时，也使不辨真伪的集邮者上当受骗。

那么，应该怎样来鉴别1998–26（2–2）“瘦西湖 · 二十四桥”邮票的真伪呢？

① **看版别** 真品采用影写版印制，其印刷网点大小相同，呈中空状或中间变浅、露白；各种刷色网纹夹角均呈45°；文字边缘呈锯齿状。伪品采用胶版印制，其网点大小不同，呈实印状；各种刷色的网纹夹角均不相同，蓝色呈15°，红色呈75°，黄色呈0°；文字呈实印状，笔画边缘整齐（见图120）。

② **量齿孔** 真品的齿孔为11度 ×11.5度；伪品齿孔为13度 ×13.5度。

③ **用紫光灯鉴别** 真品和伪品在紫光灯照射下，白纸面均呈暗紫色，但伪品白纸面上呈现四色彩点荧光，采用防伪纸印制。造假者为了迷惑人，竟然不惜工本，采用防伪纸张来造假，殊不知，当初（20世纪90年代末）印制真品所用的纸张，并非四色彩点荧光纸。

伪

真

真

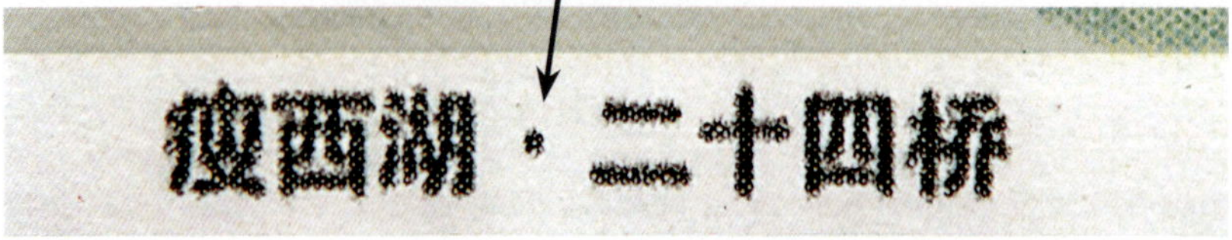

伪

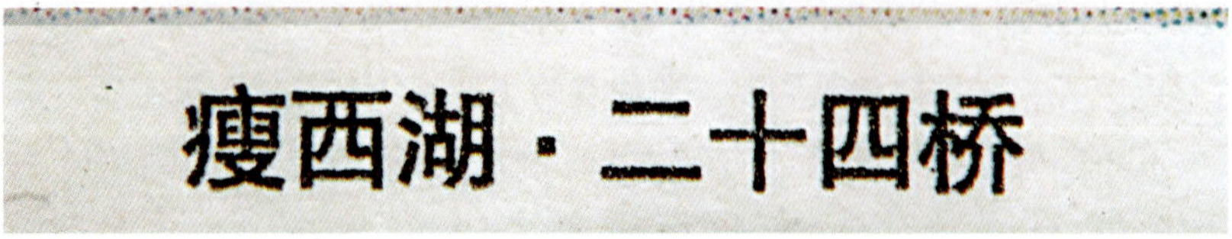

图120

1998-30 中国共产党十一届三中全会二十周年（J）

1977 年 4 月，邓小平同志在给中央的一封信中，明确提出了必须世世代代用准确的、完整的毛泽东思想指导全党、全军和全国人民，把社会主义事业胜利推向前进。1978 年 5 月 11 日，《光明日报》发表了特约评论员文章《实践是检验真理的唯一标准》。1978 年 11 月 10 日 ~ 12 月 15 日，党中央召开了历时 36 天的中央工作会议，为十一届三中全会做了精心而充分的准备。1978 年 12 月 18 ~ 22 日，中国共产党十一届三中全会在北京举行，全会充分肯定了准确的、完整的毛泽东思想科学体系，高度评价了关于真理标准问题的讨论；决定把“解放思想，开动脑筋，实事求是，团结一致向前看”作为党的指导方针，重新确立了党的辩证唯物主义思想路线，全面纠正了党过去在政治、经济、文化和组织等方面的“左”倾错误，并果断地停止使用“以阶级斗争为纲”的口号，将全党和全国人民的工作重点转移到建设社会主义现代化强国的伟大目标上来。党的十一届三中全会的胜利召开，实现了新中国成立以来我党历史上的一次伟大转折，具有揭开历史新篇章的里程碑意义。1978 年 ~ 1998 年的 20 年间，按照十一届三中全会拨乱反正，提出的改革开放的路线方针，使中国经济开始腾飞，人民生活走向富裕，在社会主义现代化建设事业中取得了举世瞩目的成就，这是值得世人永远称颂，也是党和人民都难以忘怀的。

1998 年 12 月 18 日，为了纪念党的十一届三中全会 20 周年，中华人民共和国国家邮政局发行了一套《中国共产党十一届三中全会二十周年（J）》纪念邮票，志号 1998-30。全套 2 枚。面值分别为（2-1）50 分、（2-2）150 分。苏海一设计。胶版。齿孔 12 度。邮票规格 30 毫米 ×40 毫米。邮局全张枚数 50（10×5）。发行量（2-1）4199.9 万枚、（2-2）3149.9 万枚。河南省邮电印刷厂印制。

这套邮票采用胶版印制，其防伪能力比较差。造假者利用高科技，轻而易举地伪造出了足以乱真的赝品。伪品与真品一样采用胶版印制，所用纸张也同真品极为相似，刷有背胶。为具有更大的欺骗性，造假者特地将邮票图案中的主色调红色网纹夹角，伪造得同真品一样呈 45°。因此，这种伪品被用作“产品票”装进礼品册或邮票年册中，进行销售。不要说缺乏鉴别邮票真伪经验的集邮者会上当受骗，就是有一定鉴别邮票真伪经验的集邮者，如对真品缺乏研究，也会上当受骗。

那么，应该怎样来鉴别这套邮票的真伪呢？

① **看版别** 真品与伪品都采用相同版别印制，这在胶版印制的邮资票品鉴定中是常见的。尽管它们版别相同，真品为加强防伪能力，在邮票图案上的票题“中国共产党十一届三中全会二十周年”，采用金色专版印制，金光灿烂；伪品则采用套色印刷，无金色光泽。真品网纹细；伪品网纹比较粗糙（见图 121）。

② **看邮票面值和铭记** 真品与伪品邮票上的面值、铭记虽然都是采用黑色专版实印，但它们的字体笔画特征有所不同：真品面值中的“分”字，其第一笔画、第二笔画特征，

与伪品存有较明显的不同；在铭记“中国邮政”中的“政”字，真品右边的反“文”第一笔笔画明显比伪品要长一些。

③ **看齿孔** 真品齿孔打得规范、圆润；伪品齿孔打得不规则，比较毛糙。

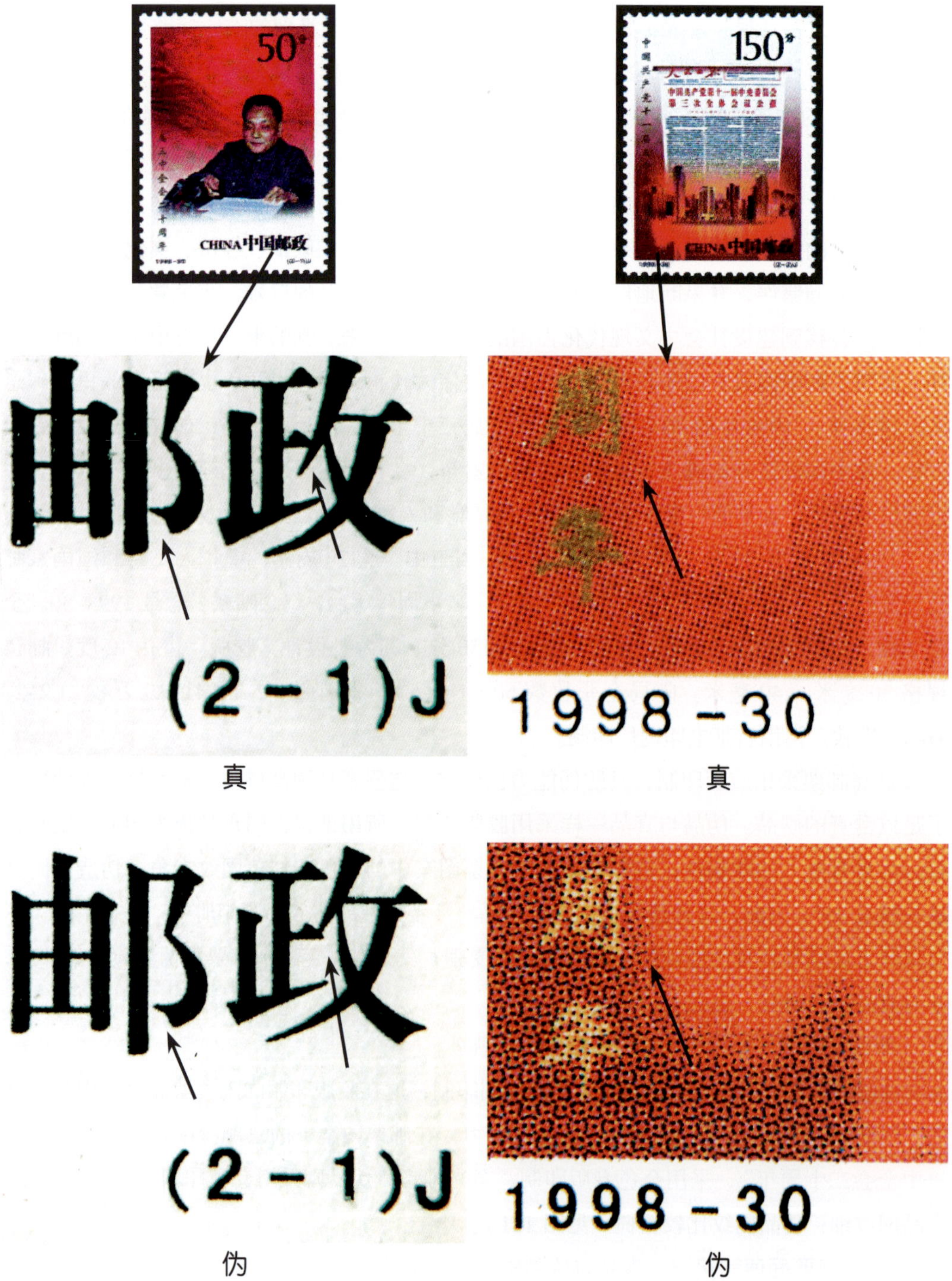

图121

1999–1 己卯年（T）

公历 1999 年也是中国农历己卯年，卯兔，也称兔年，凡是在农历这一年出生的人都属兔。

1999 年 1 月 5 日，为了庆祝中华民族传统的春节，中华人民共和国国家邮政局发行一套《己卯年（T）》特种邮票，全套 2 枚。王虎鸣、呼振源、杨文清设计。影雕版。呼振源雕刻。齿孔 11.5 度。背面刷胶。邮局全张枚数 32（8×4）。北京邮票厂印制。

这套邮票是中华人民共和国国家邮政局发行的第二轮十二生肖系列邮票的第八套，全套2枚。（2–1）“玉兔为月”：面值50分，票幅规格 26 毫米 ×31 毫米，发行量 10212.9 万枚，图案采用了泥人张第四代传人、清华大学美术学院张锠教授捏的泥兔。（2–2）“吉祥如意”：面值 150 分，票幅规格 26 毫米 ×31 毫米，发行量 8369.7 万枚，图案主体画面为选自《五体字典》中的一个草书“兔”字。

这套邮票发行之后，因发行量较多，加上邮市长期低迷，很长时间在邮市上打折出售。2011 年邮市出现高潮之后，生肖邮票成了热门品种。全部第二轮生肖邮票共 24 版版票，在邮市上售价高达万元。造假者为牟取暴利，便乘机利用高科技制版，用现今采用的防伪四色彩点荧光纸，原大、原色伪造出足可乱真的全部第二轮生肖邮票 24 版版票，在邮市和互联网上高价出售，使不明真相的集邮者和邮资票品投资者上当受骗。

那么，应该怎样来鉴定 1999–1 己卯年（T）邮票的真伪呢？

① **看版别** 用高倍放大镜观察 1999–1 己卯年（T）邮票，真品采用影雕套印，影写版各种刷色网纹夹角均呈 45°，网点呈中空状，刷色纯正，雕刻版线条清晰，凸出纸面；伪品采用胶版印制，各种刷色网纹夹角各不相同，套色印制，刷色混杂，无雕刻版特征，与真品存有明显的差别（见图 122）。

② **量齿孔** 真品 1999–1 己卯年（T）邮票，齿孔为 11.5 度；伪品则为 12.5 度。

③ **用紫光灯鉴别** 真 1999–1 己卯年（T）邮票，在紫光灯照射下，白纸面不呈现荧光反应，伪品则呈现四色彩点荧光反应。这是造假者为迷惑集邮者，故意采用现在印制邮票用的防伪纸张（四色彩点荧光纸），殊不知，恰恰在用纸上露出了马脚。

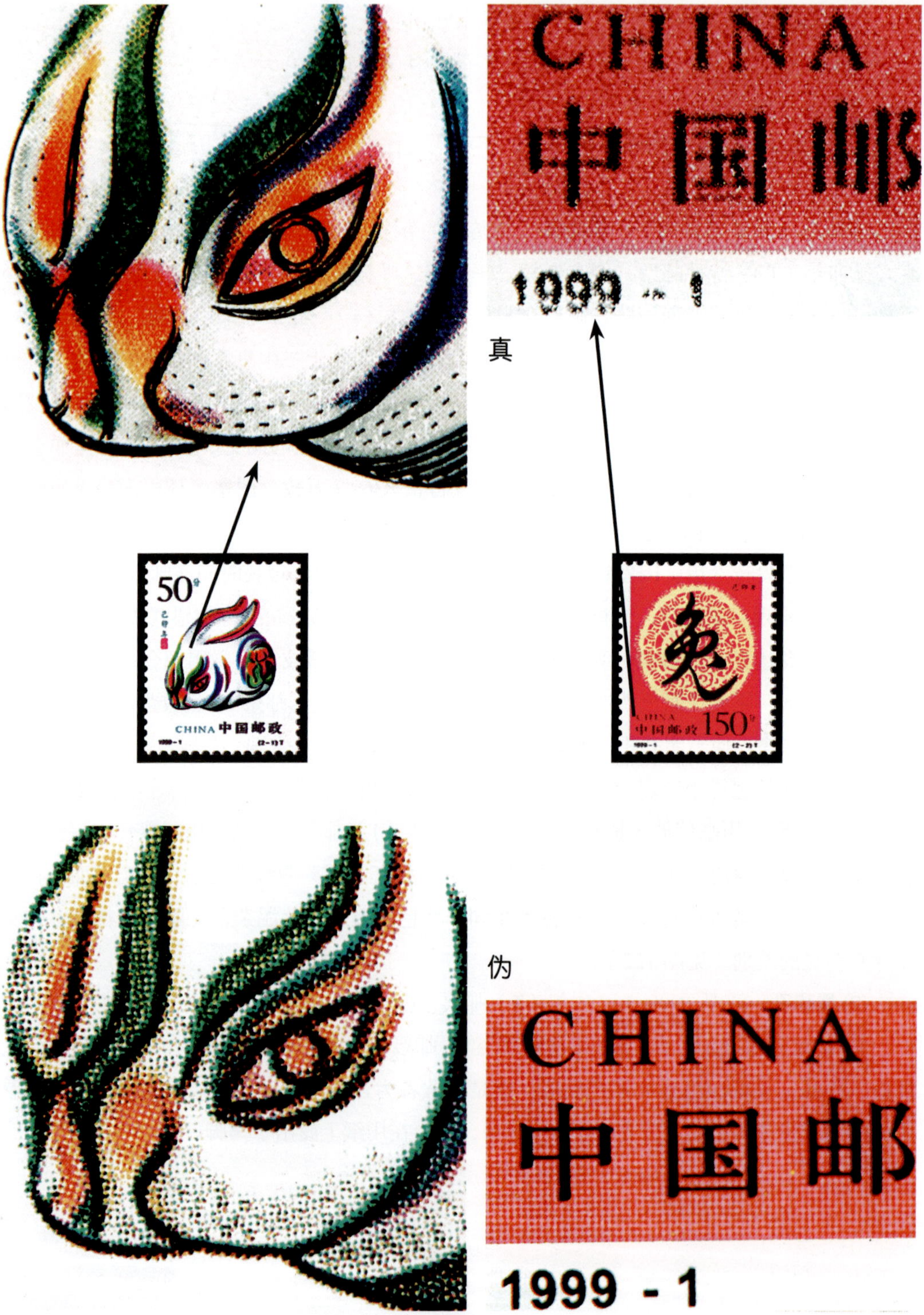

图122

1999-6 普陀秀色（T）

普陀山坐落在浙江省东北部杭州湾外莲花洋上碧波万顷的东海之中，是舟山群岛中的一个小岛。岛呈狭长形，南北纵长 8.6 千米，东西宽 3.5 千米，面积 12.5 平方千米。最高峰佛顶山，海拔 291.3 米。是中国四大佛教名山（峨眉山、五台山、九华山、普陀山）之一。普陀山之名源自佛教《华严经》，全称为“普陀洛迦”、“补坦洛迦”，梵语原意为“美丽的小白花”。普陀山既是佛教圣地，又有山、海之胜景，人称“神仙境界”。据《普陀山志》记载，五代后梁贞明二年（公元 916 年），日僧慧锷自五台山请观音像归国，途经普陀山为大风所阻，避入一个岙口。第二天，风平浪静，起航后，海面升起一团烟雾，船绕一圈又回普陀。第三天，刚出岙口，巨浪又起，并漂来朵朵铁莲，将船围在其中，僧人大惊，心想观音不愿离开中国，于是跪在观音像前，合掌祷告：“若我国众生无缘见佛，当从所向建立精舍。”顿时，海底出一铁牛，吃掉铁莲，海面现出一条通道，潮音洞下，居民张氏舍宅为院于双峰山下，号“不肯去观音院”。故有传说，普陀山是观音菩萨显灵说法的道场，素以“海天佛国”闻名于世。南宋绍兴元年（公元 1131 年），普陀山佛教各宗统一归于禅宗；嘉定七年（公元 1217 年），又定普陀山以供奉观音为主。历朝相继兴建寺院，一度有寺院、庵堂和茅棚 228 个，有僧民 4100 多人。其中普济、法雨、慧济三大寺，规模宏大，建筑考究，是我国清代建筑群的典型。岛上有千步沙、潮音洞、梵音洞、南天门、西天门等风景点 20 多处，幽洞奇岩，海景变幻，幽中有静，幽中有奇，幽中有雄，神韵特异，历来为浏览避暑胜地。初唐神童王勃曾赞普陀“南海海深幽绝处，碧绀嵯峨连水府”。普陀山历史人文景观也很丰富，秦朝安其胜、汉朝梅福、晋朝葛洪都曾在普陀山修炼；唐代天竺僧人燃指礼佛，感应观音现身。普陀古木苍翠，岩壑奇秀，古刹雄伟，宝塔映辉，金沙绵亘，白浪环绕，渔舟竞发，洪波浩荡，景象壮阔，确实叫人心仪神往，流连忘返。

1999 年 6 月 3 日，为了展现中国佛教名山的风貌，与 T.100《峨眉风光》、1995-20《九华胜境》、1997-11《五台古刹》邮票相呼应，中华人民共和国国家邮政局发行了一套《普陀秀色（T）》特种邮票，志号 1999-6。全套 6 枚。面值分别为 30 分、60 分、60 分、80 分、80 分、280 分。范扬设计。胶版。齿孔 12 度。邮票规格（6-1）（6-3）（6-4）（6-6）50 毫米 ×30 毫米，（6-2）（6-5）30 毫米 ×50 毫米。邮局全张枚数（6-1）（6-3）（6-4）（6-6）40（4×10），（6-2）（6-5）40（10×4）。发行量（6-1）为 3507.15 万枚、（6-2）为 3553.15 万枚、（6-3）为 3527.15 万枚、（6-4）为 3603.15 万枚、（6-5）为 3605.15 万枚、（6-6）为 2409.15 万枚。辽宁省沈阳邮电印刷厂印制。

这套邮票采用胶版印制，其防伪能力比较差。造假者为牟利，利用真品翻拍制版进行伪造，在邮市上鱼目混珠，打折出售，被不明真相的集邮者购买，并用于通信。

那么，应该怎样鉴别这套邮票的真伪呢？

① **看版别** 真品采用胶版印制，伪品同样采用胶版印制，版别虽然相同，但真品的网纹细密，所印邮票图案精细、清晰；而伪品网纹粗疏，所印邮票图案粗糙、模糊不清，与真品有明显的不同（见图 123）。

② **看齿孔** 真品齿孔打得规范、圆润；伪品齿孔打得不规则、不圆润。

③ **用紫光灯鉴别** 真品在紫光灯照射下，白色纸面呈暗紫色；伪品则呈亮白色。

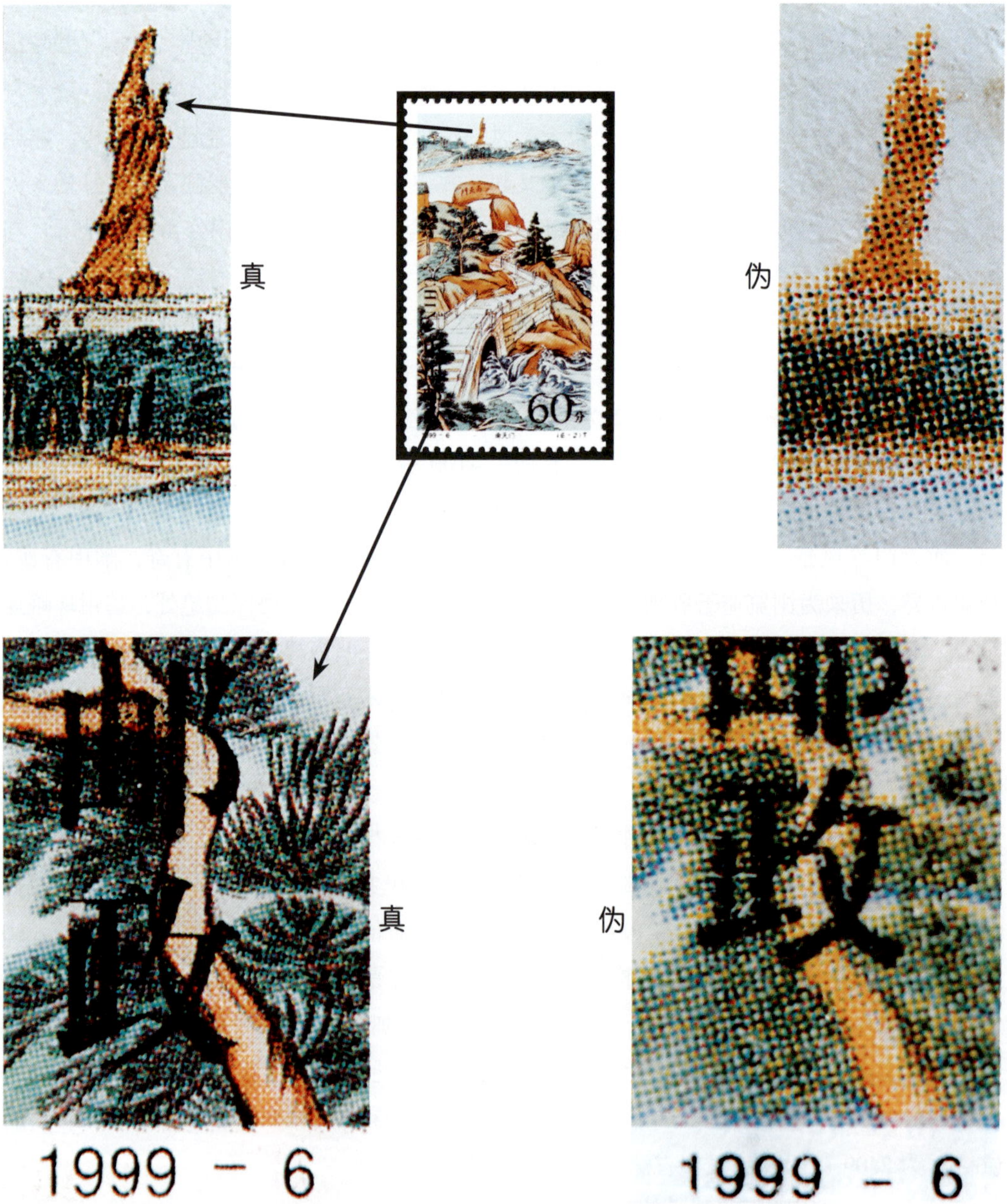

图123

1999–10 万国邮政联盟成立一百二十五周年（J）

1874年9月15日，在北德意志高级邮政官员亨利希·斯特凡的倡议下，瑞士政府邀请美、英、法、德、俄、瑞典、埃及和土耳其等22个国家的代表，在瑞士伯尔尼召开国际邮政大会，大会代表签署了第一个国际邮政条约——《伯尔尼条约》，宣告成立“邮政总联盟”。1878年5月，邮政总联盟在法国巴黎召开第二届大会，会上修改了《伯尔尼条约》，将其更名为《万国邮政公约》，并相应地将“邮政总联盟”更名为“万国邮政联盟”。1948年7月，万国邮政联盟成为联合国负责管理邮政业务的专门机构，总部设在瑞士伯尔尼。其宗旨是组织和改善国际邮政业务，促进邮政事业的国际合作，并进行各种邮政技术援助。万国邮政联盟大会（又称“万国邮政大会”）是万国邮联的最高权力机构，由各会员国的全权代表组成，一般每5年召开一届。万国邮联成立125周年之际，其会员国已由最初的22个发展到189个。

1999年9月7日，为了纪念万国邮政联盟成立125周年，中华人民共和国国家邮政局发行了一套纪念邮票，全套1枚。志号为1999–10。邮局全张枚数50（10×5）。邮票票幅规格30毫米×40毫米，面值80分，发行量3205.85万枚，图案为万国邮政联盟徽志。方军、文元设计。胶版。齿孔12度。辽宁省沈阳邮电印刷厂印制。

这套邮票发行量大，采用防伪能力不强的胶版印制。发行后，在邮市不景气的情况下，它与其他邮票一样，跌入打折票的行列。于是，造假者便利用高科技，伪造出能够乱真的伪品，在邮市上乘机打折出售，供通信使用，欺骗邮政。伪品采用胶版印制，与真品有相同的刷色，打有相同的齿孔度，喷印有荧光数码，采用邮票纸印制，足可以假乱真。因此，缺乏鉴定邮资票品经验的集邮者和邮资票品投资者，很容易上当受骗。

那么，应该怎样来鉴定1999–10万国邮政联盟成立一百二十五周年（J）邮票的真伪呢？

① 看胶版网纹夹角和粗细 伪品与真品采用相同的胶版印制，用高倍放大镜来观察票面上的刷色，常可以找到真假的区别。在高倍放大镜下，可以看出真品各种刷色的网纹夹角，红色为45°、黄色为0°等，网纹细密；伪品各种刷色的网纹夹角也与真品相同，红色为45°、黄色为0°等，但网纹粗细有着明显的不同，真品网纹细密，伪品网纹粗疏（见图124）。

② 看特殊部位 用高倍放大镜观察邮票上方“万国邮政联盟成立一百二十五周年”字样及背景刷色，真品与伪品有着明显的区别：真品文字笔画清晰、规整，背景网纹细密；伪品文字笔画较真品粗糙，不够清晰，背景网纹粗糙。

③ 用鉴伪仪鉴别 用鉴伪仪上的紫光灯照射，真票与伪品在紫光灯下，白色纸面所呈现的均是暗紫色，但真品白色纸面上无荧光纤维丝，而伪品则采用荧光纤维纸印制，白色纸面上呈现蓝色荧光纤维丝。

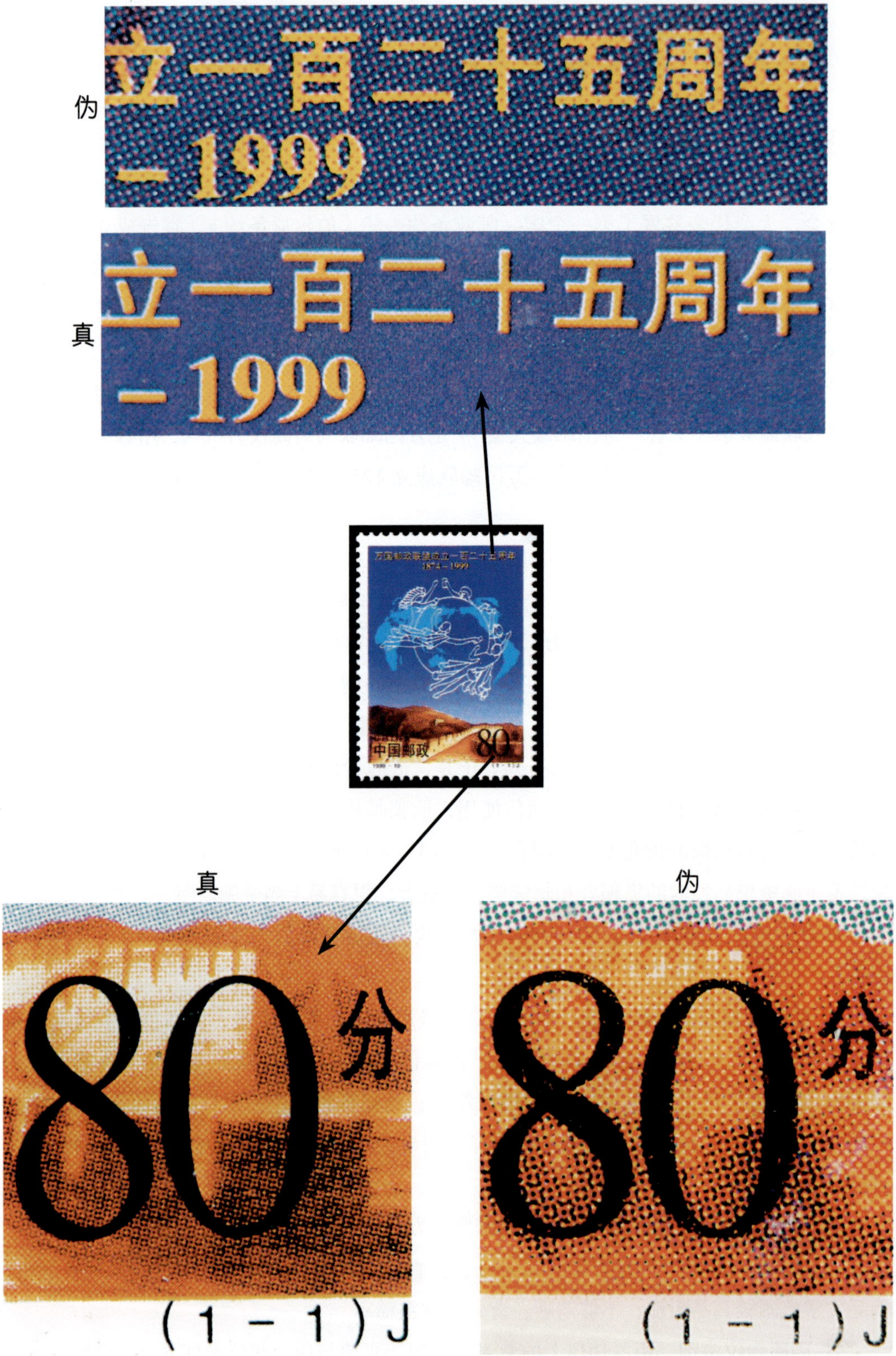
伪
立一百二十五周年
-1999
真
立一百二十五周年
-1999
万国邮政联盟成立一百二十五周年
1874-1999
中国邮政
80分
真
80分
(1-1)J
伪
80分
(1-1)J

图124

1999–11　中华人民共和国成立五十周年——民族大团结（J）

1999 年 10 月 1 日，为纪念中华人民共和国成立五十周年，中国邮政发行了《1999–11 中华人民共和国成立五十周年——民族大团结（J）》纪念邮票一套，全套共 56 枚。邮票图案为中国 56 个民族，面值均为 80 分。邮票规格 27 毫米 ×38 毫米。邮局全张为整套 56 枚邮票连印（8×7）。整张规格为 243 毫米 ×300 毫米。齿孔 13 度。周秀清、金向设计。影写版。发行量 2827.5 万套。北京邮票厂印制。

这套邮票发行量较大，在邮市低迷的时候，成为打折票中的一员。于是造假者便乘机伪造“1999–11（J）”赝品，在邮市上同真票一起打折出售。购买者因不辨真伪，从邮市上购买后，大量用于通信。伪品采用电脑制版，胶版印制，刷色比较逼真，用于通信时，邮局普通工作人员也难辨其真伪。

那么，应该怎样来鉴别“1999–11（J）”的真伪呢？

① **看版别**　真品采用影写版印制，网纹采用电子雕刻，各种刷色网点大小相同，均呈 45° 网纹夹角，中空；伪品采用胶版印制，为仿造得逼真，胶版各色网点尽量做得大小相同、形同影写版，文字采用网纹版、并套印，以便呈现出近似影写版的特征，但各种刷色的网纹夹角并不相同，红色网纹夹角呈 75°，黑色网纹夹角呈 45°，蓝色呈 15°。色彩混杂，不如影写版刷色纯正（见图 125）。

② **量齿孔**　真品齿孔为 13 度；伪品齿孔则为 12 度。

③ **看纸质**　真品采用邮票纸印制，纸面光洁，纸质挺括；伪品采用书写纸印制，纸面显粗糙，较白。

④ **量票幅**　真品票幅为 27 毫米 ×38 毫米；伪品中有的票规格为 26 毫米 ×38 毫米。这可能是打孔不规范造成的。

⑤ **用紫光灯照射鉴别**　真品在紫光灯照射下呈暗紫色；伪品则呈亮白色。

⑥ **看特殊部位**　看邮票上的文字，真品均采用黑色专版印制，黑色单纯，影写版特征明显；伪品邮票上的文字为仿得近似影写版，主色调采用黑色网纹版，再套印其他颜色，刷色不单纯。

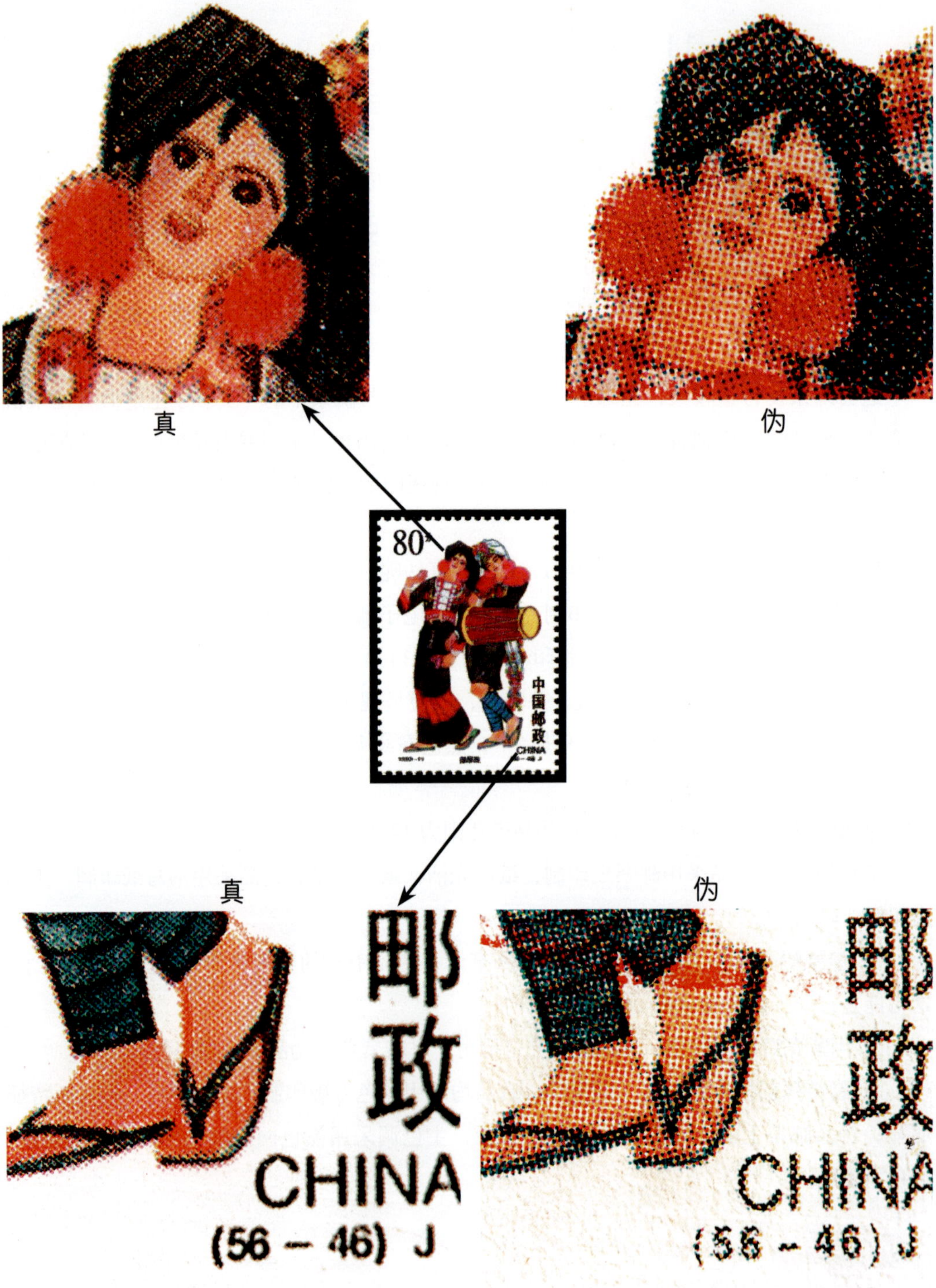

图125

1999–12 国际老年人年（J）

1992年，第47届联合国大会举行老龄问题特别大会，通过了《1992年至2001年解决人口老龄化问题的全球目标》和《世界老龄问题宣言》，确定1999年为国际老年人年。1997年9月8日，第52届联合国大会通过的《1999年国际老年人年的行动框架》，确定国际老年人年于1998年10月1日国际老年人节开始。联合国确定的国际老年的主题是"建立不分年龄人人共享的社会"。中国是联合国常任理事国，几乎全部参与提出了国际社会有关老龄问题的重要决议和文件。中国是世界老年人口大国。1999年，中国60岁以上老年人口已达到1.2亿，占总人口的9.7%，并以年均3.2%的速度增长，进入人口老龄化国家。我国党和政府非常重视老年人问题，确定了面向21世纪解决老龄问题的基本思路，即从中国国情出发，按照可持续发展的战略方针，从思想理论、政策法规、物质环境等方面做好迎接人口老龄化的各项准备工作，努力营造一个适应人口健康老龄化社会的条件和环境。

1999年9月9日，为了宣传国际老年人年的意义，中华人民共和国国家邮政局发行了一套纪念邮票，全套1枚。志号1999–12。郭振山设计。胶版。齿孔12度。辽宁省沈阳邮电印刷厂印制。邮局全张枚数50（10×5）。邮票票幅规格30毫米×40毫米，面值80分，发行量3210.85万枚。邮票图案为"国际老年人年徽志"。徽志于1999年2月第35届联合国经济及社会理事会社会发展委员会会议提请联合国秘书处新闻部制订。徽志图案以在同一圆心但大小不一的几组圆弧组成，形似燃烧的火焰，寓意活力、多样化、互相依赖、运动和进步。"活力"指老年人因健康的生活方式而不断增强的智力与情操；"多样化"指各国老年人在一生中积累的丰富经验。图案中类似花瓣的几组弧线，表现了老年人与年轻人之间既互相依赖，又相互关心的积极的代际关系。

这套邮票发行量大，在邮市低潮，打折成风时，为欺骗邮政，不法分子利用高科技，采用与真品完全相同的版别，伪造出能够乱真的伪品，乘机打折在市场上倾销，使不辨真伪的人购买后，大量用于通信，使国家邮政造成损失。邮资票品采用胶版印制，防伪能力极差，不法分子利用现代高科技，可以轻而易举地伪造出能够乱真的伪品，使缺乏辨别真伪经验的集邮者和邮资票品投资者上当受骗。

那么，应该怎样来鉴别1999–12国际老年人年（J）邮票的真伪呢?

① **看网纹夹角与粗细** 伪品与真品采用相同的版别——胶版印制，用高倍放大镜观察邮票图案下方铭记"中国邮政 CHINA"周围的土黄刷色，真品网纹细密，网纹夹角呈75°；伪品网纹粗疏，网纹夹角呈0°（见图126）。

② **看"国际老年人年"、"1999"字样** 用高倍放大镜观察邮票图案上部"国际老年人年"、"1999"字样，真品"国际老年人年"文字网纹较细，网纹夹角呈75°；"1999"文字呈网纹状。伪品"国际老年人年"文字网纹较粗，网纹夹角呈15°；"1999"文字呈实印状，无网纹。

③ **用鉴伪仪鉴别** 在鉴伪仪上的紫光灯照射下，真品邮票上的黄刷色呈现荧光，白色纸面呈暗紫色；伪品白色纸面呈浅淡紫色。

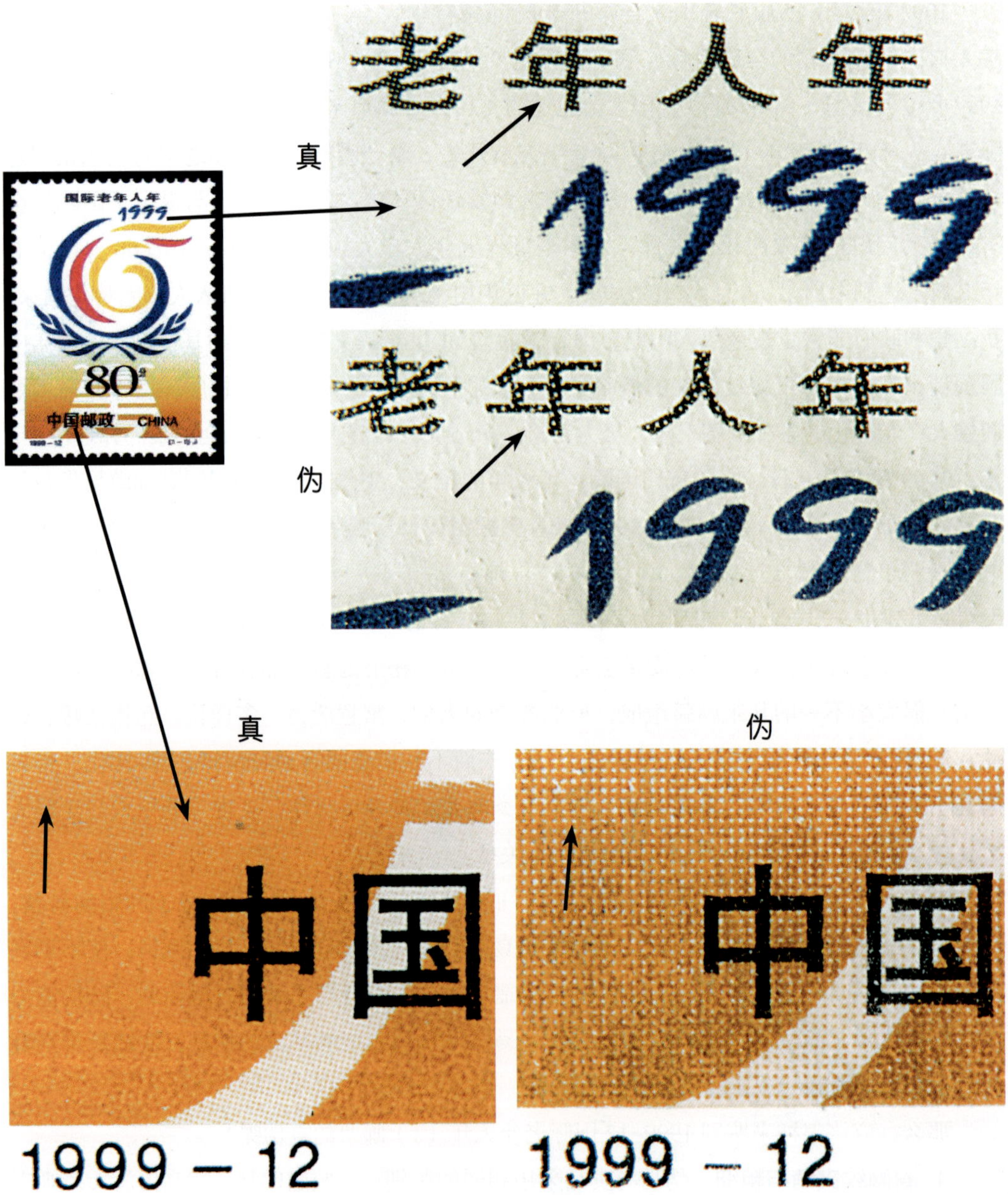

图126

1999-15 希望工程实施十周年（J）

中华人民共和国成立后，特别是改革开放以来，教育事业取得了显著发展。但是，中国是一个发展中国家，人口多，底子薄，加上自然、历史等多种条件的差异，区域之间的发展很不平衡。在贫困地区，基础教育落后，教育经费短缺，许多小学适龄儿童因家庭贫困而失学。1989 年 3 月，经中共中央同意，中国人民银行、民政部等有关部门批准，共青团中央、全国青联、全国少工委联合发起创办中国青少年发展基金会。同年 10 月，为动员社会力量协助政府改变贫困地区落后的教育状况，中国青少年发展基金会开始实施希望工程。希望工程的宗旨是：根据中国政府关于多渠道筹集教育经费的方针，广泛动员海内外财力物力资源，建立希望工程基金，资助中国贫困地区因家庭贫困而失学的儿童继续学业，改变贫困地区的办学条件，促进贫困地区基础教育事业的发展。希望工程的实施，赢得了海内外各界人士的广泛理解和积极参与。希望工程是 20 世纪 90 年代中国最具规模和影响的社会公益事业，弘扬的是中华民族患难与共、奋发向上的传统精神。

1999 年 10 月 30 日，正值希望工程十周年，中华人民共和国国家邮政局发行一套《希望工程实施十周年》纪念邮票，全套 1 枚。志号为 1999-15（J）。邮局全张枚数 40（8×5）。邮票票幅规格 30 毫米 ×40 毫米，面值 80 分，发行量 3123.1 万枚，图案为“希望工程实施十周年”。卢天骄设计。影写版。齿孔 11.5 度。北京邮票厂印制。

这套邮票发行量大，在邮市低潮时，成为打折的“垃圾票”之一。这便使造假者有机可乘。不法分子利用电脑高科技，伪造出大量 1999-15《希望工程实施十周年》（J）赝品，运往东北、华北、华东、华南等地，在市场上打折出售，供不辨真伪的购买者用于通信，使国家邮政遭受损失。这种伪品，利用高科技制版，胶版印制，所用纸张、所打邮票齿孔，均与真品一样，刷色也同真品十分相似。因此，具有极大的欺骗性。缺乏鉴定邮资票品经验的用邮者和集邮者，极易上当受骗。

那么，应该怎样来鉴别 1999-15《希望工程实施十周年》（J）邮票的真伪呢？

① **看版别和网纹特征** 1999-15（J）真品采用影写版印制，网点呈现菱形空心状，文字边缘呈锯齿状，各种刷色网纹夹角均呈 45°；伪品采用胶版印制，网点呈圆形实心状，各种刷色网纹夹角各不相同，红色呈 45°、绿色呈 75°、黑色呈 15°，文字采用网纹版印制（见图 127）。

② **看志号** 1999-15（J）真品志号文字边缘呈锯齿状，网点呈圆形空心状；伪品呈网状实印，边缘齐整，网空部分呈反阴白。

③ **看面值 80 分** 1999-15（J）真品面值“80 分”采用影写版黑色专版印制，文字边缘呈锯齿状；伪品采用胶版黑色网纹专版印制，文字边缘较齐整，笔画上呈反阴网纹状。

希望工程
PROJECT HOPE
希望工程实施十周年
CHINA
中国邮政
80分
1999-15

真

80分

希望工程
CHIN
中国
1999-15

真

伪

伪

希望工程
CHIN
中国
1999-15

80分

图127

1999-18 澳门回归祖国（J）

澳门位于珠江三角洲最南端，珠江口西侧，毗邻珠海市，距香港仅40海里。现在所指的澳门地区包括澳门半岛、凼仔岛和路环岛，总面积约16.92平方千米，其中澳门半岛6.05平方千米，凼仔岛3.78平方千米，路环岛7.09平方千米。自古以来，澳门就是中国的神圣领土，原属于广东省香山县（今珠海市）管辖。明代澳门称为“濠镜”，后又别称“濠江”、“海江”、“镜湖”等。明嘉靖三十二年（公元1553年），葡萄牙人以晾晒被水浸湿的货物为借口，贿赂地方官吏，取得停靠澳门码头并登上澳门陆路地借居和进行贸易之便。1557年，葡萄牙人进入澳门，并将借地为租地，开始长期在此居留。1840年鸦片战争后，葡萄牙人乘清政府战败之机，相继侵占了澳门南面的凼仔岛和路环岛。1887年，葡萄牙政府迫使清政府先后签订了《中葡会议草约》和《中葡北京条约》，规定“葡国永驻管理澳门以及属澳之地与葡国治理它处无异”。此后，葡竟把澳门划为葡国领土。澳门是华洋贸易最早的港埠，是东西文化从海道上最初接触的地方。因地理环境和历史背景特殊，澳门开埠400多年以来，几经沧桑。它曾是天主教最早的远东传教中心，后来蜕变为东方“蒙地卡洛”赌城，到20世纪60年代又成为一个大型国际城市。1976年葡萄牙宪法规定澳门是葡萄牙管辖下的特殊地区。1979年，中葡两国正式建立外交关系，双方达成的协议指出：澳门是中国领土，目前由葡萄牙政府管理，归还的时间和细节将在适当的时候由两国政府谈判解决。1982年葡萄牙修改宪法，规定澳门为葡萄牙治理下的中国领土。1987年4月13日，中葡两国政府关于澳门问题的《联合声明》在北京签署。《联合声明》规定，中华人民共和国政府将于1999年12月20日起对澳门恢复行使主权。

1999年12月20日，为了庆祝澳门回归祖国，中华人民共和国国家邮政局发行了一套《澳门回归祖国（J）》纪念邮票，志号1999-18。全套2枚。面值分别为80分、150分。杨文清、张桂林设计。影写版。齿孔11.5度。邮票规格50毫米 ×30毫米。邮局全张枚数32（4×8）。发行量（2-1）为3412.86万枚、（2-2）为2580.86万枚。北京邮票厂印制。

这套邮票题材重大，发行之后，受到集邮者的喜爱。全套邮票采用影写版印制，有较好的防伪能力。在庆祝中华人民共和国成立60周年和澳门回归祖国十周年之际，造假者利用高科技制版，选用防伪荧光纤维纸，利用胶版伪造出足以乱真的伪品，作为“产品票”，装进礼品册和邮票年册内，欺骗集邮者和邮资票品的投资者。由于伪品印制较精美，可以乱真，如不细心鉴别，购买者极易上当受骗。

那么，应该怎样来鉴别这套邮票的真伪呢?

① **看版别** 真品采用影写版印制，网纹均呈45°夹角，网点呈中空状，文字边缘呈锯齿状；伪品采用胶版印制，网点粗糙呈实心状，文字采用胶版实印，边缘较整齐（见图128）。

② **看特殊部位** 真品上的票题“澳门回归祖国”采用金墨专版印制，金光灿烂；伪品上的票题则采用套色印制，无金墨灿烂的光泽，与真品有明显的差别。

③ **用紫光灯鉴别** 真品在紫光灯照射下，白纸呈暗紫色；伪品在紫光灯照射下，白纸也呈暗紫色，与此同时，在白纸面上还呈现出明亮的红色荧光纤维条，很显然，伪品采用的是防伪荧光纤维纸。这极具有欺骗性，对真品缺乏研究的人，很有可能将其误当真品。

图128

2000–1 庚辰年（T）

公历2000年也是中国农历庚辰年，辰龙，也称龙年，凡是在农历这一年出生的人都属龙。

2000年1月5日，为了庆祝中华民族传统的春节，中华人民共和国国家邮政局发行一套《庚辰年（T）》特种邮票，志号2000–1。全套2枚。黄里、郭承辉设计。影雕版。李庆发、姜伟杰雕刻。齿孔11.5度。背面刷胶。邮局全张枚数32（8×4）。北京邮票厂印制。

这套邮票是中华人民共和国国家邮政局发行的第二轮十二生肖系列邮票的第九套，全套2枚。（2–1）“祥龙腾飞”：面值80分，票幅规格26毫米×31毫米，发行量9527.52万枚，图案展现了一条龙的形象，原型取自陕西省西安汉城遗址出土的汉代青龙瓦当上刻绘的龙。（2–2）“旭日东升”：面值2.80元，票幅规格26毫米×31毫米，发行量7380.32万枚，图案采用了我国清代著名书法家的墨宝“龙”字。

这套邮票是第二轮生肖邮票的第九套，与前面已发行了的八套邮票相比，发行量相对比较少，再加上世纪之交时用于制作各种邮品，消耗量比较大，因此，2000–1庚辰年（T）邮票存世量相对比较少。2011年邮市回暖后，生肖邮票成了邮市上的热门品种，在全部第二轮生肖邮票中，庚辰年邮票一跃成了领涨的领头羊。在其带动下，全部第二轮生肖邮票24版版票，邮市上售价高达万元。造假者为牟取暴利，便乘机利用高科技制版。采用现今常用的防伪纸张，原大、原色，用胶版印制出可乱真的全部第二轮生肖邮票版票，在邮市和互联网上鱼目混珠，高价出售，使不明真相的集邮者和邮资票品投资者上当受骗。他们购到这种全部第二轮生肖邮票24版版票后，经笔者鉴定，均为赝品。笔者是怎样来鉴定的呢？

① **看版别** 用高倍放大镜观察2000–1庚辰年（T）邮票，真品采用影雕套印，影写版印制的各种刷色，网点呈中空状，网纹夹角均呈45°，雕刻版印制的线条清晰，凸出纸面；伪品采用胶版印制，各种刷色网纹夹角不相同，网点呈实心状，在版别上与真品存有明显不同（见图129）；版别不同，必假无疑。

② **量齿孔** 真品2000–1庚辰年邮票，齿孔为11.5度，伪品则为12.5度。

③ **用紫光灯鉴别** 在紫光灯照射下，真品2000–1庚辰年邮票白纸面不呈荧光反应；伪品则呈现四色彩点荧光反应。这是造假者为了迷惑集邮者和邮资票品投资者，故意选用现今常用的防伪纸张。他们自作聪明，其实是利令智昏！

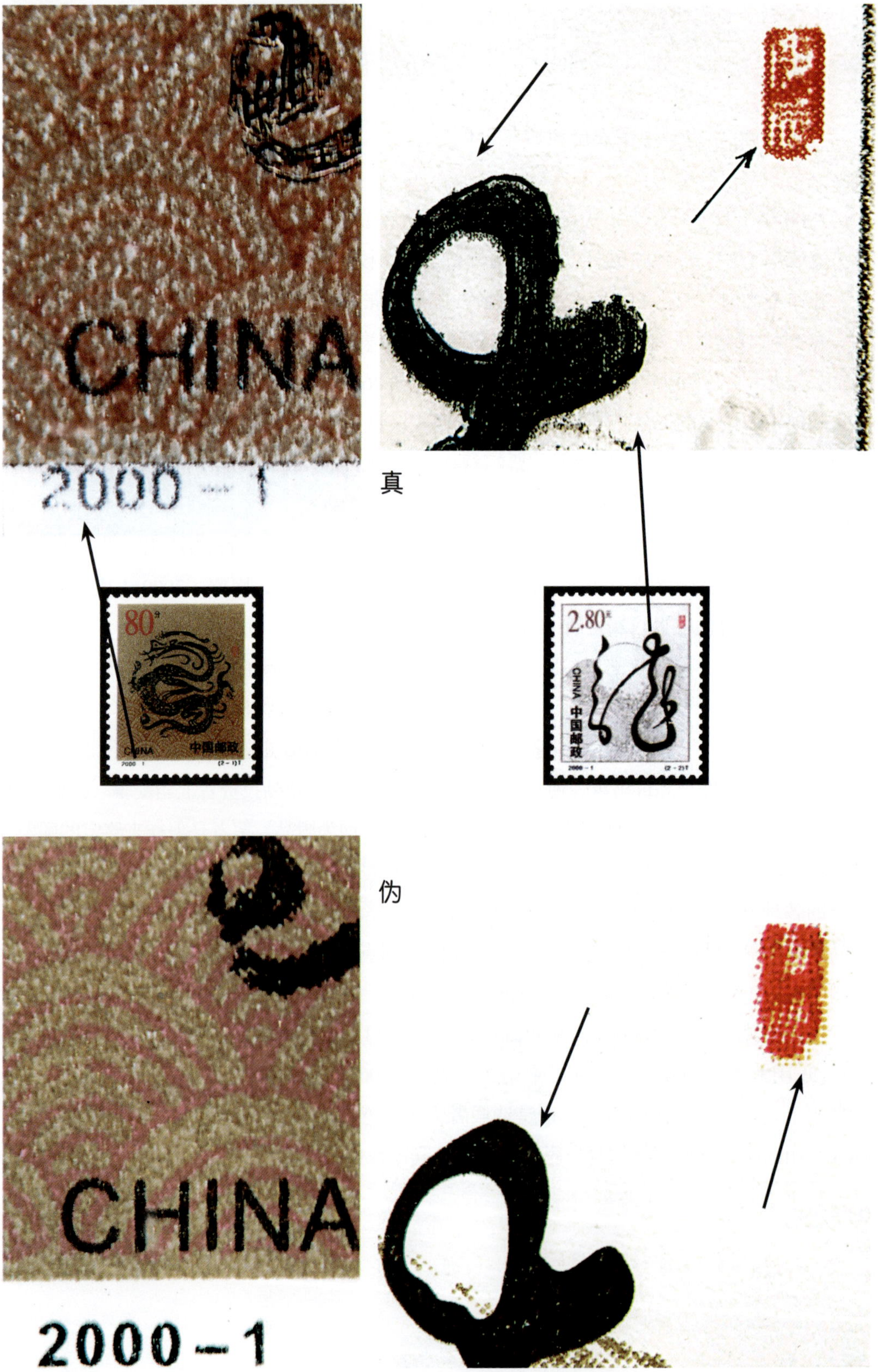

图129

2000-2 春节（T）

2000年1月29日，为了欢庆一年一度的中华民族的传统节日——春节，中华人民共和国国家邮政局发行特种邮票《春节》一套，志号2000-2。全套共3枚。同时发行小型张一枚。邮票规格均为30毫米 ×40毫米。面值分别为（3-1）迎新春80分、（3-2）辞旧岁80分、（3-3）闹社火2.80元。齿孔均为11.5度。郝旭东设计。影写版。发行量（3-1）为3422.8万枚、（3-2）为2970.8万枚、（3-3）为2120.8万枚，同时发行小版张50万版，每版9（3×3）枚。北京邮票厂印制。

这套邮票发行量比较多，但由于题材比较好。发行后邮市上便出现了炒作。尤其是对小版张的炒作，导致人们误以为邮市又“回春”了。殊不知，人为的恶意炒作，给邮市带来的是更大的危害。最大的危害是造假者乘机而入，以假充真，最终造成邮资票品打折倾销，这是伪品乱真后所产生的必然结果。《春节》特种邮票伪品出现之后，这套邮票的真品也跌入打折行列。由于伪品利用高科技，制作得逼真，缺乏鉴定经验的人，难辨其真伪，因此，伪品被大量用于通信。

那么，应该怎样来鉴别2000-2（T）的真伪呢?

① **看版别** 真品采用影写版印制，各色网点均呈45°夹角，网点大小相同，呈中空状，文字边缘呈锯齿状：伪品采用胶版印制，造假者为仿造得逼真，除齿孔和刷色与真品一样外，更重要的是在制版时，将胶版的网点伪造成大小尽量相同，有的网点夹角也呈45°，邮票的面值和其他文字，也均采用黑色专版印制，大面积的刷色，采用网纹版，用以造成似影写版的假相。这些只能欺骗对版别不熟悉的集邮者、邮资票品投资者和邮政工作人员。只要用高倍放大镜认真辨别，就能看出它与真品存在的明显不同（见图130）。

② **看志号和底色** 真品2000-2（T）志号采用黑色专版印制，文字边缘呈锯齿状；邮票底色单纯，呈影写版所固有的水波纹。伪品志号也采用黑色专版印制，文字边缘整齐；邮票底色不单纯，为双色套印，有网点。

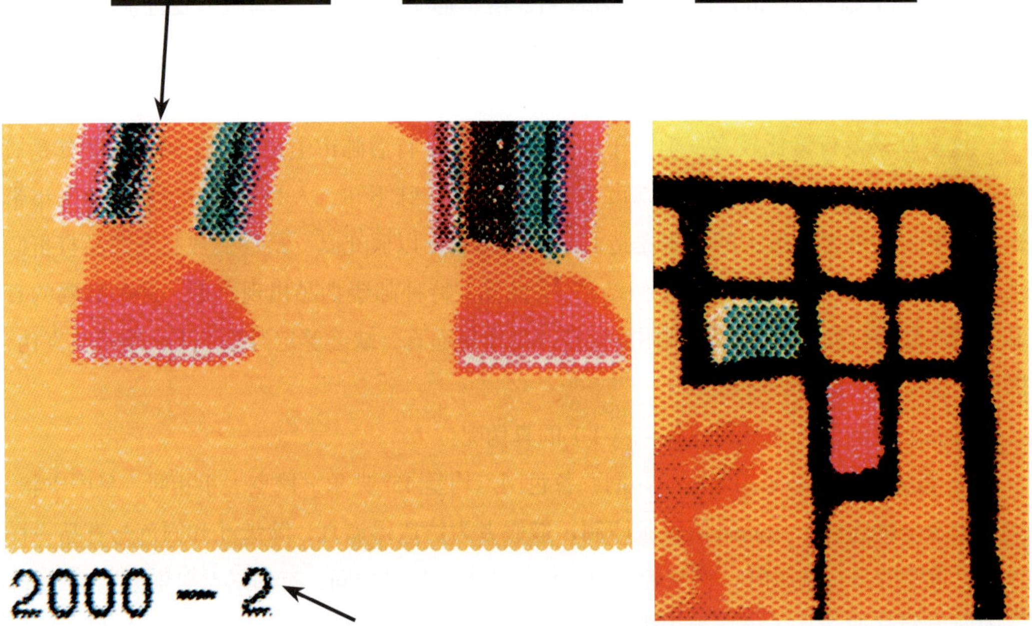

真

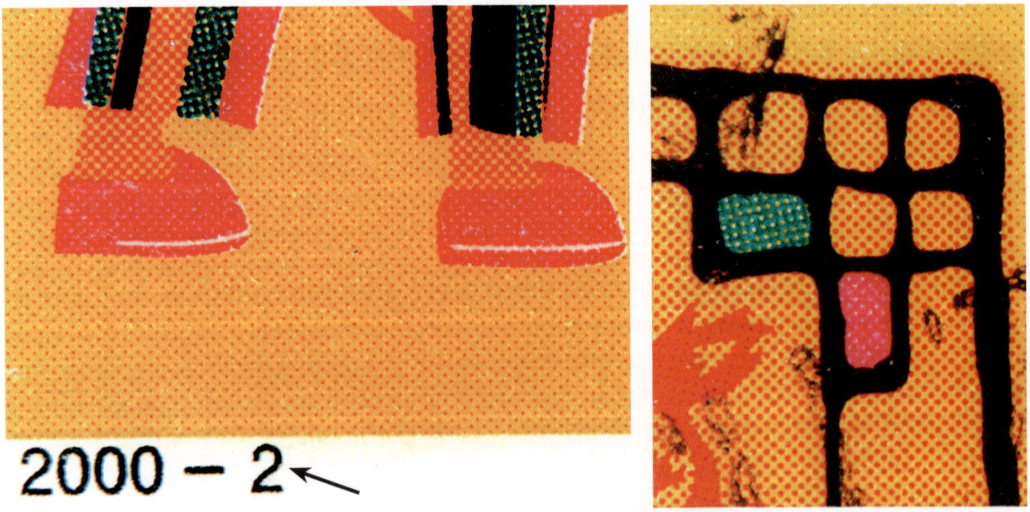

伪

图130

2000-2M 春节（小型张）（T）

春节为中国农历正月初一，是中华民族一个重要的传统民俗节日，也指正月初一以后的几天。春节不仅凝聚了中华民族传统民俗的浓浓情感，也渗透和积淀了中华民族的深厚文化和精神。

2000 年 1 月 29 日，为了欢度中华民族的传统节日，中华人民共和国国家邮政局发行了一套《春节》特种邮票，同日发行了 1 枚小型张。小型张志号为 2000-2M。小型张尺寸规格 122 毫米 ×84 毫米，邮票票幅规格 90 毫米 ×60 毫米。齿孔 11.5 度。小型张面值 8 元，发行量 2145.60 万枚，图案为“合家欢”。这是我国首次发行中国传统节日邮票，小型张印制时采用了荧光加密防伪措施。郝旭东设计。影写版。北京邮票厂印制。

这枚小型张发行以后，当时在邮市十分低迷的情况下，市场价仍高于面值。2001 年春节以后，邮市开始回暖时，有些不法分子为牟利，伪造 2000-2M《春节》小型张投放市场，首先在武汉市邮市被识破。伪品《春节》小型张用铜版纸采用胶版印制，未刷背胶，打有齿孔，齿孔度为 11.5 度 ×11 度（与真品中的一种实测齿孔度一样）。伪品《春节》小型张尺寸规格为 122.5 毫米 ×84.5 毫米，邮票规格为 89 毫米 ×60 毫米。伪品《春节》小型张的图案和文字刷色较真品浅淡，除人物脸部、手部铺有网纹之外，其他部位刷色均为实印，无网纹；印刷清晰，较逼真。最大的漏洞是在邮票图案右下角，伪品漏印了志号中的“T”字。依此可快速辨别 2000-2M《春节》小型张的真伪。但是应警惕伪造者再补上这一漏洞。因此，下述鉴定方法是必不可少的。

① **看版别** 《春节》小型张真品采用影写版印制，色彩纯正亮丽、厚实，有层次，影写版特征突出；伪品采用胶版印制，色彩淡薄，缺乏层次，从邮票图案中戴虎头帽的幼童头部可以清楚地看出真品与伪品的区别（见图 131）。

② **看铭记** 《春节》小型张真品铭记“中国邮政 CHINA”用影写版专版印制，网纹清晰；伪品采用胶版实印，无网纹。

③ **量齿孔度** 《春节》小型张真品齿孔度新邮预报为 11 度，笔者实测其齿孔度发现，除有一种 11 度之外，还有一种 11.5 度 ×11 度；伪品齿孔度为 11.5 度 ×11 度。

④ **用紫光灯鉴定** 真品《春节》小型张采用防伪荧光油墨印制，在紫光灯照射下，邮票图案呈现亮丽的荧光；伪品则也呈现荧光，但没有真品强烈。用紫光灯照射小型张的背面，真品呈现暗紫色；伪品则呈现亮白色。

图131

2000-8 大理风光（T）

大理县位于云南省大理白族自治州中部，洱海沿岸。大理风光秀丽，气候宜人，年平均温度15.3℃。大理是国务院首批公布的全国24个历史文化名城之一和中国优秀旅游城市之一。以苍山洱海为中心的大理风景名胜区，是国务院首批公布的全国44处国家级风景名胜区和全国26个国家级自然保护区之一。它坐落在大理白族自治州境内，含苍山、洱海以及周边的佛教圣地鸡足山，著名的剑川石宝山石窟群、道教圣地魏宝山、洱源茈碧湘景区等。大理这片神奇美丽的土地，以它巍峨雄伟的苍山、碧波荡漾的洱海和星罗棋布的风景名胜，以及浓郁淳朴的民族风情，吸引着众多的国内外游客，争相感悟大理钟毓的灵山秀水。

2000年4月19日，为了展现中华山川的壮美风采，中华人民共和国国家邮政局发行了一套《大理风光》特种邮票，志号2000-8。全套4枚。（4-1）“苍山洱海”，80分，发行量3148万枚；（4-2）“崇圣寺三塔”，80分，发行量3148万枚；（4-3）“鸡足山”，80分，发行量3148万枚；（4-4）“石宝山”,2.80元，发行量1848万枚。许彦博设计。影写版。齿孔12度。邮局全张枚数40（4×10）。北京邮票厂印制。

这套邮票发行之后，市场上依然处于新邮打折的情况，全套中低面值发行量大，高达3148万枚，而（4-4）是高值票，发行量小，仅1848万枚。打折出售后，成套票高面值稀缺，于是造假者便利用高科技，伪造出可乱真的（4-4）面值2.80元的高值票，在邮市和互联网上打折出售，并大量用于通信。伪品采用与真品相似的纸，胶版彩印，与真品刷色相同；打有与真品相同的齿孔度。集邮者在购买时，如不认真鉴定，极易上当受骗。

那么，应该怎样来鉴别2000-8（4-4）“石宝山”高值票的真伪呢？

① **看版别** 真品采用影写版印制，其印刷网点大小相同，中间呈中空状或中间变浅、露白；各种刷色网纹夹角均呈45°；文字边缘均呈锯齿状。伪品采用胶版印制，其网点大小不同，呈实印状；各种刷色网纹夹角均不相同，蓝色网纹夹角呈15°，红色网纹夹角呈75°等；文字呈实印，笔画边缘整齐（见图132）。

② **看石宝山邮票中心图案** 真品图案上的大殿刷色纯正，图案清晰；伪品图案上的大殿刷色混杂，图案不清晰，层次不够分明。

图132

2000–15 小鲤鱼跳龙门（T）

鲤鱼体延长，稍侧扁，青黄色，尾鳍下叶红色。口下位，须两对。背鳍、臀鳍均有硬刺，最后一刺的后缘呈锯齿状。栖息底层，杂食性。我国养殖鲤鱼已有2400多年历史，除西部高原外，各地淡水中都有生产。鲤鱼生长迅速，生存力强，能耐高温和污水，是一种重要的养殖鱼。早在古代，中国就有鲤鱼跃入龙门化为龙的传说。现代儿童文学作家金近根据美丽的传说，创作了童话《小鲤鱼跳龙门》。该童话以动人的故事情节，塑造了一群勇敢的小鲤鱼形象。他们听鲤鱼奶奶讲了这个传说后，一心寻找龙门，不畏惊涛骇浪，经过顽强拼搏，终于跃入理想的家园，赞美了一种积极向上、努力进取、不断超越自己的精神。2008年8月8日，根据金近童话《小鲤鱼跳龙门》的情节，中华人民共和国国家邮政局发行了一套特种邮票，全套5枚（横5枚连印）。志号为2000–15（T）。齿孔度12度×12.5度。邮票票幅规格30毫米×40毫米。整张枚数25枚，每枚面值均为80分。发行量每枚均为1875.20万枚。邮票图案（5–1）T“鲤鱼奶奶讲故事”，（5–2）T“小鲤鱼找龙门”，（5–3）T“螃蟹大叔的帮助”，（5–4）T“小鲤鱼跳龙门”，（5–5）T“燕子大婶捎信”。宫林、栾伟莉设计。影写版。北京邮票厂印制。

邮市上出现的《小鲤鱼跳龙门》假票，采用高科技制版，伪造得很内行，足可乱真。伪品版票的版式同真品一样；齿孔也与真品相同；纸质也同真品一样，为蓝色荧光纤维纸。在整版票左上角1号票位左侧，裁剪去一条白纸边，以佯装将上面喷有的黑色喷码版号剪去了；在版票上的第12号票位上的邮票，也被裁去，以佯装这枚票上喷印有无色荧光版号。所有这些，为了以假充真，造成这是邮票公司在邮市上打折出售的版票，为了逃避稽查，因此才在版票上“剪角”，“开天窗”，以便欺骗集邮者和购票者信以为真。再加上伪品刷色逼真，版票上的厂铭、色标、十字线等，均与真品一样，集邮者和购票者仅用肉眼直观，很难鉴别其真伪（见图133）

不过，假的就是假的，假的制作得再逼真，也不可能同真品完全一模一样。这是集邮者在辨假识真时应有的基本信念。《小鲤鱼跳龙门》特种邮票，其真品采用防伪能力较强的影写版印制，而伪品则采用胶版印制，两者最主要的区别是版别不同。尽管造假者利用高科技制版时采取了一些特殊措施，如用黑色专版印制邮票上的铭记、面值，几乎达到真假难辨的效果，但在其他刷色上却很难达到可乱真的效果（见图134）。因此，集邮者要辨其真伪，并非十分困难。

① **看版别** 用高倍放大镜（30倍以上）观看，真品《小鲤鱼跳龙门》邮票采用影写版印制，其印刷网点大小相同，呈中空状，各种刷色均呈45°网纹夹角，浓重刷色处呈现水波纹；伪品采用胶版印制，网点呈实心状，或者单色铺网呈网线状，网孔虽看似很像影写版的中空网点，但其不是呈单个状，而是呈网状，两者有着本质的区别（见图135）。

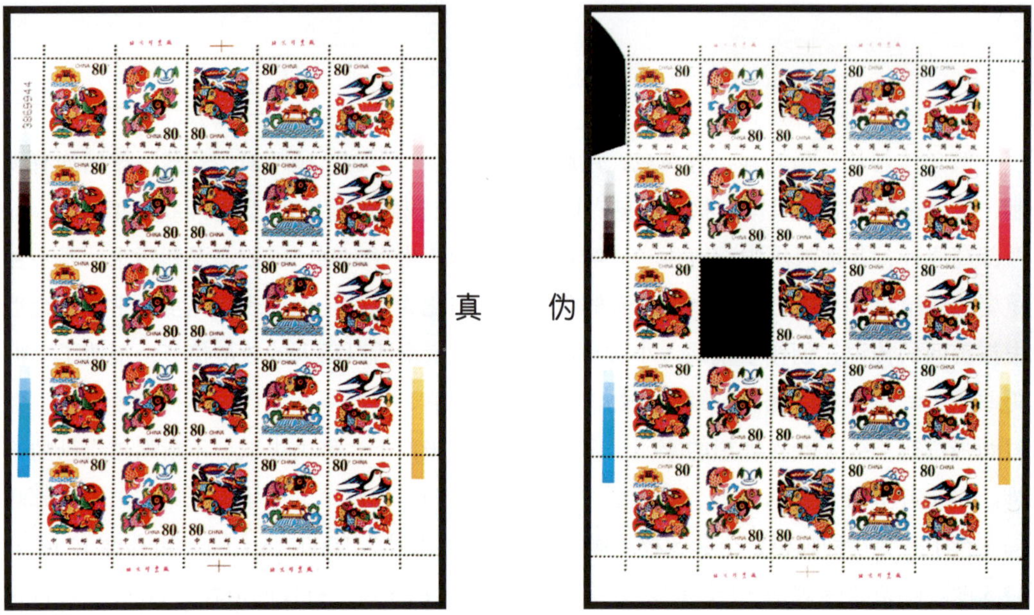

图133

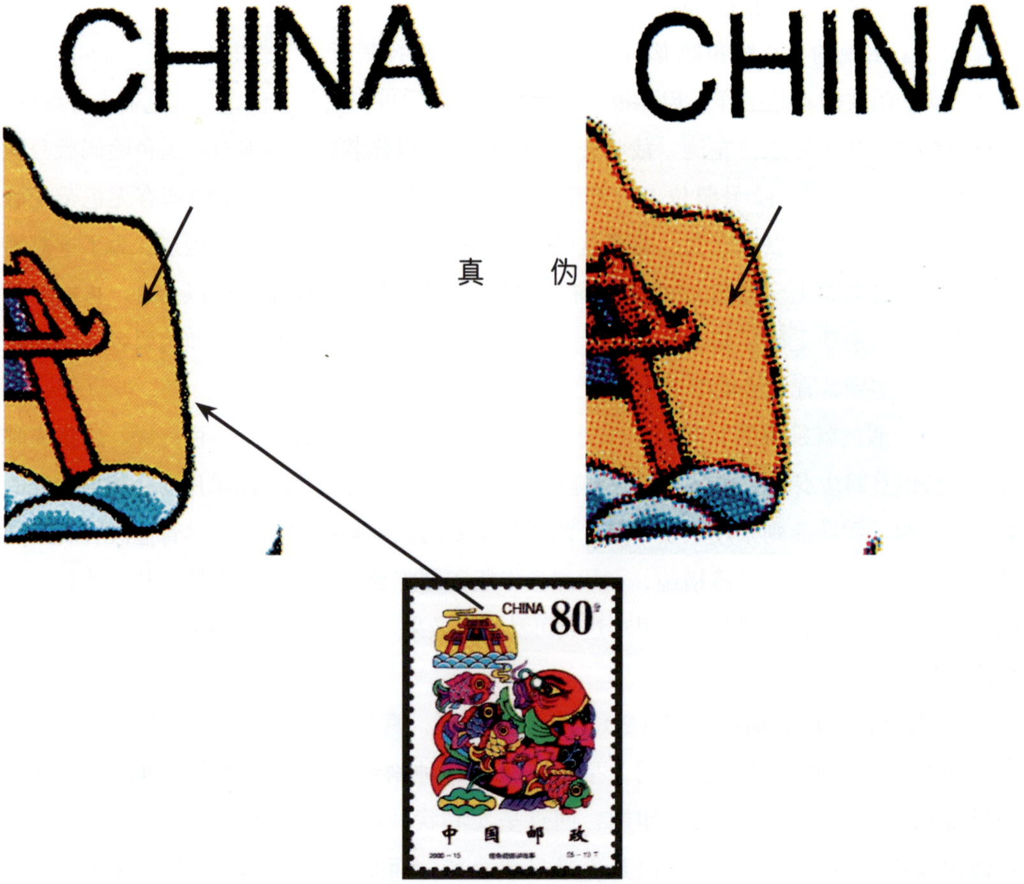

图134

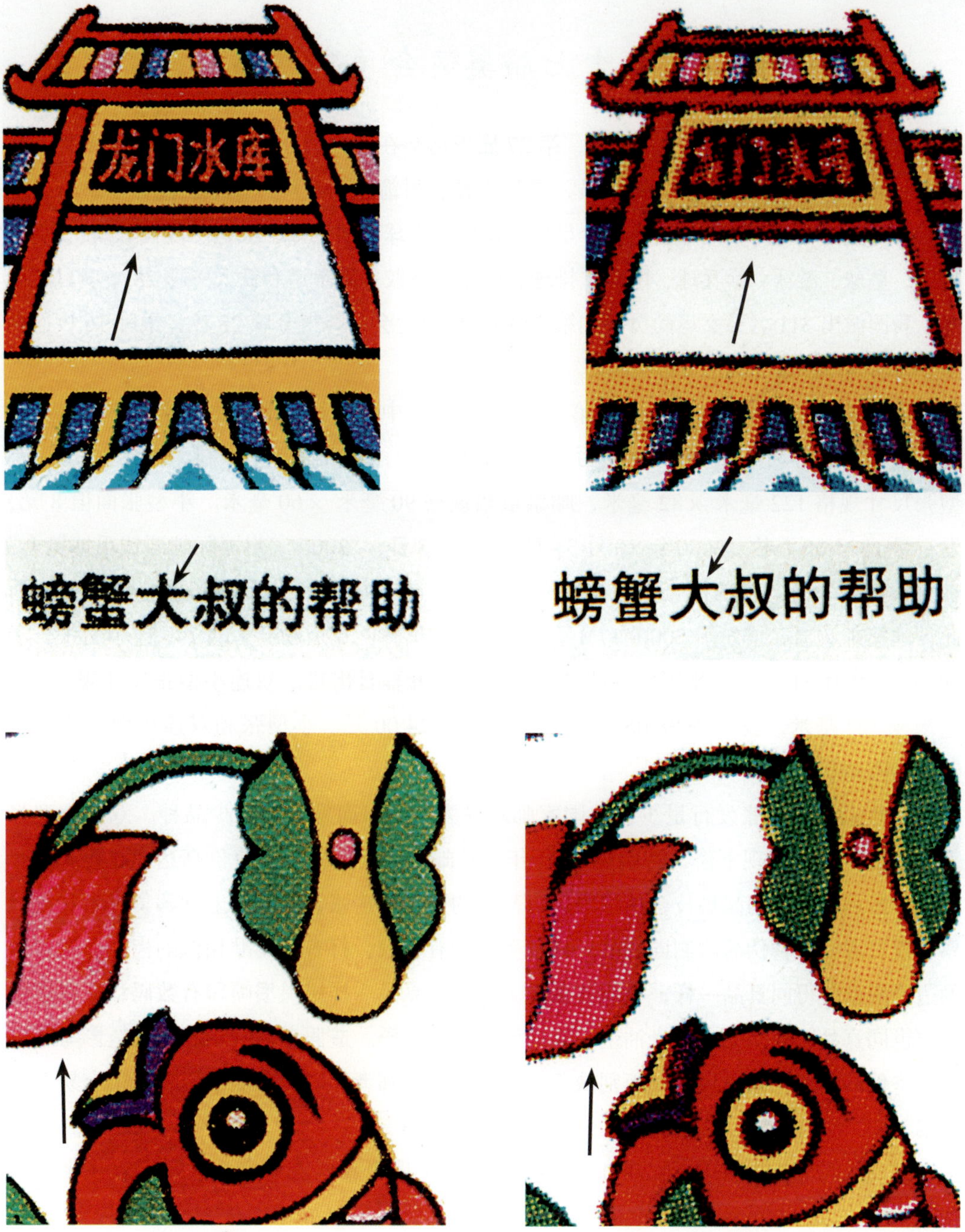

真 伪

图135

② **看志号和每枚票的名称** 真品的志号和票名的文字边缘呈锯齿状，网点呈圆形中空状；伪品采用胶版实印，文字边缘整齐。

③ **看（5-4）上的“龙门水库”字样** 真品《小鲤鱼跳龙门》（5-4）邮票上的牌楼上“龙门水库”字样，字迹清晰，笔画规范；伪品上的“龙门水库”字样则模糊不清。

2000-17M 第二十七届奥运会（双连小型张）（J）

2000年9月15日～10月1日，第27届奥运会在澳大利亚第一大城市悉尼举行。有199个国家和地区的1万多名运动员，参加田径、射箭、羽毛球、棒球、篮球、拳击、皮筏艇、赛艇、自行车、马术、击剑、足球、体操、手球、曲棍球、柔道、现代五项、帆船、射击、垒球、游泳、乒乓球、网球、排球、举重、摔跤、跆拳道和铁人三项28个项目的比赛。我国派出311名男女运动员参加第27届悉尼奥运会，夺得金牌28枚，银牌16枚，铜牌15枚。

2000年9月15日，为了纪念第27届奥运会，中华人民共和国国家邮政局发行了1枚小型张。志号为2000-17M。影写版。陈幼林设计。北京邮票厂印制。齿孔12度。小型张尺寸规格122毫米×82毫米，邮票票幅规格90毫米×60毫米。小型张面值8元，发行量1834.00万枚。2000年10月31日～11月3日，“2000广州国际邮票钱币博览会”在中国广州举行。这次博览会以支持、宣传北京市申办2008年夏季奥运会为主题。为此，国家邮政局又增发了2000-17M《第二十七届奥林匹克运动会》（J）双连小型张，于2000年10月31日“广州国际邮票钱币博览会”开幕日出售。双连小型张尺寸规格170毫米×222毫米，发行量98.05万枚，每枚售价24.00元。小型张和双连小型张均采用荧光加密防伪。

这枚双连小型张发行量少，是国家邮政局为救邮市而发行的量少品种。双连小型张上市以后，果然表现不俗，特别是2001年3月邮市回暖后，每枚售价高达300元。造假者为牟暴利，便利用高科技，伪造出足以乱真的这种双连张，在邮市上欺骗集邮者和邮资票品投资者。这种伪品印制同真品一样精美，刷有背胶，打有同真品相似的齿孔。双连张的边饰图也印得同真品一样；在双连张左上角也同真品一样用黑墨喷印有数码；在双连张居中也同真品一样用无色荧光油墨，竖向印有流水号码。造假者还利用胶版伪造影写版效果，将伪品伪造得很逼真，对版别缺乏深入研究的集邮者和邮资票品投资者，很容易上当受骗。

那么，应该怎样来鉴别2000-17M《第二十七届奥林匹克运动会》（J）双连张的真伪呢？

① **看版别** 真品双连张采用影写版印制，用高倍放大镜观察邮票图案和文字，其单个网点均呈中空状，各种刷色网纹夹角均呈45°，图案和文字边缘呈锯齿状；伪品采用胶版仿造影写版效果，文字均为黑色胶版实印，笔画整齐，图案也采用胶版实印，或采用胶版铺网，来制造出图案边缘产生毛茬，冒充影写版所故有的边缘锯齿状特征，其网点大小不同，均呈实心状，各种刷色网纹夹角也不相同，这从小型张右上角“2000”与黄、黑圆环巧妙构成的奥运五环标志上，可以用高倍放大镜清晰地看出，真品红色网纹夹角和黑色网纹夹角均呈45°，而伪品红色网纹夹角虽呈45°，但黑色网纹夹角却呈15°（见图136）。

伪

真

Olympic
06667567
中国邮政
CHINA
第二十七届奥林匹克运动会
Olympic
中国邮政
CHINA
第二十七届奥林匹克运动会
Olympic

图136

② **看小型张邮票中心图案** 真品小型张邮票中心图案“2000”与黄、黑色圆环，刷色精细，网纹细密；伪品网纹粗疏，与真品有明显的区别，网纹夹角也有不同（见图137）。

③ **用紫光灯鉴别** 真品采用荧光加密防伪油墨印制，邮票图案上的大小黄色圆环，在紫光灯照射下呈现明亮的黄色荧光；伪品仅呈鲜黄色，不明亮。

真

伪

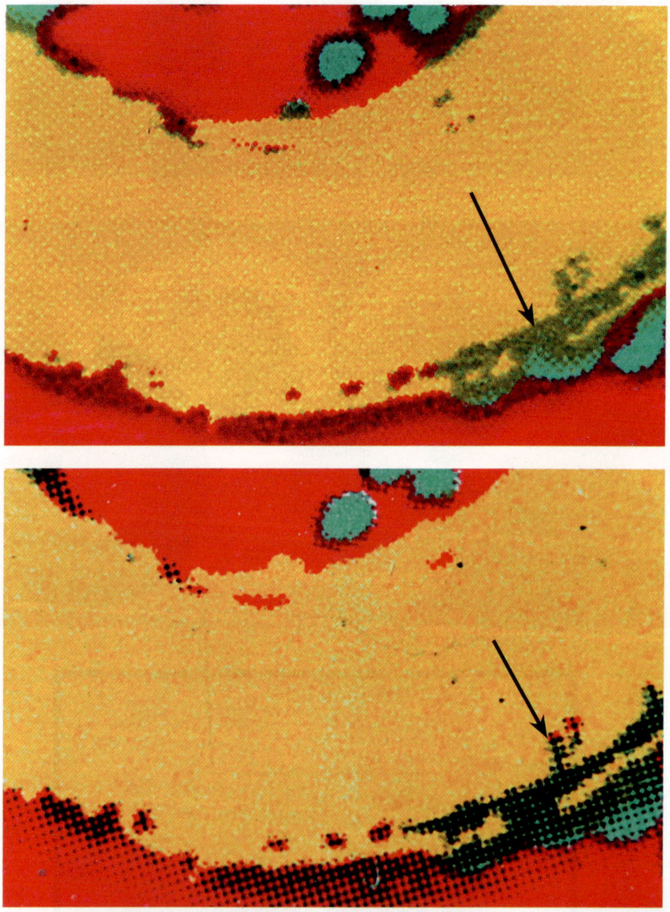

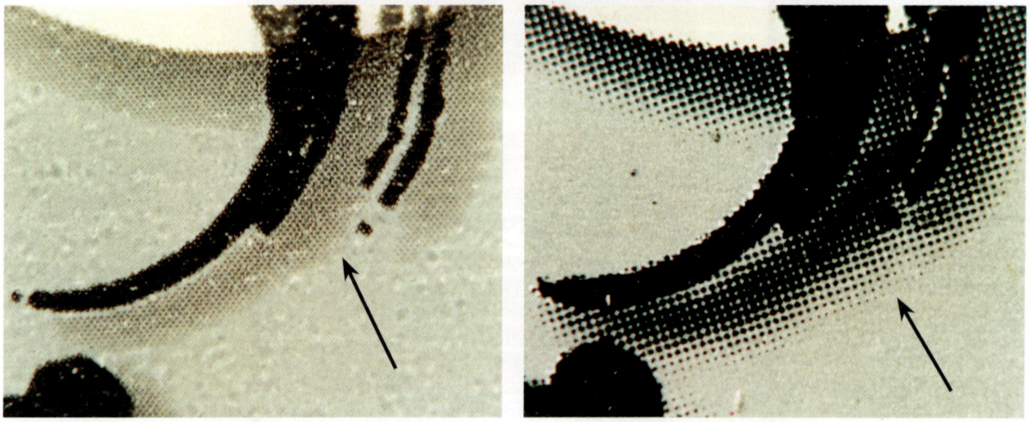

真 伪

图137

2000–19 木偶和面具（中国和巴西联合发行）（T）

中国木偶源于汉代，兴于唐代，盛于宋代。按照操控和表演类型，一般分为提线木偶、杖头木偶、铁线木偶和掌中木偶（布袋戏）。提线木偶是木偶艺术中最古老、传统形象保持最好的木偶艺术形式。提线木偶由头、躯干、四肢3个主要部分组成，基本符合人体的生理结构，其中头部最具特色。特别是闽南泉州一带的提线木偶，表现《西游记》故事的历史很久，尤其是近50年来，以孙悟空为主角的《火焰山》等剧目，曾多次在亚洲各地演出并获得好评。邮票（2–1）图案选用的就是这些剧目中孙悟空的典型形象。

巴西全称巴西联邦共和国，位于南美大陆的东部和中部，为拉丁美洲疆域最大、人口最多的国家。自18世纪末期起，一些大牧场主和桑巴舞者经常在街头饮酒狂欢，逐渐演变成今天的狂欢节。每年从年初到4月，巴西都要举行盛大的狂欢节，狂欢节期间，人们穿着表现圣者、魔鬼或小丑的戏服，头戴面具，化装成神话人物、古代人物、牛鬼蛇神，在广场、街道上载歌载舞，饮酒欢歌，表达喜庆、欢悦的情感，或以恐怖的形象博得观赏者的欢呼和惊叫。这是一种集体的庆祝和情感的宣泄。狂欢节人们所戴的面具，一般由蜡或普通的硬纸板做成。邮票（2–2）图案选用的是一件“CLOVIS”面具，它是一种缝在黑色头罩上的面具，除了能露出两眼外，在嘴的位置还开有一个小口，便于佩戴它的人喝饮料。面具上贴有绒毛，色彩五颜六色。“CLOVIS”面具是狂欢节中比较典型的一种面具。

2000年10月9日，根据中华人民共和国国家邮政局与巴西联邦共和国邮政主管部门签署的协议，联合发行了一套《木偶和面具》特种邮票，全套2枚。志号为2000–19。邮票票幅规格40毫米 ×30毫米。（2–1）面值80分，发行量2835.20万枚，图案为“中国木偶”；（2–2）面值80分，发行量1833.60万枚，图案为“面具（巴西）”。由阎炳武、卢西亚娜伊塔拉（巴西）设计。影写版。齿孔13度。北京邮票厂印制。

这套邮票发行量比较多，发行之后便在邮市上打折销售，这就是给造假者有机可乘。于是，不法分子为牟暴利便利用高科技制版，用荧光纤维纸采用胶版伪造出大量2000–19伪品，也在邮市上打折出售，不仅用于欺骗邮政，而且还使缺乏鉴定邮资票品真伪经验的集邮者和邮资票品投资者上当受骗。

那么，应该怎样来鉴别2000–19邮票的真伪呢？

① **看版别和刷色** 2000–19真品采用影写版印制，刷色纯正，各种刷色网纹夹角均呈45°；伪品采用荧光纤维纸胶版印制，并打有与真品相同的齿孔，刷色逼真。但是，用高倍放大镜观察伪品的印刷网点，各种刷色所呈现的网纹夹角各不相同，单个网点呈圆形实心状，与真品存有明显区别。

② **看特殊部位** 真品（2–2）在“中国邮政”铭记中“邮”字左边，有一片黄色彩。伪品在制版时，为使铭记印制得逼真，将底色上的黄色彩除去了。另外，真品与伪品在邮票边框线网纹特征上，存有明显的不同（见图138）。

③ 用紫光灯鉴定　在紫光灯照射下，2000-19 真品与伪品的白纸面，均呈现暗紫色，但真品纸面上无荧光纤维，而伪品纸面上则呈现荧光纤维。

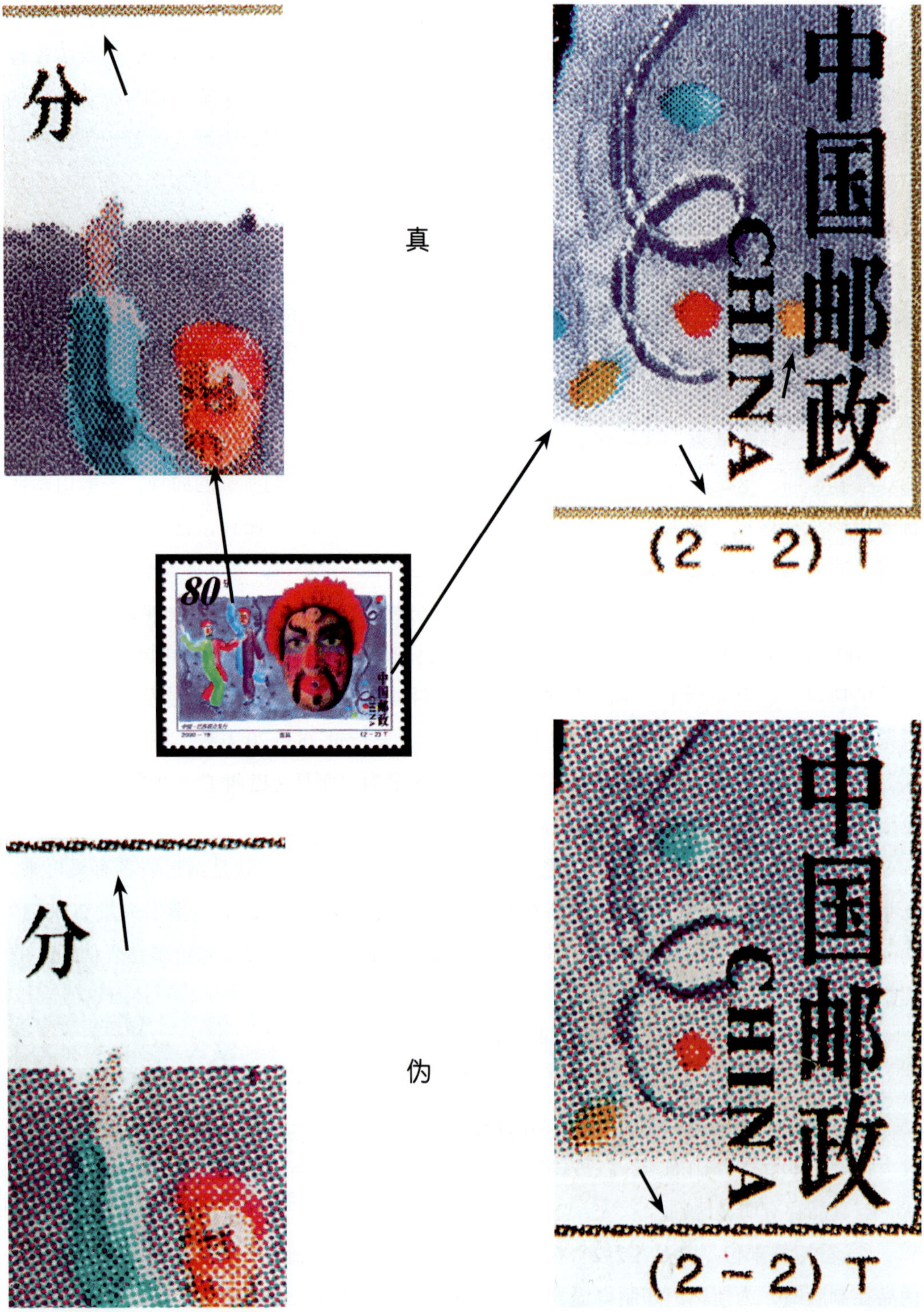

图138

2000-24M 君子兰（小全张）（T）

君子兰为石蒜科君子兰属多年生草本植物。根肉质，藏于叶鞘内，大部分在地下。叶互生，多呈二列，左右对称；叶片扁平光亮，呈带状，终年翠绿。单花成簇聚生枝顶，花朵排列成伞状花序，艳丽大方，花期长达一个多月；果实饱满丰腴，成熟后由绿变红，硕果累累，吉祥喜庆；叶片四季常青，舒展挺拔，生机昂然。君子兰的花、果、叶皆美，有一季观花，三季观果，四季观叶之说，加之植株匀称肃雅，颇有“君子风度”，是深受人们喜爱的观赏植物。君子兰原产南非，19世纪中叶传入中国，在东北各地栽培十分普遍，被长春市选为市花。君子兰传入中国以后，经过几代花农和园艺工作者的精心培育，已经培育出众多新品种，主要有大花君子兰、垂笑君子兰等。在花色以橙红为主的基础上，又育成黄、红、粉红、浅绿及白色品系，如碧玉迎春等；就叶而言，顺片趋向短宽，以短于30厘米，宽于10厘米，脉纹清晰、油亮为上品，还有白绿和黄绿条纹相间的金丝品系，即金丝君子兰。

2000年12月12日，为了展现中华大地丰富的植物资源，中华人民共和国国家邮政局发行一套《君子兰》特种邮票，全套4枚，同日发行1枚小全张。小全张志号为2000-24M。小全张尺寸规格145毫米 ×115毫米，邮票票幅规格30毫米 ×40毫米。齿孔12度。小全张面值5.20元，售价8元，发行量1719.80万枚，图案为2000-24（T）全套4枚邮票。影写版。北京邮票厂印制。

这套邮票印制精美，特别是小全张，是我国首次采用镂空制作的小型（全）张，可起到较好的防伪作用。与此同时，这枚小全张还采用了荧光纤维邮票纸印制，具有双重防伪作用。这枚小全张发行时，正是邮市极度低迷，许多邮资票品一发行，在邮市上即低于售价打折卖。2000-24M《君子兰》（T）小全张发行之后，在邮市上售价坚挺，是少数几种高于发行售价的邮资票品之一。特别是2001年邮市回暖时，《君子兰》小全张成了少数新邮领涨的“带头羊”，小全张每枚售价30多元。正是在这时，一些不法分子为牟暴利，迫不及待利用高科技，伪造半成品《君子兰》小全张赝品，包装成封，混杂在真品中整盒出售。在北京邮市上，管理人员在帮助邮资票品投资者开封检验时，就发现了这种情况。这种用来鱼目混珠的《君子兰》小全张伪品，规格同真品一样，图案大小和刷色、“君子兰”文字介绍的字体也一样，只是上面未印铭记、志号和面值，未镂空“Junzilan”字样。这是一种半成品。因其印制较精美，除提防不法分子将其包装成整盒，同真品一起鱼目混珠出售外，还应提防他们作为“漏印”变体票，欺骗缺乏邮识和不辨邮品真伪的集邮者。

那么，应该怎样来鉴定《君子兰》小全张真伪呢？

① 看版别 真品《君子兰》小全张采用影写版印制，网点特征是大小相同，中间空心；伪品采用胶版印制，网点特征是大小不同，实心。用高倍放大镜观看小全张邮票（4-4）君子兰果实，可清晰地看出真品与伪品在刷色网点上存在明显区别（见图139）。

真

伪

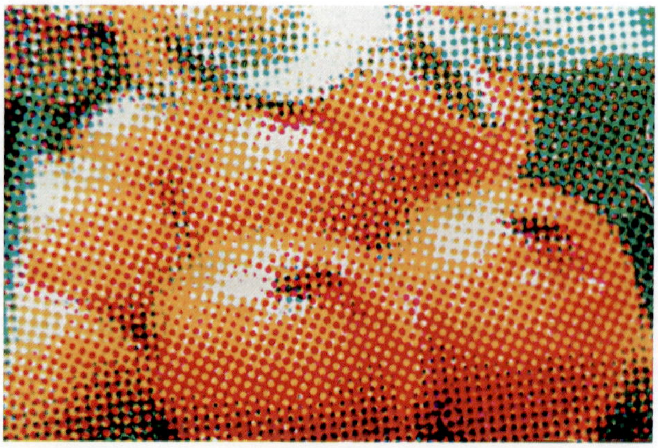

图139

② 看边饰图上的银墨 真品《君子兰》小全张边饰图上下两边的银墨条框，采用真银墨印制，迎光观看，银光闪烁；伪品采用黑墨套色胶印而成，看上去呈银灰色，但迎光观看，并无真银墨的亮光。用高倍放大镜观察《君子兰》小全张邮票（4-3）左上角银色边框与花瓣，可看出真品与伪品存在的明显不同。

③ 看纸质 真品《君子兰》小全张采用荧光纤维纸印制，纸质坚挺；伪品采用铜版纸印制，纸面白亮。

④ 看背胶 真品《君子兰》小全张刷有化学背胶，胶面均匀；伪品未刷背胶，背面呈铜版纸的亮白本色。

⑤ 用紫光灯鉴定 用紫光灯照射《君子兰》小全张票面和票背面，真品呈暗紫色，并呈现淡蓝色的荧光纤维；伪品呈亮白色，无荧光纤维。

值得提醒广大集邮者注意的是，现如今邮市上已出现 2000-24（T）邮票的伪品。这种伪品采用四色荧光彩点纸胶版印制，其胶版各种刷色的网纹夹角，均与这种 2004-24M 君子兰小全张半成品相同，红色网纹夹角呈 75°，蓝色呈 15°、黄色呈 0°。很可能是在这种未印铭记、面值、志号的小全张半成品上加印上铭记、面值、志号，再打上齿孔制作而成。这种伪品已大量用于通信（见下图）。

伪品

2001–2 辛巳年（T）

公历2001年也是中国农历辛巳年，巳蛇，也称蛇年，凡是在农历这一年出生的人都属蛇。

2001年1月5日，为了庆祝中华民族传统的春节，中华人民共和国国家邮政局发行一套《辛巳年（T）》特种邮票，志号2001–2。全套2枚。呼振源设计。影雕套印。呼振源雕刻。齿孔12度。背面刷胶。邮局全张枚数32（8×4）。版式二：邮局全张枚数6枚（每图各自为一版），尺寸规格92毫米×142毫米，发行量166万版，用于2001年中国邮政贺年（有奖）明信片三等奖赠品。北京邮票厂印制。

这套邮票是中华人民共和国邮电部发行的第二轮十二生肖系列邮票的第十套，全套2枚。（2–1）“祥蛇祝福”：面值80分，票幅规格26毫米×31毫米，发行量8000万枚，图案采用了陕西省民间剪纸艺人白秀娥刻画蛇形象的一幅剪纸作品。（2–2）“吉祥普照”：面值2.80元，票幅规格26毫米×31毫米，发行量6500万枚，图案为一个红色楷体“蛇”字，背景采用了陕西省民间剪纸艺人贾四贵刻画蛇形象的一幅剪纸作品。

这套邮票是第二轮生肖系列邮票中的第十套，与前面已发行了的9套邮票相比较，其发行量有所减少，但在邮市低迷时，其表现仍然很一般。2011年邮市回暖后，第二轮生肖邮票在其中2000–1庚辰年邮票带动下，全部第二轮生肖邮票24版版票，成了邮市上热门品种之一，售价高达万元。造假者为牟取暴利，利用高科技制版，原大、原色用胶版伪造出全部第二轮生肖版票，在邮市和互联网上鱼目混珠，高价出售，使不明真相的集邮者和邮资票品投资者上当受骗。有集邮者从网上购得后，经笔者鉴定，全部第二轮生肖邮票24版版票，均为赝品。经笔者鉴定出的这种赝品有两种，均系胶版印制，印刷工艺大同小异，所用纸质有所不同。这里仅选择其中的一种，谈谈2001–2辛巳年邮票的真伪鉴定。

① 看版别 用高倍放大镜观察2001–2辛巳年邮票，真品采用影雕套印，全套邮票中（2–1）其志号、铭文和面值均采用黑色影写专版印制，网纹夹角呈45°，网点呈大小相同圆形中空状，（2–2）邮票图案上的“蛇”字采用雕刻版印制，笔画上的线条清晰，凸出纸面，图案刷色纯正；伪品采用胶版印制，（2–1）上的志号铭文和面值，采用胶版黑色专版实印，（2–2）邮票图案和文字，采用胶版套印，各种刷色网纹夹角各不相同，刷色混杂，与真品在版别上存有明显的不同（见图140）。

② 量齿孔 真品2001–2辛巳年邮票，其齿孔为12度；伪品则为12.5度。

③ 用紫光灯鉴别 在紫光灯照射下，2001–2辛巳年邮票真品白纸面不呈现任何荧光反应，而伪品在紫光灯照射下，其白纸面则呈现四色彩点荧光。这是造假者为迷惑集邮者和邮资票品投资者，故意采用现今常用的防伪纸张来伪造，想以此给人以“真”的感觉。

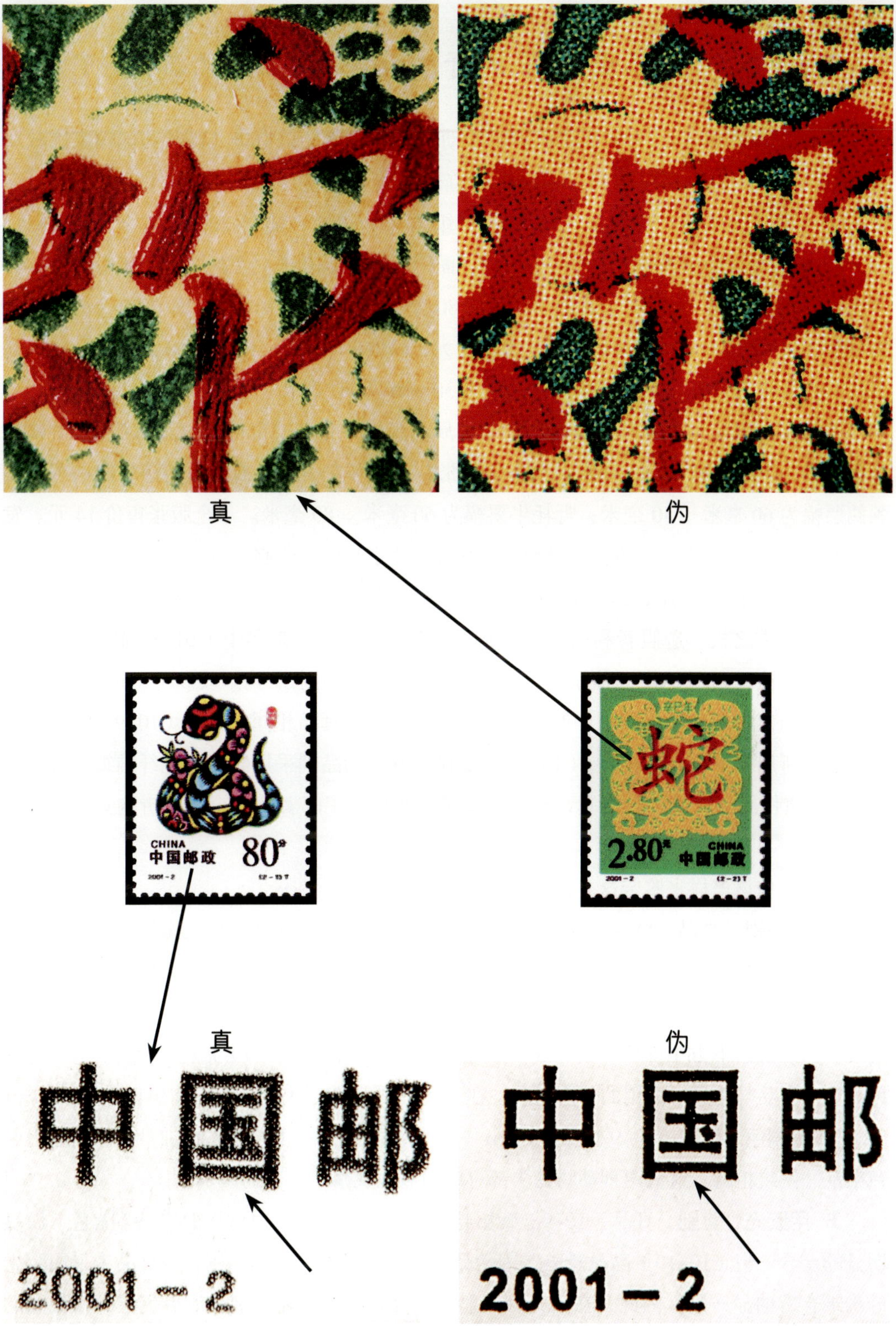
真
伪
CHINA
中国邮政
80分
2001-2
(2-1)T
蛇
2.80元
CHINA
中国邮政
2001-2
(2-2)T
真
伪
中国邮
2001-2
中国邮
2001-2

图140

2001–4 国家重点保护野生动物（I级）（二）（T）

2001 年 3 月 16 日，为了宣传保护野生动物的重要意义，中华人民共和国国家邮政局继 2000 年 2 月 25 日发行 2000–3《国家重点保护野生动物（I级）（一）（T）》之后，又发行了一套《国家重点保护野生动物（I）级（二）（T）》，志号 2001–4。全套共 10 枚。（10–1）扭角羚，面值 30 分；（10–2）白鲟，面值 60 分；（10–3）麋鹿，面值 60 分；（10–4）达氏鲟，面值 80 分；（10–5）北山羊，面值 80 分；（10–6）虎头海雕，面值 80 分；（10–7）野骆驼，面值 80 分；（10–8）雪豹，面值 1 元；（10–9）紫貂，面值 2.60 元；（10–10）高鼻羚羊，面值 5.60 元。邮票票幅规格，均为 30 毫米 ×40 毫米。

这套邮票以小全版张形式发行，一个邮局全张为一全套，也可简称“套版票”。邮局全张规格为 146 毫米 ×213 毫米。在小全版张右上角和左下角各有一枚附票，附票图案黑颈鹤票幅为 60 毫米 ×40 毫米；野牦牛票幅为 60 毫米 ×80 毫米。小全版张售价 14 元。发行量 1700 万版。冯小红、殷会利设计。影写版。北京邮票厂印制。

这套邮票发行之后，因发行量大，面值高，很快便在邮市上成为打折票。这就使造假者有了可乘之机。造假者利用高科技制版，专门伪造全套邮票中（10–9）面值 2.60 元、（10–10）面值 5.40 元的高面值票，打折在邮市上出售，用来欺骗邮政和不知情的集邮者。这 2 枚高面值伪品均采用胶版印制，其刷色、齿孔均与真品相同，其中（10–9）面值 2.60 元伪品，所用纸张与真品相同；（10–10）面值 5.40 元伪品则采用红色荧光纤维纸。由于这 2 枚高面值伪品伪造得比较逼真，被不明真相的客户或集邮者从邮市上打折购买后，大量用于通信。

那么，应该怎样来鉴定这 2 枚高面值邮票的真伪呢？

① **看版别** 真品 2001–4（10–9）和（10–10），采用影写版印制，其各种刷色网纹夹角均呈 45°，网点呈枣核中空状或圆形中空状，文字或数字边缘呈锯齿状；伪品则采用胶版印制，其各种刷色网纹夹角不相同，网点呈圆形实心状，文字或数字均为实印，边缘整齐划一。这从邮票下方中部所印的（10–9）票题“紫貂”和（10–10）票题“高鼻羚羊”，可以观察出真品与伪品所采用的不同版别，在文字印刷上的明显差异（见图 141）。

② **看刷色** 真品（10–9）紫貂、（10–10）高鼻羚羊，刷色纯正、精细；伪品则显得刷色杂乱、网纹粗疏。这从两种动物的头部可以明显地观察出二者的区别。

③ **用紫光灯鉴别** 真品（10–9）紫貂与伪品在紫光灯下，白色纸面均呈暗紫色，没有明显的差异。但（10–10）高鼻羚羊，因伪品采用红色荧光纤维纸印制，与真品未采用荧光纤维纸存有明显区别，因此，在紫光灯照射下，可以立即将其辨别。值得提醒大家注意的是，切勿把这种采用红色荧光纤维纸印制的伪品，误当真品。

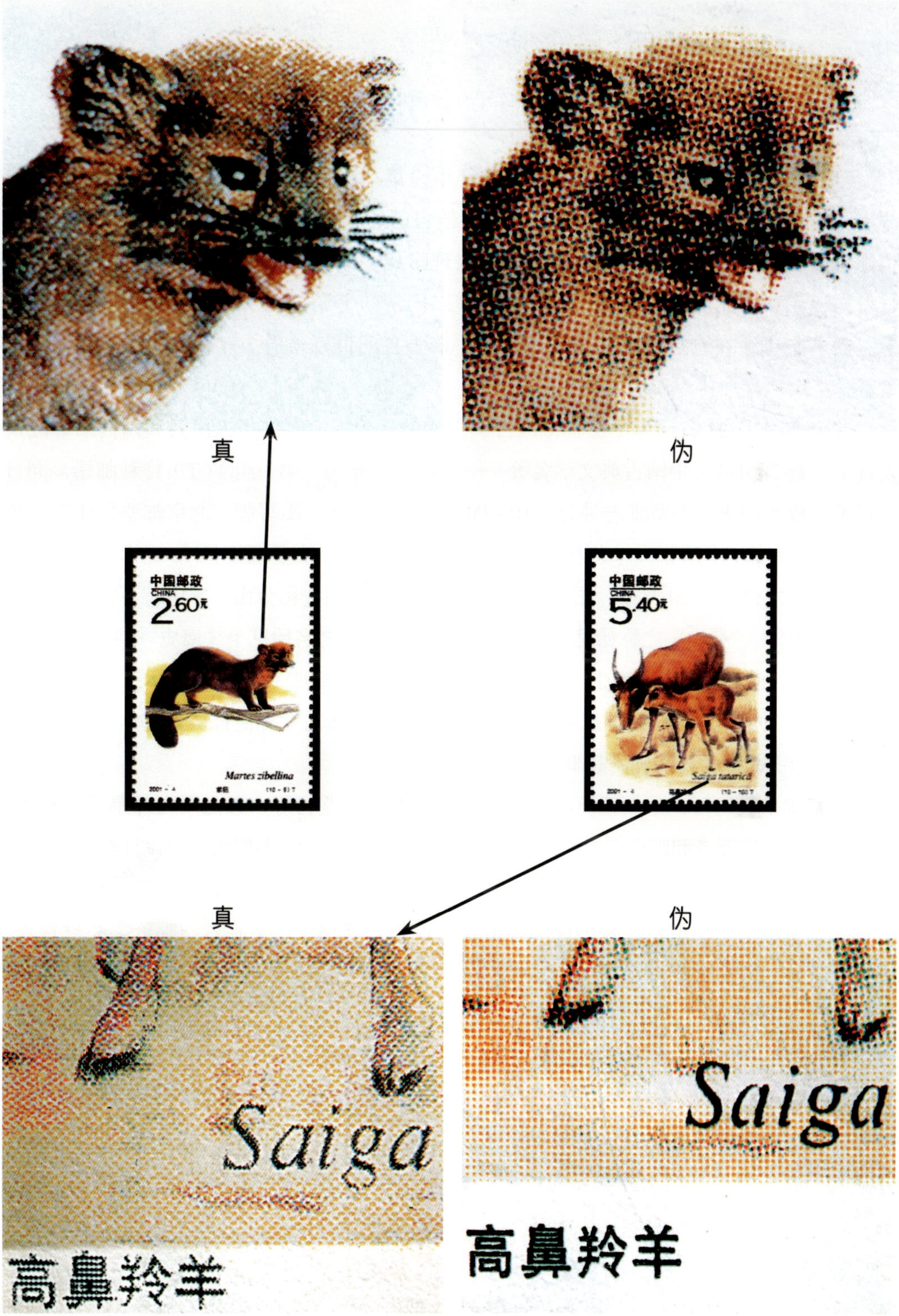
真
伪
中国邮政
CHINA
2.60元
Martes zibellina
中国邮政
CHINA
5.40元
Saiga tatarica
真
伪
Saiga
高鼻羚羊
Saiga
高鼻羚羊

图141

2001–7M 中国古典文学名著——《聊斋志异》（第一组）（小型张）（T）

《聊斋志异》是一部中国古代文言短篇小说集，清代蒲松龄著。全书收集400多篇故事。作者以民间流传的故事为基础，通过他自己的丰富想象，创造出了不少优秀作品。构思奇妙，语言生动。作品以谈狐说鬼的表现形式，对当时现实的黑暗和官吏的罪恶进行暴露，于科举制度和礼教都有所批判，并以同情的笔调描写了青年男女真诚相爱的故事。但书中也存在着封建说教和迷信色彩。该书自问世以来的300多年间，一直深受读者喜爱。

2001年4月21日，为了反映中国古典文学的辉煌遗产，中华人民共和国国家邮政局发行了一套2001–7《中国古典文学名著——〈聊斋志异〉》（第一组）（T）特种邮票，同日发行了1枚小型张。小型张志号为2001–7M。陈全胜设计。影写版。北京邮票厂印制。小型张齿孔12度。小型张尺寸规格144毫米 ×85毫米，邮票票幅规格90毫米 ×60毫米，面值8元，发行量1500万枚。图案为“劳山道士”。崂山曾称劳山、牢山、不其山、大劳山、小劳山等。“劳山”之称始见于《后汉书》，“崂山”之名始见于《南史 · 明僧绍传》。《聊斋志异》原文为“劳山道士”，故小型张的名称与其相同。《劳山道士》讲的是淄川有个世家子弟王生，进劳山访仙求艺，道士授其以穿壁过墙之术，他自认为遇仙得道，坚壁无阻，结果头竟因碰壁而肿的故事。

这套邮票发行时，虽然正值邮市低迷时期，但由于题材好，又是系列邮票的第一组，仍然受到广大集邮者和邮资票品投资者的热捧。这套邮票中的小型张，因设计和印制都比较精美，邮市上曾一度出现“热炒”。于是不法分子为牟暴利，便利用电脑高科技制版，伪造《劳山道士》小型张，乘机在邮市上浑水摸鱼，欺骗广大集邮者和邮资票品投资者。小型张赝品利用带有荧光纤维的邮票纸，采用胶版仿影写版印制，其规格和齿孔度数均与真品相同，印刷精美，刷有背胶，足可以假乱真。

那么，应该怎样来鉴定《劳山道士》小型张的真伪呢？

① **看版别** 真品《劳山道士》小型张采用影写版印制，用30倍放大镜观察其网点，呈菱形中空；伪品采用胶版仿影写版印制，网线密度与真品十分接近，有的部位仿得比较逼真，有的部位存在十分明显的差异。如邮票中心图案劳山道士身旁的背景图，真品的灰白色采用45°网纹夹角的专色印制，而伪品则采用多色套印，套印的网纹呈梅花状（见图142）。

② **看志号和票题** 真品《劳山道士》小型张志号和票题均采用影写版黑色专版印刷，文字边缘呈锯齿状；伪品志号和票题则均采用黑色专版实印，二者存在明显的区别。

③ **看面值“8元”中“元”字部位** 真品《劳山道士》小型张面值“8元”采用影写版黑色专版印制，“8元”中的“元”字下半部分，印在白地上；伪品则采用黑色专版胶版

实印，“8 元”中的“元”字下半部分未印在白地上。因此，伪品“8 元”中的“元”字距小型张左下边较远。此项可用来进行快速鉴定真伪。

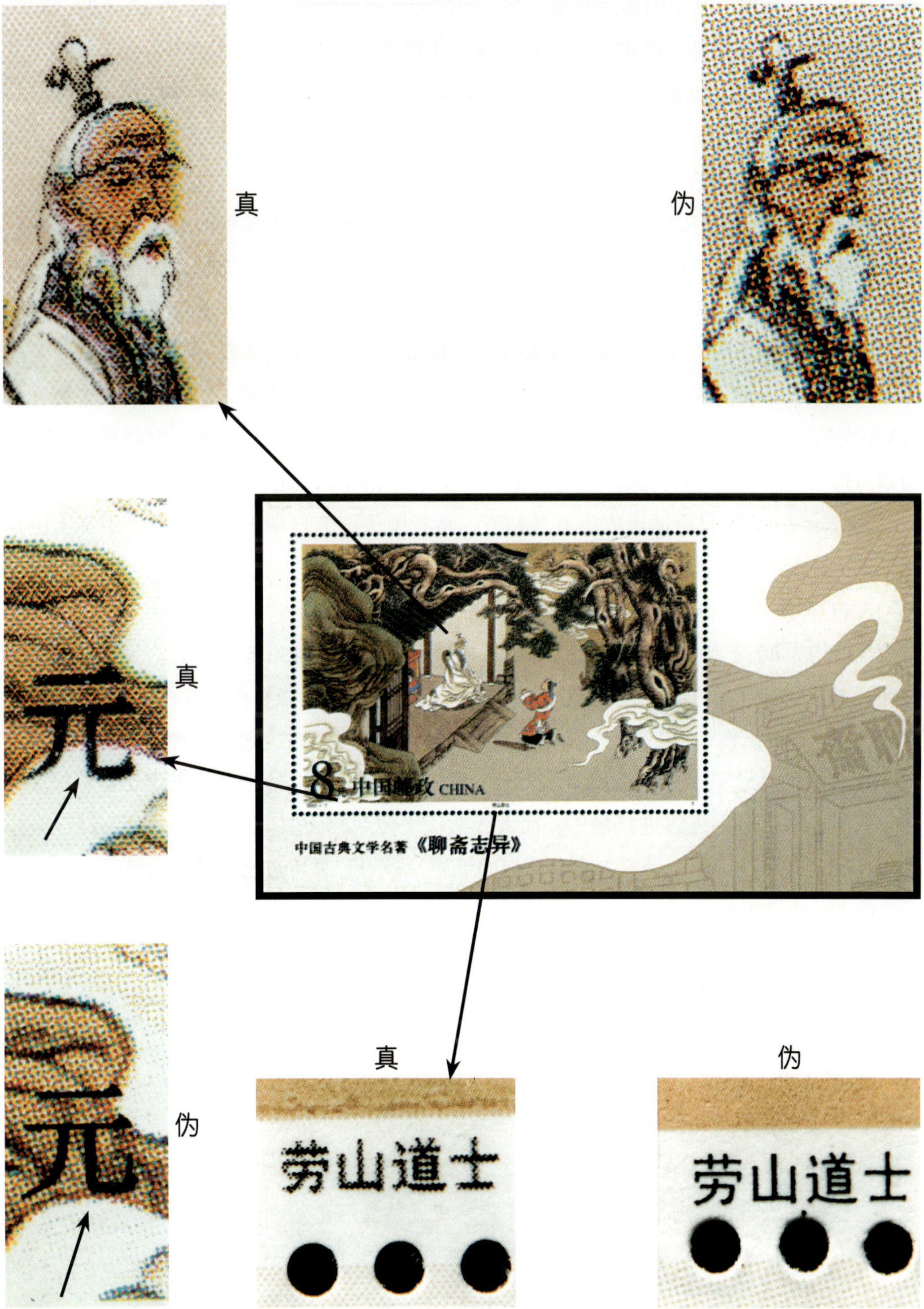

图142

2001–10 端午节（T）

农历五月初五，是中国传统的端午节。端午节又称端阳节、重午节。“端”亦称“初”，即开始。农历的正月是“建寅”月，按地支顺序推算，五月正是“午月”，古人常把“五日”写成“午日”，“初五”也就可以写成“端五”了。因为“午月”和“午日”两个“午”字重复，所以又叫“重午”。古人常把“午时”当作“阳辰”，于是“端午”可谓“端阳”。关于端午节的起源，有多种说法。其一，据近代学者闻一多考证，端午节是祭祀传说中“龙”的节日。它的历史比有文字记载的华夏历史更为远古。华夏族的先人以龙为部族标志，即是以龙为图腾的民族，伏羲、女娲、颛顼、禹都是龙族著名领袖，龙是法力最大的神灵，后人也就把这些祖先视为龙。于是华夏族的后人，也就是祭祀龙的盛典，端午节便是其中最隆重的节日。其二，端午节来自人们对伟大诗人屈原的崇敬和怀念。相传，楚国的大夫屈原，不满当权者的昏聩，痛恨秦国的扩张政策，忧国忧民，悲世愤俗，于公元前278年农历五月初五，抱石自沉汨罗江，以身报国。人们闻讯，从四面八方赶到江边，有的划渔舟飞驰江上，以救诗人；有的用粽子投江，以祭屈原。此后便形成民间传统节日。

2001年6月25日，适逢农历五月初五，是我国传统节日端午节，为此，中华人民共和国国家邮政局发行特种邮票2001–10《端午节》（T）一套，全套3枚。（3–1）赛龙舟、（3–2）包粽子、（3–3）避五毒。面值分别为：（3–1）80分、（3–2）80分、（3–3）2.80元。邮票规格均为40毫米 ×30毫米。齿孔均为13度。邮局全张40（5×8）枚。发行量（3–1）2700万枚，（3–2）、（3–3）均为1700万枚。版式二小版张全张9枚，发行量为130万版。版式规模：180毫米 ×120毫米。尚予、黄里设计。影写版。北京邮票厂印制。

这套邮票发行量总计高达2000多万套。由于有两种版式，小版票发行量130万版。刚一发行时，邮市对小版票进行炒作，而大版票很快便跌破面值。这就使造假者有机可乘。造假者利用高科技制版，采用与真品相似的纸质，采用胶版伪造出可乱真的赝品，用来欺骗集邮者，也欺骗邮政。

那么，应该怎样来鉴别2001–10《端午节》（T）邮票的真伪呢?

① **看版别** 2001–10（T）真品采用影写版印制，其网点特征为大小相同，呈菱形，中间空心，文字边缘呈锯齿状；伪品采用胶版印制，网点呈实心圆形或网状（见图143）。

② **看票题** 邮票上的“端午节”票题，真品文字边缘呈锯齿状，笔画粗细也不一样；伪品文字边缘整齐，笔画粗细均一样。

③ **用紫光灯鉴别** 在紫光灯照射下，真品与伪品均呈现相同的纸色和荧光纤维，真伪难辨，这就明确告诫集邮者和邮政工作人员，单凭紫光灯来鉴别邮资票品的真伪，是不科学的；不能实行“一票否决”。用紫光灯鉴别邮资票品的真伪，仅可作为参考项目之一。

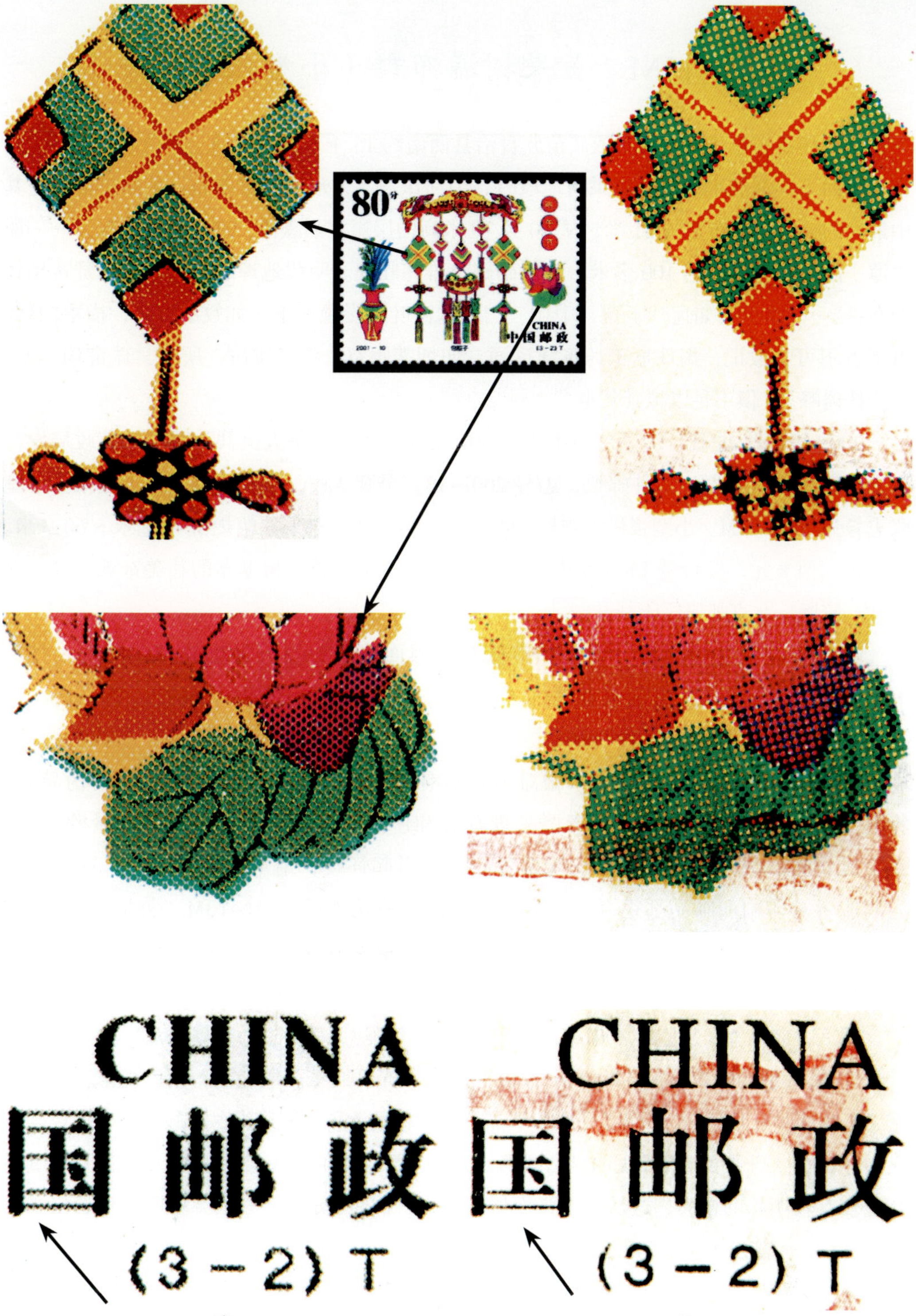

真 伪

图143

2001–13M 黄果树瀑布群（小型张）（T）

黄果树瀑布位于贵州省布依族苗族自治县西南约15千米的白水河上。白水河自东北山腋泻崖而下，汹汹水势流经黄果树地段时，因河床断落，形成九级瀑布。黄果树瀑布是其中最大的一级。瀑布宽约81米，从60～70米高的层崖之巅跌落，冲击成一个深潭——犀牛潭，激起的水珠高达100多米，气势磅礴，雄伟壮观。明代地理学家徐霞客称赞黄果树瀑布："……溪上石如莲叶下覆，中剜三门，水由叶上漫顶而下，如鲛绡万幅，横罩门外，直下者不可丈数记，捣珠崩玉，飞沫反涌，如烟雾腾空，势甚雄厉，所谓'珠帘钩不卷，飞练挂遥峰'，俱不足以拟其壮也。"

2001年7月22日，为了展现中华山河的雄伟壮美，中华人民共和国国家邮政局发行一套《黄果树瀑布群》特种邮票，志号2001–13。全套3枚，同日发行1枚小型张。小型张志号为2001–13M。小型张尺寸规格124毫米×84毫米，邮票票幅规格40毫米×60毫米。小型张面值8元，发行量1500万枚，齿孔12度。图案为黄果树瀑布的壮美奇观。许彦博设计。胶版。北京邮票厂印制。

这枚小型张发行之后，正值邮市低潮，因面值高，发行量也较多，便跌入打折"垃圾票"行列。这就为制假者提供了可乘之机。不法分子利用高科技，精心伪造出完全可以乱真的赝品。这种伪品，采用与真品相同的胶版印制，印刷工艺如法炮制，刷色也很精美，同真品相对比，很难看出有什么区别。不法分子在打折倾销伪品时，将其与真品掺和在一起卖给邮资票品投资者和广大集邮者。有的集邮者大量购买时，竟毫无觉察。只是在使用时，发现无背胶，才引起怀疑，请笔者鉴定真伪。这种伪品的制造者对印刷和邮品都很专业和内行，因此，所伪造的2001–13M"黄果树瀑布群"（T）小型张，不要说用来通信可以欺骗邮政了，就是用来欺骗广大集邮者，也是十拿九稳！

那么，应该怎样来鉴定2001–13M小型张的真伪呢？

① 看版别的网纹特征 2001–13M真品采用荧光纤维纸胶版印制，刷色纯正，网点细密，蓝色网纹夹角呈75°；伪品采用与真品纸质相似的无荧光纤维纸，胶版印制，刷色同真品一样，网点细密度与真品无明显的区别，但蓝色网纹夹角则呈15°，所铺蓝色网点与真品相比较有较明显的损失，这从小型张面值"8元"中的"元"字右上方可以清晰看出。正是在这一点上露出了伪品的狐狸尾巴（见图144）。

② 看背胶 2001–13M真品刷有背胶，胶面均匀薄亮；伪品未刷背胶，呈现纸面本色，用高倍放大镜观察，可见纸面细密纤维毛。

③ 看齿孔 2001–13M小型张真品齿孔打得规范、圆润；伪品虽打有与真品相同的齿孔度，但齿孔打得不够规范，有个别齿孔不在同一直线上，孔径也比真品略小一些。

④ 用紫光灯鉴别 真品2001–13M小型张，在紫光灯照射下，白色纸面或背面均

呈现暗紫色，上面的荧光纤维条清晰、明亮；伪品则呈现淡紫色，白纸上不呈现荧光纤维条。

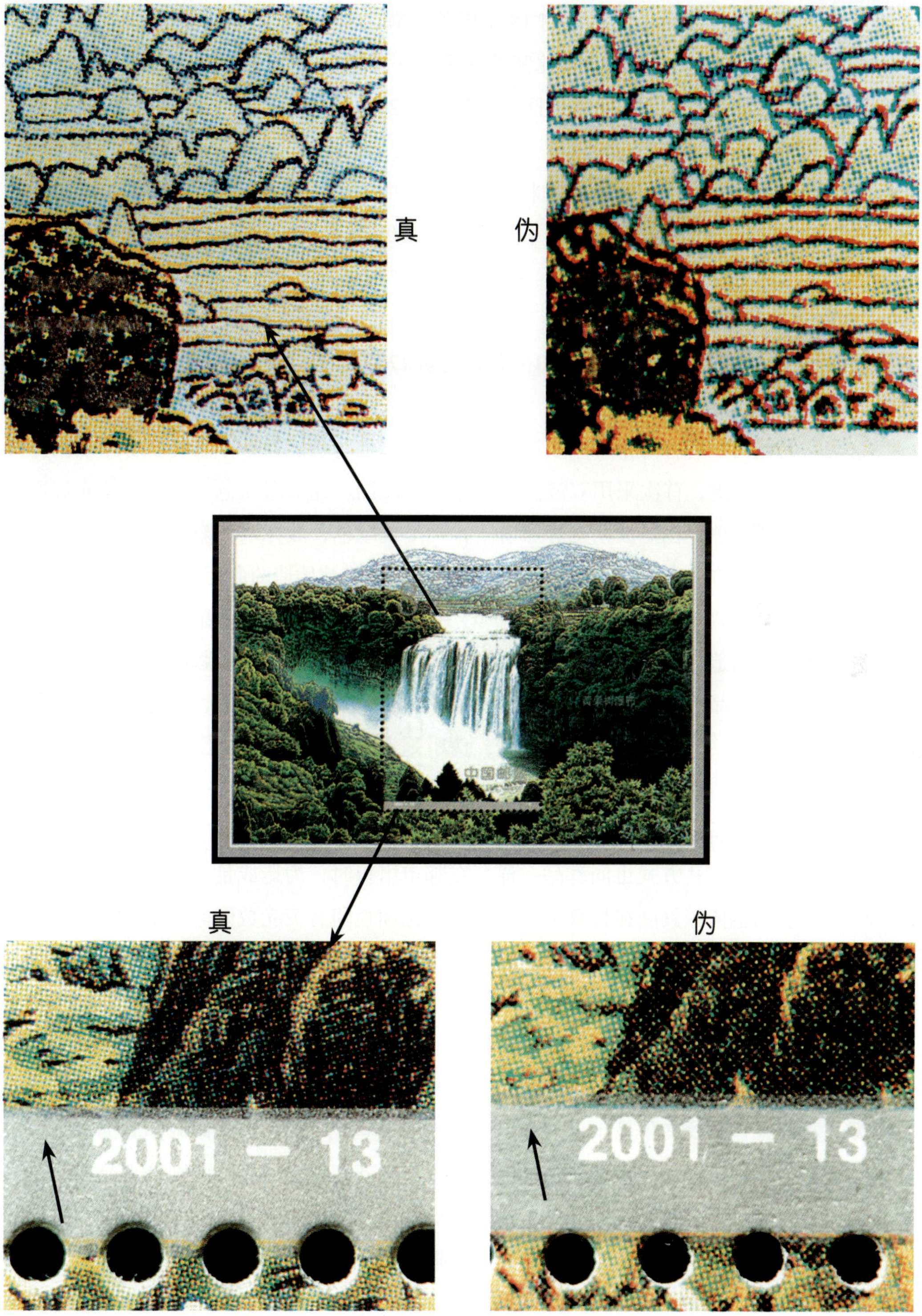

图144

2001–14 北戴河（T）

北戴河位于河北省秦皇岛市西南 15 千米处，海滨南临渤海，背依联峰山，西起戴河口，东至鹰角石，长约 10 千米，南北宽约 2 千米，海岸漫长曲折，滩面平缓，沙软潮平，海水清澈，更有海陆风影响，盛夏时日平均温度仅 23℃，是国家级风景名胜区、驰名中外的旅游避暑胜地。

2001 年 8 月 5 日，为了展现中华壮美山川名胜的风采，中华人民共和国国家邮政局发行了一套《北戴河》特种邮票，全套 4 枚。志号为 2001–14。齿孔 12 度。邮票规格 50 毫米 × 30 毫米。邮局全张枚数 16（4×4）。其中（4–1）“鸽子窝”面值 60 分，发行量 2500 万枚；（4–2）“中海滩”面值 80 分，发行量 2500 万枚；（4–3）“联峰山”面值 80 分，发行量 1700 万枚；（4–4）“老虎石”面值 2.80 元，发行量 1700 万枚。甄明舒、殷会利设计。胶版。河南省邮电印刷厂印制。

这套《北戴河》特种邮票采用胶版印制，为了增强防伪能力，印制邮票所用纸张为荧光纤维纸，所用油墨，首次采用双波隐形荧光油墨印制。此油墨无色，在长波紫光灯照射下，油墨呈现橘红色；在短波紫光灯照射下，则呈现绿色，故称双波隐形荧光油墨。这套邮票防伪措施够多的，也够先进的。即使这样，也难摆脱被伪造的命运。

据笔者研究发现 2001–14《北戴河》（T）邮票在邮市上出现的赝品有两批。两批伪品不是同一个印版伪造，而是用两种网纹相同但文字略有差异的不同印版两批印制，为便于论述，将这两批伪品分别称为伪甲、伪乙。如（4–2）“中海滩”伪甲、伪乙最重要的差异是伪乙同真品一样，采用了荧光油墨印制，伪甲则未采用荧光油墨。因此，伪乙要比伪甲具有更大的欺骗性，更能乱真。

这两批伪品均同真品一样采用荧光纤维纸胶印，刷色逼真，打有与真品相同的齿孔，整版版票的版式和打孔方式也同真品一样。在邮市出售时，为造成是“真品”违规打折出售的假相，伪品也依照真品在打有全张版号的部位和喷印有荧光数码的邮票部位，均裁切掉，以便鱼目混珠，打折倾销（见图 145）。这对于广大用邮者和集邮者来说，要想直观辨其真伪，确实存在一定困难。

那么，应该怎样来鉴别 2001–14《北戴河》（T）邮票的真伪呢？

① **看票题和铭记** 2001–14《北戴河》（T）邮票中的（4–2），其票题“中海滩”上方的沙滩，真品红色网纹夹角呈 45°，伪品均呈 75°；其铭记“中国人民邮政”真品文字印得瓷实、规整，笔画整齐划一，伪品则发虚，笔画不整齐，更为明显的区别是真品海水蓝刷色网网纹夹角呈 75°，而伪品均呈 15°（见图 146）。

② **看特殊部位** 2001–14《北戴河》（T）邮票中的（4–3），其面值“80 分”右下方的帆船处，蓝色海水刷色真品呈 75°，伪品则呈 15°；帆船上的红色真品呈 45°，伪品呈 75°（见图 146）。

伪

图145

③ **用紫光灯鉴别**　真品采用双波隐形荧光油墨印刷，在长波紫光灯照射下，呈现橘红色荧光；伪甲因未采用荧光油墨印制，不呈现荧光特征，伪乙采用荧光油墨印制，在长波紫光灯照射下，呈现的不是橘红色荧光，而是浅绿色荧光。

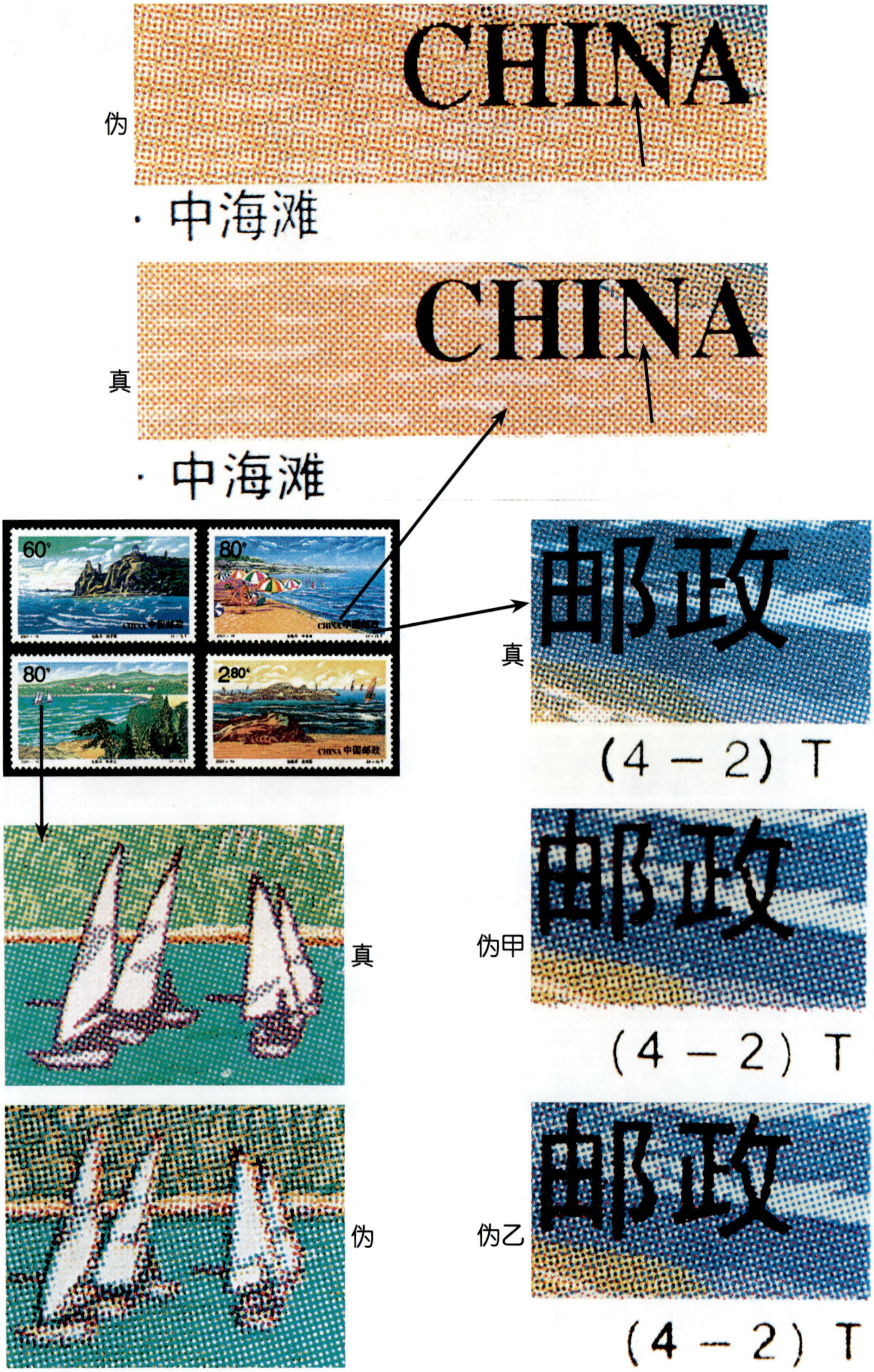
伪
CHINA
·中海滩
真
CHINA
·中海滩
60
80
80
2.80
CHINA 中国邮政
真
邮政
(4－2) T
伪甲
邮政
(4－2) T
伪乙
邮政
(4－2) T
真
伪

图146

2001–15 第二十一届世界大学生运动会（J）

世界大学生运动会是由国际大学生体育联合会主办的世界性综合运动会。国际大学生体育联合会简称“国际大学生体联”，是一个独立的综合性国际大学生体育组织，1949 年在意大利梅拉诺成立，总部设在比利时布鲁塞尔。1957 年，为了庆祝法国全国学联成立 50 周年，在巴黎举行了大学生运动会和国际文化联欢节，有 30 多个国家参加。经与会国家的代表协商，决定定期举行世界大学生运动会，原则上每两年一次。分为夏季运动会和冬季运动会，只限大学生参加。设正式比赛项目田径、游泳、跳水、水球、体操、击剑、网球、篮球和排球等 9 项，但东道主有权再增加 1 项。2001 年 8 月 22 ~ 9 月 1 日，第二十一届世界大学生夏季运动会在中国北京举行，有来自 160 多个国家和地区的 7000 多名运动员参加比赛。

2001 年 8 月 22 日，为了祝贺第二十一届世界大学生夏季运动会顺利举行，中华人民共和国国家邮政局发行了一套《第二十一届世界大学生运动会》纪念邮票，志号为 2001–15。全套 3 枚。齿孔 12 度。邮票规格 40 毫米 ×30 毫米。邮局全张枚数 20（5×4）。（3–1）“重在参与” 面值 60 分，发行量 2500 万枚；（3–2）“锻炼身体　勇攀高峰” 面值 80 分，发行量 2500 万枚；（3–3）“扩大交往” 面值 2.80 元，发行量 1700 万枚。时向东设计。胶版。辽宁省沈阳邮电印刷厂印制。

这套邮票真品采用荧光纤维纸胶版印制，而邮市出现的伪品，利用高科技制版，也采用与真品一样的荧光纤维纸胶版印制。伪品与真品均采用同样的版别，一样的纸张、背胶相同、齿孔度相同、刷色相同，仅网线粗细略有不同。这种完全可以乱真的伪品，不要说缺乏鉴定邮资票品真伪经验的集邮者难辨其真伪，就是有经验的，稍不留神，也会误把伪品当做真品。因为笔者在介绍鉴定用这套邮票（3–2）制作的个性化原票《为中国喝彩》小版张真伪的方法时，可看面值 80 分票上 “大运会” 会徽上红黑蓝绿黄 5 个色彩五角星，伪品将黄色五角星漏印了（在黄色五角星处，铺上了红色网点），真品则齐全。如依然用此方法来鉴定 “大运会”（3–2）面值 80 分邮票的真伪，必然会被伪品所欺骗。造假者在伪造 2001–15 邮票时，已将在伪造《为中国喝彩》小版张中出现的疏漏修改了，5 个色彩五角星一个不漏！

那么，应该怎样来鉴定 2001–15《第二十一届世界大学生运动会》（J）邮票的真伪呢？

① 看邮票图案上的 “大运会” 会徽 2001–15《第二十一届世界大学生运动会》（J）邮票上 “会徽” 中 “21” 数字和下方的 5 个五角星，真品边缘均呈网线状，不整齐，有毛茬儿；伪品则均呈实印状，边缘整齐，无毛茬儿。邮票图案刷色，真品红色网纹夹角呈 45°，蓝色网纹夹角呈 15°；伪品红色网纹夹角呈 75°，蓝色网纹夹角虽与真品同样呈 15°，但网线比真品要粗疏（见图 147）。

BEIJING 2001

真

BEIJING 2001

伪

80分
第二十一届世界大学生运动会
CHINA
中国邮政

真

80分
2001 － 15

伪

80分
2001 － 15

图147

② 看邮票图案上的特殊部位 2001–15（3–3）其“大运会会徽”下方 2 个象征“○”的地球图案交汇处，上面的刷色，真品黑色网纹夹角呈 75°，红色网纹夹角呈 45°；伪品黑色网纹夹角则呈 45°，红色网纹夹角则呈 75°（见图 148）。

③ 用紫光灯鉴别 2001–15（2–2）面值 80 分版票。真品未采用荧光油墨；伪品则采用了荧光油墨，在紫光灯照射下，邮票上的红、黄刷色，均呈现荧光，版票上的厂铭，呈红色荧光。

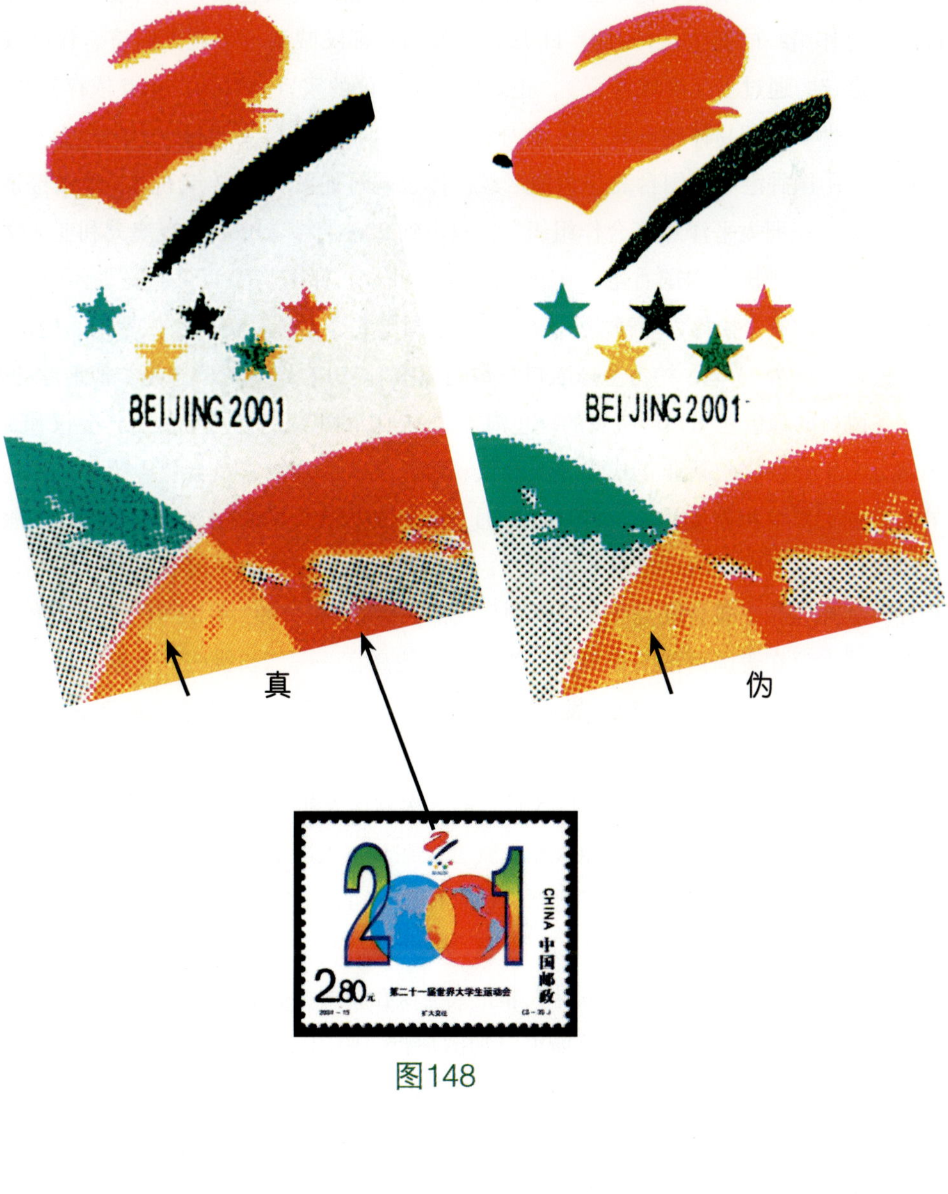

图148

2001-21　亚太经合组织 2001 年会议　中国（J）

“亚太经合组织”全称“亚洲太平洋经济合作组织”，英文“Asia-Pacitic Eacnomic Cooperation”的缩写为“APEC”。1989 年 1 月，澳大利亚总理霍克访问韩国时提出了著名的“汉城倡议”，建议召开亚洲及太平洋国家部长级会议，讨论加强经济合作问题。1989 年 11 月 5 ~ 7 日，澳大利亚、美国、日本、韩国、新西兰、加拿大以及东南亚联盟六国，在澳大利亚首都堪培拉举行了亚太经济合作会议首届部长级会议，标志着这一新型的区域性经济合作组织的诞生。1991 年 11 月，在韩国首都汉城举行了亚太经济合作会议第三届部长级会议，通过了《汉城宣言》，正式确定了会议的宗旨和目标：相互依存，共同受益，坚持开放性多边贸易体制和减少区域内贸易壁垒。在这次会议期间，中国作为主权国家正式加入，中国香港和中国台北作为地区经济体也同时加入。1993 年 6 月，亚太经济合作会议改名为“亚洲太平洋经济合作组织”。截止到 2000 年，APEC 共有澳大利亚、文莱、加拿大、智利、中国、中国香港、印度尼西亚、日本、韩国、墨西哥、马来西亚、新西兰、巴布亚新几内亚、秘鲁、菲律宾、新加坡、中国台北、泰国、美国、俄罗斯、越南 21 个成员，覆盖人口达 25 亿，约占全球人口总数的 40%。APEC 组织的徽志是类似地球的椭圆形，内有各成员的绿色地图和环绕着的绿色海洋。APEC 的组织机构可分为工作会议和工作机构两部分。工作会议包括非正式领导人会议、部长会议和高级官员会议。工作机构包括秘书处、专题工作组和委员会等。1993 年 1 月，在新加坡成立的秘书处，是 APEC 的服务性执行机构，负责该组织的日常事务性工作，秘书处执行主任由每年部长级会议的东道主派人担任。领导人非正式会议是 APEC 级别最高的决策机构。1993 年 11 月 19 日，第一次领导人非正式会议在美国西雅图布莱克岛举行，它使高官——部长级——首脑会议三个层次的决策机制得以形成，成为 APEC 发展过程中的一个里程碑。会议发表《经济展望声明》，揭开了亚太贸易自由化和经济技术合作的序幕。此后，领导人非正式会议每年召开一次，在各成员间轮流举行。1994 年 11 月 15 日，第二次领导人非正式会议在印度尼西亚茂物举行。1995 年 11 月 16 日，第三次领导人非正式会议在日本大阪举行。1996 年 11 月 25 日，第四次领导人非正式会议在菲律宾苏比克举行。1997 年 11 月 25 日，第五次领导人非正式会议在加拿大温哥华举行。1998 年 11 月 17 日，第六次领导人非正式会议在马来西亚吉隆坡举行。1999 年 9 月 13 日，第七次领导人非正式会议在新西兰奥克兰举行。2000 年 11 月 15 日，第八次领导人非正式会议在文莱斯里巴加湾举行。中国国家主席江泽民出席了历次 APEC 领导人非正式会议，并在第八次领导人非正式会议上郑重宣布：APEC 第九次领导人非正式会议将于 2001 年 10 月 20 ~ 21 日在中国上海浦东举行，其主题是新世纪、新挑战；参与、合作、促进共同繁荣。新世纪亚太经合组织的首次领导人非正式会议选在中国上海举行，不仅应视作国际社会对中国改革开放成果的肯定，也预示着中国将扮演起刺激整体区域内的经济互动以及促进区域经贸自由化的独特角色。

2001 年 10 月 20 日，为了祝贺亚太经合组织 2001 年会议在中国顺利举行，中华人民共和国国家邮政局发行了一套《亚太经合组织 2001 年会议　中国》纪念邮票，志号 2001–21。全套 1 枚。面值 80 分。郭振山设计。胶版。齿孔 12.5 度。邮票规格 40 毫米 × 30 毫米。邮局全张枚数 20（5×4）。发行量 1800 万枚。北京邮票厂印制。

这套邮票采用胶版印制，为加强防伪能力，印制时采用了蓝色荧光纤维纸和防伪荧光油墨。即使这样，也未能阻挡造假者的伪造。造假者利用高科技，同样用胶版伪造出刷色逼真，可以乱真的伪品，作为“产品票”装进礼品册和邮票年册内，使购买者上当受骗。

那么，应该怎样来鉴别这套邮票的真伪呢？

① **看版纹特征**　真品和伪品虽然均采用胶版印制，但在胶版网纹特征上往往有所不同：真品的胶版网纹细密，伪品的网纹粗疏；真品红色网纹夹角呈 15°，伪品的网纹夹角则呈 45°。这从邮票图案中右上方“中国 APEC CHINA 2001”徽志上，用高倍放大镜观察即可发现二者存有明显的不同（见图 149）。

② **看特殊部位**　真品邮票上的票题“亚太经合组织 2001 年会议 中国”采用胶版网纹版印制而成；伪品则采用胶版实印，用高倍放大镜可观察出二者的明显不同。

③ **用紫光灯鉴别**　真品在紫光灯照射下，邮票画面呈现红色荧光，白纸面呈暗紫色，有蓝色荧光纤维；伪品白纸面也呈暗紫色，但没有蓝色荧光纤维。

图149

2001–28M 青藏铁路开工纪念（小型张）（J）

青藏铁路由青海省西宁至西藏自治区拉萨，全长1956千米。早在20世纪50年代，新中国成立伊始，中央便决策：要把火车开到拉萨。自1956年开始，铁道部第一勘测设计院即对从兰州到拉萨的2000多千米线路进行了全面的勘测设计工作。1973年，毛泽东主席在与尼泊尔国王比兰德拉会谈时指出，要加紧修建青藏铁路。同年11月26日，原国家建委在北京召开了青藏线协作会议。党中央、国务院领导多次作重要指示，要求加快工作进度，争取提前完成。青藏铁路西宁至格尔木段846千米，已于1979年铺通，1984年投入运营。1994年7月，中共中央、国务院召开第三次西藏工作座谈会，会上再次提出修建进藏铁路。1995年，铁道部开始组织进藏铁路的论证工作。八届全国人大四次会议通过的《关于国民经济和社会发展“九五”计划和2010年远景目标纲要》提出：下个世纪前十年进行进藏铁路的论证工作。2000年3月7日，国家计委有关人士在九届全国人大三次会议记者招待会上提出：要加快“进藏铁路”、“西气东输”等重大工程的前期工作。同年12月，国家计委在京召开青藏铁路汇报论证会，正式向国务院上报青藏铁路项目建议书。2001年2月8日，国务院总理办公会议听取了国家计委关于建设青藏铁路有关情况的汇报，对青藏铁路建设方案进行了研究，同意批准立项。2001年6月29日，青藏铁路开工建设。2001年开工修建的青藏铁路格尔木至拉萨段，北起青海省格尔木市，经纳赤台、五道梁、沱沱河、雁石坪，翻越唐古拉山，再经西藏自治区安多、那曲、当雄、羊八井，南至西藏自治区首府拉萨，全长1142千米，其中新建线路1110千米。2001年6月29日，青藏铁路开工典礼在青海省格尔木市和西藏拉萨市同时举行。青藏铁路二期工程的起点和终点分别是青海省格尔木市南山口和西藏拉萨市堆龙德县柳梧乡，工程从两地同时开工。青藏铁路是世界上海拔最高、线路最长的高原铁路，也是世界铁路建设史上难度最大的工程。修建青藏铁路是党中央和国务院作出的重大决策，是西部大开发的一项标志性工程，对于加快西藏经济社会发展，促进西藏自治区同全国其他地区的经济文化交流，增强民族团结，都具有重要意义。

2001年12月29日，为了祝贺青藏铁路开工，中华人民共和国国家邮政局发行了一枚《青藏铁路开工纪念（小型张）（J）》，志号2001–28M。小型张面值8元。小型张规格135毫米 ×114毫米。邮票规格81毫米 ×38毫米。原瑞伦摄影。阎炳武、杨文清设计。影写版。齿孔13.5度。发行量1450万枚。北京邮票厂印制。

这枚小型张发行之后，由于面值高，发行量较大，很快便在邮市上成为打折票。这使造假者便有机可乘。造假者伪造出不打齿孔，其面值“8元”处仅印“8”而无“元”，实质为纪念张类的东西，装进礼品册或邮票年册中，冒充邮票，欺骗购买者。这种欺骗手法，在邮市上屡见不鲜，集邮者在购买这些礼品册或年票册时，如不认真仔细查看，就会上当受骗。

那么，应该怎样来鉴别这枚“小型张”的真伪呢？

① **看版别** 真品采用影写版印制，各种刷色的网纹夹角均呈45°，志号数字笔画边缘

呈锯齿状，网点呈中空状；伪品用胶版印制，各种刷色网纹夹角各不相同，志号数字采用胶版实印，笔画齐整（见图150）。

② **看齿孔** 真品打有齿孔；伪品未打齿孔（注意：可不要误当漏打齿孔！）

③ **看面值** 真品小型张面值为“8元”；伪品在面值部位仅印有“8”字而无“元”字。（注意：这可不是漏印，而是造假者玩的伎俩！）

④ **看铭记** 真品采用影写版印制，文字边缘呈锯齿状；伪品采用胶版印制，造假者故意将文字边缘制作成毛茬状来仿影写版，但印刷网点与真品存有明显的不同。

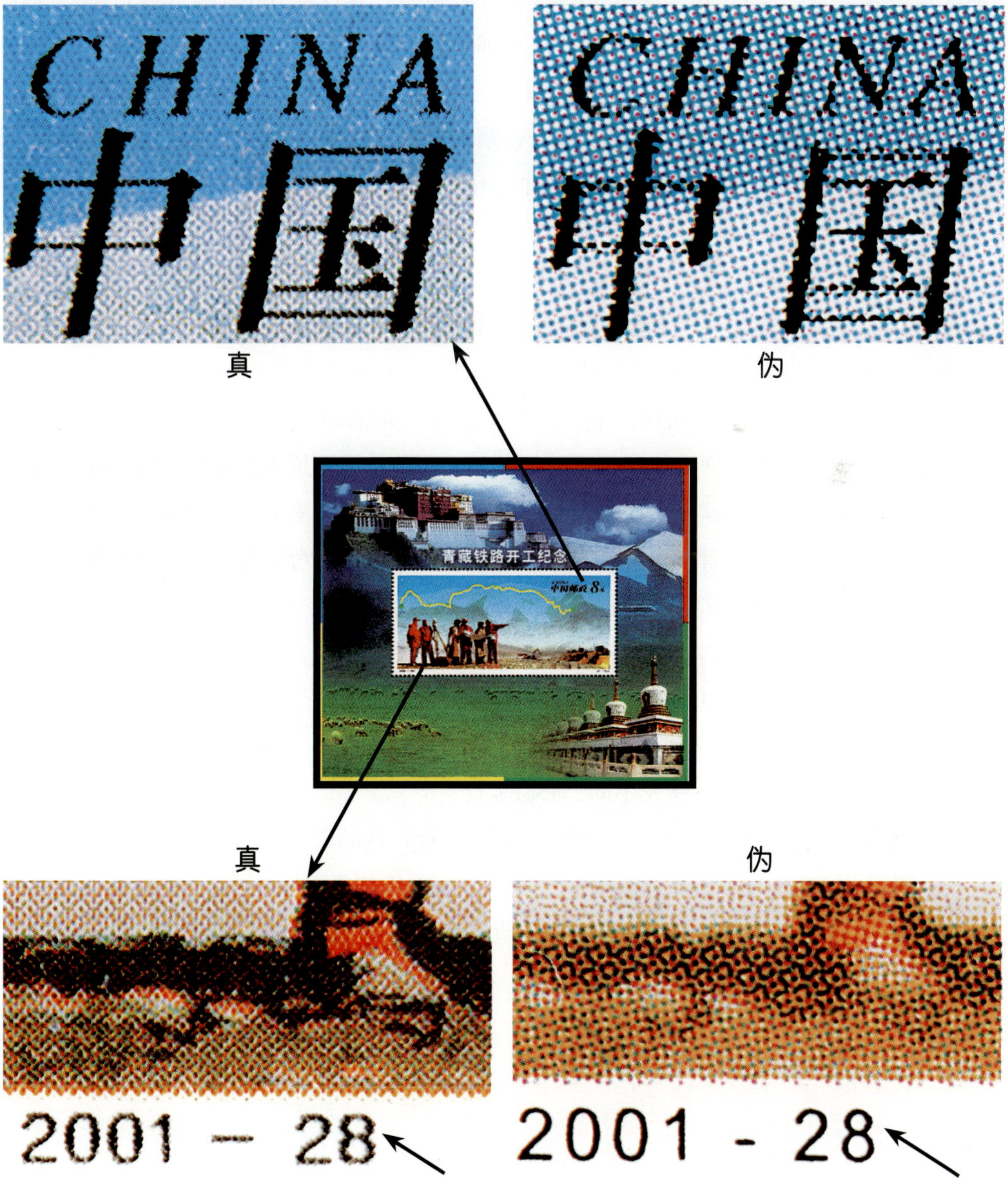

图150

2002-1 壬午年（T）

公历2002年也是中国农历壬午年，午马，也称马年，凡是在农历这一年出生的人都属马。

2002年1月5日，为了庆祝中华民族传统的春节，中华人民共和国国家邮政局发行一套《壬午年》特种邮票，志号2002-1。全套2枚。王虎鸣设计。影雕套印。李庆发、姜伟杰、郝欧雕刻。齿孔12度。背面刷胶。邮局全张枚数32（8×4）。版式二：邮局全张枚数6枚（每图各自为一版），尺寸规格90毫米×140毫米，发行量166万版，用于2002年中国邮政贺年（有奖）明信片三等奖赠品。北京邮票厂印制。

这套邮票是中华人民共和国国家邮政局发行的第二轮十二生肖系列邮票的第十一套，全套2枚。（2-1）“马到成功”：面值80分，票幅规格26毫米×31毫米，发行量5500万枚，图案采用了陕西省凤翔县纸坊镇六营村二组泥塑艺人胡深的工艺作品《凤翔泥塑马》。（2-2）“壬午大吉”；面值2.80元，票幅规格26毫米×31毫米，发行量4800万枚，图案采用了在一张斗方上书写的一个楷书“马”字。

这套第二轮生肖邮票，与前面已发行的十套生肖邮票相比较，其发行量是最少的；即使这样，在邮市长期低迷的情况下，其发行后在邮市上表现依然平平。2011年邮市回暖后，生肖邮票成了邮市上的热门品种，第二轮生肖邮票，全部24版版票，售价高达万元。这时，造假者为牟取暴利，便乘机利用高科技制版，用防伪纸张原大、原色胶版印制出可乱真的伪品，在邮市上和互联网上高价出售，使不明真相的集邮者和邮资票品投资者上当受骗。集邮者购买后，经笔者鉴定，均为伪品。这种伪品仅笔者鉴定过的就发现两种。这里仅选择其中一种，介绍一下鉴别方法。

① 看版别 用高倍放大镜观察2002-1壬午年（T）邮票，真品采用影雕套印，影写版各种刷色网纹夹角均呈45°，刷色纯正，雕刻版线条清晰，凸出纸面；伪品采用胶版印制，各种刷色网纹夹角各不相同，刷色混杂，毫无真品的雕刻版特征，与真品在版别上存有明显的不同（见图151）。版别不同，必假无疑。

② 量齿孔 真品2002-1壬午年邮票齿孔为12度；伪品则为12.5度。

③ 用紫光灯鉴别 在紫光灯照射下，2002-1壬午年邮票真品白纸面上呈现蓝色荧光纤维；伪品在白纸面上则呈现四色彩点荧光。造假者为迷惑集邮者，采用了现今常用的防伪纸张，恰恰在这里露出了马脚！

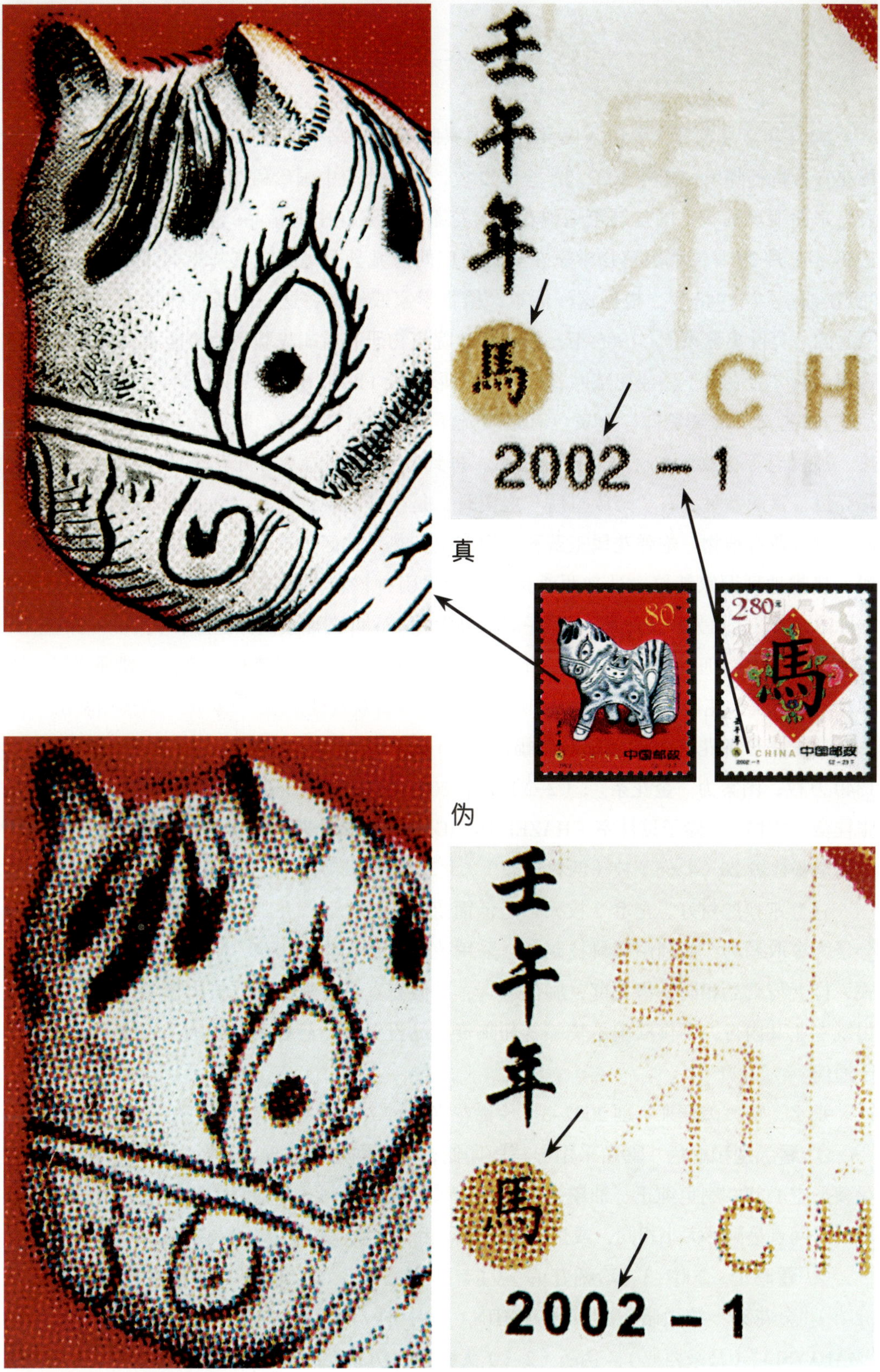

图151

2002-3 珍稀花卉（T）

2002年2月5日，中华人民共和国国家邮政局和马来西亚邮政联合发行了一套《珍稀花卉》特种邮票，志号2002-3。全套2枚，其中代表中国珍稀花卉的是黄色金花茶，代表马来西亚珍稀花卉的是红色炮弹花。金花茶是山茶花中的精品，为常绿灌木或小乔木。1933年7月29日，我国植物学家左景烈在广西防城县采集到金花茶标本，当地人称之为“黄花油茶”。1948年，根据这一标本，植物学家戚经文将这一山茶科植物正式命名为山茶属的“亮叶离蕊茶”。1965年，中国科学院植物研究所胡先骕教授将金黄花的山茶科植物定名为“金花茶”。金花茶叶长圆状披针形，长11～16厘米；花1～2朵，花大，直径达6.5厘米，花瓣肥厚，金黄色有蜡质光泽。籽实可榨食油，叶可入药，有消滞、祛湿热、抗衰老等功效。木材可雕刻工艺品。每到冬11月至春3月开花季节，满树金灿，光彩夺目，富丽堂皇，有“茶族皇后”之美誉，是很好的观赏树种，为我国重点保护的野生珍稀濒危花卉植物。炮弹花属玉蕊科，原产美洲热带地区。早在一个多世纪前，便被广泛引入热带地区国家栽培，马来西亚是亚洲较早引种该花卉的国家之一。炮弹花种名中的“*guianensis*”之意为“圭亚那产”。一般为高大乔木，叶圆形或倒卵圆形，长10～30厘米；花大，花径达12厘米，花瓣6片，组成钟状，内面蔷薇色，外面橘黄色，有蜡质光泽。炮弹花树形优美，花艳丽美观，果大如球状炮弹，极富观赏性。

这套《珍稀花卉》特种邮票票幅规格30毫米×40毫米。(2-1）面值80分，发行量1340万枚，图案为“金花茶”；(2-2）面值80分，发行量1340万枚，图案为“炮弹花”。张桂徵（中国）、榛子设计室（HAZEL DESIGN）（马来西亚）设计。影写版。齿孔13度。邮局全张枚数20（4×5）枚（两枚连印）。北京邮票厂印制。

这套邮票题材好，全套2枚又都是低面值，发行以后，在邮市上表现良好。有的不法分子为牟取暴利，便利用高科技制版，采用荧光纤维纸胶版印制，制作成与真品相同的版式，打上与真品相同的齿孔度，刷色逼真，以假充真，在邮市上打折出售。由于伪品制作得既专业又内行，不仅欺骗了集邮者和邮资票品投资者，还顺利地欺骗了邮政，被大量用于通信。

那么，应该怎样来鉴别2002-3《珍稀花卉》(T）邮票的真伪呢？

① 看版别和刷色 真品采用影写版印制，各色网点均呈现45°夹角；网点大小相同，呈菱形空心状；刷色纯正、油墨瓷实。伪品采用胶版印制，各种刷色所呈现的网纹夹角不相同；网点呈圆形大小相同，或呈网状，网点粗；刷色比较浅浮，不够纯正（见图152）。

② 看暗记 2002-3《珍稀花卉》(T）邮票真品，每枚邮票上都有缩微暗记，其中（2-1）“金花茶”缩微暗记为英文“CHINA”（中国），(2-2）“炮弹花”缩微暗记为英文“MALAYSIA”（马来西亚）。伪品（2-1）无暗记；伪品（2-2）有2种，伪甲上无暗记，伪乙上面则有缩微暗记，但暗记不如真品清晰；伪甲的底色为实印，伪乙则铺网点。

③ 用紫光灯鉴别 2002-3《珍稀花卉》（T）真品在紫光灯下，白色纸面呈现荧光纤维；邮票画面刷色不呈现荧光反应。伪品在紫光灯下白色纸面与真品一样，呈现荧光纤维；邮票画面刷色则呈现黄色荧光。这说明伪品使用了荧光油墨。

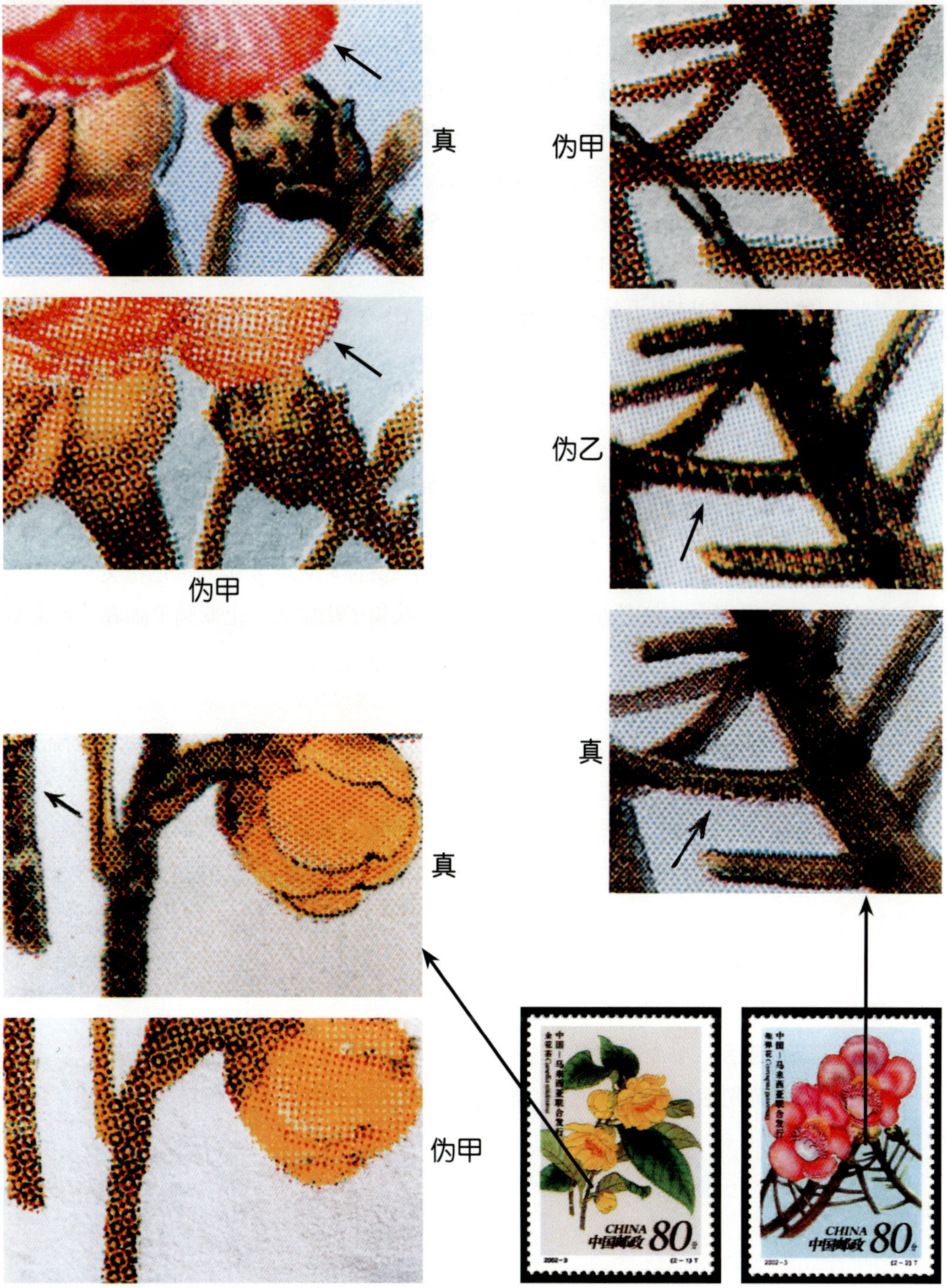

图152

2002-4 民族乐器——拉弦乐器（T）

乐器是供演奏音乐使用的器具。中国历史悠久，民族乐器有多种多样。按照特征不同来划分，有打击乐器、拨弦乐器、拉弦乐器、吹管乐器等。拉弦乐器在我国唐代才出现，是对吹管乐器的发展。这种乐器的出现，提高了音乐在抒情、描写、叙述等诸多方面的表现力，同时也标志着中国民族乐器体系的完备。为宣传我国民族乐器，中华人民共和国国家邮政局于 2002 年 2 月 23 日，发行《民族乐器——拉弦乐器》特种邮票一套，志号 2002-4。全套共 5 枚。（5-1）轧琴、（5-2）二胡、（5-3）板胡、（5-4）萨尔它、（5-5）马头琴。面值为（5-1）60 分，（5-2）、（5-3）、（5-4）均为 80 分，（5-5）2.80 元。邮票规格均为 30 毫米 ×40 毫米。齿孔 12 度。邮局全张 20（4×5）枚。发行量（5-1）1360 万枚，（5-2）1460 万枚，（5-3）1430 万枚，（5-4）1420 万枚，（5-5）1350 万枚。殷会利设计。胶印。辽宁省沈阳邮电印刷厂印制。

这套邮票发行量比较大，发行之后，很快便跌入打折票行列。这时，造假者便乘机制作大量伪品，在邮市上鱼目混珠。尽管这套邮票在印制时，采用了多种防伪措施：采用荧光纤维纸印制；利用了高网线印刷技术；乐器的轮廓部分使用荧光油墨印制。但这些都很难有效地防止造假者进行伪造。造假者利用高科技制版，也采用与真品一样的荧光纤维纸印制；乐器的轮廓部分也使用荧光油墨印制；采用与真品相同的胶版，刷色精美，伪造出全套 2002-4（T）伪品。由于伪品制作逼真，不仅欺骗了集邮者，也欺骗了邮政，被大量用于通信。

那么，应该怎样来鉴定 2002-4（T）的真伪呢？

① **看面值** 2002-4（T）真品的面值，均采用红、黄、蓝 3 种彩色网纹版套印而成；伪品采用一种紫红色实印而成（见图 153）。

② **看版别特征** 真品与伪品均采用胶版印制，版别虽然相同，但胶版的网纹粗细和刷色的网点夹角则不尽相同：真品采用高网线技术，网纹精细，红色网纹夹角呈 45°；伪品网纹粗大，红色网纹夹角则呈 15°。这只有用高倍放大镜仔细观察，才能加以正确鉴别。铭记“中国邮政”中的“国”字，方口内的“玉”字，其“王”字右下方的“、”，真品呈弧形状，伪品呈直线状（见图 154）。

③ **用紫光灯鉴别** 在紫光灯的照射下，真品和伪品均呈现相同的荧光纤维，乐器的轮廓部分均呈现荧光油墨的明亮线条，但真品呈现的是红色荧光，伪品呈现的是亮黄色荧光。

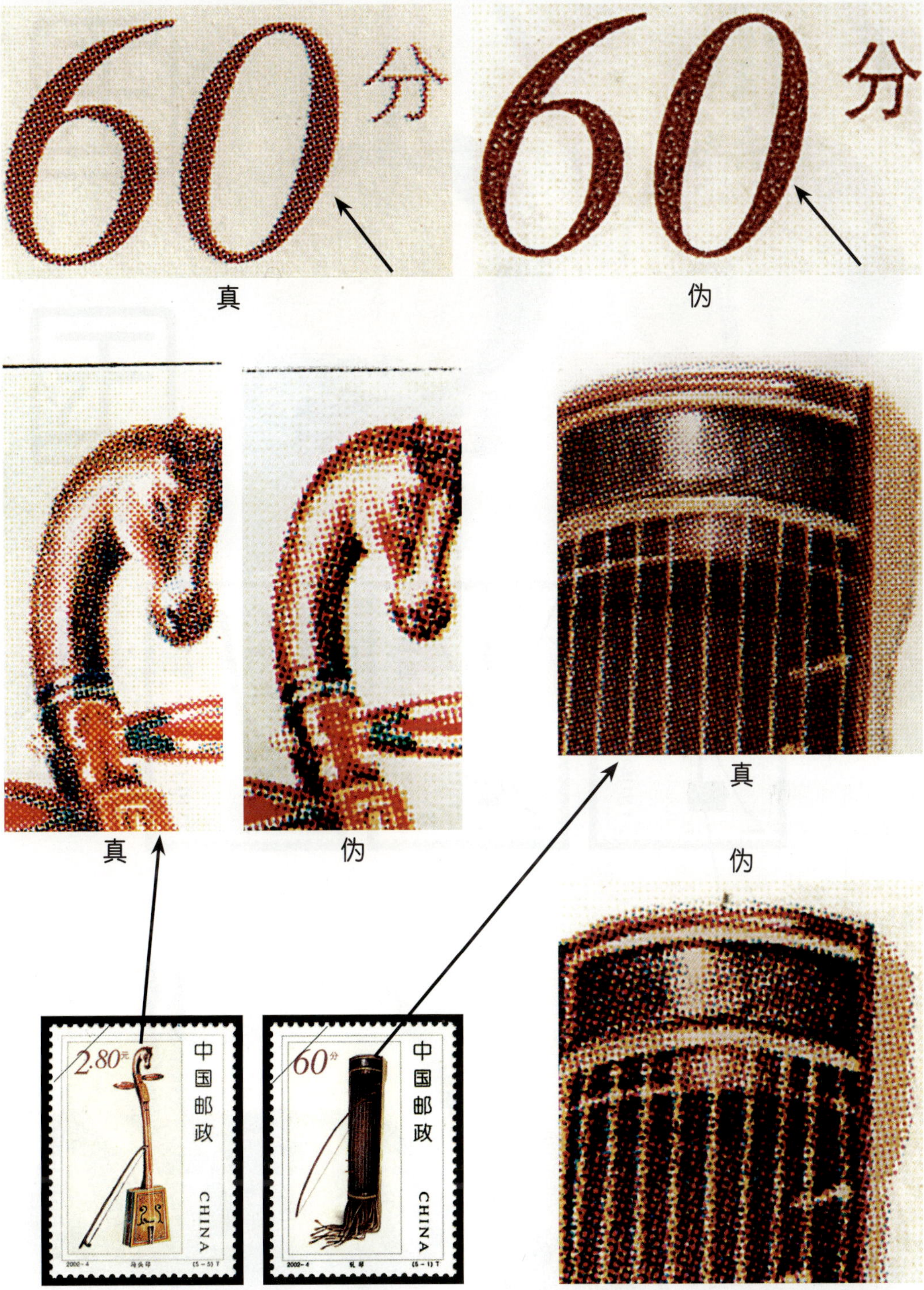

图153

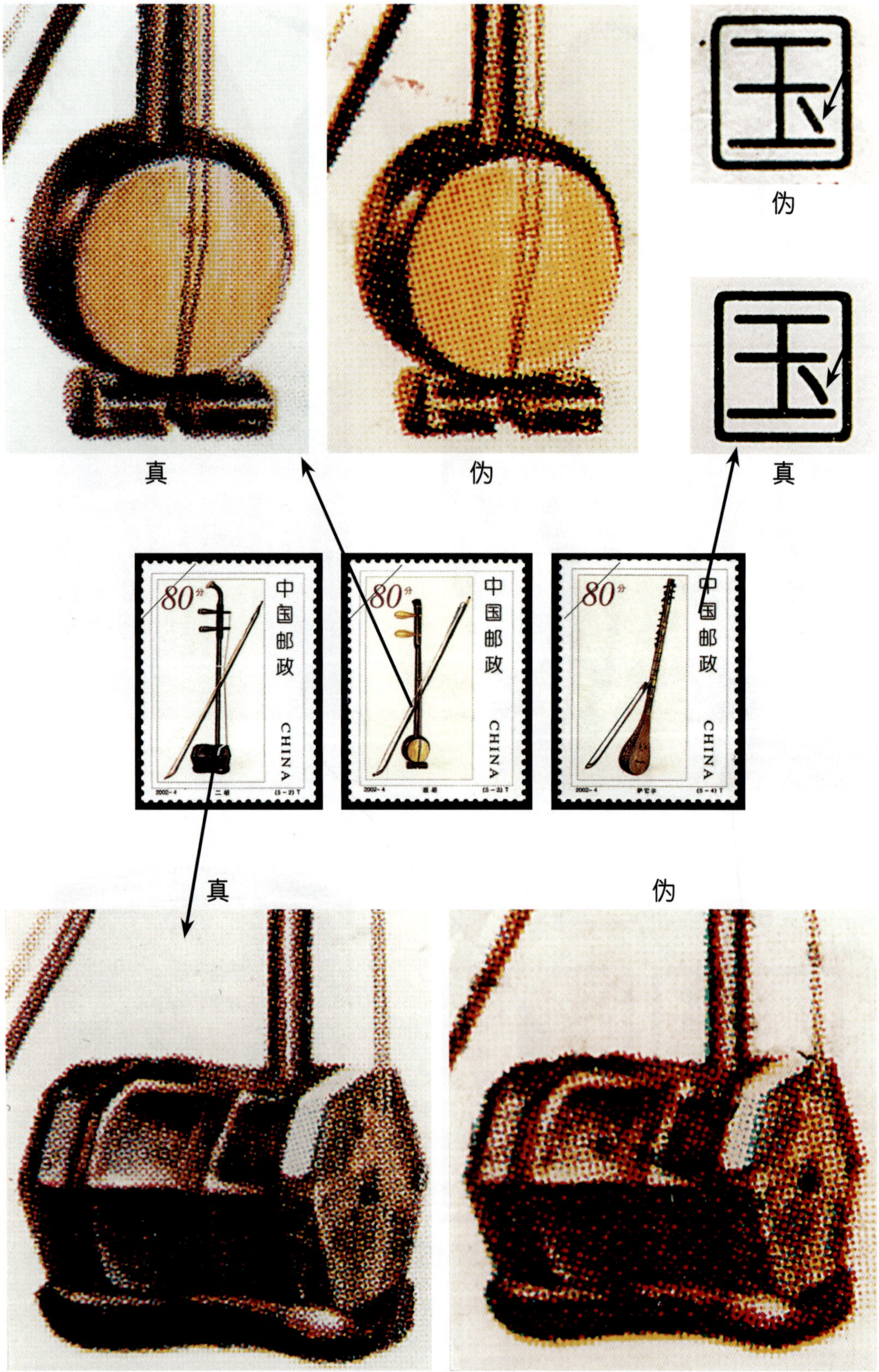

图154

2002–20　中秋节（T）

农历八月十五日是中华民族传统的中秋节。中秋，原意为“秋天中间”，又称仲秋。仲，也是中间、居中的意思。农历以七、八、九3个月为秋季，八月在秋季中间，古人便称八月为“中秋”。中秋节源于一种非常古老的日月崇拜的宗教礼俗，拜月的目的是为了祈求月神保佑自己幸福长寿、家庭团圆。而由古代传承下来的有关月宫的神话，既有偷吃不死之药奔月的嫦娥、蟾蜍、玉兔，又有因学仙有过被贬到广寒宫不停地砍桂树的吴刚，使得中秋赏月更具有一种浪漫色彩和艺术美感。实际上，每逢中秋佳节，月亮又圆又大，天高气爽，月光如水，全家团聚在一起，吃着如月亮般圆圆的月饼，品尝着新鲜香甜的时令水果，也洋溢着对劳动丰收的喜悦之情。

2002年9月21日，为了弘扬中华民族古老的文化传统，中华人民共和国国家邮政局发行一套《中秋节》特种邮票，全套3枚。志号为2002–20（T）。邮票票幅规格30毫米×40毫米。（3–1）面值80分，发行量1290万枚，图案为“团圆”；（3–2）面值80分，发行量1280万枚，图案为“赏月”；（3–3）面值2元，发行量1180万枚，图案为“月为媒”。于新生设计。影写版。齿孔11.5度。整版枚数版式一为20（4×5）枚，版式二为9枚（3枚连印）。北京邮票厂印制。

这套邮票版式一的大版票发行量已不算少，再加上版式二的小版票发行了150万版，发行量就很多了。因此，在邮票发行之后，因全套票中有一枚2元高值邮票，大版票很快便成为打折票。不法分子为牟取暴利，便乘机用高科技制版，采用与2002–20（T）邮票真品相同的荧光纤维纸，胶版印制出大批伪品，在市场上打折出售。伪品打有与真品相同的齿孔度，采用与真品相同的荧光纤维纸，每枚伪品上也同真品一样喷印有荧光号码，刷色又十分逼真。因此，这种伪品不仅欺骗了邮政，被大量用于通信，也轻易地使有些集邮者和邮资票品投资者上当受骗。

那么，应该怎样来鉴别2002–20《中秋节》（T）邮票的真伪呢?

① **看版别和刷色**　真品采用荧光纤维纸、荧光喷码、荧光防伪油墨3项防伪措施，用影写版印制，其各色印刷网点均为菱形空心状，刷色网纹夹角均呈45°；色彩纯正、瓷实；文字边缘呈锯齿状。伪品为达到以假乱真的目的，也采用荧光纤维纸、荧光喷码的“防伪”措施，胶版彩印，各种刷色网纹夹角不同，红色网纹夹角呈现75°，蓝色呈15°；文字采用胶版实印，笔画边缘整齐，用高倍放大镜就可看得一清二楚（见图155）。

② **看邮票图案的边框线**　真品边框线采用影写版印制，边框线的边上呈锯齿状毛茬儿；伪品采用胶版实印，边框线边上整齐。

③ **用紫光灯鉴别**　在紫光灯照射下，真品邮票上的黄底色呈现明亮的荧光；伪品则不呈现荧光。这里有必要提醒集邮者警惕，要提防造假者再伪造时，也采用黄底色荧光油墨来充真、乱真!

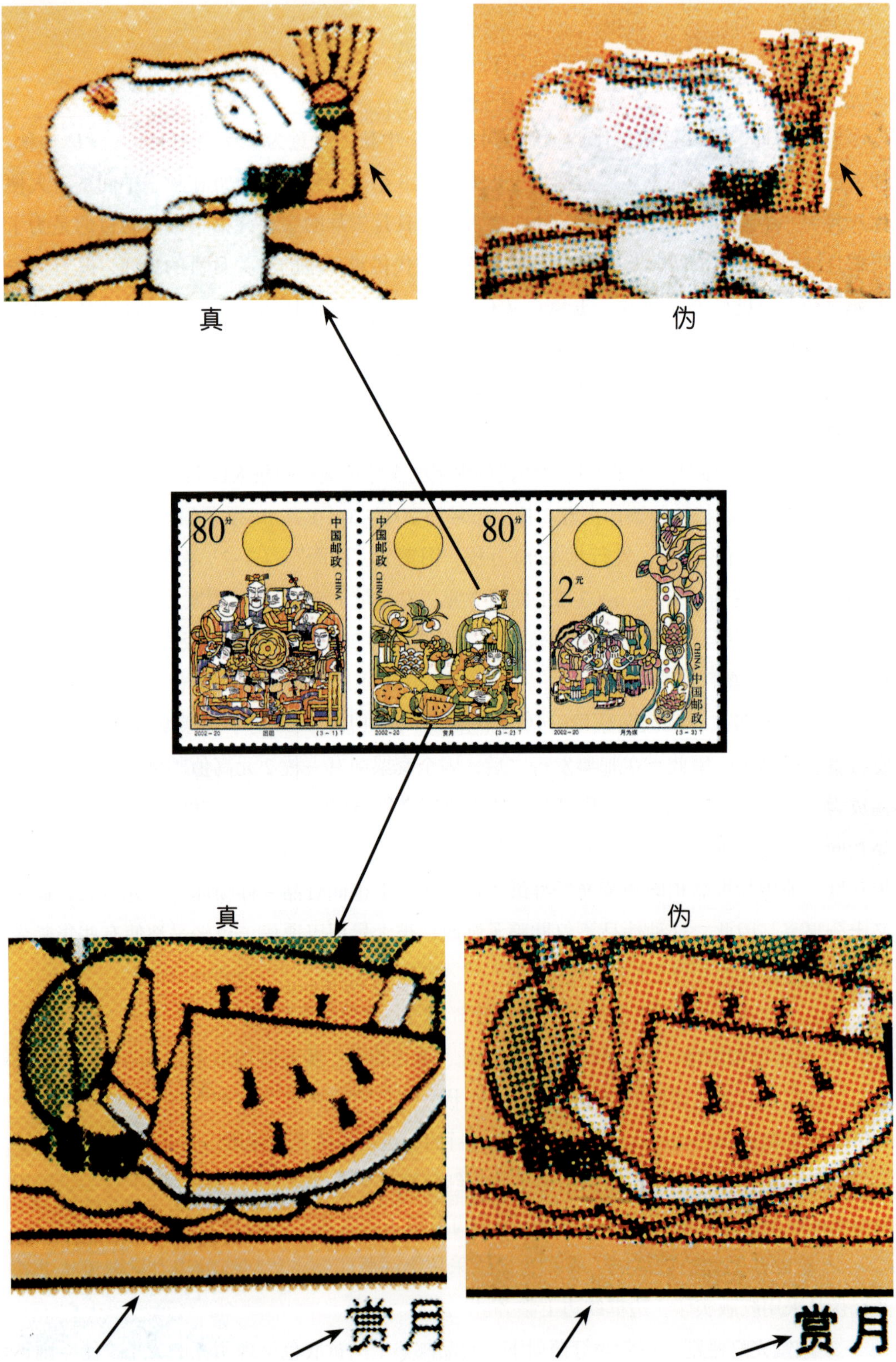

图155

2002–24　彭真同志诞生一百周年（J）

彭真（1902 ~ 1997）原名傅茂公，山西省曲沃县人。1923年加入中国共产主义青年团，同年转为中国共产党党员。第一次国内革命战争时期，曾任共青团太原地委书记，中共天津地委第一、第二、第三部委书记，天津地委组织部长。第二次国内革命战争时期，任中共唐山市委书记、天津市委书记，中共北方局组织部长等职。抗日战争时期，任中共中央北方局委员，晋察冀分局书记，中央组织部代理部长，中央组织部长等职，在中共七大和七届一中全会上，分别当选为中央委员会委员和政治局委员。解放战争时期，任中共中央书记处候补书记，中共中央东北局书记，中共北平市委书记等职。中华人民共和国成立后，任中央人民政府委员，北京市市长，中共北京市委第一书记，中央书记处书记，中共中央政法小组组长。1954年起，任第一、第二、第三届全国人大常委会副委员长兼一、二届秘书长，同时担任第二、三、四届政协全国委员会副主席。“文化大革命”中受到错误批判和迫害。1979年平反后，任五届人大常委会副委员长，全国人大常委会法制委员会主任委员，中共中央政治局委员，中央政法委员会书记等职。1983年6月，在第六届全国人大第一次会议上被选为全国人大常务委员会委员长。1997年4月26日在北京逝世，享年95岁。

2002年10月12日，为纪念彭真同志诞生一百周年，中华人民共和国国家邮政局发行纪念邮票一套2枚。志号为2002–24。（2–1）改革开放时期的彭真同志；（2–2）抗日战争时期的彭真同志。邮票面值均为80分。票幅均为30毫米 ×40毫米。齿孔11.5度。（2–1）发行量1100万枚；（2–2）发行量1090万枚。邮局全张20枚。影写版。钱忠平、朱振庚设计。北京邮票厂印制。

这套邮票发行以后，在邮市低迷的情况下，很快跌入打折票行列。于是造假者乘机利用电脑高科技制版，用与真品相似的纸张，胶版伪造出十分逼真的赝品，打折出售，用来欺骗邮政和广大集邮者。由于制作逼真，用于通信畅通无阻，邮政人员难辨其真伪。

那么，应该怎样来辨别2002–24（J）邮票的真伪呢?

① **看版别**　真品采用影写版印制，其网点为大小相同的空心状，文字笔画边缘呈毛茬状；而伪品采用胶版印制，网点呈实心状，文字采用实印，笔画边缘整齐（见图156）。

② **看志号和铭记**　采用影写版印制的真品，其邮票底色和邮票上的图案和文字的刷色，网纹夹角均为45°；伪品在采用胶版伪造时，为了逼真，其票面底色和图案刷色的网纹夹角，也均为45°，但二者的网点特征不同。由此所呈现的志号和铭记，也呈现出明显的不同。

③ **用紫光灯鉴别**　在紫光灯照射下，由于真品、伪品均用荧光纤维纸印制，票面上均喷印有荧光数码，二者的票面特征，无明显区别；用紫光灯照射邮票背面，真品纸面上所呈现的荧光纤维丝，要比伪品多而密。

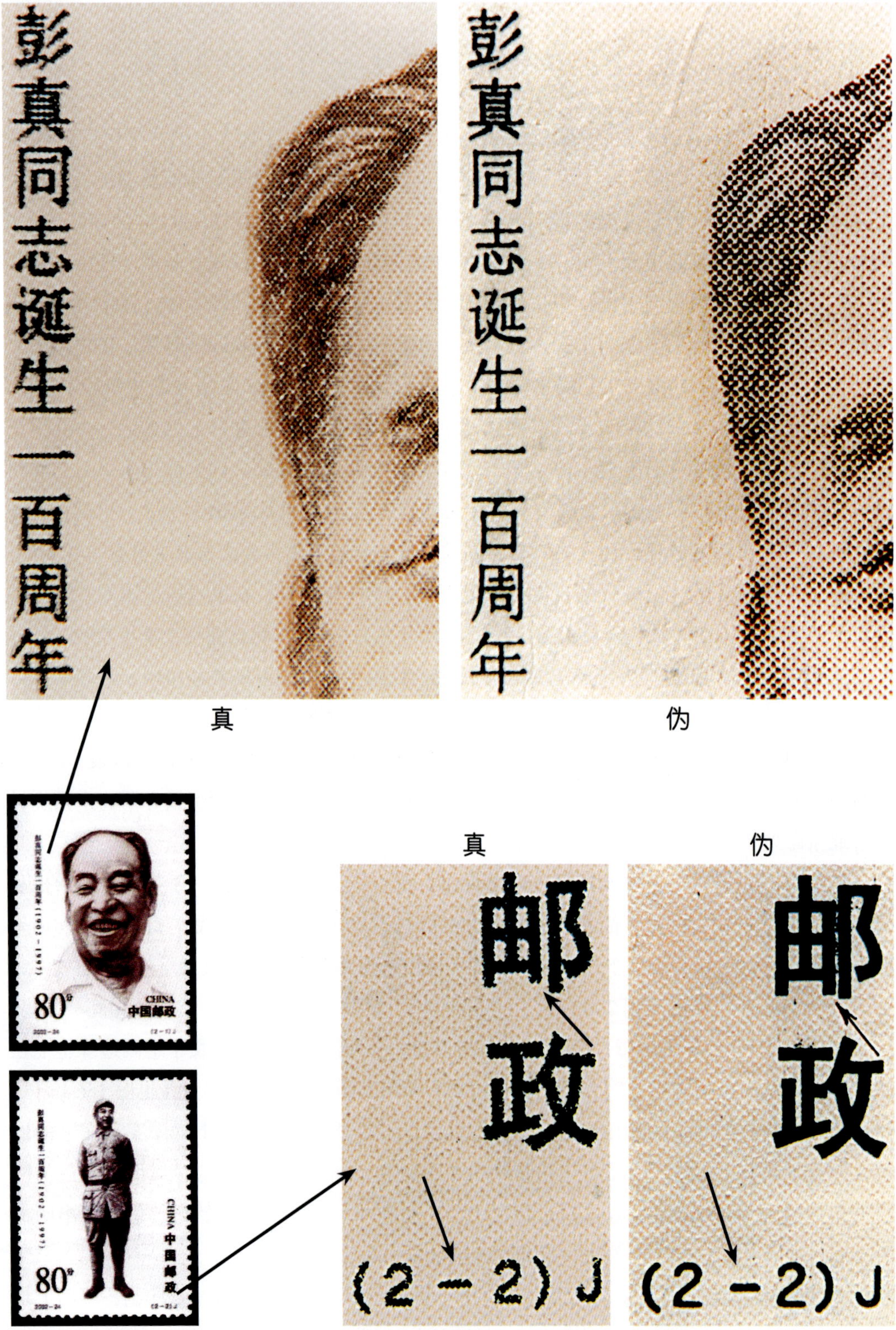
彭真同志诞生一百周年
真
彭真同志诞生一百周年
伪
80分
CHINA
中国邮政
80分
CHINA
中国邮政
真
伪
邮政
(2－2)J
邮政
(2－2)J

图156

2003-1 癸未年（T）

公历2003年也是中国农历癸未年，未羊，也称羊年。凡是在农历这一年出生的人都属羊。

2003年1月5日，为了庆祝中华民族传统的春节，中华人民共和国国家邮政局发行一套《癸未年》特种邮票，志号2003-1。全套2枚。王虎鸣设计。影雕套印。李庆发、姜伟杰雕刻。齿孔11.5度。背面刷胶。版式一：邮局全张枚数32（8×4）。版式二：邮局全张枚数8枚，居中有一枚过桥剪纸（每图各自为一版），发行量80万版，尺寸规格120毫米×140毫米，刘静兰（过桥剪纸），王虎鸣（边饰）。版式三：邮局全张枚数6枚（每图各自为一版），尺寸规格92毫米×142毫米，发行量230万版。王虎鸣（边饰）。为2003年中国邮政贺年（有奖）明信片三等奖赠品。北京邮票厂印制。

这套邮票是中华人民共和国国家邮政局发行的第二轮十二生肖系列邮票的第十二套，全套2枚。（2-1）“癸未大吉”：面值80分，票幅规格26毫米×31毫米，发行量4620万枚，图案采用了陕西省凤翔县纸坊镇六营村泥塑艺人胡新明、胡深的工艺作品《凤翔泥塑花羊》。（2-2）“三阳开泰”：面值2元，票幅规格26毫米×31毫米，发行量3800万枚；图案采用了刘静兰的剪纸羊作品，设计者将两只剪纸羊与汉字楷体“羊”组合为一体，构成“三羊”的图形。

这套邮票是第二轮生肖邮票的最后一套，也是发行量最少的一套票。但在邮市长期低迷时，其表现也很一般。2011年邮市回暖之后，生肖邮票成为邮市上的热门品种。第二轮生肖邮票全部24版版票，在2000-1庚辰年龙版票带动下，售价高达万元。造假者为牟取暴利，便乘机利用高科技制版，用防伪纸张原大、原色胶版印制出全部第二轮24版版票，在邮市和互联网上鱼目混珠，高价出售，使不明真相的集邮者和邮资票品投资者上当受骗。他们购买后，经笔者鉴定过的2种第二轮生肖版票均是伪品。这里仅选其中2003-1癸未年邮票伪品中的1种，谈一下鉴定方法。

① **看版别** 用高倍放大镜观察2003-1癸未年邮票，真品采用影雕套印，影写版各种刷色网纹夹角均呈45°，网点大小相同，呈中空状或中间色浅状，刷色纯正，雕刻版线条清晰，凸出纸面；伪品采用胶版印制，各种刷色网纹夹角各不相同，套印的刷色混杂，无雕刻版特征，在版别上与真品存有明显的不同（见图157）。

② **量齿孔** 真品2003-1癸未年邮票齿孔为11.5度；伪品则为12.5度。

③ **用紫光灯鉴别** 真品在紫光灯照射下，白色纸面呈现蓝色荧光纤维；伪品则呈现四色彩点荧光。

图157

2003-4 百合花（T）

百合为百合科百合属植物。多年生草本，地下鳞茎近球形。分布于北半球温带地区，全球已发现115种，其中有55种产于中国；在55种中，有35种为中国特有种。在我国，百合的种植资源丰富，遍及全国，尤其以云南、四川的中高山地区最为丰富。百合地下球形鳞茎直径2～5厘米左右，由多数肉质鳞片相垒叠，有百片合成之意，故名百合。其鳞片紧紧相抱，被人们寓意团结友好的象征，每逢佳节喜庆，相互馈赠，寓意"百年好合"。百合茎直立，高达1米左右，花1至数朵生于茎端，夏季开花，花朵大而艳丽。按花型、雄蕊伸出方向、叶序等形态特征分为4个组（类群）：百合组、钟花组、卷瓣组、轮叶组。花被片6枚，两轮，花色多为白色，也有红、紫、粉、黄、绿色等。用鳞茎繁殖。鳞茎供食用制淀粉及药用；花供观赏。鳞茎入药，性微寒、味甘，功能润肺止咳、清心安神，主治劳嗽咳血、虚烦惊悸等症。百合花姿典雅圣洁，是人们十分喜爱的名贵花卉之一。

2003年3月5日，中华人民共和国国家邮政局发行了一套《百合花》特种邮票，全套4枚。志号为2003-4（T）。同时发行1枚小型张。邮票（4-1）"大理百合"，面值60分，发行量1130万枚；（4-2）"匍茎百合"，面值80分，发行量1280万枚；（4-3）"东北百合"，面值80分，发行量1260万枚；（4-4）"尖被百合"，面值2元，发行量960万枚。小型张"宜昌百合"，面值8元，发行量920万枚。邮票规格为40毫米 ×30毫米。齿孔13度 ×13.5度。整版枚数：版式一为20（5×4）枚；版式二为10枚，发行量68万版。影写版。曾孝濂、杨建昆设计，北京邮票厂印制。

这套2003-4《百合花》（T）邮票发行之后，其中版式一版票即跌入打折邮票行列，是2003年发行的邮票中率先在邮市上跌入打折出售的邮票。这就使造假者有机可乘。因为现今造假者选取造假的对象主要有两种：一种为邮市上正热炒的邮资票品，因真品被炒上天价，伪造的假品比真品价低，浑水摸鱼，更好出手；另一种是邮市上打折的邮资票品，迎合人们买便宜的心理，用伪品搞鱼目混珠，低价倾销。邮市上出现的2003-4（T）《百合花》邮票的伪品，主要是用做通信的面值60分、80分邮票。真品采用影写版印制，伪品则利用高科技制版，用胶版模仿影写版的某些特征，依照版式一（整版20枚）来仿制《百合花》邮票。造假者很专业，伪造技术高超。伪品采用与真品相同的荧光纤维纸印制，刷色精美；每枚邮票上均同真品一样，喷印有无色荧光数码；整版版式和邮票打孔方式也与真品一样，齿孔度也一样；为造成在邮市上违规出售的假相，伪品版票也同真品一样，特地将全张票右上角喷印有黑色数码的版号部位剪裁去，以便充真，在邮市上倾销。这种利用高科技伪造出的能乱真的伪品，其成功率当然要比先期粗制滥造的伪品要高。这也是造假者最近使用的新手段。对这种足以能乱真的伪品的鉴定，不要说缺乏鉴定经验的集邮者，就是有一定鉴定经验的集邮者，单凭直观也难辨其真伪，因此，一定要借助30倍以上的放大镜来进行鉴别。

那么，应该怎样来鉴别 2003-4《百合花》(T) 的真伪呢?

① 看版别与网纹夹角 真品《百合花》邮票采用影写版印制，其印刷网点呈菱形中间空心状，大小均相同；各种刷色的网点纹角均呈 45°。伪品则用胶版印制，其印刷网点呈圆形实心状、大小不相同（色深处网点大、色浅处网点小）；各种刷色的网纹夹角各不相同，分别为 0°、15°、45°、75°。造假者巧妙地利用胶版铺网来模仿影写版特征，使不太熟悉版别特征的集邮者，极易上当受骗。区别这两种版别最重要的是看印刷网点和网纹所呈现的夹角不同。有时胶版铺网所印出的网点虽然看上去网点大小也相同，与影写版网点很近似，但胶版网点是实心的，而影写版网点则是空心的。如 2003-4《百合花》(T) 邮票 (4-1)“大理百合”，其花蕊红色网点特征（见图 158）。邮资票品的版别鉴定，可以“一票否决”。也就是说版别与真品不同，此邮资票品必假无疑。

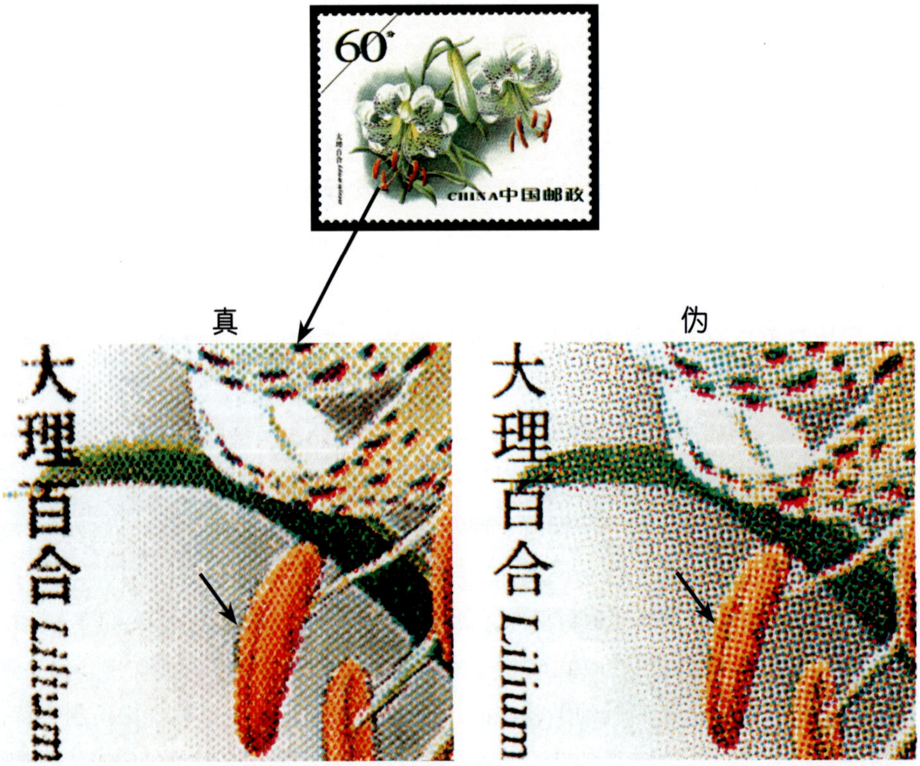

图158

② 看英文铭记“CHINA” 真品 2003-4《百合花》(T) 铭记用影写版印制，笔画边缘呈锯齿状，单个网点呈空心状；伪品采用胶版印制，用网纹模仿影写版特征，交织的网线中间呈“空心”状，边缘呈“锯齿”状，但显得粗糙（见图 159）。

③ 看版票边上的厂铭 真品 2003-4《百合花》(T) 版票上的厂铭“北京邮票厂”，影写版特征很明显；伪品版票上的厂铭，用胶版实印，无影写版特征（见图 160）。

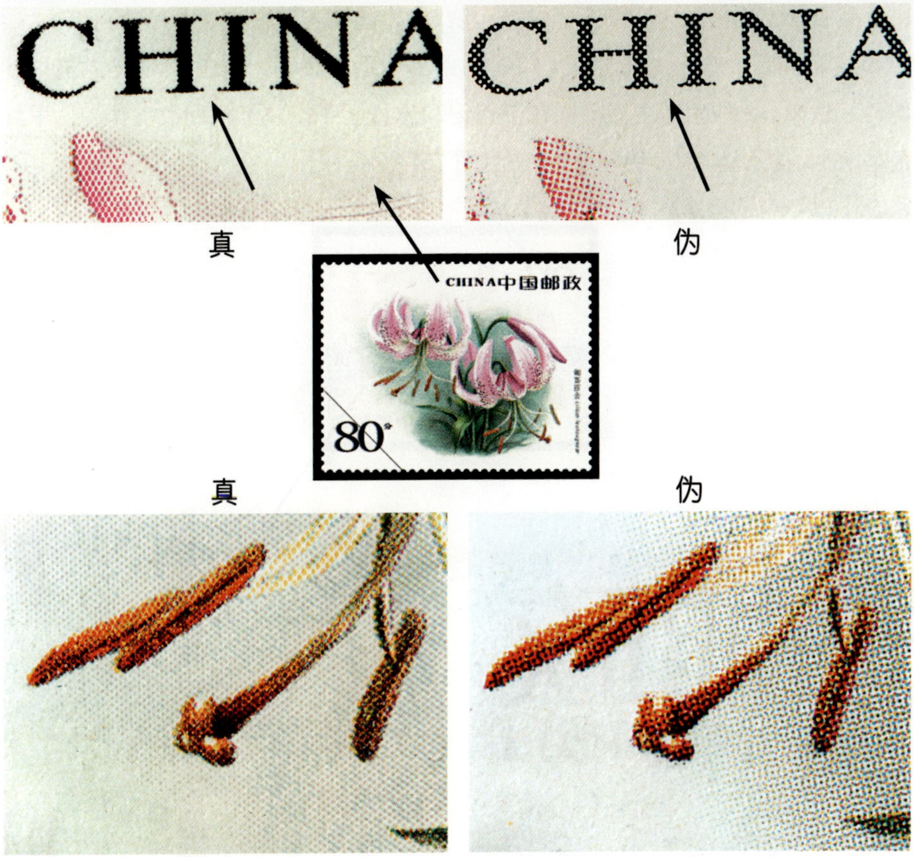

图159

④ 用紫光灯鉴别 真品2003-4《百合花》(T)采用黄色防伪荧光油墨印制，每一枚票上都喷印有无色荧光油墨版号，在紫光灯照射下，有防伪荧光油墨印制的花叶和花朵，均呈现明亮的黄绿色荧光，喷印的数码呈亮白色荧光，数字可读；伪品在每一枚邮票上也均喷印有无色荧光数码，在紫光灯下，也再现与真品相同的亮白色荧光，数字可读，但“百合花”图案刷色，未采用荧光油墨，在紫色灯照射下，花叶和花朵不呈现荧光。还有，伪品版票上的厂铭，采用荧光油墨印制，在紫光灯下呈现红色

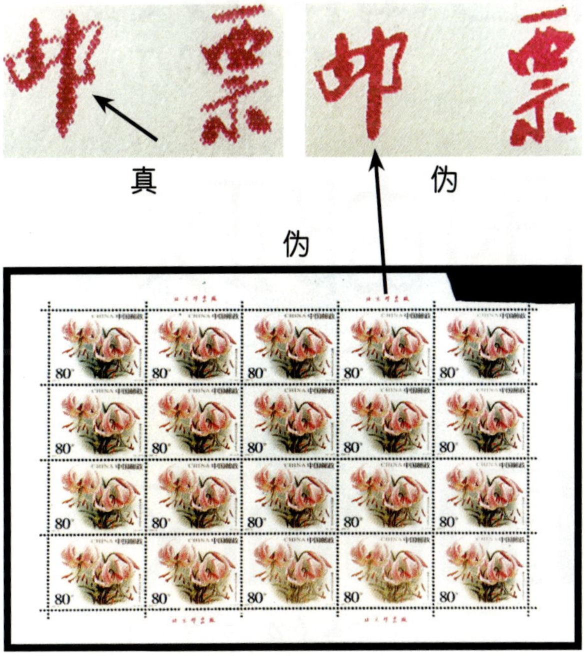

图160

荧光；真品版票上的厂铭未采用荧光油墨印制。

值得注意的是 2003–4《百合花》（T）邮票其伪品有多种，其中（4–3）共有 3 种，伪甲、伪乙、伪丙，3 种伪品主要不同在于铭记和志号文字以及红色网纹夹角，伪甲红色网纹夹角呈 75°、伪乙呈 45°、伪丙呈 15°（见图 161）。

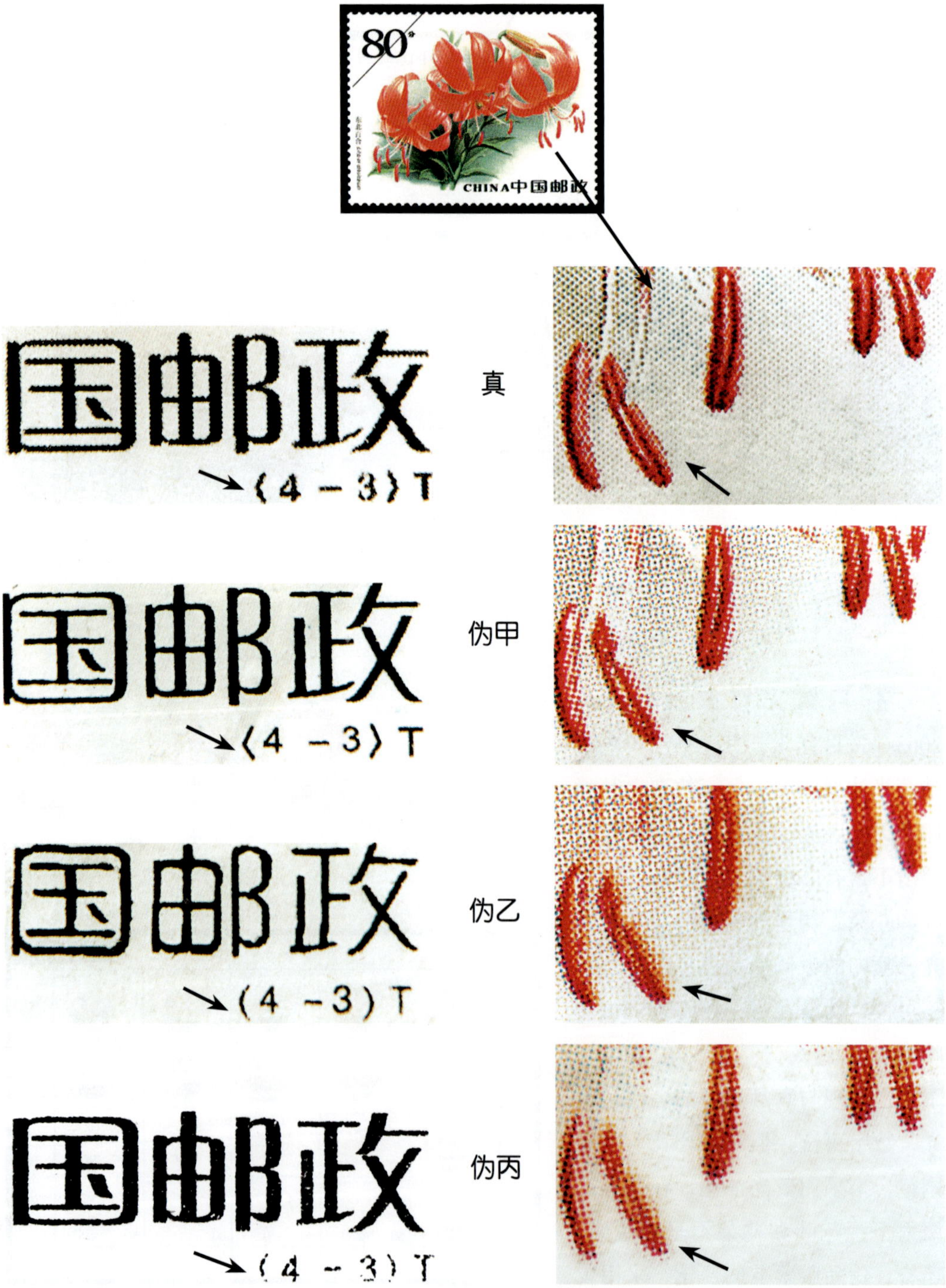

图161

2003-6 钟楼与清真寺（中国和伊朗联合发行）（T）

中国古代，一般城市及寺院都建有钟鼓楼，悬钟置鼓以报时。至今已有 3100 多年历史的古城西安，早在公元 741 ~ 743 年（唐开元二十九年 ~ 天宝二年），便在迎祥观临街动工兴建了一座钟楼，悬景云钟于楼内。公元 755 年（唐天宝十四年），“安史之乱”中迎祥观和钟楼毁于战火。公元 1384 年（明洪武十七年），在迎祥观原址重建一座钟楼，当时的位置正处长安城的中心。百余年间，随着长安城向东扩建，钟楼位置逐渐西偏。公元 1582 年（明万历十年），钟楼被整体拆迁至今址，并将景云钟移至其上。楼以钟名，钟因楼鸣，自此钟楼成为长安城的中心建筑。钟楼承袭明代建筑风格，砖木结构，由地面至楼顶高 36 米。基座呈正方形，高 8.6 米，宽 35.5 米。楼身呈正方形，边长 22 米，高 26 米。整个钟楼占地面积为 1377.4 平方米。顶端为刹顶和顶座，高 5 米，刹顶为木质内芯，外裹黄金锤制的金箔，金光灿灿，耸入云天。钟楼现已成为西安城的象征，被国务院列为全国重点文物保护单位。

伊朗位于亚洲西南部的伊朗高原上，是一个多民族的伊斯兰国家。伊朗石油储备丰富，已探明的石油储量约占世界总储量的 10.4%，居世界第四位。伊斯法罕是伊朗第三大城市，16 世纪末 ~ 18 世纪初，已成为东西方贸易的集散地，是古代“丝绸之路”南路途经的要站。卢图福拉教长清真寺坐落于伊斯法罕市中心皇家广场（现名“伊玛姆广场”）东侧。卢图福拉教长是一位宗教领袖，深得阿巴斯沙阿一世尊敬，故将这座风格独特的寺院命名为“卢图福拉教长清真寺”。该寺入口处门廊建于公元 1603 年，其他部分建成于公元 1621 年。该寺与其他清真寺的明显区别在于，它没有庭院和尖塔，只有一座拱形顶的诵经堂，而且内部和外部都采用最精美的马赛克瓷砖进行装饰，并配以奶油色的背景。清真寺的阿拉伯文原名为“麦斯吉德”，意为“礼拜安拉处所”；也称“白屯拉”，意为“安拉的宅第”。清真寺是伊斯兰教徒做礼拜的场所，也称“礼拜寺”。实际上，“清真”二字是伊斯兰的汉文意译，“清真寺”是一种具有中国文化特点的名称，中国和伊朗是两个文明古国，中伊两国人民之间有着多年友好交往的历史。1989 年 5 月 6 日，位于“丝绸之路”上的中国古都西安与伊朗“丝绸之路”南路上的要站伊斯法罕结为友好城市，再续中伊两国之间的友谊。

2003 年 4 月 15 日，为了增进中伊两国人民之间的友谊，中华人民共和国国家邮政局和伊朗伊斯兰共和国邮政公司联合发行了一套《钟楼与清真寺》特种邮票，全套 2 枚。志号为 2003-6（T）。殷会利、甄明舒、希尔德（伊朗）设计。齿孔 13 度 ×13.5 度。影写版北京邮票厂印制。邮票票幅规格 40 毫米 ×30 毫米。整张枚数版式一为 20（4×5）枚，版式二为 8 枚（2 枚连印）。（2-1）面值 80 分，发行量 890 万枚，图案为“西安钟楼”；（2-2）面值 80 分，发行量 850 万枚，图案为“伊斯法罕清真寺”。

这套 2003-6《钟楼和清真寺》（T）邮票均为面值 80 分的低面值，大版票发行量不足 900 万套，小版票也仅有 50 多万版。不法分子为牟取暴利，便利用电脑高科技，伪造出可

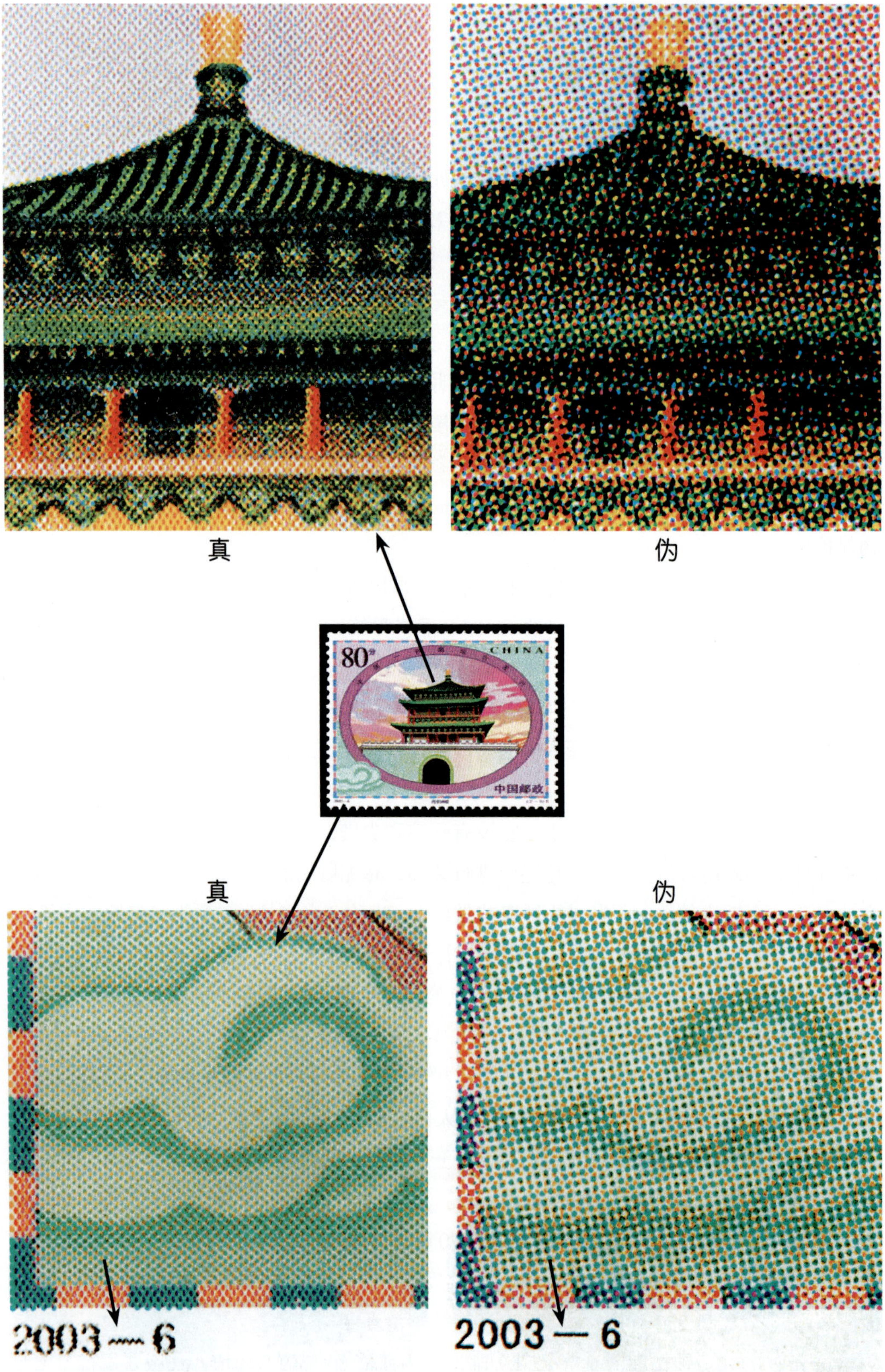

图162

真

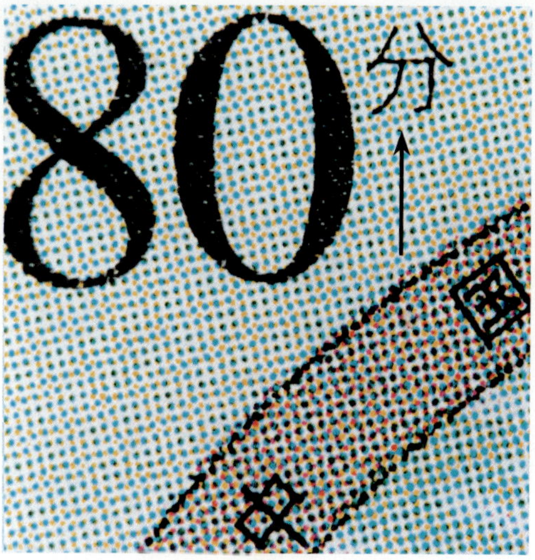

伪

真

伪

图163

以乱真的伪品，不仅装进集邮年册里欺骗广大集邮者，而且还广为推销，用于通信贴用，欺骗邮政。伪品采用荧光纤维纸胶版印制，刷有背胶，打有与真品相近似的齿孔，每枚邮票上也同真品一样，均喷印有无色荧光号码，在紫光灯照射下，号码呈现荧光。因伪品与真品相比，除版别不一样外，其他均都逼真。难怪有许多人从市场上打折购买到这种伪品用于通信，被一些邮局视为真品而放行。更为可怕的是，这种伪品还钻进集邮年册里，欺骗集邮者和邮票收藏者没商量。

那么，应该怎样来鉴别 2003-6《钟楼与清真寺》（T）邮票的真伪呢？

① **看版别** 2003-6《钟楼与清真寺》（T）邮票真品采用影写版印制，其印刷网点呈中心空的菱形状，网点大小相同，各种刷色的网纹夹角均呈 45°；伪品采用胶版印制，网点呈实心圆状，大小不相同，各种刷色的网纹夹角均不相同，交织在一起显得很杂乱，图案的层次不够清晰，显得模糊（见图 162）。

② **看面值** 真品 2003-6（T）《钟楼与清真寺》面值“80 分”采用影写版印制，影写版特征明显；伪品采用胶版印制，与真品存有较明显的区别，特别是“80 分”中的“分”字（见图 163）。

③ **看志号** 真品 2003-6《钟楼与清真寺》（T）邮票志号“2003-6”采用影写版印制，其“-”呈锯齿状；伪品采用胶版实印，“-”呈一字状。

④ **用紫光灯鉴别** 在紫光灯照射下，真品 2003-6《钟楼与清真寺》（T）中（2-1）“西安钟楼”邮票，其印面值的左上角与印“中国邮政”的右下角淡紫色部位，均呈现亮黄色荧光；（2-2）“伊斯法罕清真寺”邮票，其印“CHINA”的右上角与左下角的淡紫色部位，均呈现亮黄色的荧光。伪品在上述各部位，均无荧光反应。

2003–16 少数民族传统体育（T）

我国的少数民族传统体育有着悠久的历史和传统，人们在运动中强身健体，净化心境，其绚丽多姿的运动形式经久不衰。现在，传统体育不仅已成为少数民族生活中不可缺少的一项生活内容，而且也已成为我国体育事业的一个重要组成部分。我国政府高度重视少数民族传统体育的发掘和发展。2003 年 9 月 6 ~ 13 日，由国家民族委员会、国家体育总局主办，宁夏回族自治区承办的中华人民共和国第七届少数民族传统体育运动会，在银川市和石嘴山市举行，设竞赛项目 14 项，表演项目 124 项。

2003 年 9 月 5 日，为了祝贺第七届少数民族传统体育运动会顺利举行，中华人民共和国国家邮政局发行了一套《少数民族传统体育》特种邮票，志号为 2003–16。全套 4 枚。同日发行了一枚小全张。殷会利设计。影写版。齿孔 13 度 ×13.5 度。北京邮票厂印制。邮票规格 40 毫米 ×30 毫米。小全张尺寸规格 120 毫米 ×80 毫米，售价 5 元。版式一：20 枚。版式二：8 枚（其中第 1、2 图各 4 枚连印为一版；第 3、4 图各 4 枚连印为一版）。版式一中（4–1）面值 80 分，发行量 920 万枚，图案为蒙古族的“摔跤”；（4–2）面值 80 分，发行量 920 万枚，图案为藏族的“响箭”；（4–3）面值 80 分，发行量 920 万枚，图案为维吾尔族的“赛马”；（4–4）面值 80 分，发行量 870 万枚，图案为朝鲜族的“秋千”。版式二小版张，各发行 60 万张。小全张发行量 820 万枚。

这套邮票面值虽然均为 80 分的低面值，但连同版票、小版票、小全张总的算起来，其发行量已相当高。发行不久，便跌入打折票行列。不法分子为牟取暴利，利用高科技，伪造出大批比较逼真的伪品，乘机在邮市上打折出售，大量用于通信，欺骗邮政。伪品采用荧光纤维纸胶版印制；打有与真品相同的齿孔度；喷印有荧光数码；刷色也同真品一样。

那么，应该怎样来鉴别 2003–16（T）邮票的真伪呢？

① 看板别 真品采用影写版印制，网点形状呈菱形空心状，网纹夹角各种刷色均呈 45°，刷色纯正；伪品采用胶版印制，网点呈大小不一或相同的圆形实心，各种刷色的网纹夹角各不相同，黄色网纹夹角为 0°，蓝色网纹夹角为 15°，红色网纹夹角为 45°，黑色网纹夹角为 75°（见图 164）。

② 看面值、铭记和志号 真品上的面值“80 分”中的“分”字，笔画较粗，为宋体字；伪品上的面值“80 分”中“分”字笔画较细，为等线体，二者有明显的不同。真品志号和铭记均具有影写版特有的特征，文字笔画边缘呈锯齿状；伪品采用胶版印制，在笔画特征上与真品存有明显的不同。

③ 用紫光灯鉴别 2003–16（T）真品采用防伪荧光油墨印制，在紫光灯照射下，整个票面上呈鲜亮的粉红色荧光反应；伪品在紫光灯照射下，票面上无鲜亮的粉红色荧光反应。

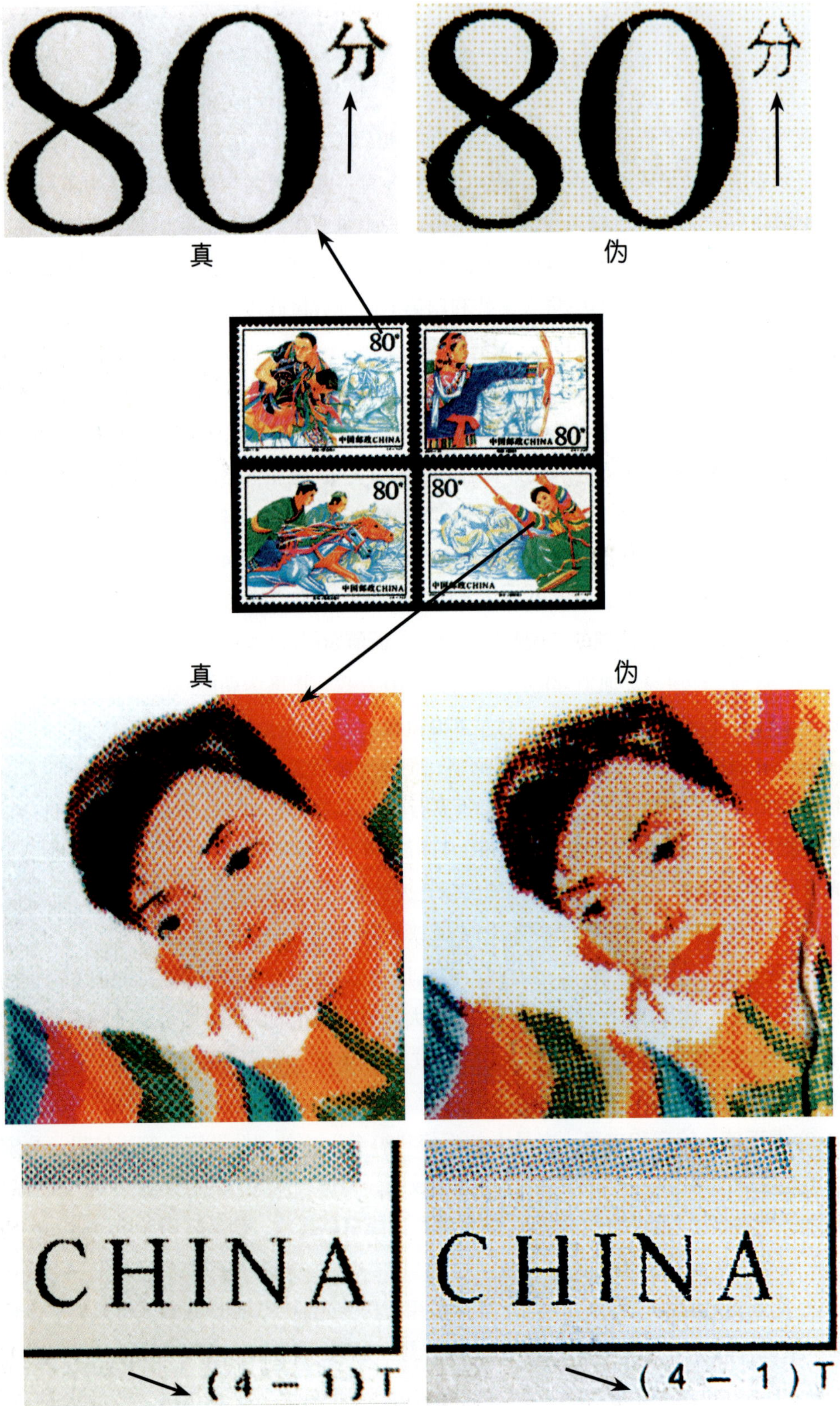

图164

2003-23 中国2003第十六届亚洲国际邮票展览（小版张）（J）

2003年11月20～24日，为纪念中国大龙邮票发行125周年，促进中国邮政和集邮事业的全面发展，促进中国西部大开发建设，促进亚洲、大洋洲各国和地区集邮文化的交流，增进友谊和了解，经中国政府批准，并经亚洲集邮联合会通过，中国在四川省绵阳市举办了“中国2003第十六届亚洲国际邮票展览”。这是我国在新世纪首次举办的一次国际性邮票展览。此次邮展第一次囊括了国际集邮联（FIP）倡导的全部14个集邮类别，即锦标赛类、传统集邮类、邮政历史类、邮政用品类、航空类、航天类、专题集邮类、极限集邮类、印花类、青少年集邮类、集邮文献类、现代集邮类、开放类、一框集邮类，共计邮集277部1500框，集邮文献100部。展品中有中国邮集159部，文献90部。竞赛性的14个类别共评出大金奖5个（中国2个）、金奖23个（中国9个）、大镀金奖49个（中国28个）、镀金奖74个（中国45个）、大银奖53个（中国21个）、银奖49个（中国31个）、镀银奖61个（中国42个）、铜奖30个（中国17个）、证书1个。

2003年11月20日，为了祝贺“中国2003第十六届亚洲国际邮票展览”在四川省绵阳市顺利举行，中华人民共和国国家邮政局发行了一套纪念邮票，志号2003-23。全套1枚。王虎鸣设计。影写版。北京邮票厂印制。齿孔13度，四角打有“十”字异形孔。邮票票幅规格36毫米×36毫米，面值80分，发行量1200万枚。邮票图案为1990年2月16日出土于四川省绵阳市郊何家山东汉崖墓的青铜马形象。版式一：邮局全张枚数20（5×4）；版式二：8枚，发行量50万版；另外还发行200万版，加印中华全国集邮联合会会徽后特供全国集邮协会会员。

这套邮票发行之后，因有两种版式，其中版式二为8枚一版，是小版张。另外还发行了200万版加印有中华全国集邮联合会会徽的小版张，特供全国集邮协会会员。因小版张发行量较少，发行之后，邮市上便出现了炒作，不久又被冷落下来。究其原因，是由于已有伪品潜入邮市。伪品出现，使真品受到冲击。尽管这起伪造2003-23（J）小版张的案件未被破获，但其伪造的赝品已经在邮政通信中被大量使用。笔者从收集到的一枚用于通信中的伪票特征，可以准确判断这是小版张下边一行中的某一枚，因伪品下边齿孔上带有小版张边饰的刷色，其他三边齿孔（上、左、右）均无这种情况（见图165）。这种伪品，采用高科技制版，胶版印制，打有同真品一样的齿孔度，四角同真品一样采用异形十字孔；票面上喷印有荧光数码；制作精细，刷色逼真。为能达到以假乱真的目的，造假者采用技术手段，尽量用胶版来模仿影写版的特征和效果。因此，对于鉴别邮资票品真伪经验不丰富的集邮者和邮资票品投资者，不容易辨其真伪，难免上当受骗。

那么，应该怎样来鉴定2003-23（J）邮票的真伪呢？

① **看版别** 真品采用影写版印制，伪品则采用胶版印制，尽管造假者在伪造时尽力用

80分
CH

真

80分
CH

伪

伪
中国邮政
80分
CHINA

伪

真

CHINA 2003
2003－23

伪

CHINA 2003
2003－23

图165

胶版来模仿影写版的特征和效果，但只要用高倍放大镜来仔细观察，就会发现真品与伪品有着本质的区别：真品影写版各种刷色的网纹夹角均呈 45°；伪品各种刷色的网纹夹角则不尽相同，如票面上的灰底色则呈 75° 夹角。

② 看邮票四个角的十字齿孔 真品在邮票四角各打有一个十字齿孔，伪品也同样在四角各打有十字齿孔，但真品的十字齿孔在四个角上所呈现的齿为圆弧状，而伪品则呈直角形（见图 165）。

③ 看纸质 真品采用荧光纤维纸印制，在紫光灯照射下，邮票上的白色纸面均呈现蓝色的荧光纤维丝；伪品则不是采用荧光纤维纸印制。值得提醒集邮者注意的是，要提防造假者今后也采用荧光纤维纸来重新伪造。

④ 看特殊部位 用高倍放大镜观察面值“80 分”，真品“80 分”文字采用影写版印制，网点夹角呈 45°；网点大小相同，呈菱形状；伪品采用胶版印制，利用网线来模仿影写版的特征和效果，尽管网线夹角呈 45°，但网线交叉所构成的呈反白的空白点，看上去形似呈 45° 夹角的网点，可其实质是“网孔”，同影写版的网点有着本质的不同。

2003-24 世界防治艾滋病日（小版张）(J)

艾滋病的全称为“获得性免疫缺陷综合征”，英文名简称 AIDS。此病由人免疫缺陷病毒感染而引起，导致被感染者免疫功能的部分或完全丧失，继而发生机会性感染、肿瘤等，最终导致死亡。艾滋病传播速度快、病死率高，目前尚无法治愈，因此，引起了各国政府和人民的关注。自 1981 年发现首例艾滋病病毒感染者至今，仅 20 多年，全球就有 4200 万人感染上此病。面对艾滋病的迅速蔓延，世界卫生组织于 1988 年 1 月在英国伦敦召开了“全球预防艾滋病规划”部长级会议，会上提出把 1988 年作为全球预防艾滋病年；把 12 月 1 日作为“世界同艾滋病斗争日”，简称“世界艾滋病日”，以此号召全世界人民行动起来，共同对抗艾滋病。1988 年世界艾滋病日的主题为“全球共讨，征服有期”。之后，每年“世界艾滋病日”均确定一个主题。

2003 年 12 月 1 日，在第 16 个“世界艾滋病日”到来之际，中国邮政发行了 2003-24《世界防治艾滋病日》纪念邮票 1 枚。2003 年“世界艾滋病日”的主题与 2002 年相同，为“相互关爱，共享生命”。邮票图案为“红丝带”；红丝带标志诞生于 20 世纪 80 年代末。在一次关于艾滋病的国际大会上，艾滋病病毒感染者和艾滋病患者齐声呼吁人们的理解，一条长长的红丝带被抛在会场上空，支持者们将其剪成小段，折叠好后别在胸前。红丝带在感染者眼中，意味着希望和未来；在志愿者胸前，意味着责任和使命。它象征着用“心”参与预防艾滋病的工作。邮票面值 80 分。邮票规格为 30 毫米 ×40 毫米。齿孔度数为 11.5 度 ×11 度。邮局全张版式一为 20（4×5）枚；版式二为小版张，8 套邮票，中间为过桥票，9(3×3)，其规格为 120 毫米 ×150 毫米。小版张发行量为 43 万版。陈绍华设计。影写版。北京邮票厂印制。

这套邮票发行之后，因其中版式二小版张仅发行了 43 万版，数量少，在邮市上比较紧俏。于是造假者便乘机利用高科技制版，伪造小版张来欺骗集邮者。这种小版张伪品采用与真品一样的蓝色荧光纤维纸和红色荧光油墨印制，与真品打有相同齿孔度，刷色相同，可以乱真；与真品存有不同的是版别不同，邮票上未喷印无色荧光数码，小版张边纸上未喷印黑色数码。

那么，应该怎样来鉴别《世界防治艾滋病日》小版张的真伪呢？

① **看版别** 真品采用影写版印制，其刷色网纹夹角均呈 45°；伪品采用胶版印制，其刷色黑色网纹夹角呈 45°，而红色网纹夹角则呈 75°，这从邮票图案红丝带上可分辨出二者的明显区别（见图 166）。

② **看志号、铭记和厂铭** 2003-24 真品志号、铭记和厂铭均采用影写版印制，文字边缘呈锯齿状，网点呈圆形中空状；伪品采用胶版仿影写版，志号文字边缘仿锯齿状，但网点大小不一，并呈实心状，用高倍放大镜仔细观察，即可看出它与真品的明显区别。

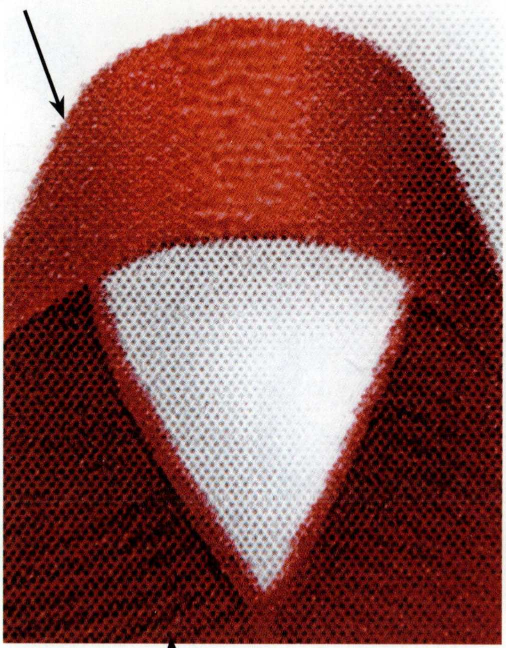

真

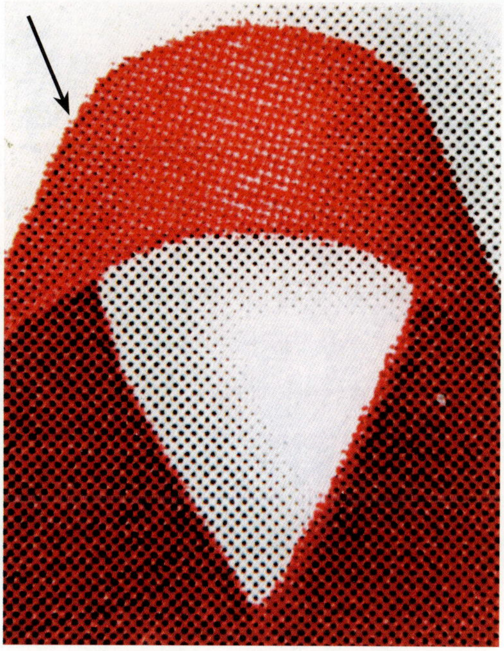

伪

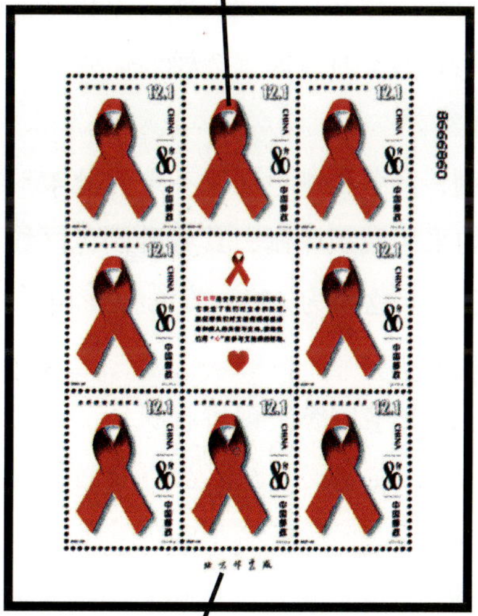

真

伪

真

伪

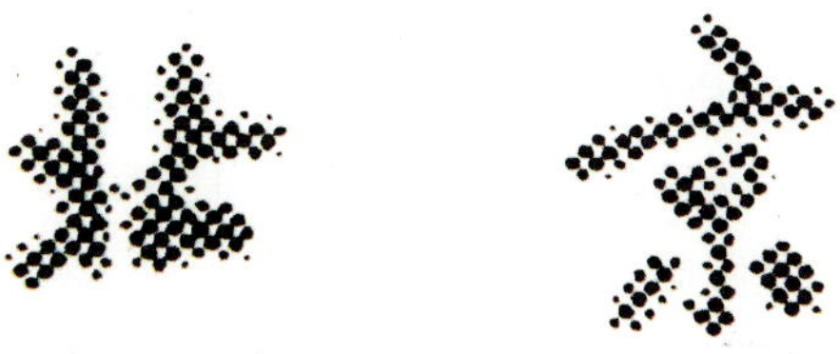

图166

2004-1 甲申年（大、小版票）（T）

2004年1月5日，为了庆祝新春佳节，国家邮政局发行了一套志号为2004-1《甲申年》特种邮票。全套1枚。这是我国发行第三轮生肖邮票的第一套。邮票规格为36毫米 ×36毫米。面值80分。齿孔13度（四边居中各有一个六角星形齿孔）。影写版。陈绍华设计。邮局全张枚数24（4×6）。发行量5200万枚。版式二：6枚，规格为128毫米 ×180毫米，发行量180万版。版式三：4枚，规格为120毫米 ×130毫米，用于赠送纪特邮票全额交款预订户。北京邮票厂印制。

这套邮票是我国发行的第三轮生肖邮票的第一套；是第三轮生肖邮票的“龙头”。就其总体发行量来说，并不算少。但在发行之后不久，市场上便出现了人为的“炒作”，致使《甲申年》大版票很快就突破了百元大关。多年来实践经验证明，邮市上炒作什么邮资票品，这种邮资票品的赝品很快就会在邮市上出现。这是因为邮市上的“炒作”，也为造假者利用赝品来进行“鱼目混珠”，提供了极为有利的机会。果然不出所料，造假者利用高科技，采用蓝色荧光纤维纸、黄色荧光防伪油墨、打有六角星异形齿孔，并在每枚邮票上同真品一样喷印有无色荧光数码；其版票边纸上同真品一样在相同部位印有相同的色标和喷印的数码，伪造出足以乱真的伪品，并将这些伪品同真品掺和在一起，整封出售，使不少投资者或邮商上当受骗。“甲申年”猴大版票伪品，笔者鉴定时发现有2种。

那么，应该怎样来鉴定“甲申年”猴大版票的真伪呢？

① **看版别** 真品“甲申年”猴大版票采用影写版印制，其各种刷色网纹夹角均呈45°，网点均呈中空状，文字和图案线条边缘呈锯齿状；伪品均采用胶版印制，其各种刷色网纹夹角不相同，伪甲、伪乙红色呈75°、蓝色呈15°、黑色和金色均为45°、黄色为0°实印（可看版票边纸上的色标），网点均为实心状（见图167）。

② **看面值和志号** 真品“甲申年”猴票面值和志号的文字边缘呈锯齿状；伪品为胶版实印，文字边缘整齐。伪甲中面值“80分”的“分”字，在字形上与真品存有较大的差别。

③ **看版票边上的厂铭** 真品“甲申年”猴版票边上的“北京邮票厂”厂铭采用影写版印制，伪品均采用胶版印制，二者在网纹特征上存在明显的不同：真品网纹夹角呈45°，网点呈中空；伪品中伪甲采用胶版单色实印，伪乙套色印制。

④ **看金墨刷色** 直观邮票图案上的金墨刷色，真品显明亮；伪品则均显暗淡。

⑤ **用紫光灯鉴别** 真品在紫光灯照射下，白色纸面（背面）呈淡紫色，蓝色荧光纤维稀疏；伪品在紫光灯照射下，白色纸面（背面）呈暗紫色，伪甲蓝色荧光纤维密布，伪乙呈四色彩点荧光。

顺便说一下，在邮市上出现《甲申年》猴大版伪品之后，邮市上又出现了《甲申年》猴小版票伪品。这种猴小版票伪品采用同真品一样的蓝色荧光纤维纸印制，刷色也同真品

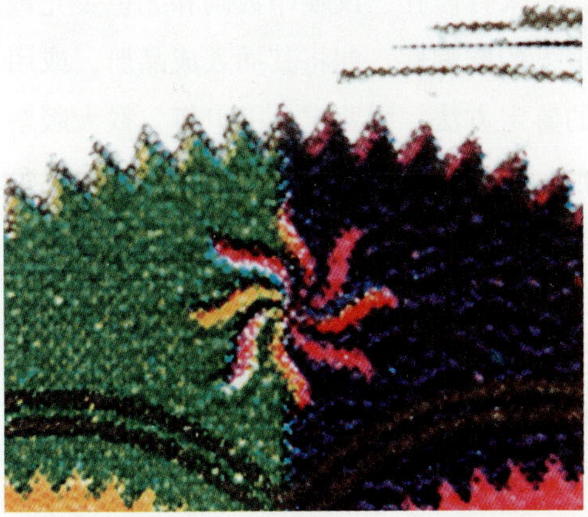

真

伪

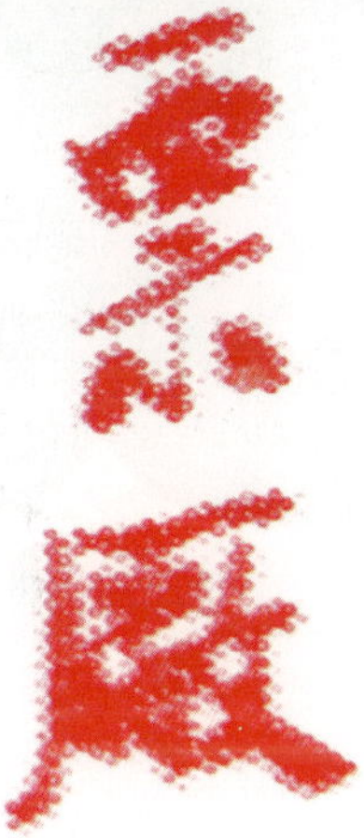

真

真

伪甲

伪甲

图167

一样，所不同的是这种假小版票没采用荧光油墨，也未打齿孔、没喷印数码和无色荧光数码，采用胶版印制，但因制作比较逼真，仍具有很大的欺骗性，如将其插入成品册，或用来邮寄信函，十有八九不会被发觉。对这种伪品的鉴定方法，同鉴定《甲申年》猴大版票一样，主要是看版别。其红色网纹夹角同真品一样呈 45°（甲申猴大版票伪品红色网纹夹角呈 75°）；蓝色网纹夹角呈 15°，与伪品大版票相同。其铭记、面值和志号，均为胶版实印，文字边缘整齐，只有面值“80 分”中的“80”，在边缘上加印了蓝网点，想冒充影写版边缘所固有的锯齿状特征，殊不知，恰恰在这里露了马脚（见图 168）。

2011 年邮市回暖后，生肖邮票成了热门品种，第三轮生肖邮票第一套龙头票“甲申

图168

猴”，大版票售价高达600多元，造假者为牟暴利，乘2012年发行“壬辰年”龙票之机，又伪造出第三轮生肖邮票自2004-1甲申年到2012-1壬辰年共计9套第三轮生肖邮票大版票伪品，在邮市和互联网上出售，使不明真相的集邮者和邮资票品投资者上当受骗。2004年发行的“甲申年”猴大版票先后有两种伪品，先期伪造的伪甲，采用同真品相似的蓝色荧光纤维纸印制，后期伪造的伪乙，采用四色荧光彩点纤维纸印制。除此之外，伪甲面值“80分”中的“分”字与真品存有明显的不同，而伪乙中的“分”字，与真品十分相似，也很规范，但伪乙中的志号“2004-1”，笔画均比真品和伪甲粗大（见图169）。除此之外，伪乙大版票票边上的厂铭采用胶版套色印制，同伪甲采用胶版实印不同。

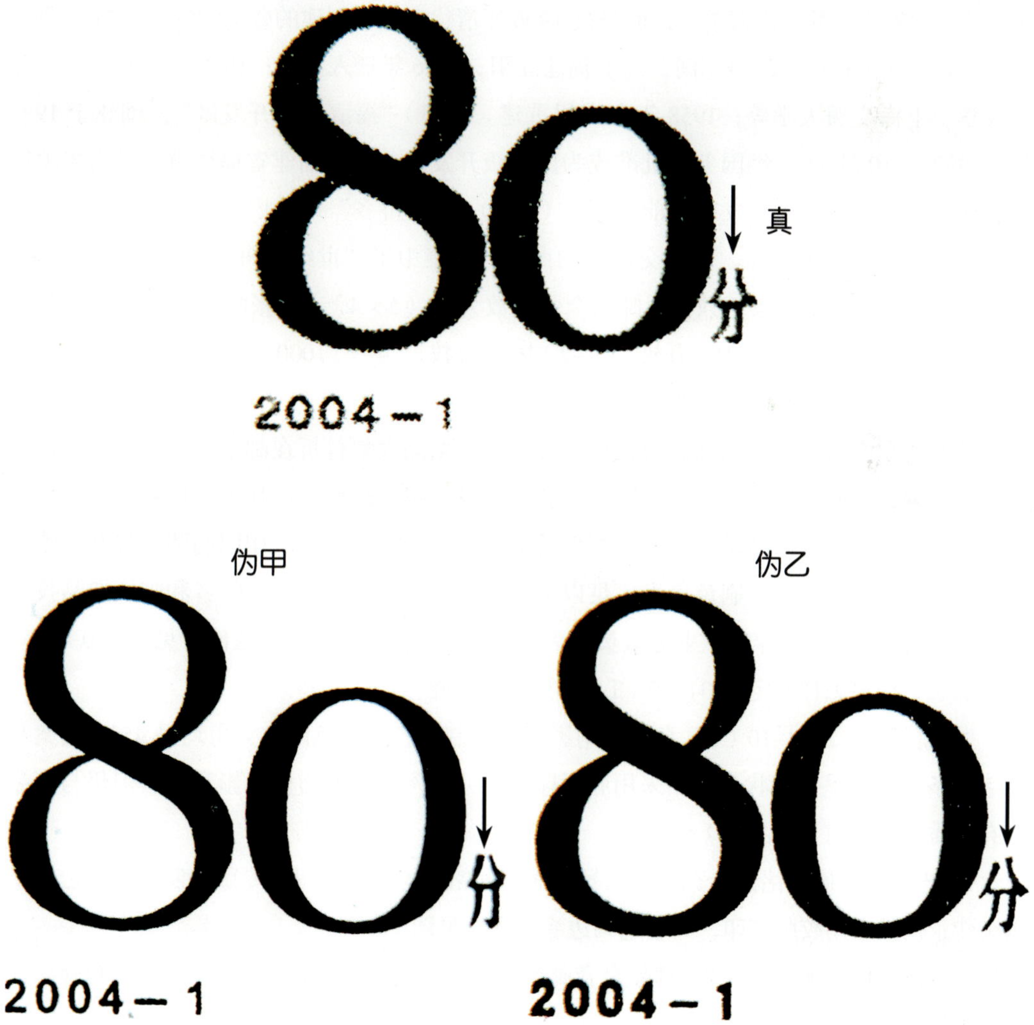

图169

2004-10 侨乡新貌（T）

2004年5月15日，为反映我国归国华侨居住地的新面貌，中华人民共和国国家邮政局发行了一套特种邮票《侨乡新貌》，全套4枚。志号为2004-10。全套邮票面值均为80分。齿孔11度×11.5度。邮票规格40毫米×30毫米。（4-1）“兴隆华侨农场”，地处海南省万宁县。创建于1951年9月，当年第一批700多名马来西亚的归国华侨就安置在这里，随后又安置了来自印尼、新加坡、越南、泰国等21个国家归国华侨1万多人。农场面积16.5612万亩，为全国最大的华侨农场。（4-2）“暨南大学”，地处广东省广州市，是中国第一所由国家创办的华侨大学。其前身是1906年清代在南京创建的暨南学堂；1927年更名为国立暨南大学；抗日战争期间，迁址福建建阳；1946年迁入上海；1949年9月合并入复旦大学、上海交通大学等；1958年在广州重建。（4-3）“福清融侨开发区”，创建于1987年，1992年10月21日经国务院批准成为国家级开发区。位于福建省福清市，区内多项经济指标位居全国国家级开发区的前10名。（4-4）“开平侨乡”地处广东省开平市，市区三埠被两江分割，位于潭江、苍江交汇处的商业区，集中了“世纪之舟”等代表性的景观，与潭江的碧水相呼应，景色独特。邮局全张枚数为20（5×4）。整张邮票规格240毫米×150毫米。发行量（4-1）1150万枚，（4-2）1000万枚，（4-3）1000万枚，（4-4）980万枚。殷会利设计。影写版。北京邮票厂印制。

这套邮票发行之后，正逢邮市长期低迷，邮资票品大幅打折在邮市上出售。这使造假者有机可乘，他们利用高科技，伪造出全套《侨乡新貌》邮票，在邮市上鱼目混珠打折出售。由于这套邮票的伪品采用与真品相似的纸张印制，打有与真品相同的圆形齿孔，喷印有荧光数码，印制精良，刷色逼真，足以乱真。因此，不要说普通集邮者和邮资票品投资者难辨其真伪，就连国家邮政业务人员也无能为力，结果被大量用于通信（见图170）。

那么，应该怎样鉴定2004-10（T）邮票的真伪呢？

① **看版别** 2004-10（T）真品采用影写版印制，各种刷色网纹夹角均呈45°，图案和文字线条边缘均呈锯齿状；伪品采用胶版印制，并在网纹上尽力模仿影写版，但仍与真品存有实质性的差别（见图171）。

② **志号、面值和铭记** 真品的志号、面值和铭记均采用影写版专版印制，笔画边缘呈锯齿状；伪品采用胶版实印，文字笔画边缘整齐（见图172）。

③ **量齿孔** 2004-10（T）真品全套邮票齿孔度均为11度×11.5度；伪品全套邮票齿孔度则均为13.5度。

④ **用紫光灯鉴别** 在紫光灯照射下，2004-10（T）真品与伪品均呈现相同的暗紫色，但真品票面刷色呈现亮红色荧光反应，而伪品则呈现亮黄色荧光反应。

图170

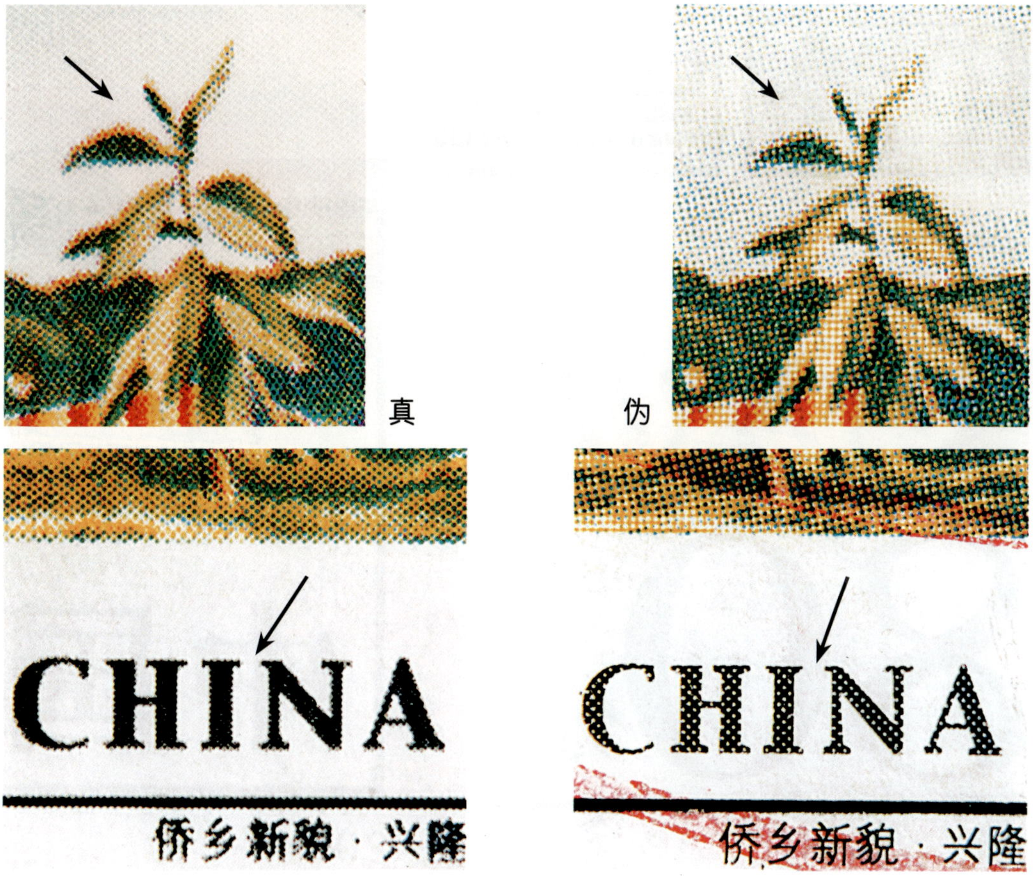

图171

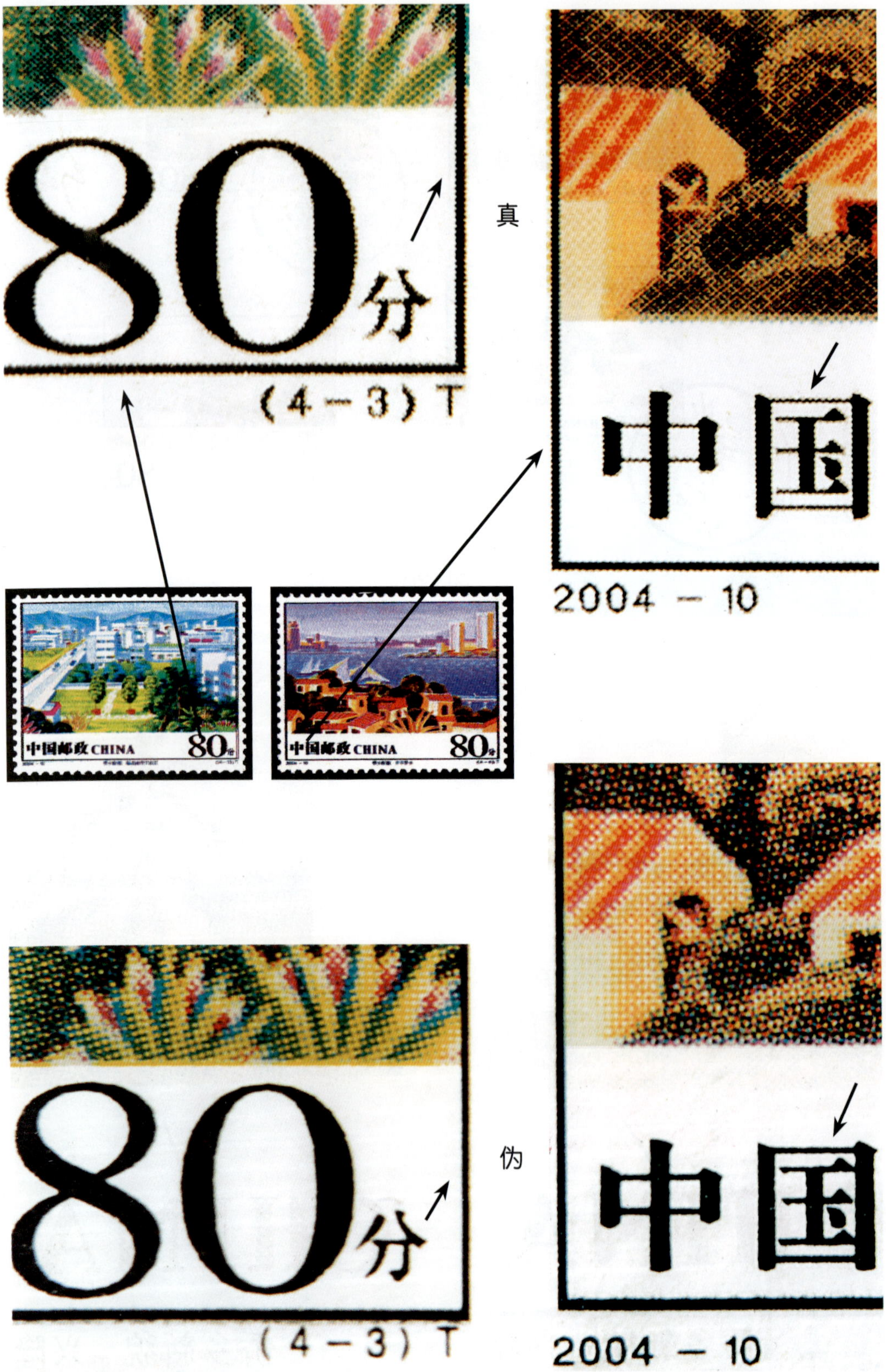
真
80分
（4－3）T
中国
2004 － 10
中国邮政 CHINA
80分
中国邮政 CHINA
80分
伪
80分
（4－3）T
中国
2004 － 10

图172

2004-18　绿绒蒿（T）

绿绒蒿为罂粟科绿绒蒿属植物。全世界共有49种，主要产于亚洲中南部，以中国最为丰富，除一种长于西欧外，其余均分布在中国喜马拉雅山和横断山脉。有40种分布在中国藏、滇、川、青、甘、陕等省、区，其中仅云南就分布有17种，丽江有8种。多集中分布在滇西北海拔3000～5000米的高山草甸和灌丛中。绿绒蒿是野生高山花卉，被誉为“高山牡丹”，欧洲人推崇为“世界名花”。因全株披有绒毛或刚毛而得名。它们不仅具有很高的观赏价值，有些种类还可以入药治病。

为反映我国丰富的植物资源，中国邮政于2004年9月19日发行《绿绒蒿》特种邮票一套，志号2004-18。这套邮票原计划2004年9月4日发行，后又调整为9月16日发行，为配合相关活动，再次推迟到9月19日发行。全套邮票共4种。图案分别为长叶绿绒蒿、总状绿绒蒿、红花绿绒蒿、全缘绿绒蒿。面值分别为80分、80分、80分、2元。邮票规格为30毫米×40毫米。齿孔为13度。整张枚数版式一为12枚（3×4）；版式二为8枚（2套邮票）。版式一规格为120毫米×200毫米；版式二规格为140毫米×200毫米。发行量（4-1）1100万枚，（4-2）1050万枚，（4-3）1050万枚，（4-4）980万枚。版式二发行量为75万版。曾孝濂、许彦博设计。版式二边饰设计为呼振源。影写版。采用防伪纸、防伪油墨、荧光喷码印制。北京邮票厂印制。

这套邮票发行量较多，全套4枚票中，又有1枚是2元高值票。因此，发行以后，很快便在邮市上出现打折出售。这就使造假者有机可乘。他们很快利用高科技，用真品翻拍制版，也利用荧光纤维纸印制，并在每枚邮票上均喷有荧光喷码，制作精美，足可以乱真。在邮市上鱼目混珠打折倾销，欺骗集邮者，也欺骗邮政。这种伪品用于通信，畅通无阻。因为邮政工作人员难辨其真伪！

那么，应该怎样来鉴定2004-18（T）邮票的真伪呢？

① **看版别**　真品采用影写版印制，各种刷色网纹夹角均为45°，拿（4-3）“红花绿绒蒿”来说，其红色网纹夹角是45°，蓝色、黑色网纹夹角也同样是45°；伪品采用胶版印制，各种刷色网纹夹角均不相同，黑色网纹夹角呈75°，红色网纹夹角呈45°，蓝色网纹夹角则呈15°（见图173）。

② **看票题、中英文铭记、边框线和面值**　真品（4-3）票题、中英文铭记、边框线和面值，具有影写版印制的突出特征，其票题文字、铭记文字、边框线的边缘，均呈现锯齿状特征；伪品的票题、中英文铭记、边框线，均为胶版实印，文字和边框线的边缘均整齐，二者有着明显的区别。

③ **用紫光灯鉴别**　在紫光灯照射下，真品、伪品票面上均呈现荧光喷码，白纸面上呈现荧光纤维，但由于真品采用防伪荧光油墨印制，因此在绿绒蒿的花枝周围，呈现一圈亮丽的红色荧光；伪品未采用荧光油墨，在绿绒蒿的花枝四周，不呈现荧光。这里提醒广大

集邮者注意：要警惕造假者再伪造时，也同样采用防伪荧光油墨来乱真。要知道造假者是十分狡猾的。他们的造假手段是变化多端的！

图173

2004–19 华南虎（T）

虎是体型最大的现存猫科动物。一般体长 1.8 ~ 2.8 米，体重 200 千克。全身呈橙黄色，有黑色条纹。虎有许多亚种，华南虎就是其中的一种。华南虎又称厦门虎、南虎、中国虎，是我国目前仅存的特有亚种，现今数量已非常稀少，是濒危级动物，野生及圈养已不足百只，被列为世界十大濒危动物之首，应加以重点保护。2004 年 8 月 23 日，为了配合第 19 届国际动物学大会在北京召开，中华人民共和国国家邮政局发行一套《华南虎》特种邮票，志号 2004–19。全套共 2 种。邮票规格均为 40 毫米 ×30 毫米。齿孔 12 度。面值分别为 80 分、2 元。整张枚数：版式一为 12 枚（3×4）；版式二为 8 枚（4×2），2 枚连印共 4 套票。整张邮票规格：版式一为 152 毫米 ×216 毫米；版式二为 220 毫米 ×96 毫米。版式一面值 80 分发行量为 1150 万枚；2 元发行量为 1000 万枚。版式二发行量为 85 万版，合 340 万套。二者总计，80 分发行量高达 1490 万枚；2 元发行量为 1340 万枚。刘继彪设计。胶版印制。打有孔径大小不同的异径齿孔，采用防伪荧光纤维纸和防伪荧光油墨印制，每枚票上均喷有荧光喷码。北京邮票厂印制。

这套邮票发行之后，因题材较好，又是采用两种版式印制，小版张发行量仅 85 万版，比较少。因此在邮市上曾一度出现“炒作”。但是，由于这套邮票采用胶版印制，防伪能力较差，尽管在印制时采用了一些常用的防伪措施，却很难抵御造假者利用高科技来伪造出足可以假乱真的赝品。果然不出所料，就在这套邮票发行后不久，造假者利用高科技伪造的 2004–19《华南虎》(T) 邮票，已被用于通信，不仅欺骗集邮者，也在欺骗国家邮政！这套邮票成为 2004 年所发行的纪特邮票中，首先出现伪品的票种！这种伪品同真品一样，采用防伪荧光纤维纸和防伪红色荧光油墨印制；也同真品一样，打有孔径大小不同的异形齿孔，采用同真品相同的胶版印制，制作逼真。

那么，应该如何来鉴定 2004–19《华南虎》(T) 邮票的真伪呢？

① **看胶版各色网纹夹角** 真品与伪品虽然均采用胶版印制，但所印各色网纹夹角则不相同：真品红色网纹夹角呈 45°、蓝色呈 75°；伪品红色则呈 75°、蓝色则呈 15°。在鉴定大版票、小版票或单枚票时，只要认真用高倍放大镜观察邮票图案上各种刷色的网纹夹角，就不难辨出其真伪。另外，真品的胶版网点细密，伪品的网点则比较粗大，区别也十分明显（见图 174）。

② **看铭文 CHINA** 真品英文“CHINA”采用黑色网纹专版印制；伪品的“CHINA”虽然也采用黑色专版印制，但它是实印，并非采用网纹版。

③ **用紫光灯鉴别** 在紫光灯照射下，真品邮票背面白纸呈现暗紫色，蓝色荧光纤维比较密；伪品虽与真品呈现相同的颜色，但荧光纤维比较稀少。真品邮票采用防伪荧光油墨印制出的面值数字，在紫光灯下，所呈现的红色荧光亮度，没有伪品所呈现的亮度明亮；真品和伪品每枚票上所喷印的荧光数码，在紫光灯照射下，呈现的荧光反应，没有明显的区别，荧光数码号，均不太清晰。

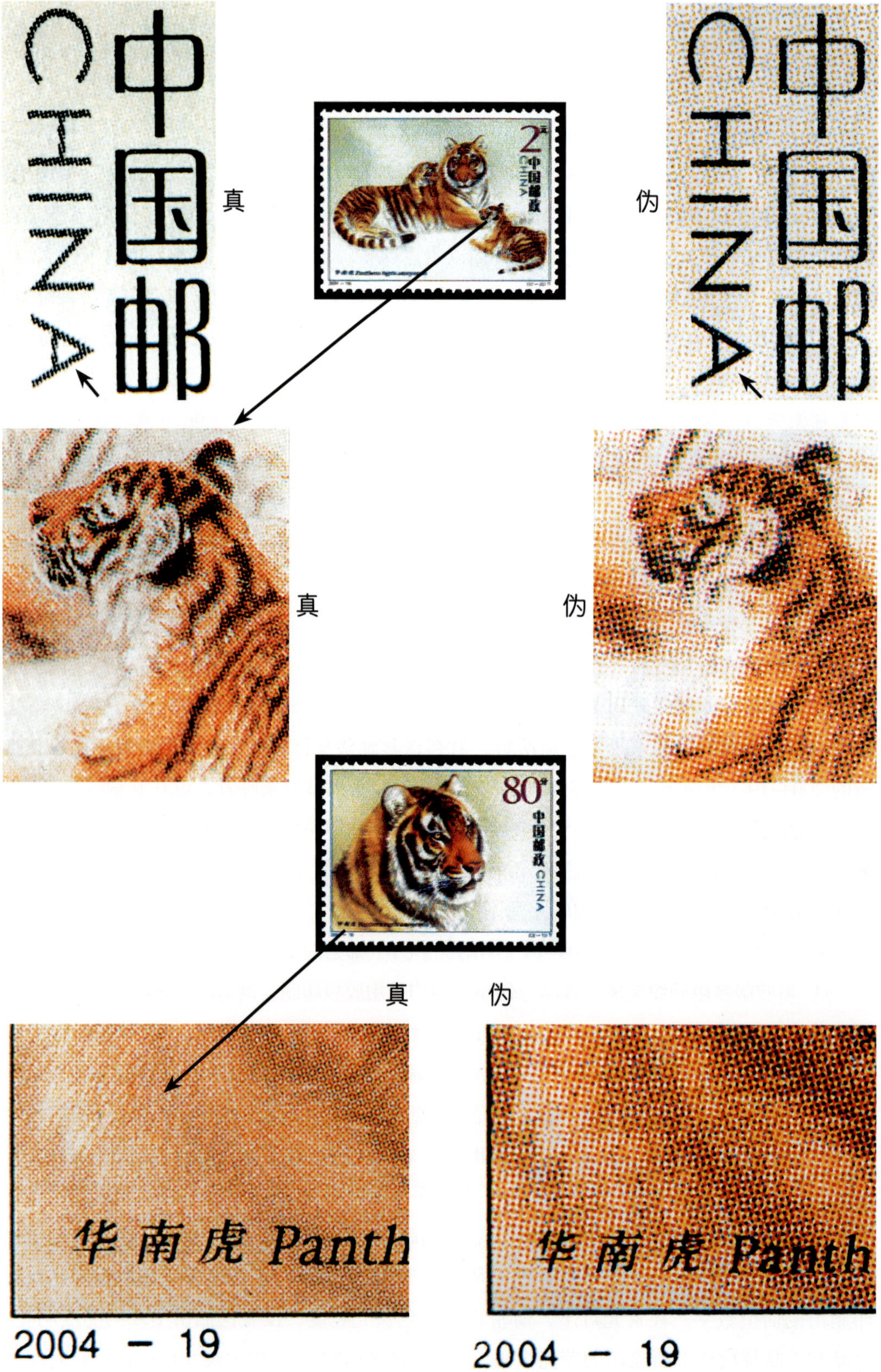

图174

2004-23 中华人民共和国国旗国徽（T）

中华人民共和国国旗为五星红旗，由曾联松设计，1949年9月27日在中国人民政治协商会议第一届全体会议上决议通过。旗面为红色，长方形，其长和高为三与二之比，左上方缀黄色五角星五颗。一星较大，其外接圆直径为旗高3/10，居左；四星较小，其外接圆直径为旗高1/10，环拱于大星之右，并各有一个角尖正对大星的中心点。旗杆套为白色。五星红旗上的红色象征革命，五颗黄星在红地上显出光明。大星和四颗小星的关系：大星代表领导革命事业的中国共产党。四颗小星代表四万万中国人民；四大阶级（工人阶级、农民阶级、小资产阶级、民族资产阶级）；四大力量（各民主党派、各人民团体、各界民主人士、国内少数民族和海外华侨）；四大内容（独立、自由、民主、统一）；四千年来的中国文化；四千年来的中国历史。黄色大星与小星排列成大团圆，表现着：①大星领导小星，团结在一起；②椭圆形的中国地形；③黄色人种的中华民族；④黄土地的中国国土。1950年9月20日，中央人民政府主席毛泽东颁布命令，公布了中华人民共和国国徽。国徽图案由五颗五角星、天安门、齿轮和麦穗与谷穗构成。天安门是“五四”革命运动的发祥地和中华人民共和国举行开国大典的会场，象征民族精神。齿轮象征工人阶级。麦穗与谷穗象征农民阶级。五颗五角星中大的一颗象征着伟大的中国共产党，四颗小星象征着人民大众；四颗小五角星各有一角对着大五角星的中心，代表着中国共产党领导下的中国人民大团结，象征着中国人民在中国共产党领导下掌握了国家权力，成为国家的主人。国徽圆环内的底子和垂绶是红色，圆环内的五颗五角星和天安门、围成圆环的麦穗与谷穗和齿轮是大赤金色。中国的国徽庄严而富丽，它象征中国人民自“五四”运动以来的新民主主义革命斗争和工人阶级领导的以工农联盟为基础的人民民主专政的新中国的诞生。

2004年9月30日，为了庆祝中华人民共和国成立55周年，中华人民共和国国家邮政局发行了一套《中华人民共和国国旗国徽》特种邮票，志号2004–23。全套2枚。面值均为80分。李群、姜世惠摄影，方军设计。影写版。齿孔13度（左右两边居中各有一个椭圆形齿孔）。邮票规格（2–1）38毫米 ×30毫米；（2–2）30毫米 ×38毫米。邮局全张枚数（2–1）8（2×4），（2–2）8（4×2）。发行量（2–1）990万枚；（2–2）990万枚。版式二：8枚（4套邮票），尺寸规格206毫米 ×131毫米，发行量70万版。北京邮票厂印制。

这套邮票在印制时，采用了较多的防伪方式：防伪荧光纤维纸、防伪荧光油墨、打有椭圆形异形齿孔，影写版印制，具有较好的防伪能力。但是，因这套邮票题材好，发行量比较少，邮局全张是仅有8枚的小版票，受到集邮者喜爱，因此，供大于求。在庆祝中华人民共和国成立60周年之际，全套邮票售价已高于面值10多倍。造假者为牟暴利，便采用胶版仿影写版特征，伪造出赝品，装进礼品册或年票册中，欺骗购买者。在庆祝中华人民共和国建国60周年某一礼品册中发现的（2–1）国旗伪品，尽管造假者利用胶版仿影写版印刷的铭记、面值的文字笔画边缘呈锯齿状，能蒙人，但锯齿较粗糙，与真品存有明显的不同。可是，这对缺乏鉴定经验的集邮者来说，如不用放大镜仔细观察，还是容易上当受骗的。

那么，应该怎样来鉴别（2-1）国旗这枚邮票的真伪呢？

① **看版别** 真品采用影写版印制，网纹精细，深刷色处呈现特有的水波纹；伪品采用胶版印制，并极力仿影写版，但网纹粗糙（见图 175）。

② **看面值** 真品面值“80 分”，文字边缘印刷精细，网点呈中空状；伪品面值采用胶版仿影写版实印，仅印有“80”，没有“分”字，可依此来进行快速鉴定。值得注意的是伪品没印“分”字并不是漏印，而是造假者玩的一种花招。

③ **看齿孔** 真品打有椭圆形异形齿孔；伪品则没有。

④ **用紫光灯鉴别** 真品采用蓝色荧光纤维纸和红色防伪油墨印制，在紫光灯照射下，白色纸面呈暗紫色，有蓝色荧光纤维；邮票画面呈红色荧光反应。伪品在紫光灯照射下，白色纸面呈亮白色。

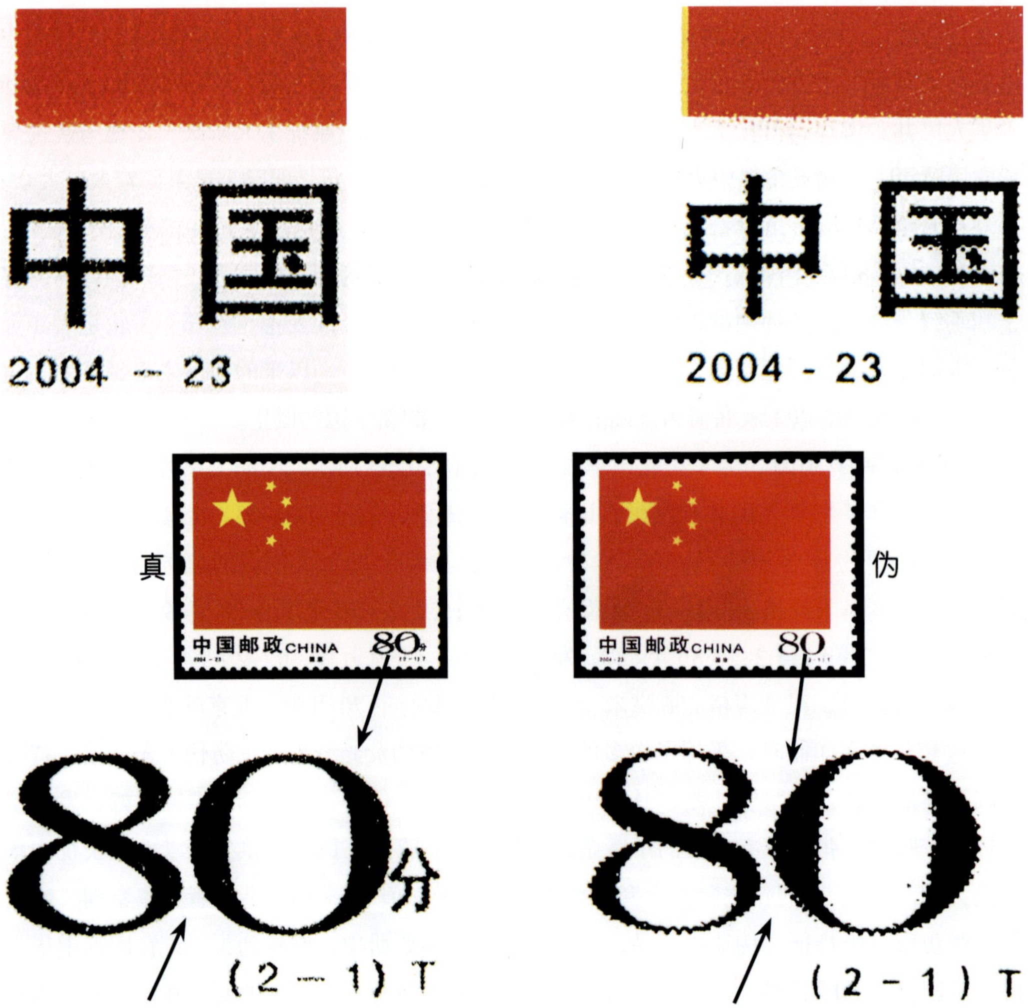

图175

2005-1 乙酉年（T）

公历2005年也是中国农历乙酉年，酉鸡，也称鸡年，凡是在农历这一年出生的人都属鸡。

2005年1月5日，为了庆祝中华民族传统的春节，国家邮政局发行一套《乙酉年》特种邮票，志号2005-1。全套1枚。吕胜中设计。影写版。齿孔13度（四边居中各有一个六角星异形齿孔）。背面刷胶。版式一：邮局全张枚数24（4×6），尺寸规格180毫米 ×240毫米。版式二：邮局全张6枚，尺寸规格128毫米 ×180毫米，发行量200万版，边饰设计郝旭东。版式三：邮局全张4枚，尺寸规格120毫米 ×130毫米，用于赠送2005年纪特邮票全额预订户。北京邮票厂印制。

这套邮票是国家邮政局发行的第三轮十二生肖系列邮票的第二套，全套1枚。（1-1）“乙酉年”：面值80分，票幅规格36毫米 ×36毫米，发行量5200万枚，图案为一只站在一轮红日之上引颈高鸣的公鸡形象。

这套邮票发行之后，在邮市上表现较一般。直到2011年邮市出现好转，生肖邮票成为邮市上的热门品种之后，第三轮生肖邮票版票收藏出现小高潮。到了2012年，伴随着第三轮龙年生肖邮票的发行，邮市上出现炒作，于是造假者便乘机利用高科技制版，采用四色彩点荧光防伪纸，原大、原色，采用胶版伪造出从2004-1甲申年猴票到2012年刚发行的壬辰年龙票，第三轮已发行的9套生肖邮票版票，打有同真票相同的异形齿孔，印有与真品相同的刷色，在邮市上和网上高价出售，使不明真相的集邮者和邮资票品投资者上当受骗。

那么，应该怎样来鉴别2005-1乙酉年邮票的真伪呢？

① **看板别** 用高倍放大镜观察，真品乙酉年邮票采用影写版印制，各种刷色网纹夹角均呈45°，网点大小相同，呈中空状，文字边缘呈锯齿状，色彩纯正；伪品采用胶版印制，各种刷色网纹夹角各不相同，网点呈实心状，刷色混杂，不纯正，文字采用胶版实印，笔画整齐。这从邮票图案中鸡头和铭记等处，可看出伪品与真品在版别上存在明显的不同（见图176）。

② **用紫光灯鉴别** 真品乙酉年邮票在紫光灯照射下，邮票背面白色纸面上呈现出蓝色荧光纤维；伪品在紫光灯照射下，则呈现出四色彩点荧光，这种防伪纸，自2005年年底才开始使用。

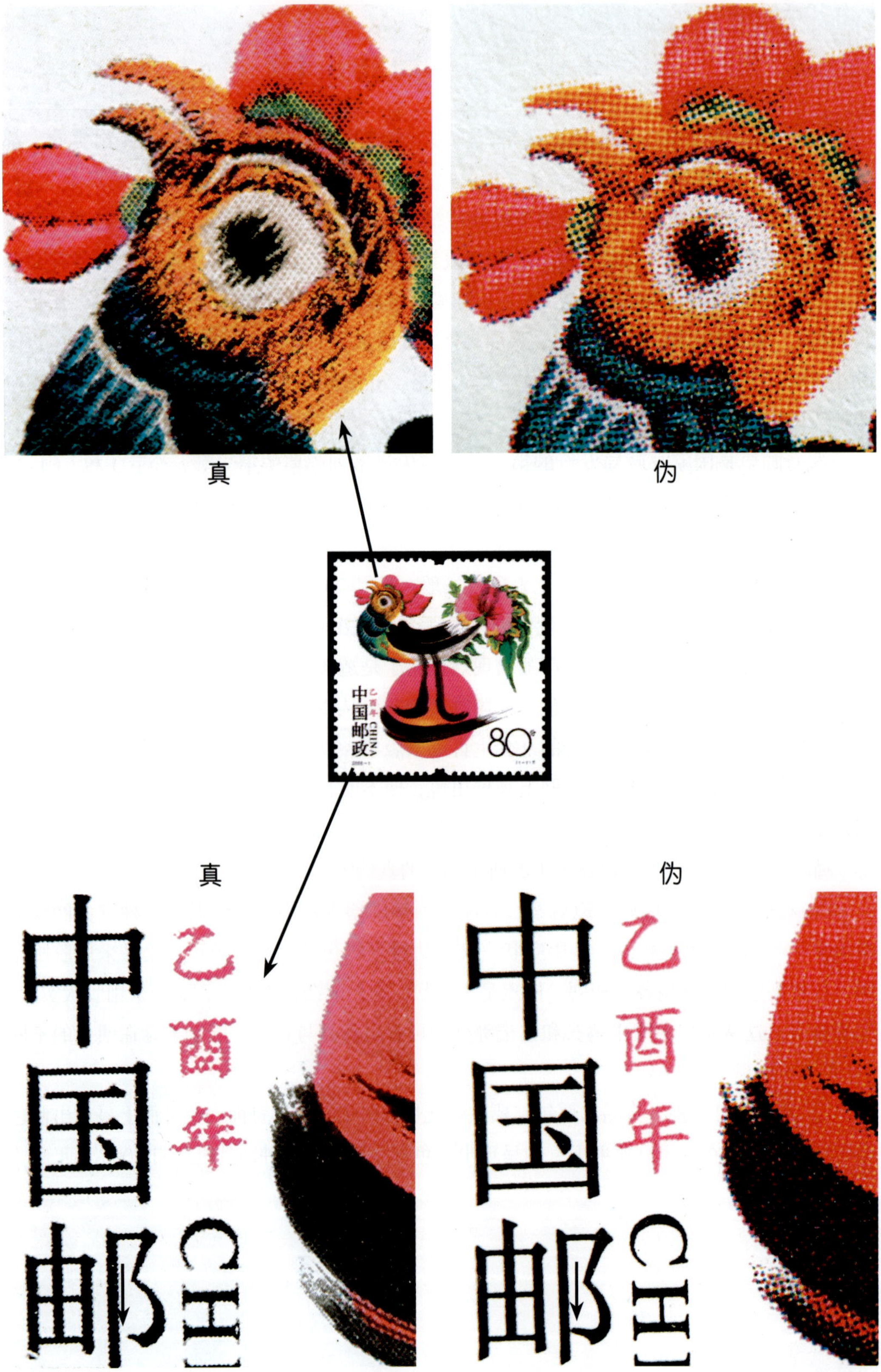

图176

2005-2　西气东输工程竣工（J）

中国是一个以煤炭为主要能源的国家，燃煤造成的能源效率低、交通运输压力大、环境污染等问题十分严重。据资料统计，120 亿立方米天然气相当于 900 万吨标准煤，如果我们将燃煤改为燃气，每年可以减少 27 万吨粉尘排放。在一些发达国家，天然气在能源生产和消费结构中已经占到 30% 以上，而我国还不足 3%。因此，迅速发展天然气工业、调整燃料结构、增加清洁能源、改善大气环境已成为我国能源战略的重点目标之一。特别是改革开放以来，我国经济快速发展，对油气的需求越来越大。1994 年，我国成为原油净进口国；2004 年，我国油气进口量超过 1 亿吨。因此，坚持“油气并举”，大力开发和利用天然气，以气补油，改善能源结构，减少大气污染，实现可持续发展，已成为新世纪我国能源发展的重大战略抉择。正是在这一时代背景下，2000 年我国启动了西气东输项目；2002 年全线开工建设；2003 年 10 月 1 日建成陕西靖边至上海段，并于 2004 年 1 月 1 日实现向上海商业供气；2004 年 10 月 1 日，西气东输工程全线投产；2005 年 1 月 1 日，实现全线商业运营的整体建设目标。西气东输工程是以新疆塔里木气田为主气源，靖边气田为辅气源，以长江三角洲为目标市场，以干线管道、重要支线和储气库为主体，连接沿线用户，形成横贯西东的天然气供气系统。该工程首站西起新疆轮南，末站东至上海白鹤，途径新疆、甘肃、宁夏、陕西、山西、河南、安徽、江苏、浙江、上海 10 个省、自治区、直辖市，线路全长约 4000 千米，设计年输气量 120 亿立方米，输送压力 10 兆帕。

2005 年 1 月 8 日，为了祝贺西气东输工程顺利竣工，中华人民共和国国家邮政局发行了一套《西气东输工程竣工》纪念邮票，志号 2005-2。全套 2 枚。面值（2－1）为 0.8 元，（2-2）为 3 元。张平、程建、李群摄影。方军设计。胶版。齿孔 12 度。邮票规格均为 40 毫米 ×30 毫米。邮局全张枚数 8（2×4）横 2 枚连印。发行量（2-1）为 1000 万枚、（2-2）为 1000 万枚。河南省邮电印刷厂印制。

这套邮票采用胶版印制，因胶版防伪能力较差，故在印制这套邮票时采用了多种防伪方式：防伪荧光纸、防伪荧光油墨、缩微文字暗记。即使这样，也难免造假者利用高科技进行伪造。造假者选用与真品相近似的纸张和相同的印刷工艺，伪造出可乱真的赝品，将其装进礼品册或年票册中，鱼目混珠，使购买者上当受骗。

那么，应该怎样来鉴别这套邮票的真伪呢？

① 看版别和缩微暗记　真品采用胶版印制，伪品也同样采用胶版印制，版别虽然相同，但刷色网纹粗细有区别：真品网纹细密，伪品较粗疏；真品邮票图案上的输气管线路图，采用缩微文字印制，在“轮南首站”站名方框中，用黑色专版印有一个“S”，取自“首站”中的“首”字汉语拼音首字母“S”，而在“上海末站”站名方框中，印有一个“M”，是“末站”中的“末”字首字母“M”；伪品这些部位采用套色印制，输气管线路图无缩微文字，首站和末站方框中的“S”、“M”字母也模糊不清（见图 177）。

② **看齿孔** 真品齿孔打得规范、圆润；伪品齿孔打得毛糙。

③ **看面值 80 分** 面值“80 分”中的“80”真品红底色上印刷的黑色网纹夹角呈 15°；伪品则呈 75°。

④ **用紫光灯鉴别** 真品在紫光灯照射下，邮票图案上的输气管线呈明亮的红色荧光，白色纸面上呈现暗紫色，并有荧光纤维；伪品在紫光灯照射下，邮票图案上无荧光，白纸面仅呈暗紫色。

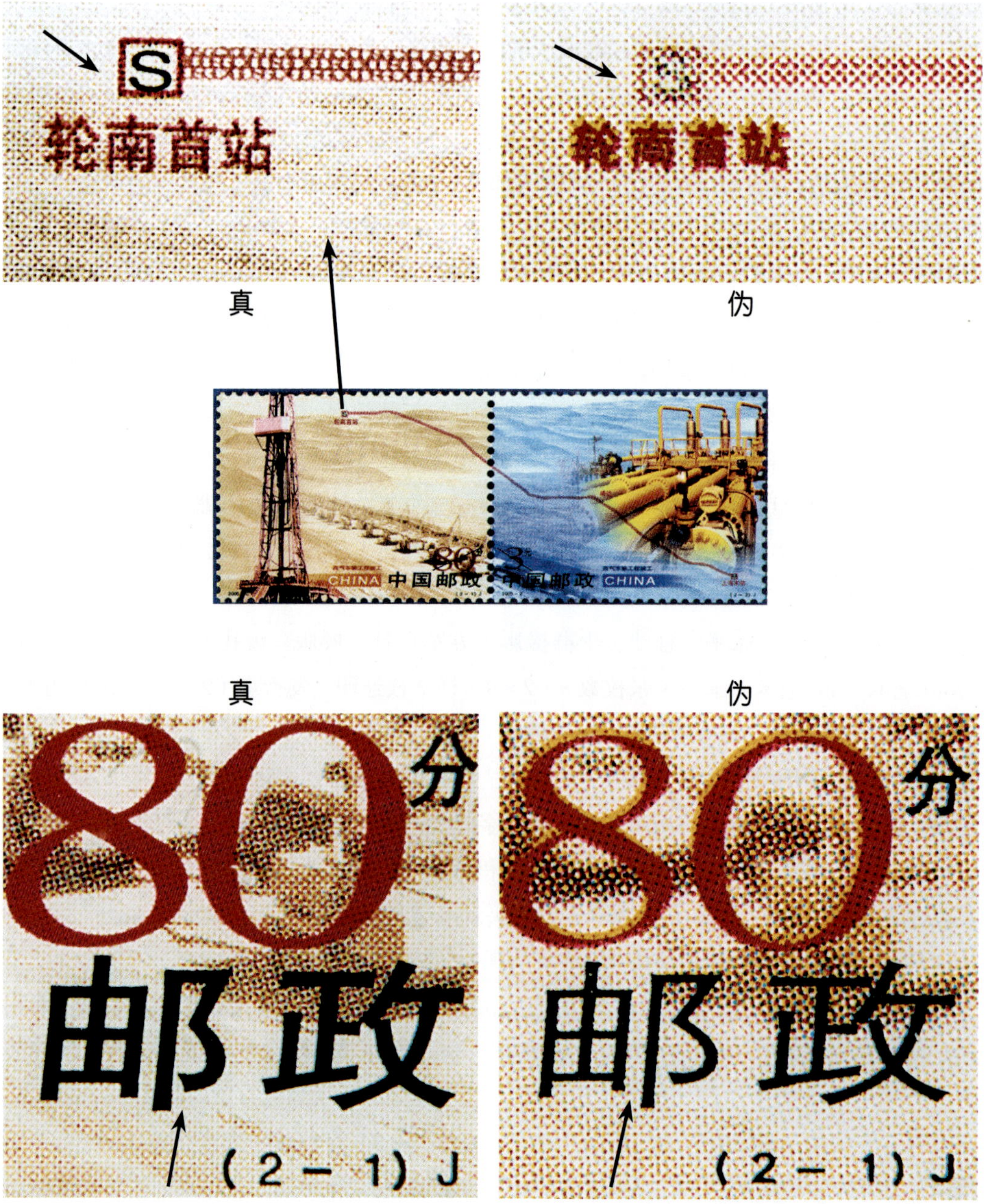

图177

2005-4 杨家埠木版年画（T）

杨家埠木版年画也称“潍县年画”、“杨家埠年画”。因起源于山东省潍坊市的潍县杨家埠，故得名。始于明朝末年，繁荣于清代，迄今已有300多年的历史。杨家埠木版年画“巧画士农工商，描绘财神菩萨，尽收天下大事，兼图里巷所闻，不分南北风情，也画古今轶事”，题材极为广泛，归纳起来主要有六大类：（一）风俗类，以过新年、结婚、农忙等为主要内容；（二）大吉大利类，以年年发财、金玉满堂等主要内容；（三）招福辟邪类，以门神、财神、寿星、灶王等为主要内容；（四）传统典故类，以包公上任、三顾茅庐、八仙过海等为主要内容；（五）娱乐讽刺类，以打拳卖艺、升官图等为主要内容；（六）瑞兽祥禽花卉风景类，以三阳（羊）开泰、开市大吉（鸡）、四季花鸟等为主要内容。另外，杨家埠年画还有些以实用为目的，服务于人们现实生活的内容。在数百年来的发展过程中，杨家埠木版年画按照农民的思想要求、风俗信仰、审美观点、生活情趣，逐步形成了自己古朴稚拙、简明鲜艳的艺术风格。

2005年2月1日，为了迎接中华民族传统的春节，宣扬悠久的民间艺术，中华人民共和国国家邮政局发行了一套《杨家埠木版年画》特种邮票，志号2005-4。全套4枚。面值均为80分。王虎鸣设计。胶版。齿孔13.5度 ×13度。邮票规格均为30毫米 ×40毫米。版式一：邮局全张枚数8（2×2+2×2）。发行量（4-1）为1200万枚。（4-2）、（4-3）、（4-4）均为1100万枚。版式二：8枚（2套邮票），尺寸规格120毫米 ×210毫米，为2005年中国邮政贺年（有奖）明信片四等奖，不出售。同时发行小全张1枚，发行量950万。北京邮票厂印制。

这套邮票发行之后，很快便在邮市上被打折出售。这就使造假者有机可乘。造假者为牟利，印制时采用红色荧光纤维纸和红色荧光油墨，并打有与真品相同的齿孔度，伪造出可以乱真的赝品，在邮市上鱼目混珠打折出售，被不知情者购买后，大量用于通信。由于这种伪品采用与真品相同的胶版彩印，刷色逼真，再加上也采用荧光纤维纸和荧光油墨印制，因此极具有欺骗性。

那么，应该怎样来鉴定2005-4《杨家埠木版年画》特种邮票的真伪呢？

① **看暗记** 真品在每枚邮票上均藏有缩微暗记，其暗记由“杨家埠”三字的汉语拼音字母构成，即“YANQJIABU”；伪品无缩微暗记。真品4枚票的缩微暗记分别在：（4-1）“门神”，其暗记在门神胡子下方衣服上；（4-2）“连年有余”，其暗记在小孩的胳膊肘上；（4-3）“喜报三元”，其暗记在邮票右边抬着脚的小孩的裤腿上（见图178）；（4-4）“天女散花”，其暗记在天女的左肩衣服上。

② **看刷色** 真品和伪品虽然均采用相同的版别印制，但在网纹粗细上往往存有不同；真品网纹细密，伪品网纹粗疏；真品红色网纹呈45°夹角；伪品红色网纹夹角则呈75°。

③ **用紫光灯鉴别** 在紫光灯照射下，真品全套邮票采用四色彩点荧光纸印制，小全张采用蓝色荧光纤维纸印制；伪品采用红色荧光纤维纸印制。

真

伪

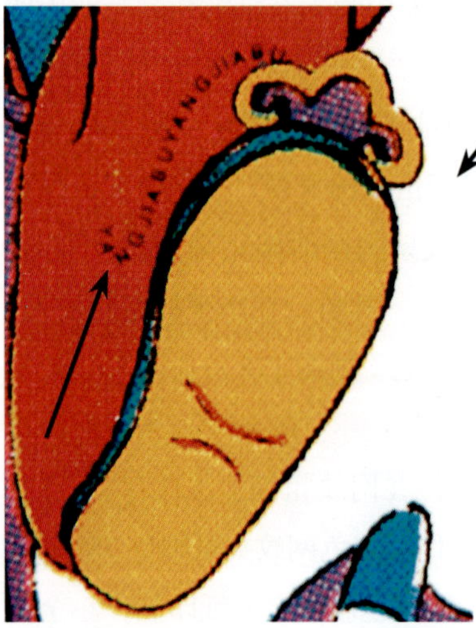

真

伪

图178

2006-1 丙戌年（T）

公历2006年也是中国农历丙戌年，戌狗，也称狗年，凡是在农历这一年出生的人都属狗。

2006年1月5日，为了庆祝中华民族传统的春节，国家邮政局发行一套《丙戌年》特种邮票，志号2006-1。全套1枚。吕胜中设计。影写版。齿孔13度，在邮票四边居中，各打有一个六角星异形齿孔。背面刷胶。邮票规格36毫米 ×36毫米。版式一：邮局全张枚数20（4×5），尺寸规格180毫米 ×210毫米。版式二：邮局全张6枚，尺寸规格128毫米 ×180毫米，发行量299.80万版。版式三：邮局全张4枚，尺寸规格120毫米 ×130毫米，用于赠送2006年纪特邮票全额交款预订户。北京邮票厂印制。

这套邮票是国家邮政局发行的第三轮十二生肖系列邮票的第三套，全套1枚。（1-1）“丙戌年”：面值80分，票幅规格36毫米 ×36毫米，发行量5562.30万枚，图案为一只生肖狗的形象。

这套邮票发行量相对比较大，在邮市低迷时，邮市上一度出现打折出售。2011年邮市回暖之后，生肖邮票成为邮市上热门品种；2012年当发行壬辰年龙票之后，邮市上出现了对生肖邮票的炒作。这时，造假者利用高科技制版，采用四色彩点荧光防伪纸，胶版原大、原色伪造出自2004-1甲申年到2012-1壬辰年第三轮生肖邮票已发行的9套版票，在邮市和互联网上鱼目混珠，高价出售，使不明真相的集邮者和邮资票品投资者上当受骗。

那么，应该怎样来鉴别2006-1丙戌年邮票的真伪呢？

① **看版别** 用高倍放大镜观察2006-1丙戌年邮票，真品采用影写版印制，各种刷色网纹夹角均呈45°，网点大小相同，呈中空状，刷色纯正；伪品采用胶版印制，各种刷色网纹夹角各不相同，网点呈实心状，刷色不够纯正，图案边缘色彩混杂。这从丙戌年狗的头部和狗的足部可看出伪品与真品在版别上的明显不同（见图179）。

② **看异形齿孔** 真品丙戌年所打异形齿孔采用磨合法，齿孔边缘常留有未完全脱落的纸屑；伪品则采用冲压法，齿孔周围光洁（见图180）。

③ **看版票边纸上的厂铭** 真品采用影写版印制，网纹夹角呈45°，网点呈圆形中空状；伪品采用胶版印制，红色网纹呈75°夹角。

④ **用紫光灯鉴别** 在紫光灯照射下，真品邮票图案上呈现鲜红的荧光，伪品则呈现黄色荧光；用紫光灯照射邮票背面，真品与伪品均呈现四色彩点荧光。

图179

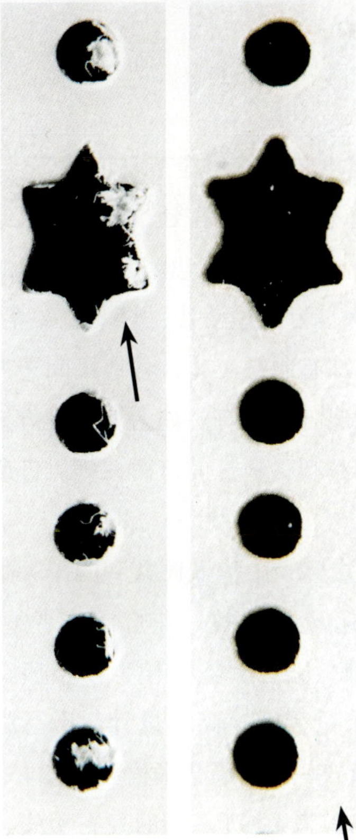

真　伪

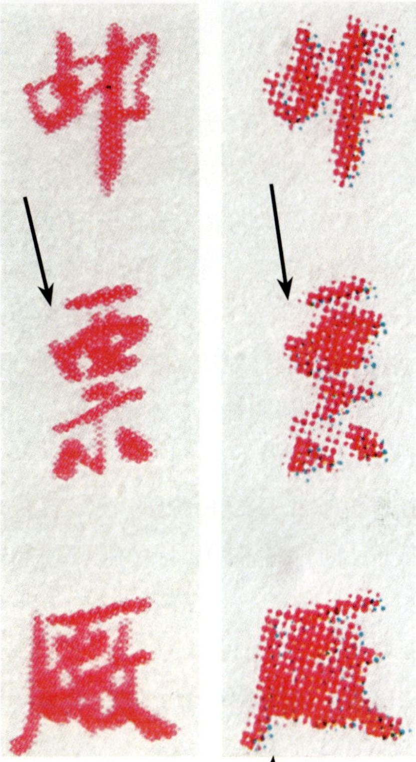

真　伪

伪

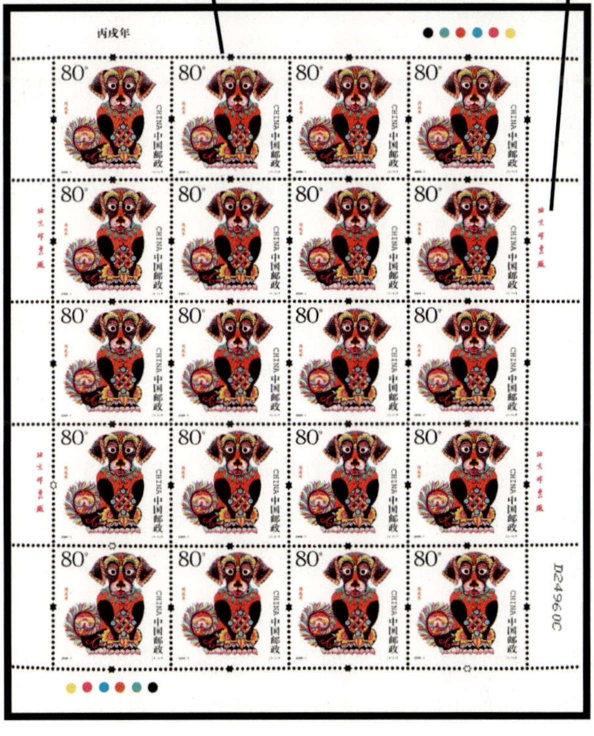

图180

2006-3 民间灯彩（T）

灯彩，又称“灯”，为我国各地普遍流行的民间工艺品。每逢节日或婚寿吉庆之时，往往悬灯结彩，以烘托喜庆气氛。相传，汉代“元宵不禁夜”，宫廷、民间张灯结彩，以示万民同乐。《东京梦华录》记载了宋代汴梁、临安上元节“四十里灯光不绝”的灯会盛况。朱元璋建都南京，曾于元宵节在秦淮河上燃放水灯万只。清代，灯节也“竞出新意，年异而岁不同”。民间灯彩工艺始于汉代，以后历代都有制灯工艺，各地民间艺人利用本地所产的竹、木、藤、麦秸、兽角、金属等材料，制成各色花灯。如上海的龙灯，用布制成，加以彩绘或刺绣装饰；广东的走马灯，结构特别精巧；浙江的灯彩，则以针刺花纹出名；北京盛产古雅的宫灯等。

2006 年 2 月 12 日，正值中华民族欢度新春佳节之际，中华人民共和国国家邮政局发行了一套《民间灯彩（T）》特种邮票，志号 2006–3。全套 5 枚。花灯制作者（5–1）张英华，（5–2）张明亮，（5–3）陆有昌，（5–4）李湘满，（5–5）陈棣桢、杨小燕。摄影者（5–1）覃旷、（5–3）金彬彬、（5–4）陈志皓、（5–5）梁爱媛。尚予设计。影写版。齿孔 13.5 度 ×13 度。邮票规格均为 30 毫米 ×40 毫米。版式一：邮局全张枚数 20（4×5）。面值（5–1）、（5–2）、（5–3）、（5–4）均为 80 分，（5–5）为 1.5 元。同时发行版式二，全张邮票 2 套 10 枚。发行量大版票（5–1）为 790.30 万枚、（5–2）为 785.10 万枚、（5–3）为 765.10 万枚、（5–4）为 789.10 万枚、（5–5）为 791.10 万枚；版式二小版票发行量为 100 万版。北京邮票厂印制。

这套邮票发行之后，因发行量相对比较少，造假者为牟暴利，便利用高科技制版，采用胶版仿影写版，伪造可乱真的赝品。这种伪品对于缺乏鉴定邮资票品真伪经验的集邮者和投资者来说，很容易上当受骗。主要原因是他们对造假者利用胶版仿影写版，对这两种版别的本质区别，缺乏正确的鉴别能力。

那么，应该怎样来正确鉴别 2006–3《民间灯彩》特种邮票的真伪呢？

① **看版别** 真品采用影写版印制，其各种刷色的网纹夹角均呈 45°，电子雕刻网点呈枣核状中空，大小相同；伪品采用胶版仿影写版，其各种刷色网纹夹角不相同，网点大小不相同，均为实心网点。如（5–3）“莲花灯”（见图 181）。

② **看刷色** 真品采用影写版印制，各种刷色网纹夹角呈 45°，刷色鲜亮而纯正；伪品采用胶版印制，各种刷色的网纹夹角不相同，套印出的刷色显得杂乱。

③ **看铭文和志号文字** 真品铭文“中国邮政”和志号“2006–3”其黑色文字边缘呈锯齿壮，这是影写版所固有的特征；伪品铭文和志号均采用胶版实印，文字笔画边缘整齐。

④ **用紫光灯鉴别** 真品在紫光灯照射下邮票图案呈现出明亮的防伪荧光色彩，很漂亮、美丽；伪品在紫光灯照射下邮票图案虽也呈现荧光色彩，但没有真品明亮。真品白纸面在紫光灯的照射下呈现四色彩点荧光；伪品纸面无任何荧光反应，呈暗紫色。

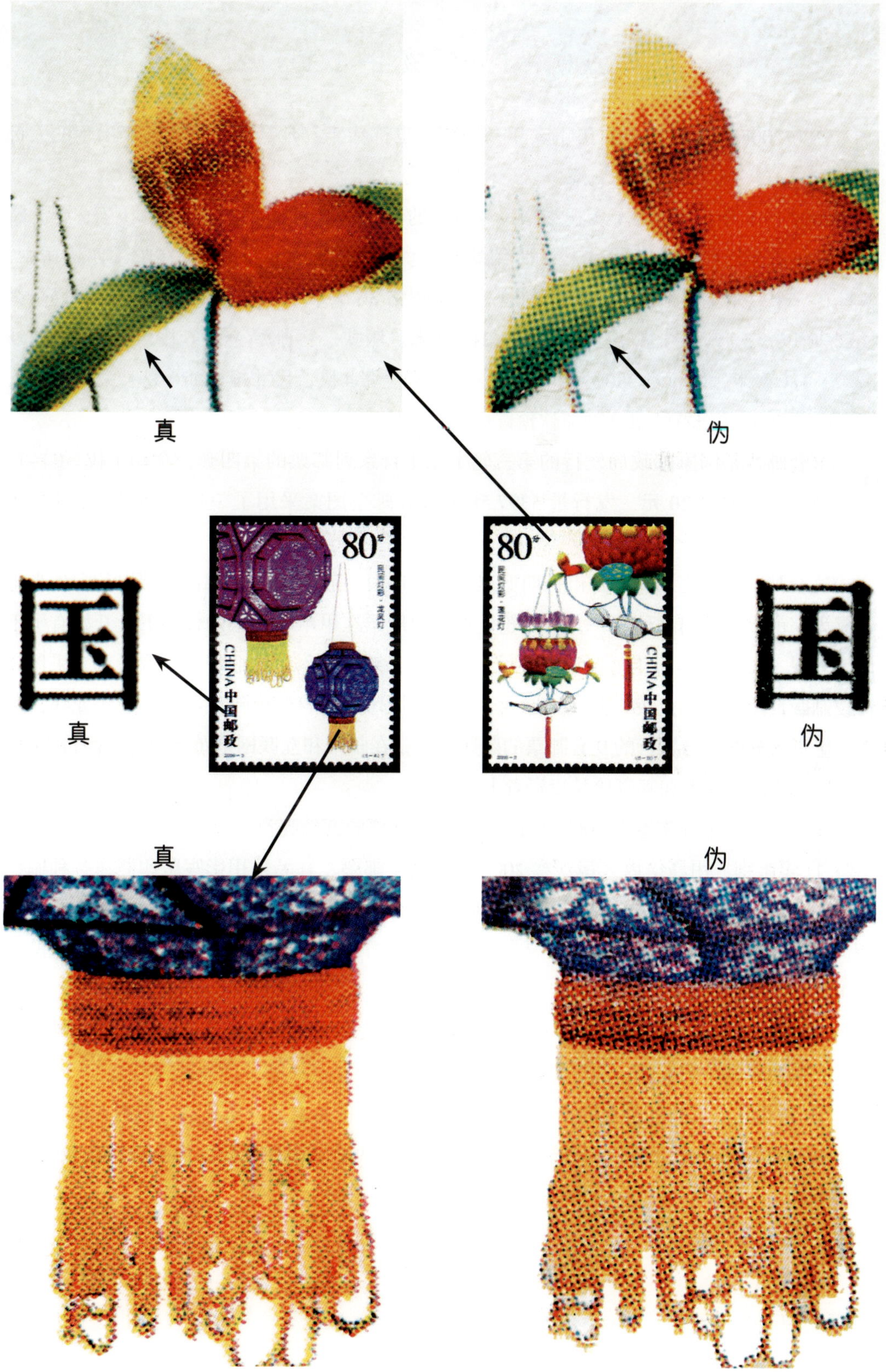

图181

2007-1 丁亥年（T）

公历 2007 年也是中国农历丁亥年，亥猪，也称猪年，凡是在农历这一年出生的人都属猪。

2007 年 1 月 5 日，为了庆祝中华民族传统的春节，国家邮政局发行一套《丁亥年》特种邮票，志号 2007-1。全套 1 枚。陈绍华设计。影写版。齿孔 13 度，在邮票四边居中，各打有一个六角星异形齿孔。背面刷胶。邮票规格 36 毫米 ×36 毫米。版式一：邮局全张枚数 20（4×5），尺寸规格 180 毫米 ×210 毫米。版式二：邮局全张 6 枚，尺寸规格 128 毫米 ×180 毫米，发行量 280 万版。版式三：邮局全张 4 枚，尺寸规格 120 毫米 ×130 毫米，用于赠送 2007 年纪特邮票全额交款预订户。北京邮票厂印制。

这套邮票是国家邮政局发行的第三轮十二生肖系列邮票的第四套，全套 1 枚。（1-1）“丁亥年”：面值 1.20 元，发行量 5397.58 万枚，邮票图案采用了一只生肖大猪和 5 只小猪的形象。

这套邮票发行之后，因邮市长期低迷，其表现很一般。2011 年邮市回暖以后，生肖邮票成为邮市上的热门品种之一，第三轮生肖邮票版票在甲申年猴票的带动下，开始有了不俗的表现。2012 年壬辰年邮票发行之后，市场上出现了炒作，造假者为牟取暴利，采用高科技制版，用四色彩点荧光防伪纸原大、原色胶版印制出自甲申年猴票至壬辰年龙票，第三轮生肖系列邮票已发行的 9 套邮票的版票伪品，在邮市和互联网上鱼目混珠，高价出售，使不明真相的集邮者和邮资票品投资者上当受骗。

那么，应该怎样来鉴别 2007-1 丁亥年（T）邮票的真伪呢？

① **看版别** 用高倍放大镜观察 2007-1 丁亥年邮票，真品采用影写版印制，各种刷色网纹夹角均呈 45°，网点大小相同，刷色纯正；伪品采用胶版印制，各种刷色网纹夹角各不相同，网点大小不同，刷色混杂，从邮票图案上可看出伪品与真品在版别上存有明显的区别（见图 182）。

② **看铭记、志号和票题文字** 丁亥年邮票真品文字采用专版印制，文字笔画边缘呈锯齿状；伪品采用胶版实印，文字笔画边缘整齐。

③ **看齿孔** 真品邮票上的异形齿孔呈六角星状，伪品也呈六角星状，但两者的打孔方式不同：真品采用磨合法，齿孔边缘常挂有纸屑；伪品采用冲压法，齿孔边缘比较光洁，无纸屑。

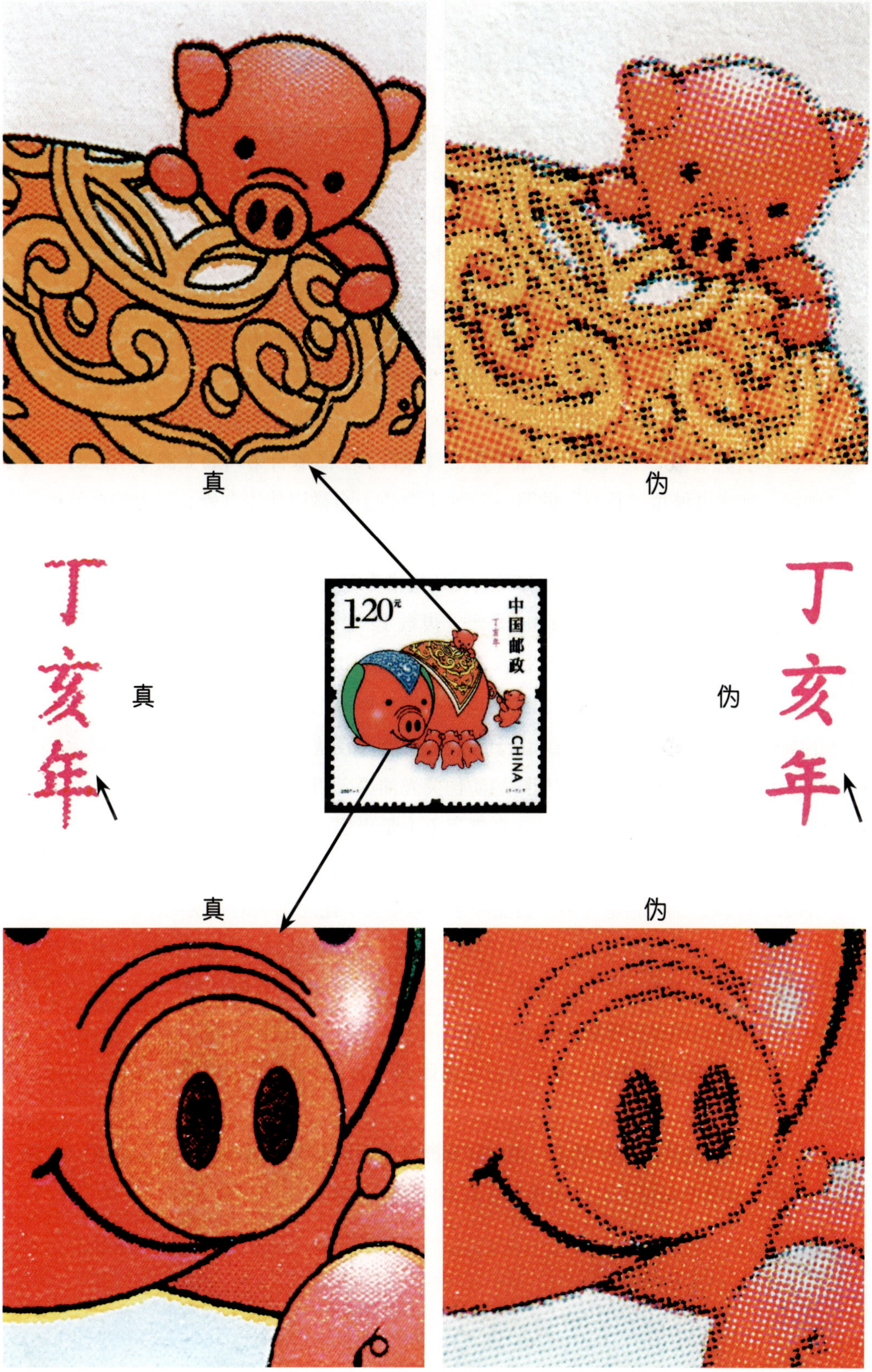

图182

2007-2 第六届亚洲冬季运动会（J）

亚洲冬季运动会是亚洲奥林匹克理事会主办的亚洲规模最大、水平最高、影响最为广泛的综合性冬季体育盛会。第一届亚洲冬季运动会始于 1986 年 3 月 1 日在日本的札幌举行。1996 年 2 月 4 日第三届亚洲冬季运动会在我国哈尔滨举行，这是在中国首次举办亚洲冬季运动会，当时我国邮政曾发行 1996–2《第三届亚洲冬季运动会》纪念邮票一套 4 枚。2002 年 10 月 3 日，在韩国釜山举办的亚奥理事会第 21 次全体会议上，我国长春市获得了 2007 年第六届亚洲冬季运动会承办权。第六届亚洲冬季运动会于 2007 年 1 月 28 日至 2 月 4 日在长春市举行。为此，中国邮政于 2007 年 1 月 28 日，发行了 2007–2《第六届亚洲冬季运动会》纪念邮票一套 1 枚。邮票图案为第六届亚洲冬季运动会会徽。会徽中的红色太阳象征亚奥理事会；会徽中“飞越”的造型是滑雪项目，主图取自第六届亚洲冬季运动会举办国“中国”和举办城市“长春”的第一个字母“C”。会徽以代表友爱、活力的蓝色和代表和平、生命的绿色组成主体色调。

《第六届亚洲冬季运动会》纪念邮票，邮票规格为 30 毫米 ×40 毫米。邮局全张枚数为 16（4×4）。整张规格为 150 毫米 ×240 毫米。齿数 12 度 ×12.5 度，左右两边居中各打有一个椭圆形异型齿孔。面值 1.20 元。岳昕设计。彩色胶印。辽宁省沈阳邮电印刷厂印制。

这套邮票采用胶版印制，防伪方式也较普通，即采用防伪蓝色荧光纤维纸、防伪荧光油墨、异型齿孔、无色荧光喷码。由于胶版防伪能力较差，造假者利用高科技制版，采用与真品相同的蓝色荧光纤维纸和相同的防伪荧光油墨、相同的异形齿孔和齿孔度，相似的荧光喷码，伪造出足以乱真的赝品，在邮市上大量出售。由于这种伪品制作十分逼真，不仅欺骗了广大集邮者，也欺骗了邮政。

那么，应该怎么来鉴定《第六届亚洲冬季运动会》纪念邮票的真伪呢？

① **看版别** 真品和伪品虽然都采用胶版印制，但刷色的网纹粗细和网纹夹角常存有不同，真品会徽中“飞越”造型的蓝色上的红色网点细密，网纹夹角呈 75°；而伪品蓝色上的红色网点较粗疏，网纹夹角呈 45°（见图 183）。

② **看会徽中的红色太阳** 真品上红色太阳四射的光芒边缘上加的黑色线条，与伪品存有细微差别。

③ **看邮票上的票题** 邮票上“第六届亚洲冬季运动会”票题中的“六”、“届”、“季”、“运”等字，在笔画特征上真品与伪品存有多处的不相同。

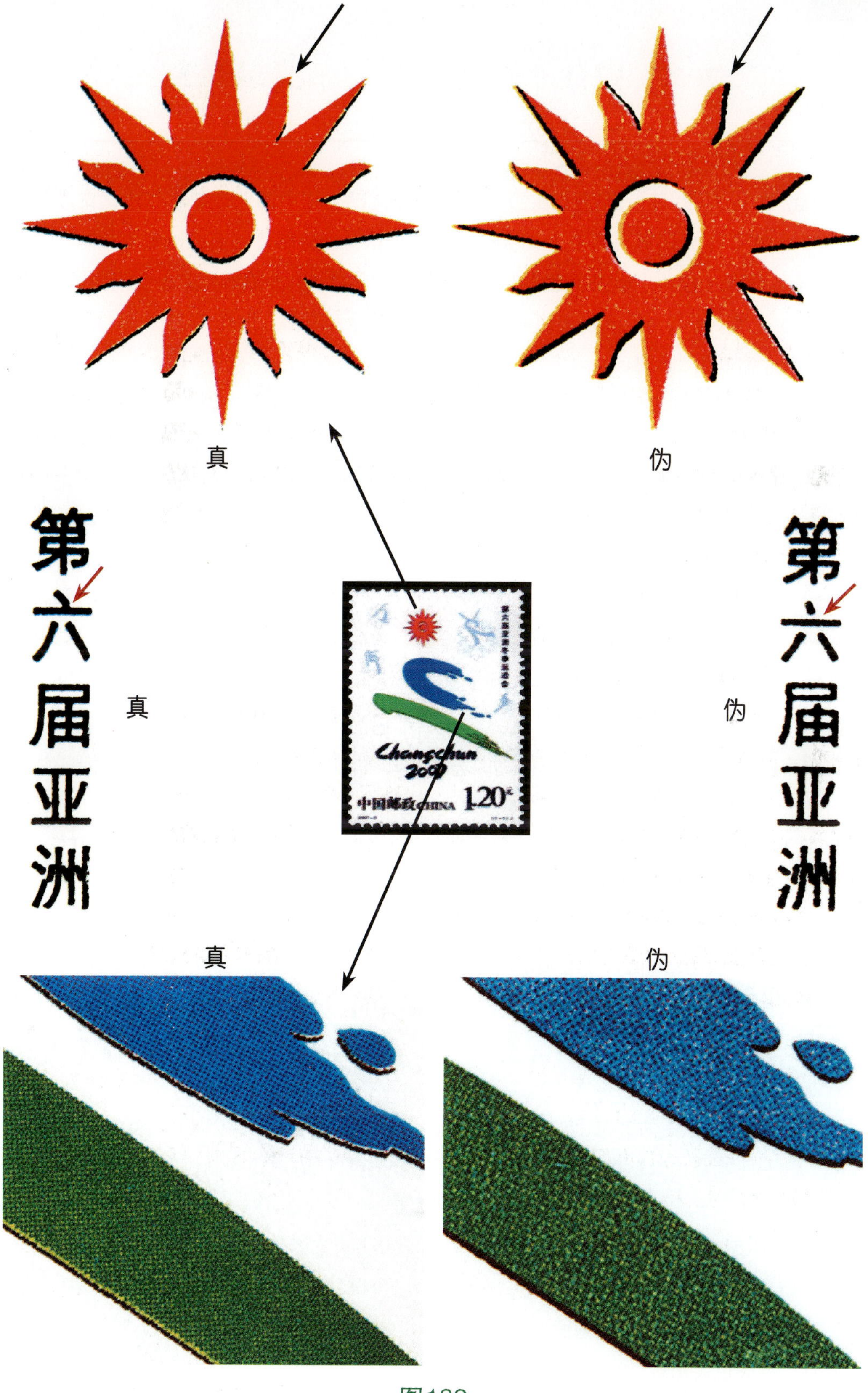

图183

2007-32M 第 29 届奥林匹克运动会——竞赛场馆（小型张）(J)

2007 年 12 月 20 日，为迎接第 29 届奥林匹克运动会在中国北京举办，中国邮政特发行 2007-32M《第 29 届奥林匹克运动会——竞赛场馆》纪念邮票一套，全套 6 枚。与此同时，发行小型张 1 枚。小型张图案为国家体育场（即鸟巢）。面值 6 元。小型张规格为 140 毫米 ×85 毫米。小型张上邮票规格为边长 40 毫米的等五边形。齿孔 13 度。影写版。王虎鸣设计。北京邮票厂印制。

这枚小型张在印制时，采用了多种防伪措施：①防伪纸张；②防伪红色荧光油墨；③无色荧光喷码；④小型张边纸上所印“第 29 届奥林匹克运动会——竞赛场馆”中英文票题，采用激光全息镭射烫银工艺；⑤小型张边饰上所印有“Beijing2008”采用镂空技术；⑥采用防伪能力较强的影写版印制。即使这样，也未能防止造假者来进行伪造。就在这枚小型张发行后不久，邮市上正热衷于炒作时，造假者利用高科技伪造出的足以乱真的伪品，也乘机上市，在炒作中鱼目混珠。造假者为获得“成功”，不惜工本，用尽浑身解数；在伪造时，除所用纸张不是采用真品专用的四色彩点荧光防伪纸，版别与真品不一样外，其他均与真品采用的防伪技术几乎完全一样。再加上伪品采用与真品 300 线的影写网纹十分接近的胶版印制，网点细小，不用高倍放大镜较难分辨出网点特征，极具有欺骗性。因此，缺乏鉴定邮资票品经验的集邮者，难辨真伪，极容易上当受骗。

那么，应该怎样来鉴别 2007-32M 的真伪呢？

① 看版别 真品 2007-32M 采用影写版印制，各色网纹夹角均呈 45°，网点中空，文字边缘呈锯齿状；伪品采用胶版印制，各色网纹夹角不一样，有的呈 45°、75° 等，网点为实心，文字边缘较整齐（见图 184）。

② 看小型张邮票图案上方的奥运会徽 真品会徽上的奥运蓝、黑、红、黄、绿 5 色圆环上均呈现影写版网纹；伪品会徽上的奥运 5 色圆环，蓝、黄圆环上可见胶版网点，其余 3 个圆环近似实印，难见胶版网点。除此以外，会徽上的“2008”中的“8”字，真品与伪品存有明显的不同（见图）。

③ 看小型张左上方边饰上的中英文票题 真品与伪品小型张边饰上“第 29 届奥林匹克运动会——竞赛场馆”中英文票题，均采用激光全息镭射烫银印制，但用高倍放大镜观察，在真品文字笔画上，烫印有圆点；伪品则无此特征（见图 185）。

④ 看小型张左下部镂空“2008” 在真品小型张边饰图“2008”灰蓝底色上印有深蓝线条，用高倍放大镜观察，清晰可见；而伪品在“2008”镂空处的深蓝色线条则模糊不清。

⑤ 用紫光灯照射小型张背面 真品采用防伪纸张印制，用紫光灯照射小型张背面，可看到红、蓝等色荧光彩点；伪品则无。

真

Beijing 2008

伪

Beijing 2008

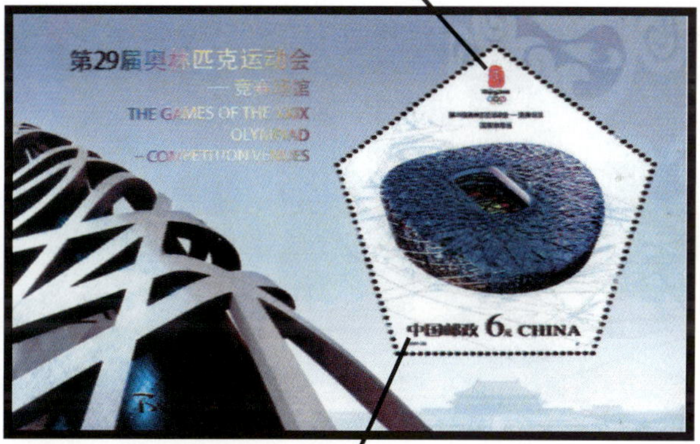
第29届奥林匹克运动会
—竞赛场馆
THE GAMES OF THE XXIX
OLYMPIAD
– COMPETITION VENUES
中国邮政 6元 CHINA

真

中国
2007-32

伪

中国
2007-32

图184

真

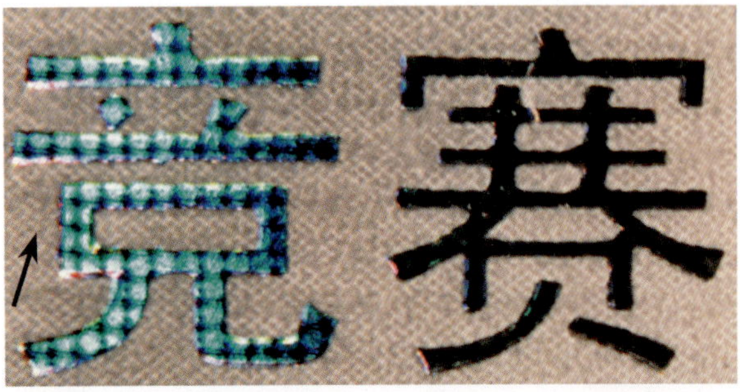

伪

真

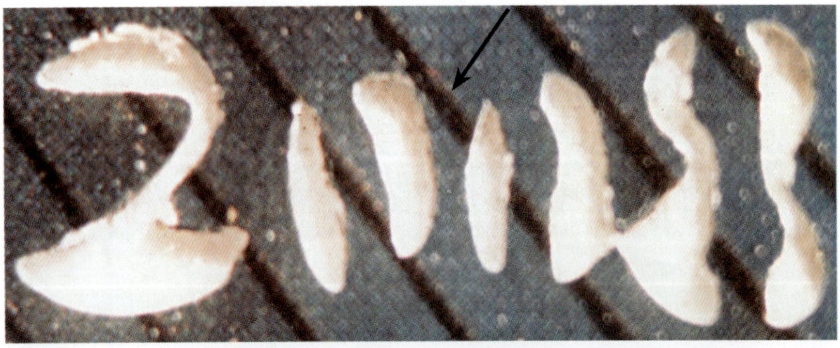

伪

图185

2008-1 戊子年（T）

公历2008年也是中国农历戊子年，子鼠，也称鼠年，凡是农历在这一年出生的人都属鼠。

2008年1月5日，为了庆祝中华民族传统的春节，国家邮政局发行一套《戊子年》特种邮票，志号2008-1。全套1枚。于平、任凭设计。影写版。齿孔13度，在邮票四边居中，各打有一个六角星异形齿孔。背面刷胶。票幅规格36毫米×36毫米。版式一：邮局全张枚数20（4×5），尺寸规格180毫米×240毫米。版式二：邮局全张6枚，尺寸规格128毫米×180毫米，发行量299.97万版。版式三：邮局全张4枚，尺寸规格120毫米×130毫米，用于赠给2008年纪特邮票全额交款订户。北京邮票厂印制。

这套邮票是国家邮政局发行的第三轮十二生肖系列邮票的第五套，全套1枚。（1-1）“戊子年”：面值1.20元，发行量5892.01万枚，图案创造了一只活泼可爱的生肖鼠形象。

这套邮票发行后，在邮市低迷时期表现一般。2011年邮市回暖，生肖邮票成为邮市上的热门品种之一，第三轮生肖邮票版票在甲申年猴票龙头带动下，开始有了不俗的表现。2012年壬辰年龙票发行后，邮市上出现炒作，于是造假者便乘机利用高科技制版，采用四色彩点荧光防伪纸，原大、原色胶版伪造出自甲申年猴票至壬辰年龙票，第三轮生肖邮票已发行的9套邮票版票，在邮市和互联网上鱼目混珠，高价出售，使不明真相的集邮者和邮资票品投资者上当受骗。不仅如此，造假者还伪造了可乱真的戊子年邮票版式三（赠送版），被不明真相的用邮客户购买后，用于通信。

那么，应该怎样来鉴别2008-1戊子年邮票的真伪呢？

① **看版别** 用高倍放大镜观察2008-1戊子年邮票，真品采用影写版印制，各种刷色网纹夹角均呈45°，网点大小相同，刷色纯正；伪品采用胶版印制，各种刷色网纹夹角各不相同，刷色不够纯正，色彩混杂。伪品与真品在版别上有明显的不同（见图186）。

② **看邮票上的铭记、志号和票题** 戊子年邮票真品其铭记等文字均采用影写版专版专色印制，文字边缘呈锯齿状；伪品采用胶版实印，其文字笔画整齐。

上述1、2两项，均适用于鉴定2008-1戊子年邮票版式三；下面3、4两项仅适用于鉴定版式三。

③ **看异形齿孔** 真品戊子年邮票版式三上打的六角星异形齿孔，六个角呈圆弧状；伪品上打的六角星异形齿孔则呈尖角状，两者存有明显的不同（见图187）。

④ **用紫光灯鉴别** 戊子年邮票版式三小版票真品在紫光灯照射下，其白纸面呈四色彩点荧光，同真品大版票采用的防伪纸一样；伪品在紫光灯照射下，白纸面呈现红色荧光纤维。

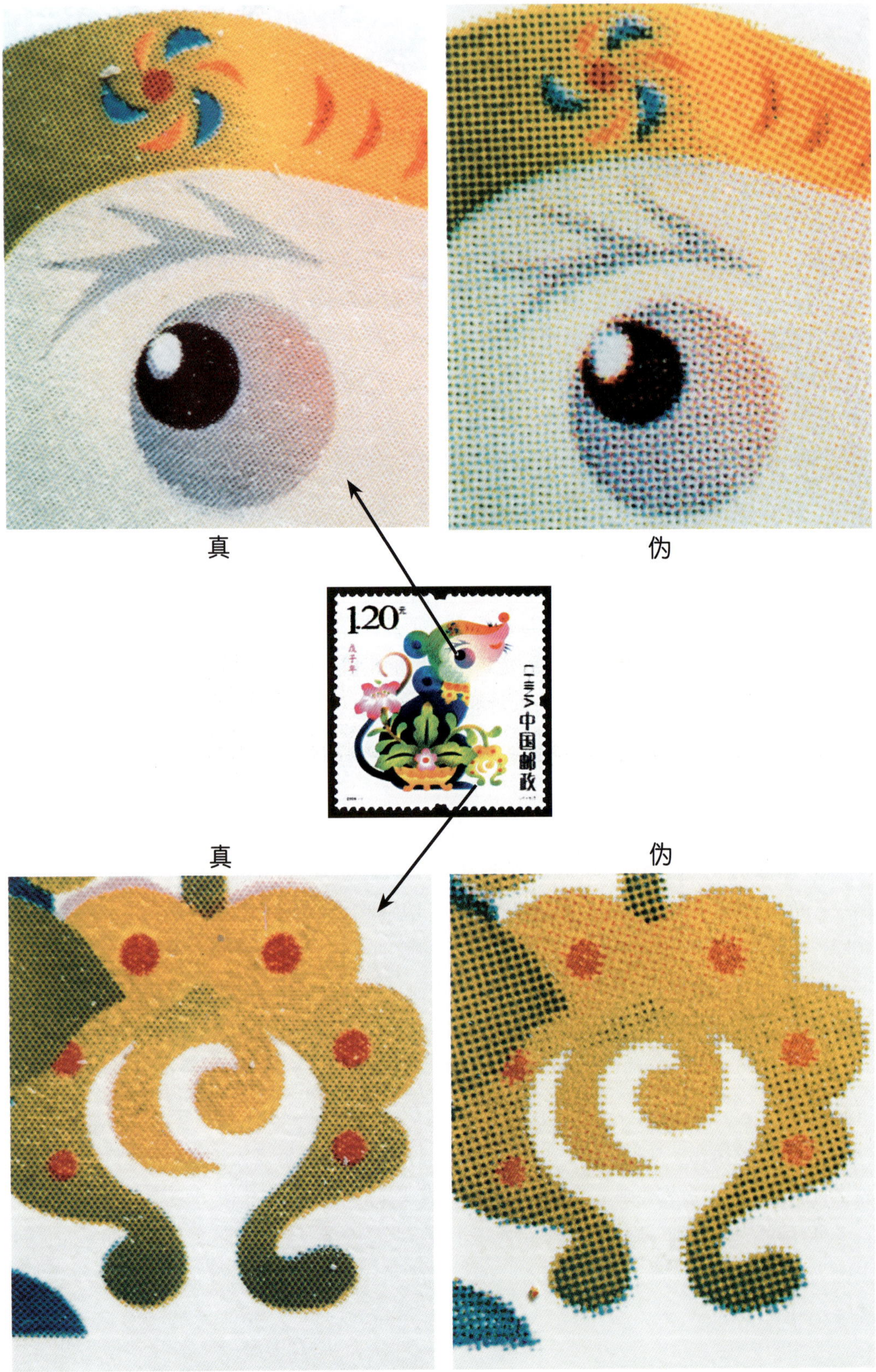

图186

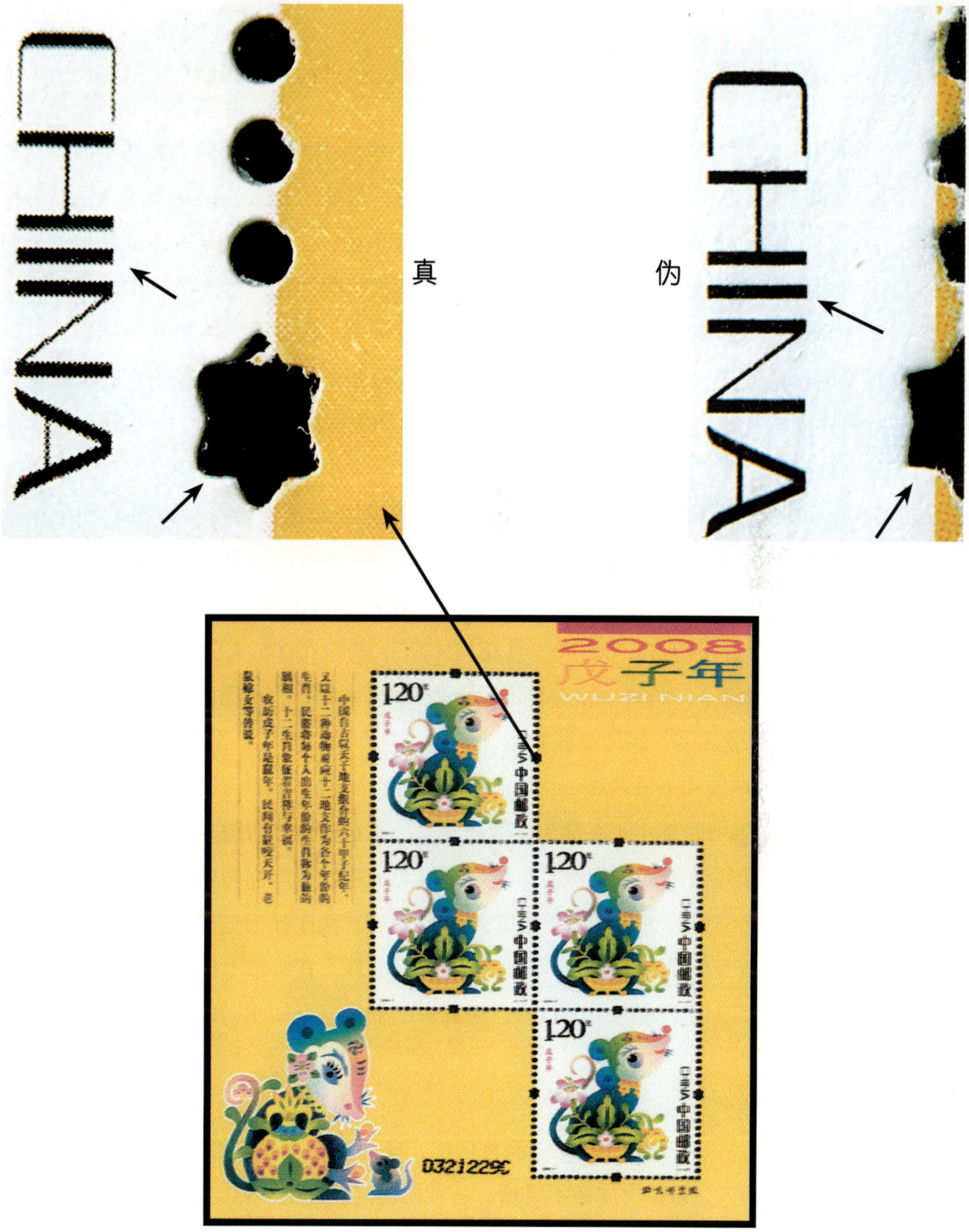

图187

2008-2 朱仙镇木版年画（T）

朱仙镇位于河南省开封市古城西南约10千米处。这座中原文化古镇，始建于战国，北宋至清乾隆年间，是我国四大名镇（汉口镇、佛山镇、景德镇、朱仙镇）之一。朱仙镇木版年画源于唐，兴于宋，鼎盛于明清，约有1200多年历史，是中国最早的年画，被誉为中国木版年画之鼻祖。朱仙镇木版年画的题材，有喜庆类、驱邪类、习俗风景类、故事戏文类、仕女游春类、牛郎织女图和春牛图等，同时也有钟馗、麒麟等一些民间传说内容。朱仙镇木版年画，特别是门神、戏文类年画，以适度的夸张变形、幽默稚拙的人物形象及艳丽明亮的色彩赋予其地道的中原民间艺术风味，令人印象深刻。2006年，朱仙镇木版年画被列入国家首批非物质文化遗产名录。

2008年1月15日，为了宣扬中国悠久的民间文化艺术遗产，中华人民共和国国家邮政局发行了一套《朱仙镇木版年画》特种邮票，志号2008-2。全套4枚。发行量均为1178.51万枚。面值均为1.20元。邮票规格均为30毫米 ×40毫米。这是“年画系列邮票”（2003-2《杨柳青木版年画》、2004-2《桃花坞木版年画》、2005-4《杨家埠木版年画》、2006-2《武强木版年画》、2007-4《绵竹木版年画》）的第6套。王虎鸣设计。影写版。齿孔13.5度 ×13度。版式一：邮局全张枚数20（4×5）。同时发行小全张1枚。版式二：8枚（2套邮票），分纸质和绢质两种：纸质作为2008年中国邮政贺年（有奖）明信片奖品；绢质作为2008年中国邮政贺年（有奖）幸运封奖品。北京邮票厂印制。

这套邮票采用影写版印制，防伪能力较好，但为了进一步加强防伪效果，还采用了防伪荧光纸，防伪荧光油墨等方式。由于这套邮票发行之后就在邮市被打折出售，于是造假者便乘机利用高科技，伪造出可以乱真的伪品，鱼目混珠，在邮市上打折出售，被不明真相的用邮者购买，大量用于通信。伪品刷色逼真，也采用与真品相同的荧光油墨印制，极具欺骗性。

那么，应该怎样来鉴别这套邮票的真伪呢？

① 看版别 真品采用影写版印制，刷色精细，各种刷色网纹夹角均呈45°；伪品则采用胶版套色印制，刷色显粗糙，线条不清晰，各种刷色网纹夹角不相同（见图188）。

② 看邮票上的文字 真品邮票上印的铭记、面值、票题、志号等文字，具有影写版所印文字边缘所具有的锯齿状特征；伪品采用胶版实印，与真品有较明显的不同（见图189）。

③ 用紫光灯鉴别 在紫灯光照射下，真品邮票图案上呈现出明亮的红色荧光和蓝色荧光喷码；伪品邮票图案在紫光灯照射下，也呈现出与真品相似的红色荧光和蓝色荧光喷码。但是，当用紫光灯照射邮票背面白纸时，真品呈暗紫色，上面有四色彩点荧光；伪品白纸面在紫光下也呈暗紫色，但上面呈现出蓝色荧光纤维，两者存有明显的不同。

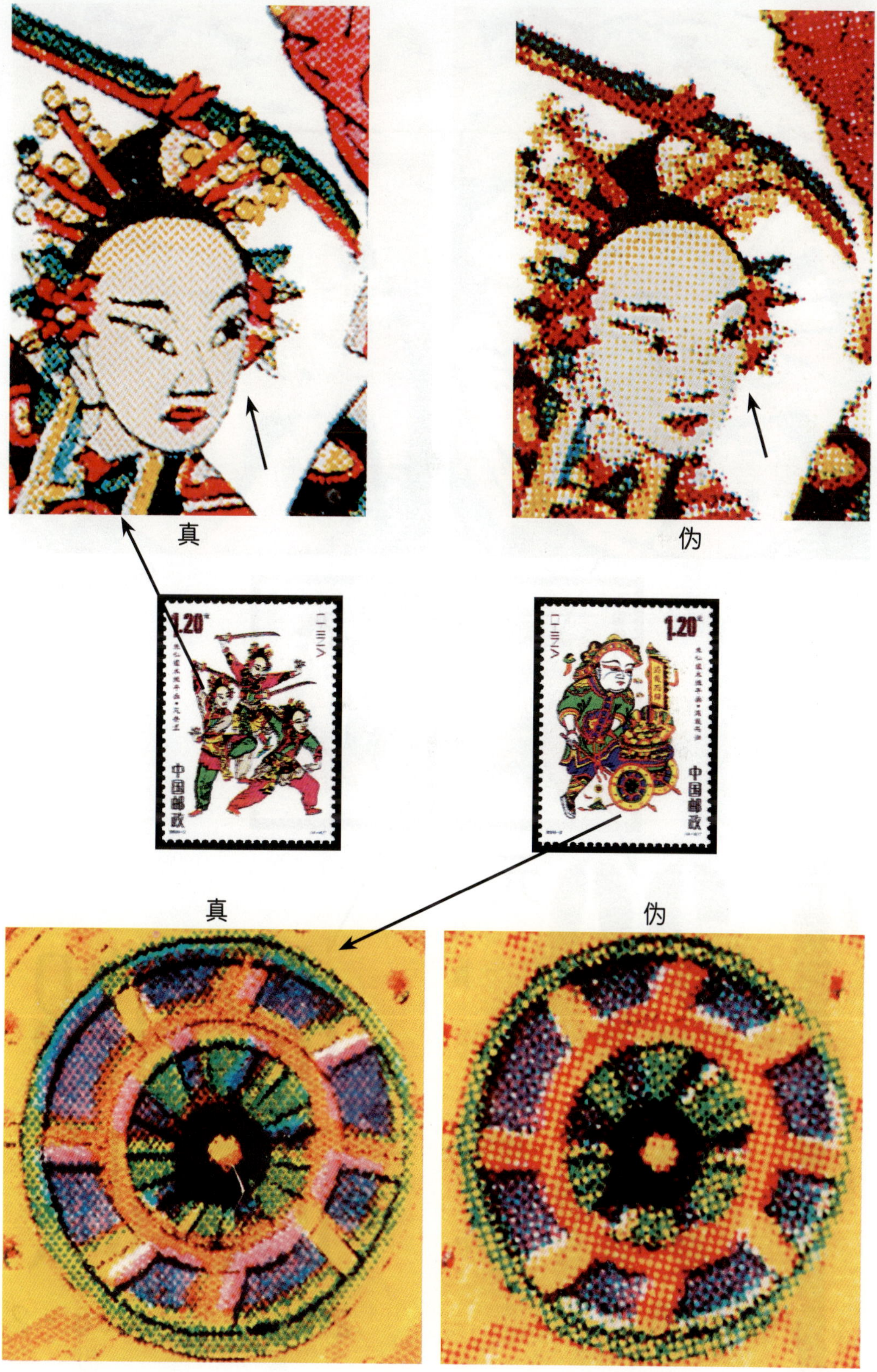

图188

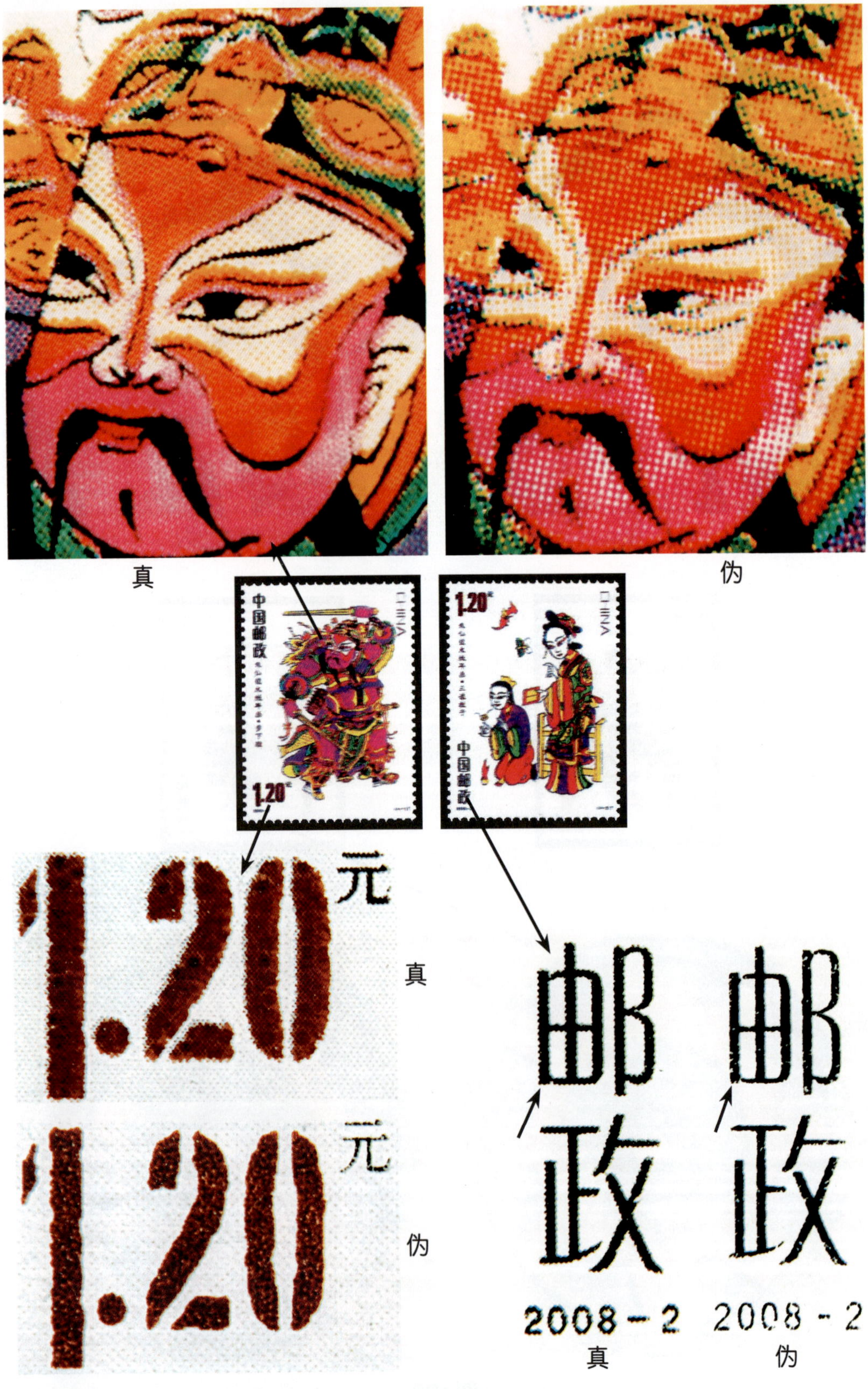

图189

2008-15 第二次全国土地调查（J）

根据《中华人民共和国土地管理法》和《国务院关于深化改革严格土地管理的决定》，国务院自2007年7月1日起开展第二次全国土地调查。土地调查是我国法定的一项重要制度，是全面查实查清土地资源的重要手段。搞好第二次全国土地调查，掌握真实准确的土地数据，是全面贯彻落实科学发展观，建设资源节约型、环境友好型社会，促进经济社会全面协调可持续发展的客观要求；是推进城乡统筹发展，保障国家粮食安全和促进社会稳定、保护农民利益等工作的重要内容；是编制国民经济宏观调控，实施科学决策的重要依据；是贯彻落实国务院关于深化改革严格土地管理的决定，提高政府依法行政能力和国土资源管理水平的迫切需要；是科学规划、合理利用、有效保护国土资源和实施最严格耕地保护制度的根本手段。第二次全国土地调查的主要内容包括：在全国范围内利用遥感等先进技术，以正摄影像图为基础，逐地块实地调查土地的地类和面积，掌握全国耕地、园地、林地、工业用地、基础设施用地、金融商业服务、开发园区、房地产以及未利用土地等各类用地的分布和利用状况；逐地块调查全国城乡各类土地的所有权和使用权状况，掌握国有土地使用权和农村集体土地所有权状况；调查全国基本农田的数量、分布和保护状况，对每一块基本农田上图、登记、造册；建立互联共享的覆盖国家、省、市（地）、县四级的集影像、图形、地类、面积和权属为一体的土地调查数据库；建立土地资源变化信息的调查统计、及时监测与快速更新机制。

2008年6月25日，为了宣传全国土地调查的意义，中华人民共和国国家邮政局发行了一套《第二次全国土地调查》纪念邮票，志号2008-15。全套2枚。面值均为1.2元。邮票规格30毫米 ×40毫米。发行量均为1149.56万枚。齿孔12.5度。邮局全张枚数20（4×5）。郝旭东设计。胶版。北京邮票厂印制。

这套邮票采用胶版印制，防伪能力较差。为此，在印制时又增加几种防伪方式：四色荧光彩点纸、防伪荧光油墨、缩微暗记。即使这样，造假者依然利用高科技，伪造出刷色逼真，喷有荧光数码、采用与真品相同的彩色荧光油墨印制出可以乱真的伪品，鱼目混珠，打折在邮市上出售，被不明真相的集邮者或用邮者购买，大量用于通信。

那么，应该怎样来鉴别这套邮票的真伪呢？

① **看版别** 真品和伪品均采用胶版印制，尽管如此，由于伪品不是采用设计的原图稿来制版，而是采用真品翻拍制版，这样在版纹特征上，往往同真品存在明显的差别：真品网纹较细密，伪品则较粗疏；真品邮票图案上的坐标线采用的网线特征与伪品存在明显的不同；真品邮票图案上套色印制的线条精细、清晰，伪品则印得粗糙、模糊（见图190）。

② **看缩微暗记** 真品邮票图上“2007年7月1日—2009年10月31日”文字中的“—”线，采用“全国土地调查”汉语拼音的第一个字母“QGTDDC”两组缩微文字印制，用高倍放大镜可看出；伪品这条“—”线则采用实线印制，无缩微文字。

③ 用紫光灯鉴别 真品在紫光灯照射下，邮票图案上呈现出彩色荧光和荧光数码；伪品在紫光灯照射下，在邮票图案与真品相同部位呈现出相同的荧光，但真品采用的是四色彩点纸印制，而伪品用的是红色荧光纤维纸印制，可从邮票背面白纸面上所呈现的荧光特征不同来加以鉴别。

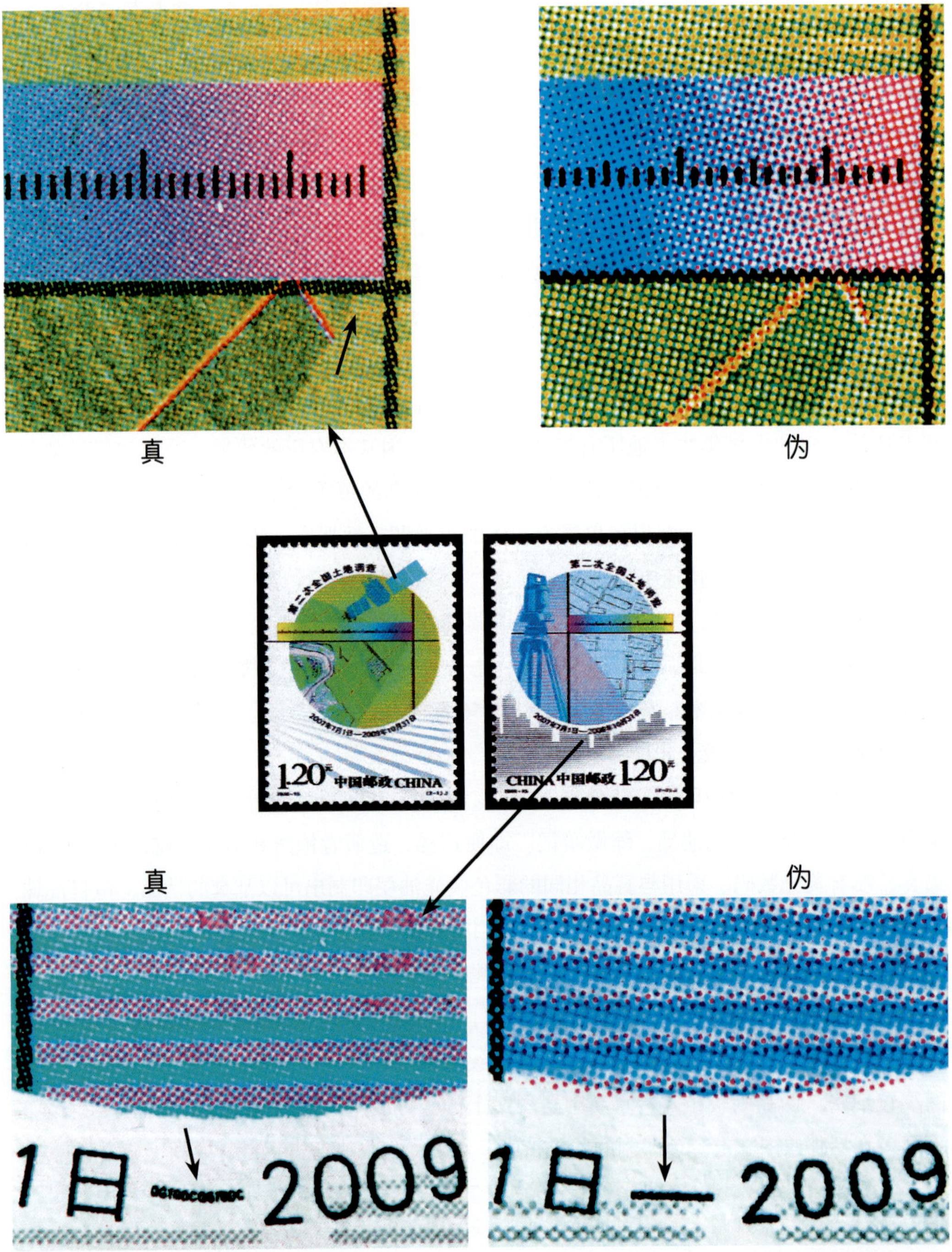

图190

2009–1 己丑年（T）

公历2009年也是中国农历己丑年，丑牛，也称牛年，凡是在农历这一年出生的人都属牛。

2009年1月5日，为了庆祝中华民族传统的春节，国家邮政局发行一套《己丑年》特种邮票，志号2009–1。全套1枚。陈绍华设计。影写版。齿孔13度，在邮票四边居中，各打有一个六角星异形齿孔。票幅规格36毫米 ×36毫米。版式一：邮局全张枚数20（4×5），尺寸规格180毫米 ×210毫米。版式二：邮局全张枚数6枚，尺寸规格128毫米 ×180毫米，发行量280万版。版式三：邮局全张枚数4枚，尺寸规格120毫米 ×130毫米，用于赠送2009年纪特邮票全额交款的预订户。北京邮票厂印制。

这套邮票是国家邮政局发行的第三轮十二生肖系列邮票的第六套，全套1枚。（1–1）“己丑年”：面值1.20元，发行量5397.97万枚，图案创造了一头昂首奋蹄的生肖牛形象。

这套邮票发行后，在邮市低迷时表现一般。2011年邮市回暖，生肖邮票成为邮市上的热门品种，第三轮生肖邮票在“龙头”甲申年猴票的带动下，已发行的8套票都有不俗的表现。2012年第三轮生肖邮票壬辰年龙票发行之后，市场上出现炒作。造假者为牟取暴利，便乘机利用高科技制版，用四色彩点荧光防伪纸，原大、原色用胶版伪造自甲申年猴票至壬辰年龙票，第三轮生肖邮票9套邮票的大版票，在邮市上和互联网上鱼目混珠，高价出售，使不明真相的集邮者和邮资票品投资者上当受骗。

那么，应该怎样来鉴别2009–1己丑年邮票的真伪呢？

① **看版别** 用高倍放大镜观察2009–1己丑年邮票，真品采用影写版印制，各种刷色网纹夹角均呈45°，网点大小相同，刷色纯正；伪品采用胶版印制，各种刷色网纹夹角各不相同，红色呈75°，刷色混杂，不纯正，在版别上与真品存有明显的不同（见图191）。

② **看金墨** 己丑年邮票图案上印刷的金墨，真品的金色金光灿烂，很亮丽；伪品上的金墨刷色不亮丽、灿烂，发乌、发暗。

③ **看铭记、志号和票题** 真品邮票上的铭记、志号和票题，其文字笔画边缘呈锯齿状，均具有影写版所固有的特征，网点呈中空状；伪品则不具有此特征。

伪

真

真

伪

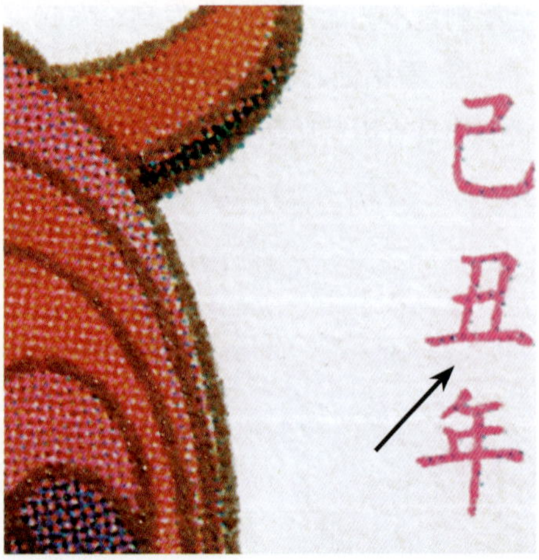

图191

2009-2 漳州木版年画（T）

漳州木版年画始于明朝，兴盛于清朝，民国初年达到鼎盛，当时有曲文斋、多文斋、胡庆堂、锦源堂等20余家画店。产品主要流传在漳州和闽南一带，并远销至东南亚及日本等地。漳州木版年画造型朴实，风格既有南方的灵巧纤美，又有北方的粗犷豪放。其表现题材主要有辟邪祈福的门画、历史戏文故事、宗教祭祀神像、风俗节庆等。构图大方，造型夸张，雕刻线条古朴刚劲，多以红、黑为底色，强烈明快，浓丽凝重，犹如织锦刺绣，绚丽美观。其艺术风貌和工艺技巧独具一格，在民间美术遗产和民俗学研究中具有重要价值。

2009年1月18日，为弘扬中国特有的民间艺术精华，国家邮政局发行《漳州木版年画》特种邮票一套，志号2009-2。全套共4枚；同时发行小全张1枚。全套邮票中（4-1）T“狮头衔剑”，面值1.20元，邮票规格40毫米 ×30毫米；（4-2）T“日日进财”，面值1.20元，邮票规格30毫米 ×40毫米；（4-3）T“天仙女子”，面值1.20元，邮票规格40毫米 ×30毫米；（4-4）T“老鼠嫁女”，面值1.20元，邮票规格30毫米 ×40毫米。发行量均为1099.81万枚。齿孔均为12度。整张枚数：版式一为20枚；版式二为8枚（2套）。整张规格：版式一为240毫米 ×150毫米；版式二为120毫米 ×210毫米。小全张规格为90毫米 ×160毫米，小全张发行量979.94万枚，每枚售价7.20元。防伪方式：防伪纸张、防伪油墨、荧光喷码。影写版。王虎鸣设计。北京邮票厂印制。

这套邮票发行之后，很快就成为打折票。造假者为了欺骗邮政和集邮者，利用高科技制版，采用与真品一样的四色彩点荧光纸、防伪油墨、荧光喷码，胶版印制出大量伪品，在邮市上鱼目混珠，打折出售，使不明真相的购买者购买后，大量用于通信；使难辨其真伪的集邮者购买后，当作真品收藏。

那么，应该怎样来鉴别这套2009-2漳州木版年画（T）的真伪呢?

① **看版别** 真品采用影写版印制，网点呈中空状，各种刷色网纹夹角均呈45°，刷色纯正；伪品采用胶版印制，网点呈实心状和网纹状，各种刷色网纹夹角各不相同，红色呈75°，色彩混杂，不纯正，图像模糊（见图192）。

② **看邮票上的票铭** 真品邮票上的票铭“CHINA 漳州木版年画”采用影写版专色专版印制；伪品则采用胶版专色专版实印，二者在文字笔画印刷特征上，存在有明显差别。

③ **看面值** 真品面值“1.20元”采用黑色专版印制，文字边缘呈现影写版所特有的锯齿状特征；伪品虽然也采用黑色专版印制，并尽力用胶版仿影写版来印文字边缘毛茬，但与真品存有实质的差别。

④ **用紫光灯鉴别** 在紫光灯照射下，真品和伪品在纸张和刷色上所呈现的荧光特征，完全相同。因此，仅用此方法来鉴别真伪，极易上当受骗！

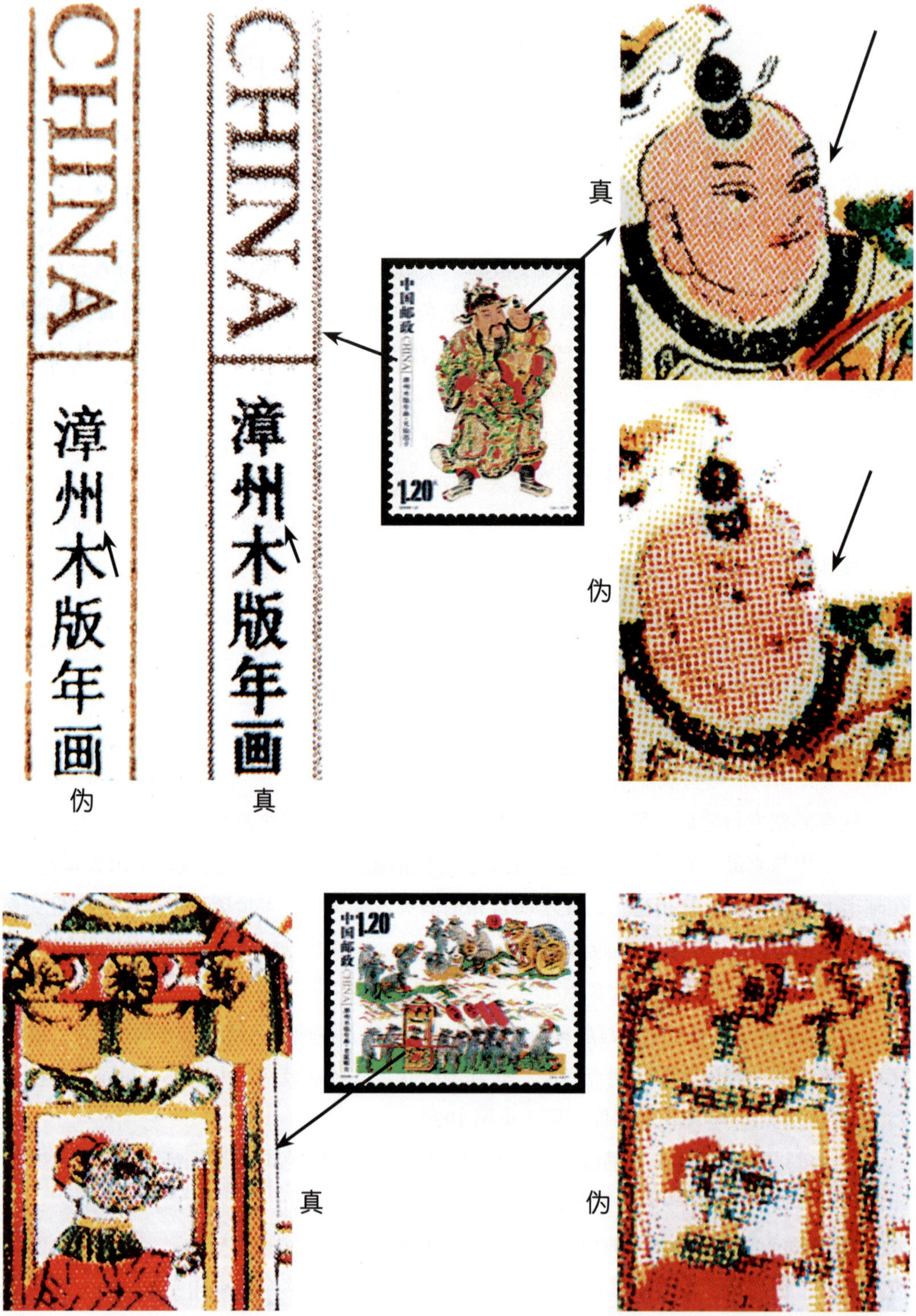

图192

2009-8 中国与世博会（T）

世界博览会，简称世博会。1851 年，在英国举办首届世界博览会的消息传到中国后，广东一名叫徐荣村的商人便敏锐地意识到世博会蕴藏着巨大的商机。于是，他便毅然决然将自己经营的“荣记湖丝”紧急运往英国参展，并荣获金、银大奖。1904 年，在美国举办的圣路易斯世博会，被视为历史上中国官方首次正式参加的世博会。之后，中国还参加了 1915 年、1926 年、1933 年的世博会。1949 年中华人民共和国成立之后，西方国家举办世博会时出于众所周知的原因，均未邀请我国参加。1979 年中美建交后，美国政府正式邀请我国参加 1982 年诺克斯维尔世博会。此后，中华人民共和国几乎参加了所有主要的各种类型世博会。1992 年，中国向国际展览局正式提交举办世博会的申请，1996 年获得批准在中国举办“1999 昆明世界园艺博览会”。2001 年 5 月，中国向国际展览局递交了申办 2010 年世博会的申请书。2002 年 12 月 3 日，国际展览局第 132 次成员国代表大会在摩纳哥投票确定，中国上海获得 2010 年世界博览会举办权。上海世界博览会于 2010 年 5 月 1 日开幕，当年 10 月 31 日闭幕。

为了纪念和迎接上海世博会在中国举办，2009 年 5 月 1 日，中国邮政发行了《2009-8 中国与世博会》特种邮票一套，全套共 4 枚。（4-1）中国参加早期世博会、（4-2）中国参加近期世博会、（4-3）1999 昆明世界园艺博览会、（4-4）中国 2010 年上海世博会。面值均为 1.20 元。发行量均为 1380.04 万枚。邮票规格均为 44 毫米 ×33 毫米。齿孔均为 13 度。邮局全张版式一为 16 枚，规格为 220 毫米 ×165 毫米；版式二为 8 枚（2 套），发行量为 260 万版。规格为 210 毫米 ×140 毫米。邮票设计者为励忠发。影写版。北京邮票厂印制。

这套邮票因题材重大，很受集邮者的追捧。发行之后不久，市场上便出现了伪品。伪品采用胶版印制，与真品一样打有相同的异形齿孔，所用纸张有的采用同真品一样的四色彩点荧光纸，有的采用红色荧光纤维纸。由于伪品制作得比较逼真，造假者将这种伪品制作成首日封或装进各种纪念册、邮票册中，以假乱真，供集邮者或收藏者进行收藏，致使许多不明真相者上当受骗。

那么，应该怎样来鉴别这套邮票的真伪呢？

① **看版别** 真品采用影写版印制，各种刷色网纹夹角均呈 45°，刷色纯正、细腻；伪品采用胶版印制，各种刷色网纹夹角不相同，网点粗糙、刷色不纯正。这从全套邮票（4-1）中国馆楼阁屋顶处和（4-2）右下角处，可以看出明显的区别（见图 193）。

② **看邮票上志号和吉祥物** 真品志号采用影写版印制，网点呈中空状，伪品志号采用胶版实印；真品吉祥物刷色纯正、精细，伪品则刷色杂乱、粗糙。这从全套邮票中的（4-3）和（4-4）中，可以看出明显的区别（见图 194）。

③ **用紫光灯鉴别** 真品在紫光灯照射下，其票面上刷色荧光油墨呈现出强烈明亮的荧光色彩，而伪品呈现得则不够强烈、明亮。在紫光灯下观察邮票背面，真品采用四色荧光

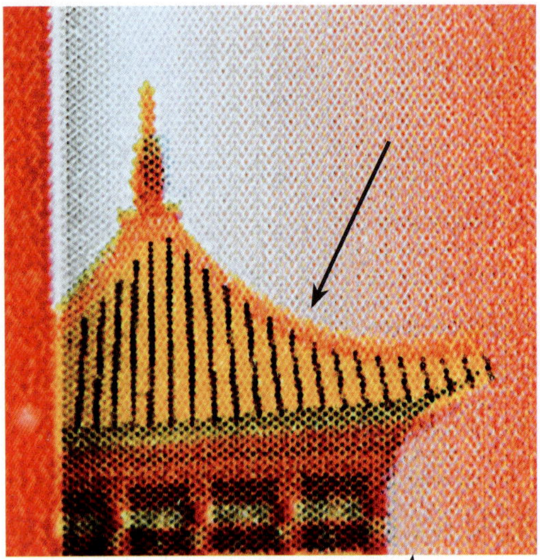

真

伪

真

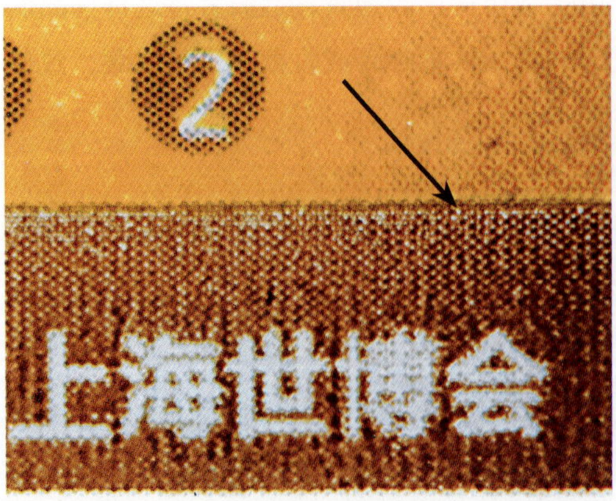

(4-2)T

伪

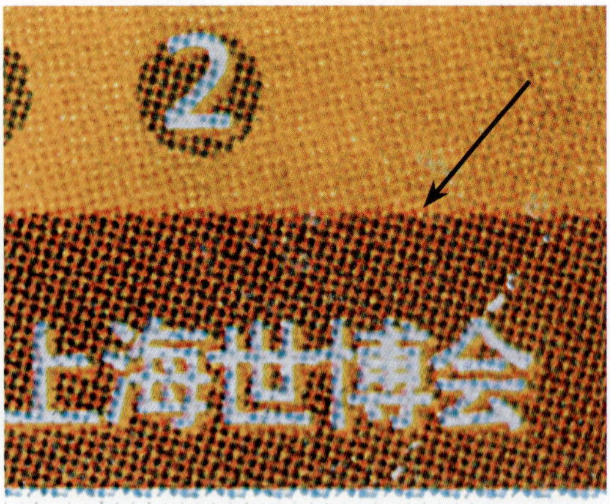

(4-2)T

图193

彩点纸印制，伪品（4–1）、（4–2）采用红色荧光纤维纸，（4–3）和（4–4）则采用与真品相同的四色荧光彩点纸印制。

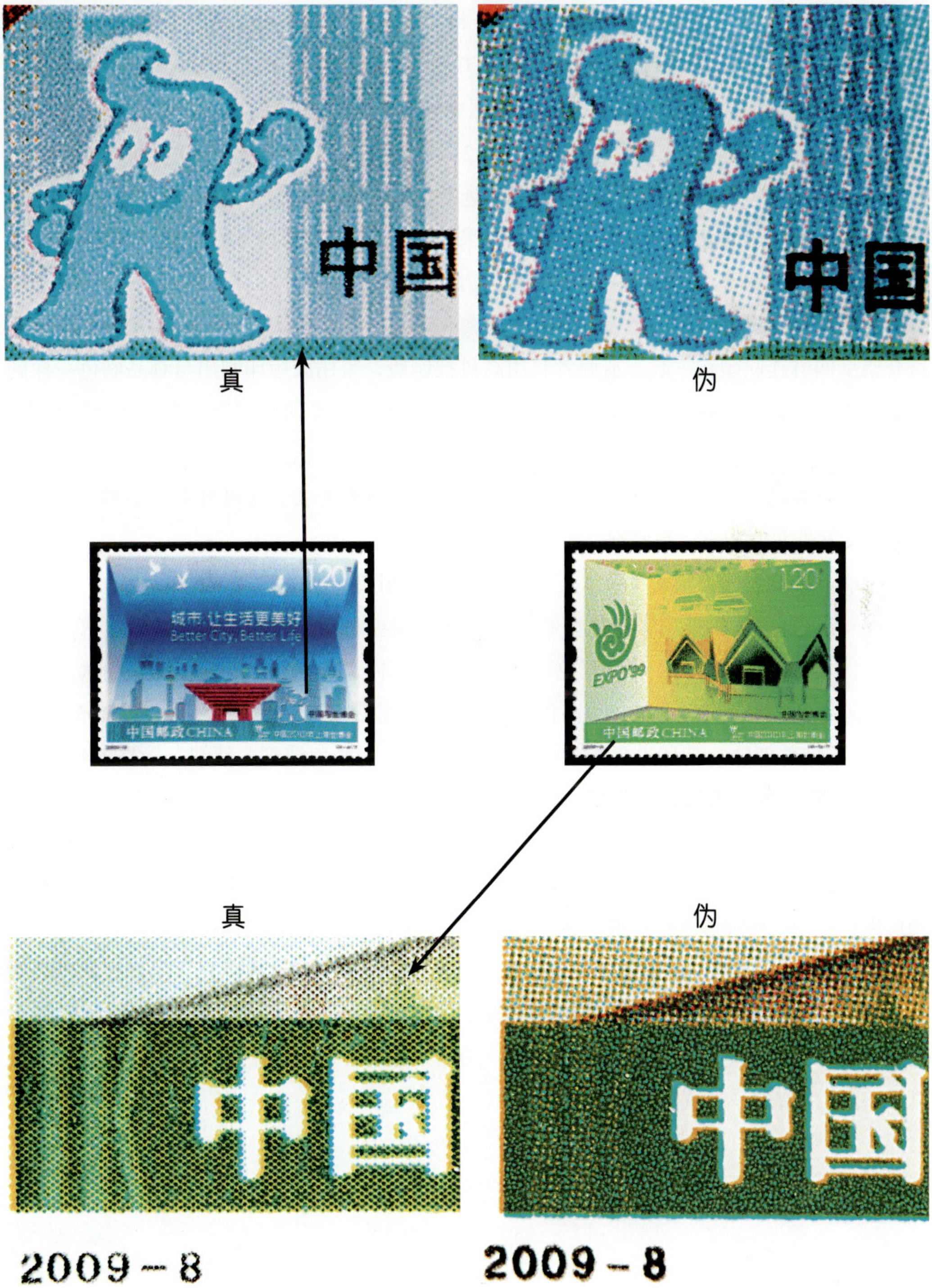

图194

2009–25 中华人民共和国成立六十周年（J）

2009年10月1日，为庆祝中华人民共和国成立六十周年，国家邮政局发行了《中华人民共和国成立六十周年》纪念邮票一套4枚。志号为2009–25。同时发行小型张1枚。邮票面值均为1.20元。发行量均为2000.08万枚。小型张面值6元。发行量为1299.97万枚。邮票齿孔度均为13度。邮票左右两边居中各打有一个椭圆形齿孔。邮票规格均为55毫米 ×30毫米。邮票整张枚数：版式一为12枚，整张规格205毫米 ×170毫米；版式二为8枚（2套），整张规格为150毫米 ×170毫米。发行量260万版。张艺谋、陈名杰设计。李基禄、林毅摄影。新华通讯社提供资料。采用防伪彩点荧光纸、防伪油墨印制。每枚票上均喷印有荧光喷码。影写版。北京邮票厂印制。

这套邮票题材好，发行当天就很紧俏，供不应求。尤其是版式二小版票，整版2套票，每套票呈四方连联印在一起。造假者利用高科技制版，采用胶版印制出与真品刷色一样的全套4枚邮票伪品。这种伪品同真品一样采用红色防伪荧光油墨印制，在紫光灯照射下，同真品一样呈现出鲜亮的红色荧光，与真品有所不同的是，伪品票面上未喷印无色荧光数码；伪品同真品一样打有相同的椭圆形异形齿孔。总体看上去，几可乱真。集邮者和邮资票投资者在购买时如不认真鉴别，很可能上当受骗。

那么，应该怎样来鉴别《中华人民共和国成立六十周年》纪念邮票的真伪呢？

① **看版别** 真品采用影写版印制，各种刷色网纹夹角均呈45°，网点呈枣核状，中空色浅；伪品采用胶版印刷，各种刷色网纹夹角各不相同，红色呈75°，网点呈实心状，这从（4–1）邮票图案右下部铭文处，用高倍放大镜可清晰地观察出真伪的区别（见图195）。

② **看特殊部位** 真品（4–3）邮票上的五星红旗，刷色纯正、精细；伪品（4–3）邮票上的五星红旗刷色混杂、粗糙，四颗小五角星均已变形，与真品存有很明显的区别（见图196）。

③ **看齿孔** 真品椭圆形齿孔打得比较规整，在椭圆形齿孔上下方，均打有8个完整的圆形齿孔；伪品椭圆形齿孔打得不够规整，在其上下方均打有7个完整的圆齿孔。

④ **用紫光灯鉴别** 用紫光灯照射邮票正面，均呈现鲜亮的红色荧光，但真品每枚邮票上均喷印有荧光数码，在紫光灯照射下呈现出亮白色数码；伪品则无。用紫光灯照射邮票背面，真品采用四色彩点防伪邮票纸印制；伪品则采用普通纸印制，紫光灯照射下虽呈与真品相同的暗紫色，但无四色彩点荧光。

真

真

伪

伪

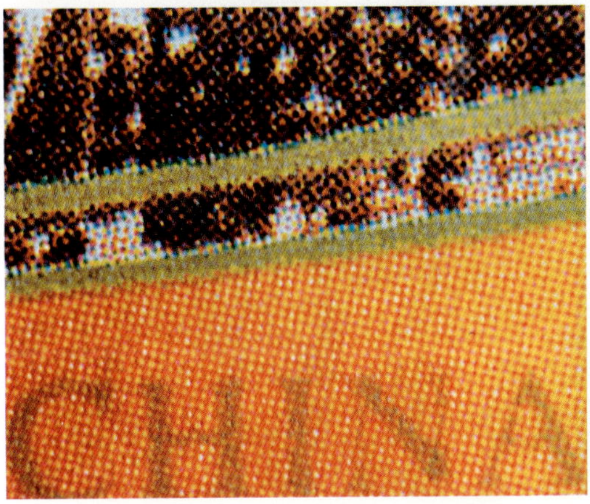

图195

真

真

伪

伪

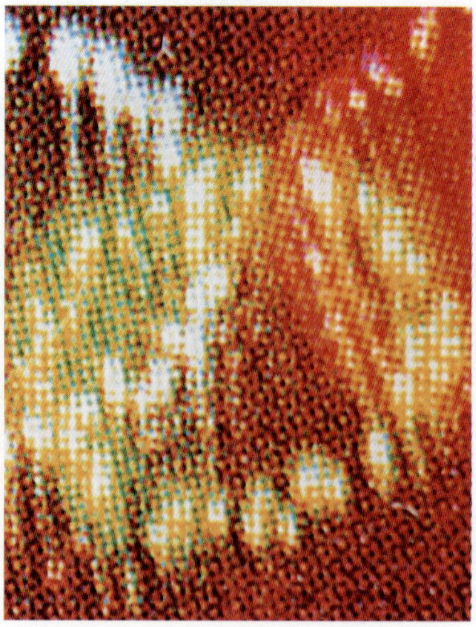

图196

2010-1 庚寅年（T）

公历 2010 年也是中国农历庚寅年，寅虎，也称虎年，凡是在农历这一年出生的人都属虎。

2010 年 1 月 5 日，为了庆祝中华民族传统的春节，国家邮政局发行一套《庚寅年》特种邮票，全套 1 枚。志号 2010-1。马刚设计。影写版。齿孔 13 度，邮票四边居中打有一个六角星异形齿孔。背面刷胶。版式一：邮局全张枚数 20（4×5），尺寸规格 170 毫米 ×210 毫米。版式二：邮局全张 6 枚，尺寸规格 128 毫米 ×180 毫米，发行量 300 万版。版式三：邮局全张 4 枚，尺寸规格 120 毫米 ×130 毫米，用于 2010 年纪特邮票全额交款预订户。北京邮票厂印制。

这套邮票是国家邮政局发行的第三轮十二生肖邮票的第七套，全套 1 枚。（1-1）“庚寅年”：面值 1.20 元，票幅规格 36 毫米 ×36 毫米，发行量 5798.53 万枚，图案创造了一只送福的拟人化生肖老虎形象。

这套邮票发行量有所增加，但在邮市不景气的情况下，表现一般。2011 年邮市回暖，生肖邮票成为邮市上的热门品种，第三轮生肖邮票已发行的 8 套邮票，在甲申年猴票“龙头”的带动下，都有了不俗的表现。2012 年壬辰年龙票发行之后，邮市上出现炒作。造假者为牟取暴利，便乘机利用高科技制版，用四色彩点荧光防伪纸，原大、原色胶版伪造了 9 套第三轮已发行的生肖大版票，在邮市上和互联网上鱼目混珠，高价出售，使不明真相的集邮者和邮资票品投资者上当受骗。

那么，应该怎样来鉴别 2010-1 庚寅年邮票的真伪呢？

① **看版别** 真品采用影写版印制，各种刷色网纹夹角均呈 45°，网点大小相同，刷色纯正；伪品采用胶版印制，各种刷色网纹夹角各不相同，刷色不够纯正，色彩混杂，在版别上与真品存有明显的不同，这从邮票图案虎头部可清晰地看出（见图 197）。

② **看铭记、志号和票题** 真品庚寅年邮票上的铭记、志号和票题，其文字笔画边缘呈锯齿状，均具有影写版所固有的特征，网点呈中空状；伪品则不具有此特征。

真

伪

图197

2010-3 上海世博园（T）

2010 年 1 月 21 日，为庆祝“中国 2010 年上海世界博览会”在上海举办，中华人民共和国国家邮政局发行了一套 2010-3 上海世博园（T）邮票，全套共 4 枚。（4-1）80 分，世博中心，发行量 1599.97 万枚；（4-2）1.20 元，中国馆，发行量 1999.97 万枚；（4-3）1.20 元，演艺中心，发行量 1749.97 万枚；（4-4）3 元，主题馆，发行量 1600.07 万枚。邮票规格均为 50 毫米 ×30 毫米。齿孔均为 13 度（左右两边居中各有一个椭圆形齿孔）。防伪措施：防伪纸张、防伪油墨、异形齿孔、荧光喷码。北京水晶石数字科技有限公司提供资料。李志宏设计。胶版。河南省邮电印刷厂印制。

这套邮票发行之后，因题材好，发行量适当，受到广大集邮者和邮资票品投资者的欢迎，不仅邮票供不应求，连中国集邮总公司发行的首日封也供不应求。于是，造假者为牟取暴利，便利用现代高科技制版，采用胶版伪造出全套 2010-3《上海世博园》（T）邮票和中国集邮总公司发行的首日封白封，在封上贴上假票，盖上纪念邮戳，以假充真，欺骗广大集邮者和邮资票品投资者。2010-3（T）全套邮票的伪品有两种：伪甲较伪乙制作得更逼真；伪甲同真品一样在每枚邮票上喷印有无色荧光号码，在邮局全张边纸上喷印有黑色数码，在邮票下方中部所印每枚邮票的票题，采用黑色专版印制，也很逼真，但伪乙则采用网纹夹角呈 45° 的黑色网点专版印制，票题文字不清晰；这也是伪甲与伪乙主要不同处之一。除此之外，伪甲、伪乙在面值、“中国邮政”文字笔画和网纹特征上，两者不仅不同，也与真品有明显的不同（见图 198）。在伪造的全套中国集邮总公司的首日封上，所贴的假邮票，均为伪乙。伪甲、伪乙均同真品一样，在全套每枚邮票左右两边居中各打有一个椭圆形异形齿孔。由于这两种伪品制作都比较逼真，集邮者和邮资票品投资者在购买时，一定要注意认真辨别其真伪。

那么，应该怎样来鉴别 2010-3（T）邮票的真伪呢？

① **看版别** 真品与伪品均采用胶版印制，但真品采用的是胶版中有较好防伪能力的调频网印制，网点细密，而伪品则采用普通胶版印制，网点粗糙，真品与伪品存有明显的不同，真品邮票图案刷色精细、清晰，伪品则刷色粗糙、模糊（见图 199）。

② **看暗记** 2010-3（T）邮票，在每枚邮票上都印有“EXPO2010”缩微文字暗记。（4-1）暗记在邮票中下部人行道交汇处的树林下部；（4-2）暗记在展馆右边最里面的柱子上；（4-3）暗记在邮票右下方轮船的船帮上；（4-4）暗记在左数第二面白墙的立柱上。

③ **看纸质** 真品采用四色彩点防伪纸印制，伪品也采用这种纸印制，难于直观鉴别其真伪。

④ **用紫光灯鉴别** 在紫光灯照射下，真品刷色中防伪油墨荧光反应强烈，伪品则较弱；伪乙在票面上未喷印无色荧光号码，伪甲同真品一样喷印有无色荧光号码。

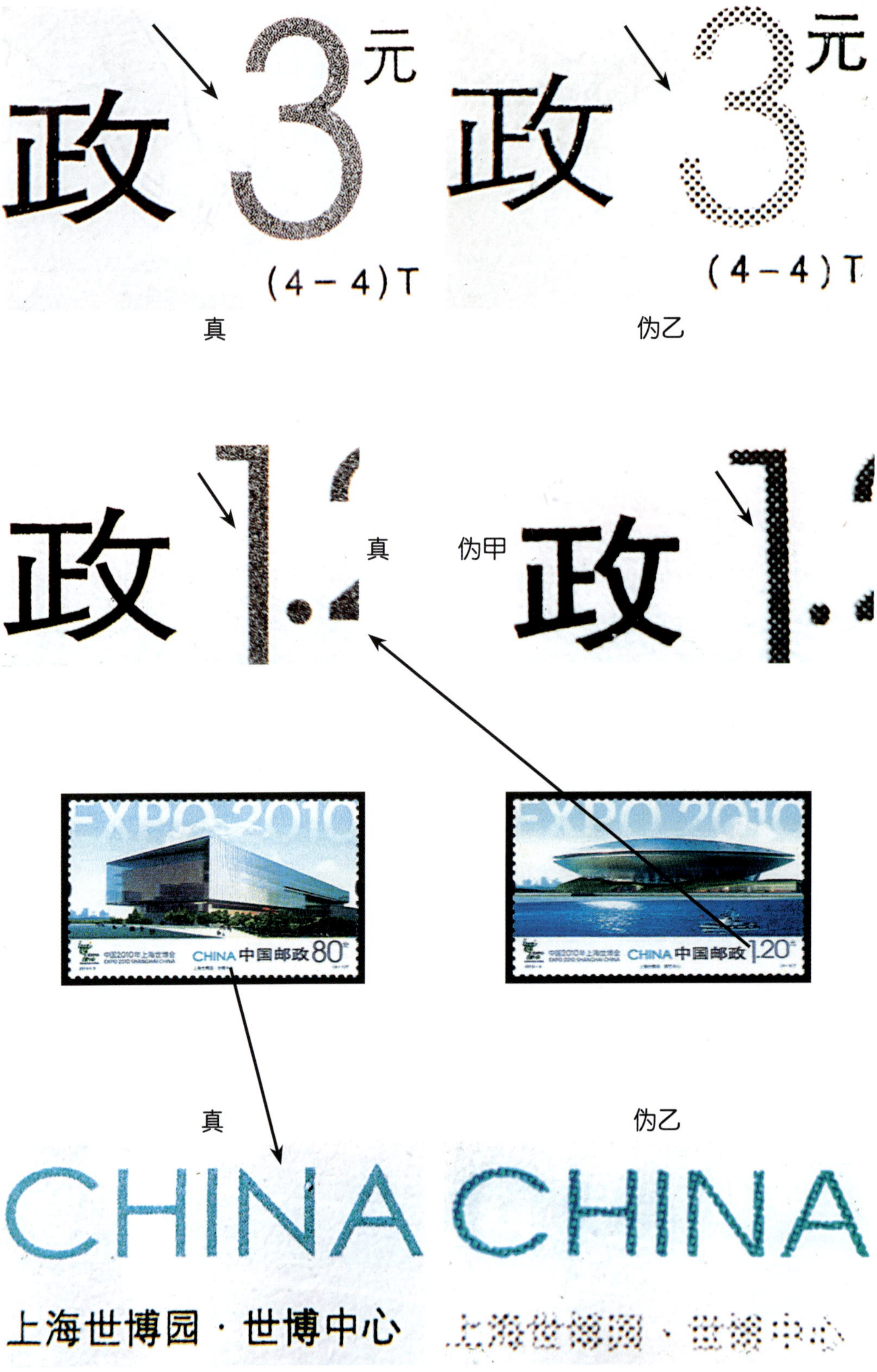
政 3 元
(4－4)T
真
伪乙
政 1.2
真
伪甲
CHINA 中国邮政 80
CHINA 中国邮政 1.20
真
伪乙
CHINA CHINA
上海世博园·世博中心

图198

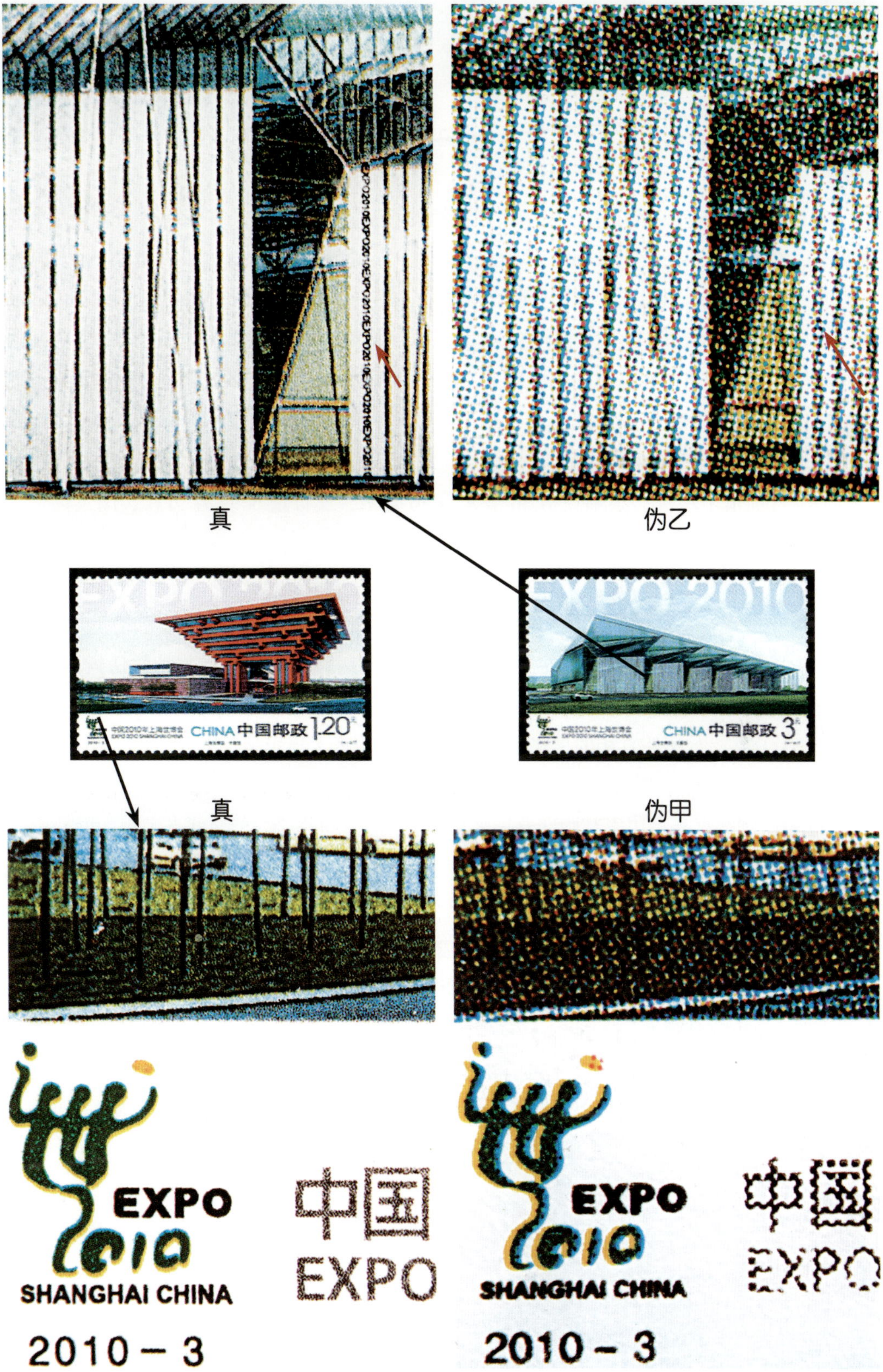
真
伪乙
CHINA 中国邮政 1.20元
CHINA 中国邮政 3元
真
伪甲
EXPO
2010
SHANGHAI CHINA
2010－3
中国
EXPO
EXPO
2010
SHANGHAI CHINA
2010－3
中国
EXPO

图199

2011–1 辛卯年（T）

公历 2011 年也是中国农历辛卯年，卯兔，也称兔年，凡是在农历这一年出生的人都属兔。

2011 年 1 月 5 日，为了庆祝中华民族传统的春节，国家邮政局发行一套《辛卯年》特种邮票，志号 2011–1。全套 1 枚。吴冠英设计。影写版。齿孔 13 度，在邮票四边居中，各打有一个六角星异形齿孔。背面刷胶。版式一：邮局全张枚数 20（4×5），尺寸规格 180 毫米 ×210 毫米。版式二：邮局全张 6 枚，尺寸规格 128 毫米 ×180 毫米。版式三：邮局全张 4 枚，尺寸规格 120 毫米 ×130 毫米，用于赠送 2011 年纪特邮票全额交款预订户。北京邮票厂印制。

这套邮票是国家邮政局发行的第三轮十二生肖系列邮票的第八套，全套 1 枚。（1–1）“辛卯年”：面值 1.20 元，票幅规格 36 毫米 ×36 毫米，发行量 6099.97 万枚，图案创造了一只临月精灵的生肖玉兔形象。

这套邮票是第三轮生肖邮票已发行的邮票中发行量最大的一套，尽管如此，因正逢 2011 年邮市回暖，一发行在邮市上就高于面值几倍。2012 年壬辰年龙票发行之后，邮市上出现炒作。造假者为牟取暴利，便乘机利用高科技制版，用四色彩点荧光防伪纸，原大、原色胶版伪造了第三轮生肖系列邮票中已发行的 9 套邮票大版票，在邮市和互联网上鱼目混珠，高价出售，使不明真相的集邮者和邮资票品投资者上当受骗。

那么，应该怎样来鉴别 2011–1 辛卯年特种邮票的真伪呢？

① **看版别** 真品采用影写版印制，各种刷色网纹夹角均呈 45°，网点大小相同，刷色纯正；伪品采用胶版印制，各种刷色网纹夹角各不相同，刷色不够纯正，常有各种刷色混杂在一起，在版别上与真品存有明显的不同（见图 200）。

② **看铭记、志号和票题** 真品辛卯年邮票上的铭记，志号和票题，其文字笔画边缘呈锯齿状，网点呈圆形中空状，这是影写版印刷文字所固有的特点之一；伪品采用胶版专色、专版实印，文字笔画整齐。

③ **用紫光灯鉴别** 在紫光灯照射下，真品辛卯年邮票图案呈现蓝色荧光反应，图案上的月亮，荧光明亮；伪品则呈现黄色荧光反应，这是图案刷色采用黄色荧光油墨所致。

真

伪

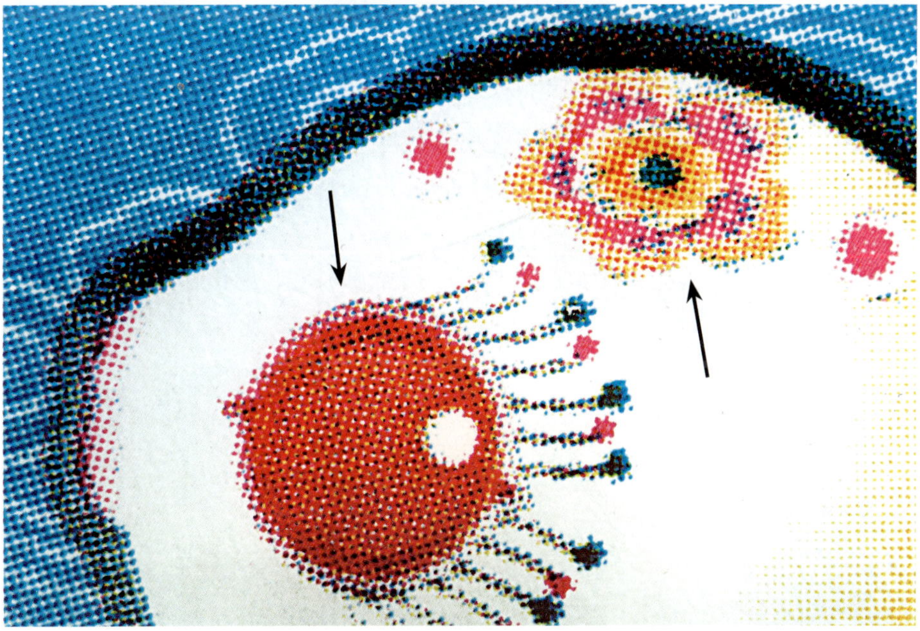

图200

2012–1 壬辰年（T）

公历2012年也是中国农历壬辰年，辰龙，也称龙年，凡是在农历这一年出生的人都属龙。

2012年1月5日，为了庆祝中华民族传统的春节，国家邮政局发行一套《壬辰年》特种邮票，志号2012–1。全套1枚。陈绍华设计。影写版。齿孔13度，邮票四边居中各打有一个六角星异形齿孔。背面刷胶。版式一：邮局全张枚数20（4×5），尺寸规格170毫米×210毫米。版式二：邮局全张6枚，发行量350万版，尺寸规格128毫米×180毫米。版式三：邮局全张4枚，发行量605.00万版，尺寸规格120毫米×130毫米，用于赠送2012年纪特邮票全额交款预订户。北京邮票厂印制。

这套邮票是国家邮政局发行的第三轮十二生肖系列邮票的第九套，全套1枚。（1–1）“壬辰年”：面值1.20元，票幅规格36毫米×36毫米，发行量6250.00万枚，图案创造了一条充满朝气和欢乐的生肖龙形象。

这套邮票发行后，正值邮市出现回暖时期，因此，壬辰年邮票一上市就出现了炒作。发行首日，单枚市价就5元一枚。造假者为牟取暴利，便乘机利用高科技制版，用四色彩点荧光防伪纸，原大、原色胶版伪造出可乱真的自甲申年猴票至壬辰年龙票，第三轮生肖系列邮票9套大版票，在邮市和互联网上鱼目混珠，高价出售，使不明真相的集邮者和邮资票品投资者上当受骗。

那么，应该怎样来鉴别2012–1壬辰年邮票的真伪呢？

① **看版别** 真品采用影写版印制，各种刷色网纹夹角均呈45°，网点大小相同，刷色纯正；伪品采用胶版印制，各种刷色网纹夹角各不相同，刷色不够纯正，常有各种刷色混杂在一起，在版别上与真品有明显的不同（见图201）。

② **看铭记、志号和票题** 真品壬辰年邮票上的铭记、志号和票题，其文字笔画边缘呈锯齿状，网点呈圆形中空状，这是影写版印刷文字所固有的特征之一；伪品则不具有此特征。

③ **看齿孔和厂铭** 真品壬辰年邮票齿孔采用磨合法打孔，齿孔边缘常挂有纸屑，伪品则采用冲压法打孔，齿孔边缘无纸屑、光洁；真品版票上的厂铭采用影写版印制，厂铭文字边缘呈锯齿状，网点呈中空状，伪品用胶版实印，文字笔画边缘整齐。

真

伪

图201

7. 特别发行邮票

特 2–2001 北京申办 2008 年奥运会成功纪念

关于古代第一次奥林匹克运动会，有这样一个传说：公元前 776 年，地中海岸边有个皮塞城小国，该国国王爱诺曼的女儿基波德米不仅长得如花似玉，而且聪慧过人，被誉为“皮塞城的女神”。当时，很多小伙子向基波德米求婚，而国王不喜欢那些衣着考究、谈吐文雅的纨袴子弟，他要选一个光明磊落、勇敢善战的女婿。于是，国王向全国发出公告：只有乘战车与他骑马比赛的胜利者，才能获得基波德米的爱情。为试探求婚者的胆量，他还声明，要用锋利的标枪刺破失败者的胸膛。求婚者被惊得目瞪口呆，谁也不敢用生命去换取爱情。这时，有个名叫佩洛浦斯的青年挺身而出，庄重地表示愿意参加比赛。他沉着地站在战车上，挥鞭驱马，飞驰向前，在人们的欢呼声中，终于冲到了国王的前面。佩洛浦斯为了庆祝自己的胜利，在奥林匹克广场举行了一个规模盛大的竞赛会，这就是古代第一次奥林匹克运动会。据历史记载，古代奥林匹克运动会是当时一种祭典活动，也是人们厌恶希腊各城邦之间无休止的战争，用举行竞技会来满足和平的渴望。运动会每四年举行一次。罗马帝国吞并希腊后，公元 394 年，罗马皇帝迪奥多西一世下令禁止了奥运会。公元 436 年，罗马皇帝迪奥多西二世烧毁了奥林匹克大部分建筑设施。公元 522 年和 551 年，两次强烈地震使奥林匹克成了一片废墟。就这样，延续了 1100 多年的古奥运会被人祸天灾埋葬了。1883 年，法国教育家皮埃尔 · 德 · 顾拜旦首先提出恢复奥林匹克运动会的建议。1894 年 6 月 16 ~ 24 日，在法国巴黎召开的国际体育会议通过决议，成立了国际奥林匹克委员会，并决定沿袭古奥运会传统，每四年举行一次运动会。1896 年，第 1 届现代奥运会在希腊雅典举行。从某种意义上讲，现代奥运会是古希腊奥运会的延续和发展。今天，奥林匹克运动会已经成为全世界人民普天同庆的节日。它将和平、友谊、进步的奥运精神不断传播到世界各地，同时也在博采各国之长，不断丰富自己。奥林匹克运动会能够有如此大的规模、如此深刻的影响、如此吸引人的魅力，正是一届届奥林匹克运动会的主办城市和所有参与者智慧的结晶。2001 年 7 月 13 日，国际奥委会第 112 次全会在俄罗斯的莫斯科投票表决：中国北京为 2008 年奥林匹克运动会主办城市。

2001 年 7 月 14 日，为了祝贺北京申办 2008 年奥运会成功，中华人民共和国国家邮政局特别发行了一套《北京申办 2008 奥运会成功纪念》邮票，志号特 2–2001。全套 1 枚。面值 80 分。王虎鸣设计。影写版。齿孔 13 度。邮票规格（带有附票）60 毫米 × 30 毫米，其中附票规格 20 毫米 × 30 毫米。邮局全张枚数 12（2 × 3+2 × 3），中间有 1 枚过桥票。发行量 2880 万枚。北京邮票厂印制。

这套邮票题材较好，深受集邮者的喜爱。邮票采用蓝色防伪荧光纤维纸，影写版印制，

真

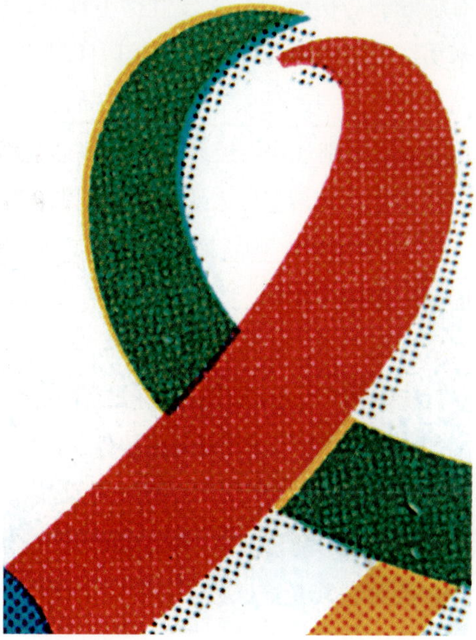

伪

80分 中国邮政
CHINA
北京申办2008年奥运会成功纪念
BEIJING
2008
特2－2001
(1－1)
北京申办2008年
奥运会成功纪念
BEIJING 2008

真

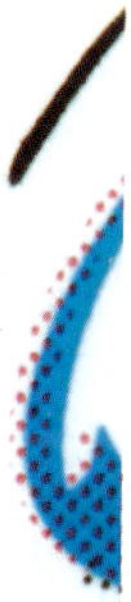

伪

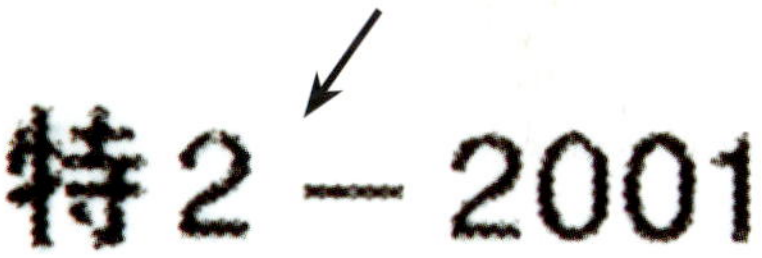
特2－2001

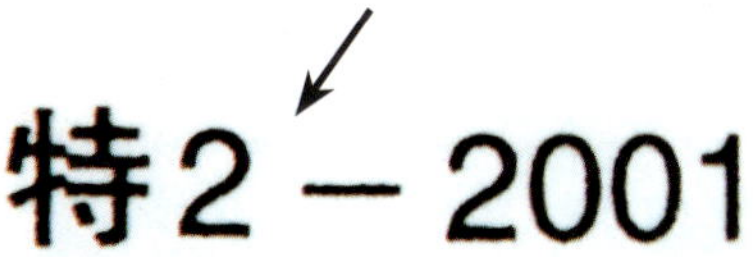
特2－2001

图202

有较好的防伪能力。其发行量不算少，但由于需求量大，造假者便乘机利用高科技制版，采用红色防伪荧光纤维纸，胶版印制出足可乱真的伪品，在邮市上鱼目混珠销售。这种伪品也被作为“产品票”，装进礼品册或年票册内，使购买者上当受骗。购买时，如不用高倍放大镜仔细观察，极易上当受骗。

那么，应该怎样来鉴别这套邮票的真伪呢？

① **看版别** 真品采用影写版印制，各种刷色网纹夹角均呈 45°，邮票上志号、铭记、面值、票题等文字，笔画边缘均呈锯齿状，网点呈中空状；伪品采用胶版印制，票面上的文字均为实印，笔画整齐（见图 202）。

② **看齿孔** 真品齿孔打得规范；伪品齿孔打得不够规则。

③ **看刷色网纹夹角** 真品各种刷色的网纹夹角均呈 45°；伪品红色网纹夹角呈 45°，黑色网纹夹角则呈 75°，网点也均比真品粗大。

④ **用紫光灯鉴别** 真品在紫光灯照射下，白色纸面呈暗紫色，并呈现出蓝色荧光纤维条；伪品在紫光灯照射下，同真品呈现相同的暗紫色，但纸面上呈现出红色荧光纤维条，线条也比较粗。

特 3–2001 中国加入世界贸易组织

世界贸易组织简称世贸组织，英文缩写为 WTO。这是一个有着 148 个成员国（根据 2005 年统计），总部设在日内瓦的独立于联合国的永久性国际组织，其前身是第二次世界大战后在 1948 年由 23 个国家签署成立的关税及贸易总协定（关贸总协定），中国为原始缔约国之一。1980 年，我国已经在世界三大经济组织中的世界银行和国际货币基金组织取得合法席位，只剩关贸总协定尚未恢复，而它的各种规则对我国都有着直接或间接的约束力。中国驻日内瓦代表团大使代表中国政府于 1986 年 7 月 10 日向关贸总协定递交申请，要求恢复中国的缔约国地位，从此拉开了中国复关入世谈判的序幕。1995 年 1 月 1 日 WTO 正式成立。自 1995 年 7 月开始，我国又将复关谈判转为入世谈判，它既是复关谈判的延续，又有了许多新的内容。在漫长的复关入世谈判过程中，我国的经济实力迅速增长，同时对外开放的深入使加入经济全球化进程成为更多人的共识，加入 WTO 也得到了国内外更多的理解与支持。2001 年 9 月 17 日，世界贸易组织中国工作组第 18 次会议，终于通过了中国入世议定书及附件和中国工作组报告书，标志着跨越两个世纪历时 15 年之久的中国复关与入世谈判的全部结束，2001 年 11 月 10 日，我国在卡塔尔首都多哈召开的第四届部长级会议上被接纳为世贸组织成员，12 月 11 日我国正式入世，它不仅记录了中国社会主义市场经济体制逐步建立和完善的过程，也是中国融入了经济全球化的真实写照。

2001 年 12 月 11 日，为了祝贺中国加入世界贸易组织，中华人民共和国国家邮政局特别发行了一套《中国加入世界贸易组织》邮票，志号为特 3–2001。全套 1 枚。面值 80 分。卢天骄设计。影写版。齿孔 13 度。邮票规格 30 毫米 ×40 毫米。邮局全张枚数 16（4×2+4×2），中间有 1 枚过桥票。发行量 2000 万枚。北京邮票厂印制。

这套邮票题材比较重大，发行量仅为 2000 万枚，仅有 125 万版邮局全张。因出售的邮局全张票带有过桥票，整版邮票设计较精美，许多集邮者乐意收藏整版票。这就使供求关系出现紧张。于是，造假者便乘机利用高科技，伪造出可以乱真的伪品，作为“产品票”装进礼品册或年票册中，鱼目混珠，使不少收集者上当受骗。

那么，应该怎样鉴别这套邮票的真伪呢?

① **看版别** 真品采用蓝色荧光纤维防伪纸，影写版印制，版纹细密，邮票上的文字边缘呈锯齿状，网点呈中空状；伪品采用胶版印制，邮票上的文字均采用实印，笔画边缘齐整，图案刷色网点粗疏，与真品有明显的不同（见图 203）。

② **看齿孔** 真品齿孔打得规范、圆润；伪品齿孔打得不够规则、圆润。

③ **用紫光灯鉴别** 真品在紫光灯照射下，白纸面呈现蓝色荧光纤维；伪品则无。

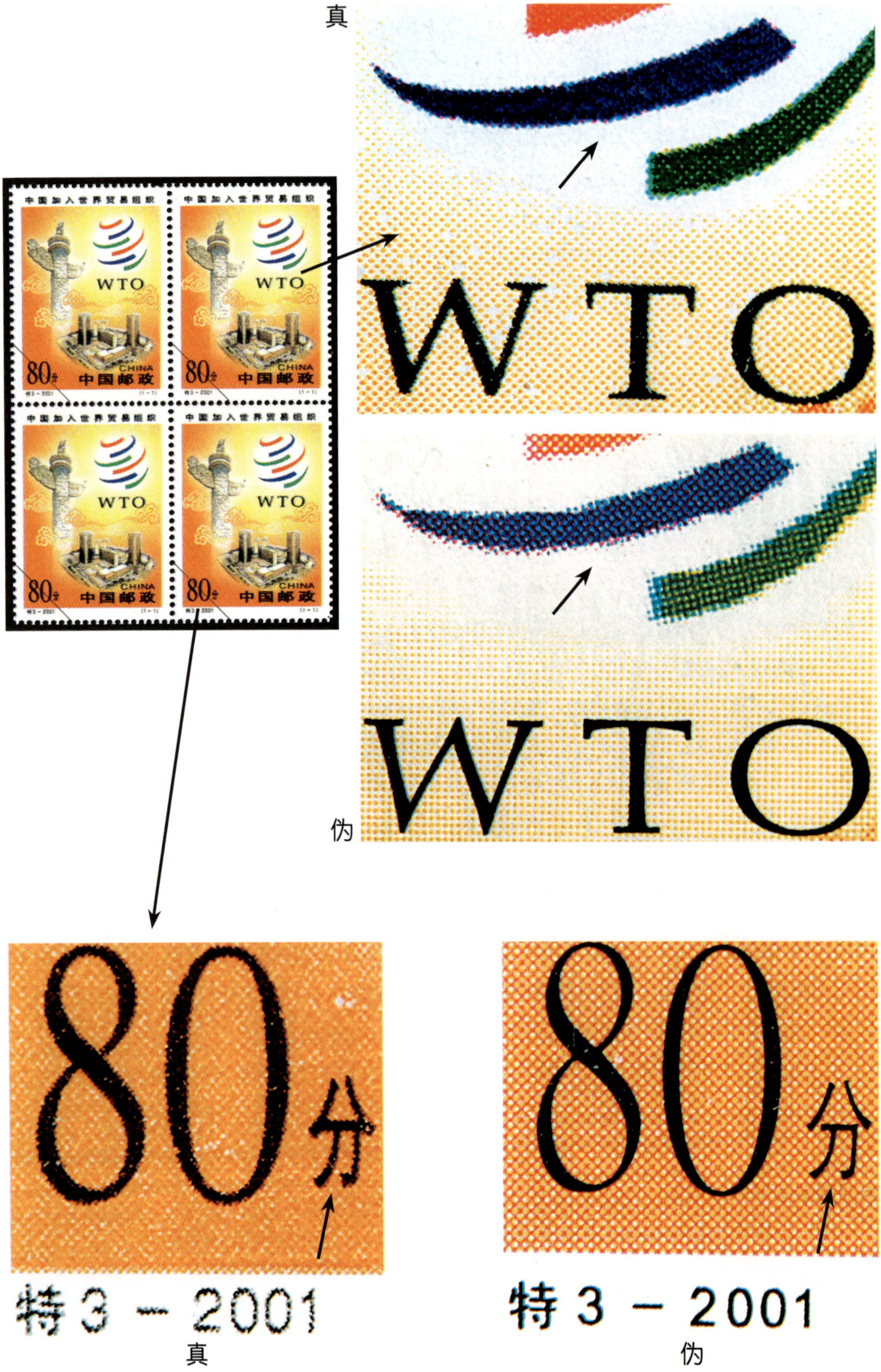
真
中国加入世界贸易组织
WTO
80分
CHINA
中国邮政
WTO
伪
80分
特3－2001
真
80分
特3－2001
伪

图203

特 4–2003 万众一心 抗击“非典”

2002 年冬和 2003 年春，在我国广东、香港、北京等地发生了一种“非典型肺炎”，具有极强的传染性，严重地威胁着广大人民群众的身体健康和生命安全。这是一种尚未被人类完全认知的新型传染病，当时被称为“非典型肺炎”，简称“非典”。2003 年 3 月 15 日，世界卫生组织将其命名为“严重急性呼吸综合征”，简称“SARS”（Severe Acute Respiratory Syndrome）。科学家研究发现，在室温下，“SARS”病毒可以在普通物体表面上生存几小时甚至几天，在塑料表面至少可以生存 24 小时，在人类生活垃圾中可存活 4 天，这就是人们接触桌面、门把手或其他物体就可能感染病毒以及“SARS”病毒能够在公寓、医院和其他公共设施中传播的原因所在。因此。保持清洁卫生和消毒措施，对预防“SARS”传染是非常重要的。当“SARS”疫情在我国部分地区发生后，立即引起了党中央、国务院的高度重视，将其列入法定传染病进行管理。广大医务工作者发扬救死扶伤的人道主义和无私无畏的崇高精神，同全国人民万众一心，众志成城，齐心协力抗击“非典”。

2003 年 5 月 19 日，为了支援抗击“非典”，中华人民共和国国家邮政局特别发行了一套《万众一心　抗击“非典”》邮票，全套 1 枚。志号为特 4–2003。何洁、冯小红设计（刘向平边饰原画、郝旭东边饰）。影写版。北京邮票厂印制。邮局全张枚数 12（2×2+4×2）。邮票规格 30 毫米 ×40 毫米。齿孔 13.5 度 ×13 度。邮票面值 80 分，发行量 1250 万枚。邮票发行的全部收入捐赠给全国卫生部门。在所捐 1000 万元中，500 万元为现金，另外 500 万元为等价的邮品，作为医务工作者参加抗击“非典”战斗的珍藏纪念。邮票图案中由众多红心组成的圆圈，既表示爱心，又表现团结一致；代表“非典”的英文“SARS”字样，用一个国际惯用标记“禁止”符号所“封杀”，表示坚决抗击“非典”侵害和传播的决心。白纸上的红与黑的色彩对比，强烈而醒目，用极富视觉冲击力的符号化语言，鲜明、准确地表现出了全国人民万众一心，抗击“非典”的决心和必胜的坚强信念。

这套特 4–2003 邮票一发行，就受到广大集邮者的热烈追捧。这套邮票从设计到印制发行，时间极短：选题确定是 4 月 29 日，很快便于 5 月 19 日发行了。尽管时间紧迫，但设计精美，印制质量依然上乘，而且还采用了多种防伪措施：防伪荧光纤维纸，防伪荧光油墨，荧光喷码。再加上这套邮票邮局全张每版仅有 12 枚，版票上印有白衣战士大幅头像边饰画，呈大型附票。总发行量 1250 万枚，仅合 100 多万版。因此，这套邮票发行之后，整版票很快便被热炒起来，最高时，每版市场价高达 300 多元。有些不法分子为牟暴利，便利用高科技，用真品翻拍制版，胶印时也采用与真品相似的防伪荧光纤维纸，防伪荧光油墨，在每枚邮票上也喷印有荧光喷码，伪造出足以能乱真的邮局全张版票（见图 204），使广大集邮者和邮资票品投资者极易上当受骗。

那么，应该怎样来鉴定特 4–2003《万众一心　抗击“非典”》邮票的真伪呢？

① **看版别**　真品采用影写版印制，网点大小相同，单个网点中心呈空心状，网纹夹角

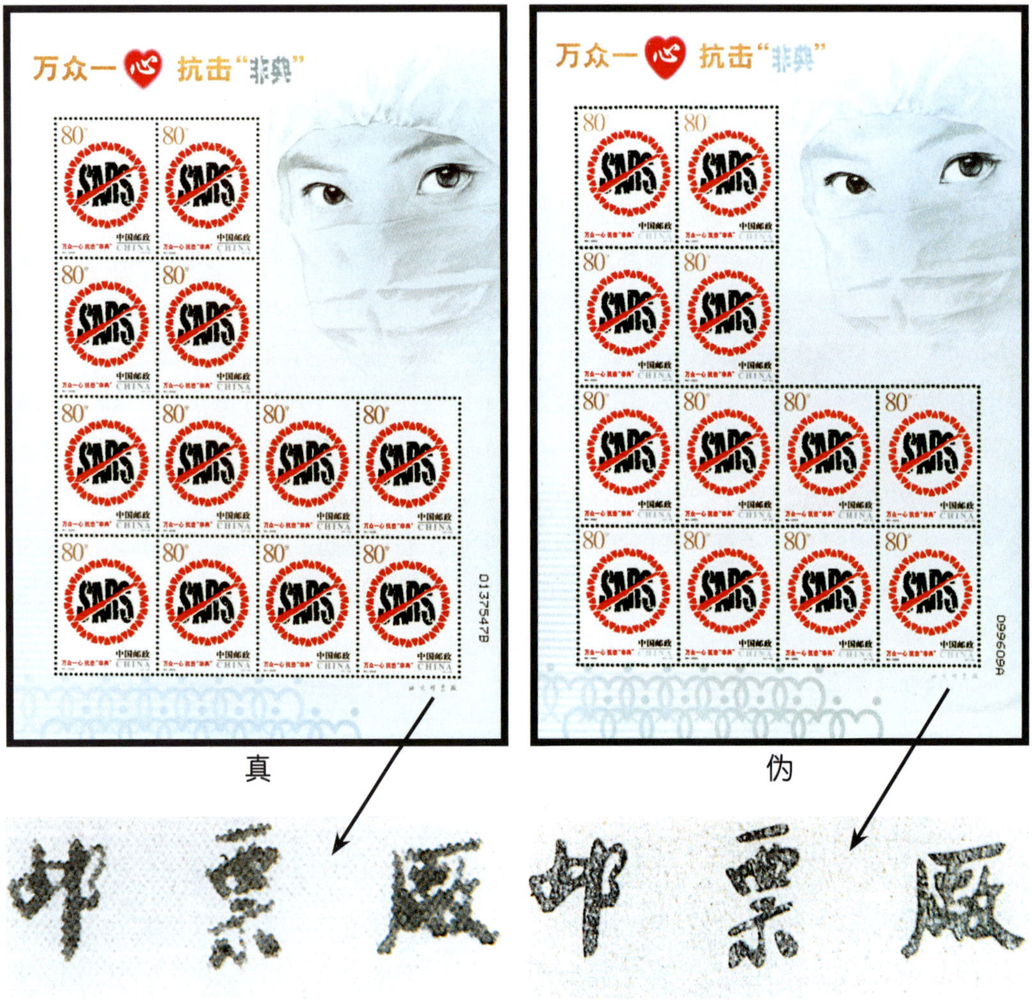

图204

为 45°，图案和文字边缘常呈现锯齿状；伪品采用胶版印制，为能达到乱真的效果，伪造者在边饰图案上，利用铺网，来模仿影写版网点特征，但单个网点为实心状，而邮票图案和文字则均呈实印状，文字边缘整齐（见图 205）。

② **看志号与票题** 真品志号“特 4–2003”和票题“万众一心 抗击‘非典’”，用影写版印制，网纹特征明显；伪品则用胶版实印而成，二者存有十分明显的不同。

③ **看版票上的厂铭** 特 4–2003 真品版票右下角上的“北京邮票厂”厂铭，其印刷特征与伪品存有明显的区别；真品笔画边缘呈锯齿状，伪品则为实印，边缘整齐。

④ **看齿孔** 真品齿孔打得规范、笔直；伪品打得不够规范，偶有大小不一，不够笔直。

⑤ **用紫光灯鉴定** 在紫光灯照射下，真品和伪品的荧光纤维纸均呈现相同的暗紫色；防伪荧光油墨均呈现相同鲜亮的红色荧光，但真品较伪品更鲜亮，只有在对比之下，才能看出略有差别；在紫光灯下，真品呈现出的荧光喷码清晰，伪品则模糊。

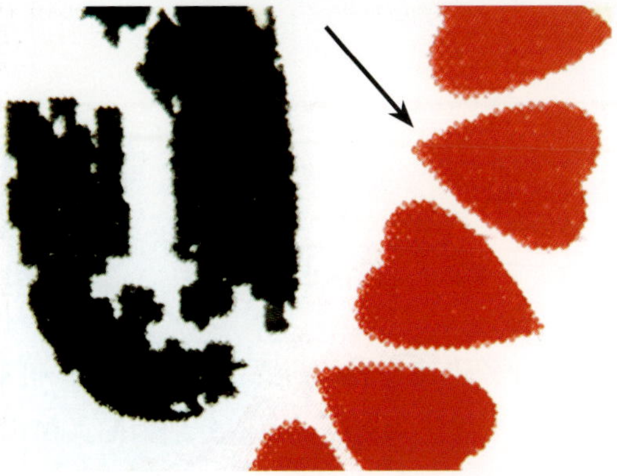

真

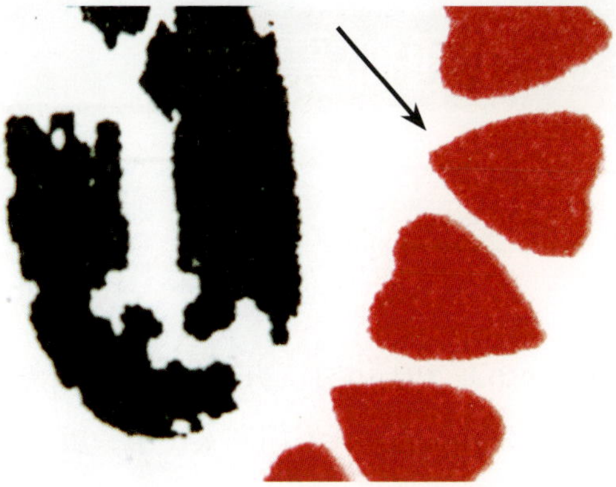

伪

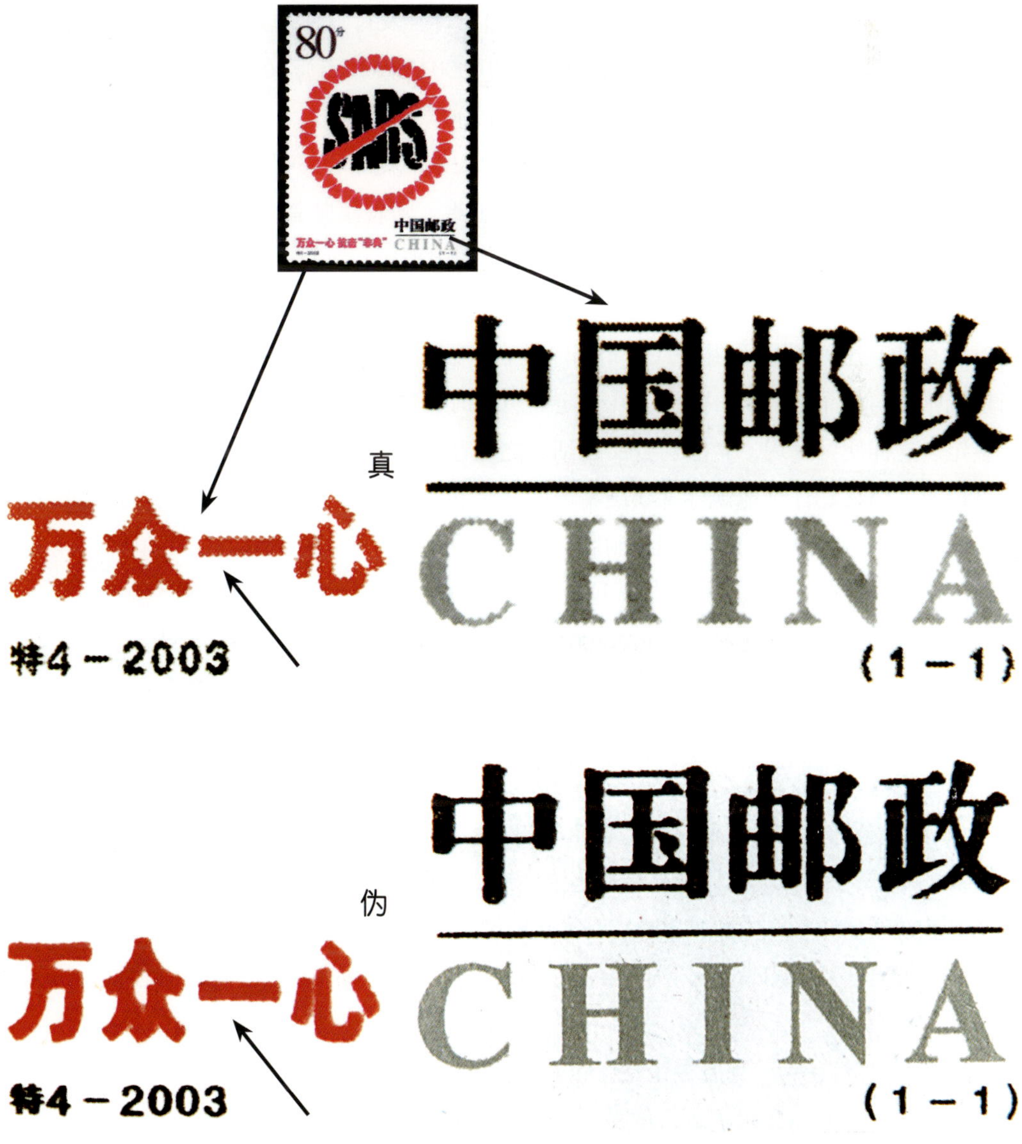
80分
SARS
中国邮政
CHINA
万众一心 抗击"非典"
真
中国邮政
CHINA
万众一心
特4－2003
(1－1)
伪
中国邮政
CHINA
万众一心
特4－2003
(1－1)

图205

8. 普通邮票

普1 天安门图案（第一版）普通邮票

1950年2月10日，为了满足新中国成立后邮政业务迅速发展的需要，中华人民共和国邮电局发行一套《天安门图案（第一版）普通邮票》，全套共9枚。面值分别为旧人民币（1）200元、（2）300元、（3）500元、（4）800元、（5）1000元、（6）2000元、（7）5000元、（8）8000元、（9）10000元。邮票票幅规格均为23毫米×25毫米；图幅规格均为18毫米×20.5毫米。胶版。齿孔12.5度。无背胶。孙传哲设计。发行量分别为：（1）3500万枚、（2）3000万枚、（3）3500万枚、（4）5000万枚、（5）6000万枚、（6）3000万枚、（7）2000万枚、（8）1500万枚、（9）2500万枚。邮局全张枚数200（20×10）。上海商务印书馆印制。

这套邮票发行后，主要用于通信。在通信中大量消耗之后，存世的新票比较少。因此，现如今的集邮者要想收集全套新票，有一定的困难。随着集邮者对收集普票的重视，普1的售价就越来越高。利欲熏心的造假者，便乘机利用现代高科技，伪造出十分逼真的赝品。这种赝品，不要说缺乏鉴定经验的集邮者难辨其真伪，就是专门收集普票的集邮家，有的也难辨真伪。这种赝品采用与真品相同的版别印制，刷色相同，图幅、票幅与真品一样，所用纸张也与真品相近似。因此，在鉴定其真伪时，最好采用将其与真品放在一起进行对比鉴定。这样便可发现，赝品与真品在细微之处存在较明显的不同。如无真品在手，只要用高倍放大镜认真仔细地观察邮票图案上的文字和线条的细微之处，就可以发现赝品的一些破绽。因为赝品是利用真品翻拍制版，在制版过程中，邮票图案上文字的笔锋，线条的粗细，不可能与真品完全一模一样，这就是赝品的破绽。据此便可辨其真伪。

现在笔者就普1中面值200元、800元2枚票的鉴定方法介绍如下：

① **看版别** 赝品尽管采用与真品相同的版别印制，但因它不是用原图稿来制版，而是利用真品进行翻拍制版，在制版过程中，邮票图案上的线条和文字，难免会出现差异，如线条模糊不清，文字笔锋变钝，笔画变粗或变细等，据此发现其与真品的差别。

② **看邮票的铭文和面值** 普1真品“800元”邮票上的“中国人民邮政”铭文和面值“捌佰圆”其文字笔锋尖锐，伪品有的笔锋变钝，其中“国”字、“民”字、“捌”字，伪品同真品有较明显的不同（见图206）。

③ **看天安门城楼下的拱门洞** 真品拱门洞里的横线条都很清晰；伪品则模糊不清（见图207）。

④ **用紫光灯鉴别** 真品在紫光灯照射下，白纸面呈暗紫色；伪品所用纸张虽与真品比较相似，但在紫光灯照射下，白纸面则呈亮白色。用此法可迅速鉴别出这批伪品与真品的区别。

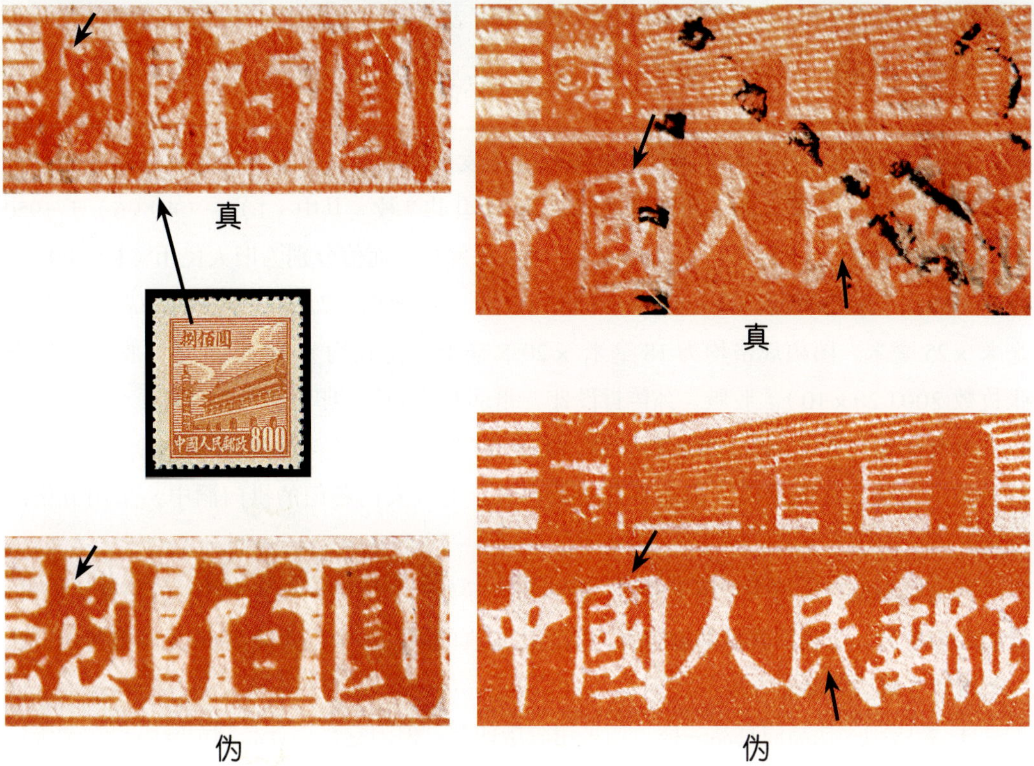

图206

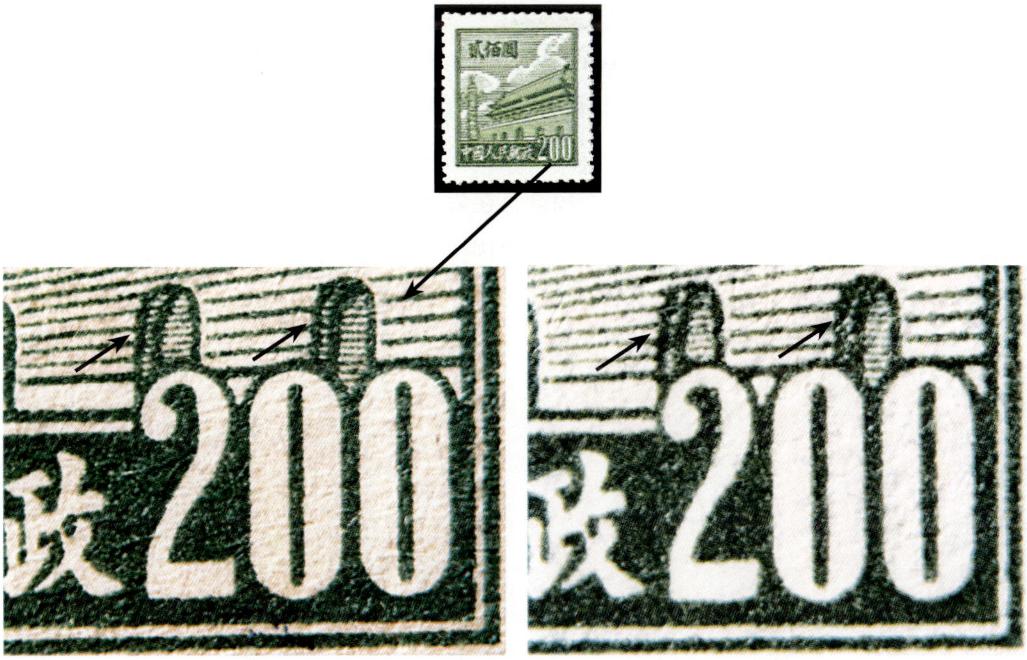

真　　　　伪

图207

普3 天安门图案（第三版）普通邮票

1950年10月6日，为了满足全国邮政业务发展的需要，中华人民共和国邮电局发行一套普3《天安门图案（第三版）普通邮票》，全套共7枚。其中（1）~（4）（6）于1950年10月6日发行，（5）（7）于1950年12月1日发行。面值分别为旧人民币（1）100元，（2）200元，（3）300元，（4）400元，（5）500元，（6）800，（7）2000元。邮票票幅均为23毫米×25毫米。图幅规格均为18毫米×20.5毫米。齿孔均为14度。无背胶。邮局全张枚数200（20×10）。胶版。孙传哲设计。北京人民印刷厂印制。

这套邮票与普1、普2的主要区别：①天安门城墙悬挂有毛主席画像。②天安门上空白云为一大朵，在大朵白云内还有几小朵白云。③天安门各门的拱门洞中，采用方格网线纹。

这套邮票发行后被大量用于通信，存世的新票较少。因此，全套新票的价格就比较贵。造假者为牟利，便利用真品翻拍制版，伪造出逼真的赝品。今以面值2000元邮票为例，谈一下对普3真伪的鉴定方法：

① **看版别** 伪品同真品一样，均采用胶版印制；但因它是用真品翻拍制版，在制版过程中，邮票图案上的线条和文字，难免会出现差异，如线条模糊不清，文字笔锋变钝，笔画变粗或变细等，用高倍放大镜仔细观察，就会发现伪品与真品存在的区别。

② **看邮票上的铭文** 真品铭文“中国人民邮政”，笔锋尖锐；伪品笔锋有的变钝。如“中”、“人”、“政”字等（见图208）。

③ **看天安门城楼下的拱门洞** 真品拱门洞里的方格网线线条清晰；伪品则模糊不清。

④ **看刷色** 真品面值2000元邮票刷色为橄榄绿色，伪品刷色偏棕色，与真品存有较明显的不同。

⑤ **用紫光灯鉴别** 真品采用邮票专用纸，在紫光灯照射下，纸面呈暗紫色；伪品所用纸张虽与真品很相似，但在紫光灯照射下，纸面则呈亮白色。

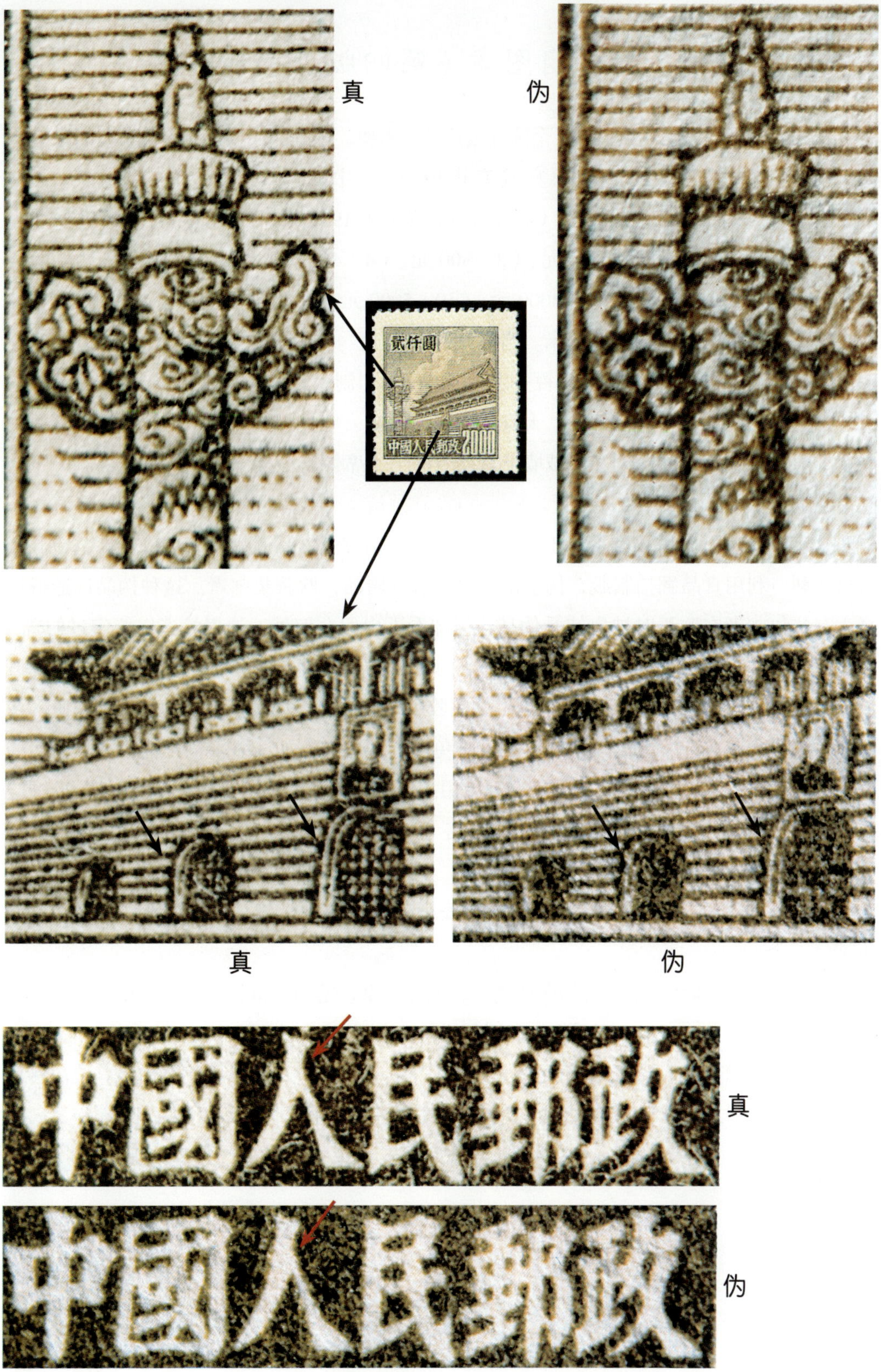

图208

普4 天安门图案（第四版）普通邮票

1950年12月22日，为了满足全国邮政业务的需要，中华人民共和国邮电部发行一套普4《天安门图案（第四版）普通邮票》，全套共10枚。其中（2）、（3）、（5）、（6）、（8）、（10）于1950年12月22日发行，（1）、（4）、（7）、（9）于1951年6月8日发行。面值分别为旧人民币（1）100元、（2）200元、（3）300元、（4）400元、（5）500元、（6）800元、（7）1000元、（8）2000元、（9）3000元、（10）5000元。邮票票幅规格均为23毫米 ×25毫米。图幅均为18毫米 ×20毫米。齿孔均为12.5度。无背胶。邮局全张枚数200（20×10）。孙传哲设计。胶版。华东区税务管理局印刷厂印制。

这套邮票图案与普3相比较，天安门上空大片白云中无小朵白云；天安门城楼下的拱门洞中间用横线条组成；天安门城墙上悬挂着的毛主席像与城楼下中间的拱门洞有一定的空白距离，不像普3那样距离很近。

这套邮票发行后，被大量用于通信，存世的新票较少。因此，市场售价较高。造假者为牟暴利，利用真品翻拍制版，伪造出可以乱真的赝品，欺骗集邮者。这种伪品伪造得逼真，有些集邮者在购买时被告知是伪品，但却看不出假在何处。这里笔者以鉴定过的普4面值200元、400元、1000元、2000元邮票伪品为例，谈谈如何鉴别其真伪：

① **看版别** 伪品同真品一样，也是采用胶版印制，但因伪品是利用真品翻拍制版，在制版过程中，邮票图案上的线条和文字，难免会出现差异，如线条模糊不清，或变粗、变细；文字笔锋变钝，笔画变粗或变细。只要用高倍放大镜仔细观察，就会发现伪品的漏洞。

② **看邮票上的铭文** 真品邮票上的铭文“中国人民邮政”，笔锋尖锐；伪品笔锋有的变钝，如“人”、“政”字等（见图209）。

③ **看天安门屋顶上的木椽头** 真品天安门屋顶上的木椽头，根根清晰；伪品则模糊不清。

④ **看面值** 真品汉字面值均印得瓷实，笔锋规整，笔画规范；伪品则印得浅浮，笔画变形。用高倍放大镜观察，可看出细微区别。

⑤ **用紫光灯鉴别** 真品票面在紫光灯照射下，呈暗紫色；伪品则呈亮白色。此法可用于快速鉴定，但还应结合其他方面的鉴定，来综合考虑。不可“一票否决”。

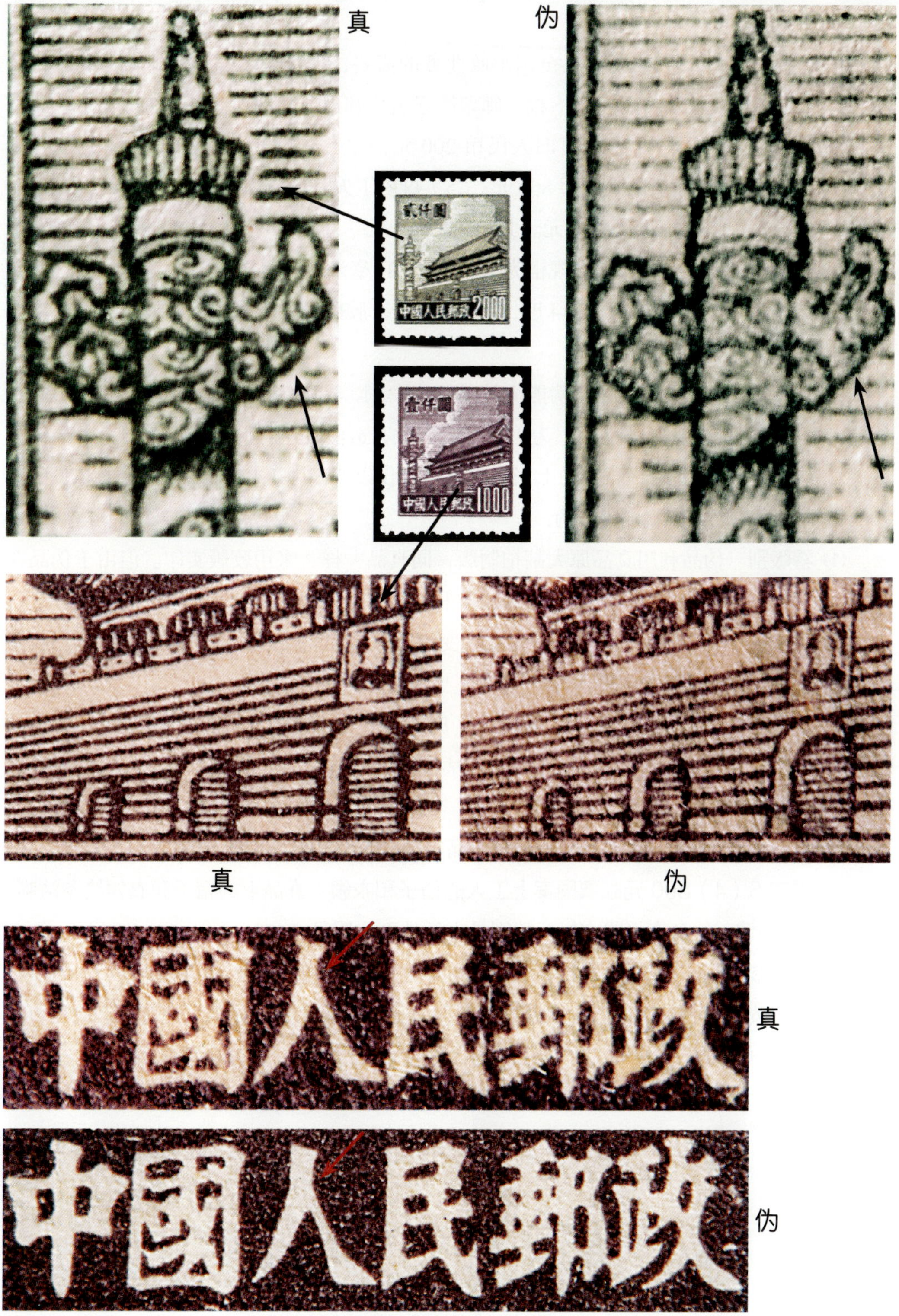

图209

普6 不同图案普通邮票

1952年3月25日，为了满足全国邮政业务的需要，中华人民共和国邮电部发行一套普6《不同图案普通邮票》，全套6枚。邮票图案名称和面值分别为：(1)纺织女工，面值旧人民币50元；(2)牧羊，面值旧人民币200元；(3)石狮子，面值旧人民币250元；(4)车间红旗竞赛，面值旧人民币800元；(5)煤矿工人，面值旧人民币1600元；(6)北京故宫角楼，面值旧人民币2000元。其中(1)~(5)于1952年3月25日发行，(6)于1953年5月23日发行。邮票图幅规格为18毫米×21毫米；邮票规格为23毫米×25毫米。齿孔(1)、(2)、(4)~(6)为14度，(3)12.5度。胶版。无背胶。孙传哲设计。北京人民印刷厂营业分厂印制。

这套邮票采用胶版实印，防伪能力较差。为牟利，造假者便利用真品原大翻拍制版，伪造出足以乱真的全套邮票伪品。为更具有欺骗性，造假者还对伪品进行做旧。由于伪品很逼真，集邮者在购买时，很容易上当受骗。这里仅以普6中(4)面值800元、(6)面值2000元为例，谈谈如何鉴别其真伪：

① **看版别** 伪品利用真品原大翻拍制版，同真品一样，采用胶版实印。但由于伪品在翻拍制版和印刷过程中，邮票图案上的线条和文字，难免会出现差异，如线条模糊不清，或变粗、变细，文字笔锋变钝，笔画变粗或变细。只要用高倍放大镜仔细观察，就会找出破绽。

② **看普6邮票上的面值和铭文** 面值800元中的“中国人民邮政”铭文，其中的“国”、“人”、“邮”、“政”等字，真品与伪品存有明显的不同(见图210)；面值2000元中的“中国人民邮政”铭文，其中的“国”、“人”、“政”字，真品与伪品存有较明显的差异，特别是铭文处的网线纹，真品清晰，伪品则模糊不清(见图211)。

③ **看普6(4)800元邮票图案上工人的帽子和衣领** 真品上的帽子和衣领线条清晰；伪品则模糊不清，线条变粗或变短，特别是衣领处更为明显。

④ **看普6(6)角楼的楼顶处** 真品线条清晰；伪品有的线条模糊不清。

⑤ **用紫光灯鉴别** 真品票面在紫光灯照射下，呈暗紫色；伪品则呈亮白色。此法可用于快速鉴定，但不可“一票否决”，还应结合其他方面的鉴定，来综合考虑。

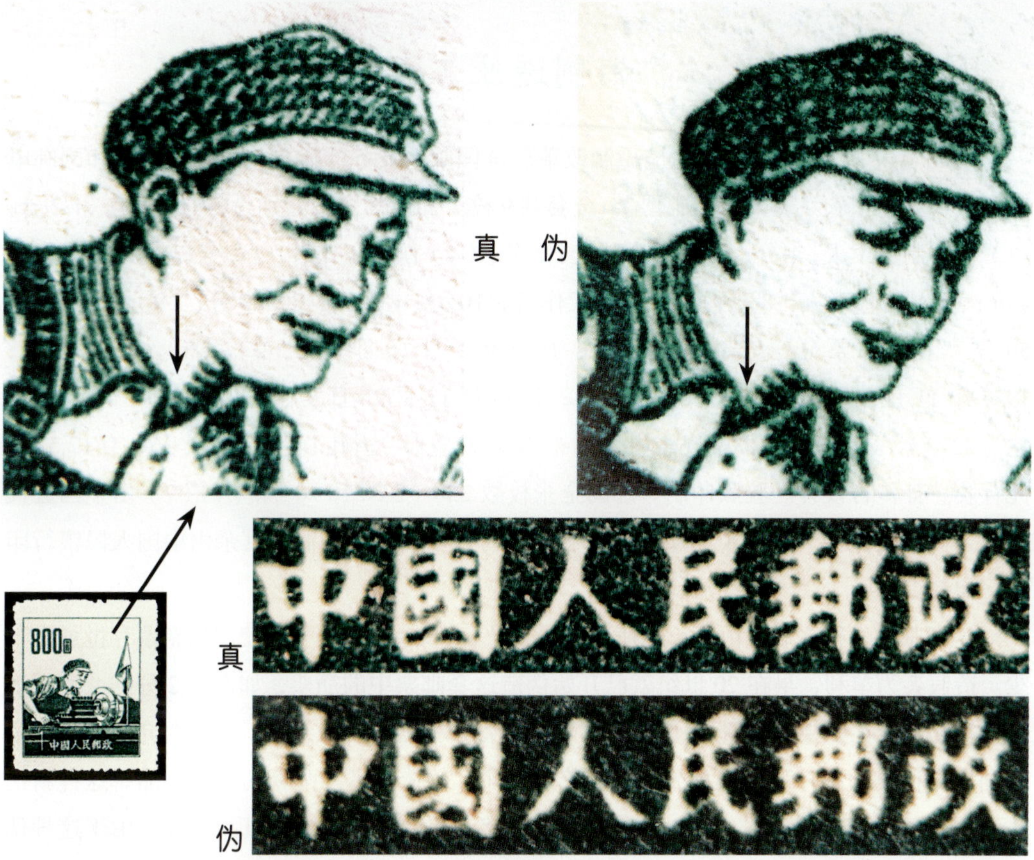
真
伪
800圆
中國人民郵政
真
中國人民郵政
伪
中國人民郵政

图210

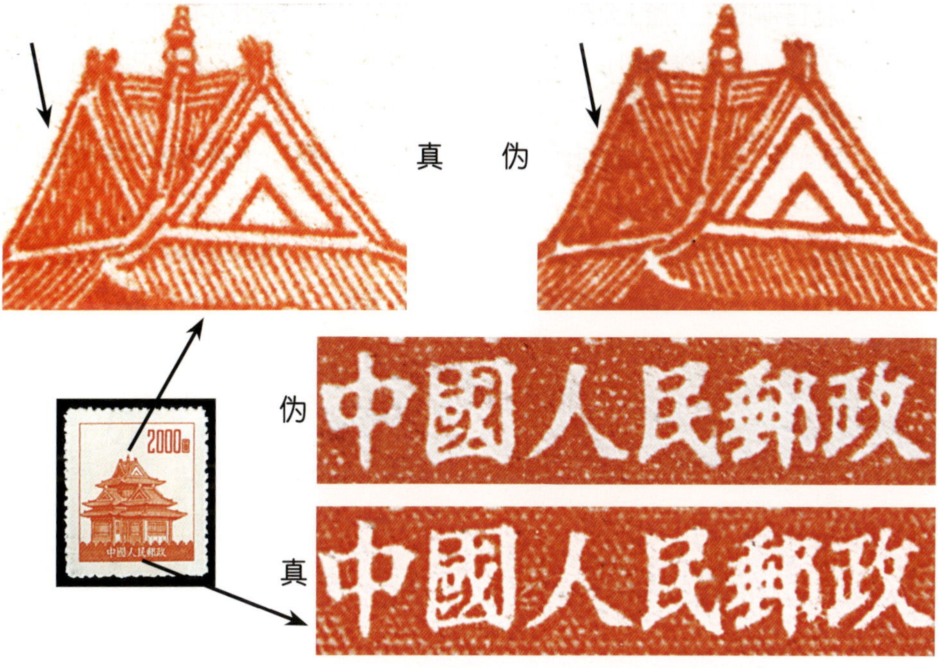
真
伪
2000圆
中國人民郵政
伪
中國人民郵政
真
中國人民郵政

图211

普8 “机器制造业工人”1分票

1955年7月16日，为了适应币制改革后全国邮政业务的需要，中华人民共和国邮电部发行一套《工农兵图案普通邮票》，全套共9枚。面值和图案分别是：（1）矿工，1/2分；（2）机器制造工人，1分；（3）空军战士，2分；（4）医务工作者，$2\frac{1}{2}$分；（5）陆军战士，4分；（6）冶金工人，8分；（7）科学工作者，10分；（8）农妇，20分；（9）海军战士，50分。全套邮票分三个时间段发行：1955年7月16日发行（2）、（5）、（6）、（8）；1955年11月3日发行（1）、（3）、（9）；1956年12月25日发行（4）、（7）。票幅规格均为22毫米×24毫米。图幅规格均为18毫米×20毫米。齿孔14度，其中（6）有12.5度。无背胶。孙传哲设计。胶版印制。邮局全张枚数230（23×10）。除（4）（7）由中国近代印刷公司印制，（6）中普8甲齿孔12.5度由上海市印刷一厂印制，其余由中国人民银行印刷厂印制。

这套邮票发行之后，由于长期使用，至今已有50余年，其未经使用的新票存世量已很少。造假者为牟利，早在20世纪就已开始伪造这套邮票中的筋票，如面值2分的“空军战士”等。笔者在1999年彩版《中国邮品辨伪必备》专著中曾介绍过。这里要介绍的是造假者利用高科技制版，采用与真品相同的胶版实印，伪造的真能乱真的新的伪品。这种新伪品采用邮局全张印制，同真品一样印有各种版铭，票幅、图幅也同真品一样。由于这种伪品足以乱真，许多集邮者误当真品购买。

那么，应该怎样来鉴别普8面值1分邮票的真伪呢？

① 看机器制造工人脸上细微处 真品机器制造工人脸部线条印得很清晰，不糊笔；伪品机器制造工人脸部线条印得不够清晰，有糊笔。特别是工人的眉毛，伪品印得很模糊（见图212）。

② 看面值“壹分” 真品面值“壹分”笔画印得规范，有角有棱；伪品笔画则不够规范，有的已变形，如“壹”字中的下部“豆”字、“分”字中的上部“八”。

③ 看“1分”上部的机床 真品机床线条印得清晰；伪品则印得模糊不清。

④ 用紫光灯鉴别 真品在紫光灯照射下呈暗紫色，伪品则呈亮白色。

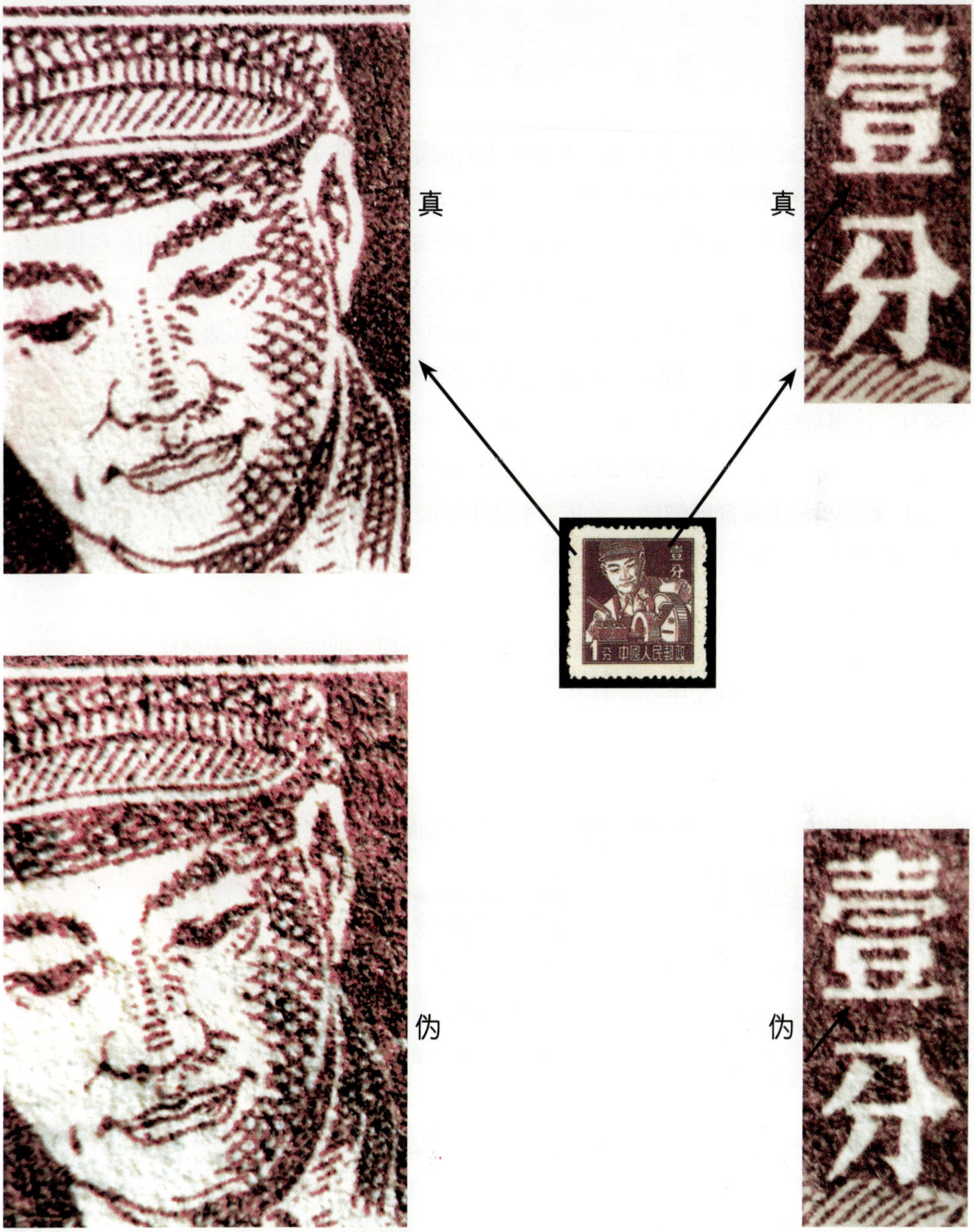

图212

普8“空军战士”2分票

普8中的“空军战士”2分票，是普8全套邮票中的筋票之一。这枚邮票过去就出现过伪品，但制作较粗糙，比较好鉴别。笔者在1999年彩版《中国邮品辨伪必备》专著中已有详细介绍。现如今新出现的普8“空军战士”2分邮票的伪品，是造假者利用高科技制版，采用胶版实印，在整版邮票边纸上也印有与真品完全一样的版铭；邮票刷色、票幅和图幅也同真品一样。这种伪品版别同真品一样，造假者在制版时，还对印版上一些精细之处的点、线进行了修版，致使印制出的伪品，其图案线条有的比真品还清晰。由于这种伪品制作逼真，许多集邮者都误当真品来购买。因此，上当受骗还不知道。

那么，应该怎样来鉴别这种足可乱真的伪品呢？

① **看空军战士脸部细微处** 真品空军战士的脸部的嘴角、鼻子、眼睑等处的印刷点、线，印得自然、和谐；而伪品印版经过修版，印刷效果比真品还清晰，结果弄巧成拙，在这些部位，则与真品存有较明显的差别（见图213）。

② **看纸质** 真品纸质坚韧；伪品纸张做过仿旧处理，纸质发脆、无韧性。

③ **看铭文和空军战士手部** 真品邮票上的“中国人民邮政”铭文中的“邮政”二字，笔画规范；伪品则不够规范，与真品存有差别。铭文上部的空军战士的手指上的线条，真品与伪品存有明显的不同。

④ **用紫光灯鉴别** 在紫光灯照射下，真品白纸面呈暗紫色，伪品则呈亮白色。

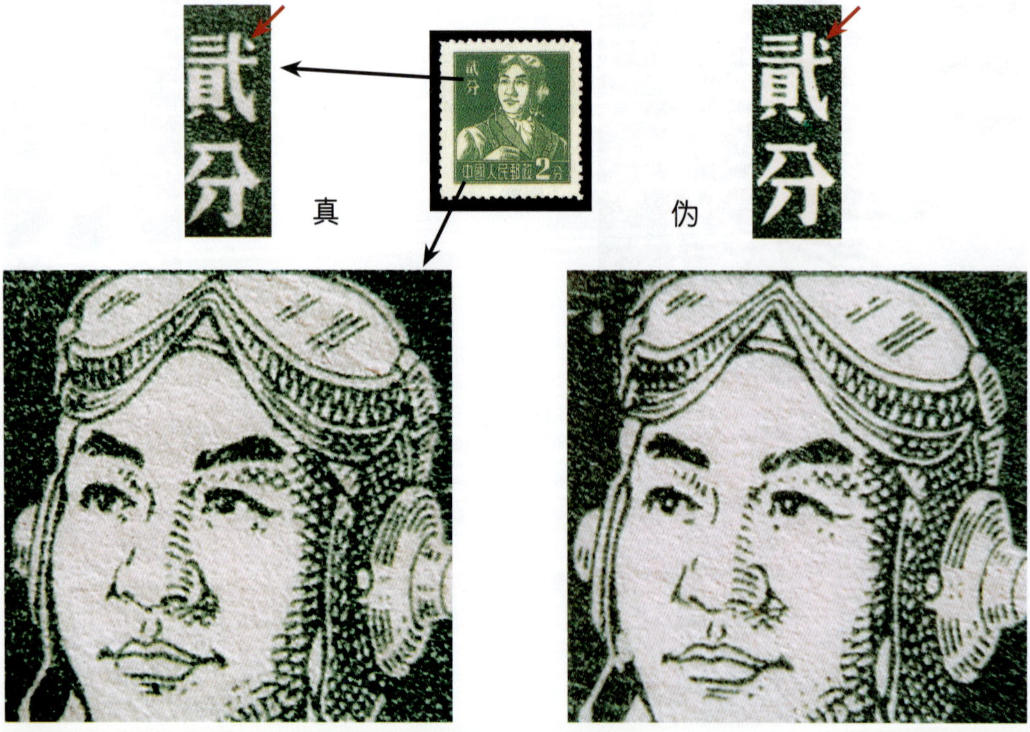

图213

普 10　花卉图案普通邮票

1955 年，新中国邮票面值改用人民币新币值后，曾发行了普 8、普 9 两套普通邮票，但在邮政业务的实际应用过程中，发现还缺少当时寄发本埠印刷品使用的 $1\frac{1}{2}$ 分面值邮票、寄发国内印刷品使用的 3 分邮票、寄发国内航空印刷品使用的 5 分面值邮票等，因此，根据需要发行这套普通邮票。

1958 年 9 月 25 日，为了适应邮政业务的需要，中华人民共和国邮电部发行一套《花卉图案普通邮票》，全套 3 枚。邮票图案和面值分别为（1）牡丹花 1.5 分、（2）荷花 3 分、（3）菊花 5 分。孙传哲设计。胶版。齿孔 14 度。无背胶。邮票规格 18 毫米 ×20 毫米，邮局全张枚数 230（23×10）。北京人民印刷厂营业分厂印制。

这套普票发行之后，经过多年通信消耗，存世的新票比较少，因此，未使用过的新票售价也比较高。这套邮票采用胶版实印，防伪能力差。造假者利用高科技制版，轻而易举地伪造出足以乱真的全套伪品，在市场上大量出售。由于伪品制作可以假乱真，有整版票出售；在版票边纸上同真品一样印有版铭。邮商在出售这种伪品时，并不绝对保真，采取姜太公钓鱼——愿者上钩的态度。致使有些不明真相的集邮者上当受骗；也有专门收集普票的集邮者，购买这种伪品，以便组编邮集时，提高研究水平。这种伪品还有未打齿孔的无齿票。

那么，应该怎样来鉴别这种“花卉图案”普通邮票的真伪呢？

① **看花卉的印刷线条**　这套花卉图案邮票采用胶版实印。真品采用原设计图稿制版印制，印出的邮票图案与原设计图稿相同。伪品在制版时采用真品邮票翻拍制版，这当中就可能使邮票图案上的线条粗细、连线和断线出现少许差别。这种差别，只有通过高倍放大镜观察才可看出。如面值 1.5 分的“牡丹花”，其花的线条和花蕊，就存有差别。

② **看面值和铭记**　1.5 分邮票上的面值汉字“壹分伍厘”中的“分伍”二字，真品与伪品在文字笔画上存有较明显的不同。面值 3 分“荷花图案”邮票上的铭记“中国人民邮政”，真品文字笔画清晰、规范、整齐；伪品则因利用真品来翻拍制版，与真品在文字笔画上存有差别（见图 214）。

③ **找花朵上线条存在的区别**　真品花朵线条比较细腻，较少有糊笔；伪品则较粗糙，线条常有糊笔。如面值 5 分的“菊花图案”邮票，其花朵线条真品与伪品有多处细微差别。

④ **用紫光灯鉴别**　真品采用邮票专用纸印制，在紫光灯照射下，呈暗紫色；伪品不是用邮票专用纸印制，纸质较脆，在紫光灯照射下呈现亮白色。

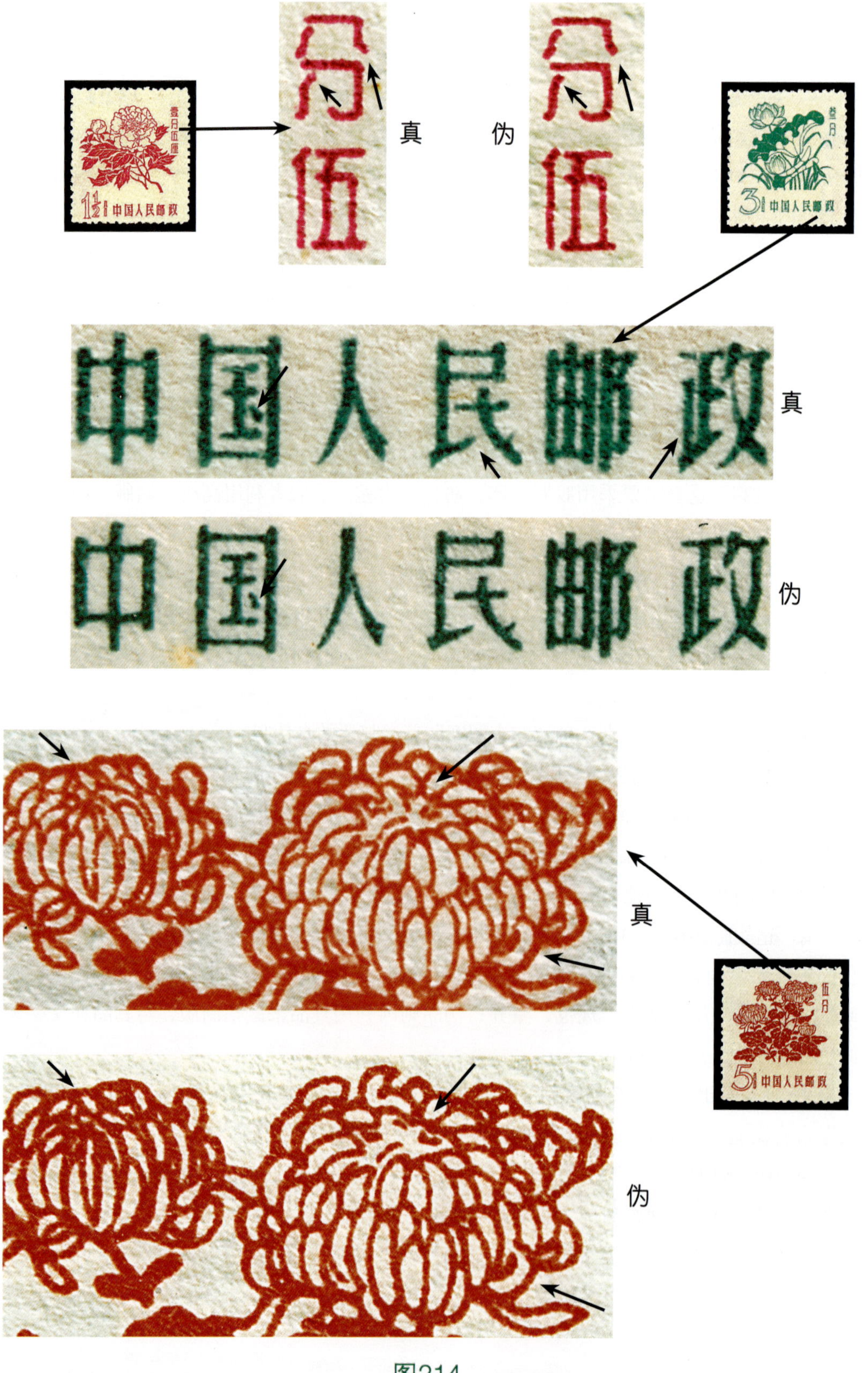

图214

普 23 （13）“福建民居”1 元票

1986 年 4 月 1 日 ~ 12 月 25 日，为了展示中华大地各民族的民居建筑艺术，中华人民共和国邮电部发行一套《民居》普通邮票，全套 14 枚。志号为普 23。其中（8）“上海民居”20 分，最早出现伪品，笔者曾在 1999 年彩版《中国邮品辨伪必备》专著中，详细介绍过鉴定方法。当时对普 23 （13）“福建民居”伪品，仅提及过，但未介绍鉴定方法。

1986 年 10 月 15 日，中华人民共和国邮电部发行普 23 （13）“福建民居”邮票。邮票票幅规格 25 毫米 ×30 毫米，面值 1 元。齿孔 12.5 度 ×13 度和 11 度 ×12.5 度。有粗齿、细齿两种齿孔。影写版。陈汉民、励忠发、华建心设计。邮局全张枚数 60（10×6），为细齿；100（10×10），为粗齿，有两种版型。北京邮票厂印制。邮票图案选用的是福建永定县客家住宅“承启楼”外形。“承启楼”为圆形的砖楼与土楼。所谓“土楼”，即用土、木为材料构筑的楼房。楼墙以黏土掺拌砂石、石灰、稻草（有的还加少许红糖、糯米和蛋清），经过反复揉、捣、压、夯而成。屋梁、栋梁、门窗、楼板等采用杉木，边筑墙边架木，层层加高。基础用石块砌筑，墙厚达 2 米左右，墙顶厚 1 米左右。土楼高 3 ~ 4 层或 5 ~ 6 层，房间最多可达 400 多间，能住 600 多人。土楼是在动乱年代由同族若干户人家协力建造的一种“营垒”式住宅，为封闭式，底层甚至两层都不开窗户，大门一关便是一座城堡，具有坚固、安全、省地、省材、防震隔热、冬暖夏凉的优点。从外观上看，土楼有圆形和方形两种。圆形土楼又称圆寨，有单圆圈和同心圆圈两种。单圆圈土楼高 2 ~ 3 层，房间沿外墙筑成，第一层为厨房，第二层为仓库，第三层住人；中央是天井，并建有猪圈、鸡舍、公厕、浴室等附属设施。同心多圆圈土楼一般为 2 圈、3 圈，呈同心圆形，环环相套，天井和房屋包围在一个圆体之内。外环房屋高 4 ~ 5 层，底层作厨房和杂间，二层储藏粮食，三层以上住人。其他环房屋仅高一层。中央建过堂，供族人议事、婚丧典礼及其他活动使用。这枚邮票图案上的土楼，就是一座同心多圆圈土楼，外墙下部不开窗，外观坚实雄伟，很像一座堡垒。这种建筑，曾被联合国教科文组织顾问史蒂汶斯 · 安德烈称誉为：“世界上独一无二的、神话般的山区建筑模式。”

普 23 （13）“福建民居”1 元票伪品的出现，主要是用来欺骗邮政。1996 年 12 月 1 日调整邮资后，挂号费由 0.30 元调整为 1 元。因此，面值 1 元的普票消耗量和需求量均大增。不法分子为牟暴利，便利用普 23 （13）“福建民居”1 元票真品，翻拍制版，用铜版纸胶印，打上齿孔，冒充真票，在市场上低价销售，欺骗不明真相的用邮者。鉴定普 23 （13）“福建民居”1 元票的真伪，其实并不困难，主要方法是：

① **看版别** 真品采用影写版印制，邮票图案线条清晰、分明，铭记、面值文字边缘呈影写版所固有的锯齿状；伪品采用胶版印制，网点粗糙，邮票图案线条模糊，铭记、面值文字采用网纹版印制（见图 215）。

② **看刷色** 真品采用灰、棕、浅紫三种专色印制，色彩专一、纯正；伪品采用红、

黄、棕、蓝四色套印，色彩杂乱。

③ **看背胶** 真品均刷有背胶，胶面均匀，光洁；伪品未刷背胶，背面常沾有油墨。

④ **用紫光灯照射** 在紫光灯照射下，普 23（13）“福建民居”真品白色邮票纸呈暗紫色，伪品则呈亮白色。

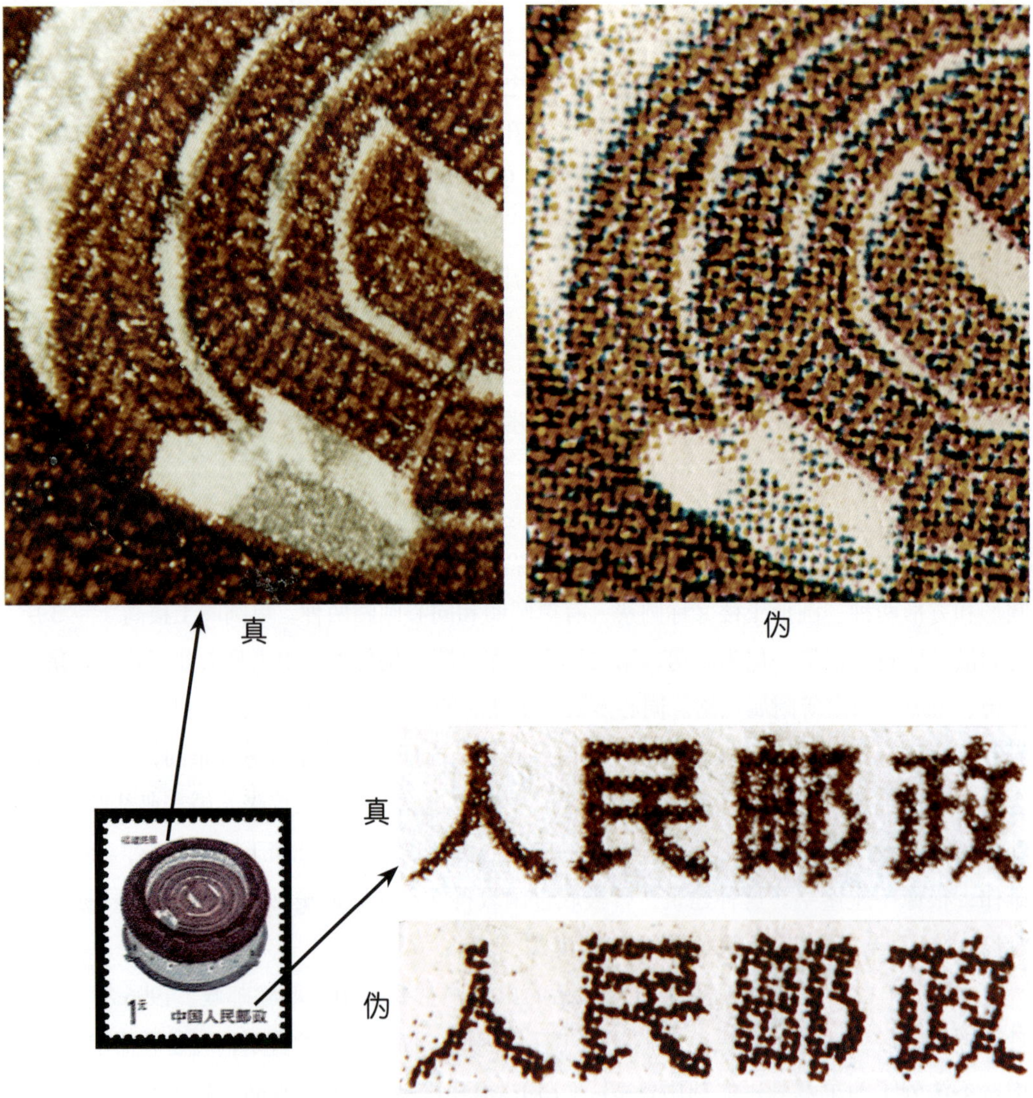

图215

普23 （14）“浙江民居”1.10元票

1986年4月1日～12月25日，为了展示我国各民族的民居建筑艺术，适应邮政业务的需要，中华人民共和国邮电部发行一套《民居》普通邮票，全套14枚。编号为普23。其中（14）面值1.10元为“浙江民居”。这枚邮票于1986年4月15日发行。邮票图案选取的是浙江黄岩天长街住宅外形。票幅25毫米 ×30毫米。邮局全张枚数100（10×10）。齿孔11度 ×11.5度。陈汉民、励忠发、华健心设计。影写版。北京邮票厂印刷。

这套邮票发行后，在邮政通信业务中发挥了很好的作用，使用了较长时间。尽管在使用期间，有的不法分子伪造出（8）20分“上海民居”、（13）100分“福建民居”赝品，欺骗邮政，大量用于通信，由于这套邮票采用影写版印制，其防伪性能还是比较好的，赝品一出现，很快就被集邮者识破。但是造假者并不甘心，他们又伪造出（14）1.10元“浙江民居”无齿漏印“中国人民邮政”铭记“变体票”来欺骗集邮者（见图216）。

那么，应该怎样鉴别普23（14）漏印“变体票”的真伪呢？

① **看版别** 普23（14）真品采用影写版印制，网点精细；伪品采用胶版印制，网点粗糙、杂乱（见图217）。

② **看面值和铭记** 普23（14）真品的面值和铭记采用影写版黑色专版印制，文字刷色纯正；伪品采用胶版彩色套印，文字刷色杂乱、不纯；无铭记。

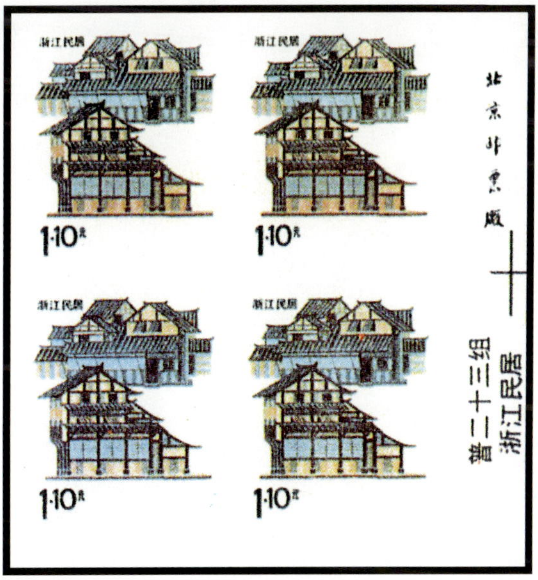

图216

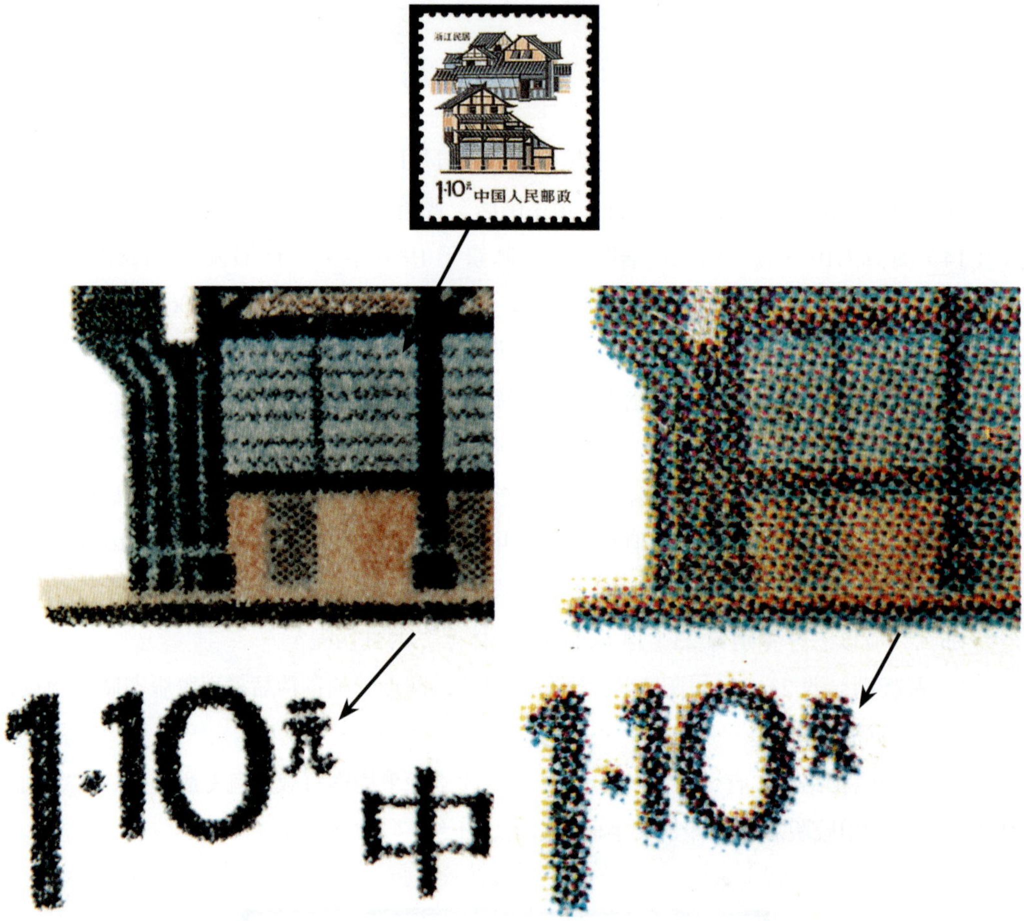

真　　伪

图217

普 26 （3）“山西民居”80 分票

1990 年 9 月 20 日，为了展示我国各民族的民居建筑艺术，适应邮政业务的需要，继普 23《民居》、普 25《民居》之后，中华人民共和国邮电部又发行一套《民居》普通邮票，全套邮票 3 枚。编号普 26。其中普 26（3）面值 80 分“山西民居”，邮票规格 25 毫米 × 30 毫米。邮局全张枚数 60（10×6）。齿孔 12.5 度 ×13 度。邮票图案为山西民居的四合院外形。山西省春秋时为晋国，唐代称河东道，元代属中书省，明代改称现名，沿用至今。陈汉民、毕健心、何洁设计。影写版。北京邮票厂印刷。

这枚邮票面值为 80 分，是当时挂号信函适用的面值。后来邮资再次调整，当国内平信邮资调整为 80 分时，又被大量用于通信。这时候，邮市上各种邮票均在打折出售，普通邮票也不例外。于是，造假者利用高科技制版，用胶版模仿影写版特征，在整版普 23（1）面值 1 分票的背面，伪造普 26（3）面值 80 分邮票。由于普 23（1）与普 26（3）均为《民居》邮票，邮票规格、齿孔度、邮局全张枚数又完全一样。这样，采用普 23（1）面值 1 分票的背面印制普 26（3）面值 80 分的伪品，就可以省去打齿孔的成本；再加上普 23（1）面值 1 分票，面值低，售价也很低，用它来伪造《民居》高值票伪品，纸张是真的，齿孔也是真的，很具有欺骗性。值得注意的是，造假者起初是想把 1 分票变造成漏印面值和铭记“变体票”，但因擦去面值和铭记之后，邮票纸变薄，难骗明眼人。后又改为用来伪造面值 80 分票。普 26（3）面值 80 分“山西民居”伪品制造出以后，造假者为掩人耳目，将整版邮票分撕成单枚，贴在信封上打折出售，供人们用于通信。这样，伪品普 26（3）背面的普 23（1）的真面目便不易被发现；只有将其从信封上浸泡下来以后才会被发现。但由于普 26（3）伪品印在普 23（1）背面背胶上，是“胶上印”，浸泡后伪品普 26（3）的邮票图案刷色就受到了破坏（见图 218）。

那么，应该怎样鉴别普 26（3）“山西民居”的真伪呢？

① **看版别** 普 26（3）真品采用影写版印制，具有影写版的网纹特征；伪品采用胶版印制，尽管造假者在制版时，极力用胶版模仿影写版特征，但与真品相比较，仍有较明显的不同（见图 219）。

② **看面值 80 分** 普 26（3）真品面值 80 分和铭记均采用影写版黑色专版印制；伪品面值和铭记则采用胶版黑色专版印制，两者版纹特征有区别。特别值得指出的一点，真品“80 分”中的“80”为单线笔画，伪品则为双线笔画，两者存有明显的区别。

真 伪

图218

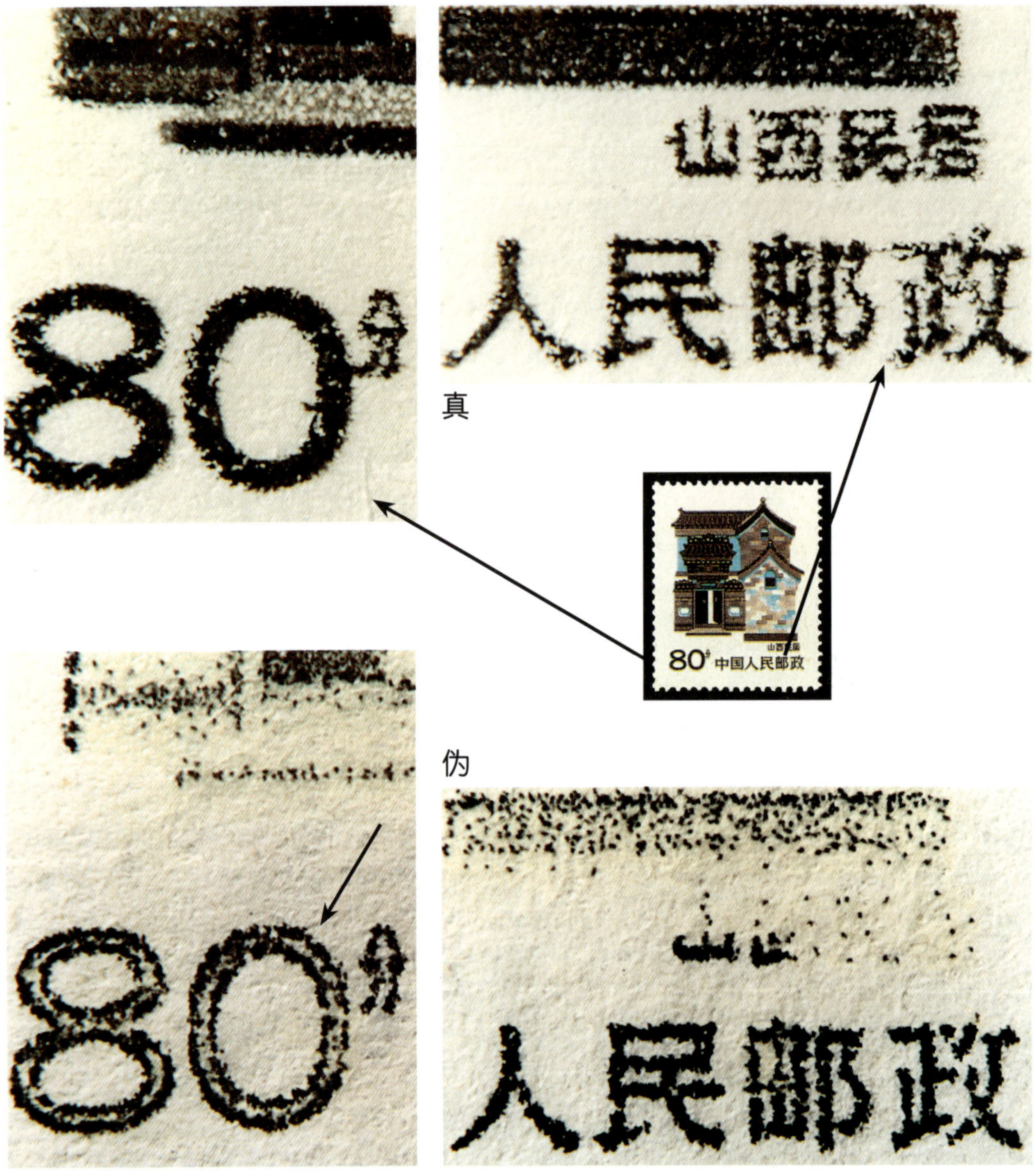

图219

普29 （13）“慕田峪”80分票

中国的万里长城气魄雄伟，是世界历史上的伟大工程之一，是伟大的中华民族的象征。万里长城始建于公元前5世纪至公元前4世纪的春秋战国时代。那时，中国北方诸侯割据，各国相互防御，后来，燕、赵、秦为防御北方的匈奴、东胡民族的骚扰，在形势险要的地方修筑起高大的城墙，这就是万里长城的起源。公元前3世纪，秦始皇统一六国后，为了防御北方匈奴贵族南侵，于公元前214年，将北方诸侯国修筑的各段城墙连接起来，建筑成一道连绵万里的长城，奠定了今天长城的规模。故址西起临洮（今甘肃岷县），北傍阴山，东至辽东，俗称“万里长城”。慕田峪长城位于北京怀柔县三渡河乡境内，距北京城区73千米。西接居庸关，东连古北口，是万里长城保存得最好的一段，为明代重建的砖石结构长城。慕田峪长城是明代200多年间所修的坚固长城的重要地段之一。今已整修长城2250米，敌台22座，登城墙有新修步道4000多米。此段长城沿着山脊时起时伏，随着山势翻滚，宛如巨龙，气势非凡。

1995年10月5日，中华人民共和国邮电部开始发行普28《长城》邮票，之后又相继发行了普29《万里长城（明）》普通邮票，共5组。1999年3月1日发行的普29《万里长城（明）（第四组）》邮票，全组8枚。影写版。杨文清、李德福设计。北京邮票厂印制。齿孔13度。邮票票幅规格25毫米 ×20毫米。邮局全张枚数50（10×5）。其中（8–4）总编号（13）面值80分的“慕田峪长城”邮票，为外埠平信常用面值邮票。因平信面值80分邮票需求量很大，有些不法分子为牟利，便伪造出面值80分普29 （13）“慕田峪长城”票，来欺骗邮政。这种伪品用真品翻拍制版，用铜版纸胶印，打有齿孔，背面刷有背胶。尽管伪造得比较粗糙，但对缺少鉴别真伪能力的用邮者来说，也难辨其真伪。因此，在通信中被大量使用，使中国邮政受到经济损失。

那么，应该怎样来鉴定普29（13）80分“慕田峪长城”票的真伪呢？

① **看版别** 真品采用影写版印制，网纹夹角均为45°，网点大小相同；伪品采用胶版印制，蓝色网纹夹角为15°，黄色网纹夹角呈0°，黑色网纹夹角呈75°。真品邮票图案上的长城线条清晰；伪品则模糊不清（见图220）。

② **看齿孔** 真品齿孔打得规范整齐，齿孔13度；伪品齿孔打得不规范，十分粗糙，齿孔8～9度，齿孔间距不尽相同。

③ **看纸质** 真品采用邮票专用纸印制，纸质挺括；伪品采用国产铜版纸印制，纸质不坚挺。

④ **看背胶** 真品背胶刷得均匀细腻；伪品背胶虽也有黏性，但刷得粗糙，不均匀，整版票票边有的未刷上胶，是后刷胶所致。

⑤ **用紫光灯照射** 在紫光灯照射下，真品邮票纸白纸呈现暗紫色，早期印制的未采用

荧光油墨，后来采用了荧光油墨，时起时伏的长城，呈现亮黄色荧光；伪品白纸在紫光灯下呈亮白色，因纸中含有荧光剂所致，但邮票图案并不呈现荧光。

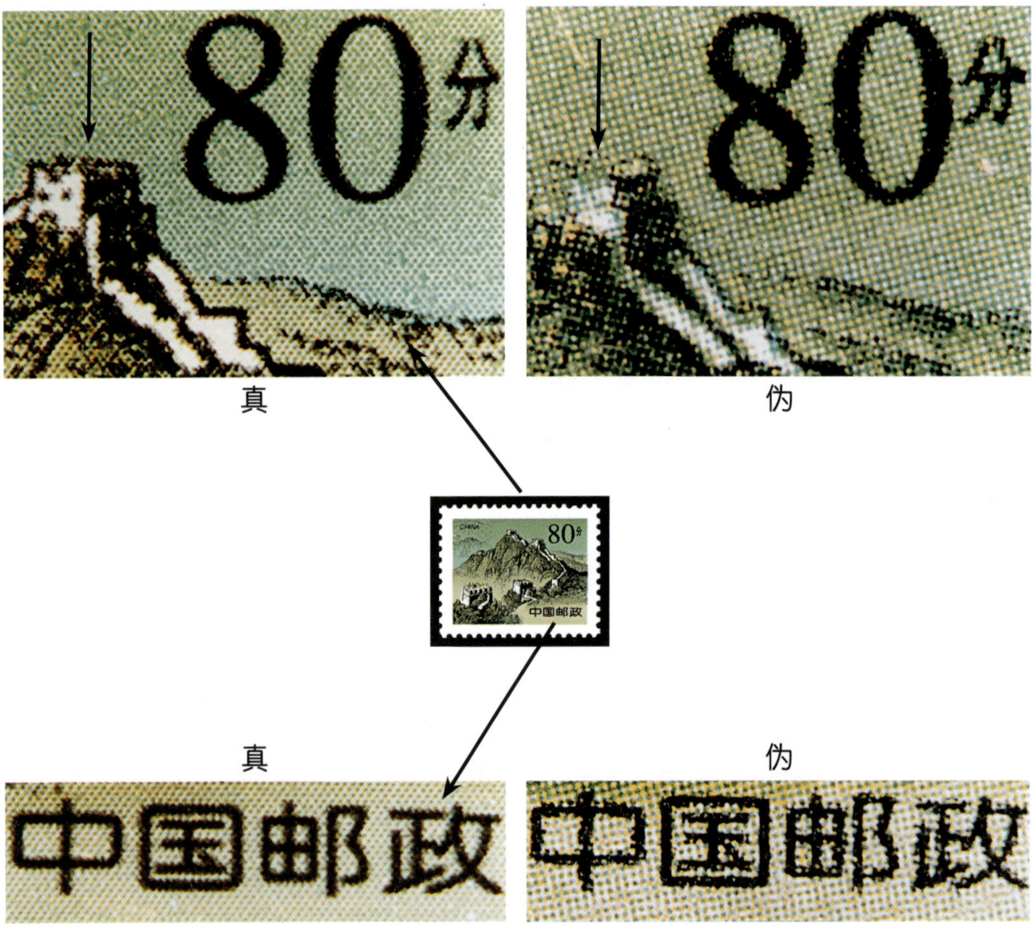

图220

普30 （5）“珍惜生命之水”80分票

2002年4月1日，为满足通信的需要，国家邮政局发行了《保护人类共有的家园》（第二组）普通邮票4枚，面值分别为5分、30分、80分、1.50元；邮票名称分别为（3）“稳定低生育水平”、（4）“珍惜矿产资源”、（5）“珍惜生命之水”、（6）“保护海洋资源”。邮票规格均为25毫米 ×30毫米。齿孔均为13度 ×13.5度（异形齿孔）。整张枚数均为40枚。影写版。张森、杨波设计。北京邮票厂印制。

这套邮票，为加强防伪，采用荧光纤维纸、防伪荧光油墨、异形齿孔、无色荧光喷码（首发日发行的均为在邮局全张票边上喷黑色数码，每枚邮票上并未喷无色荧光喷码）。尽管如此，但仍未能阻挡不法分子利用高科技来大量伪造。造假者主要伪造的是其中面值80分的“珍惜生命之水”邮票，大量用于通信，来欺骗邮政。面值80分伪品，采用与真品相同的荧光纤维纸，用胶版印制；每枚邮票上均喷有无色荧光喷码；打有与真品相同的齿孔度和菱形异形齿孔。伪造得非常逼真，缺乏鉴定邮资票品真伪经验的集邮者和邮政工作人员，很难辨其真伪。

那么，应该怎样来鉴别普30面值80分“珍惜生命之水”邮票的真伪呢？

① **看版别** 普30面值80分邮票采用影写版印制，其网点大小相同，呈中空状；各种刷色网纹夹角均呈45°；文字和版纹边缘，呈现锯齿状毛茬。伪品采用胶版印制，并极力用胶版模仿影写版的版纹特征，蓝色网纹夹角呈15°，网点比真品粗大（见图221）。

② **看票题和面值“80分”的“分”字** 真品票题和面值“80分”采用反阴版印制，伪品也同样采用反阴版印制，但由于版别不同，真品用影写版印出的文字边缘呈锯齿状毛茬，伪品用胶版印出的文字边缘则很规整。

③ **看齿孔** 真品打有菱形异形齿孔，伪品也打有与真品相同的异形齿孔，但齿孔形状和大小存有细微区别：真品上的圆形齿孔孔径较大，伪品上的圆形齿孔孔径略小（两者的齿孔度相同）；真品菱形异形齿孔四角呈圆弧状，伪品则呈尖角状。

④ **看票题文字** 真品80分票题“珍惜生命之水”文字在笔画粗细长短上，与伪品存有较明显的不同。

⑤ **用紫光灯鉴别** 在鉴伪仪上的紫光灯照射下，真品邮票图案上地球的左半球上的蓝紫色经纬线，呈现紫红色荧光；伪品在这个部位则不呈现荧光反应。除此之外，在紫光灯照射下，荧光纤维纸、荧光喷码所呈现的特征，真品和伪品均无明显差别。真品普30中的“80分”票，首发时每枚票面上并未喷印荧光数码，之后发行的才有荧光喷码；伪品从一出笼就都喷有荧光喷码。这一点值得提醒集邮者在辨别真伪时，需要注意。

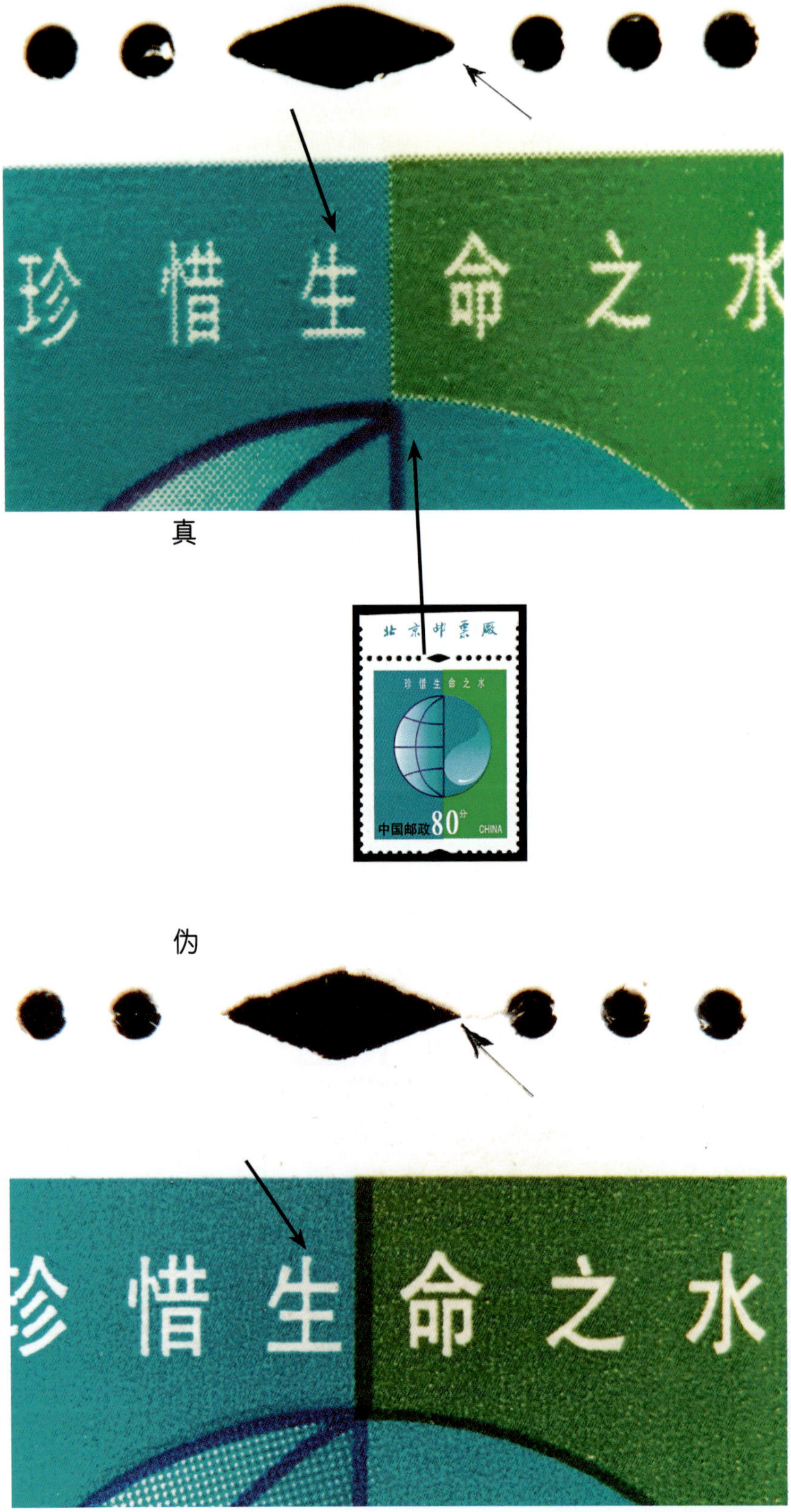

图221

普31 （1）“黄腹角雉”80分票

黄腹角雉为鸡形目雉科，别名角鸡、呆鸡等，是我国著名的特产珍禽，国家一级重点保护动物，仅分布于我国福建中部和西北部、广东北部、广西东北部、浙江南部及湖南东北隅。黄腹角雉体形比家鸡略大，不甚畏人，反应迟钝，行动缓慢，故有“呆鸡”之称。栖息于海拔较低（700 ~ 1600米）的山地林区。常以7 ~ 12只的小群，出没于有长流水的沟谷、山涧，丛生着灌木、竹类、蕨类等多层次杂木林下；主要吃植物的嫩叶、芽、果实，也吃少量昆虫。雄鸟头上的羽冠前黑后红，上体羽毛大部栗红色，杂以皮黄色卵圆斑，下体皮黄色；雌鸟上体棕褐色，满布以黑色和棕白色矢状斑，下体淡皮黄色，胸部多黑斑，腹部有明显的大白斑。雄鸟有肉裾和肉角，求偶进行性表演时，竖起蓝色肉角，展开粉红色肉裾，中贯以紫蓝色纵纹，裾的边缘也缀蓝色，特别艳丽，五彩斑斓。黄腹角雉在树上或地上营巢。每窝产卵3 ~ 6枚，卵为土黄色，有褐色细点，大小似鸡卵。幼鸟生长发育较慢，两年后才能像成鸟那样雌雄羽毛全然不同。

2002年2月1日，国家邮政局为邮政通信需要发行了《中国鸟》第一组普通邮票，共3枚。（1）面值80分黄腹角雉，（2）面值1元白尾地鸦，（3）面值2元台湾蓝鹊。齿孔均为13.5度 ×13度。票幅均为27毫米 ×38毫米。邮局全张30（5×6）。黄华强设计。影写版。北京邮票厂印制。

普31《中国鸟》是继《万里长城》普票之后发行的采用防伪技术较多的普通邮票。它与普30发行后，即取代了普29《万里长城》普票，也是防伪打假的需要。普31采用从国外引进的先进的印刷设备印制，并采用较多的防伪技术和措施；①邮票纸采用蓝色防伪荧光纤维纸；②刷色油墨中，采用了防伪荧光油墨；③在印版上采用了缩微文字；④为便于管理，邮票上印有无色荧光喷码。其版别采用了具有好的防伪能力的影写版。北京邮票厂印制。

图222

按理说，采用这样的技术和措施印制出的普31《中国鸟》是难于伪造的。然而，事实却大大出乎人们的预料。在当时使用最广泛的面值80分“黄腹角雉”邮票，率先出现了可乱真的大量伪品，在邮市上以整版形式打折出售（见图 222），被不明真相的用邮票者购买后大量用于通信。集邮者在收集普票时，也难免受其害。

那么，应该怎样来鉴别面值 80 分“黄腹角雉”邮票的真伪呢？

① **看版别** 面值 80 分“黄腹角雉”邮票真品采用影写版印制，其电子雕刻网点呈大小相同的菱形空心状；伪品则用胶版印制，其网点呈圆形实心状。真品所有刷色其网纹夹角均呈 45°；伪品各种刷色的网纹夹角均不相同（见图 223）。

② **看缩微暗记** 在“黄腹角雉”邮票真品右下角花蒂处，印有“中国鸟”汉语拼音缩微文字“ZHONGGUONIAO”暗记；在邮票左边中部花枝与黄腹角雉背部之间，印有“鸟”字汉语拼音缩微文字“NIAO”暗记。伪品在用真品翻拍制版时，因条件所限，邮票右下角花蒂处的“中国鸟”汉语拼音缩微暗记虽清晰可见，但字母变形走样成了“ZHAKQGUONAD”；邮票左边中部花枝与黄腹角雉背部之间的“鸟”字汉语拼音“NIAO”暗记不存在。

③ **用紫光灯鉴别** 真品面值 80 分邮票画面上的大片蓝、绿刷色处，在长波紫光灯照射下，呈现绿色荧光；伪品在相同处则呈现黄绿色荧光，其荧光亮度也比真品强。真品与伪品所用荧光纤维纸，差别不明显。

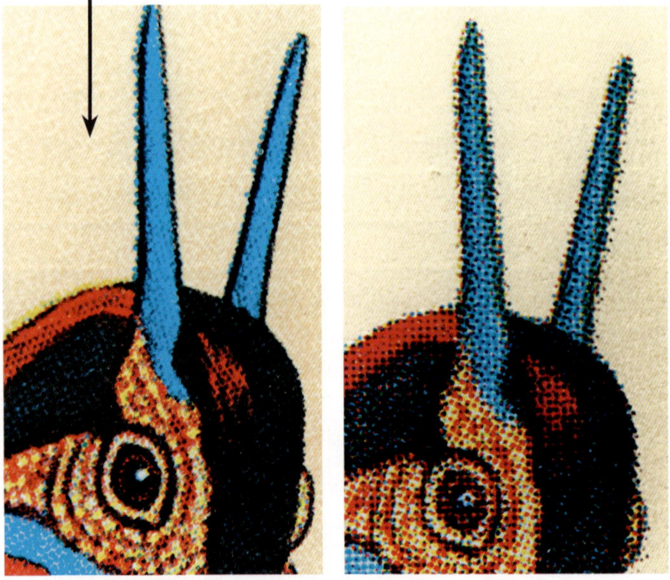

真 伪

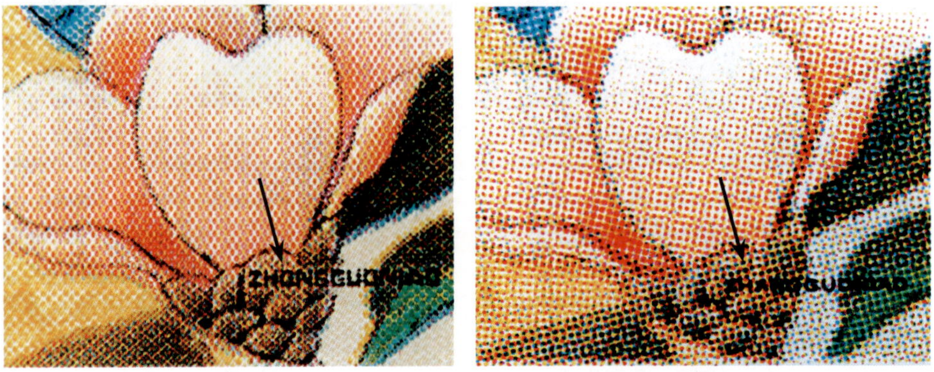

真 伪

图223

普31 （2）“白尾地鸦”1元票

“白尾地鸦”是雀形目鸦科中体形较小的一种鸦，体羽虽然只有黑、白和沙黄3种普通颜色，但搭配谐调自然，显得非常端庄素雅。常年栖息在戈壁荒漠中植物稀疏的地区，生活环境比较恶劣，食性较杂。不善飞行，特别喜欢用其细而有力的双腿在地面上奔走。每年3月开始繁殖，因巢筑于离地面较低的枯树上，故得名“地鸦”。每次产卵1～3枚，4月份幼鸟即可在地面行跑。因其栖息环境所限，繁殖率不高，种群增长缓慢，故数量不太多，鲜为人知。白尾地鸦不仅是中国的特有种，也是新疆南部的特产。

2002年2月1日，因邮政通信需要，国家邮政局开始发行普31《中国鸟》普通邮票，这次发行的是《中国鸟》第一组共3枚。分别为（1）80分黄腹角雉，（2）1元白尾地鸦，（3）2元台湾蓝鹊。齿孔均为13.5度×13度。票幅均为27毫米×38毫米。邮局全张为30枚（5×6）。黄华强设计。影写版。北京邮票厂印制。

这组邮票发行之后，邮市上很快便出现了面值80分最常用的假票，打折出售，被大量用于通信。之后，又出现了面值1元的假票。这种假票所用纸张与真票相似，其刷色与真票无差别，打有与真票相同的齿孔度，喷有无色荧光数码，印有与真票相同的缩微暗记，具有很大的欺骗性。

那么，应该怎样来鉴别这种邮票的真伪呢？

① 看版别 真品普31（2）面值1元票采用影写版印制，所有刷色网纹夹角均呈45°，网点呈中空状，文字边缘呈锯齿状；伪品则采用胶版印制，其各种刷色网纹夹角均不相同，红色呈75°，黑色呈45°，网点呈实心状（见图224）。

② 看邮票左下角上的缩微暗记 普31面值1元真邮票，在邮票的左下角处印有缩微暗记，其暗记为“中国鸟”拼音字母“ZHONGGUONIAO”，字母印得规范，笔画边缘影写版特征明显；假票尽管在邮票相同部位也印有缩微暗记，但暗记字母印得不规范，与真品存有明显的差别，仿照得不逼真。

③ 用紫光灯鉴别 普31面值1元邮票，早期印制的采用蓝色荧光纤维纸，近期印制的则采用四色荧光彩点纸；其刷色只采用了红色防伪荧光油墨。在紫光灯照射下，真邮票图案上呈现鲜亮的红色荧光，邮票的背面呈现蓝色荧光纤维或四色荧光彩点。而假邮票图案刷色采用了黄色荧光油墨；采用的也不是荧光纤维纸。

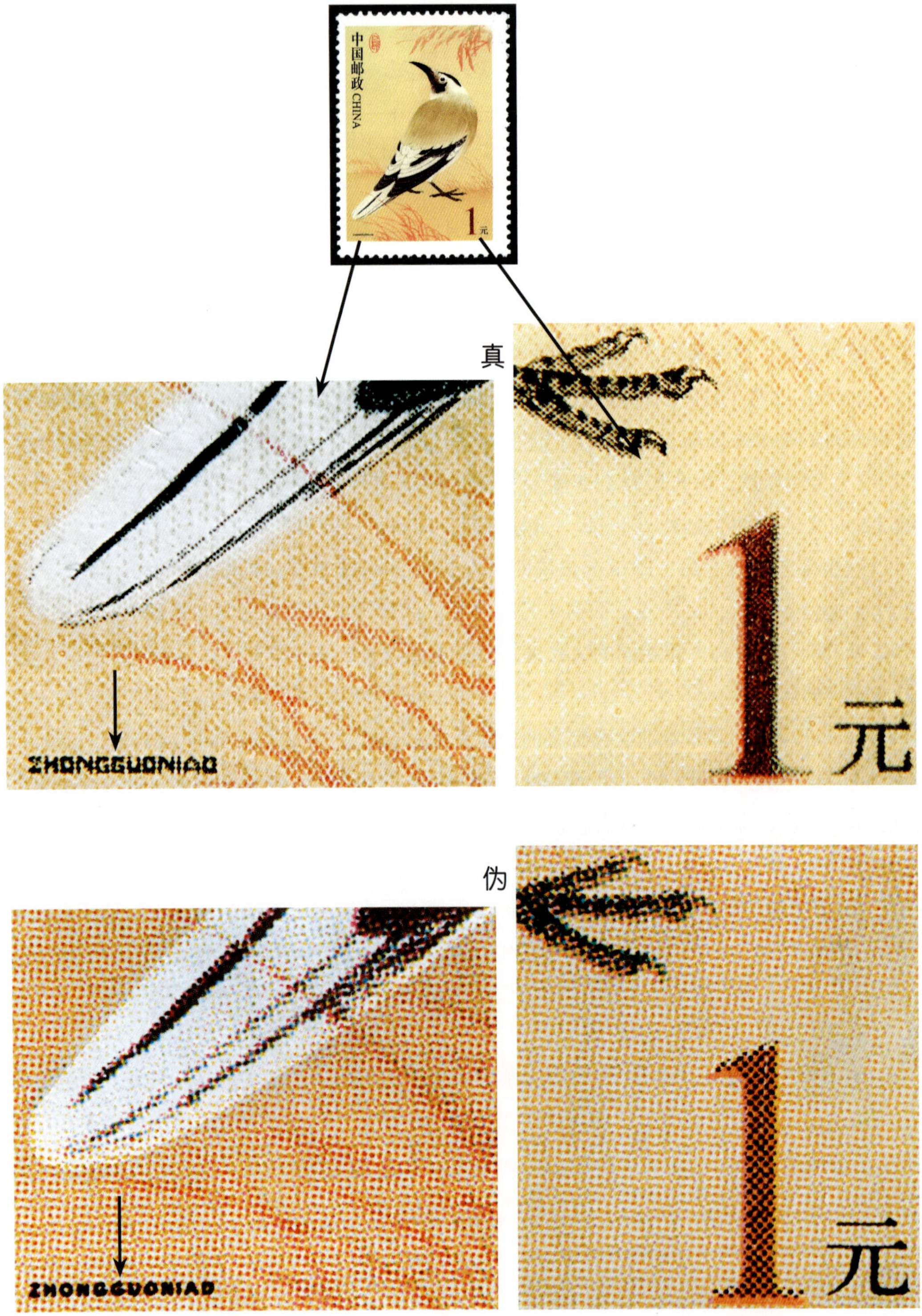

图224

普31 （9）“褐头凤鹛”1.20元票

2006年11月15日，国家邮政再次调整通信邮资，为此，国家邮政局发行普31《中国鸟（第四组）》邮票2枚。图案和面值分别为：（8）绿尾虹雉40分；（9）褐头凤鹛1.20元。邮票规格27毫米 ×30毫米。整张枚数30枚（5×6）。齿孔为13.5度（两竖边各打有一个椭圆形齿孔）。影写版。黄华强设计。采用多项防伪技术：异形齿孔，缩微文字，防伪荧光油墨，四色彩点防伪纤维纸，无色荧光喷码。北京邮票厂印制。

这组邮票在发行时，尽管比前3组在防伪措施上进行了加强，是普31中国鸟普通邮票防伪措施最强的一组：首次采用异形齿孔，首次采用四色彩点防伪纤维纸印制。尽管如此，依然未能使造假者生畏。为了欺骗邮政，造假者利用高科技，伪造出逼真的面值1.20元“褐头凤鹛”普通邮票，大量用于通信。这种伪品采用荧光纤维纸印制（但不是真品那种四色彩点荧光纤维纸），刷色逼真，也印有与真品相似的缩微暗记，打有与真品一样的椭圆形异形齿孔。据笔者鉴定，这种伪品至少有3种。对于这种制作逼真的伪品，邮局工作人员和广大集邮者，如不进行认真鉴别，很容易上当受骗。

那么，应该怎样来鉴别这种邮票的真伪呢?

① **看版别** 真品“褐头凤鹛”邮票采用影写版印制，伪品则采用胶版印制，二者在版纹特征上存有明显的不同；尽管造假者利用胶版，将邮票上的铭文“中国邮政”模仿影写版印成笔画边缘呈锯齿状，但伪甲邮票的粉红底色则是实印的，无网点，与真品采用影写版印制存有明显的不同；而伪乙粉红底色用胶版印制的粉红网纹夹角同真品一样呈45°，网点细密（见图225）。

② **看刷色** 真品刷色纯正，线条清晰；伪品刷色杂乱，线条模糊不清。

③ **看暗记** 真品右下角靠近鸟尾部的缩微暗记“ZHONGGUONIAO”非常清晰；伪甲虽然也印有形似真品的缩微暗记，但字母较模糊，而伪乙上的缩微暗记足可乱真。在邮票图案中心，两只并排的鸟脚爪之间，真品印有缩微暗记“NIAO”，而伪甲、伪乙均无此暗记（见图226）。

④ **用紫光灯鉴别** 在紫光灯下，真品采用的红色防伪荧光油墨，很明亮，邮票上的荧光喷码，呈现清楚的亮光；伪甲未采用红色防伪荧光油墨，也未喷印荧光数码，因此，整个邮票图案在紫光灯下，暗淡无光，而伪乙也采用红色荧光油墨印制，并同真品一样喷有荧光数码，足可乱真。

伪乙

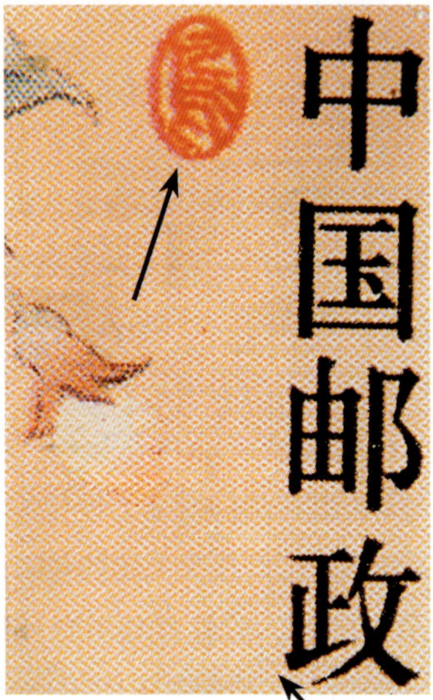

真

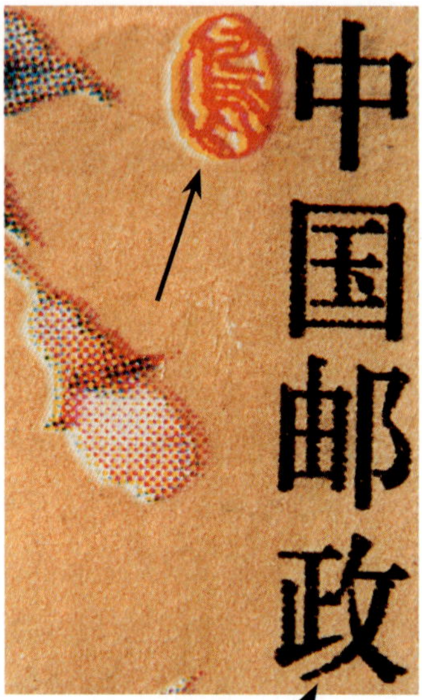

伪甲

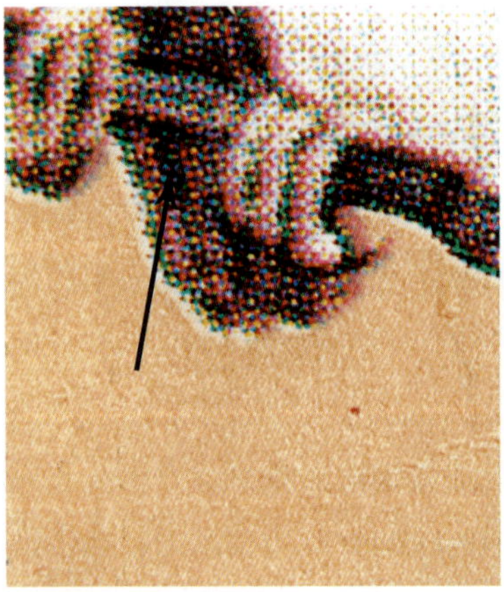

伪甲

真

伪甲

图225

伪乙

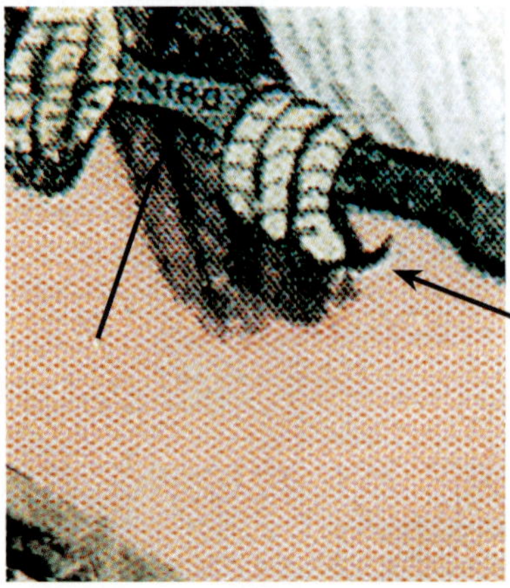

真

真

图226

9. 个性化服务专用邮票

为中国喝彩（小版张）

《为中国喝彩》个性化邮票小版张，版张规格为150毫米 ×90毫米。整版枚数4（2×2）。邮票图案采用2001–15《第21届世界大学生运动会》纪念邮票第2枚“锻炼身体勇攀高峰”；每枚邮票各带有一枚附票，4枚邮票所带的附票分别反映中国在2001年发生的重大事件：北京申办2008年奥运会成功、中国加入世贸组织、亚太经合组织会议在中国举办、中国国家足球队获2002年世界杯决赛资格。采用特制的专用防伪荧光纤维纸，胶版印刷。

这枚小版张问世后，因其发行量仅为100万枚，有人便乘机在邮市上大肆炒作。于是，这种原本邮票面值共计3.20元的“丑小鸭”（登不上中国邮票目录“大雅之堂”），一下成为“金凤凰”，每枚市价突破50元大关。针对这一反常现象，笔者曾预言“邮市上热炒什么，什么很快就会出现假的”。果然不出所料，2002年3月初，《为中国喝彩》小版张伪品在北京大钟寺宜美嘉月坛邮市露头了。这种伪品一出现，即被经验丰富的市场管理人员识破。伪品同真品一样，为胶版印制，也采用防伪荧光纸印制，刷有背胶，打有与真品相同的齿孔，小版张规格和邮票规格也与真品相同。再加上伪造者是利用电脑高科技仿造，除网线较真品粗些，个别地方有漏洞（会徽中少一颗黄色五角星）之外，总体上伪造得十分逼真。集邮者如果对真品不熟悉，缺少研究，只从直观来鉴别，很难辨出真伪。因此，伪品被发现之后，邮市上出现了两种分歧意见：一种认为这是伪品；另一种则认为这不一定是伪品，而是另一种版型。笔者认为，这种伪品的伪造者技术不仅高超，也很神通广大！这是我国首次发现采用防伪荧光纤维纸来伪造邮票！这种伪品的出现，进一步为中国邮票防伪敲响了警钟——中国邮资票品防伪任重道远！

那么，应该怎样来鉴定《为中国喝彩》小版张邮票的真伪呢？

① **看网纹角度和密度** 《为中国喝彩》小版张真品采用胶版印刷，伪品也采用胶版印刷，但真品红色网纹角呈45°，伪品则呈75°；真品网纹细密，伪品则较真品粗疏。从邮票图案上“大运会会徽”背景黄底色上的红网点，可分辨出红网纹真伪品的各自角度。同时可以看出，伪品在蓝、黑两五角星之间的下方，缺少黄色五角星（见图227）。

② **看邮票中心图案** 《为中国喝彩》小版张邮票中心图案上蓝色圆和红色圆，以及这两色图叠加在一起的部分所印黄色，真品均采用实印；伪品中蓝圆和两圆叠加在一起的黄色，铺有网纹，红圆采用实印。

③ **看小版张边饰上方的“为中国喝彩”字样** 《为中国喝彩》小版张真品“为中国喝彩”红色文字，在笔画的边缘铺有网线；伪品未铺网线，均为实印。

④ **看附票** 《为中国喝彩》小版张真品上世纪坛图案和上面所印“北京申办2008年奥运会成功纪念”文字，其图案刷色网纹与文字形态，与伪品有较明显的差别。

真

伪

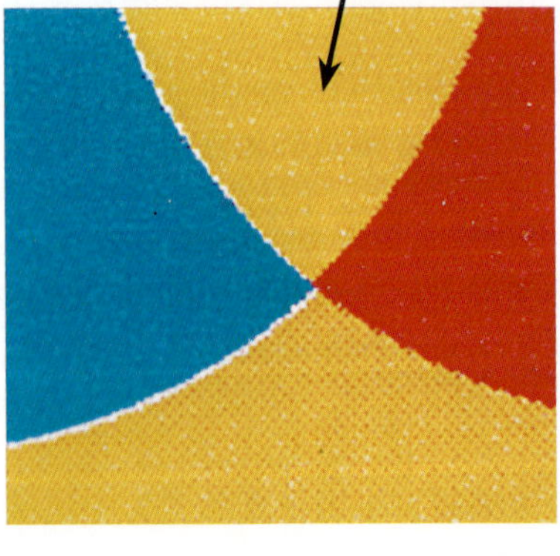

真

伪

图227

个3 同心结

个性化邮票也称个人化邮票、照片邮票。它的产生，可以说是在个性化潮流发展的社会背景下，邮政当局为了激发人们用邮的兴趣，而独出心裁想出的一个招儿。这一招术，无疑是邮政商业化促销创收的一种新业务。这种新业务，巧妙地利用数码照相技术、电子计算机技术、彩色打印技术，开拓出邮政服务的一片新天地。想当初，个性化邮票初露萌芽时，的确是为了投用邮客户不同的个性所好而制作的，因此有了这个名副其实的票名。

世界上最早发行萌芽时期个性化邮票的国家是加拿大。1994 年 1 月 28 日，加拿大邮政发行了一套圆环形自贴祝贺邮票小本票。小本票内含有 10 枚 43 分的圆环形自贴邮票和 7 种 35 枚供用户在圆环形自贴邮票的圆环中间贴用的圆形图案。圆环形自贴邮票带有磷光，便于自动化分拣机识别；圆环中间贴用的圆形图案，有玩具、气球、玫瑰花、新郎新娘、一颗红心、生日蛋糕、写信的笔共 7 种不同图案。用户在寄信时，可根据需要和喜好，选取某一个圆形图案，贴在圆形邮票的圆环中间，组成一张完美的邮票图案。假如用户对小本票中提供的 7 种圆形图案都不满意，也可以贴用自己的照片。

加拿大发行的这种萌芽时期的个性化邮票，当初是在澳大利亚印制的。也许受这个创意的启发，澳大利亚邮政于 1999 年 3 月 19 日，在发行“澳大利亚’99 世界邮展”小版票时，推出了附票式个性化邮票。

中国邮政于 2001 年开始试办邮票个性化服务，在试办期间，由中国集邮总公司具体承办。2001 年 8 月 22 日，乘《第二十一届世界大学生运动会》邮票发行之时，中国集邮总公司正式推出个性化邮票服务，邮票图案为《第二十一届世界大学生运动会》邮票第二图带附票，附票上加印了大运会会徽和吉祥物，并委任相声演员牛群为邮票个性化服务的形象大使。为了便于制作个性化服务邮票，2002 年 5 月 10 日，国家邮政局正式发行个性化服务专用邮票《如意》，同时发行带有空白附票的专用邮票用于个性化服务，从此，中国邮政个性化服务邮票的发行开始走向正规。

2003 年 3 月 3 日，国家邮政局为满足个性化服务的需要，发行“同心结”个性化服务专用邮票一套，全套 1 枚。邮票图案为“同心结”，附票带有“祝福”字样。邮票规格为 30 毫米 ×30 毫米；附票规格为 20 毫米 ×30 毫米。面值 80 分。熊大蒂结艺“同心结”。刘凤麟书写“祝福”。王虎鸣、何洁设计。胶版。齿孔 12 度。邮局全张枚数 20（4×5）。发行量 1200 万枚。同时发行带空白附票的专用邮票用于个性化服务。北京邮票厂印制。

这套邮票发行后，造假者为牟取暴利，便利用高科技，伪造出比较逼真的赝品，在邮市上鱼目混珠，打折出售，欺骗不明真相的集邮者和用于通信的用邮者。这种伪品采用与真品相同的胶版印制，刷色相同；也同真品一样喷有无色荧光喷码，打有相同的齿孔度。真品与伪品最根本的不同是：真品邮票票面上采用无色红色荧光油墨印有风轮背景，正常情况下用肉眼看不出，只有在紫光灯照射下，才呈现出明亮的红色荧光风轮图案，而伪品

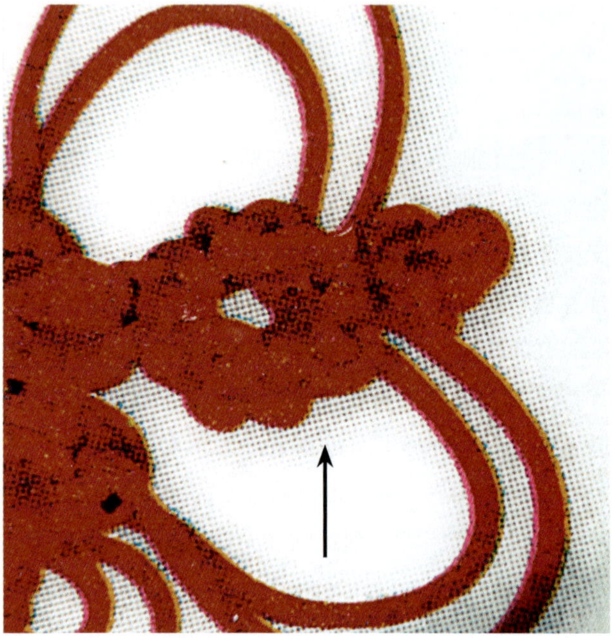

真

伪

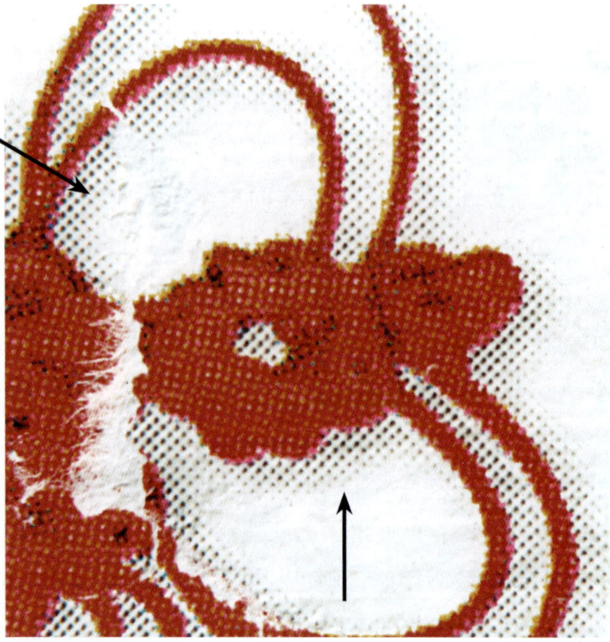

图228

则无；真品采用荧光纤维纸印制，而伪品则采用普通书写纸或防伪纸印制；真品与伪品在刷色上所采用的网线粗细和网纹夹角也不同。因此，只要对真品有所了解，分辨真伪并不困难。笔者鉴定发现，这枚个性化邮票至少有 2 种伪品，即伪甲、伪乙。

① **看版别** 尽管真品与伪品均采用胶版印制，但在网线粗细、网纹夹角上存有明显的不同：真品网纹精细，伪品网线粗糙；真品红色网纹夹角为 45°，而伪品中伪甲红色网纹夹角为 75°、伪乙则为 45°（看附票上的“祝福”二字）；真品黑色网纹夹角为 15°，伪品则为 45°（见图 228）。

② **看铭记** 真品邮票上的英文铭记“CHINA”采用网纹夹角 15° 的黑色专版印制；伪品也均采用黑色专版印制，但伪甲采用的网纹夹角为 45°，伪乙则为实印，无网纹。

③ **用紫光灯鉴别** 在紫光灯照射下，真品邮票整个票面上呈现出明亮的红色荧光风轮的背景图案；伪品则无。真品邮票背面呈现蓝色荧光纤维条；伪甲呈暗紫色，无荧光纤维条；伪乙呈红色荧光纤维条。

个4 一帆风顺

2003年8月5日，国家邮政局发行一套《一帆风顺》个性化服务专用邮票，全套1枚。邮票规格30毫米 ×30毫米。附票带有“祝福”字样；附票规格20毫米 ×30毫米或30毫米 ×20毫米。齿孔12度。邮局全张枚数20（4×5）。发行量1200万枚。同时发行带有空白附票的专用邮票用于个性化服务。冯小红设计。胶版。北京邮票厂印制。

这套邮票发行后，正逢邮市上的邮资票品大幅打折，这就使造假者有机可乘。他们利用高科技制版，采用与真品相同的版别和纸张印制，打有与真品相同的齿孔度，刷色相同，伪造出足以乱真的赝品，在邮市上打折出售，使不辨真伪的集邮者和用邮者购买后大量用于通信。由于这种伪品采用与真品相同的版别、相似的纸张、相近的刷色，又打有相同的齿孔度，要辨其真伪，不要说缺乏鉴定经验的人难辨其真伪，就是有一定鉴定经验的人，如对真品缺乏研究，也难辨其真伪。

那么，应该如何鉴定个性化服务专用邮票《一帆风顺》的真伪呢？

①看版别 真品采用胶版印制，伪品尽管也采用与真品相同的胶版印制，但由于在制版时受到局限，伪品在网纹粗细、网纹夹角上常与真品存有较明显的差别。《一帆风顺》邮票的真品网纹精细、网点细密，红色网点呈45°夹角；伪品网纹粗糙，网点杂乱，红色网点呈75°夹角（见图229）。

② 看票名“一帆风顺” 真品“一帆风顺”印章中的文字和印章边框均有镂空，红色实印，而伪品则为红、黄两色套色实印，有明显的区别。

③ 用紫光灯照射 在紫光灯照射下，真品和伪品均呈现暗紫色，票名“一帆风顺”均呈现红色荧光反应，但伪品票上的无色荧光喷码所呈现的荧光，比真品上的喷码还清晰、明亮。

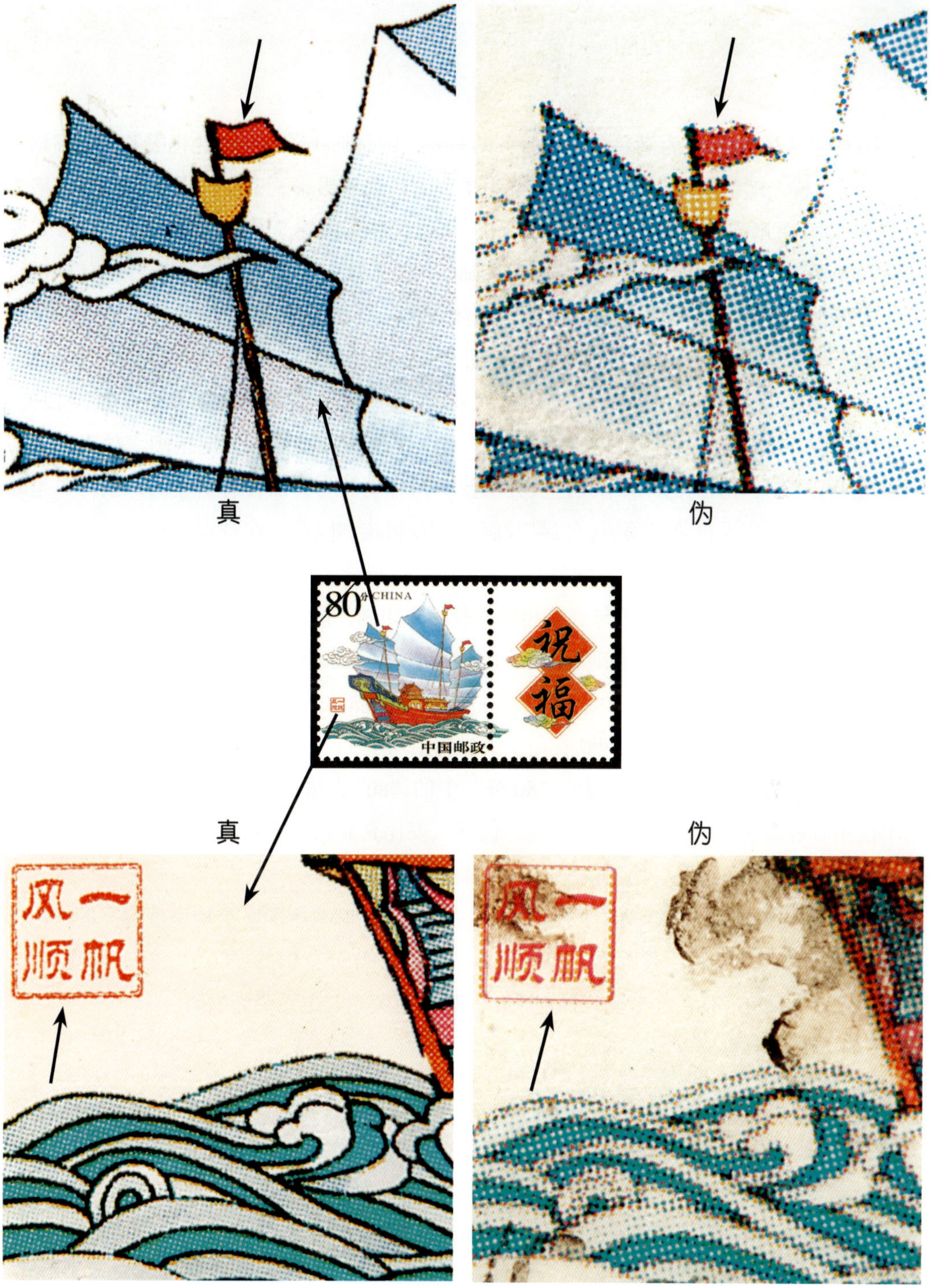

图229

个5　天安门

2003年9月10日，为满足个性化服务的需要，国家邮政局发行个性化服务专用邮票一套。全套1枚。邮票图案为天安门，附票为华表。杨秉政摄影。王虎鸣设计。邮票规格为30毫米 ×30毫米。附票规格为20毫米 ×30毫米。面值80分。邮局全张20（4×5）。发行量1200万枚。同时发行带空白附票的专用邮票用于个性化服务。胶版。北京邮票厂印制。

这套个性化服务专用邮票发行之后，因体裁好，受到广大集邮者和邮政用户的欢迎，曾一度出现紧俏。于是，造假者便乘机伪造出赝品，既用来欺骗集邮者，也用来欺骗邮政；邮政用户在不知情的情况下，将这种伪品大量用于通信，使国家邮政在经济上遭受损失。这种伪品笔者鉴定过2种，伪甲、伪乙同真品版别一样，刷色相同，邮票图案伪甲采用红色荧光油墨印制，伪乙则未采用红色荧光油墨。两种伪品与真品存有明显的区别：一是邮票票面上没有喷印无色荧光喷码，二是胶版网纹较粗疏。因此，在辨别真伪时，可从以下几点进行：

① **看版别**　尽管伪品采用与真品相同的胶版来印制，但伪品在制版时没有原图稿，而是利用真品翻拍制版，因此，在网纹特征上常存有明显的区别。真品网线精细、图案清晰，红色网纹夹角呈45°，蓝色网纹夹角呈75°；伪品网线粗疏、图案模糊不清，伪甲红色网纹夹角呈75°、伪乙呈45°，蓝色网纹夹角伪甲、伪乙均呈15°（见图230）。

② **看面值**　真品邮票上的面值“80分”中的“80”，采用黑、黄、红3种专色套印；伪甲仅用一种黄色，伪乙则同真品一样，但网点要比真品粗大；真品“80”采用黑色双边线印制，伪甲无黑色边线，伪乙仅一边印有黑色边线。

③ **用紫光灯鉴别**　在紫光灯照射下，真品和伪甲在邮票主图案上均呈现鲜亮的红色荧光反应和无色荧光喷码；有所不同的是：真品面值“80分”中的“80”字样，呈现荧光，伪甲则无荧光反应。伪乙在紫光灯照射下不呈现红色荧光，也无荧光喷码。

真

伪甲

伪乙

真

伪乙

图230

个 10 岁岁平安

2005 年 11 月 6 日，为了迎接新一年的到来，中国邮政发行一套《岁岁平安》个性化专用邮票，全套 1 枚。邮票图案为剪纸十二生肖，附票为“岁岁平安”印章。杨喜仙剪纸。马刚设计。邮票规格为 36 毫米 ×36 毫米。附票规格为 36 毫米 ×36 毫米。面值 80 分。齿孔 13.5 度。邮局全张 12 枚（3×4）。胶版。发行量 800 万枚。同时发行带空白附票的专用邮票用于个性化服务。北京邮票厂印制。

这套个性化服务专用邮票发行之后，因邮票图案由十二生肖组成，是十二生肖专题极好的题材，深受广大集邮者的喜爱。再加上发行量较少，在邮市上曾出现炒作。因此，在个性化服务专用邮票原票中，这种原票要比其他原票售价高，其版票则更高。造假者为牟利，便乘机伪造了这种个性专用邮票，使不明真相的人们在购得后，大量用于通信。

那么，应该怎样来鉴别这种个性化专用邮票的真伪呢？

① **看版别** 《岁岁平安》个性化邮票采用胶版印制，伪品虽也采用胶版印制，但在印刷工艺上有所不同：真品邮票图案采用胶版实印，伪品则采用网纹印制，红色网纹夹角呈 75°，网点粗疏。

② **看缩微暗记** 《岁岁平安》个性化邮票真品邮票图案为十二生肖，在每个呈圆形的生肖图案上，均藏有一个缩微字母暗记，其字母暗记依次为：鼠为“Z”、牛为“C”、虎为“Y”、兔为“M”、龙为“C”、蛇为“S”、马为“W”、羊为“W”、猴为“S”、鸡为“Y”、狗为“X”、猪为“H”。这些字母暗记，依次是十二生肖所对应的子、丑、寅、卯、辰、巳、午、未、申、酉、戌、亥汉语拼音的首字母（见图 231）。

③ **看特殊部位** 真品邮票铭记“CHINA”下方的“十二生肖”红色图章，文字清晰，笔画规范；伪品则文字模糊不清。

④ **用紫光灯鉴别** 真品采用防伪纸和防伪油墨印制，在紫光灯照射下，白纸面呈现蓝色荧光纤维，邮票图案红色呈现明亮的红色荧光；伪品则呈现四色彩点荧光，邮票图案红色荧光没有真品强烈。

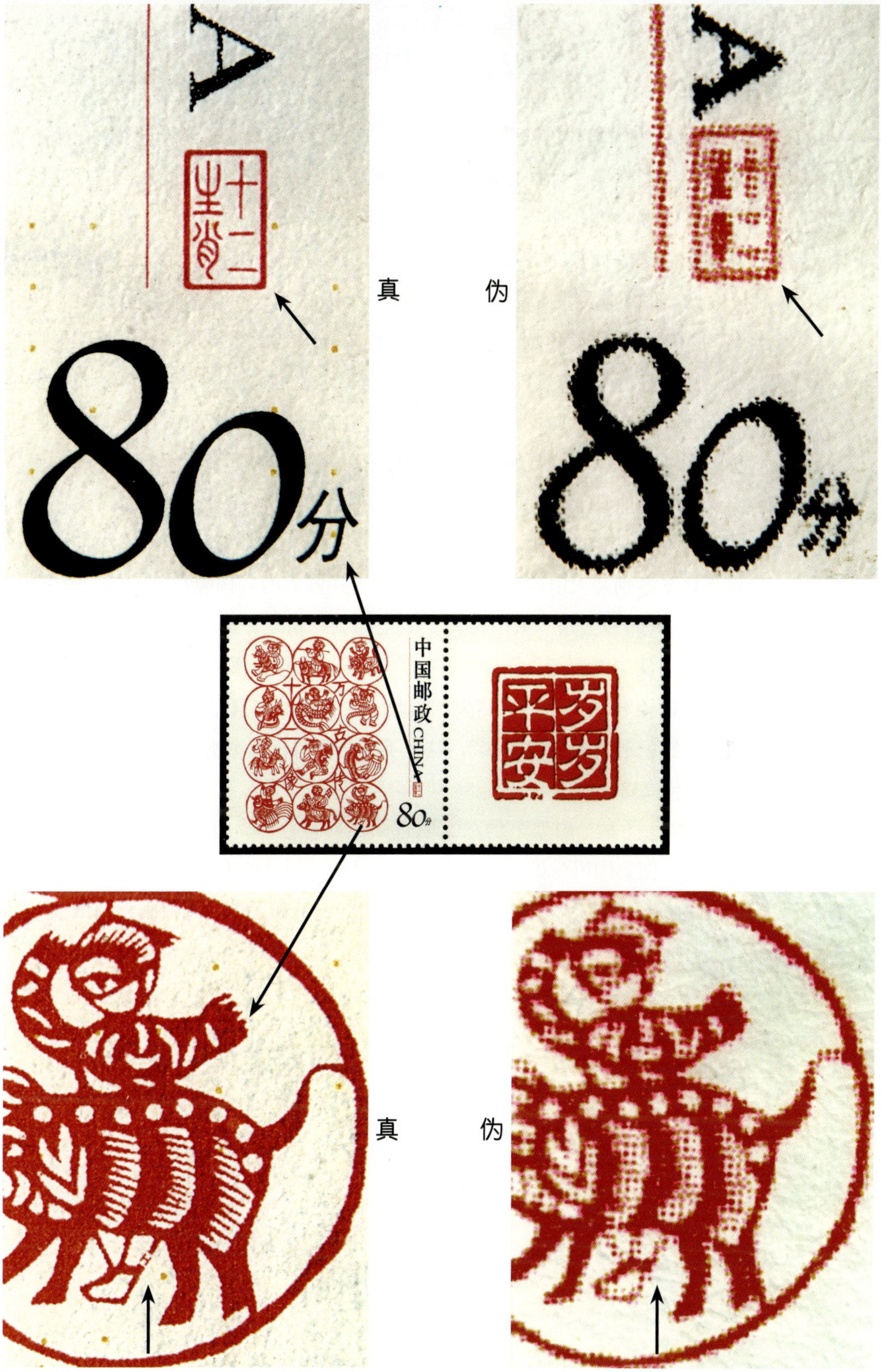

图231

个 13 太阳神鸟

2007 年 2 月 9 日，中国邮政为宣传我国文化遗产，特发行《太阳神鸟》个性化服务专用邮票 1 枚。其带有空白附票的个性化服务专用邮票，用于邮票个性化服务。同时发行附票上带有“凤凰”图案的个性化服务专用邮票。邮票规格为 30 毫米 ×30 毫米。附票规格为 30 毫米 ×30 毫米。邮票面值 1.20 元。齿孔 12 度。邮局全张 15（3×5）。整张规格为 210 毫米 ×180 毫米。王虎鸣设计。胶版。北京邮票厂印制。

这枚个性化专用邮票采用蓝色荧光纤维纸、红色防伪荧光油墨印制，每枚邮票上均喷印着无色荧光数码。而在邮市上打折出售的《太阳神鸟》个性化服务专用邮票赝品，采用四色彩点荧光防伪纸、红色荧光防伪油墨印制，同真品一样打有相同的齿孔度，副票上印有与真品一样的“凤凰”图案，与真品有所不同的是在邮票上未喷印无色荧光数码。用高倍放大镜观察邮票图案“太阳神鸟”，赝品的刷色同真品几乎无差别，刷色的网纹夹角也相同，仅在个别部位存有细微的差别，完全可以乱真。

那么，应该怎样来鉴别《太阳神鸟》个性化服务专用邮票的真伪呢？

① **看邮票图案** 真品右上角“太阳神鸟”戳记印刷得精细，边框与文字笔画不相连；赝品戳记边框较粗，致使“太阳神鸟”中的“太”字第三笔与边框线相连。真品邮票图案采用原图稿制版，伪品则利用真品翻拍制版，因此，尽管伪品与真品在各种刷色上所采用的网纹夹角相同，如红色网纹夹角均为 45°，这就不可避免地在图案刷上出现龟板纹，与真品存有细微不同（见图 232）。

② **看附票“凤凰”图案** 附票上的图案刷色采用彩色套印，真品印得清晰，刷色纯正；伪品刷色不纯正，图案印得模糊，不清晰，与真品存有明显的不同。

③ **用紫光灯鉴别** 真品在紫光灯照射下，邮票图案上呈现无色荧光数码，白纸面上呈现蓝色荧光纤维；赝品在紫光灯照射下，邮票图案上无荧光数码，白纸面上呈现四色彩点荧光。

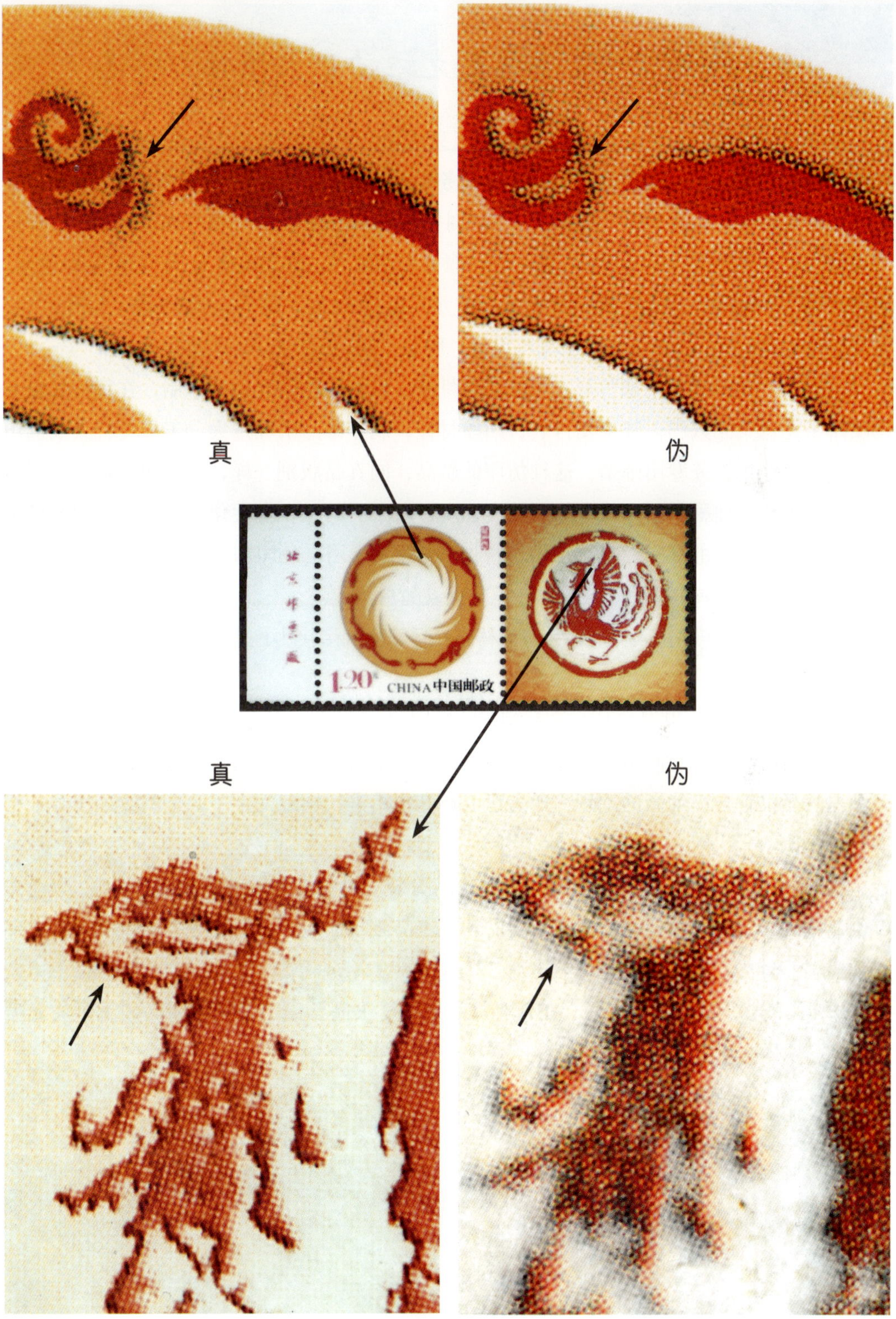

图232

个 14 第 29 届奥林匹克运动会火炬接力标志

2007 年 4 月 27 日，为了第 29 届奥林匹克运动会火炬传递，中国邮政发行了《第 29 届奥林匹克运动会火炬接力标志》个性化服务专用邮票 1 枚。其带有空白附票的个性化服务专用邮票，用于邮票个性化服务业务，同时发行附票带有第 29 届奥林匹克运动会火炬接力口号为“点燃激情 传递梦想”的个性化服务专用邮票。邮票规格为 30 毫米 ×30 毫米。附票规格为 30 毫米 ×30 毫米。面值为 1.20 元。齿孔 12 度。邮局全张 15 枚（3×5）。整张规格为 210 毫米 ×180 毫米。王虎鸣设计。胶版印制。北京邮票厂印制。

这套个性化邮票采用四色彩点荧光防伪纸张，红色防伪荧光油墨印制，在每枚邮票上均喷印了无色荧光数码。邮票发行后，因题材好，制作邮品消耗量大。于是便有人乘机仿印了这种个性化服务专用邮票。这种仿印的赝品，同真品版别一样，采用四色彩点荧光防伪纸，红色荧光油墨印制，打有相同的齿孔度；所不同的是在个性化邮票上未喷印无色荧光数码，其副票上的文字“点燃激情 传递梦想”，采用套色印制，而真品则采用黑色专版印制。这种赝品如果只看邮票图案，完全可以乱真。

那么，应该怎样来鉴别《第 29 届奥林匹克运动会火炬接力标志》个性化服务专用邮票的真伪呢?

① **看邮票图案** 赝品采用与真品相同的版别印制，刷色相同，如不用高倍放大镜仔细观察，难辨其真伪；即使用高倍放大镜观察，如无丰富的鉴定经验，也难辨其真伪，因为赝品与真品仅存有极细微的差别，如奥运五环套色不准，铭记文字笔画上网纹不同等（见图 233）。

② **看附票** 这枚个性化服务专用邮票真品附票上的中英文文字采用专版印制，黑色文字刷色单纯，文字印得瓷实而清晰；赝品利用真品翻拍制版，彩色套印，刷色混杂，文字呈现模糊不清。

③ **用紫光灯照射邮票票面** 在紫光灯照射下，真品票面上呈现出明亮的无色荧光喷码；赝品票面上无荧光喷码。

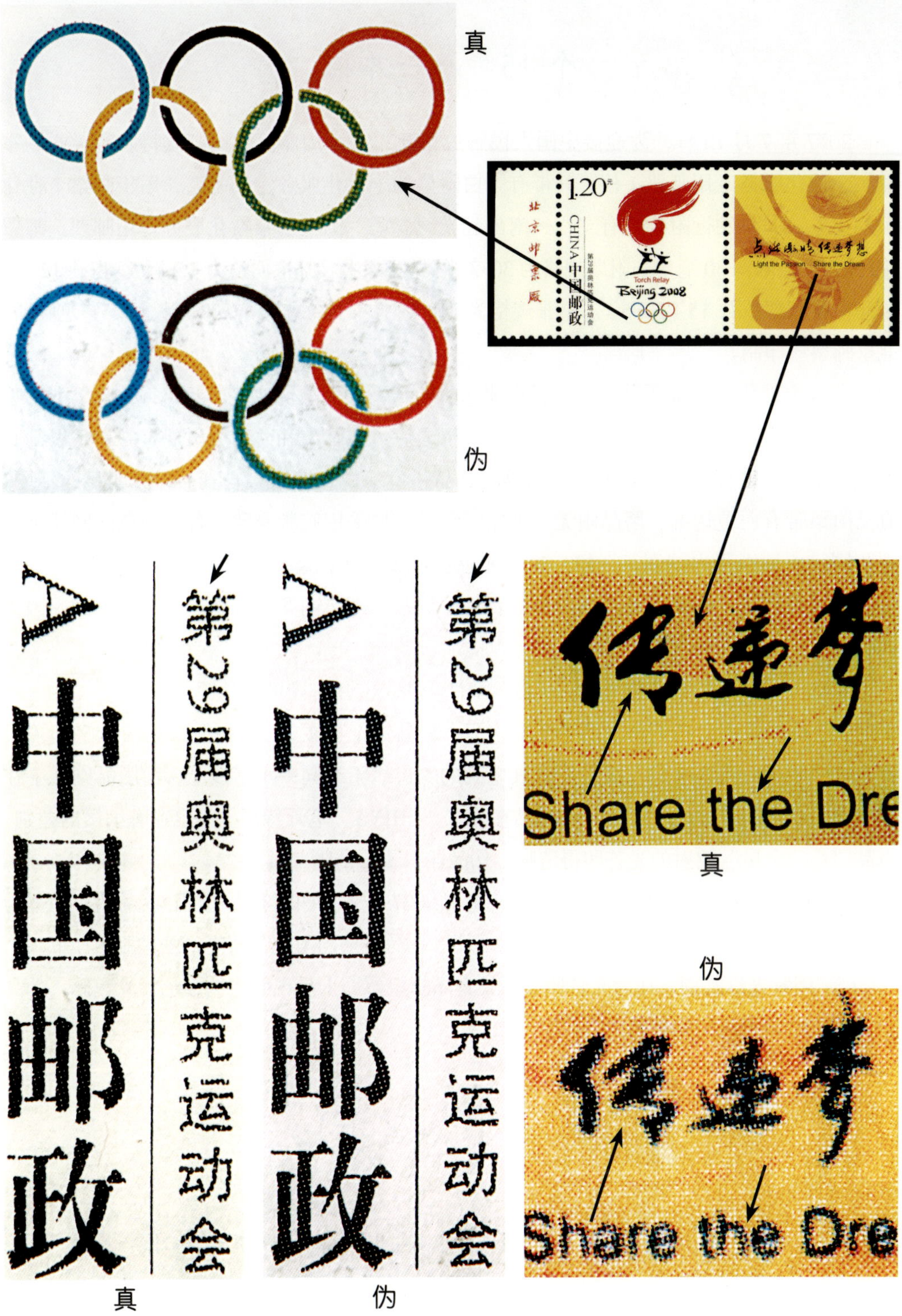
真
伪
1.20元
CHINA 中国邮政
第29届奥林匹克运动会
Torch Relay
Beijing 2008
北京邮票厂
Light the Passion　Share the Dream
传递梦
Share the Dre
真
伪
A
第29届奥林匹克运动会
中国邮政
真
伪

图233

个15 八一军徽

2007年7月15日，为迎接中国人民解放军建军八十周年，中国邮政特发行《八一军徽》个性化服务专用邮票1枚。其带有空白附票的个性化服务专用邮票，用于邮票个性化服务业务。同时发行附票带有“八一南昌起义纪念塔”图案的个性化服务专用邮票。邮票规格为30毫米×30毫米。附票规格为30毫米×30毫米。邮票面值为1.20元。齿孔12度。邮局全张邮票枚数15（3×5）。整张规格为210毫米×180毫米。姚晓东设计。彩色胶印。北京邮票厂印制。

这枚个性化专用邮票采用四色彩点荧光防伪纸、红色防伪油墨印制，每枚邮票上均喷印着无色荧光数码。这枚个性化专用邮票发行之后，在邮市和通信中出现了一种足以乱真的仿印赝品。这种赝品直观来看，邮票与真品一模一样，但附票与真品存有明显的不同：真品附票带有白色边框，赝品则无。赝品同真品一样采用胶版彩印，各种刷色的网纹夹角也相同；所用纸张也同真品一样，也是四色彩点荧光纸；齿孔度数也同真品一样。因此，要鉴别这种高仿个性化服务专用邮票的真伪，仅鉴别邮票图案的真伪是十分困难的，因为仅存有极细微的差别。

那么，应该怎样来鉴别《八一军徽》个性化服务专用邮票的真伪呢？

① **看邮票图案右下角上的中英文铭记** 真品铭记英文“CHINA”最后一个字母“A”和中文“中国邮政”中的“政”字，其笔画的底边线不在同一水平线上，而赝品则几乎在同一水平线上。除此之外，真品与赝品在英文“CHINA”笔画特征上，也存有细微的差别。真品“八一金星”放射的光芒印得清晰，伪品印得不够清晰（见图234）。

② **看附票图案** 真品附票图案为27毫米×27毫米，四周有白边框；赝品附票图案为30毫米×30毫米，四周无白边框。除此之外，真品附票图案刷色清晰，赝品刷色模糊。

③ **用紫光灯鉴别** 在紫光灯照射下，真品邮票票面上呈现明亮的无色荧光数码；伪品票面上未喷印无色荧光数码。

真

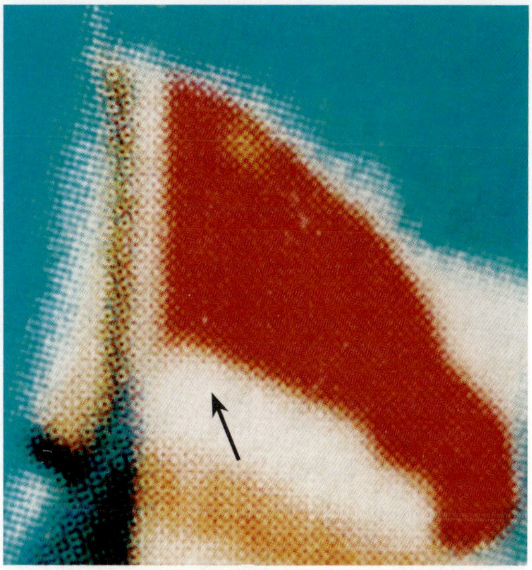

伪

真

伪

图234

个18 国旗

五星红旗是中华人民共和国的国旗。1949年9月21日，中国人民政治协商会议第一届全体会议在北平（今北京）隆重开幕。大会于9月27日正式通过上海经济工作者曾联松设计的五星红旗为国旗图案。（大会决议："全体一致通过：中华人民共和国的国旗为红地五星红旗，象征中国人民大团结。"决议附有国旗制作说明，规定：旗面为红色，长方形，其长与高为三与二之比，左上方缀黄色五角星五颗。一星较大，其外接圆直径为旗高十分之三，居左；四星较小，其外接圆直接为旗高十分之一，环拱于大星之右，并各有一个角尖正对大星的中心点。旗杆套为白色。五星红旗上的红色象征革命，五颗黄星在红地上显出光明。大星和四个小星的关系：大星代表领导革命事业的中国共产党。四颗小星代表四万万中国人民；四大阶级（工人阶级、农民阶级、小资产阶级、民族资产阶级）；四大力量（各民主党派、各人民团体、各界民主人士、国内少数民族和海外华侨）；四大内容（独立、自由、民主、统一）；四千年来的中国文化；四千年来的中国历史。黄色大星与小星排列成大团圆，表现着：①大星领导小星，团结在一起；②椭圆形的中国地形；③黄色人种的中华民族；④黄土地带的中国国土。）

2009年8月2日，为了更好地配合中华人民共和国成立六十周年纪念活动的宣传，中国邮政发行了一枚《国旗》个性服务专用邮票，其附票带有庆祝中华人民共和国成立六十周年的"60"和"天安门"图案。邮票面值1.20元。邮票规格为36毫米 ×36毫米。附票规格为36毫米 ×36毫米。齿孔13.5度。邮局全张12枚。整张规格为250毫米 ×180毫米。马刚设计。王龙江摄影。胶版彩印。北京邮票厂印制。

这枚邮票发行之后，因题材好，深受集邮者的喜爱。北京市邮票公司特发行了《庆祝中华人民共和国成立六十周年》个性化邮票原地封1套2枚，1枚为"原地封——天安门"，另1枚为"原地封——升旗"。2枚原地封上均贴有"国旗"个性化邮票。这套原地封发行后，十分紧俏。于是造假者利用高科技，很快便伪造出可乱真的伪品。这种原地封伪品，其封和封上所贴个性化邮票，以及销票用的邮戳均系伪造。封上所贴"国旗"个性化邮票，同真品一样采用红色荧光防伪油墨印制，刷色精美；其票幅也与真品一样；刷有背胶。所不同的是真品齿孔为13.5度，伪品齿孔则为13度。除此之外，真品右上方"庆祝中华人民共和国成立六十周年"字样，采用黑色专版实印，文字清晰；伪品则采用套色印制，文字不清晰（见图235）。

"国旗"个性化服务专用邮票，有两种版型，A型在邮票右上方印有"庆祝中华人民共和国成立六十周年"和"1949—2009"字样；B型在邮票右上方没有印"庆祝中华人民共和国成立六十周年"和"1949—2009"字样。但A型和B型邮票上均有相同的缩微暗记，均采用红色荧光防伪油墨印制，各种刷色的网纹夹角也均相同。这两种版型均有伪品，为便于区分，笔者将A型伪品称伪甲，将B型伪品称作伪乙。

成立六十周年
-2009

真

成立六十周年
-2009

伪甲

伪甲

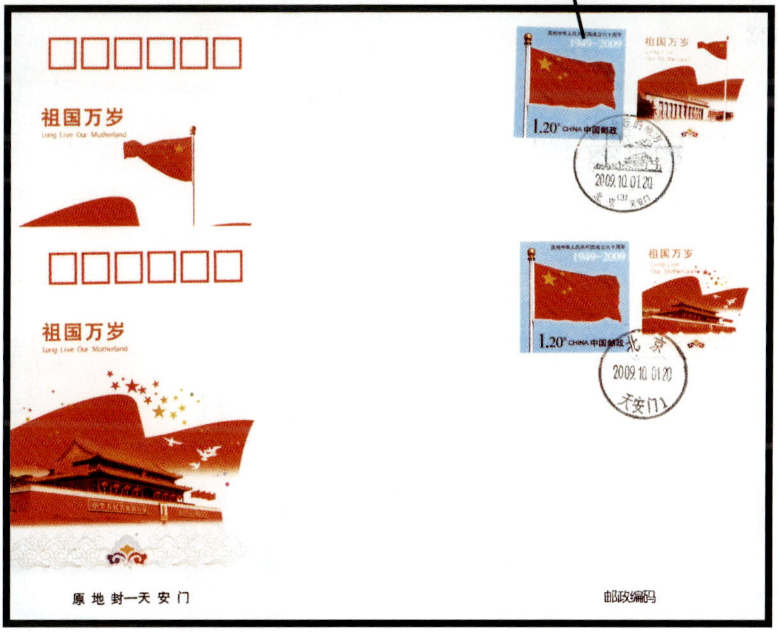
祖国万岁
Long Live Our Motherland
祖国万岁
Long Live Our Motherland
1949-2009
1.20
CHINA 中国邮政
2009.10.01.20
北京
天安门
原地封—天安门
邮政编码

图235

那么，应该怎样来鉴定“国旗”个性化服务专用邮票的真伪呢？

① **看版别** 真品采用胶版印制，伪品也采用胶版印制，版别虽相同，但各种刷色的网纹夹角和网纹粗细则不一定相同。真品国旗邮票上的五星红旗的红色网纹夹角呈 45°，邮票上的天蓝底色网纹夹角也呈 45°；伪甲邮票上的五星红旗的红色网纹夹角则呈 75°，邮票上的天蓝底色网纹夹角则呈 15°；伪乙红色网纹夹角呈 45°，同真品相同，但天蓝底色为实印（见图 236）。

② **看暗记** 真品在五星红旗左下部的旗杆上藏有缩微暗记“GQ”，为“国旗”二字汉语拼音字母的首字母；伪甲、伪乙在这个部位均无此暗记。

③ **看“中国邮政”铭文** 真品“中国邮政”采用黑色专版实印；伪甲则采用套色印制；伪乙采用黑色专版实印，但文字笔画与真品存有明显的不同，特别是“政”字更为明显。

④ **用紫光灯鉴别** 真品采用防伪油墨印制，在紫光灯照射下，呈现明亮的红色荧光；伪甲同真品一样；伪乙无荧光反应。

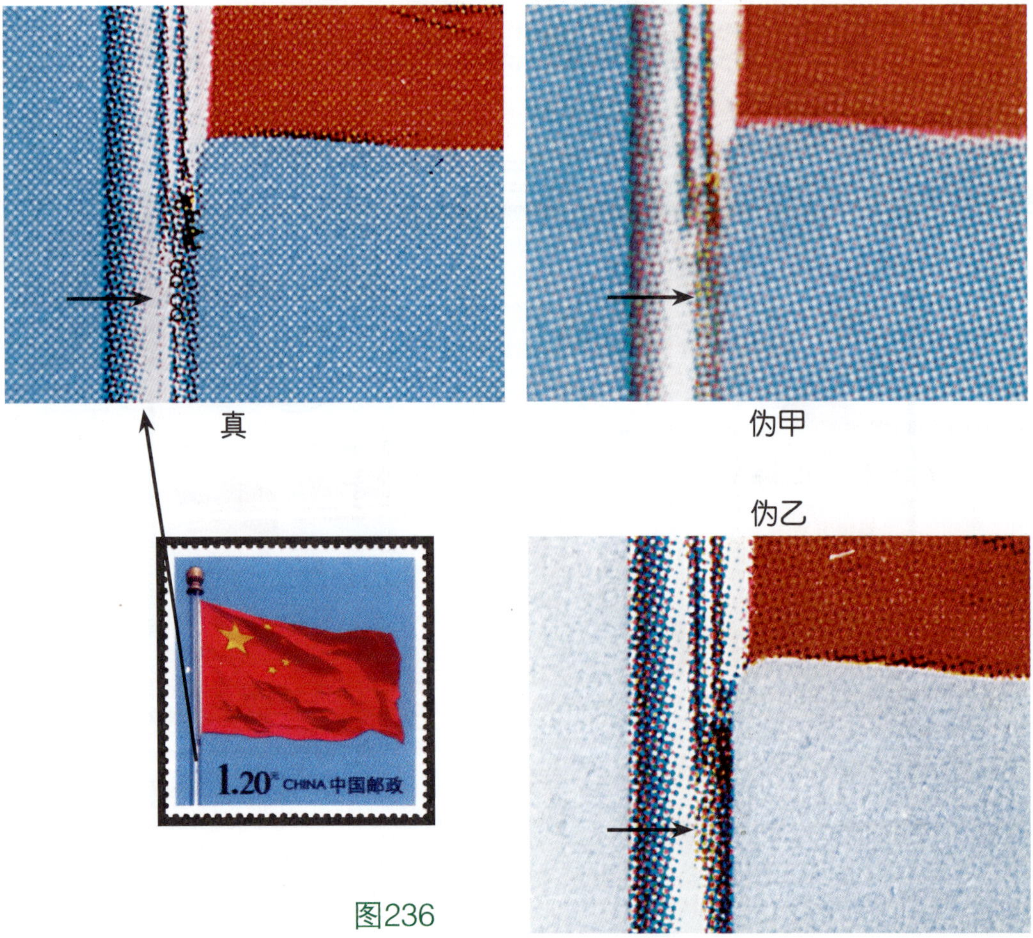

图236

10. 印样

“飞天”四色影写印样

1959年，邮电部北京邮票厂筹建期间，已从国外学成归来的一批邮票印制专业人员，利用当时现有条件，因陋就简，开始进行影写版模拟邮票的试制。《飞天》四色影写印样就是当时第一个试制出的模拟印样。因当时邮票厂厂房未建成，机器未安装，没有打孔设备。试制的这种影写版模拟邮票印样，均未打齿孔。该印样采用的图案为敦煌壁画弹琵琶香音飞天，用四色影写版印制，故名《飞天》四色影写印样。印样图幅28毫米 ×48.5毫米。无背胶。无齿孔。董纯琦绘图，并参与试制。

《飞天》四色影写印样，是北京邮票厂在未建成之前，首次试制的模拟邮票印样。它虽然不是真正的邮票试版印样，但在我国邮票印制史上，具有一些特殊意义。这种印样，在集邮界流传的并不多，许多集邮者可能见都未见过。造假者为牟暴利，利用高科技，伪造出《飞天》四色影写印样（见图237），在国外网站上进行公开出售，不仅欺骗了国外的集邮者，连中国的集邮者也难免上当受骗，有人以每枚750美元的高价，从网上购得的这种印样竟是赝品。这种赝品制作得比较逼真，如未见过真品，对邮资票品的版别又不十分熟悉的集邮者，只凭眼睛直观，不用高倍放大镜来辨别其版别特征，极容易上当受骗。因为这种赝品在规格、刷色上与真品大同小异，缺乏对邮资票品真伪鉴定经验的集邮者，很容易上当受骗。

那么，应该如何来鉴别《飞天》四色影写印样的真伪呢？

① **看版别**　《飞天》四色影写印样的真品采用影写版印制，其网纹特征为大小相同的圆形空心网点，印样图案线条的边缘和文字笔画的边缘呈锯齿状毛茬儿，深刷色部位常呈现水波纹特征。伪品采用高科技制作，刷色和文字

真　　伪

图237

均为实印，无影写版所特有的网纹特征。这用 30 倍以上的放大镜，便可看得一清二楚（见图 238）。

② **量规格** 《飞天》四色影写印样的真品图案规格为 28 毫米 ×48.5 毫米，伪品图案规格为 28 毫米 ×50 毫米。对比之下，伪品比真品高出 1.5 毫米。

③ **看图案上的局部差异** 《飞天》四色影写印样的真品图案绘得逼真。伪品模仿真品绘出的图案，某些局部特征与真品存在较明显的差别，如《飞天》怀抱琵琶的手臂和其下方的腹部等处，均存在比较明显的差别。

为了使集邮者深刻了解 1959 年采用影写版模拟邮票试制出的四色影写版印样版纹的具体特征，在笔者手头无“飞天”四色影写印样的情况下，特选取同一时间的“大佛”四色影写印样供鉴定时参考（见图 239）。

伪

图238

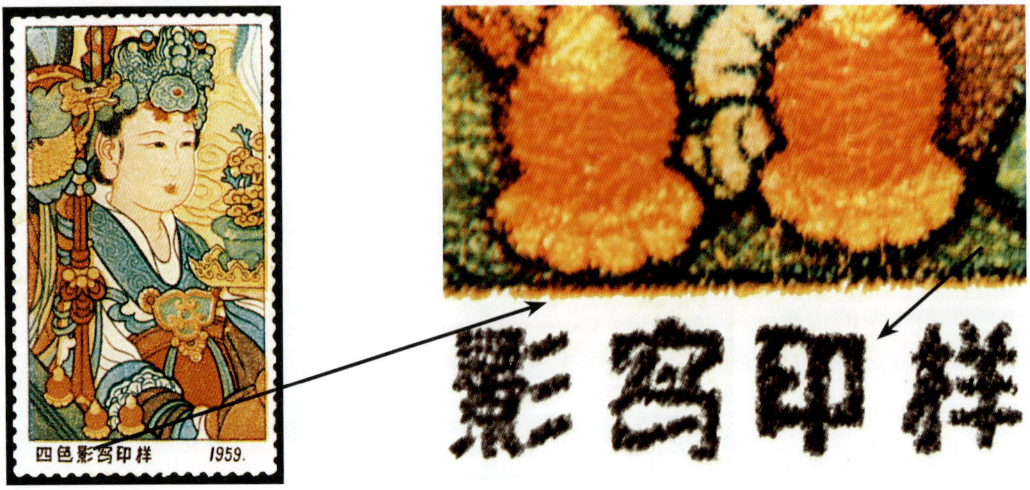

图239

2003－23 中国2003第十六届亚洲国际邮票展览（叠色样张）（J）

2003年11月20日，为祝贺“中国2003第十六届亚洲国际邮票展览”在四川省绵阳市举行，国家邮政局发行了一套纪念邮票，全套1枚。志号为“2003-23”。王虎鸣设计。影写版。北京邮票厂印制。齿孔13度，四角打有“十”字异形齿孔。邮票票幅规格36毫米 ×36毫米，面值80分，发行量1200万枚。邮票图案为1990年2月16日出土于四川省绵阳市郊何家山东汉崖墓的青铜马形象。同时发行10万枚邮票印刷叠色样张。

叠色样张是一种彩色印刷样票，是将邮票分色印在一张纸上，呈小型（全）张样式，上面分步印有四色印制的邮票样张：Y（黄色）、Y+M（红色）、Y+M+C（蓝色）和最后加黑色印成的邮票，因分色层层叠印，故名叠色样张。它向集邮者展现了邮票刷色的全过程。第16届亚洲国际邮票展览会上所出售的“叠色样张”，是我国首次公开出售这种样票。“叠色样张”全张规格160毫米 ×85毫米。此样张同邮票一样，采用荧光纤维纸、荧光喷码、防伪荧光油墨，影写版印制。分装在特制的邮折内出售。在邮展上，凭门票购买，售价为10元。因其发行量仅10万册，刚一面市，在邮市上售价已高达80元，之后不久，售价就涨到178元。邮展之后，12月2日市价为115元；12月3日，邮市上便出现了伪造的“叠色样张”赝品。伪品出笼速度之快，实在惊人！伪品也装在与真品相同的邮折内出售。伪品在邮市上一出现，“叠色样张”售价很快便从115元跌到78元。“叠色样张”伪品利用电脑高科技制版，用铜版纸胶印，刷色比较逼真，印有同真品一样的模拟齿孔，装在同真品一样的邮折中出售，不认真鉴别，很容易上当受骗。

那么，应该怎样来鉴别这枚“叠色样张”的真伪呢？

① **看版别** “叠色样张”真品采用影写版印制，其印刷网点呈大小相同的中间空心状，文字边缘呈锯齿状；伪品采用胶版印制，文字边缘整齐，其印刷网点呈大小不同（深色网点大，浅色网点小）实心圆点状，或采用网纹状来冒充影写版（见图240）。

② **看齿孔** “叠色样张”真品打有齿孔，而且在每枚票的四角还打有“十”字形的异形齿孔。伪品未打齿孔，呈现的齿孔特征是套色印上去的模拟齿孔；在印刷的模拟齿孔白底上，用高倍放大镜可看到胶版套印的印刷网点。

③ **看纸质** “叠色样张”真品采用荧光纤维纸印制，在紫光灯照射下，白底纸面呈现蓝色荧光纤维条；伪品采用铜版纸印制，在紫光灯下白纸面无荧光纤维条呈现。

④ **看背胶** “叠色样张”真品刷有背胶；伪品未刷背胶。

⑤ **用鉴伪仪鉴别** 在鉴伪仪的紫光灯照射下，“叠色样张”真品右下角喷有荧光号码部位，立即呈现出该样张的荧光编号；伪品在此部位未喷印荧光号码，无此特征。

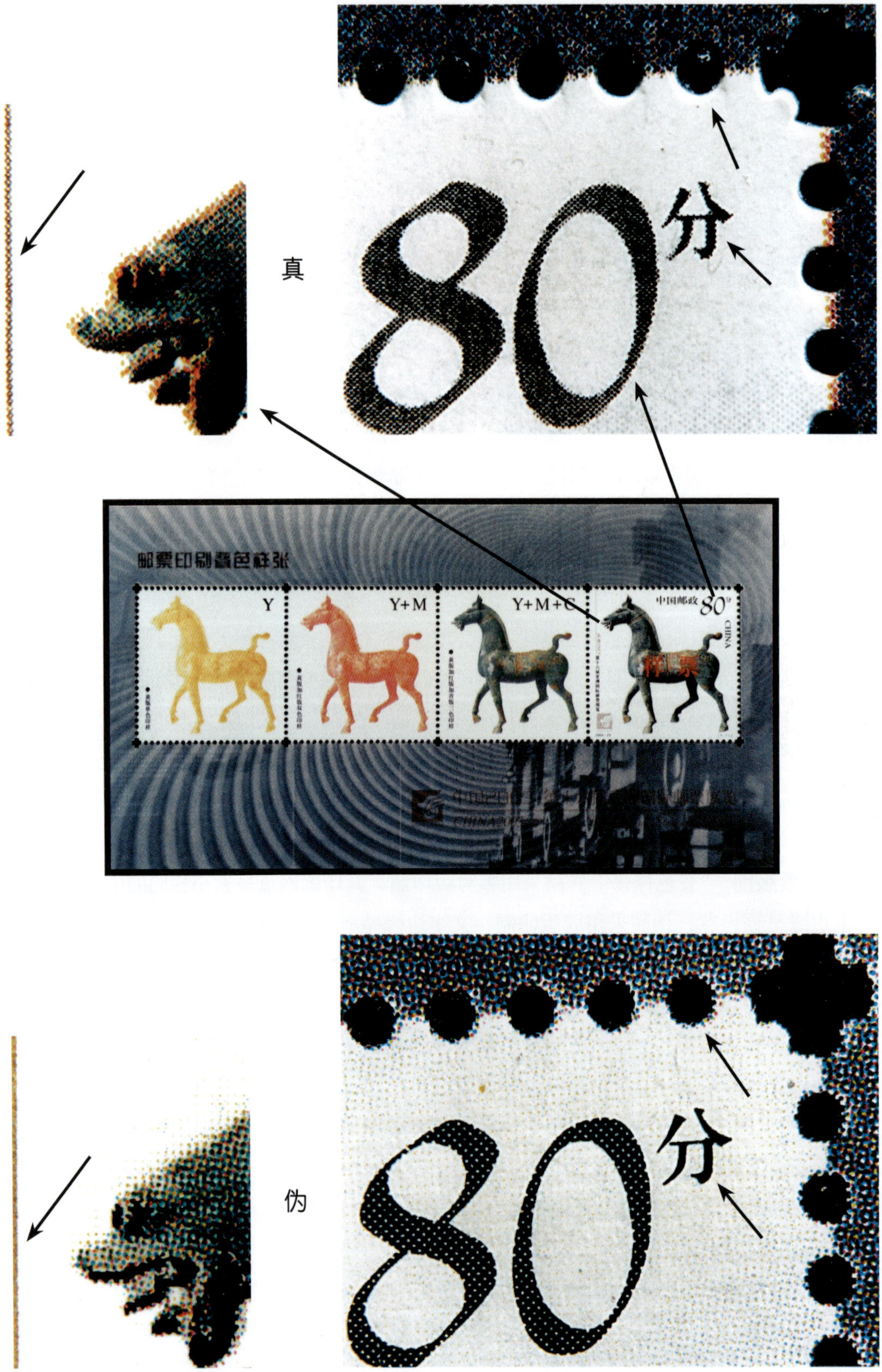

图240

11. 纪念邮资封

JF.22 中国唱片出版四十周年

1989 年 6 月 6 日，为纪念中国唱片出版事业创建 40 周年，中华人民共和国邮电部发行一套《中国唱片出版四十周年》纪念邮资封，全套 1 枚。志号为 JF.22。信封规格为 185 毫米 ×110 毫米。邮票图案为圆形，直径为 36 毫米，呈唱片状，绘有录音和录像带；封图为表现从老式唱机到录像设备的飞速发展。竖向纹理布纹纸。彩色胶印。发行量 41.62 万枚。潘可明设计。北京邮票厂印制。

这套纪念邮资封因发行量较少，早就出现了伪品。笔者在 1999 年彩版《中国邮品辨伪必备》中已介绍过一种伪品。这里介绍的是另一种制作比较逼真的伪品。这种伪品采用与真品相近似的布纹纸彩色胶印。由于纸质相近似，又是采用与真品相同的版别来印制。无鉴定邮资票品真伪经验的集邮者，极易上当受骗。

那么，应该怎样来鉴定 JF.22 纪念邮资封的真伪呢？

① **看版别** 尽管伪品同真品一样，都是采用胶版彩印，但由于伪品没有设计原图稿，只能采用真品翻拍制版。因此，在各种刷色的网纹夹角和网点大小上，就难免出现不同。真品黑色网纹夹角为 75°、蓝色网纹夹角为 15°、红色网纹夹角为 45°；伪品黑色网纹夹角为 45°、蓝色网纹夹角为 15°、红色网纹夹角为 45°。其中伪品的黑色网纹夹角与真品存有明显的不同，这从邮票图案圆形唱片边缘上可以明显看出（见图 241）。

② **看铭记和面值** 真品邮票图案上的文字和面值 8 分，均采用黑色专版实印；伪品则采用套色印制，文字笔画模糊不清，套色不准，与真品存有明显的不同。

③ **看封上的题词** 纪念邮资封上李鹏的题词“把文化艺术送到千家万户”中的“家”字，真品与伪品存有明显的差别。

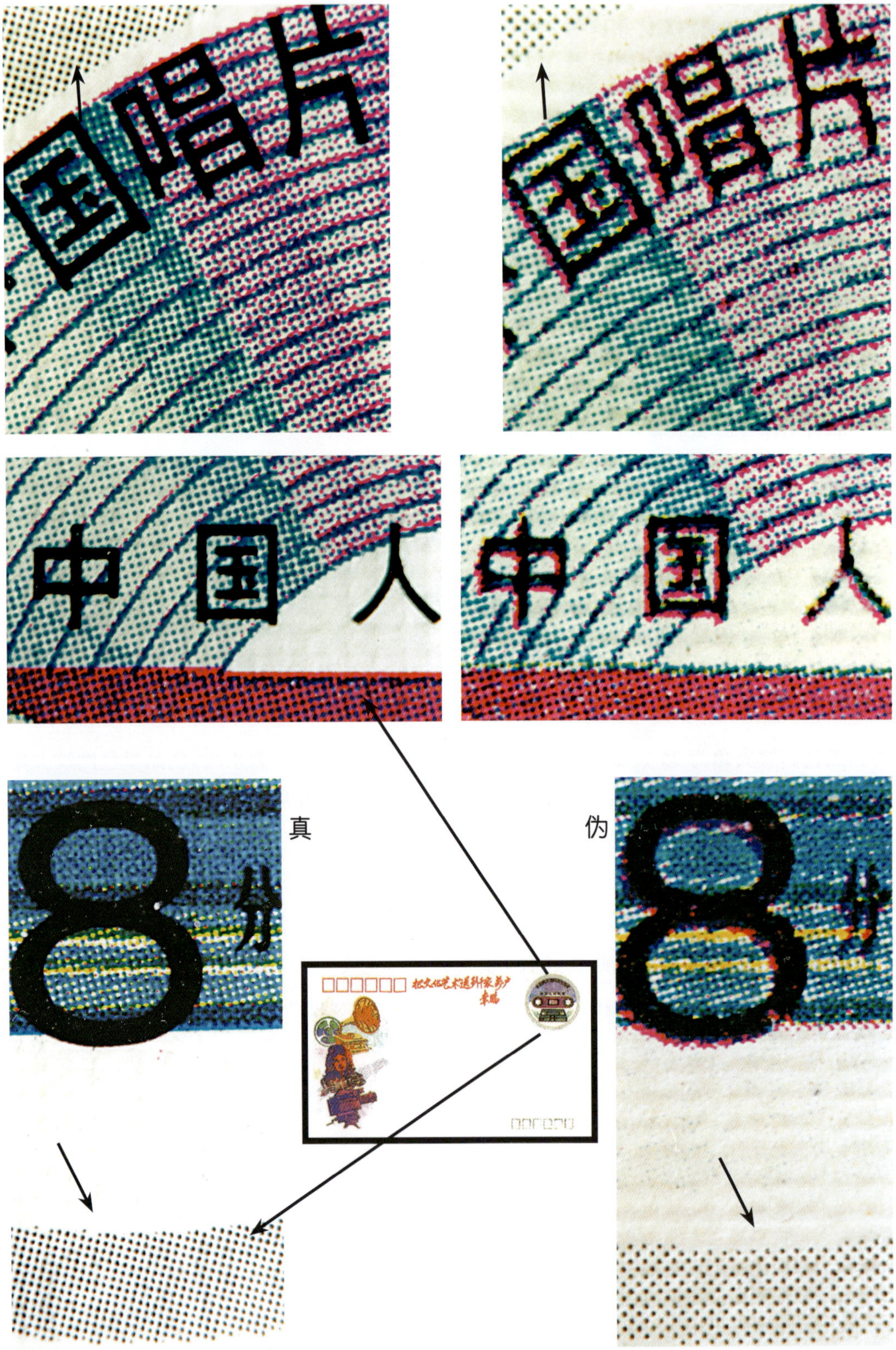

图241

JF.53 中国 1999 世界集邮展览

1999 年 8 月 21 ~ 30 日，中国’99 世界集邮展览在北京国际展览中心举行。这是中国首次举办的综合性世界邮展，总规模为 3322 框及 3 个珍邮展柜，集邮文献展品 228 部，有 67 个国家和地区参加竞赛部分展出，其中中国有 101 部邮集和 96 部集邮文献参加除锦标赛以外的竞赛类别展出。本届邮展共评出大金奖 23 枚，金奖 69 枚，大镀金奖 142 枚。中国集邮家除沈曾华和李曙光获得大金奖加特别奖外，还获得金奖 5 枚，大镀金奖 27 枚。

1999 年 8 月 21 日，为了祝贺中国’99 世界集邮展览隆重开幕，中华人民共和国国家邮政局发行一套《中国 1999 世界集邮展览》纪念邮资封，全套 10 枚，志号为 JF.53。冯小红设计。胶版。布纹纸。北京邮票厂印制。邮资封尺寸规格 208 毫米 ×110 毫米。邮资图规格 27 毫米 ×35 毫米。发行量 550.04 万套。每枚邮资封面值 80 分，每套售价 13.50 元。全套邮资图案均为“华表”。（10–1） 8 月 21 日发行，邮资封图案为“邮展日”；（10–2） 8 月 22 日发行，邮资封图案为“青少年集邮日”；（10–3） 8 月 23 日发行，邮资封图案为“邮政日”；（10–4） 8 月 24 日发行，邮资封图案为“集邮研究日”；（10–5） 8 月 25 日发行，邮资封图案为“奥林匹克日”；（10–6） 8 月 26 日发行，邮资封图案为“ACPF 日”；（10–7） 8 月 27 日发行，邮资封图案为“集邮报告日”；（10–8） 8 月 28 日发行，邮资封图案为“FIP 日”；（10–9） 8 月 29 日发行，邮资封图案为“颁奖日”；（10–10） 8 月 30 日发行，邮资封图案为“FIAP 日”。

这套 JF.53 纪念邮资封全套 10 枚，售价也比较高，再加上设计平平，印制并不精美，发行量多，邮展之后，很快便跌入打折销售的行列。这就给造假者有机可乘，他们利用高科技制版，仿照真品用布纹纸，胶版印制出足可以假乱真的伪品，在邮市上打折出售，既欺骗了邮政，也欺骗了广大集邮者。

那么，应该怎样来鉴别 JF.53 纪念邮资封的真伪呢？

① **看版别与网纹特征** JF.53 真品采用胶版印制，红色网纹呈 45° 夹角，蓝色网纹呈 75° 夹角。伪品也采用胶版印制，红色网纹也呈 45° 夹角，但蓝色网纹夹角呈 15°，与真品不同；伪品网线密度也比真品细密（见图 242）。

② **看纸质** JF.53 真品采用的布纹纸为正方形方点式布纹纸。伪品虽然也采用布纹纸，但布纹纸为圆形圆点式的布纹纸，与真品有明显的不同。

③ **看面值 80 分的“分”字** JF.53 真品的“分”字与伪品存有较明显的区别，二者红色网纹夹角虽然都呈 45°，但真品网点粗大，伪品比较细密；“分”字的第 1 笔画，在结构上真品与伪品有明显区别。

④ **用鉴伪仪鉴别** 在鉴伪仪的紫光灯照射下，JF.53 真品白色纸面呈亮白色；伪品则呈浅紫色。

真

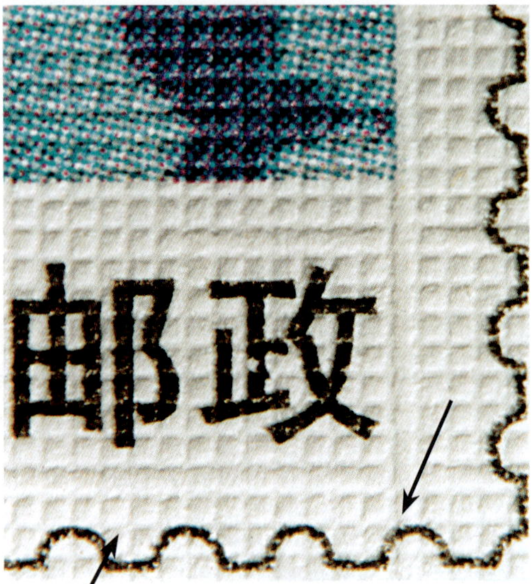

真

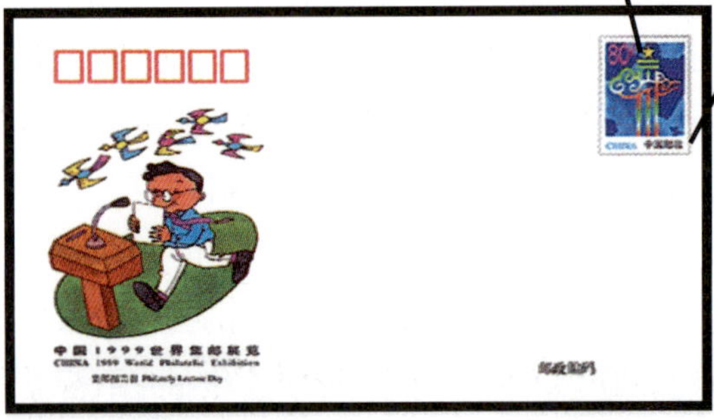

伪

伪

图242

JF.61 中非合作论坛——北京 2000 年部长级会议

中国和非洲国家有着传统的友谊和合作关系。在世纪之交，国际形势发生了重大变化，为了共同维护发展中国家的正当权益，推动建立国际政治经济新秩序；为了进一步加强中非在经济贸易上的合作，根据一些非洲国家的建议，中国政府倡议于 2000 年 10 月 10 日至 12 日在北京召开“中非合作论坛——北京 2000 年部长级会议”。这在中非关系史上尚属首次。会议的宗旨是：平等磋商、扩大共识、增进了解、加强友谊、促进合作。有非洲国家 4 位元首和近 80 位部长及国际和地区组织的负责人参加了这次会议。

为了纪念这次大会的召开，国家邮政局于 2000 年 10 月 10 日发行纪念邮资封 1 枚。志号为 JF.61。纪念邮资封的邮资图为大会会徽。邮资封的封图为北京中华世纪坛、中国和非洲地图、和平鸽，突出点明“和平与发展”的愿望。邮资封的邮票规格为 30 毫米 × 40 毫米；信封规格为 208 毫米 ×110 毫米。面值 80 分。每枚售价 1.20 元。布纹纸。发行量 350 万枚。呼振源设计。胶版。北京邮票厂印制。

这套纪念邮资封发行以后，邮市正处于不太景气时期，但邮市上的炒作仍接连不断。之后，邮资票品在邮市上出现严重打折，这就使制假者有机可乘。他们利用高科技，伪造大量足以乱真的伪品，在邮市上打折出售。这对邮市上出现的邮资票品打折销售，起了推波助澜的作用。这也正是邮市上邮资票品打折销售屡禁不止的主要原因之一。邮市出现的 JF.61 伪品，制作非常逼真，完全可以以假乱真。造假者采用与真品一样的胶版印制，在印刷工艺和所用原材料上，与真品也完全一样：邮资封规格一样，所用布纹纸也一样，一样的刷色。集邮者购买时，如不采用高倍放大镜认真进行微观的网纹夹角辨别，极易上当受骗。即使这样，很可能有许多集邮者将这种伪品视作 JF.61 的另一种版型，因为伪品的各种刷色网纹夹角与真品大多不一样。如通过微观研究来分版型，刷色的网纹夹角不一样，当然应属不同的版型。如不分真假来这样分版型，一准上当受骗！

那么应该怎样来辨别 JF.61 纪念邮资封的真伪呢？

① **看胶印网纹特征** 真品 JF.61 用胶版彩印，红色网纹夹角为 45°、蓝色网纹夹角为 75°、黄色网纹夹角为 0°。伪品也用胶版彩印，红色网纹夹角为 75°、蓝色网纹夹角为 15°、黄色网纹夹角为 0°。伪品利用真品翻拍制版，各色网点均有损失，网点变得比真品要细小些；在网纹上真品网点呈方形，有角有棱（观察刷色深的部位），伪品则呈圆形，无棱角。这需要用 40 倍以上的放大镜来观察（见图 243）。

② **看邮资图上的文字** 真品 JF.61 邮资图上的封题中“北京 2000 年部长级会议”文字，笔画较粗；伪品笔画较细，各笔画之间的距离，明显比真品要远。

③ **看封图** 真品封图上的“和平与发展”立体文字，其立体阴影部位采用彩色套印而成，各色网点清晰可见；伪品上的“和平与发展”立体文字的阴影，则采用黑色专版印制，边缘很整齐。

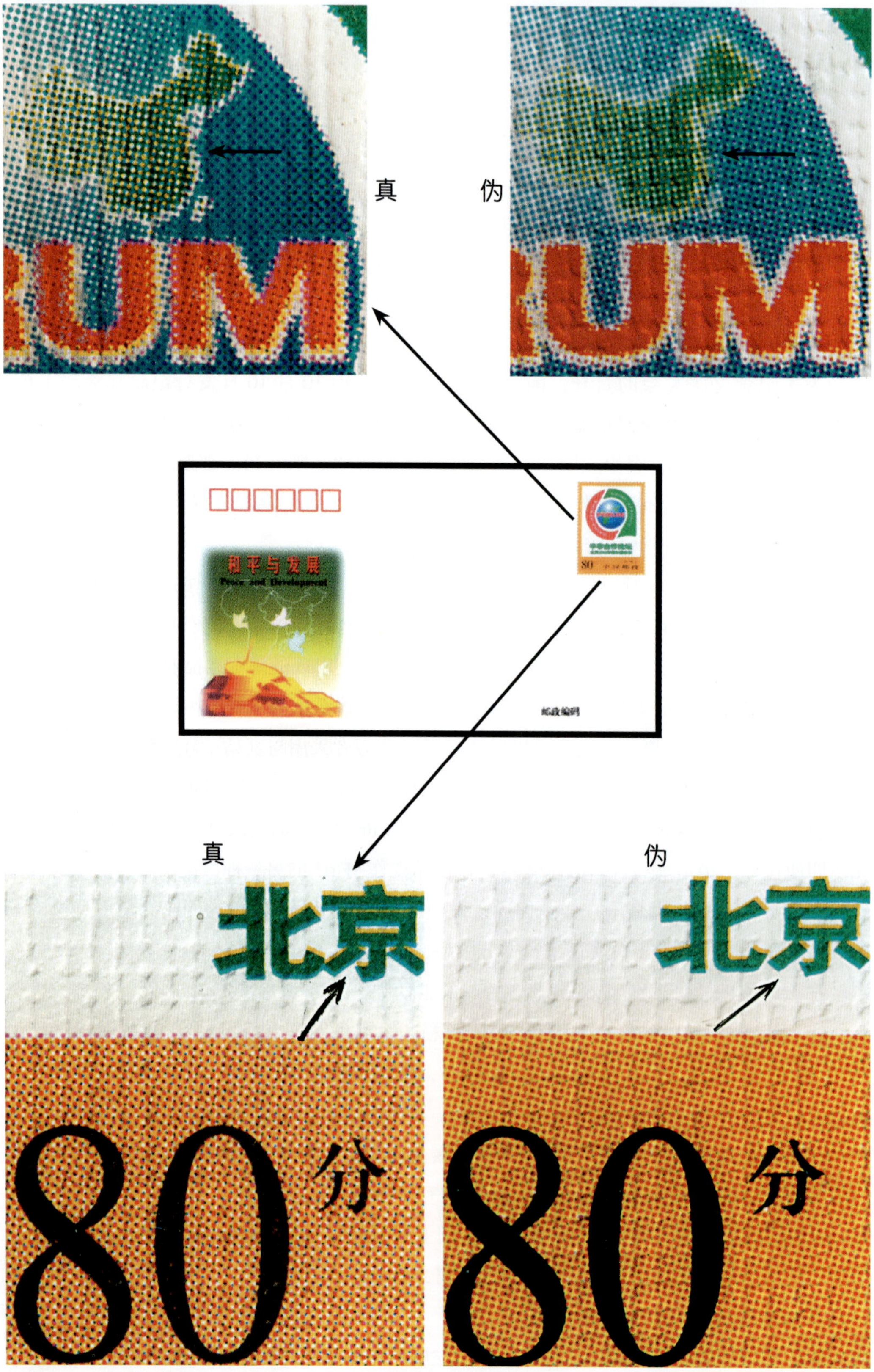

图243

JF.67 中国北京国际科技产业博览会

中国北京国际科技产业博览会原称中国北京高新技术产业国际周，创办于 1998 年。它是国家级高新技术产业国际交流与合作的盛会，每年 5 月在北京定期举行。自第五届开始，中国北京高新技术产业国际周正式更名为“中国北京国际科技产业博览会”。这使该会在运作上更加国际化、规范化，将由北京地方性的活动推向全国、全世界。2002 年 5 月 23 日至 28 日，由国家科技部、外经贸部、教育部、信息产业部、中国贸促会、国家知识产权局和北京市人民政府联合主办的第五届中国北京国际科技产业博览会在北京举行，主题为“入世、奥运、创新、发展”。该届科博会的内容很丰富，其中一场重头戏是在“北京市市长国际企业家顾问会议”第四届年会上，美国大都会人寿保险公司董事长兼 CEO 罗伯特 · 本墨契、德国蒂森克虏伯公司执行董事会主席埃克哈德 · 舒尔茨，将从北京市市长刘淇手中接过聘书，使担任北京市市长顾问的世界知名企业家增加到 21 位。其中有 20 位“洋高参”提交了咨询报告，显示出他们对中国发展的了解和关注。还有“WTO 与 21 世纪中国经济论坛”同时举办，对外经济贸易合作部副部长龙永图和世界贸易组织常务副总干事曼多查，将先后发表演讲。中国人民的老朋友萨马兰奇将通过电视向在人民大会堂开幕的首届世界体育论坛发来祝词。在军事博物馆举办的首届北京教育周，将吸引成千上万观众前来参观。

为纪念这届科博会的召开，国家邮政局特发行纪念邮资封 1 枚。纪念邮资封邮资图主图为科博会的标志；封图为天坛、地球、变形奔马呈现的“2002”等。邮资封志号为 JF.67。信封规格为 208 毫米 ×110 毫米。邮资图规格为 30 毫米 ×40 毫米。面值 80 分。每枚售价 1.20 元。布纹纸。彩色胶印。发行量 350 万枚。阎炳武设计。北京邮票厂印制。

这枚纪念邮资封发行时，正值邮市低潮，各种邮资票品纷纷打折出售。但这枚纪念邮资封由于发行量较前两年的要少，发行以后并没有马上跌入打折邮品的行列。市场上也未见有其伪品出现。直到 2005 年年底，笔者才从邮市上发现制作逼真的 JF.67 伪品。这种伪品采用与真品完全相同的布纹纸，相同的刷色和有所不同的彩色胶版网纹夹角来印制。由于伪品采用与真品完全相同的纸质、相同的版别，刷色也基本相同，制作精美。要辨其真伪，对普通集邮者来说，是比较困难的；就是有一定鉴别经验的集邮者，如不在微观上进行仔细辨别，也很可能把这种伪品误认为是 JF.67 的另一种版型。

那么，应该怎样来辨别 JF.67 的真伪呢？

① 看胶印的各色网纹特征 JF.67 采用胶版彩印，红色网纹夹角为 15°、黄色网纹夹角为 0°、蓝色网纹夹角为 75°、黑色网纹夹角为 45°。伪品也采用胶版彩印，红色网纹夹角为 75°、黄色网纹夹角为 0°、蓝色网纹夹角呈 15°、黑色网纹夹角为 45°。由于伪品在制版时，采用真品进行翻制，因此，致使各种刷色网点均有所损失，用高倍放大镜进行认真观察，就可以清晰地看出（见图 244）。

② **看封图上天坛的塔尖**　真品JF.67天坛塔尖部位，黑色网纹夹角呈45°，网点多而清晰；伪品上的天坛塔尖，无黑色网点，由红、黄、蓝构成的网点，很杂乱，根本没有呈45°夹角的黑色网点。

③ **看封图左下角的封题**　JF.67真品封图左下角中英文封题，均采用45°网纹夹角的黑色网纹版印制，网纹清晰；伪品虽然也是采用相同的网纹版印制，但网纹不清晰，发糊。

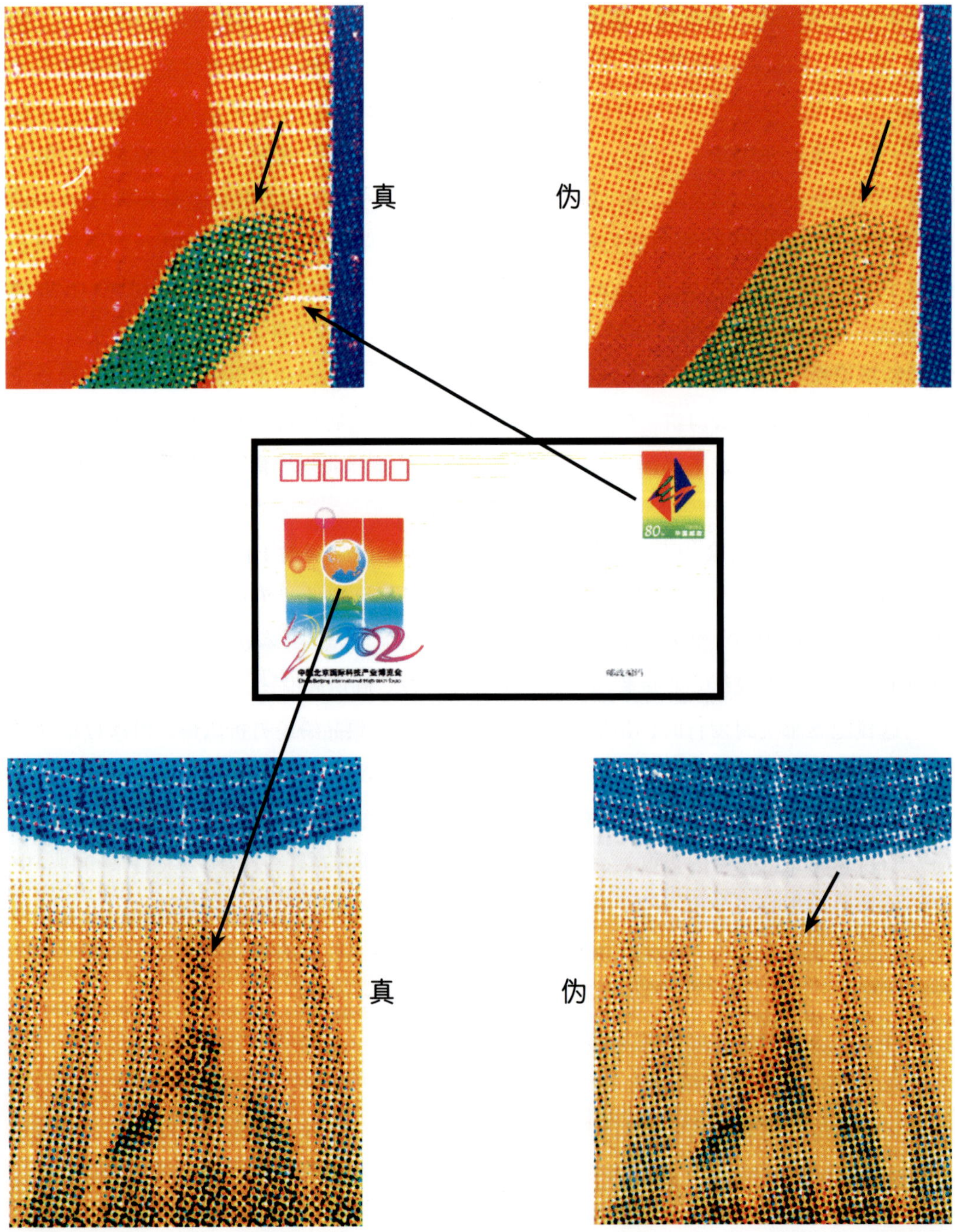

图244

JF.68 大公报创刊 100 周年

《大公报》是著名的商业性日报，于 1902 年 6 月 17 日（光绪二十八年五月十二日）在天津创刊。创办人为英华（敛之）。其报名由清末著名学者、翻译家严复题写。“大公报”意寓“忘己之为大，无私之谓公”。“公正无私”是英华创办《大公报》的初衷。1916 年由安福系财阀王郅隆继办，1925 年 11 月停刊。1926 年 9 月 1 日起，由吴鼎昌、胡适之、张季鸾 3 人接办。在宣传上标榜“不党、不卖、不私、不盲”的“四不”办报方针。以言论驰名社会，每天必有社评一篇，大多由张季鸾撰写，发表对国内外时事的最新意见。重视有特色的新闻报道和通讯，以及专利、专栏等。曾先后出版上海、汉口、重庆、桂林、香港等版。“为人民服务”题词，就是毛泽东同志在重庆谈判期间给《大公报》题写的。1949 年 5 月上海解放后，上海版《大公报》于 6 月 17 日发表《大公报新生宣言》，继续在上海刊行；在此之前，1949 年 2 月 27 日天津版《大公报》改为《进步日报》出版。1953 年元旦，上海版与天津版合并，在天津出版。1956 年 10 月 1 日迁北京。以报道财政经济为主。1966 年 9 月北京的《大公报》停刊。至此，《大公报》仅存香港版。《大公报》香港版于 1938 年 8 月 13 日创刊；1948 年复刊。1983 年 1 月起，在美国旧金山、纽约出版发行该报英文周刊。现在拥有香港版、海外版及菲律宾版，读者遍布 130 多个国家和地区，曾被联合国推选为世界最具代表性的中文报纸之一。进入网络时代，已有百年历史的《大公报》，依然生机勃勃，在国际互联网上开辟了电子版，紧跟时代潮流。

2002 年 6 月 17 日，为纪念《大公报》创刊 100 周年，国家邮政局发行纪念邮资封 1 枚。志号为 JF.68。纪念邮资封邮资图为《大公报》题字和“100”数字以及世界地图、计算机二进制等。封图为《大公报》创刊号（第一号），上有出版日期，分别采用农历和公历表明出版年月日，在报头上用法文印有“L’IMPARTIAL”字样，意为“公正无私”。邮资图规格为 25.5 毫米 ×34 毫米。信封规格为 208 毫米 ×110 毫米。邮资面值 80 分。每枚售价 1.20 元。发行量 350 万枚。布纹纸。彩色胶印。李国柱设计，北京邮票厂印制。

这枚纪念邮资封发行时，邮市上已出现邮资票品严重打折的现象。因此当时 JF.68 发行以后，邮市上并未出现对它进行热炒。它的伪品是在近年来才出现的。JF.68 伪品采用高科技制版，用与真品完全一样的布纹纸，采用与真品一样的印刷工艺，彩色胶印，刷色与真品几乎没有差异。集邮者和邮资票品投资者在购买时，极容易上当受骗。

那么，应该怎样来鉴别 JF.68 的真伪呢？

① **看彩色胶印的网纹夹角** 真品 JF.68 红色网纹夹角为 15°、蓝色为 75°、黄色为 0°；伪品则是红色网纹夹角为 75°、蓝色为 15°、黄色为 0°。尽管版别相同，但真品与伪品所采用的网纹夹角有所不同。另外，真品的网线较细，伪品的网线较粗，这从网点大小不一样，可以清晰地看出（见图 245）。

② 看邮资图上的背景文字　真品 JF.68 上的背景右下角上的计算机二进制数字，真品很清晰，伪品则粗糙、模糊不清。

③ 看封图上的特殊部位　真品 JF.68 封图上的文字和线条均比较规整，笔画清晰；伪品则显得杂乱，文字和线条均与真品有较明显的差异。

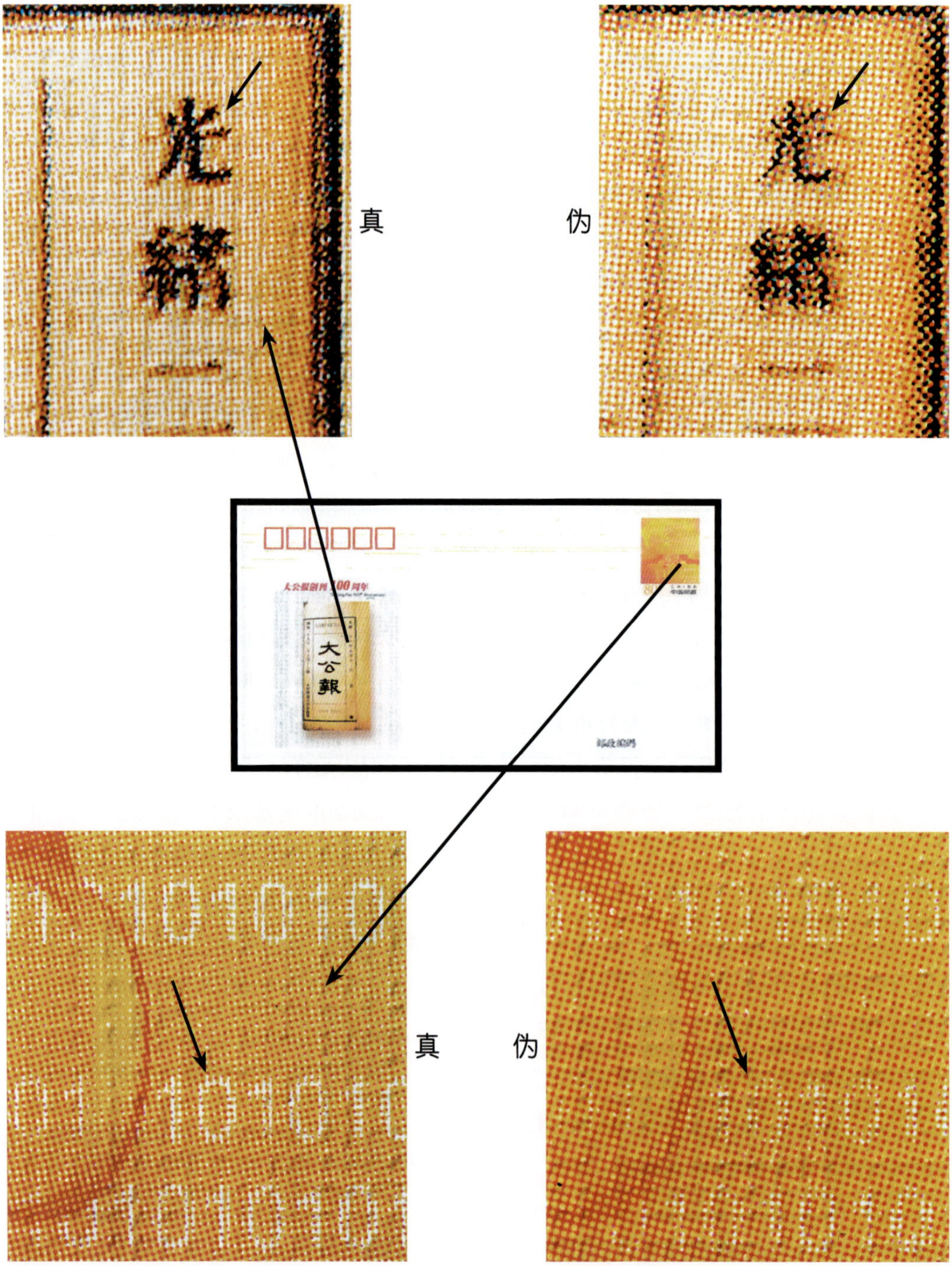

图245

12. 普通邮资封

PF.10 颐和园十七孔桥

十七孔桥坐落在北京颐和园昆明湖上。清乾隆时建造。石桥。由十七个拱券组成，长150米，飞跨于昆明湖东堤和南湖岛，状若长虹卧波。桥上石雕十分精美，每个桥栏的望柱上都雕有大小不同的狮子，共544个，神态各异。两桥头还有石雕异兽，十分生动。

1999年3月25日，为了适应邮政业务需要，中华人民共和国国家邮政局发行了一套《颐和园十七孔桥》普通邮资信封，全套1枚。志号为PF.10。王红卫设计。胶版。白纸。河南省邮电印刷厂印制。信封封舌有圆、尖角两种。邮资信封尺寸规格176毫米 ×110毫米。信封邮资图规格31毫米 ×23毫米。邮资信封面值80分，每枚售价1.00元。信封邮票图案为“颐和园十七孔桥”，图内印有无色荧光“中国邮政徽志”。

这枚PF.10普通邮资封，采用双色和无色荧光油墨胶印，防伪能力较差。因此，在其发行后不到一年，湖北武汉市便出现了大批伪品，用于通信，欺骗邮政。武汉市邮政从市场上查获并侦破了制假窝点之后，有人在邮刊上简述了这枚普通邮资封的真伪鉴定方法，其中谈到以真品和伪品的封舌边角不一样来鉴别真伪，真品封舌边角为圆弧形，伪品封舌为钝角。殊不知，这枚普通邮资封在发行时就有两种版式（笔者于发行首日购得）：一种封舌边角为圆弧形，另一种封舌边角为钝角（尖角）。也许是先入为主的原因吧，后来在武汉地区凡采用封舌为钝角的PF.10《颐和园十七孔桥》普通邮资封寄的信函，均被认为是伪品而不允许使用，致使在2001年有集邮者写信并寄来被视为伪品的PF.10真品请笔者鉴定。笔者只能感慨假做真时真亦假！其实，伪品同真品一样也有两种版式。

那么，应该怎样来鉴定PF.10《颐和园十七孔桥》普通邮资封的真伪呢?

① 看邮资图案上的网纹和铭记、面值 真品邮资图案十七孔桥网纹夹角呈75°，伪品则呈15°；真品铭记和面值以及邮资图边框线，均为实印，字体和边框线印得瓷实、清晰，伪品则用网线印刷，字体和边框线印得不瓷实，边上发毛、模糊（见图246）。

② 看纸质 PF.10普通邮资封真品采用洁白胶版纸印刷；伪品也采用胶版纸印制，但纸质灰白，不如真品纸质洁白。

③ 看信封背面的文字 背面所印的“说明”文字、封题《颐和园十七孔桥》和“国家邮政局发行1999”，真品和伪品均采用相同的红色实印，粗看字体、字形大小差不多相同；细看就会发现，字体不同，在笔画上存有不同：点、横、直、撇、折有差别，特别是在向右斜下撇的捺笔画上，真品与伪品有明显的不同。

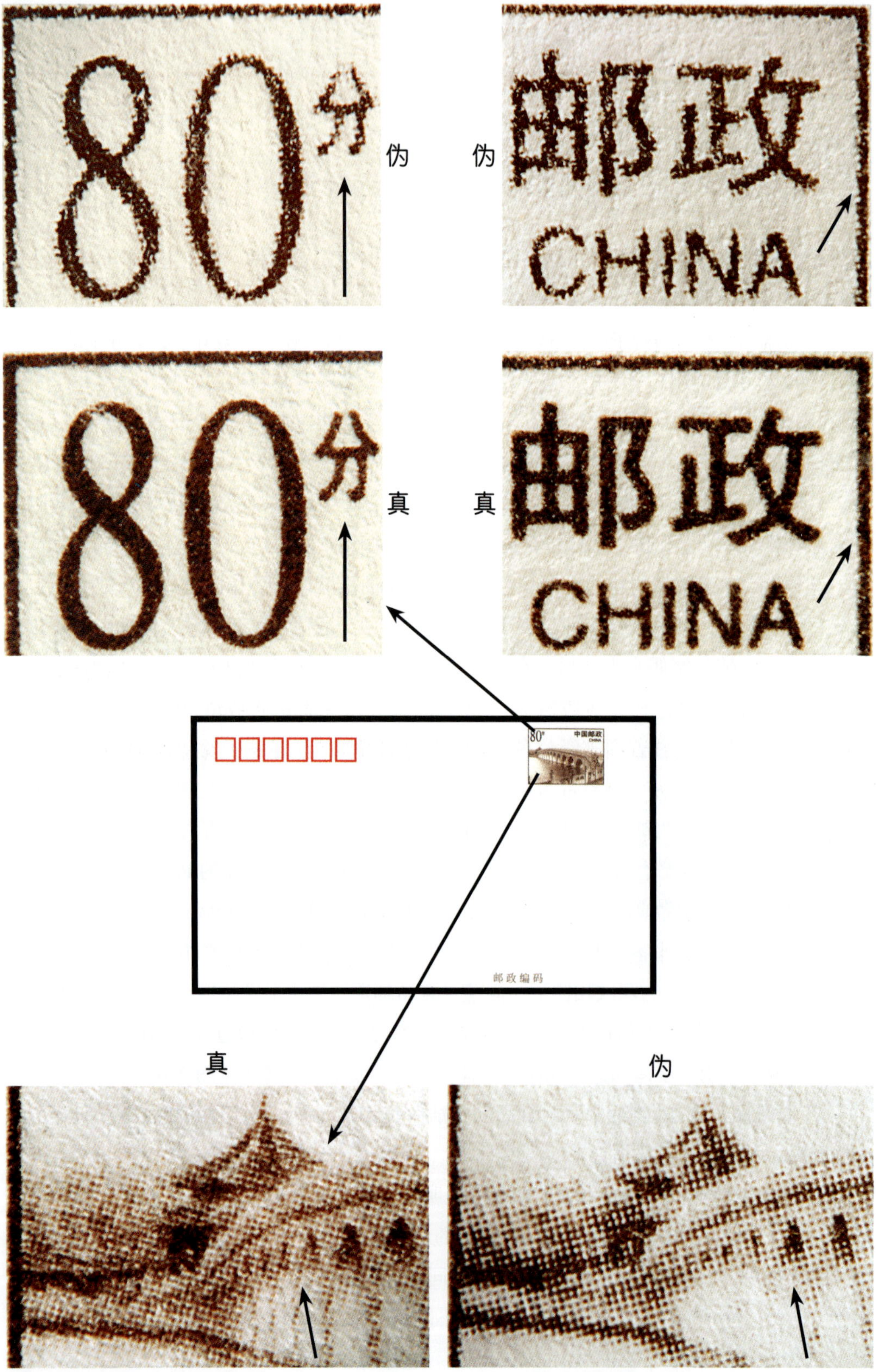

图246

PF.17 六和塔

六和塔又名六合塔，坐落在浙江杭州市城南钱塘江边月轮山上。北宋开宝三年（公元970年）吴越王钱弘俶为镇江潮而建。塔身9层，高50多丈。塔上装灯，为江上夜航船只导引。宣和三年（公元1121年）毁于兵火。现存砖构塔身为南宋绍兴二十三年（公元1153年）重建。今塔高59.89米，八面七级，每层中心都有小室。1961年，六和塔被首批列为全国重点文物保护单位。

2001年10月20日，为了适应邮政业务需要，中华人民共和国国家邮政局发行了一套《六和塔》普通邮资信封，全套1枚。志号为PF.17。任鲸设计。胶版。浙江省邮电印刷厂印制。邮资信封尺寸规格230毫米 ×120毫米。信封上邮资图规格40毫米 ×30毫米。邮资信封面值80分，每枚售价1.00元。信封邮资图案为“六和塔”。

这枚PF.17普通邮资封发行之后，造假者利用高科技制版，伪造出足以乱真的伪品，其目的主要是欺骗邮政，大量用于通信。由于这种PF.17《六和塔》普通邮资封能足以乱真，收集和投资普通邮资封的集邮者，在邮市上购买这种封时，一定要注意鉴定其真伪，不然，一不小心就会上当受骗。拿2002年10月在河南郑州市查处的大量PF.17《六和塔》普通邮资封来说，造假者十分专业和内行，如果凭版别、刷色、纸质来鉴别，即使有一定鉴别邮资票品真伪经验的集邮者也可能上当受骗；普通集邮者很可能把伪品当作另一种“版型”来购买。因为这种伪品的版别、刷色、纸质均同真品一样，在紫光灯照射下也无差异，只能用高倍放大镜从网纹特征和文字特征上找出真品与伪品存在的细微差异，鉴别出真伪。

那么，应该怎样来鉴别PF.17《六和塔》普通邮资封的真伪呢？

① 看铭记 PF.17《六和塔》普通邮资封上的铭记“中国邮政CHINA”，其中“中国邮政”真品和伪品均采用相同的字体、字号，差异很少，只是伪品字体笔画较真品略微粗些，其中的“邮”字，其右半部“阝”，真品折的收笔处与竖直笔画不相连，而伪品则相连；在“CHINA”中“C”字母，真品的“C”在末端呈上下直钩状，伪品则呈向右上斜钩状，两者区别明显（见图247）。

② 看面值 PF.17邮资面值“80分”，真品和伪品字体和字号虽相同，但伪品中的“80”笔画较真品略微粗些，而“分”字的上半部“八”明显较真品宽大，下半部“刀”，又较真品窄，是窄“刀”分。

③ 看六和塔塔顶 真品PF.17六和塔的塔印刷清晰，伪品则模糊；塔顶上的蓝色网纹夹角真品呈75°，而伪品则呈15°。

真

真

伪

伪

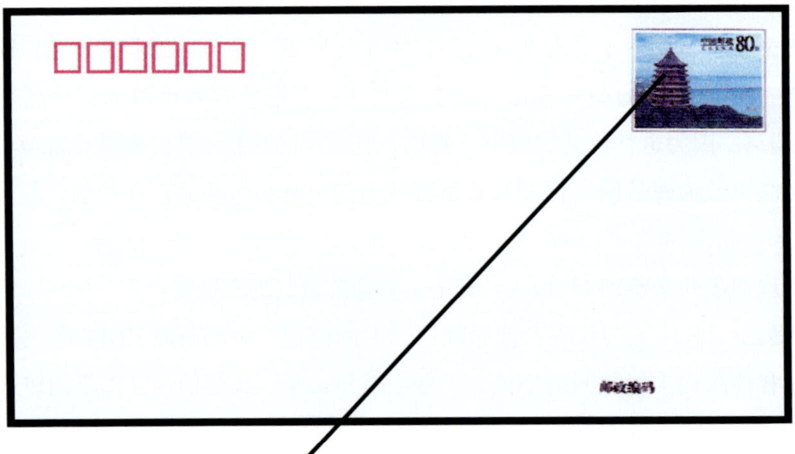

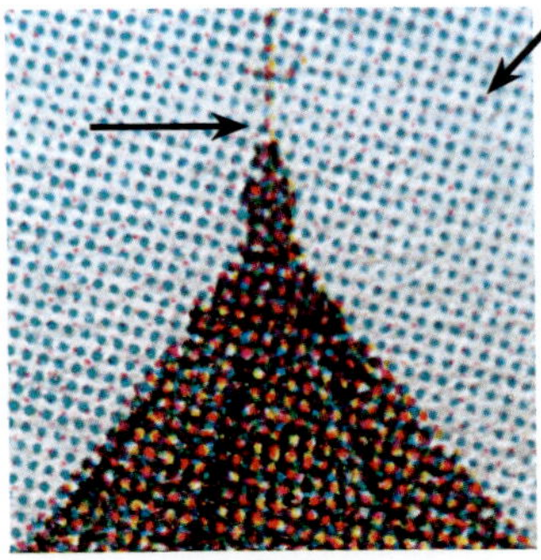

真

伪

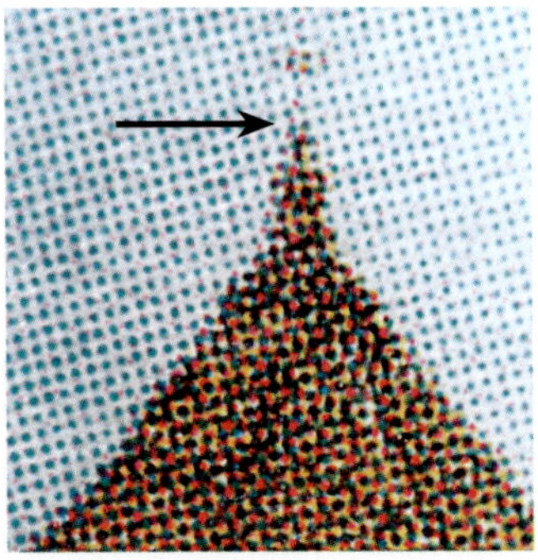

图247

13. 专用邮资封

ZF.1 正阳门箭楼专用信封

正阳门俗称前门，坐落在北京天安门广场南侧。明、清两代北京内城的正门。城楼建于明永乐十九年（公元1421年）。高42米，面阔7间，灰筒瓦绿剪边重檐三滴水歇山顶，上层前后檐装修为菱花格隔扇门窗，下层为涂朱砖墙，明间及山面为实踏大门一座。箭楼建于明正统四年（公元1439年），瓦顶形式及开间数与城楼相同，东、西、南三面墙上及两檐间，开箭窗（射孔）82个，北出抱厦5间，有门3座通向城台顶。城楼和箭楼下面，都辟有一座券洞（城门洞）以通车马。公元1780年和1849年，箭楼两度毁于火，随即修复。清光绪二十六年（公元1900年），城楼被八国联军所毁，箭楼也遭火焚，后按原状重修。1916年拆除瓮城，在箭楼上添建了水泥平座护栏和箭窗遮阳，月墙断面上添加了西洋花饰，成为现在的外貌。1949年2月3日北京和平解放，中国人民解放军在此举行入城式。1952年对城楼进行拨正加固。1977年对城楼进行了全面维修。

1992年7月25日，为了满足邮政通信的需要，中华人民共和国邮电部发行了1枚普通邮资信封，志号为PF.6。呼振源设计。胶版。白纸。河南省邮电印刷厂印制。邮资信封尺寸规格165毫米 ×112毫米。邮资图规格30.5毫米 ×25.5毫米。邮资信封面值20分，每枚售价0.25元。邮资图案为“正阳门箭楼”。邮资信封采用单面光纸印制，纸质有白度和厚薄均不相同的两种。信封背面上方印有“注意”事项两条。右下方印有双行文字，第一行为代号码“00136.924”，第二行为“邮电部发行　河南省邮电印刷厂印制”。

这枚PF.6普通邮资封是“中国人民邮政”铭记改用“中国邮政”和英文“CHINA”之后，原邮电部首次发行的普通邮资封。为加强防伪能力，在邮票图案上使用防伪荧光油墨印有“邮电徽志”。这个“邮电徽志”大多数是隐形的，只有在紫光灯照射下才可呈现出“邮电徽志”明亮的荧光图案；但也有十分明显地呈现在邮票图案上，有浅蓝、浅黄、暗红、浅绿色；有的侧光观察，隐约可见。“邮电徽志”直径为16毫米。

值得提醒集邮者注意的是，在河南省邮电印刷厂印制的这枚PF.6普通邮资封中，有一部分上面没有用荧光油墨印制“邮电徽志”，这是漏印邮电徽志。因此，在鉴定其真伪时，不能光看是否用无色荧光油墨印有“邮电徽志”，还应观看邮票图案和其他文字等，来进行综合判断。

1993年原邮电部对1992年发行的PF.6《正阳门箭楼》普通邮资封，进行了修订再版。主要有两处修订：一是用无色荧光油墨印制的“邮电徽志”，由原来直径为16毫米，改为直径10毫米；二是邮资封背面右下方印刷的两行文字，修改为只印“邮电部发行 00136.924”，删去了“河南省邮电印刷厂印制”字样。其他如信封邮票图案、信封规格、注意事项等均同初版一样。修订再版封由北京邮票厂印制，仍使用单面光纸，纸质较白。用无色荧光油墨印制的“邮电徽志”，均为隐形，只有在紫光灯照射下，才呈现明亮的“邮电徽志”，起到了较好的防伪效果。初版、再版总计发行量 1788.67 万枚。

1996 年，为了征求客户对邮政业务的意见，邮电部将 1993 年修订版 PF.6《正阳门箭楼》普通邮资封，又修订再版，印制成“北京市邮政信箱 526 号收”的专用征询意见回信封。这种专业回函信封为我国邮政首次发行，编号为 ZF.1，除邮票图案规格同 PF.6 初版、修订版一样，上面用防伪荧光油墨印制的“邮电徽志”同修订版一样变小为直径 10 毫米，均为隐形，用眼睛直观看不见之外，其他部位均有所不同，主要有：

一是信封规格变小。初、再版 PF.6 信封规格为 165 毫米 ×112 毫米；专用封 ZF.1 则为 165 毫米 ×102 毫米。

二是 ZF.1 信封上预印有收件人地址和邮政编码 100031。PF.6 信封正面右下方初、再版所印的蓝色填写寄信人邮编的小方框，ZF.1 则改为“邮政编码”蓝色字样。收信人名址书写线，PF.6 初、再版每条线为 3 线 2 点，专用封则为 4 线，线之间无点。

伪

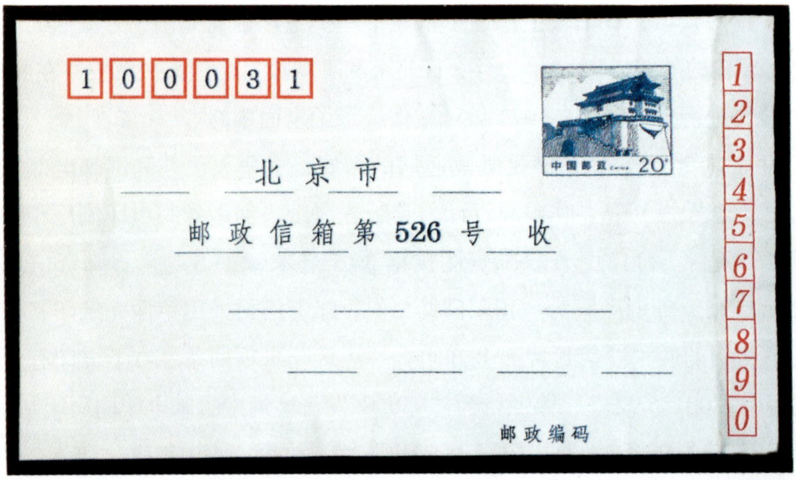

伪

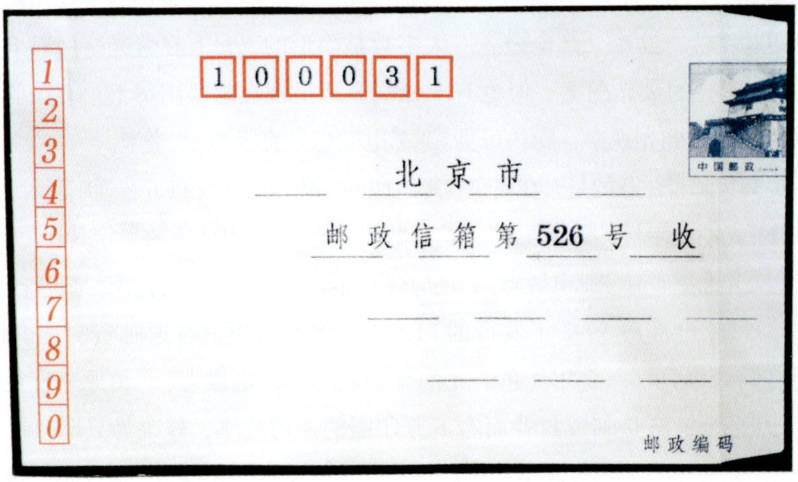

图248

三是背面文字。PF.6 初、再版背面所印文字，均为宋体，专用封则均为宋扁体。在“注意”两项中，PF.6 初、再版文字共计 4 行，专用封则为 3 行，删除了初、再版上原有的“寄信人的邮政编码写在右下角方形框内”字样。封背面右下角代码 PF.6 初、再版为

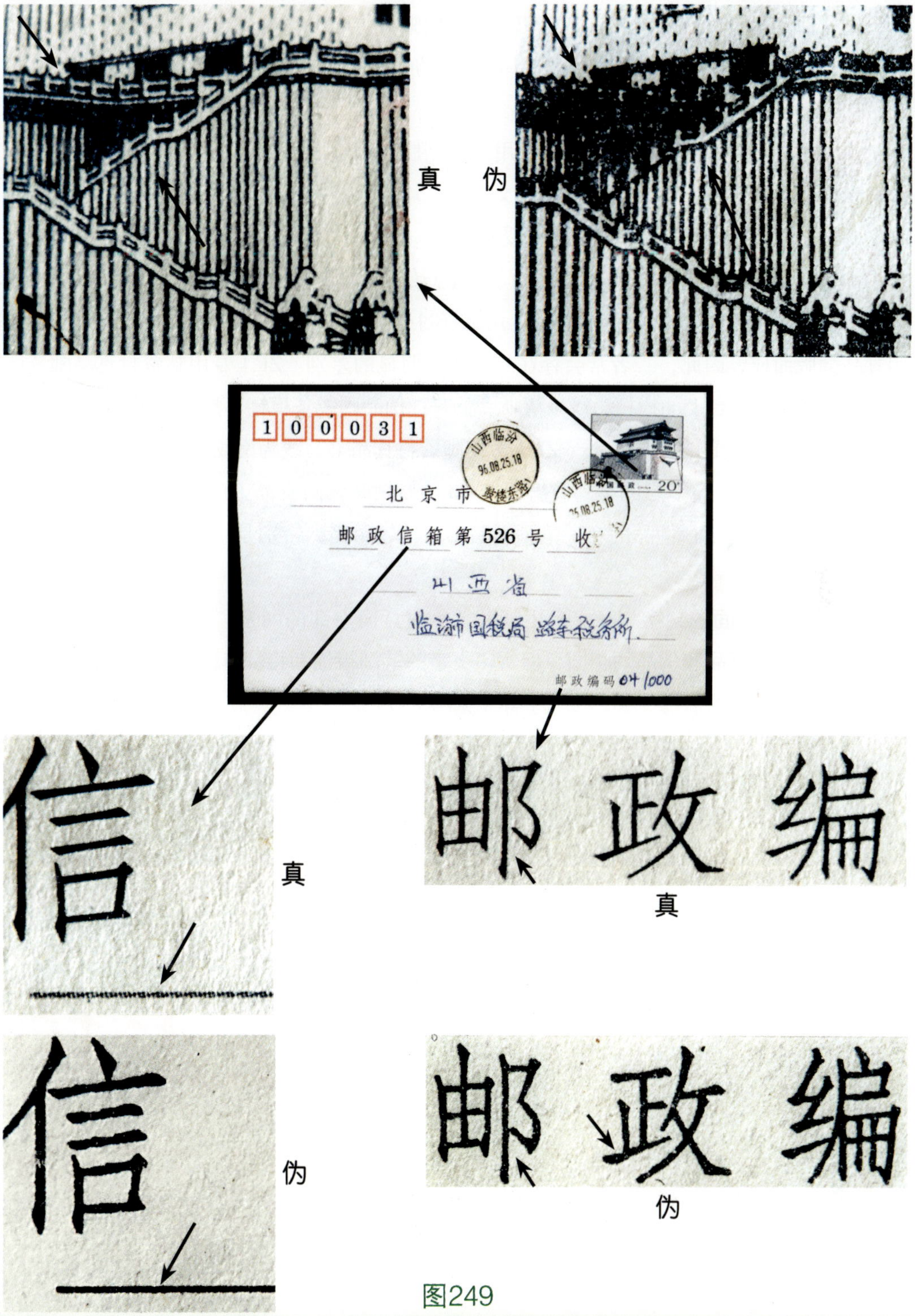

图249

“00136.924”，ZF.1 专用封改为“00136.964”。

ZF.1 专用封是为邮政征询意见内部使用的邮资信封，并未公开出售过，再加上印量很少，邮市上也很少见，有些真正搞集邮的用心收集，也常可遇而不可求。物以稀为贵，这种封在邮市上售价高达 400 ~ 500 元一枚。因此，有些不法分子便利用绝大多数集邮者从未见过这种专用封，有的人又求之心切，容易欺骗，仿印出一批 ZP.1《正阳门箭楼》专用封伪品，同时还伪造出裁切大移位的变体封，高价出售给集邮者（见图 248）。有的集邮者买后，经笔者鉴定，方知上当受骗。

ZF.1《正阳门箭楼》专用封伪品采用电脑制版，用单面光纸胶版印制。信封上的邮票图案规格、信封规格，信封上所印相关文字等，均与真品大同小异，未见过真品，或见过真品缺乏鉴定经验的集邮者，极易上当受骗。

那么，应该怎样来鉴定 ZF.1《正阳门箭楼》专用邮资封的真伪呢？

① **看邮资图案** ZF.1 真品和伪品专用邮资封虽都用胶版印刷，版别相同，但因伪品是用真品翻版而成，因此，二者常会存在一些比较明显的差别。ZF.1 专用邮资封真品邮资图案上的箭楼梯和楼台上的栏杆，线条清晰、整齐；伪品则线条模糊不清（见图 249）。

② **看专用封上的名址书写线** ZF.1 专用邮资封真品书写线为网纹线；伪品则为实线。

③ **看信封正面右下方的“邮政编码”** ZF.1 专用邮资封真品上的“邮政编码”，文字笔画均很规范、精细；伪品的文字笔画不精细，比较粗糙，特别是“邮政”二字，与真品存有明显的差别。

④ **看信封背面的文字** ZF.1 专用邮资封信封背面上部的两条“注意”事项中，所印文字字体、字号真品和伪品均相同，但所印文字的笔画粗细和特征，两者存有明显的差别，如“填写”字样中的“写”字、“2”字等（见图 250）。

⑤ **看封舌上的标准数字字体** 封舌上所印的邮政编码示范的 1……0 标准数字中，“7”字真品与伪品存有明显的不同，真品上部较宽，伪品则较窄。

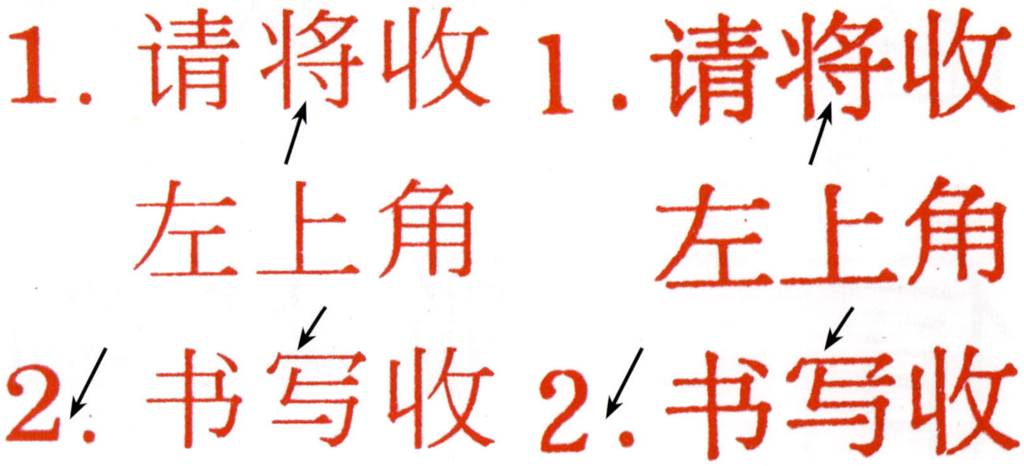

真 伪

图250

14. 纪念邮资明信片

JP.4 中华医学会成立七十周年

中华医学会是医学科学技术工作者的学术性群众团体，于1915年2月在上海成立。首任会长为颜福庆。从成立到1949年，共召开过15届会员或会员代表大会。进行各种学术交流，为推动我国的医学事业起到了一定作用。1950年8月在北京召开了第16届（中华人民共和国成立后的第一届）会员代表大会，对学会进行了改组。1984年2月29日至3月6日，中华医学会第19届全国会员代表大会在北京召开，大会通过了新的会章，明确了学会工作在新形势下的发展方向，确定了宗旨与工作任务，选举吴阶平为会长。

1985年4月15日，为了纪念中华医学会成立七十周年，中华人民共和国邮电部发行纪念邮资片1枚。志号为JP.4。纪念邮资片邮资图为中华医学会会徽。片图为医学项目研究。明信片规格148毫米 ×100毫米。邮资图规格40毫米 ×40毫米（菱形）。邮资面值4分。每枚售价0.12元。孙传哲设计。白光卡纸。彩色胶印。发行量52.01万枚。北京邮票厂印制。

这枚JP.4纪念邮资明信片发行以后，在邮市热潮出现时，因其发行量较少，价格直线上升。后来在邮市变熊时，价格虽有大幅度回落，但到2004年其市场售价仍居高在20多元一枚。这期间，有些不法分子为牟暴利，便利用高科技伪造出足以乱真的伪品，在邮市上鱼目混珠，使有些集邮者和邮资票品投资者上当受骗。早期伪造的JP.4伪品，制作比较粗糙，邮资图采用套色印制，不是专版专色实印，因此图案色彩混杂，线条边缘布满网点，比较好鉴别。这里笔者介绍的是后来伪造的十分逼真的另一种伪品。对其鉴定方法如下：

① **看版别和刷色** JP.4真品采用胶版印制，刷色纯正、瓷实，文字、线条整洁。JP.4伪品也采用胶版印制，刷色浅浮，不瓷实。在片图刷色中，土黄色和黑色网纹，真品与伪品存有明显的不同：真品土黄刷色网纹夹角呈15°，黑色刷色网纹夹角呈75°；伪品土黄刷色则夹角呈0°，黑色则夹角呈15°（见图251）。

② **看邮资图上的暗记** JP.4真品在邮资图菱形右边一角，右数第2条竖线与右上第1条横线交汇处，反白印有一个“4”字。这是数字暗记。JP.4伪品则没有这个暗记。

③ **看邮资图上的面值“4分”的“分”字** 真品邮资图上的“分”字，笔画规整；伪品邮资图上的面值“4分”的“分”字，在笔画特征上与真品存有明显的不同。

④ **看名址线、志号和标头的网纹特征** JP.4真品均采用网纹夹角呈45°的网点印制；伪品则均采用网纹夹角呈75°的网点印制。

⑤ **用紫光灯鉴别** 真品在紫光灯照射下，纸面呈亮白色；伪品呈淡紫色。

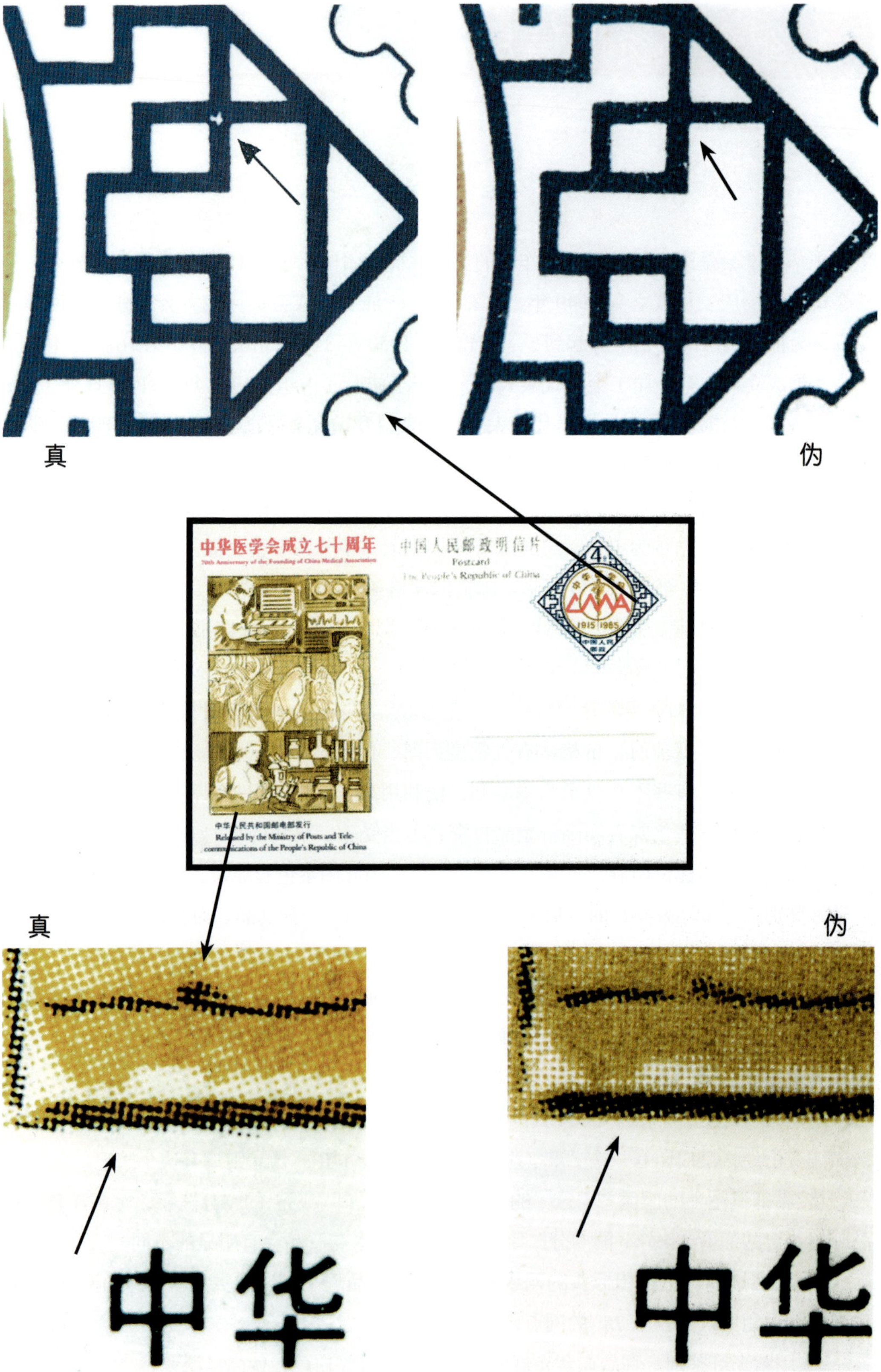

真
伪
中华医学会成立七十周年
中国人民邮政明信片
Postcard
The People's Republic of China
1915 1985
中华人民共和国邮电部发行
Released by the Ministry of Posts and Telecommunications of the People's Republic of China
真
伪
中华
中华

图251

JP.6 中国人民革命战争时期邮票展览

中国人民革命战争时期邮票，是指在国内革命战争和抗日战争时期，中国共产党领导下的革命根据地和解放区发行的邮票。据研究，1930 ~ 1949 年，63 个革命根据地和解放区共发行 500 多套，2300 多种邮票。这些邮票从一个侧面反映和记录了中国革命的艰难历程和中国人民革命战争时期的邮政史，其中有很多是中国邮票的瑰宝。1985 年 10 月 13 ~ 20 日，由中华全国集邮联合会、中国革命博物馆、中国人民革命军事博物馆联合举办的“中国人民革命战争时期邮票展览”，在北京科学技术交流中心举行。展品由中央及 27 个省、市、自治区的 21 个团体和 123 位集邮者提供，共 600 个展框，145 部邮集。

1985 年 10 月 13 日，为了祝贺“中国人民革命战争时期邮票展览”顺利举行，中华人民共和国邮电部发行了 1 枚纪念邮资明信片，志号为 JP.6。李德福、杨文清设计。胶版。白光卡纸。北京邮票厂印制。邮资片尺寸规格 148 毫米 ×100 毫米，邮资图幅规格 22 毫米 × 28 毫米。邮资片面值 4 分，每枚售价 0.12 元。发行量 38.08 万枚。邮资片图案为“延安宝塔山”。邮资图案为“中华苏维埃邮政‘战士图’邮票”。

在邮市高潮时，这枚 JP.6 纪念邮资明信片被炒高到 200 元左右 1 枚。不法分子为牟取暴利，利用电脑扫描进行伪造。邮市上出现的伪品不止一种，其中一种伪造得很逼真，可乱真；另一种伪造得比较粗糙，图案上的“战士图”和明信片左上角“中国人民革命战争时期邮票展览”中英文字，均与真品存在着明显差别。这里笔者将前者称伪甲，后者称伪乙。这种赝品用电脑制版，白光卡纸彩色胶印，纸质与真品一样；其邮票图案、明信片图案、片题中英文字等，制作逼真，如不仔细鉴别，极易上当。

那么，应该怎样鉴别 JP.6 的真伪呢？

① **看版别** JP.6 真品与伪品均采用胶版彩色印制，但用高倍放大镜观看，真品的邮资图案和明信片图案的印刷网纹与伪品存在着差异，仔细观察就会发现，明信片邮资图案“票中票”——“战士图”的底色网点夹角，真品为 45°，伪甲则为 60°；明信片图案右下角山坡黑色刷色网纹特征，真品与伪品明显不同（见图 252）。

② **看铭记** JP.6 真品邮票图“中国人民邮政”的“国”字，其“玉”字上的一点为横长点；伪甲则为竖长“、”，而伪乙则为套色印制。

③ **看志号** 真品“JP.6”志号采用的网纹夹角为 45°，伪品则为 15°，明显不同；真品“JP.6”中间的“·”由 9 个网点组成，伪甲则由 6 个网点组成，伪乙则同真品一样。

④ **看暗记** JP.6 真品片头“中国人民邮政明信片”的“片”字，末笔下部网纹中少一个“·”，伪甲则没有，伪乙则同真品一样。另外真品和伪甲的网纹夹角也不同。

⑤ **看名址线** 真品 JP.6 纪念邮资明信片上的名址线的网纹夹角与伪甲存在明显差别，真品网状纹夹角呈 45°，伪甲采用网纹夹角呈 75° 的左上旋网纹名址线，是近期才出现的，多使用在普通邮资片上，纪念邮资片中偶有使用，伪乙则同真品一样。

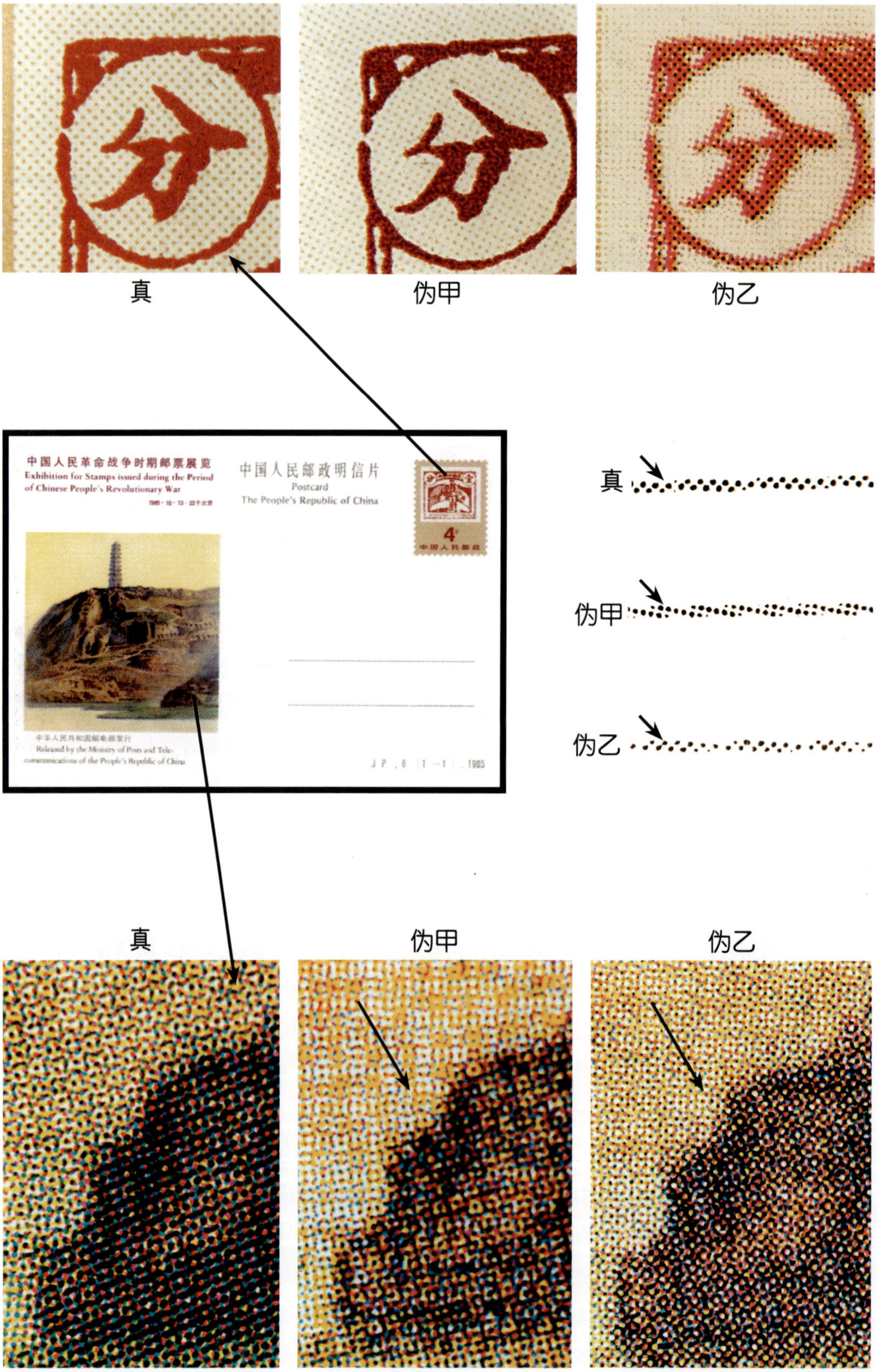
真
伪甲
伪乙
中国人民革命战争时期邮票展览
Exhibition for Stamps issued during the Period of Chinese People's Revolutionary War
中国人民邮政明信片
Postcard
The People's Republic of China
4
中国人民邮政
中华人民共和国邮电部发行
Released by the Ministry of Posts and Telecommunications of the People's Republic of China
JP.6（1—1）.1985
真
伪甲
伪乙
真
伪甲
伪乙

图252

JP.7 亚太国际贸易博览会

亚太国际贸易博览会是经国务院批准，由联合国亚洲及太平洋经济社会委员会与中国国际贸易促进委员会联合主办。联合国亚洲及太平洋经济社会委员会是联合国经济及社会理事会下设的5个区域性经济委员会之一。其前身是1947年成立的亚洲及远东经济委员会。随着会员的增加和活动区域的扩大，1974年改组后取现名。其任务是：促进本地区的经济发展，加强本地区国家之间以及与其他地区的经济关系；协助理事会研究解决与本地区有关的经济和社会问题。中国国际贸易促进委员会是中国为开展国际经济贸易活动而建立的社会团体。1952年5月在北京成立。其主要任务和活动为：促进国内外有关国际贸易组织之间的联系；组织和举办出国经济贸易展览与访问；组织和接待国外民间性经济贸易界人士与团体的访问；接待和协助外国有关机构来华举办展览；代理外国厂商在我国的商标注册及组织有关对外贸易的宣传工作等。1956年及1959年先后在会内设立对外贸易仲裁委员会及海事仲裁委员会，管理对外贸易和海事仲裁案件。

1985年11月15～30日，亚太国际贸易博览会在北京中国国际展览中心举行。其目的是为了促进亚太经济社会委员会成员、准成员之间，以及其他国家和地区之间的经济合作、贸易扩大和工业技术的发展。这次博览会有20多个国家和地区展出了各自先进的、有代表性的出口商品。为纪念这次博览会的举办，中华人民共和国邮电部于1985年11月15日发行纪念邮资片1枚。志号JP.7。纪念邮资片上的邮资图主图为本次博览会会徽，在周围饰以花环。片图为中国国际展览中心外景和邓小平题写的“中国国际展览中心”。纪念邮资片邮资图规格为27毫米×37毫米。明信片规格为148毫米×100毫米。邮资面值4分。每枚售价0.12元。黄理设计。彩色胶印。发行量40.01万枚。北京邮票厂印制。

这枚纪念邮资片发行量比较少，在邮市火爆时期，其市场价格与JP.6差不多，都在百元以上。这时，有些不法分子为牟暴利，便利用真品翻拍制版，伪造出JP.7在邮市上鱼目混珠，欺骗集邮者和邮资票品投资者。据笔者鉴定所知，JP.7伪品至少有2种，一种制作比较粗糙，比较好辨其真伪；另一种是利用高科技制造的赝品，完全可以乱真，其印刷工艺和刷色、用纸等，均与真品一样。因此，不要说缺乏鉴定邮资票品真伪经验的集邮者难辨其真伪，就是有鉴定经验的，也难免会被“打眼”。

这里谈一下笔者对这种伪品的鉴定方法：

① **看版别** 尽管伪品与真品采用相同的版别，彩色胶印，印刷工艺也相同，但由于造假者在制版时没有原设计图稿，而是利用高科技，采用真品翻拍制版，这就很难免有纰漏。鉴定时，只要利用高倍放大镜仔细观察，就会发现伪品与真品存有不同，如邮资图中主图本次博览会会徽，真品线条印得很清晰，伪品则有的模糊不清，有的断线或糊笔（见图253）。

真

伪

亚太国际贸易博览会
ASIA-PACIFIC INTERNATIONAL
TRADE FAIR
中国人民邮政明信片
Postcard
The People's Republic of China
中华人民共和国邮电部发行
Released by the Ministry of Posts and Telecommunications of the People's Republic of China

真

伪

BEIJING

BEIJING

图253

② **看邮资图上的面值** 真品上的面值“4 分”中的“分”字，笔画规范，伪品与真品存有较明显的不同，特别是“分”字下半部的“刀”，更为明显。

③ **看明信片标头上的暗记** 真品在标头“中国人民邮政明信片”中的“片”字最后一笔下半部少一个圆网点，这种暗记特征，在伪品中没有（见图 254）。

④ **看名址线** 真品名址线采用的网纹夹角呈 45°，伪品则为 15°，而且呈右上旋。

⑤ **看志号** 真品右下角的志号采用 45° 网纹夹角印制，而伪品采用的则是 0°。

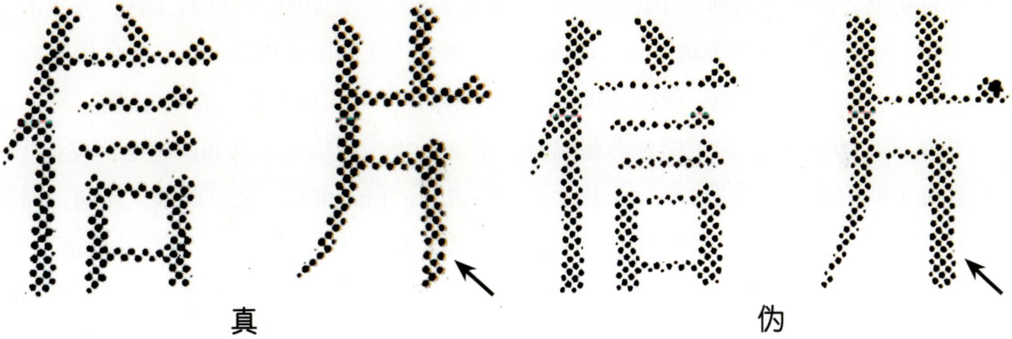

图254

JP.9 苏州建城二千五百年

苏州位于江苏省南部、太湖东北、沪宁铁路线上，是一座历史悠久、景色秀丽、名胜古迹众多的文化名城。春秋为吴国都，秦置吴县。唐为苏州治，明清为苏州府治。1949 年设苏州市。以姑苏山得名。手工业历史悠久，特产刺绣、宋锦、檀香扇等工艺美术品。市内外以园林著称，有沧浪亭、狮子林、拙政园、留园等名园及虎丘、寒山寺等名胜古迹。经国务院批准，苏州市被列为中国 24 个历史文化名城之一。1986 年 11 月 1 日，苏州市举行了建城二千五百年纪念活动，城市环境进一步美化，文物园林修葺一新，并建成开放了丝绸、苏绣、民俗等博物馆，使得苏州古城更加焕发出了“人间天堂”的动人风韵。

1986 年 11 月 1 日，为了纪念苏州建城二千五百年，中华人民共和国邮电部发行了 1 枚纪念邮资明信片，志号为 JP.9。万维生设计。胶版。白光卡纸。北京邮票厂印制。邮资明信片尺寸规格 148 毫米 ×100 毫米，邮资票幅规格 22 毫米 ×33 毫米。邮资片面值 4 分，每枚售价 0.12 元。发行量为 80.82 万枚。邮资片图案为“苏州盘门”。盘门是苏州较完整的古城遗址，位于城西南隅，始建于春秋吴王阖闾元年（公元前 514 年），伍子胥筑城时，初名蟠门，门上刻有蟠龙，后因水陆萦回曲折，改称盘门。现存城门重建于公元 1351 年，水陆两门并列，全国绝无仅有。邮资图为“苏州水巷”。

这枚 JP.9 纪念邮资明信片题材好，发行量也比较少。在邮市上进行热炒时，其售价也比较高。有的不法分子为牟暴利，用 JP.9 真品翻拍制版，利用白光卡纸胶印出原大、原色的伪品，以假充真，在邮市上欺骗缺乏邮资票品真伪鉴定经验的集邮者和邮资票品投资者。

那么，应该怎样来鉴定 JP.9 的真伪呢？

① **看版别和刷色** JP.9 真品采用胶版印制，刷色纯正、鲜亮，图文清晰，瓷实；伪品虽然也采用胶版印制，但刷色不鲜亮，图文也不够清晰，发虚。

② **看面值** JP.9 真品邮票图案上的面值采用黑色专版印制，“4 分”笔画清晰、墨色瓷实；伪品的面值“4 分”，采用套色印制，笔画发虚，不够清晰（见图 255）。

③ **看邮票图案的模拟齿孔** JP.9 真品邮票图案上的模拟齿孔，采用黑色网纹专版印制；伪品则采用四色套印而成。

④ **用紫光灯鉴定** 在紫光灯照射下，JP.9 真品白色纸面呈现暗紫色；伪品呈现亮白色。

4分
中国

真

伪

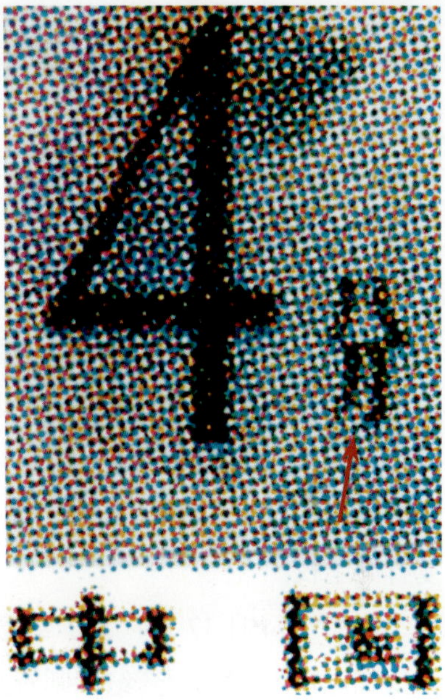
4分
中国

苏州建城二千五百年
The 2500th Anniversary of the Founding of Suzhou City
中国人民邮政明信片
Postcard
The People's Republic of China
中华人民共和国邮电部发行
Released by the Ministry of Posts and Tele-
communications of the People's Republic of China
JP9(1-1)　1986

真

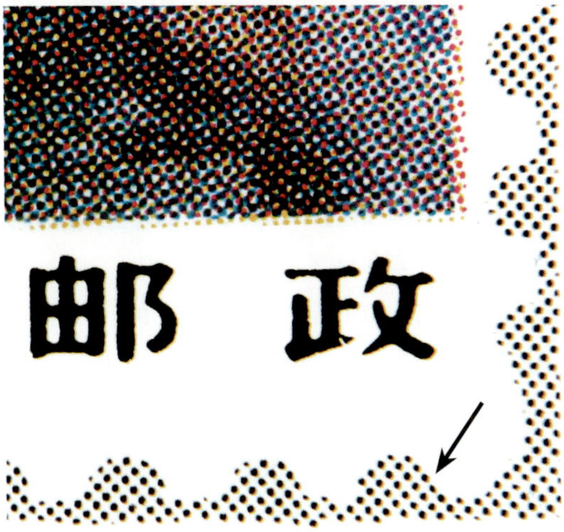
邮政

伪

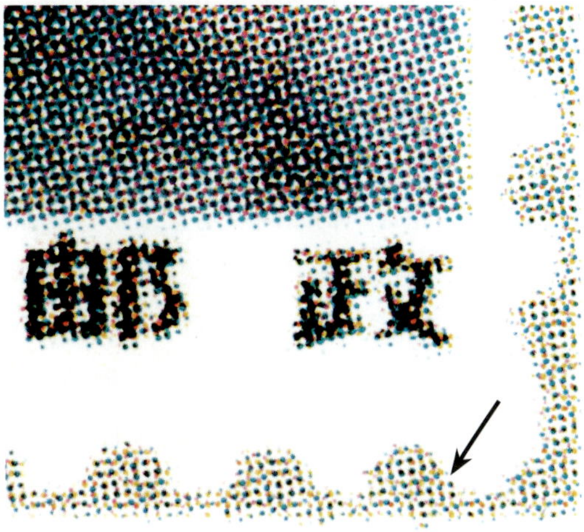
邮政

图255

JP.10 中葡关于澳门问题的联合声明正式签署

澳门位于广东省珠江口西侧，原属香山县。1553 年（明嘉靖三十二年），葡萄牙殖民者借口曝晒水渍货物，强行上岸租占。鸦片战争后不断扩大范围，1887 年（清光绪十三年）进行强占。中国人民为恢复澳门主权一直进行着不懈斗争。1978 年中共十一届三中全会后，中国提出了“和平统一、一国两制”的科学构想，1986 年开始与葡萄牙政府谈判解决澳门问题，1987 年 3 月两国草签了关于澳门问题的联合声明，1987 年 4 月 13 日在北京人民大会堂正式签署了《中华人民共和国政府和葡萄牙共和国政府关于澳门问题的联合声明》。联合声明宣布，中华人民共和国政府将于 1999 年 12 月 20 日对澳门恢复行使主权。

1987 年 4 月 17 日，为了纪念中葡关于澳门问题的联合声明正式签署，中华人民共和国邮电部发行了一套纪念邮资片，全套 2 枚。志号为 JP.10。黄里设计。胶版。白光卡纸。北京邮票厂印制。邮资片规格 148 毫米 ×100 毫米，邮资图案规格 27 毫米 ×23 毫米。JP.10.（2–1）面值 4 分，邮资片图案为“澳门妈祖阁”，发行量 74.32 万枚；JP.10.（2–2）面值 90 分，邮资片图案为“联合声明正式签署仪式”，发行量 59.92 万枚。两枚邮资图案为“凤凰和澳门街景”。

这套 JP.10 纪念邮资明信片，早在澳门回归之前就已出现了伪品，为便于邮友区分，笔者称其为伪甲（有关伪甲的具体鉴定方法，详见 1999 年彩版《中国邮品辨伪必备》）。在 1999 年澳门回归前夕，JP.10 纪念邮资片成了集邮者收集的热门邮品，有些不法分子为牟取暴利，便利用高科技手段，又伪造出一种 JP.10 赝品，笔者称其为伪乙。这种新伪造的 JP.10 纪念邮资片，印制精美，在纸质、刷色、规格上几乎同真品一模一样，不要说一般集邮者，就是有一定鉴别邮品真伪经验的集邮者，也难免上当受骗。

那么，应该怎样来鉴定 JP.10《中葡关于澳门问题的联合声明正式签署》纪念邮资片的真伪呢?

① 看版别和网点 JP.10 真品采用胶版印刷；伪乙也采用胶版印制，因为伪品采用真品作为“原稿”进行翻版，在网点粗细和排列角度常同真品存有区别。用高倍放大镜观看，真品网点较粗大，伪品网点均较细小；真品红色网纹夹角呈 45°，蓝色网纹夹角呈 75°；伪乙红色网纹夹角也呈 45°，但蓝色网纹夹角则呈 15°（见图 256）。

② 看邮票图案上的“中国人民邮政”铭记和面值 JP.10 真品邮票图案上的“中国人民邮政”、“4 分”、“90 分”字样，均采用黑色专版印制，字迹清晰、瓷实，黑色专一；伪乙运用电脑制版，将伪甲伪造时出现的明显拙劣之处加以改进，将邮票图案下边框黑线，“中国人民邮政”和“分”字，也均改为同真品一样，运用黑色专版印制，只有“4”、“90”字样，因上下横跨两个刷色不同的区域，不好制专色版，仍采用套色来印制，用高倍放大镜观察“4”、“90”笔画，可看到网点明显，笔画边缘毛糙（见图 257）。

真

伪乙

图256

③ **看志号** 真品 JP.10 邮资明信片右下部的志号“JP.10.（2–1）1987”和“JP.10.（2–2）1987”，其中的“JP”的“P”字，真品“P”较瘦窄，伪乙则明显宽大；“1987”中的“7”字，真品其斜竖线呈直线状，伪甲、伪乙则均呈弧状（见图 258）。

④ **用紫光灯鉴别** 在紫光灯照射下，JP.10 真品呈暗紫色，伪甲呈亮白色，伪乙同真品呈现的颜色几乎完全一样，只是略显淡些。

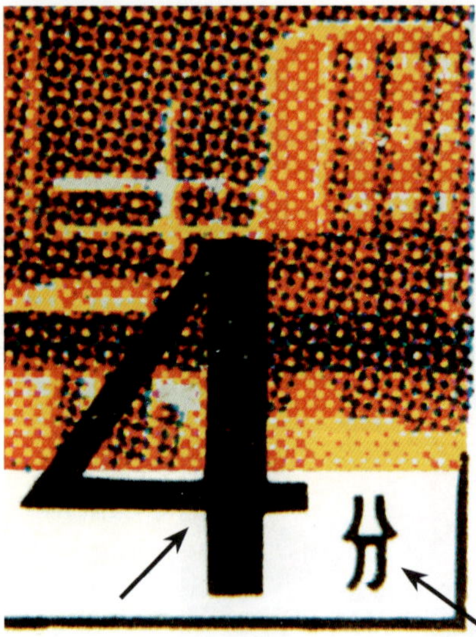
4分

真

4分

伪乙

中葡关于澳门问题的联合声明正式签署
Sino-Portuguese Joint Declaration on Macao
Officially Signed
1987.4.13于北京
中国人民邮政明信片
Postcard
The People's Republic of China
中华人民共和国邮电部发行
Released by the Ministry of Posts and Telecommunications of the People's Republic of China
JP.10.(2-1) 1987

JP.10.(2–1) 1987

真

伪乙

JP.10.(2–1) 1987

图257

真

伪乙

中葡关于澳门问题的联合声明正式签署
Sino—Portuguese Joint Declaration on Macao
Officially Signed
1987．4．13于北京
中国人民邮政明信片
Postcard
The People's Republic of China
中华人民共和国邮电部发行
Released by the Ministry of Posts and Telecommunications of the People's Republic of China
JP.10.(2-2) 1987

JP.10.(2—2) 1987

真

伪乙

JP.10.(2—2) 1987

图258

JP.12 中华全国青少年专题集邮展览

1987 年 7 月 20 ~ 29 日，中华全国青少年专题集邮展览在北京中国革命博物馆举行。这次邮展由中华全国集邮联合会、中国共产主义青年团中央委员会、中华全国妇女联合会、中国教育学会联合举办，展览的主题为“理想、道德、文化、纪律”。这是中华人民共和国成立后首次举办的全国性的青少年专题集邮展览。展品共 402 部 450 框，共评出金奖 7 个、银奖 25 个，铜奖 62 个。

1987 年 7 月 20 日，为了祝贺中华全国青少年专题集邮展览举行，中华人民共和国邮电部发行了 1 枚纪念邮资片，志号为 JP.12。吴建坤设计。胶版。白光卡纸。北京邮票厂印制。明信片规格 148 毫米 ×100 毫米，邮资票图案规格 27.5 毫米 ×30 毫米。邮资片面值 4 分，每枚售价 0.12 元。发行量 66.12 万枚。邮资片图案为“邮展场地、幼苗”。邮资主要图案为“青（Q）少（S）年集邮寓意图”。

JP.12 发行之后，因发行量比较少，随着时间的推移，需求量越来越大，市场价格随着升高，有些不法分子为牟利，便利用高科技伪造大量 JP.12 伪品，在邮市上欺骗集邮者和邮资票品投资者。JP.12 伪品经笔者鉴定过的有两种，即伪甲、伪乙，均采用白卡纸，胶版彩印，其中伪甲更逼真，足可乱真，缺乏鉴定邮资票品真伪经验的集邮者，很容易上当受骗。

那么，应该怎样来鉴定 JP.12 的真伪呢?

① 看邮资图上的彩色网纹夹角 JP.12 真品和伪品尽管均采用胶版彩印，但真品与伪品在各种刷色的网纹夹角上存有不同：真品红色网纹夹角为 45°，蓝色网纹夹角为 75°；伪甲红色网纹夹角为 15°，蓝色网纹夹角为 75°；伪乙红色网纹夹角为 75°，蓝色网纹夹角为 15°（见图 259）。

② 看邮资图上的铭记 JP.12 真品与伪甲的“中国人民邮政”铭记均采用黑色专版印制，真品文字笔画清晰、瓷实、整洁；伪甲则印得不瓷实，文字笔画不整齐，不够清晰，有糊笔，其“中国”二字在笔画上与真品有多处不同；伪乙则为套色印制，笔画上的彩色杂乱、模糊。

③ 看志号 JP.12 真品与伪甲的志号均采用黑色网点专版印制，网纹夹角均呈 45°，但志号“JP.12.（1–1）1987”真品与伪甲存有多处明显的不同；伪乙志号采用套色印制，刷色混杂、模糊不清，与真品有明显的不同。

④ 看明信片的标头 JP.12 明信片的标头，真品与伪甲均采用与志号相同的网纹夹角黑色专版印制；伪乙采用彩色套印。真品与伪甲、伪乙存有多处明显的不同。

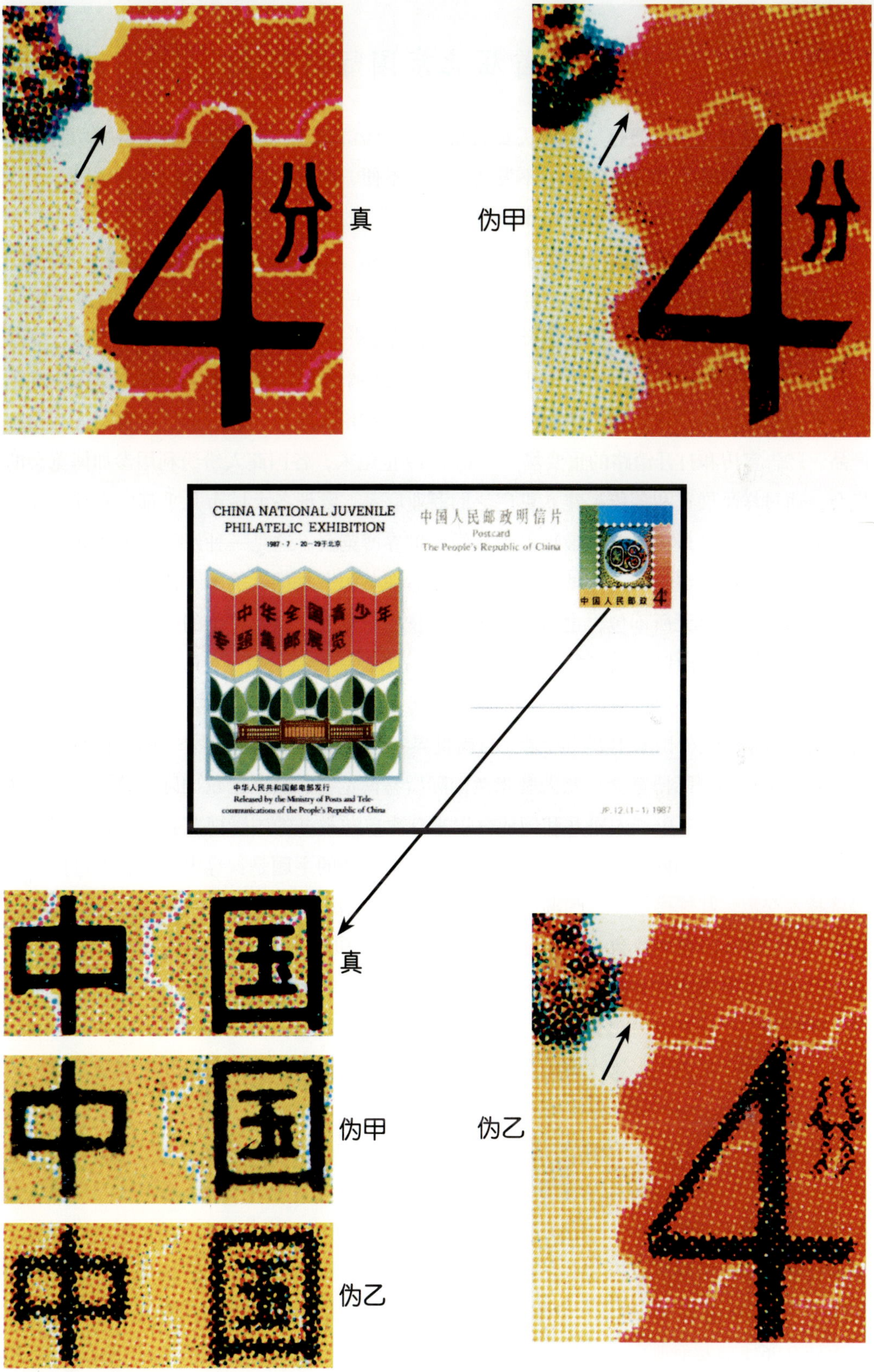
4分
真
伪甲
CHINA NATIONAL JUVENILE
PHILATELIC EXHIBITION
1987·7·20—29于北京
中国人民邮政明信片
Postcard
The People's Republic of China
中华全国青少年
专题集邮展览
中国人民邮政 4分
中华人民共和国邮电部发行
Released by the Ministry of Posts and Telecommunications of the People's Republic of China
JP.12(1-1)1987
中国
真
伪甲
伪乙
伪乙

图259

JP.16 首届北京国际博览会

国际博览会是各国通过展出和买卖商品，进行经济交流，开展国际贸易的场所。博览会起源于古代商业集市。在生产力不发达、交通不便、商品流通不畅的时代，农民、手工业者只能按期把产品拿到邻近的集市出售，了解买方的需求。随着资产阶级工业革命的兴起，推动了生产力的发展，资本家开始注重开拓市场，从而促进了流通领域的进一步扩大。到18世纪末19世纪初，资本家已经把商品运到遥远的地方进行交易了。后来逐渐发展成为国际间定期或不定期的综合性的和专业性的博览会。所陈列的产品也逐渐由单纯以交易为目的商品，扩大到带有展览性的工农业产品以及科学技术、文化与艺术作品，国际性的博览会便应运而生。1851年，世界上第一次博览会在伦敦举行。以后博览会逐渐成为介绍产品、广告宣传和打开销路的重要场所。到了19世纪末，各国商人纷纷利用参加博览会的机会，通过样品展览和宣传，建立更广泛的商业联系。欧洲各大城市几乎都办有综合性的国际样品博览会。最突出的、最吸引观众的是世界博览会。这是一种经巴黎国际展览局批准，由举办国政府组织的大型博览会，曾经先后在英国、法国、美国、比利时、加拿大等国举行过。其内容无所不包，主要展示人类科技的新发展，以及各国的文化、历史的风土人情。20世纪70年代以来，国际专业分工日趋完善，新产品、新工艺层出不穷，加剧了国际市场的竞争，举办博览会的国家也日益广泛起来。1970年，在日本大阪举行的世界博览会，首开由欧美之外国家主办的纪录。目前世界各地博览会有4000多个。其中比较著名的有：德国莱比锡国际博览会、意大利米兰国际贸易博览会、法国巴黎国际博览会等。1989年7月14～23日，中华人民共和国成立以来首次单独举办的国际博览会——首届北京国际博览会，在中国国际展览中心举办。这届国际博览会的主题是：寻求合作，促进国际间经济技术交流。其规模空前，有来自美国、加拿大、法国、丹麦、日本、印度、民主德国、马来西亚、泰国、科威特和香港、台湾等共24个国家和地区的近3000家厂商参加了展出。在展品中，既有技术先进的各种机械电子仪器设备，也有各具特色的轻工业产品和手工业品。在博览会上，还同时出售我国各地的名特优新产品。这次博览会参观者达60万人次；商品成交额逾1亿美元。这次博览会的成功举办，充分证明中国的改革开放政策没变，国内投资环境稳定，中国对外商业交流信誉可靠。

1989年7月14日，为纪念首届北京国际博览会举办，中华人民共和国邮电部发行纪念邮资片1枚。志号JP.16。纪念邮资片的邮资图是一个上下对合的图形，图形中间是博览会的标志，寓意这届博览会的主题：寻求合作，促进国际间经济技术交流。片图则是一个上下不对合的图形，用反衬的艺术手法来表现主题。纪念邮资片邮资图规格29毫米 ×37毫米。邮资片规格148毫米 ×100毫米。邮资面值4分，每枚售价0.18元（比1988年每枚售价0.12元上调0.06元，尽管邮资面值依然是4分）。黄里设计。白卡纸。彩色胶印。发行量62.92万枚。北京邮票厂印制。

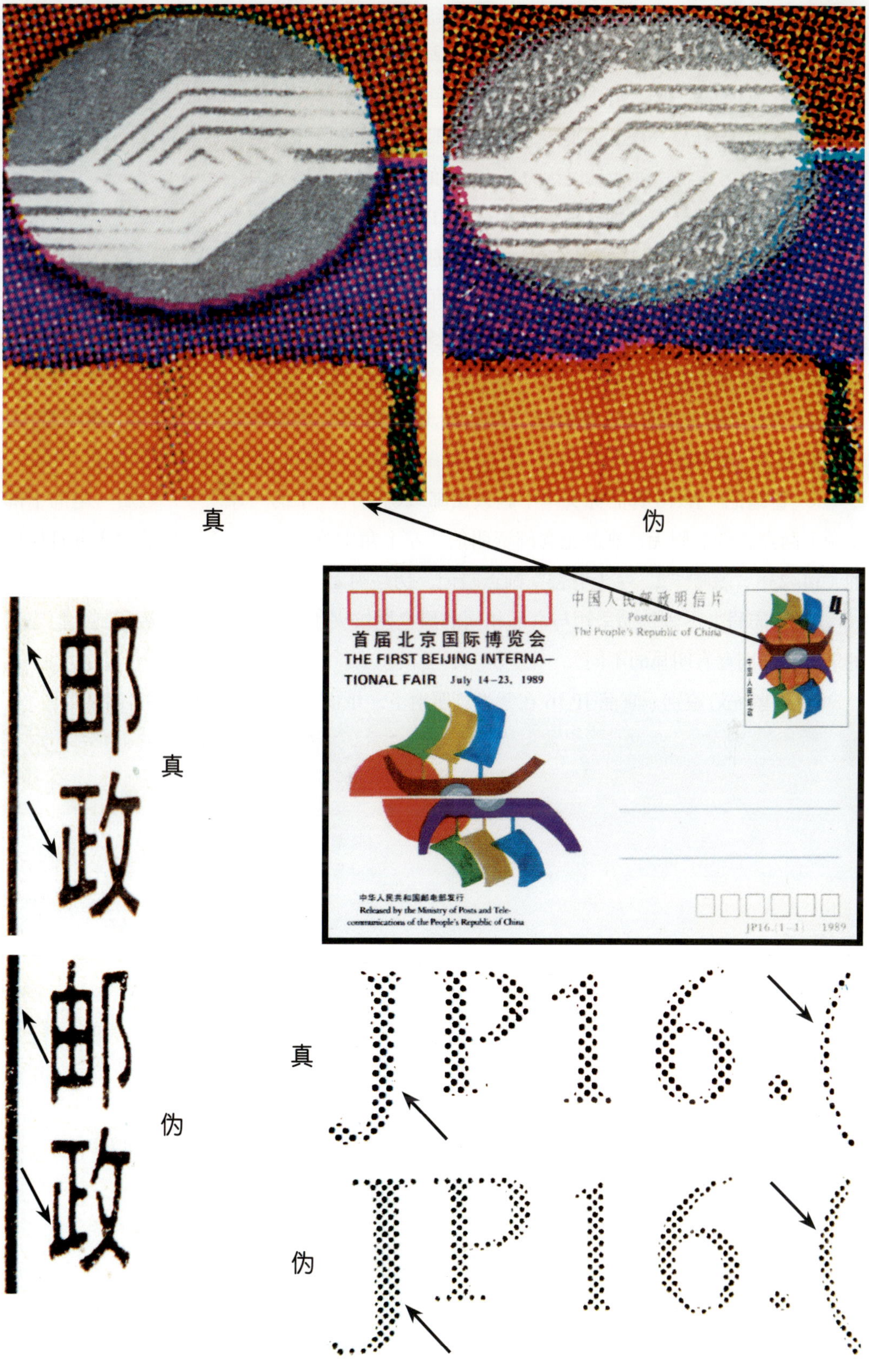
真
伪
中国人民邮政明信片
Postcard
The People's Republic of China
首届北京国际博览会
THE FIRST BEIJING INTERNA-
TIONAL FAIR July 14-23, 1989
中华人民共和国邮电部发行
Released by the Ministry of Posts and Tele-
communications of the People's Republic of China
JP16.(1-1) 1989
邮政
真
邮政
伪
真
JP16.(
伪
JP16.(

图260

这套纪念邮资片发行量比较少，在邮市高潮时，售价也比较高。为牟暴利，造假者利用高科技伪造出足以乱真的伪品。伪品采用与真品相同的胶版印制；所用纸也是白卡纸；刷色逼真，同真品一样，有的刷色也采用专色专版；明信片标头、名址线和志号所采用的网纹夹角，也同真品一样。因此，缺乏鉴定邮资票品真伪经验的集邮者和投资者，很难辨其真伪，很有可能将这种伪品误认为是 JP.16 的另一种版型。

那么，应该怎样来鉴别这种足以乱真的 JP.16 的伪品呢？

① **看版别** 尽管伪品采用与真品相同的胶版印制，但因伪造者无制版原稿，而是采用真品翻版印制，因此，在细微之处，伪品与真品会存有不同，如真品红色网纹夹角为 45°，蓝色网纹夹角为 15°；伪品红色网纹夹角为 15°，蓝色网纹夹角为 75°。伪品的文字笔画毛糙，刷色杂乱等（见图 260）。

② **看邮资图中心博览会的标志** 真品 JP.16 邮资图中心博览会的标志上银墨刷色瓷实，伪品则虚浮、毛糙。

③ **看暗记** JP.16 真品标头“中国人民邮政明信片”中的“片”字，最后一笔的下部少一个网点，伪品则无；真品纪念邮资明信片左上角中英文片题右下部博览会举办日期中的“14–23”，其中“2”字上有镂空圆点暗记，伪品则无。

④ **看志号** 尽管伪品采用与真品相同的黑色网纹夹角呈 45° 的黑色专版印制，但志号的笔画特征则存有明显的不同。

⑤ **用紫光灯鉴别** 真品 JP.16 在紫光灯照射下，纸面呈亮白色，伪品则呈暗紫色。

JP.19 国际食用菌生物技术学术讨论会

菌类是一大类不含叶绿素的低等异养生物。食用菌指可供人类食用的真菌。食用菌属担子菌纲者最多，属子囊菌纲者较少。担子菌纲主要有蘑菇、香菇、草菇、北风菌、牛肝菌、口蘑、银耳、木耳、猴头菌等；子囊菌纲主要有羊肚菌、马鞍菌及钟菌等。食用菌性喜温暖湿润，多产于温带多雨地区。一般子实体为食用的主要部分。富含蛋白质，为美味蔬菜，有的也作药用或滋补品。据记载，早在三千多年前，中华民族就开始食用蘑菇；香菇、黑木耳和草菇是中国最先开始栽培，并由华侨将中国草菇栽培技术传入东南亚地区。中国野生食用菌资源丰富，目前已发现有300多种，其中不少可以人工栽培。1989年11月6～10日，为了适应世界各国食用菌生产向工厂化发展的形势，国际食用菌生物技术学术讨论会在中国南京举行。

1989年11月6日，为了纪念国际食用菌生物技术学术讨论会在南京召开，中华人民共和国邮电部发行了1枚纪念邮资明信片，志号为JP.19。任宇设计。胶版。白光卡纸。北京邮票厂印制。邮资片尺寸规格148毫米 ×100毫米，邮资票幅规格27毫米 ×34毫米。邮资片面值4分，每枚售价0.18元。发行量62.12万枚。邮资片图案为“灵芝及食用菌”。邮资图案为“草菇”。

JP.19邮资片发行量少，在邮市上供不应求，售价也比较高。在邮市呈现“牛市”时，这枚纪念邮资片曾一度成为集邮投资者所选的热门邮资票品。有些不法分子为牟不义之财，便乘机用JP.19真品翻版，印制大量伪品，以假充真在邮市上倾销。伪品也采用白光卡纸，胶版印制，刷色较逼真。缺乏鉴定经验的集邮者和邮资票品投资者，容易上当受骗。

那么，应该怎样来鉴定JP.19的真伪呢？

① **看版别和刷色** JP.19真品采用胶版印制，刷色纯正，文字清晰，墨色瓷实；伪品虽然也采用胶版印制，但因采用四色套印，刷色不够鲜亮，文字不够清晰，发虚。

② **看面值** JP.19真品邮票面值“4分”，采用黑色专版印制，笔画清晰，瓷实；伪品面值“4分”，采用四色套印，文字笔画发虚，与真品存有明显的区别（见图261）。

③ **看邮票图案上的铭记和“草菇”字样** JP.19真品邮票图案上右下方的“草菇”名称，真品采用专版、专色印制，文字虽小，但很清晰；伪品上的“草菇”名称，采用多色套印，文字模糊不清。

④ **用紫光灯鉴别** 在紫光灯照射下，JP.19真品白色纸面呈现淡紫色；伪品白色纸面则呈现亮白色。

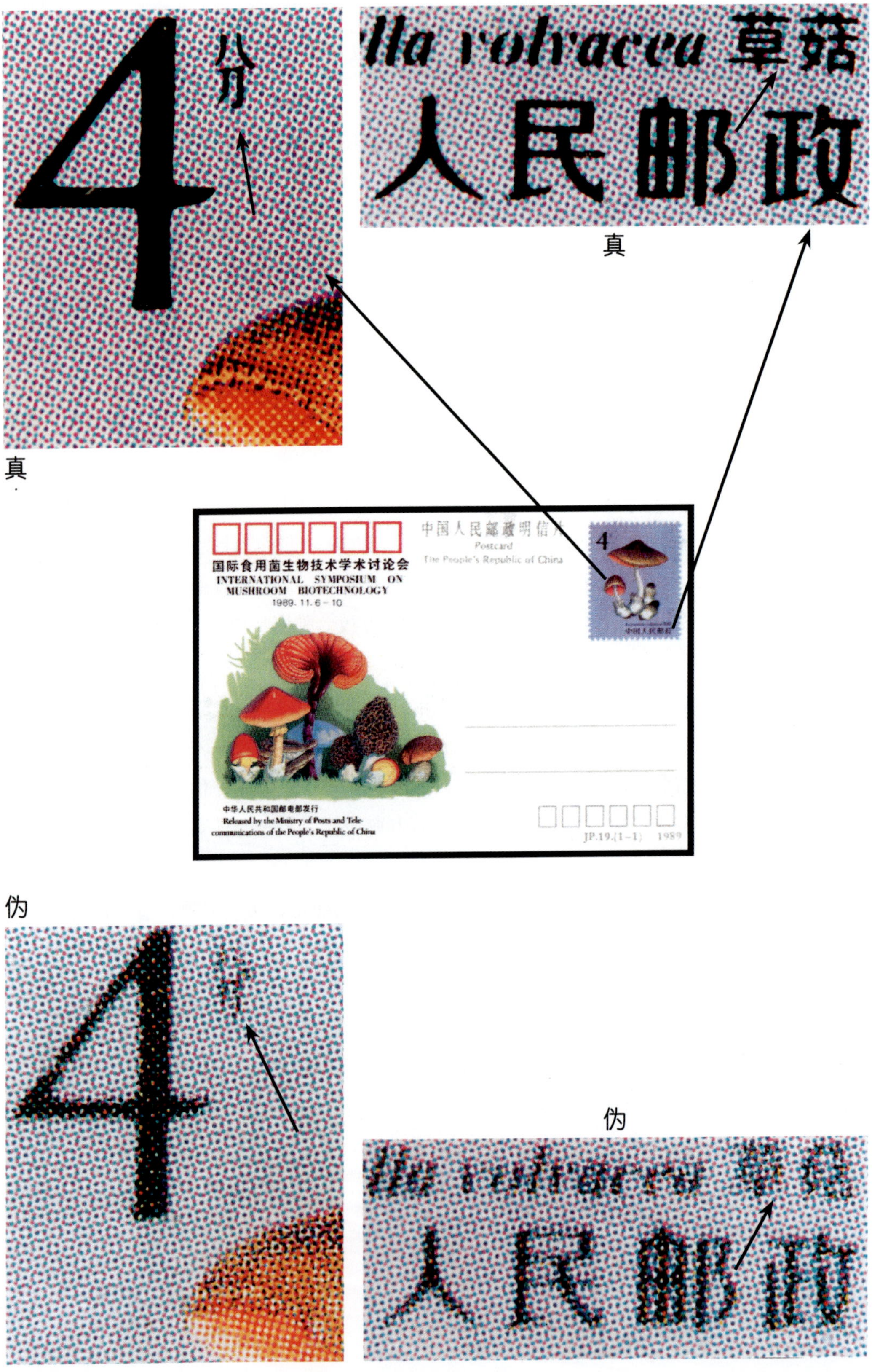
4
分
lla volvacea 草菇
人民邮政
真
真
中国人民邮政明信片
Postcard
The People's Republic of China
国际食用菌生物技术学术讨论会
INTERNATIONAL SYMPOSIUM ON
MUSHROOM BIOTECHNOLOGY
1989. 11. 6－10
中华人民共和国邮电部发行
Released by the Ministry of Posts and Telecommunications of the People's Republic of China
JP.19.(1-1) 1989
伪
伪

图261

JP.21 中华人民共和国香港特别行政区基本法

《中华人民共和国宪法》第三十一条规定："国家在必要时得设立特别行政区。在特别行政区内实行的制度按照具体情况由全国人民代表大会以法律规定。"1990年4月4日，根据《中华人民共和国宪法》，按照香港的具体情况，中华人民共和国第七届全国人民代表大会第三次会议通过了《中华人民共和国香港特别行政区基本法》，自1997年7月1日起实施。

1990年4月10日，为了纪念《中华人民共和国香港特别行政区基本法》的诞生，中华人民共和国邮电部发行了1枚纪念邮资明信片，志号为JP.21。李德福设计。胶版。白光卡纸。北京邮票厂印制。邮资片规格148毫米×100毫米，邮资图案规格25毫米×34毫米。邮资片面值4分，每枚售价0.18元。发行量85.12万枚。邮资片图案为"香港九龙景色"。邮资图案为"拥护'基本法'"。

这套JP.21纪念邮资明信片发行量不算多，发行后，市场价格比较平稳。1997年香港回归前夕，因市场上发生炒作，致使其市场价格突飞猛涨，一度曾涨到50～60元一枚。现今邮市冷落，其售价也在18元左右，比同期纪念邮资片要高一倍。不法分子为牟利，便伪造大量JP.21赝品在邮市上出售。经笔者鉴定，至少有两种赝品，为了说明方便，分别称作"伪甲"、"伪乙"。伪甲制作得比较逼真、邮资图案上的胶版网点和文字，基本上接近真品，只个别地方有漏洞；伪乙采用真品翻拍制版，套色胶印，漏洞较多。伪甲、伪乙均采用与真品相似的白光卡纸印制，刷色也比较逼真，无鉴定经验的集邮者，很容易上当受骗。

那么，应该怎样鉴定JP.21的真伪呢？

① **看网点和文字** JP.21真品和JP.21伪品均采用胶版印制，刷色均相同，用肉眼直观，似无多大差别，难分真伪。但用高倍放大镜观察，它们的印刷网点和文字，存有明显的差别。JP.21邮资图案上的《中华人民共和国香港特别行政区基本法》文字和网纹，真品网纹细，规范，文字笔画清晰、规整。伪甲网纹较粗，文字虽也同真品一样，采用专版实印，但笔画不够清晰，有的糊笔，笔画较粗；个别文字不够规范，如"港"字中的"巳"印成了"己"，"别"字中的"力"印成了第二笔不出头，成了"万"字最后一笔状。伪乙网纹较粗，网点排列角度也与真品存在明显差别；文字采用套色印制，笔画模糊不清（见图262）。

② **看面值和邮票图案底色** JP.21真品和伪品邮资图案上的面值"4分"字样，均采用黑色专版印制，真品印得瓷实，笔画整齐；伪甲笔画印得不整齐，边上发毛；伪乙笔画印得接近真品，但笔画较真品略细，从"分"字上可较明显地看出。邮资图案底色均为深绿色，真品和伪甲在套色印刷后，绿色均不显网点，真品在深绿底色边沿有网点毛茬儿，伪甲则无，比较整齐；伪乙套色网点则清晰可见。

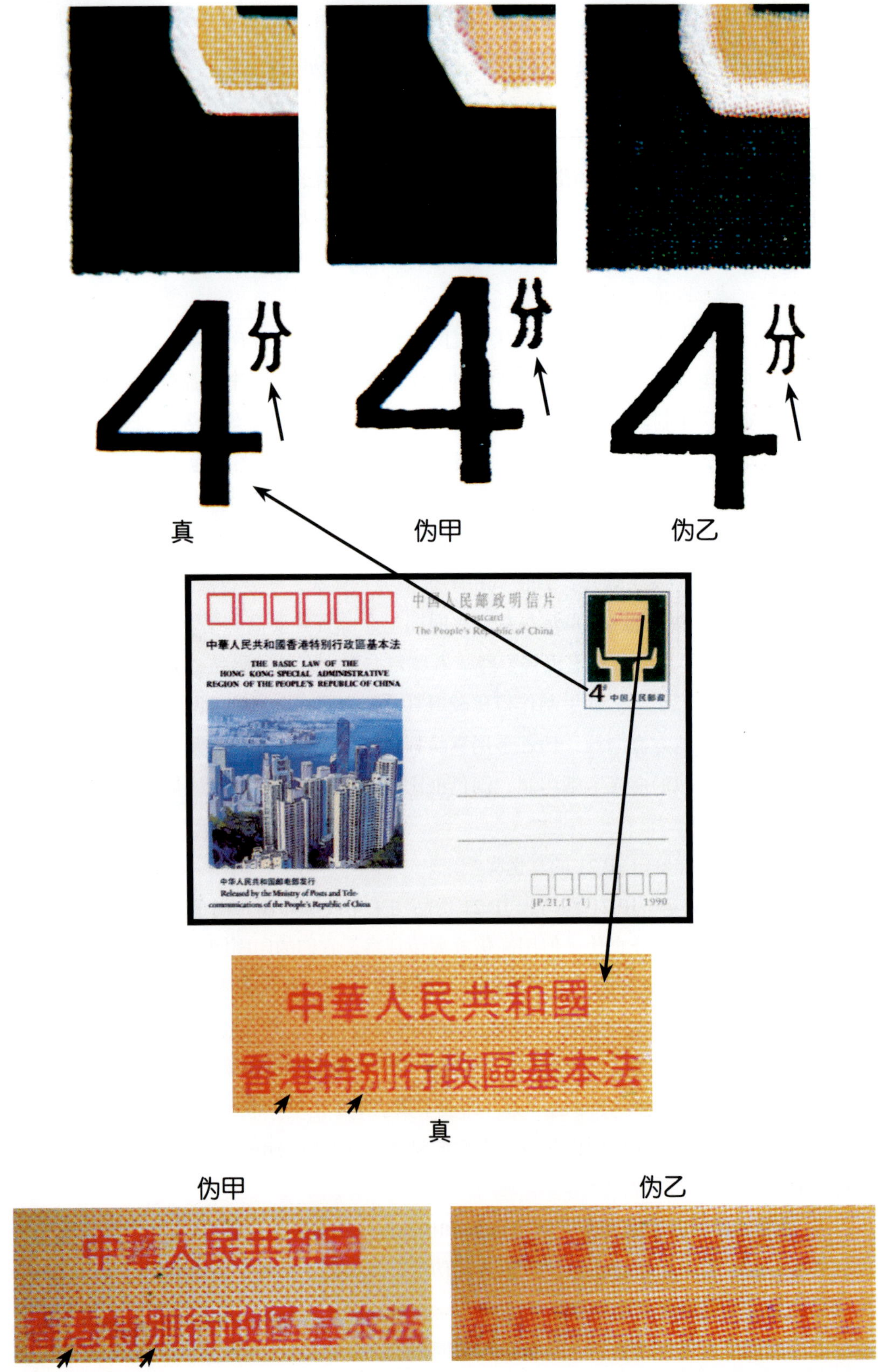
真
伪甲
伪乙
中华人民共和国香港特别行政区基本法
THE BASIC LAW OF THE
HONG KONG SPECIAL ADMINISTRATIVE
REGION OF THE PEOPLE'S REPUBLIC OF CHINA
中国人民邮政明信片
Postcard
The People's Republic of China
中国人民邮政
JP.21.(1-1)
1990
真
伪甲
伪乙

图262

③ **看铭记中国人民邮政** 真品 JP.21 铭记字体笔画规整，瓷实；伪甲铭记“中国人民邮政”印得很不规整，笔画变形、发毛，较真品粗，特别是“中国”2字，竖笔不直，弯曲；伪乙铭记印得与真品很相似，但不瓷实，笔画也较真品略细（见图 263）。

④ **看志号** 志号 JP.21.（1–1），真品和伪甲网纹夹角为 45°，伪乙网纹夹角则为 15°。

⑤ **用紫光灯鉴定** 在紫光灯照射下，真品 JP.21 纸质呈均匀的淡紫色；伪甲呈斑点状浅紫色；伪乙呈暗紫色。伪乙邮票图案上的书和双手均呈荧光。

值得提醒集邮者注意的是，在掌握 JP.21 真伪鉴定方法之后，还要提防作伪者进一步改进，制作出更有欺骗性的赝品。

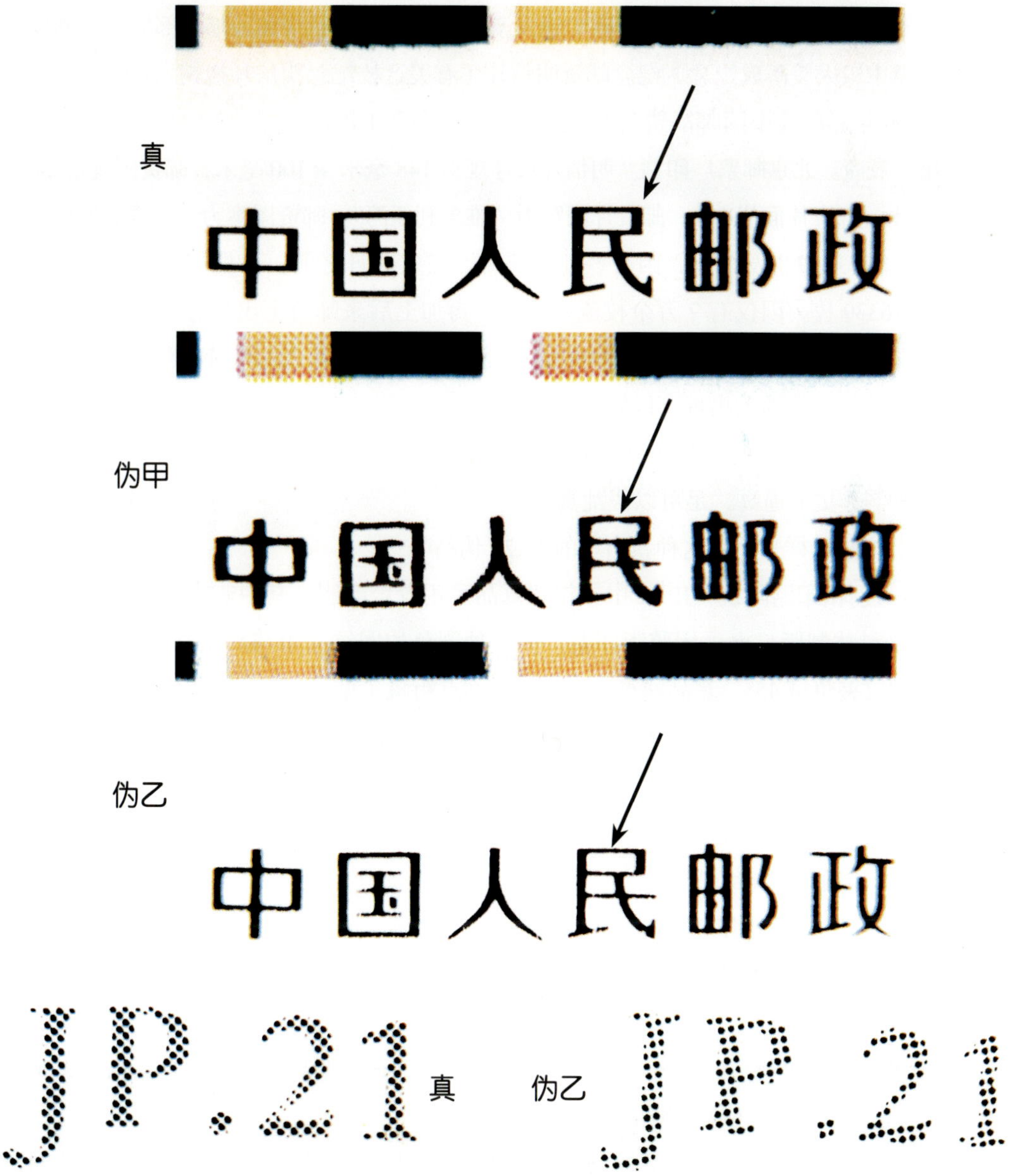

图263

JP.22 香港中银大厦落成纪念（错体停发）

香港中银大厦是中国银行香港分行新大厦的简称，由世界著名美籍华裔建筑师贝聿铭设计。楼高 70 层。从路面起楼高 315 米。大厦底层 1 楼 ~ 19 楼由四个三角组成呈正方形，20 楼 ~ 37 楼少一个三角；38 楼 ~ 50 楼又少一个三角，为两个三角组成的大三角形；51 楼 ~ 70 楼只剩下一个三角。大厦内均属一流商业办公室，除中国银行自用底层部分外，20 楼 ~ 66 楼共有约 50 万平方英尺面积，可供香港及国际机构租用。67 楼为招待所，68 楼为宴会厅，69 楼为机器房，70 楼为观景房。

1990 年 5 月 17 日，为了纪念香港中银大厦落成，中华人民共和国邮电部原定计划发行一套《香港中银大厦落成纪念》纪念邮资明信片（有关这枚纪念明信片撤销发行的原因，详见笔者 1999 年彩版《中国邮品辨伪必备》一书）。全套 1 枚，志号为 JP.22。吴建坤设计。白光卡纸。胶版。北京邮票厂印制。明信片尺寸规格 148 毫米 ×100 毫米，邮资图规格 24 毫米 ×40 毫米。邮资片面值 4 分。邮资片图案为“维多利亚湾”。邮资图案为“中银大厦外景”。

JP.22 邮资片中止发行前，因有些地方违规，在发行日之前，已提前发售，全国共计提前售出 76339 枚。因仅有 7 万余枚流入社会，再加上后来邮市上出现恶意人为炒作，使 JP.22 中银片市价飞速上升，最高时每枚售价五六千元，成为纪念邮资片中的“珍品”。这就导致大量伪品在市场上出现，以假充真，以假乱真。笔者在 1999 年彩版《中国邮品辨伪必备》中，曾介绍过当时在邮市上出现的 4 种伪品。之后，邮市上又出现了多种新伪品，其中有一种制作更为逼真，足可以假乱真。

那么，应该怎样来鉴别这种新出现的 JP.22 伪品呢？

① **看版别和印刷网纹** JP.22 中银错片真品采用胶版印制，其中蓝色网纹夹角呈 15°；伪品利用高科技制版，也采用胶版印制，但各种刷色的网纹夹角与真品存有明显的不同，其中蓝色网纹夹角呈 45°。真品网点细密，伪品网点粗疏（见图 264）。

② **看邮资图上的铭记** JP.22 中银错片真品邮资图上的“中国人民邮政”铭记，文字印得真实、清晰，采用黑色专版印制；伪品虽然也采用黑色专版印制，但由于利用真品翻拍制版，用高倍放大镜观察，“中国人民邮政”黑色实印文字边缘，存有蓝色网点构成的铭记重影，铭记文字笔画较真品粗。

③ **看志号** JP.22 中银错片真品志号和邮编黑色方框，均采用网纹夹角呈 45° 的网点构成，伪品也如法炮制，但在网点排列组合上，存有差别。

④ **看标头** 标头上“中国人民邮政明信片”中英文文字，JP.22 中银错片真品与伪品均采用黑色网纹版印制，但在网纹夹角和网点组成上，存有明显的不同：真品网纹夹角呈 45°，伪品呈 15°；文字笔画网点组成也有明显差别。

⑤ **用紫光灯鉴定** 在紫光灯照射下，JP.22 中银错片真品呈暗紫色；邮资片上黄刷色暗淡无光。伪品则呈亮白色；邮资片上黄色刷色呈现荧光亮黄色。

4分

真

4分

伪

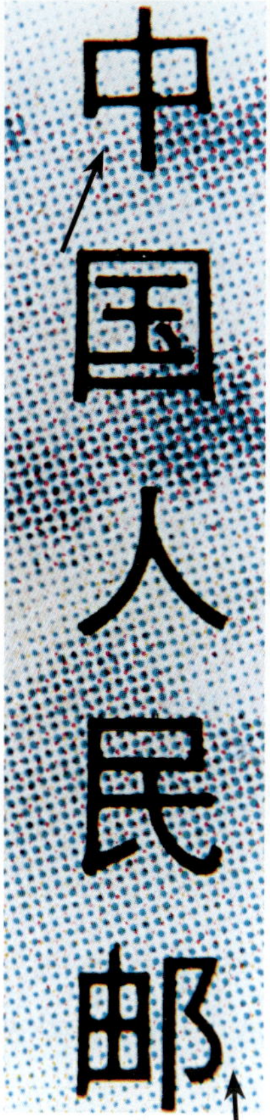
中国人民邮

真

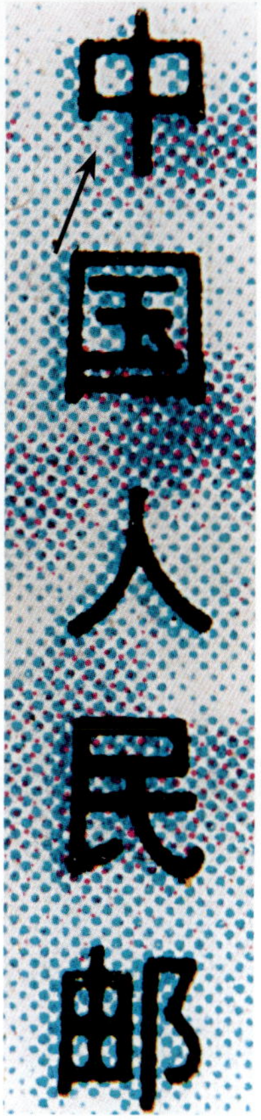
中国人民邮

伪

中国人民邮政明信片
Postcard
The People's Republic of China
香港中銀大厦落成紀念
Commemorating the Complition of
Hong Kong Bank of China Tower
中国人民邮政
中华人民共和国邮电部发行
Released by the Ministry of Posts and Tele-
communications of the People's Republic of China
JP.22.(1-1)
1990

图264

JP.26 第二次联合国最不发达国家会议

1981年，联合国大会在巴黎召开了第一次联合国最不发达国家问题会议，会上通过了《支持最不发达国家的八十年代新的实质性行动纲领》。最不发达国家有48个，人口共有6.105亿，占世界人口总数的10.5%。由于这些国家条件特别差，国内经济难于发展，人民生活难于保证。这不能不引起国际社会的关注。1990年9月3～14日，联合国大会召开了“第二次联合国最不发达国家问题会议”，有150个国家的政府参加。这次会议审查了自第一次会议以来，至今十年间最不发达国家取得的社会进展以及国际资助措施，制定了有关在20世纪90年代加快最不发达国家发展进程的国际政策和措施。

为纪念这次大会的召开，中华人民共和国邮电部于1990年9月3日特发行纪念邮资片一套，全套1枚。志号为JP.26。纪念邮资片邮资图为会徽和巴黎埃菲尔铁塔。片图为红日、货轮和海鸥。邮资明信片规格为148毫米 ×100毫米。明信片邮资图规格为30毫米 ×22毫米。面值15分，每枚售价0.30元。陈晓聪设计。白光卡纸，彩色胶印。发行量82.02万枚。北京邮票厂印制。

这枚纪念邮资片发行之后，因发行量比较少，在邮市高潮进行炒作时，表现比较突出。因此，造假者为牟暴利，便利用高科技制版，采用与真品相同的胶版和相同的白卡纸，伪造出能够乱真的JP.26赝品，在邮市上销售。集邮者和邮资票品投资者在购买时，如缺乏鉴定经验，很容易上当受骗。

那么，应该怎样来鉴别JP.26纪念邮资片的真伪呢？

① **看版别** 尽管伪品与真品一样采取相同的胶版彩印，但由于伪品是利用真品来翻版制作，并不是用原设计图稿来制作，因此，在网纹特征上，不可能与真品完全一模一样。特别是胶版，在网点密度、大小和多少，网纹夹角也会有所不同。如在JP.26邮资图的中心图案会徽上，真品与伪品在刷色网纹特征上，存有较明显的不同（见图265）。

② **看特殊部位** 用高倍放大镜观看邮资图左边的铁塔底部，真品网纹排列规范，图案清晰；伪品网纹杂乱，图案模糊不清（见图266）。

③ **看志号** 为能乱真，伪品的志号网点排列特征和夹角与真品几乎一模一样，但网点大小则不一样，真品网点大，伪品网点较小，因此造成“JP.26”在笔画粗细上不同，特别是其中的“P”字，较为明显。

④ **看标头和片题** 标头上的中英文文字，真品和伪品虽然均采用网纹夹角呈45°的黑色专版印制，但在笔画粗细和字体上，存有细小的不同；在片题文字上，笔画粗细也有所不同，真品笔画较粗，伪品笔画较细。这些只有在真伪两片进行对比鉴定时才能看出。

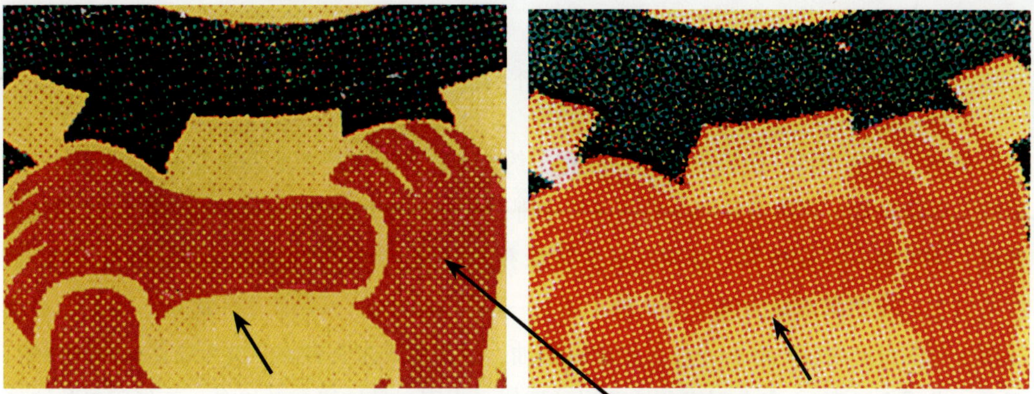

真 伪

图265

真 伪

真 伪

图266

JP.27 中国引种桉树 100 周年

桉树，桃金娘科，桉树属植物的泛称。约有 600 种。原产澳大利亚及马来西亚，广泛引种于亚洲热带、亚热带各地。中国四川中部及长江以南各地栽培最多的有大叶桉、赤桉、蓝桉、细叶桉、柠檬桉等。桉树一般为常绿乔木。枝、叶、花有芳香。早春开花，花白、红或黄色。在肥沃潮湿土壤上生长快。木材一般坚韧耐久，可供枕木、矿柱、桥梁、建筑等用。有的可产树胶；叶和小枝可提取挥发油，供药用或作香料等。又为绿化树和蜜源树。现在，世界上已有 90 多个国家和地区引种桉树。中国引种桉树 100 年来，不仅用于栽培经济林，也用于栽培防风林和风景林，已成为世界桉树栽培第二大国。

1990 年 12 月 21 日，为了展现中国丰富的植物资源，中华人民共和国邮电部发行 1 枚《中国引种桉树 100 周年》纪念邮资明信片，志号为 JP.27。任宇设计。胶版。白光卡纸。北京邮票厂印制。明信片尺寸规格 148 毫米 ×100 毫米。邮资图规格 28.5 毫米 ×38 毫米。邮资片面值 15 分，每枚售价 0.30 元。发行量 80.52 万枚。邮资片图案为“桉树”。邮资图为“桉树种子”。

JP.27 纪念邮资明信片由于发行量较少，刚一发行便在邮市上炒高出售，不法分子为牟取暴利，便制作伪品在邮市上欺骗集邮者和邮资票品投资者。当初出现的 JP.27 伪品比较粗糙，比较好鉴别，其鉴别方法，笔者在 1999 年彩版《中国邮品辨伪必备》中已做过介绍。这里介绍的是后来在邮市上出现的一种新伪品。这种新伪品利用电脑高科技，采用与真品相同的胶版印制，其网点粗细、网纹夹角，也与真品相似，刷色也很逼真，对于缺乏鉴定邮资票品经验的集邮者和邮资票品投资者来说，很难辨别出真伪。

那么，应该怎样来鉴别 JP.27 纪念邮资片的真伪呢?

① **量邮资图规格** JP.27 真品邮资图规格 28.5 毫米 ×38 毫米。伪品邮资图规格则为 28.8 毫米 ×38 毫米。

② **看面值** JP.27 真品面值“15 分”中的“分”字，笔画较细，其第 2 笔与第 3 笔拐弯处不相连；伪品“分”字笔画较粗，其第 2 笔与第 3 笔拐弯处相连（见图 267）。

③ **看铭记** JP.27 真品铭记“中国人民邮政”，笔画较细、规范，笔画间间距较大，特别是“人民邮政”中的“邮”字，更为明显；伪品铭记“中国人民邮政”笔画较粗，不够规范，笔画间间距较小。

④ **看志号** JP.27 真品志号，用高倍放大镜观看，黑色网点清晰，墨色瓷实；伪品志号黑色网点浅淡，网点不清晰，有的糊笔相连。

15分

邮政

真　　真

中国人民邮政明信片
Postcard
The People's Republic of China
15
中国人民邮政
中国引种桉树100周年
INTRODUCTION INTO CHINA
THE CENTENTARY OF EUCALYPTS
中华人民共和国邮电部发行
Released by the Ministry of Posts and Tele-
communications of the People's Republic of China
JP.27 (1-1) 1990

伪　　伪

15分

邮政

图267

JP.35 全国沿海开放城市改革开放成就展览会

据统计，我国沿海开放城市和经济特区的总面积约占全国的 2%，人口约 1 亿多；1992 年国民生产总值达 3518 亿元，占全国国民生产总值的 18.1%。1993 年 3 月 19 ~ 31 日，全国沿海开放城市改革开放成就展览会在北京展览馆举行，展出 35 个经济特区和 14 个沿海开放城市在经济建设、科技发展和人民生活水平等方面取得的巨大成就。

1993 年 3 月 19 日，为了祝贺全国沿海开放城市改革开放成就展览会的举行，中华人民共和国邮电部发行了 1 枚纪念邮资明信片，志号为 JP.35。任宇设计。胶版。白光卡纸。北京邮票厂印制。明信片尺寸规格 148 毫米 ×100 毫米。邮资图规格 34 毫米 ×27 毫米。邮资片面值 15 分，每枚售价 0.30 元。邮资片发行量 351.53 万枚。邮资片图案为“会标、五彩花瓣”。邮资图案为“会标”。

这枚 JP.35 纪念邮资片题材较好，受到广大集邮者的追捧，在邮市“热炒”时期，价格居高不下。不法分子为牟暴利，利用电脑高科技，伪造大量足可以假乱真的 JP.35 赝品，在邮市欺骗广大集邮者和邮资票品投资者。伪品同真品一样用白光卡纸彩色胶印，邮资图规格和明信片规格与真品相同。刷色也无多大差异，足可乱真。

那么，应该怎样来鉴定 JP.35 的真伪呢?

① 看志号 JP.35 真品采用网纹夹角呈 45° 黑色专版印制，伪品也一样，但志号 JP.35.（1–1）在某些局部细微处存在明显差别，如“JP”中的“J”字尾端，真品呈“平钩”，伪品则呈“尖钩”状；（1–1）中的括号，真品呈等线体状，伪品则为两头尖括状。

② 看铭记 JP.35 纪念邮资片上的铭记“中国邮政”，真品与伪品在“国”、“政”2 字上存在明显不同。真品“国”字中的“玉”上的“、”形状和长短与伪品不同；“政”字中的左半部“正”字旁的第 5 笔，真伪存在明显不同。

③ 看片题和面值 JP.35 纪念邮资片上的票题《全国沿海开放城市改革开放成就展览会》和面值“15 分”，真品字体较粗，伪品较细，其中“全国”的“国”字，真伪存在明显不同；面值“15 分”中的“分”字，真品“分”中的“刀”，均与第 1、2 笔“八”相连，伪品则不相连（见图 268）。除此之外，在邮票图底色上，棕红色网点夹角也不一样，真品为 45°，伪品则呈 15°。

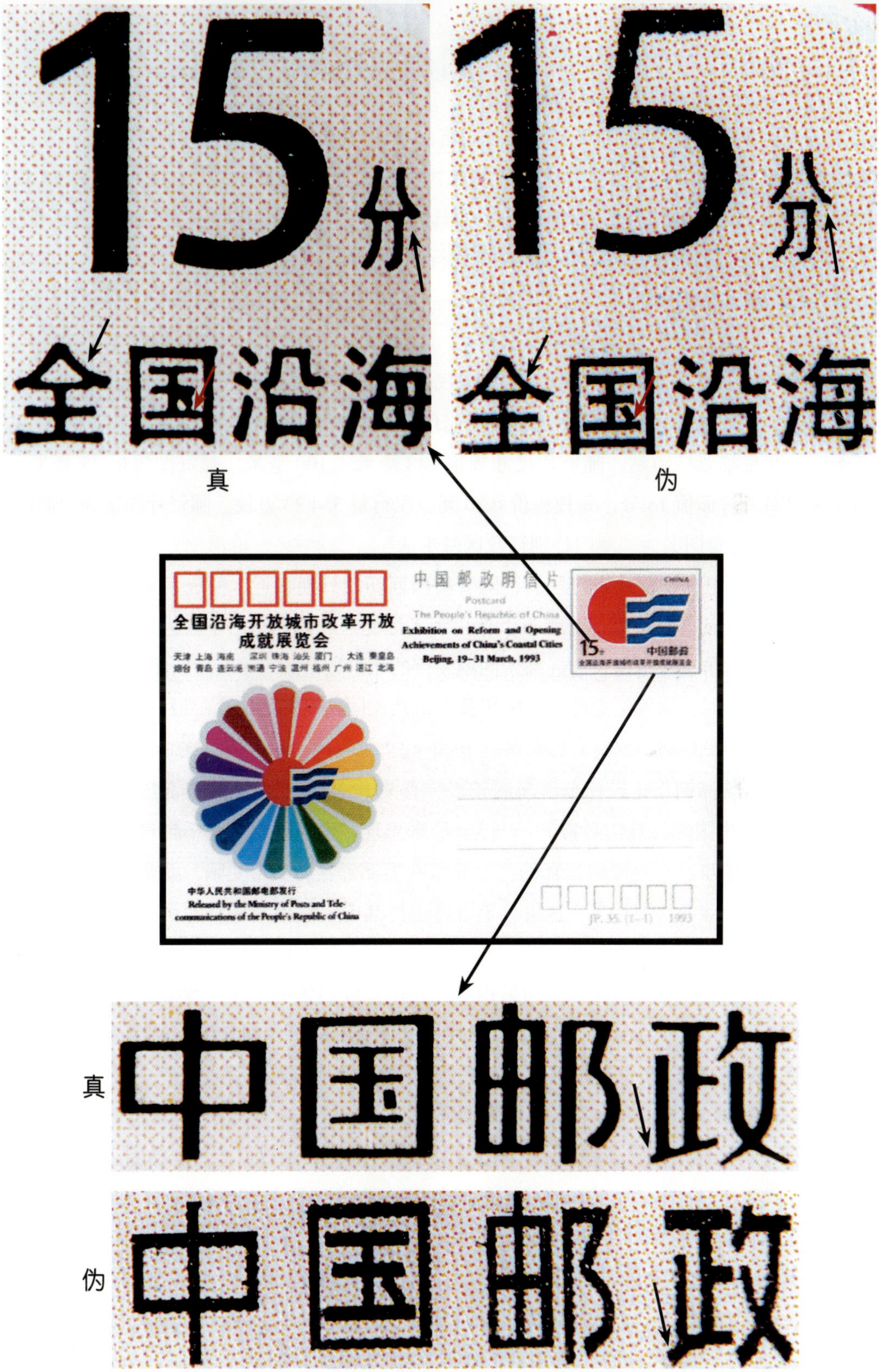
15分
全国沿海
真
15分
全国沿海
伪
中国邮政明信片
Postcard
The People's Republic of China
全国沿海开放城市改革开放
成就展览会
Exhibition on Reform and Opening
Achievements of China's Coastal Cities
Beijing, 19–31 March, 1993
CHINA
15分
中国邮政
中华人民共和国邮电部发行
Released by the Ministry of Posts and Telecommunications of the People's Republic of China
JP.35 (1–1) 1993
真
中国邮政
伪
中国邮政

图268

JP.36 中华人民共和国澳门特别行政区基本法

《中华人民共和国宪法》第三十一条规定："国家在必要时得设立特别行政区。在特别行政区内实行的制度按照具体情况由全国人民代表大会以法律规定。"1992 年 3 月 16 日，根据《中华人民共和国宪法》，按照澳门的具体情况，中华人民共和国第七届全国人大常委会第 25 次会议通过了《关于公布澳门特别行政区基本法草案的决议》。1993 年 3 月 31 日，中华人民共和国第八届全国人民代表大会第一次会议通过了《中华人民共和国澳门特别行政区基本法》，自 1999 年 12 月 20 日实施。

1993 年 4 月 20 日，为了纪念《中华人民共和国澳门特别行政区基本法》的诞生，中华人民共和国邮电部发行了 1 枚纪念邮资明信片，志号为 JP.36。潘可明设计。胶版。白光卡纸。北京邮票厂印制。邮资片尺寸规格 148 毫米 ×100 毫米。邮资图规格 35 毫米 × 23 毫米。邮资片面值 15 分，每枚售价 0.30 元。发行量 354.23 万枚。邮资片图案为"澳门、澳凼大桥"。邮资图案为"澳门特别行政区基本法"。

这枚 JP.36 纪念邮资片发行之后，随着澳门回归的日期临近，便成了集邮者和邮资票品投资者所关注的热点。因此，邮市上便出现了炒此片的热潮。由于人为的炒作，使这枚纪念邮资片的售价越涨越高，远远高于同期发行的相近数量或少于其发行量的纪念邮资片。在邮市处于低谷时，这枚纪念邮资片的售价，仍然比同期发行的纪念邮资片高出 1 ~ 2 倍。有些不法分子为牟暴利，挖空心思来伪造 JP.36 纪念邮资明信片，因此在邮市上曾出现多种伪品。初期的伪品制作比较粗糙，漏洞较多（有关 JP.36 初期伪品的辨别知识，详见笔者 1999 年彩版《中国邮品辨伪必备》一书）。后来出现的伪品制作得越来越逼真，有的已达到以假乱真的地步，不要说缺乏真伪鉴定经验的集邮者容易上当受骗，就是具有真伪鉴定经验的集邮者也难免"打眼"。这里，笔者特选择其中一种最为逼真的伪品，介绍一下鉴定的方法。

① 看版别 JP.36 真品和伪品均采用彩色胶印，版别是一样的，但由于伪品在制版时无原图稿，只能利用真品翻版，因此在网纹上常出现不同，比如红网、蓝网的夹角不同：真品红色网纹夹角呈 45°，蓝色网纹夹角呈 75°；伪品红色网纹夹角呈 75°，蓝色网纹夹角呈 15°（见图 269）。JP.36 真品采用原设计图稿即原稿来制版，而伪品则采用了 JP.36 真品作为"原稿"来翻拍制版，这就决定了伪品制作得再高超，也不可能与真品完全一模一样。鉴定时，就要细心、耐心地找出真品与伪品之间的区别。这是鉴定用胶版印制的邮资票品真伪的最基本的方法。

② 看邮资图上"澳门特别行政区基本法"文字 真品 JP.36 邮票图案上的这些文字，笔画规正，粗细一样；伪品邮票图案上的这些文字，笔画比真品细，有的字笔画粗细不一样。"基本法"边框真品整洁，伪品则出现网纹，发毛。

③ 看志号和标头 JP.36 真品志号和标头采用网纹夹角呈 45° 的黑色专版印制。伪品如

法炮制，同真品几乎无差别，但由于在翻拍制版中有个别网点略有损失，与真品存有极细微的差别，网点印得无真品瓷实，发虚。

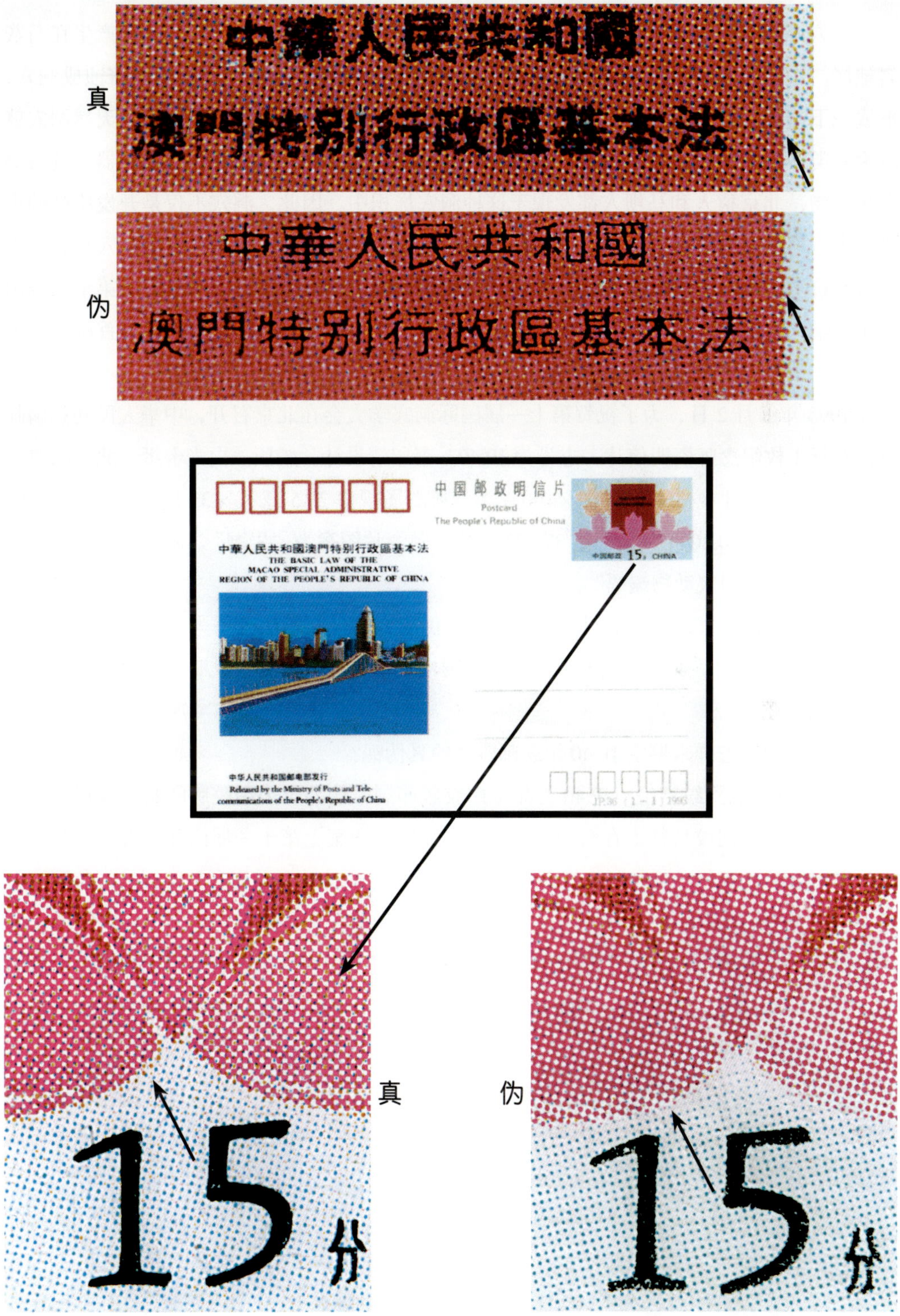

图269

JP.40 第十一届国际洞穴学大会

洞穴一般指地洞或山洞，有天然形成的，也有人工建造的。天然洞穴大多产生在石灰岩地区。由于石灰岩可以被水溶解，而水沿着石灰岩裂缝往地下渗透，逐渐溶蚀成洞穴，形成地下河流，甚至创造出石钟乳、石笋、石柱等自然奇观。早在石器时代，天然洞穴就成为人类栖身之所。由于年代久远，洞穴内常堆积有人类化石、动物化石和石器、骨器等文化遗物，北京猿人和马坝人都发现于这种洞穴堆积中。因此，洞穴不仅是开发旅游的丰富宝库，而且还具有科学研究、矿藏勘探和古文化溯源等方面的价值。由于洞穴具有一定的科研价值，各国科学家定期召开专题会议交流经验。1993 年 8 月 2 ~ 8 日，第十一届国际洞穴学大会在中国北京召开。国际洞穴学大会每 4 年召开一次，这次大会是首次在亚洲举行。

1993 年 8 月 2 日，为了祝贺第十一届国际洞穴学大会在北京召开，中华人民共和国邮电部发行 1 枚纪念邮资明信片，志号为 JP.40。李印清设计。胶版。白光卡纸。北京邮票厂印制。邮资片尺寸规格 148 毫米 × 100 毫米，邮资图规格 23.5 毫米 × 33 毫米。邮资片面值 15 分，每枚售价 0.30 元，发行量 375.23 万枚。邮资片图案为“岩洞”。邮资图为“国际洞穴学大会徽志、洞穴动物蝙蝠”。

这枚 JP.40 纪念邮资片采用胶版印制，防伪能力不强，不法分子为牟利，便利用真品进行电脑扫描制版，采用白光卡纸，胶版印制出大量伪品，在邮市上欺骗广大集邮者和邮资票品投资者。

那么，应该怎样来鉴定 JP.40 纪念邮资片的真伪呢？

① 看刷色的网纹特征 JP.40 真品采用胶版印制，伪品也采用胶版印制，版别虽然相同，但在刷色的网纹特征上存有明显不同。真品邮资图案上第十一届国际洞穴学大会的徽志，采用红、蓝双色专版印制，红色网纹夹角呈 75°；而伪品则采用套色印制，红色网纹夹角呈 45°。这从图案中心“11U1S”文字上可清晰地区别出来（见图 270）。

② 看铭记和面值 15 分 JP.40 真品的铭记和面值“15 分”处，其底色采用棕色专版印制，“分”采用黑色专版印制；伪品的底色和“分”字，均采用套色印制，刷色混杂，与真品存有明显的区别。

③ 用紫光灯鉴别 在紫光灯照射下，JP.40 真品白色纸面呈现亮白色；伪品则呈现淡紫色。二者放在一起对比，在黑暗中观察，还是存在较明显的区别，但在亮光下进行对比观察，虽有区别，但不够明显。

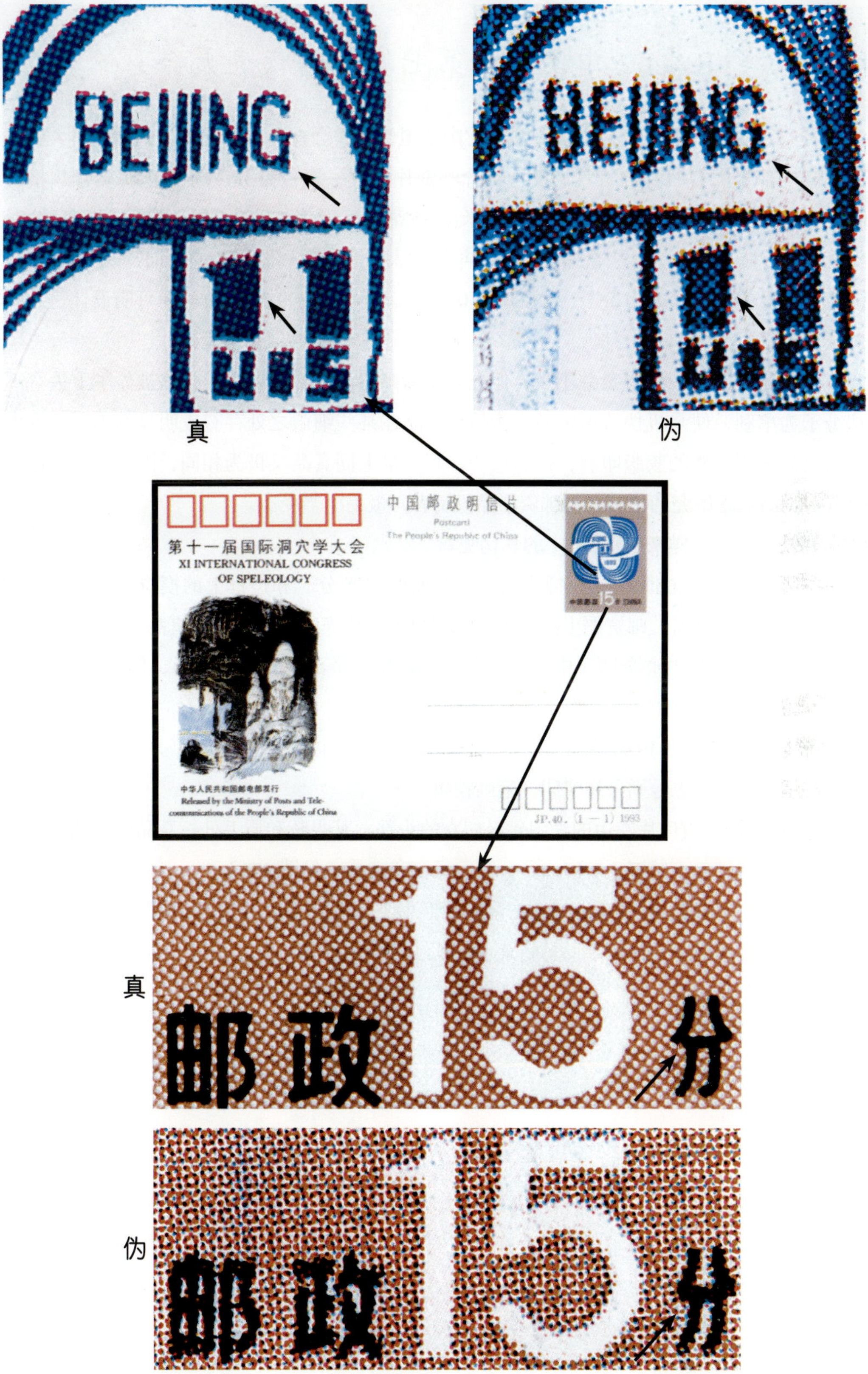
BEIJING
真
伪
中国邮政明信片
Postcard
The People's Republic of China
第十一届国际洞穴学大会
XI INTERNATIONAL CONGRESS
OF SPELEOLOGY
中华人民共和国邮电部发行
Released by the Ministry of Posts and Tele-
communications of the People's Republic of China
JP.40.(1—1)1993
真
邮政 15 分
伪
邮政 15 分

图270

JP.41 中国妇女第七次全国代表大会

1993年9月1～6日，中国妇女第七次全国代表大会在北京召开，为此，中华人民共和国邮电部于大会召开的首日，发行纪念邮资片一枚。志号为JP.41。纪念邮资片规格为148毫米×100毫米。邮资图规格23毫米×35毫米。面值15分。光白卡纸。彩色胶印。纪念邮资片邮资图案为大会会徽；片图为年轻女人、和平鸽和陈慕华的题词："中国妇女是改革和建设的一支伟大力量"。每枚售价0.30元。发行量399.23万枚。潘可明设计。北京邮票厂印制。

这枚纪念邮资片发行量并不少，但在后来炒邮热出现之后，市场价格被炒了上去。不法分子为牟利，便乘机伪造出赝品。伪品与真品在某些细微之处存有较明显的不同，但由于与真品采用一样的胶版印制，在刷色和印制质量上同真品又极为相同，因此，未见过真品或对真品缺乏研究的集邮者和邮资票品投资者，极易上当受骗。

那么，应该怎样来鉴别JP.41的真伪呢？

① **看邮资图上的面值和模拟齿孔** 真品面值"15分"和边框上的模拟齿孔线，笔画较细，伪品则均较粗；邮资图上的"中国妇女第七次代表大会"文字，真品文字笔画较细，伪品笔画较粗，其中"全国"中的"全"字，真品上半部呈"入"字形，伪品则呈"人"字形，与真品有明显不同（见图271）。

② **看志号** 真品JP.41邮资片正面右下角志号"JP.41.（1-1）1993"，采用网纹版印制，笔画较细；伪品的志号则采用实印，笔画较粗。

③ **看片图** 明信片左边的片图年轻妇女的头部，其眼睛和眉毛处，真品刷色纯正，为黑色；伪品则刷色不纯正，有红、黄、蓝、黑套印而成（见图272）。

④ **用紫光灯鉴别** 真品JP.41在紫光灯照射下，白纸面呈浅紫色，刷色无荧光反应；伪品在紫光灯照射下，白色纸面呈暗紫色，其红色刷色呈荧光反应。

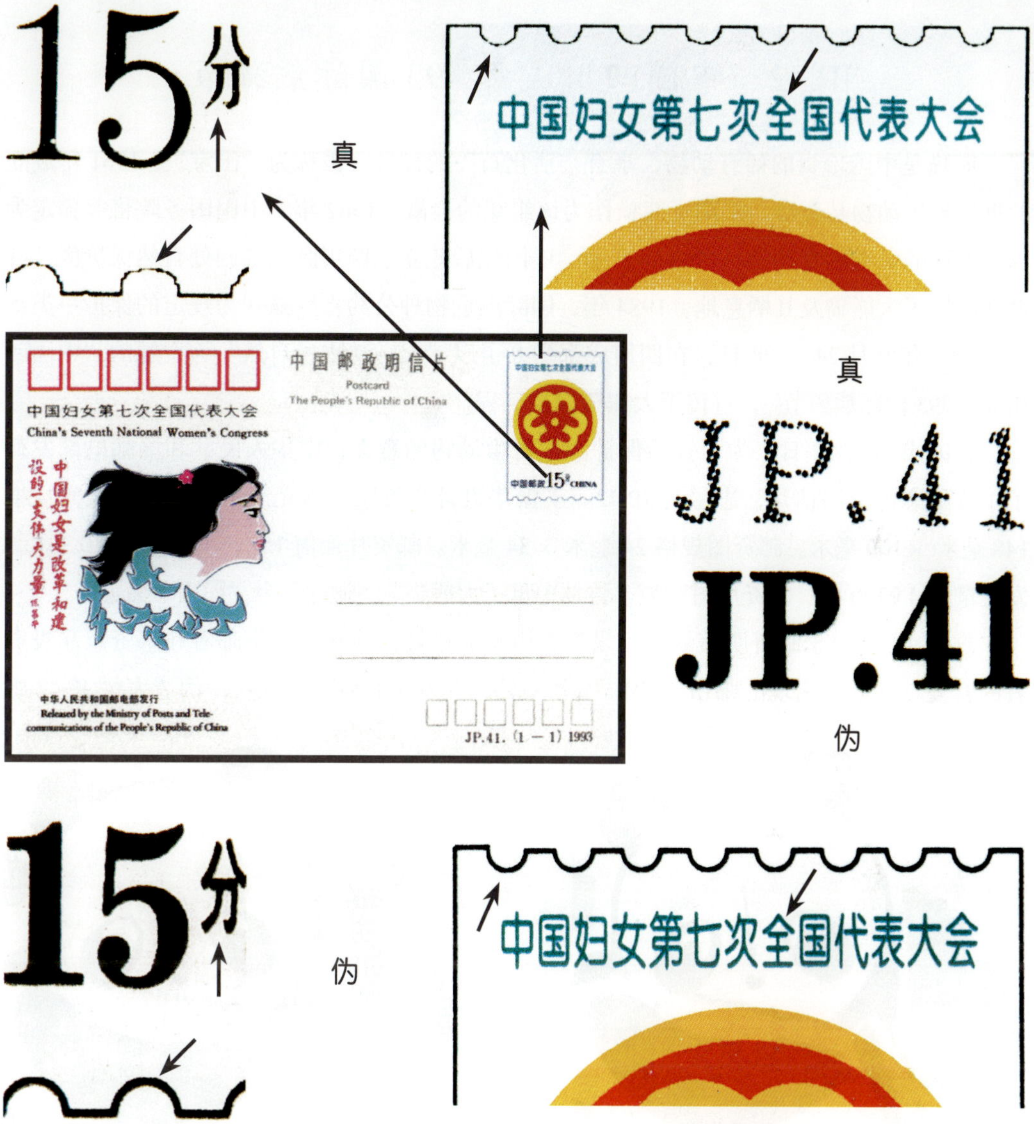
15分
真
中国妇女第七次全国代表大会
真
JP.41
JP.41
伪
中国邮政明信片
Postcard
The People's Republic of China
中国妇女第七次全国代表大会
China's Seventh National Women's Congress
中国妇女是改革和建设的一支伟大力量
中国邮政 15分 CHINA
中华人民共和国邮电部发行
Released by the Ministry of Posts and Telecommunications of the People's Republic of China
JP.41. (1－1) 1993
15分
伪
中国妇女第七次全国代表大会

图271

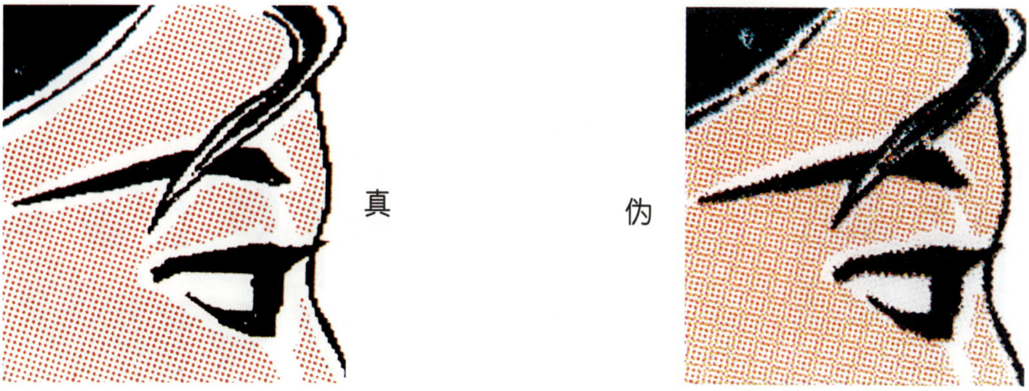
真
伪

图272

JP.42 中国四川成都'93 国际熊猫节

熊猫是中国珍贵的稀有动物，享有“活化石”的称号，被称为“国宝”。1961 年成立的世界野生动物基金会，采用了熊猫作为该组织的会徽。1962 年，中国国务院将熊猫定为国家保护的稀有珍贵动物。1963 年开始，中国先后建立了四川卧龙等四处自然保护区，有效地保护了大熊猫及其栖息地。1984 年，国际濒危物种公约将熊猫列为规定的保护一类动物。1993 年 9 月 24 ~ 28 日，在四川成都举办了以“人—动物—自然”为主题的“中国四川成都'93 国际熊猫节”，宣传了大熊猫保护工程。

1993 年 9 月 24 日，为了宣传保护濒危野生动物的意义，中华人民共和国邮电部发行了 1 枚纪念邮资明信片，志号为 JP.42。王振华设计。胶版。白光卡纸。邮资片尺寸规格 148 毫米 ×100 毫米。邮资图规格 24 毫米 ×34 毫米。邮资片面值 15 分，每枚售价 0.30 元。发行量 354.93 万枚。邮资片图案为“竹林中母子大熊猫”。邮资图为“熊猫节徽志”。

这枚 JP.42 纪念邮资明信片发行之后，由于题材好，受到广大集邮者和邮资票品投资者的喜爱。在后来出现的邮市“炒作”中，便有不法分子利用高科技，伪造大量 JP.42 赝

真

伪甲

伪乙

图273

品，在邮市上鱼目混珠。

这种伪品采用同真品一样的白卡纸，彩色胶印，刷色逼真。经笔者鉴定过的有两种：伪甲、伪乙。对其鉴定方法如下：

① **看 JP.42 邮资图案** JP.42 真品与伪品均采用胶版印制，版别相同，刷色相同，给鉴定者带来一定的难度。但只有用高倍放大镜观察邮资图中心图案熊猫、竹子、绿地，就会发现真品采用胶版实印；伪甲采用网版印制，竹子和绿地，网纹夹角呈 75°；伪乙则同真品一样均为实印，但熊猫鼻子则印成了方块状，与真品有明显的不同（见图 273）。

② **看明信片的标头** JP.42 标头上的“中国邮政明信片”文字中的“邮”、“明”二字，真品“邮”和“明”字的左半部的“由”和“日”的底部，不是全露头，仅左边露头，右边不露头；伪甲则全露头，伪乙则同真品一样（见图 274）。

③ **看面值** JP.42 真品与伪乙在面值“15 分”中的“分”字，存有明显的不同；两者底色网纹夹角也不相同，真品为 45°，伪乙则为 15°。

④ **看志号** JP.42.（1–1）志号，真品与伪甲、伪乙，均采用黑色专版印制，网纹夹角也均呈 45°，但在笔画粗细，网点排列上，存有明显的不同。

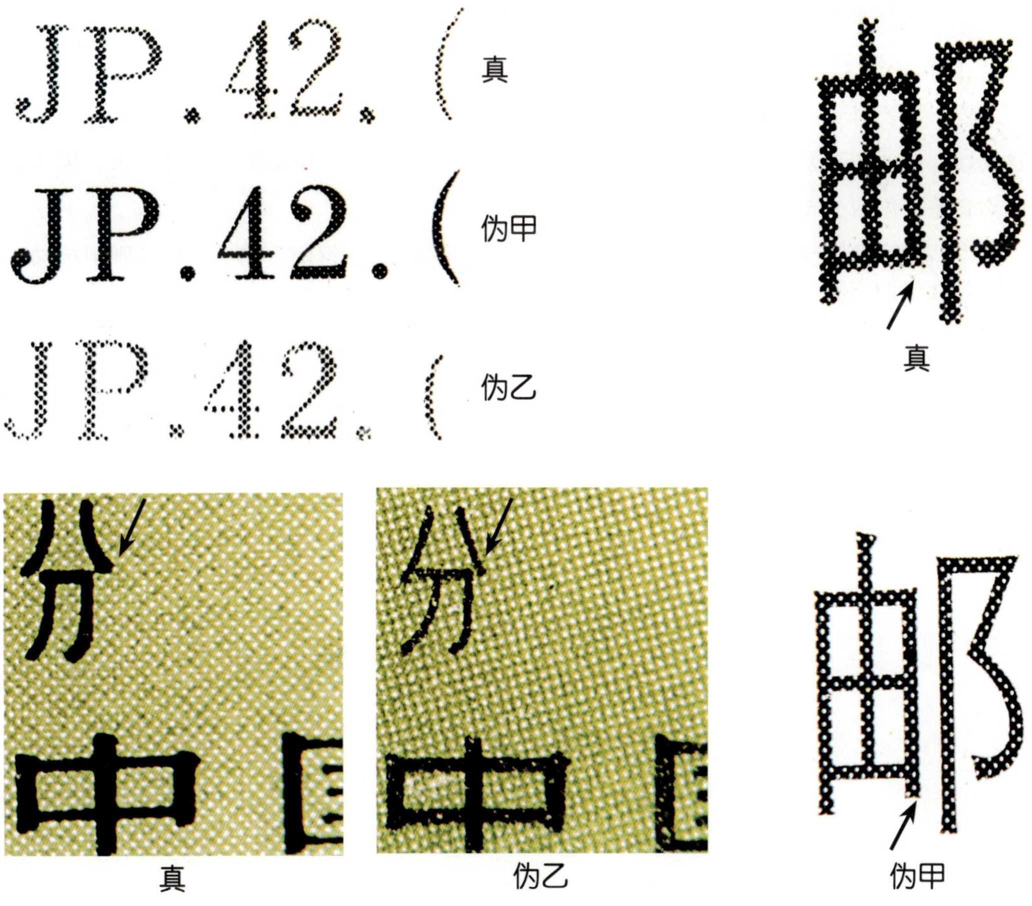

图274

JP.45 实行无偿献血制度

为保证医疗临床用血需要和安全，保障献血者和用血者身体健康，发扬人道主义精神，促进社会主义物质文明和精神文明建设，1997 年 12 月 29 日，中华人民共和国第八届全国人民代表大会常委会第 29 次会议，通过国家主席令第 93 号公布了《中华人民共和国献血法》。自 1998 年 10 月 1 日起，中华人民共和国开始实行无偿献血制度。按照“献血法”，国家提倡 18 周岁至 55 周岁的健康公民自愿无偿献血。从个体有偿献血到公民义务献血，又发展为自愿无偿献血，我国的献血制度发生了根本性变化，既促进了输血事业的发展，又能满足以安全、足够的血液救治患者的需要。

1994 年 5 月 8 日，为了宣传实行无偿献血制度的意义，中华人民共和国邮电部发行了 1 枚纪念邮资明信片。志号为 JP.45。李印清设计。胶版。白光卡纸。北京邮票厂印制。邮资明信片尺寸规格 148 毫米 ×100 毫米。邮资图规格 31 毫米 ×21 毫米。邮资片面值 15 分，每枚售价 0.30 元。发行量 539.23 万枚。邮资片图案为“无偿献血者、救护车”。邮资图为“心相连、血相通”。

应该怎样来鉴定 JP.45 纪念邮资片的真伪呢?

① 看邮资图案 真品与伪品均采用胶版彩印，但在印制中个别部位的刷色，采用的印刷工艺不同。邮资图案左上角红十字徽志，真品采用金、红专色实印，伪品采用红、黄两色套印；中心图案双心形的边饰线，真品采用金墨专色实印，伪品则采用红、黄、黑 3 色网点套印（见图 275）。

② 看明信片上的名址线 真品采用网纹夹角呈 45° 的 2 行网点组成；伪品则由单网点组成的左上旋斜线构成。

③ 看志号 真品 JP.45（1–1）采用网纹夹角呈 45° 的网版印制；伪品则呈 85° 网纹夹角，与真品存有明显的不同。

④ 看明信片左上方的主题文字 真品 JP.45“实行无偿献血制度”中的“献”字，其第 4 笔横直部分，均与下部的第 5、6 笔相连；伪品则均不相连。尽管真品、伪品主题文字字体、字号均相同，初看无任何区别，但通过“献”字的细小差别，便可辨其真伪。

真

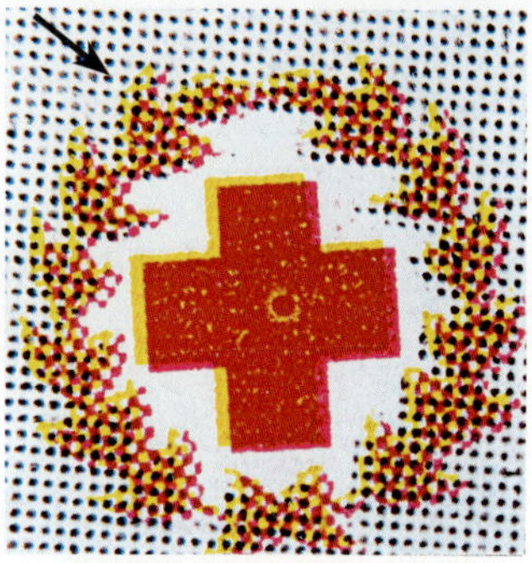

伪

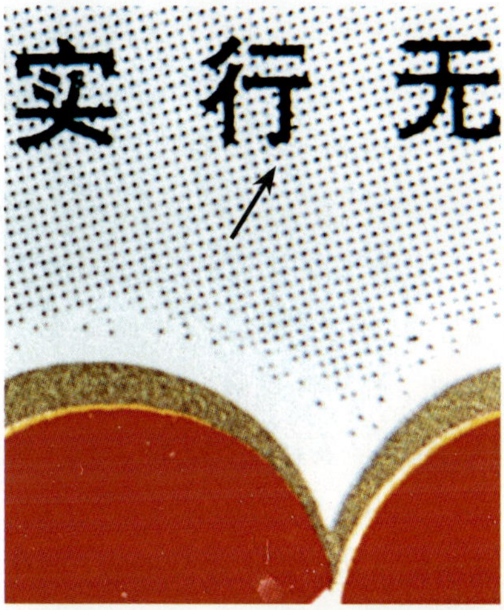
实 行 无

真

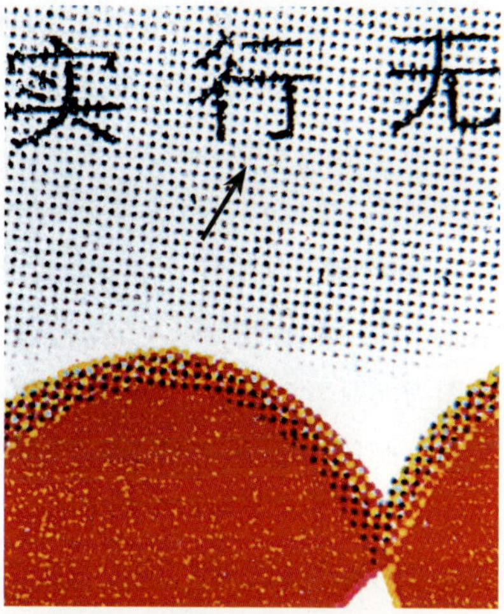
实 行 无

伪

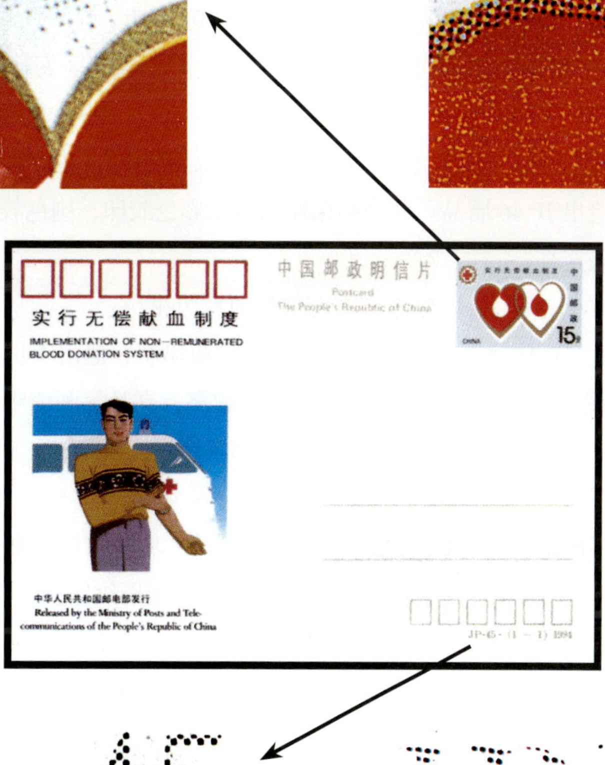
中国邮政明信片
Postcard
The People's Republic of China
实行无偿献血制度
IMPLEMENTATION OF NON-REMUNERATED
BLOOD DONATION SYSTEM
15
中华人民共和国邮电部发行
Released by the Ministry of Posts and Tele-
communications of the People's Republic of China

JP·45

真

JP·45

伪

图275

JP.46 大亚湾核电站

大亚湾核电站是中国第一座大型商业核电站，由广州核电投资有限公司和香港核电投资有限公司兴办。它位于深圳市东部大亚湾畔，距深圳直线距离 45 千米，距香港约 50 千米。1984 年 4 月开始施工；1985 年 1 月 26 日由中港双方共同负责大亚湾核电站的建设和运营；1985 年年底前期工程就绪；1987 年开始大规模施工，预计 1992 年建成投产，总装机量为 180 万千瓦，年发电量 100 亿度。这是一项中外合资工程，主要设备从法国和英国引进。两台压水堆机组分别在 1991 年和 1992 年先后建成。1994 年 2 月 1 日，大亚湾核电站第一台压水堆机开始投产发电。之后，相隔 3 个月，第二台压水堆机组也正式投入发电。投产第一年，发电量逾 107 亿度。大亚湾核电站的建成，不仅有利于香港的繁荣与稳定，也有利于广东省的经济建设与发展。

1994 年 7 月 1 日，为纪念大亚湾核电站建成，中华人民共和国邮电部发行纪念邮资明信片 1 枚。志号 JP.46。纪念邮资明信片邮资图案为李鹏题写的“广东大亚湾核电站奠基”。片图为大亚湾核电站外景。明信片规格为 148 毫米 ×100 毫米，邮资图规格为 33 毫米 ×27 毫米。邮资片面值 15 分，每枚售价 0.30 元。白卡纸。彩色胶印。发行量 553.23 万枚。邹建军设计。北京邮票厂印制。

这枚纪念邮资明信片发行以后，经过十几年的沉淀和消耗，造假者为迎合市场上制作礼品册的需要，伪造出 JP.46 赝品。此赝品采用白卡纸彩色胶印，刷色较逼真。此伪品被装进“礼品册”中以假充真。

那么，应该怎样来鉴别 JP.46 纪念邮资明信片的真伪呢?

① **看邮资图案** JP.46 伪品采用与真品相同的胶版印制，但由于伪品是利用真品翻拍制版，因此在邮资图上“广东大亚湾核电站奠基”题字，真品笔画清晰；伪品则模糊，有的笔画呈模糊一片（见图 276）。除此之外，伪品邮资图案上的面值，仅印有“15”，未印“分”字。

② **看明信片左下角铭文** JP.46 邮资明信卡左下角“中华人民共和国邮电部发行”中英文铭文，真品采用胶版实印，笔画规整、瓷实；伪品采用网纹印刷，网纹夹角呈 45°，笔画边缘呈锯齿状。

③ **看纸质** JP.46 真品采用双面光白卡纸印制；伪品则采用单面光白卡纸印制，而且伪品纸质较真品厚实。

④ **用紫光灯照射** 真品在紫光灯照射下，呈暗紫色；伪品则呈亮白色。

真

大亚湾

伪

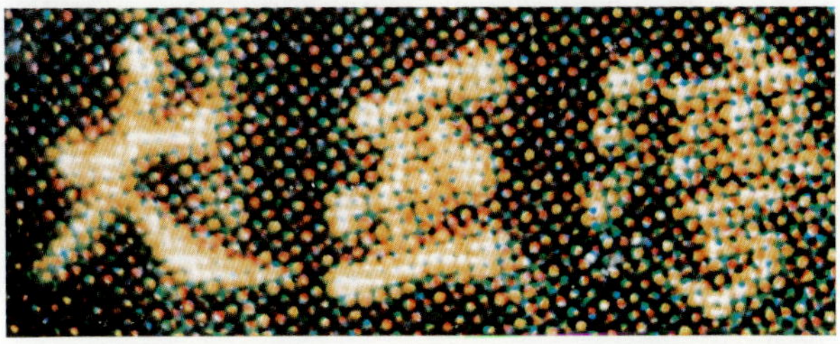
大亚湾

中国邮政明信片
Postcard
The People's Republic of China
大亚湾核电站
DAYA BAY NUCLEAR POWER STATION
中国邮政
CHINA
中华人民共和国邮电部发行
Released by the Ministry of Posts and Tele-
communications of the People's Republic of China

中华人民

真

伪

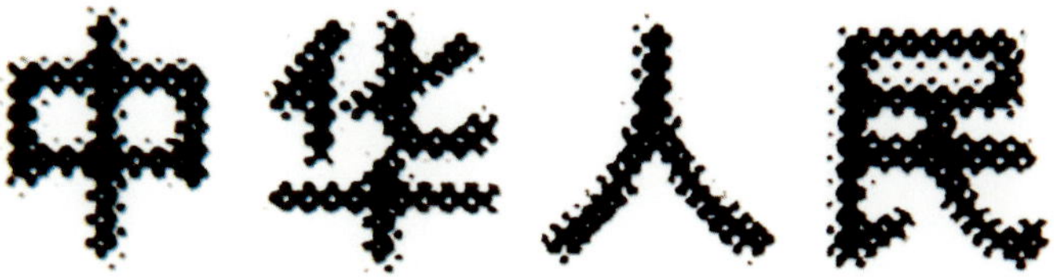
中华人民

图276

JP.47 布达拉宫维修工程竣工

布达拉宫坐落在西藏拉萨市西北约 2.5 千米的红山之巅，是西藏地方现存最大最完整的古代宫堡式宗教建筑物。“布达”，为“普陀”的转音，梵语意为“佛教圣地”；“拉”，藏语为“山”。相传公元 7 世纪时，吐番赞普松赞干布与唐朝联姻，为迎娶文成公主，筑此宫城，后毁于兵燹。17 世纪中期达赖五世时期，先修白宫，继而其总管第巴 · 桑结嘉错又主持扩建了红宫，逐步形成现在的规模。现占地面积 41 万平方米，建筑总面积 13 万多平方米。宫体主楼 13 层，高 117.19 米，东西长 400 米，全部为石木结构。西藏和平解放后，曾经多次维修整理，已成为著名的游览胜地。1989 年 10 月 11 日开始，经过 5 年的紧张施工，对布达拉宫重新进行了一次大规模的维修，1994 年 8 月 5 日举行了盛大的布达拉宫维修工程竣工庆典活动。

1994 年 8 月 5 日，为了庆祝布达拉宫维修工程竣工，中华人民共和国邮电部发行了 1 枚纪念邮资明信片，志号为 JP.47。卢天骄设计。胶版。白光卡纸。北京邮票厂印制。邮资片尺寸规格 148 毫米 ×100 毫米。邮资图规格 25 毫米 ×30 毫米。邮资片面值 15 分，每枚售价 0.30 元。发行量 520.53 万枚。邮资片图案为“布达拉宫全景”。邮资图案为“布达拉宫近景”。

JP.47 纪念邮资明信片发行量比较大，但在后来邮市升温炒作时，因西藏题材的邮资票品是热门品种，因此，这枚纪念邮资片便出现了伪品。真伪对照，伪品规格为 147 毫米 ×100 毫米，比真品短 1 毫米，为误差允许范围；伪品邮票图案除面值、铭记比真品明显失真外，其他部位均制作得较为逼真。

那么，应该怎样来鉴定 JP.47 纪念邮资明信片的真伪呢？

① **看刷色** JP.47 真品、伪品均采用胶版印制，但真品中的面值“15 分”、“中国邮政”、“CHINA”，均为黑色专版印制。伪品中的面值“15 分”和“CHINA”则采用 4 色套印，字迹毛糙；“中国邮政”虽采用黑色专版印制，但其中的“政”字与真品存在明显差别（见图 277）。

② **看纪念邮资明信片标头和志号** JP.47 明信片的标头、名址线、志号等，真品和伪品均为 45° 网纹夹角，但真品网线较伪品细密。其中“中国邮政明信片”中的“信”字第 3 笔，真品细长，伪品则短粗；“邮”、“明”2 字，其中“邮”字左半边“由”和“明”字左半边“日”，真品第 2 笔均不露头，与横笔并齐，伪品则均露头。

③ **看邮资图案上的蓝天** 真品蓝天的蓝网纹夹角为 75°，伪品则为 15°。

CHINA
邮　政
真
真
中国邮政明信片
Postcard
The People's Republic of China
布达拉宫维修工程竣工
THE COMPLETION OF RENOVATION
OF POTALA PALACE
中华人民共和国邮电部发行
Released by the Ministry of Posts and Tele-
communications of the People's Republic of China
15
中国邮政
JP47（1－1）1994
CHINA
邮　政
伪
伪

图277

JP.53 国际刑警组织第六十四届全体大会

国际刑警组织由奥地利人约翰 · 休贝尔倡导于1923年成立，总部设在维也纳，1946年迁往法国巴黎。国际刑警组织的宗旨是：促进各国刑警依照本国法律，充分互助合作，以有效预防及消灭犯罪行为。截止1995年统计，国际刑警组织有成员176个国家和地区，每个成员都设有“国家中央局”。1984年第53届国际刑警组织全体大会上，通过秘密投票，中华人民共和国被接纳为成员国，中国成为国际刑警组织第136个会员国。1995年10月4～10日，国际刑警组织第64届全体大会在中国北京举行。江泽民主席出席开幕式并作了重要讲话。

1995年10月4日，为了纪念国际刑警组织第64届全体大会在北京举行，中华人民共和国邮电部发行了1枚纪念邮资片，志号为JP.53。卢天骄设计。胶版。白光卡纸。北京邮票厂印制。邮资片尺寸规格148毫米 ×100毫米。邮资图规格30毫米 ×25毫米。邮资片面值15分，每枚售价0.30元。发行量422.03万枚。邮资片图案为“国际刑警组织徽志和万里长城”。邮资图案为“国际刑警组织徽志、和平鸽”。

作为一个集邮者，应该如何来鉴定JP.53的真伪呢?

① 看邮资图案 真品邮资中心图案上口衔橄榄枝的和平鸽的眼睛，不如伪品制作得线条和网点精细，如对真品缺乏研究，还真会错把真品当作伪品，把伪品当成真品呢！另外，中心图案国际刑警组织徽志，真品也没有伪品印得精细。再有，和平鸽的胸部，真品与伪品存在明显的区别：真品和平鸽胸部有一片黑色网点，伪品则没有（见图278）。

② 看邮票上的铭记 真品JP.53邮票上的“中国邮政”铭记，其“国”字口中的“玉”，与伪品有明显的区别。

③ 看标头 JP.53标头上的“中国邮政明信片”中的“邮”、“明”2字左边的“由”、“日”偏旁，真品左竖笔露头，右竖笔不露头，伪品则全露头；“信”字第3笔，真品与伪品有差别。

④ 看志号 真品志号“JP.53（1-1）1995”，均采用黑网版印制，用放大镜观看，可见清晰的网纹；伪品则采用黑版实印。

⑤ 看名址线 真品JP.53的名址线由2行黑色网点构成，网点夹角呈45°；伪品则由单个网点构成的左上旋网点线构成。

邮政明信片
真
伪
邮政明信片
真
伪
真
伪
真
伪
中国邮政明信片
Postcard
The People's Republic of China
国际刑警组织第六十四届全体大会
THE 64TH SESSION OF I.C.P.O.–INTERPOL
GENERAL ASSEMBLY
1995 - BEIJING
邮政编码
JP53（1–1）1995
真
伪
JP53
JP53

图278

JP.56 孙中山诞生一百三十周年

孙中山（1866 ~ 1925），广东香山（今中山）县翠亨村人，1866 年出生于一个农民家庭。幼时名帝象，稍大后取名“文”，号“日新”。1886 年，根据号“日新”的粤语谐音，改名“逸仙”。1892 年从香港西医书院毕业后，在澳门、广州行医，早年即有志反清。1894 年，在檀香山筹组兴中会，提出了“驱除鞑虏，恢复中华，建立民国，平均地权”的资产阶级民主革命口号。1905 年，在日本成立中国同盟会，任总理，提出了三民主义的纲领。1911 年 10 月 10 日，武昌起义推翻了清王朝封建统治，成立了中华民国；12 月 29 日，孙中山被推为临时大总统，1912 年 1 月 1 日在南京宣布就职。因革命党人向袁世凯妥协，1912 年 2 月 13 日，孙中山被迫辞去大总统职务。1912 年 8 月，同盟会改组为国民党，孙中山任理事长。1917 年，在广州组织护法军政府，孙中山任大元帅，誓师北伐。1924 年 1 月，中国国民党第一次全国代表大会在广州召开，通过宣言，实行“联俄、联共、扶助农工”的三大政策，旧三民主义发展为新三民主义。接着，孙中山在广州创办了黄埔军校，训练革命武装，准备北伐。1924 年 11 月，为争取全国统一，孙中山应北方军阀段祺瑞等到北京谈判之邀，立即北上，并发表《北上宣言》，提出反帝反封建的主张，到北京后，孙中山得知段祺瑞等无意实行他的主张，反而企图召集军阀分赃的“善后会议”，因忧愤疾发，于 1925 年 3 月 12 日在北京逝世，遗嘱主张：“必须唤起民众，及联合世界上以平等待我之民族，共同奋斗”。

1996 年 11 月 12 日，为纪念孙中山诞生一百三十周年，中华人民共和国邮电部发行了纪念邮资明信片 1 枚。志号为 JP.56。纪念邮资明信片邮资图案为孙中山肖像；明信片图为广州孙中山纪念堂外景。明信片规格为 148 毫米 ×100 毫米。邮资图规格为 27 毫米 ×39 毫米。邮资面值 15 分，每枚售价 0.30 元。白卡纸。彩色胶印。发行量 406.23 万枚。陈晓聪设计。北京邮票厂印制。

这枚 JP.56 发行之后，不久便赶上炒邮高潮，其市场售价也飞快上涨。于是不法分子便乘机制作伪品投放市场，牟取暴利。这里笔者仅就 3 种伪造逼真的伪品，介绍一下鉴别真伪的方法。在 3 种伪品中，伪甲制作的最为逼真，刷色、纸质均与真品相似；伪乙刷色与真品相似，但所用的白卡纸比真品厚；伪丙刷色比较粗糙。造假者还利用伪乙制造出漏印邮资图和漏印片图的错体片。有的集邮者因辨别不出其真伪，不惜花高价购买并用于组编邮集。

那么，应该怎样来鉴别 JP.56 纪念邮资片的真伪呢？

① **看邮资图上的铭记和面值** JP.56 真品邮资图上的铭记“CHINA”和面值“15 分”，文字印得瓷实、规范；伪甲、伪乙的铭记“CHINA”文字笔画印得轻浮，笔画竖笔变粗、横笔较细，不规范，伪丙则更差一些，均与真品存有差别（见图 279）。

② **看刷色网纹夹角** JP.56 真品邮资图棕色刷色呈 75°、黑色呈 15°。而伪甲的棕色、黑色网纹夹角虽与真品相同，但网点损失较多，有的则呈连线状；伪乙棕色网纹夹角呈 45°、

真

伪甲

伪乙

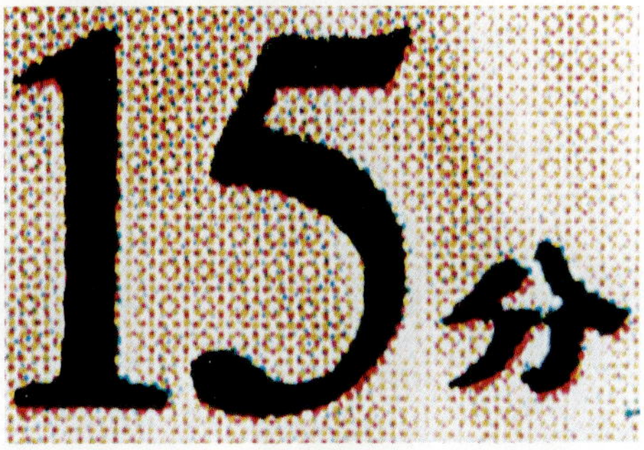

伪丙

真

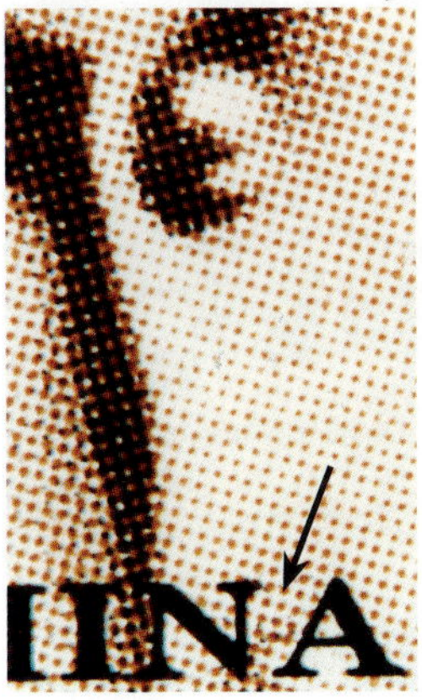

伪甲

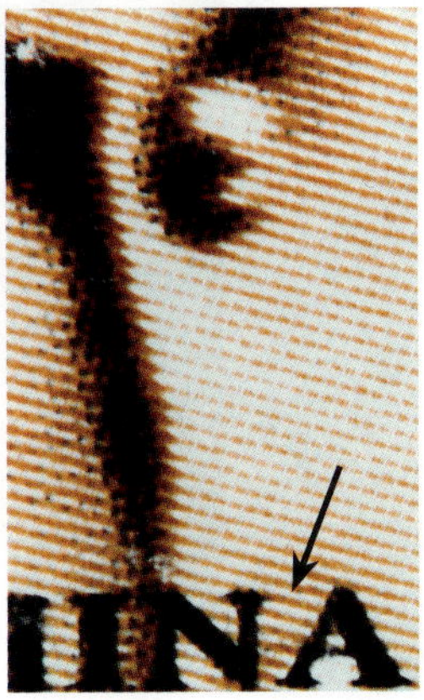

伪乙

伪丙

图279

黑色呈 75°，伪丙刷色混杂，采用红色网纹夹角 45°，黑色网纹夹角 75°，蓝色网纹夹角 15°，黄色网纹夹角 0° 进行套色印制，均与真品存有明显的差别。

③ 看片图上的刷色 JP.56 真品，片图上的蓝色网纹夹角呈 75°、红色呈 45°、黄色 0°。而伪甲红、黄、蓝刷色网纹夹角均与真品相同，但刷色网点，特别是红色网点损失较多；伪乙蓝色网纹夹角呈 15°、红色 45°、黄色 0°，因此，在图案清晰度上，均与真品存有差别（见图 280）。

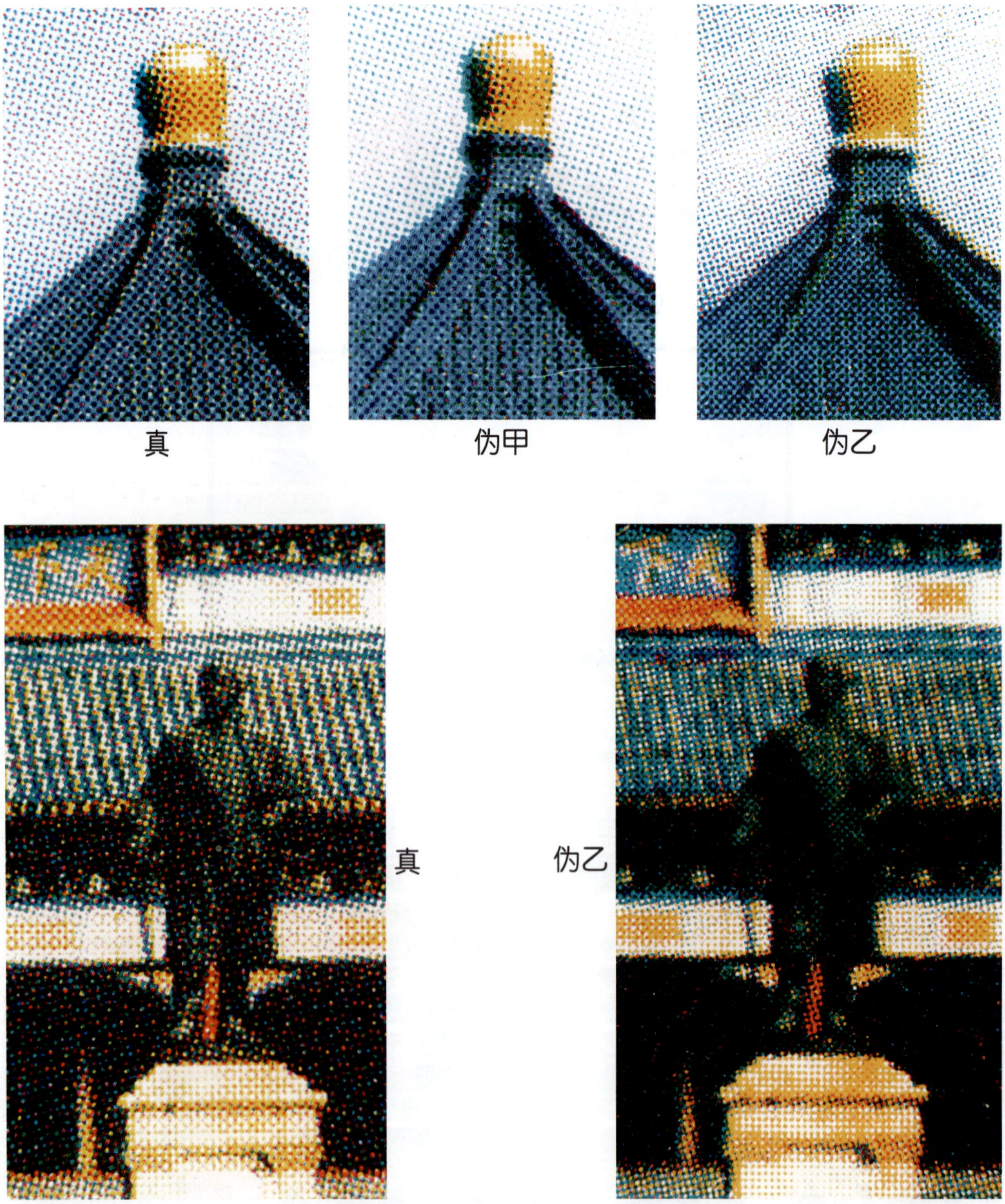

图280

JP.58 第二届亚太经合组织国际贸易博览会

亚太经济合作组织简称亚太经合组织，英文缩写“APEC”。该组织是在澳大利亚总理霍克的倡议下，于1989年11月在澳大利亚首都堪培拉召开的亚太地区首届部长会议上正式成立的。它是一个地区性经济论坛和非正式对话组织。其宗旨是：维护亚太地区的经济发展，增加经济交流，相互依存，共同受益，坚持开放多边贸易体制，减少区域内贸易壁垒，为世界的经济发展做出贡献。1991年11月，经过亚太经合组织的反复磋商，在“一个中国”和“区别主权国家和地区经济”的原则基础上，中国同“中国台北”和“香港”同时加入，成为该组织的成员。该组织由环太平洋的18个国家和地区组成，分别是东亚的韩国、日本、中国、中国台北和香港，东南亚的文莱、印度尼西亚、马来西亚、新加坡、菲律宾和泰国，大洋洲的澳大利亚、新西兰和巴布亚新几内亚，北美洲的加拿大和美国，拉丁美洲的墨西哥和智利。亚太经合组织每年举行一次领导人非正式会议。在领导人非正式会议召开之前，各成员国的高级官员、外交部长和贸易部长将召开例会。亚太经合组织成员的人口共计约22亿，1996年的综合国民生产总值为22万亿美元，约占全球总数的一半；其贸易活动占全球贸易活动总量的40%以上。为了促进亚太经合组织各成员国之间的经济合作，扩大相互间贸易发展，推动工业技术不断进步，国际贸易博览会则是该组织的一项具体行动。

1997年6月5日，由亚太经合组织与我国国际贸易促进会共同举办的第二届亚太经合组织国际贸易博览会在山东省烟台市开幕。为此，中华人民共和国邮电部发行纪念邮资明信片1枚。志号为JP.58。纪念邮资明信片邮资图案为亚太经合组织的徽志与和平鸽；片图为烟台海滨的风景区。明信片规格为148毫米×100毫米。邮资图规格为30毫米×33毫米，邮资面值40分，每枚售价0.65元。白卡纸。彩色胶印。发行量400.34万枚。邹建军设计。北京邮票厂印制。

这枚纪念邮资明信片在邮市上出现的伪品，十分逼真，完全可以以假乱真。因为这种伪品与真品相比较，版别相同，刷色网纹夹角相同，所用纸质也相同，只是在微观上存有多处细微差异，如不仔细从微观上进行鉴别，还真难辨真伪！

那么，应该怎样来鉴别JP.58的真伪呢？

① 看JP.58的片题 纪念邮资明信片左上方的片题“第二届亚太经合组织国际贸易博览会”“1997.6.6—10 烟台”，其中的“国”、“烟”二字，真品“国”字中的“玉”与外围的“口”笔画均不相连，“烟”字中的右半边“因”，里面的“大”与外围的“口”，笔画也不相连；伪品则均有笔画相连，而且文字的笔画也比真品粗（见图281）。

② 看邮资图上地球南北极和和平鸽的眼睛 真品与伪品在刷色网点上存有细微差别。

③ 看邮资明信片右下方的“邮政编码”和“JP58” 真品“邮政编码”和志号“JP58”在印刷网点构成上与伪品存有多处不同。

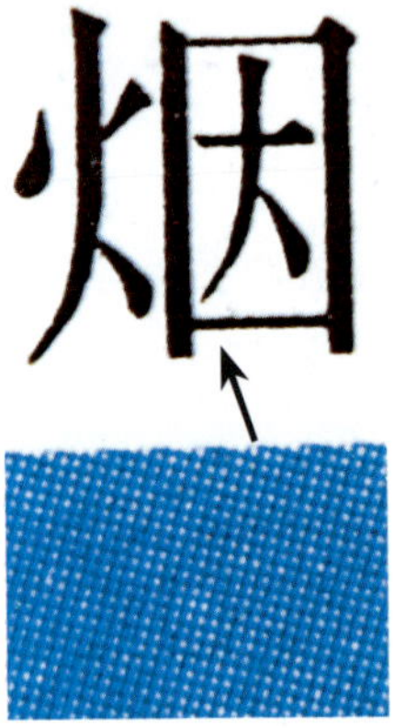

真

真

伪

伪

真

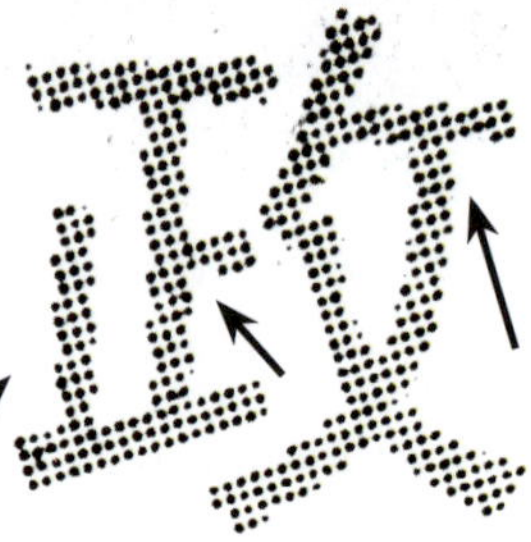

中国邮政明信片
Postcard
The People's Republic of China
第二届亚太经合组织国际贸易博览会
The Second APEC International Trade Fair
1997.6.6—10 烟台
APEC
40分 CHINA 中国邮政
邮政编码

伪

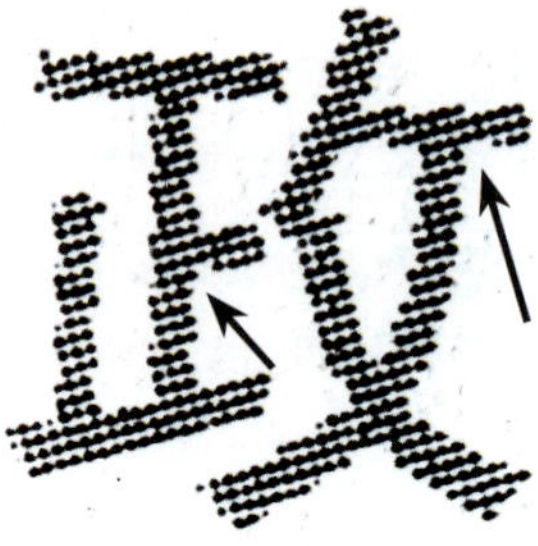

图281

JP.59 虎门大桥建成通车

虎门大桥位于广东东莞与番禺南沙之间，横跨珠江主航道。大桥于1992年10月28日开始动工兴建，总投资达30亿元人民币，是国家重点建设工程。主要通过中外合作股份制的方式融资，在建设中全面推行项目法人负责制和总监理制，与此同时，既要搞好建设，又要保护好文物。结果，建设工程比原计划提前10个月完成。为使虎门大桥成为爱国主义教育基地，中共广东省委、省政府决定在虎门威远炮台附近兴建鸦片战争抗英海战展览馆。同时还将在大桥附近兴建广东桥梁展览馆。建成后的广东虎门大桥，全长4688米。大桥主桥为中国首座加劲钢箱梁悬索桥，跨径888米，是中国已建成的跨径最大的悬索桥，号称中国第一桥。桥下主航道和辅航道可分别通航10万吨级和万吨级海轮。防洪能力达200年一遇标准。虎门大桥引道东连广（州）深（圳）高速公路，西接广（州）珠（海）东线高速公路，全长15.76千米（其中桥面长4.688千米），桥面宽31米，设6车道，昼夜通车量可达10万车次。虎门大桥的建成，使深圳和珠海两个经济特区的陆路距离缩短了100千米，这对促进珠江三角洲经济的发展，密切粤港澳之间的联系，有着十分重要的作用。

1997年5月1日，虎门大桥试通车；6月9日正式通车交付使用。为此，中华人民共和国邮电部特发行纪念邮资片1枚。志号为JP.59。纪念邮资片邮资图为虎门大桥近景；片图为虎门大桥全景和所处地理位置示意图。邮资图规格30毫米 ×23毫米。面值40分，每枚售价0.65元。邮资片规格148毫米 ×100毫米。任宇设计。白卡纸。彩色胶印。发行量402.93万枚。北京邮票厂印制。

这枚纪念邮资片发行以后，邮市上曾出现短期炒作；后来也进入打折的邮资票品行列。多年来一直未见有JP.59已出现赝品的报道。直到2005年的一天，笔者到邮市上去办事，一位邮商朋友拿出一枚他感觉有异样的JP.59请笔者鉴定一下真伪。邮商感觉这枚JP.59，其片图上印有“虎门大桥建成通车”中英文文字背面上的底色，显得很灰暗，与真片有区别。经笔者认真鉴定，认为这是一枚伪造得相当逼真的赝品，共有2种：伪甲、伪乙。伪甲较伪乙更为逼真。造假者利用高科技，采用与真品相同的白卡纸，刷有与真品几乎完全一样的刷色（除片图上“虎门大桥建成通车”中英文文字背景上的底色有些不同外），甚至连有些胶印刷色的网纹夹角都完全相同；用网目测试片测网线，真品、伪品均为175线。要辨其真伪，不要说普通集邮者，就是有一定鉴定邮资票品真伪经验的集邮者，也有一定的困难。

那么，应该怎样来鉴别JP.59的真伪呢？

① **看邮资图中心图案** JP.59真品邮资图中心图案的悬索桥其刷色网纹夹角为：红色45°、蓝色15°、黄色0°；伪品的各种刷色的网纹夹角均与真品相同，但两相对比，直观上可看出伪品的红网点浓重，伪乙蓝色网点浅淡，伪甲黑色网点较浓重，与真品有所区别（见图282）。

② **看面值** JP.59 真品面值 40 分，其中的“分”字，真品与伪甲仅有极细微差别，与伪乙则区别明显。

③ **看志号** 尽管伪品与真品在明信片上的标头、铭文、邮政编码和名址线，所采用的黑色网纹夹角完全一样，但在志号 JP.59（1–1）1997 上，却存有明显的不同。真品志号的

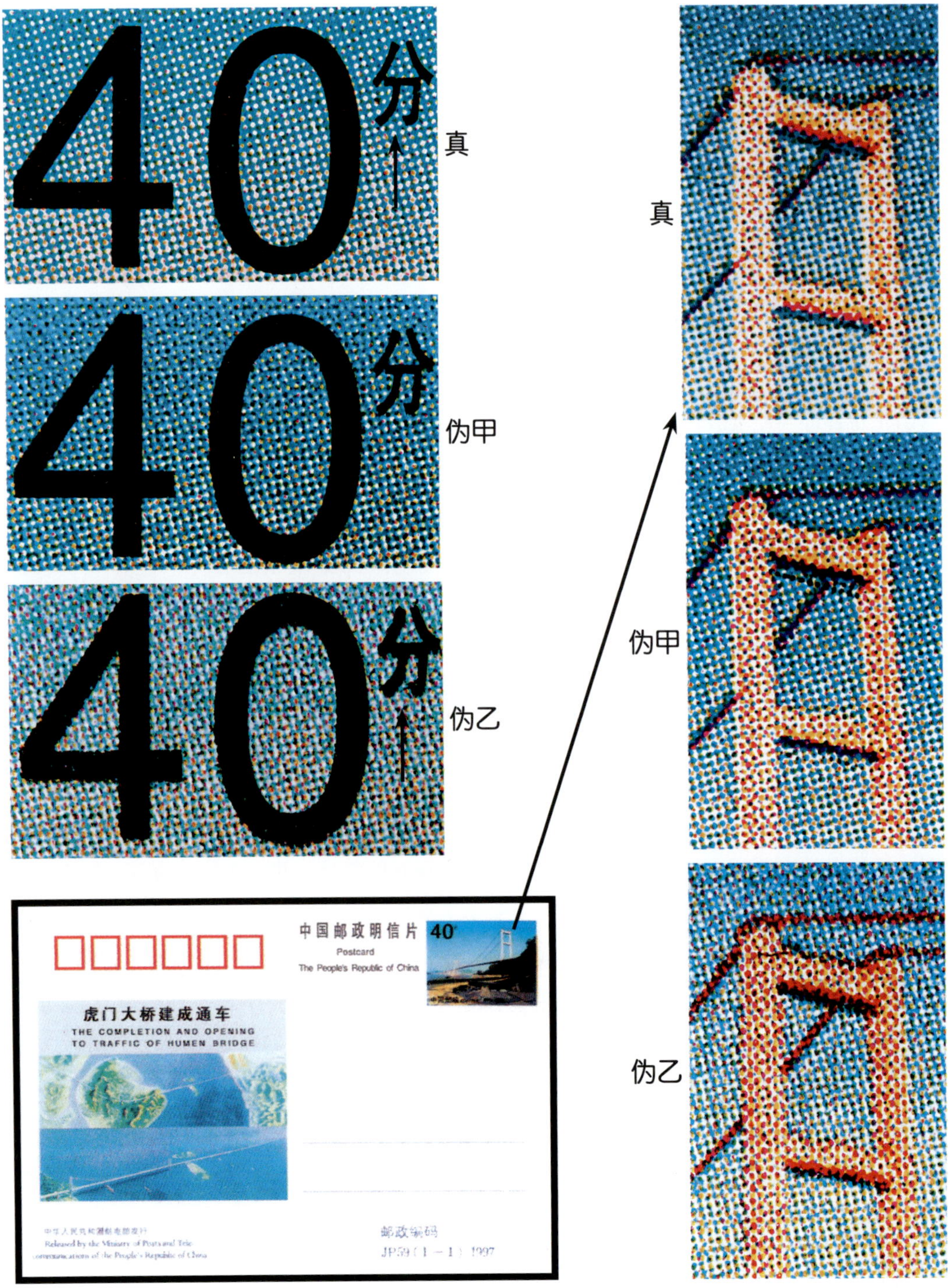

图282

网纹夹角为15°，伪品则为45°（见图283）。

④ **看片图** JP.59真品片图上“虎门大桥建成通车”中英文文字背景底色之所以与伪品有所不同，是因为真品底色上红色网点很少，而伪品上的红色网点很多所造成的。这一点也可用肉眼直观来区别真伪。

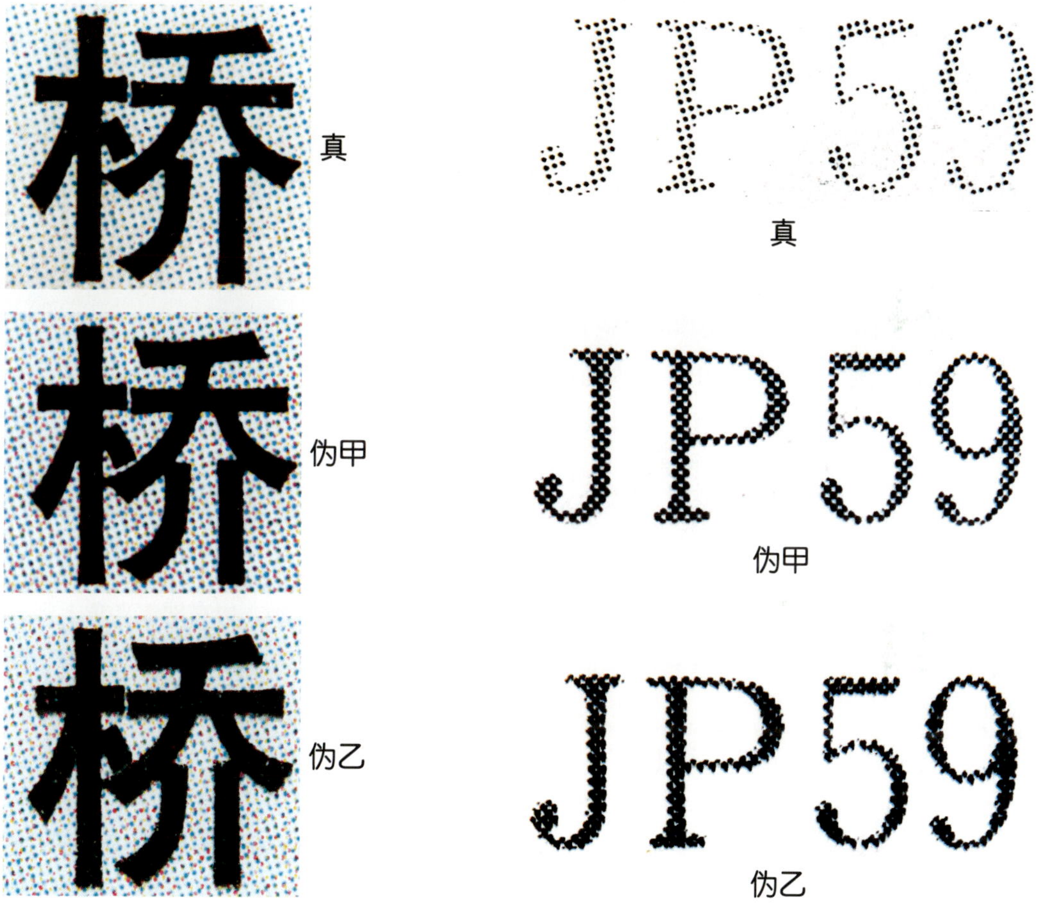

图283

JP.61 戒烟有益健康

1997年8月20日，为纪念第十届世界烟草与健康大会在我国召开，中华人民共和国邮电部发行纪念邮资明信片1枚。志号为JP61。纪念邮资明信片邮资图为一个绿叶构成的人像被点燃的烟头烧毁。片图为一片绿色的森林，正中是禁烟标志。总体寓意为了保护绿色环境，为了人类健康，禁止吸烟。以突出表现戒烟有益健康的主题。纪念邮资明信片邮资图规格为25毫米 ×34毫米。明信片规格为148毫米 ×100毫米。邮资面值40分，每枚售价0.65元。王虎鸣设计。发行量400.93万枚。彩色胶印。北京邮票厂印制。

这枚纪念邮资片发行后，邮市上曾一度出现紧俏，于是造假者便乘机利用高科技，伪造出逼真的赝品。这种赝品采用与真品相似的白卡纸胶版印制，刷色相同，缺乏鉴定邮资票品真伪经验的集邮者和邮资票品投资者，难辨其真伪。

那么，应该怎样来鉴别JP61的真伪呢?

① 看网纹粗细和网纹夹角 JP61真品采用彩色胶印，伪品也采用彩色胶印，在真品和伪品均采用相同版别印制时，要辨别其真伪，主要是看胶版的网纹粗细和各色的网纹夹角。由于伪造者在伪造时无纪念邮资片的原图稿，因此，只能用真品翻拍制版，这就造就了伪品与真品存有或多或少的较为明显的差异。这种差异，正是鉴别真伪的重要依据。用高倍放大镜观察JP61邮资图，伪品与真品在各色网纹粗细上无多大区别，但在网纹夹角上则存有明显的不同，真品蓝色网纹夹角呈15°，而伪品则呈75°；真品红色网纹夹角呈45°，伪品则呈15°（见图284）。

② 看片题文字 JP61片图上方的“戒烟有益健康”片题中英文文字，真品与伪品在字体上相同，但在笔画粗细和局部笔画特征上，存有较明显的不同，真品片题文字印得瓷实，笔画规范较粗；伪品文字印得轻浮，笔画明显较真品细。特别是“戒烟有益健康”中的“烟”字，真品与伪品在笔画粗细和字的大小上存有不同。

③ 看刷色 JP61真品刷色比较精细；伪品则比较杂乱、毛糙。

真

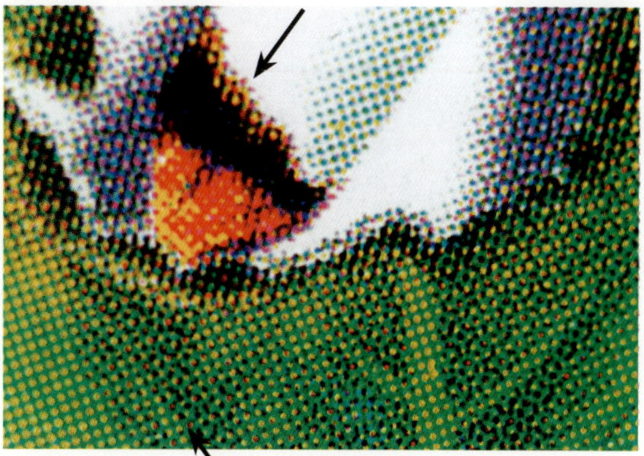

真

中国邮政明信片
Postcard
The People's Republic of China
戒烟有益健康
GIVING UP SMOKING IS GOOD FOR HEALTH
40分
CHINA
中国邮政
邮政编码

伪

伪

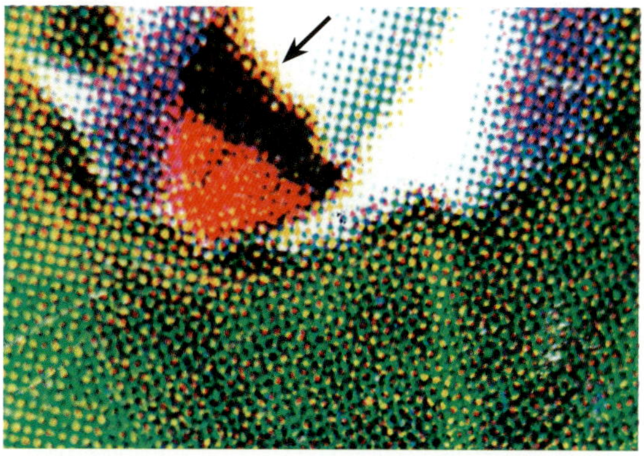

图284

JP.62 1997 世界华人经济成就展览

自古至今，龙的传人漂洋过海，以勤劳勇敢、自强不息的精神和华夏民族传统美德，聪明智慧，在世界各地生息繁衍，艰苦创业，创造了举世瞩目的华人经济。现如今，华人已遍布在世界五大洲近 140 个国家和地区，总人口达 3000 万。在改革开放的大好形势下，中国经济繁荣昌盛，日新月异。1997 年 9 月 17 日，世界华人经济成就展览在北京开幕。这是一次华夏儿女团聚交流的盛会，也是一次展示世界华人风采的盛会。

为此，中华人民共和国邮电部发行纪念邮资明信片 1 枚。志号为 JP.62。纪念邮资明信片邮资图案为展览会会标，背衬世界地图，由“C”“E”组成的金色龙腾飞在由“97”组成的祥云中，遨游在蔚蓝色的环球之上；象征中华民族勤劳、智慧、团结、奋进的精神，反映了炎黄子孙在世界各地和那里的人民休戚与共，为国际经济文化的发展做出了贡献。片图是以龙和祥云体现中国传统艺术色彩，寓意和平、富贵、吉祥；主图天坛点明了本次盛会的地点北京，表达了中国情、中国根在世界华人心目中的地位。纪念邮资明信片规格为 148 毫米 × 100 毫米。邮资图规格为 30 毫米 × 39 毫米。邮资面值 40 分，每枚售价 0.65 元。白卡纸。彩色胶印。发行量 458.93 万枚。杨文清、刘咸宜设计。北京邮票厂印制。

这枚纪念邮资明信片发行之后，邮市上曾一度“炒作”过，之后，造假者利用高科技，伪造出足以乱真的赝品。此伪品采用与真品相似的白卡纸印制，刷色精美，集邮者在购买时如不认真鉴别，极易上当受骗。

那么，应该怎样来鉴别 JP.62 纪念邮资片的真伪呢?

① 看面值“40 分” JP.62 真品面值“40 分”中的“分”字笔画规整、较粗，伪品“分”字笔画不够规整、较细；真品面值“40 分”处采用网纹刷色，伪品则为实印，无网纹。

② 看邮票图案上的会标中的“北京”二字 JP.62 真品上的“北京”二字笔画较粗，呈扁体状，伪品笔画则较细，呈长方体状；真品蓝色背景采用网纹印刷，伪品则采用实印，二者均存有明显的区别（见图 285）。

③ 看纸质 真品白卡纸较厚，呈灰白色；伪品白卡纸较薄，呈雪白色。

④ 看志号“JP.62（1-1）1997” 真品志号采用网纹夹角 15° 印制，伪品则采用网纹夹角 45° 印制，二者存有明显不同（需用高倍放大镜观察）。

⑤ 量明信片规格 JP.62 真品规格为 148 毫米 × 100 毫米，伪品则为 149 毫米 × 102 毫米。

⑥ 看邮票中心图案“金龙” 真品 JP.62“金龙”身上的红色网纹夹角为 45°；伪品 JP.62“金龙”身上的红色网纹夹角则为 15°。

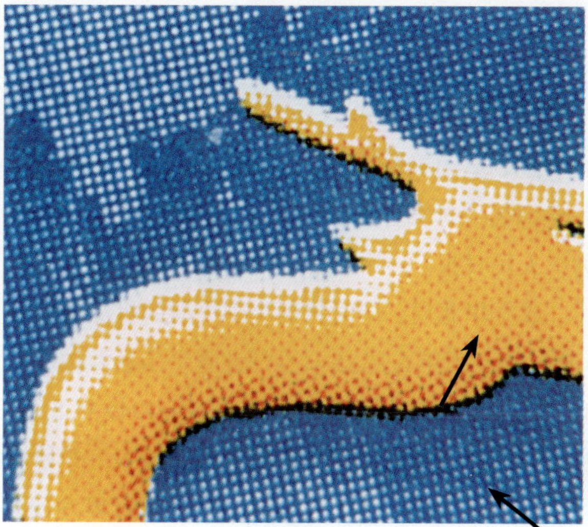

真

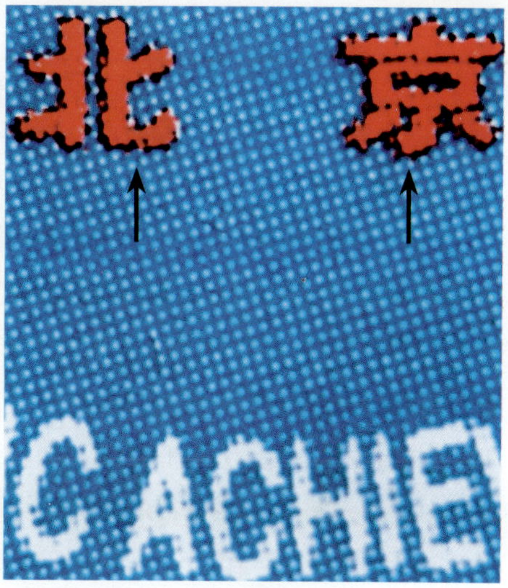
北
京

真

中国邮政明信片
Postcard
The People's Republic of China
1997 世界华人经济成就展览会
中国邮政 CHINA 40
邮政编码
JP62（1－1）1997

伪

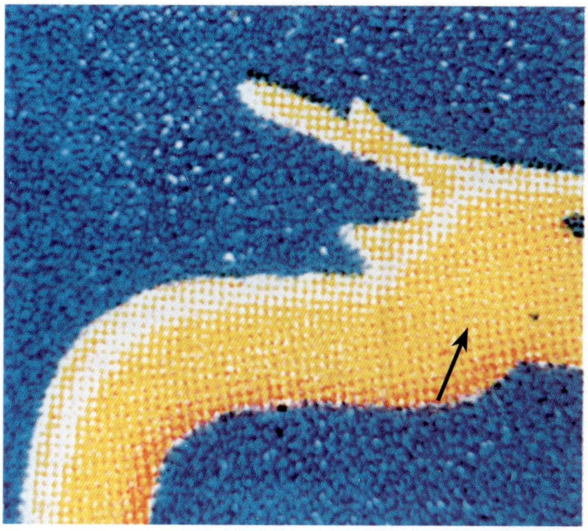

伪

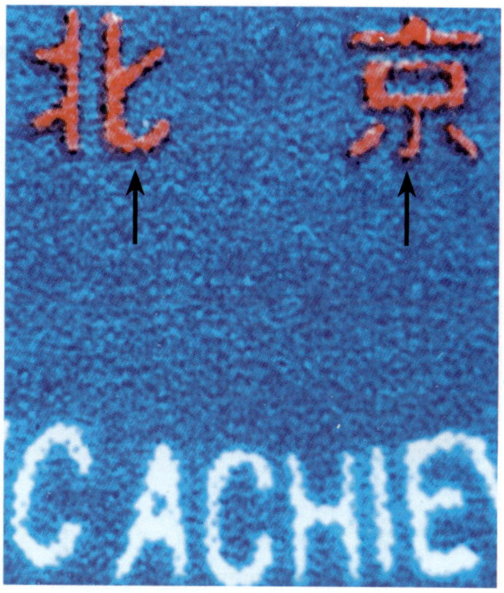
北
京

图285

JP.67 人民日报五十年

《人民日报》是中国共产党中央委员会机关报，1948 年 6 月 15 日创刊。1946 年 4 月，当时的晋冀鲁豫中央局要出一份机关报，原拟名“晋冀鲁豫报”或“太行日报”，并请毛泽东主席题写报名。毛泽东主席建议改称“人民日报”，并欣然题写了报名。1948 年 6 月初，晋冀鲁豫中央局和晋察冀中央局合并，成立华北局，同时将两个中央局的机关报——晋冀鲁豫《人民日报》和《晋察冀日报》合并，于当年 6 月 15 日在河北省平山县西柏坡出版了华北局机关报《人民日报》。1949 年 2 月，《人民日报》迁至北京出版。1949 年 8 月，中共中央决定将《人民日报》改为党中央的机关报。1985 年 7 月 1 日，《人民日报》开始出版发行“海外版”，在北京、香港、纽约、旧金山、东京、巴黎等地印刷，向全世界发行。

1998 年 6 月 15 日，为了祝贺《人民日报》创刊 50 周年，中华人民共和国信息产业部发行 1 枚《人民日报五十年》纪念邮资明信片，志号为 JP.67。李庆发设计。胶版。白光卡纸。北京邮票厂印制。邮资片尺寸规格 148 毫米 ×100 毫米。邮资图规格 24 毫米 ×34 毫米。邮资片面值 40 分，每枚售价 0.65 元。发行量 514.90 万枚。邮资片图为“牡丹花、人民日报、‘50’”。邮资图为“长城、地球、毛泽东题写的报名”。

这枚 JP.67 纪念邮资片发行量比较多，在邮市不景气的时候，也难免跌入打折的行列。为了牟取暴利，造假者不仅伪造出大量伪品在邮市上出售，还利用伪造品制造出错体、变体片以高价出售。这种用伪品制造出的错体、变体片，因黑色专版倒印，造成邮资图上漏印边框和铭记、面值等（见图 286）；这是在印专版黑色时，印刷全张倒置，造成人为的错体片。倒置的错体片，经过正常裁切后，就成了黑色文字和线条倒印的大错体片。如系真品，十分稀罕！但是，这是造假者用伪品制造的。由于这种伪品制作得十分逼真，采用与真品相似的白卡纸、相同的胶版印制，刷色相同，甚至连刷色的网纹特征与夹角都大同小异，难怪有的集邮者不惜用高价购买后，用于组编邮集参加邮展。更让人惊讶的是，有的拍卖公司还将这种伪品进行公开拍卖。这种伪品的危害性，可想而知。

图286

那么，应该如何鉴定 JP.67《人民日报五十年》的真伪呢？

① 看邮资图上“人民日报”字样的刷色特征 JP.67 真品邮资图上的“人民日报”

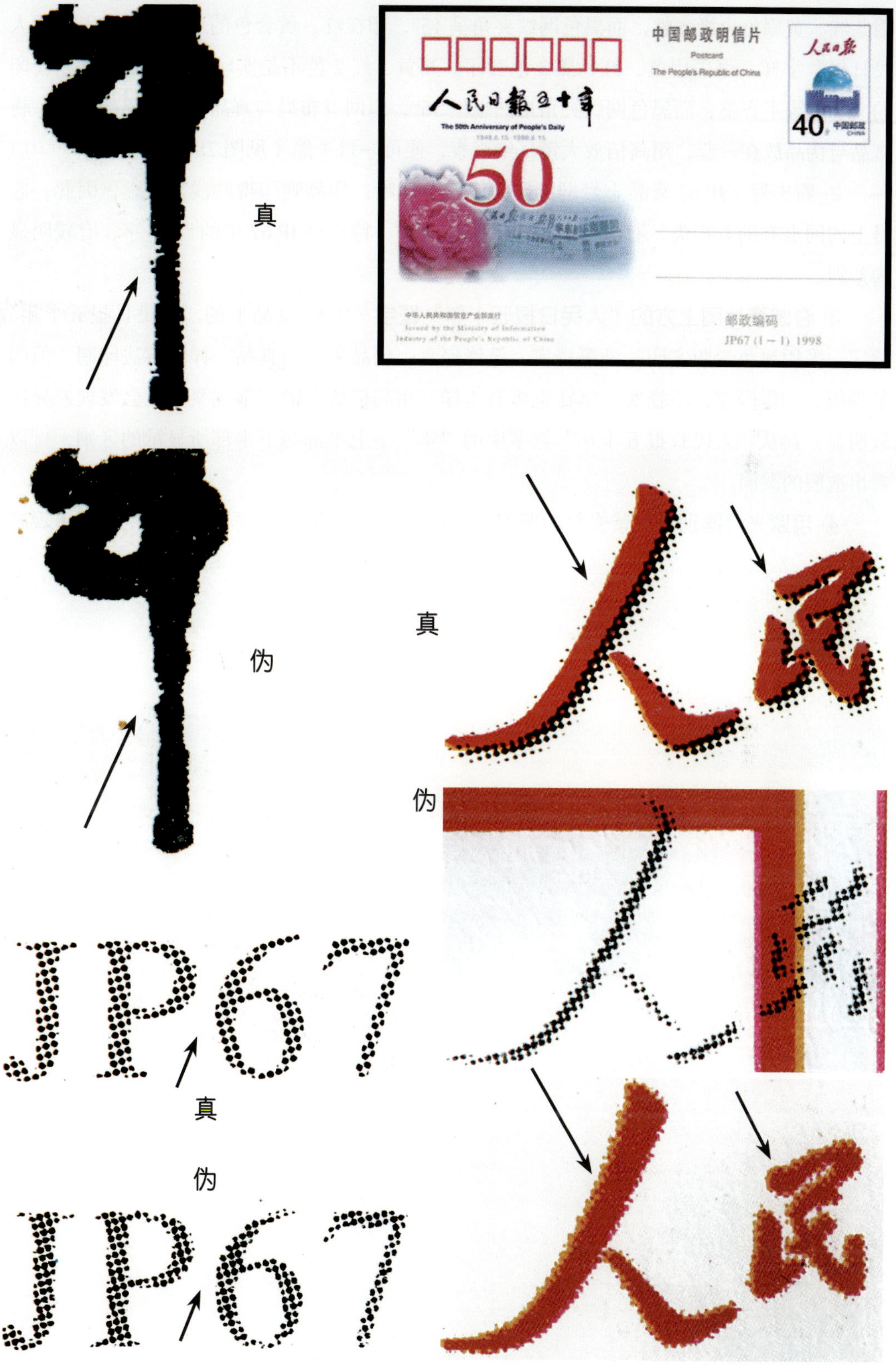
真
中国邮政明信片
Postcard
The People's Republic of China
The 50th Anniversary of People's Daily
50
40 中国邮政 CHINA
中华人民共和国信息产业部发行
Issued by the Ministry of Information Industry of the People's Republic of China
邮政编码
JP67 (1－1) 1998
伪
真
伪
JP67
真
伪
JP67

图287

字样，采用黄、红、黑3色套印，红、黄2色均为实印，无网纹，只有黑色为网纹版印制，因此红、黄刷色边缘齐整，而黑色网纹夹角呈15°，印在红、黄套色的边缘。伪品上的“人民日报”字样，也采用黄、红、黑3色套印，其黄、红2色不是实印，均呈现网纹，套印的文字边缘不齐整，而黑色网纹夹角虽然也呈15°，但网点布局与真品有较明显的不同。将真品与伪品放在一起，用高倍放大镜仔细观察，便可一目了然（见图287）。

② **看志号** JP.67真品志号网点印得瓷实、清晰；伪品则印得肤浅、发虚，因此，志号上的网点有的有损失，有的则无中生有多出来了。特别是JP.67中的“6”字，有较明显的差别。

③ **看邮资片图上方的“人民日报五十年”题字** JP.67真品上的“人民日报五十年”题字，采用黑色专版实印，油墨瓷实，笔锋逼真；伪品采用与真品一样的方法印制，但因是翻版，油墨轻浮，不瓷实，笔锋也多有走样。用高倍放大镜仔细观察，就会发现差异比较明显，这从“人民日报五十年”题字中的“年”字上半部与下半部所显示的区别，可以看出造假的漏洞。

④ **用紫光灯鉴别** 在紫光灯的照射下，JP.67真品白纸面呈现亮白色；伪品则呈现暗紫色。

JP.69 中国中央电视台建台 40 周年

1958 年 5 月 1 日，北京电视台开始创办，于同年 9 月 2 日首次成功地播出了电视节目。从此，中华人民共和国有了自己的电视事业。建台之初，每周仅能播出 4 次黑白电视节目，每次播出时间也只有 23 小时，而全国电视接收机的总数不过才 50 台。1960 年，我国建成首座电视中心；1968 年又建起电视转播塔；1973 年 5 月 1 日，彩色电视节目开始试播。1978 年 5 月 1 日，为适应新的形势需要，北京电视台改称中央电视台，简称 CCTV。中央电视台已具备了独立的采录、制作、播放和传递节目的功能，再加上有先进电视技术装备的彩电中心和高达 405 米的中央电视塔的相继投入使用，极大地改善了电视观看的条件。中央电视台的主要任务是宣传党和国家的方针政策，介绍中国取得的伟大成就，同时还担负着国际电视节目交流的重任，成为中国了解世界，世界了解中国的一扇友谊之窗。

1998 年 9 月 2 日，为纪念中央电视台成立 40 周年，中华人民共和国信息产业部发行纪念邮资明信片 1 枚。志号为 JP.69。明信片规格为 148 毫米 ×100 毫米。明信片邮资图规格 25 毫米 ×36 毫米。邮资面值 40 分，每枚售价 0.65 元。彩色胶印。白卡纸。发行量 516.6 万枚。姜宜舒设计。北京邮票厂印制。

这枚纪念邮资片发行量很多，即使这样，也没有“逃脱”造假者进行伪造。造假者利用高科技，伪造出足以乱真的 JP.69。伪品同真品一样，采用白卡纸，彩色胶印，刷色精美。不要说缺乏鉴定邮资票品真伪经验的集邮者会上当受骗，就是有一定经验的集邮者，稍有粗心，也容易上当受骗。

那么，应该怎样来鉴定 JP.69 纪念邮资片的真伪呢?

① **看版别** 伪品与真品采用相同的版别印制，在胶版印制中，主要看各种刷色的网纹夹角。真品纪念邮资明信片的标头、名址线、志号和图案中的黑色网纹夹角均呈 15°；图案中黄色呈 0°，红色呈 45°，蓝色呈 75°。伪品 JP.69 中图案上的黑色网纹夹角则呈 45°；图案中黄色呈 0°，红色呈 75°，蓝色呈 15°。

② **看 JP.69 上的英文铭记** 真品邮资图上的英文“CHINA”铭记，与伪品存有较明显的不同；真品中“HIN”三个字母上方和下方的“—”横笔画，均相连，伪品则不相连（见图 288）。

③ **看纸质** JP.69 真品所用白卡纸较厚实、坚挺；伪品所用白卡纸较薄。

④ **紫光灯照射** 真品在紫光灯照射下，白色纸面呈浅紫色；伪品则呈亮白色。

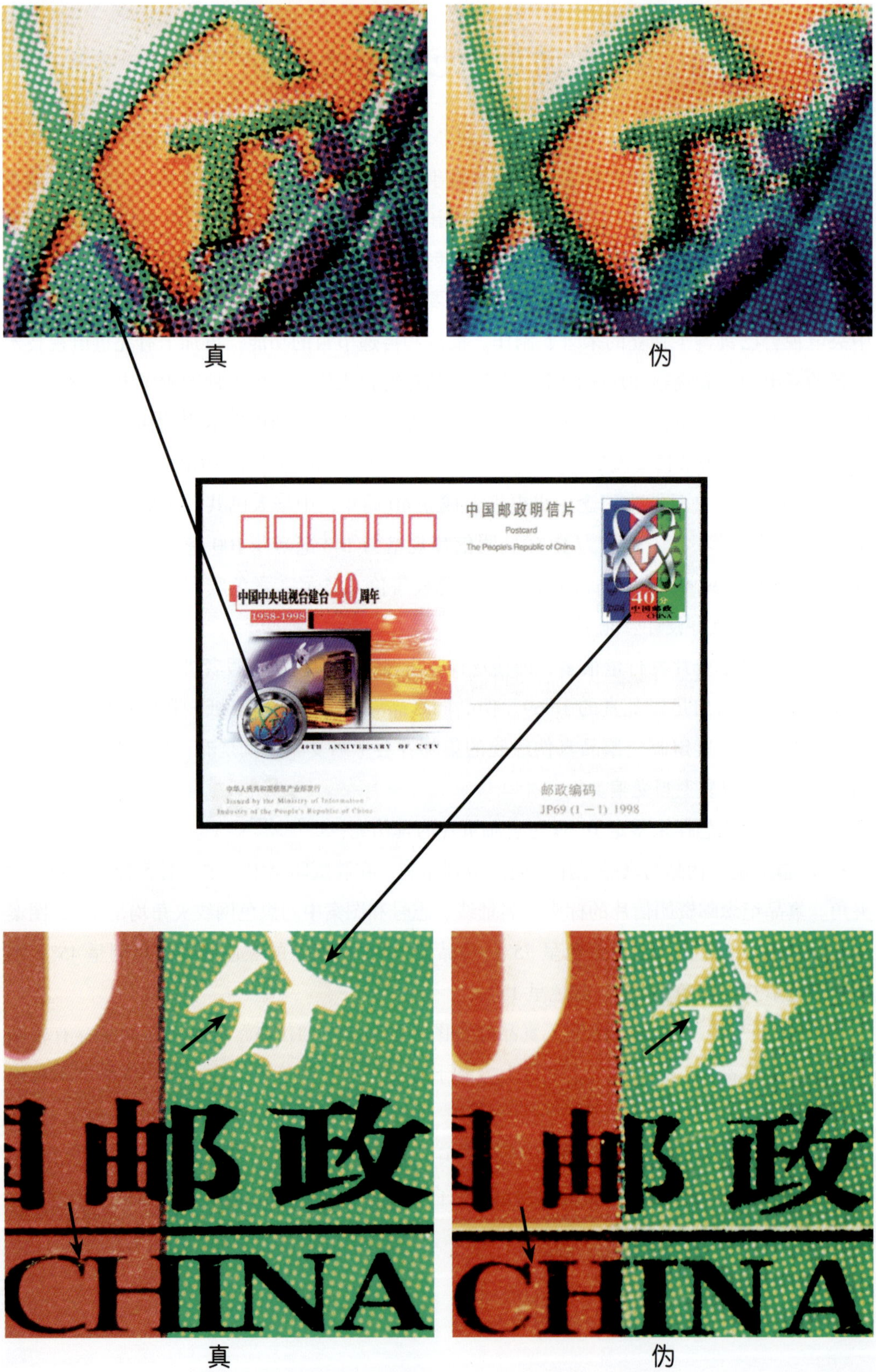
真
伪
中国邮政明信片
Postcard
The People's Republic of China
中国中央电视台建台40周年
1958-1998
40TH ANNIVERSARY OF CCTV
中华人民共和国信息产业部发行
Issued by the Ministry of Information Industry of the People's Republic of China
邮政编码
JP69 (1—1) 1998
邮政
CHINA
真
伪

图288

JP.70 国家推广全国通用的普通话

普通话是现代汉语的标准语，以北京语音为标准音，以北方话为基础方言，以典范的现代白话文著作为语法规范的现代汉民族共同语。普通话不等于北方话或北京话，因为它还吸收其它方言中的成分，比任何方言更丰富、更完美。新中国成立以来，由于汉民族的高度统一，社会主义革命和建设的迫切需要，对语言规范化的重视，以及汉语拼音方案的推行，普通话得到迅速的推广和发展。为此，自 1998 年起，每年 9 月份的第三周作为全国推广普通话宣传周。

1998 年 9 月 14 日，为配合和纪念国家推广全国通用普通话宣传周的开展，中华人民共和国信息产业部特发行纪念邮资片 1 枚。志号为 JP.70。纪念邮资明信片规格为 148 毫米 × 100 毫米。明信片邮资图规格为 27 毫米 ×36 毫米。邮资面值 40 分，每枚售价 0.65 元。白卡纸。彩色胶印。发行量 500.5 万枚。杨文清、郝旭东设计。北京邮票厂印制。

这枚邮资明信片发行量虽然较多，但邮市上依然出现了足以乱真的伪品。伪品采用白卡纸，胶版彩印，刷色逼真，其网纹比真品还细；真品为160线/吋，而伪品则为175线/吋。因此，集邮者如对真品特征不掌握，很难辨其真伪。

那么，应该怎样来鉴别 JP.70 纪念邮资片的真伪呢?

① **看网纹特征** JP.70 的伪品采用与真品相同的胶版印制，这就给鉴定增加了难度。在伪品采用与真品相同版别伪造的情况，要辨真伪，只有从网纹夹角和网纹粗细来加以鉴别。JP.70 的真品其明信片标头、名址线、邮编、志号和图案上的黑色网纹夹角，均呈 15°；图案中红色呈 45°，蓝色呈 75°，黄色呈 0°。而伪品则黑色呈 45°；红色呈 75°；蓝色呈 15°；黄色呈 0°（见图 289）。

② **看面值“40 分”** 真品白底色上所印黑色网点夹角呈 15°；伪品则呈 45°。真品网点较伪品的网点粗大些。

③ **用紫光灯照射** JP.70 真品在紫光灯下白色纸面呈暗紫色；伪品则呈亮白色。

40分

40分

真

伪

中国邮政明信片
Postcard
The People's Republic of China
中国邮政 China
40
国家推广全国通用的普通话
The state promotes the nationwide use of Putonghua
邮政编码
JP70 (1－1) 1998

真

伪

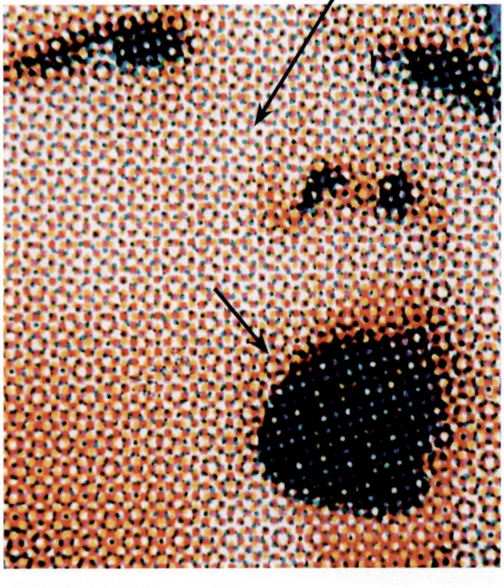

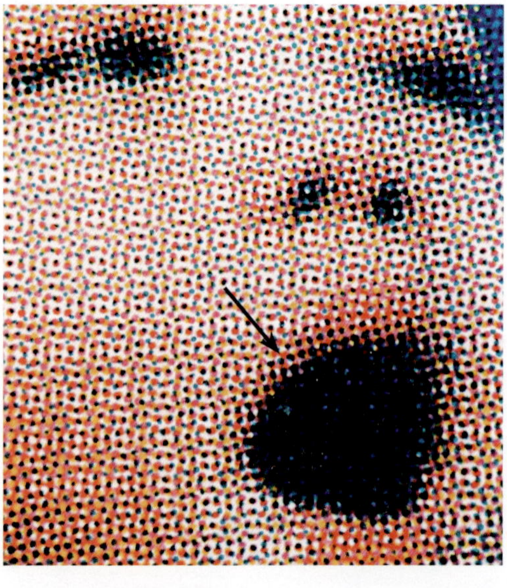

图289

JP.71　中国科学技术协会成立四十周年

中国科学技术协会简称“中国科协”。其前身为1950年8月成立的中华全国自然科学专门学会联合会（简称全国科联）和中华全国科学技术普及协会（简称“全国科普”）。1958年9月18～25日，中华全国自然科学专门学会联合会和中华全国科学普及协会合并组成中国科学技术协会。中国科学技术协会是中国共产党领导下的科学技术工作者的群众团体，是党和政府联系科学技术工作者的纽带，是党和政府发展科学技术事业的助手。其宗旨是团结组织科学技术工作者，促进科学技术的繁荣和发展，促进科学普及和推广，促进科技人才的成长和提高，为提高整个中华民族的科学文化水平，为把我国建设成为高度文明高度民主的社会主义强国做出贡献。协会贯彻“经济建设必须依靠科技进步、科技工作必须面向经济建设”的方针。倡导百家争鸣、学术上的自由讨论。中国科协由全国性学会（协会、研究会）和地方科协组成。它的最高权力机关是全国代表大会。全国代表大会每5年举行一次，由全国委员会召开。全国代表大会闭会期间，全国委员会根据协会章程和代表大会的决议负责领导中国科协的工作。

1998年9月23日，为纪念中国科学技术协会成立四十周年，中华人民共和国信息产业部发行纪念邮资明信片1枚。志号为JP.71。纪念邮资明信片邮资图案为中国科协会徽与“4”字巧妙组成“40”；片图为中国科协所属的科技馆外景。纪念邮资明信片规格为148毫米×100毫米。明信片邮资图规格为30毫米×29毫米。邮资面值40分，每枚售价0.65元。白卡纸。彩色胶印。发行量为507.6万枚。王红卫设计。北京邮票厂印制。

这枚纪念邮资片发行后，造假者利用高科技伪造出足以乱真的赝品。这种赝品采用同真品相同的胶版彩印，刷色逼真。集邮者如对真品缺乏深入研究，难辨其真伪，极易上当受骗。

那么，应该怎样来鉴定纪念邮资明信片JP.71的真伪呢？

① 看面值“40分”　真品面值“40分”中的“40”，其印刷网纹夹角黄色呈0°；蓝色呈75°。伪品黄色呈0°；蓝色则呈15°。此外，真品邮资图边框线较细，伪品则较粗，而且边缘呈锯齿状（见图290）。

② 看“中国科协会徽”上的蛇杖　真品会徽上的蛇杖图案规范、逼真，红色刷色网纹夹角呈45°；伪品上的蛇杖图案失真、变形，红色刷色网纹夹角呈75°。

③ 用紫光灯照射　真品在紫光灯照射下，白色卡纸面呈浅紫色，伪品则呈亮白色。

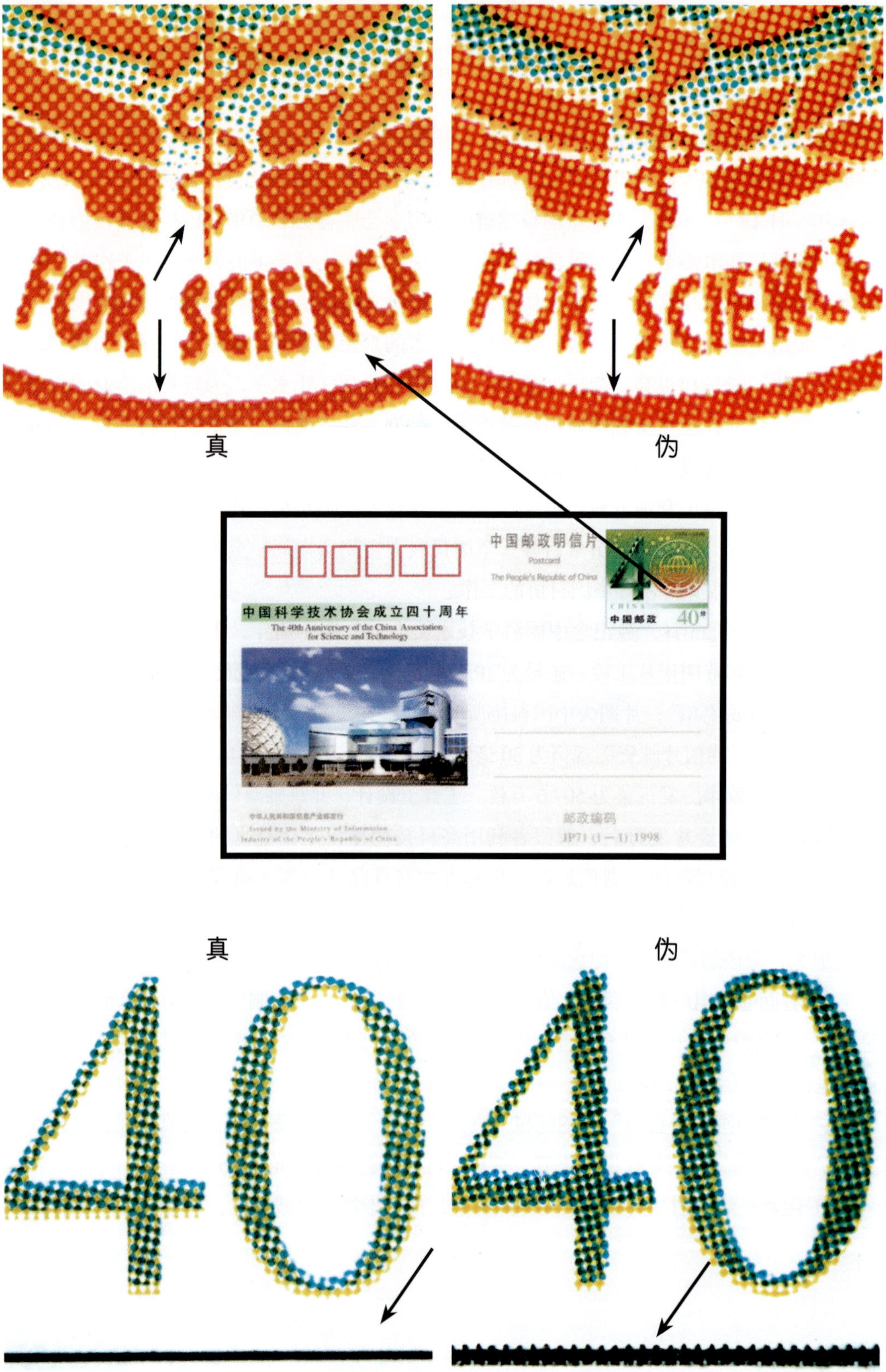
FOR SCIENCE
真
伪
中国邮政明信片
Postcard
The People's Republic of China
中国科学技术协会成立四十周年
The 40th Anniversary of the China Association for Science and Technology
中国邮政
40分
邮政编码
JP71 (1—1) 1998
真
伪
4040

图290

JP.73 中国国际航空航天博览会

1998年11月15～22日，中国国际航空航天博览会在海口市举行。参加这次博览会的国内外商家多达500多家，参展飞机多达98架。英国、德国、俄罗斯、法国等组团参展。中国航空航天界也以庞大阵容参展：中国航空工业总公司派出20架飞机参展，我国自行设计研制的新型战斗机FBCI首次露面，同时参展的还有ZII、YT200A、Z9G等经改进性能更为优良的新机型；中国航天工业总公司还在航天馆外场开辟4000平方米的火箭展区，高49米和54米的长二捆、长三捆火箭双双矗立其间。由长征运载火箭发射上天的东方红三号通讯卫星和气象卫星也参加了航展。这两颗高约6米、长约16米的实物展览卫星，占据了航天馆的重要位置。展览期间，中国空军“八一”飞行表演队以全新装备、全新阵容、全新编队首次公开亮相，使到场的中外观众惊叹不已。

1998年11月15日，为纪念中国国际航空航天博览会在中国举行，国家邮政局发行纪念邮资明信片1枚。志号为JP.73。这是国家邮政局挂牌以来发行的第二套纪念邮资明信片。明信片邮票图案为航展馆外景和我国新研制的新型战斗机FBCI。片图为航展馆外景、长二捆和长三捆火箭及飞行表演的飞机。纪念邮资明信片规格为148毫米×100毫米。明信片上邮资图规格为30毫米×40毫米。面值40分。每枚售价0.65元。白卡纸。彩色胶印。发行量504.8万枚。陈晓聪设计。北京邮票厂印制。

这枚纪念邮资明信片发行后，尽管发行量多达500多万枚，造假者依然利用高科技，伪造出足以乱真的伪品，在邮市上鱼目混珠，欺骗集邮者和邮资票品投资者，使人上当受骗。

那么，应该怎样来鉴别JP.73纪念邮资片的真伪呢?

① **看胶版印刷网纹** 真品与伪品均采用白卡纸，胶版彩色印制，版别相同，刷色相似，这就造成在鉴别JP.73真伪时，只有看其胶版的刷色网纹夹角和网纹粗细不同，区别真伪。真品JP.73明信片标头、名址线、邮编、志号和图案上的黑色网纹，均呈15°；红色呈45°；蓝色呈75°。而伪品的黑色网纹呈45°；红色呈75°；蓝色呈15°（见图291）。

② **看片图上的五星红旗** 真品片图上的五星红旗刷色纯正、清晰；伪品刷色不够纯正，图案不够清晰，与真品存有较明显的差别。

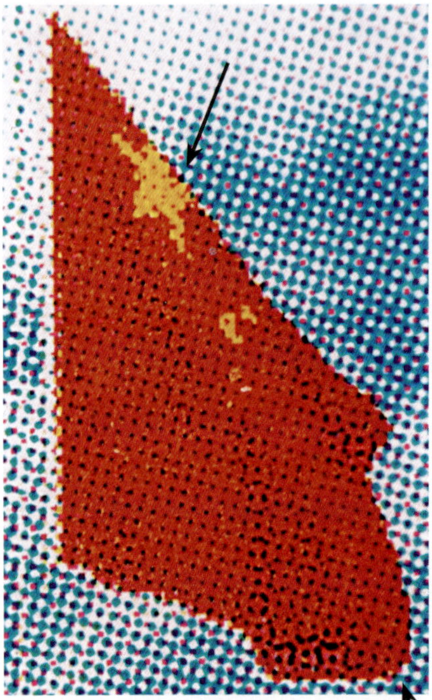

真

邮
政

真

伪

邮
政

伪

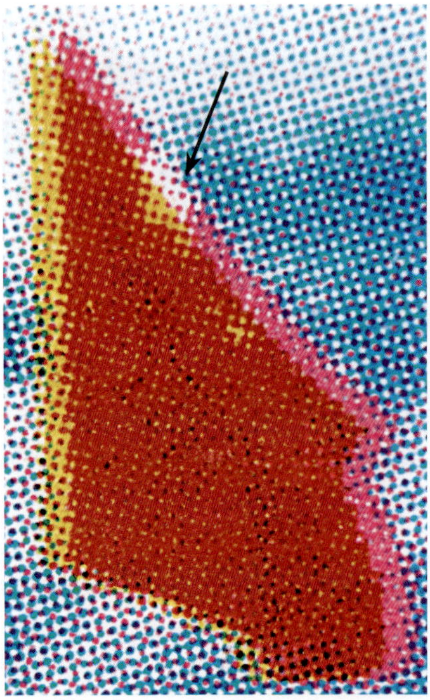

中国邮政明信片
Postcard
The People's Republic of China
40
中国国际航空航天博览会
CHINA INTERNATIONAL AVIATION & AEROSPACE EXHIBITION
国家邮政局发行
Issued by the State Postal Bureau
邮政编码
JP73 (1－1) 1998

图291

JP.74 毛泽东同志题词“人民邮电”五十周年

1948 年 12 月 26 日，在中华人民共和国即将宣告成立之前，毛泽东同志在河北省西柏坡题写了“人民邮电”题词。1998 年 12 月 26 日，为纪念毛泽东同志为“人民邮电”题词 50 周年，国家邮政局发行纪念邮资明信片 1 枚。志号为 JP.74。纪念邮资明信片邮资图为毛泽东当年题写的“人民邮电”手书真迹；片图为西柏坡中国共产党七届二中全会会址、邮电行业标志以及采用毛泽东手迹作为报头的《人民邮电》报。纪念邮资明信片邮资图规格为30毫米 × 26毫米。明信片规格为148毫米 × 100毫米。邮资面值40分，每枚售价0.65元。李庆发设计。发行量 606.7 万枚。彩色胶印。北京邮票厂印制。

这枚纪念邮资明信片发行之后，在后来邮市上出现了伪造得足以乱真的伪品。按理说这枚 JP.74 发行量多达 600 多万枚，并不紧俏，已供大于求，何以值得造假者去造假？主要原因一是这枚 JP.74 题材较好；二是 JP.74 在印制时防伪能力较差。致使造假者利用高科技，轻而易举地便伪造出足以乱真的伪品。

那么，应该怎样来鉴定 JP.74 纪念邮资片的真伪呢？

① **看邮资图上“人民邮电”中的“民”字** 真品“民”字上半部两横笔画之间间距很小，呈开口状；伪品“民”字上半部两横笔画之间间距则宽，并呈封口状（见图 292）。

② **看片图上的邮电行业标志** JP.74 真品上的邮电行业标志圆形内的五角星中上部的那个角，与圆形相连接；JP.74 伪品邮电行业标志圆形内的五角星上部的那个角，与圆形则不相连接。

③ **看志号** JP.74 真品志号网纹夹角呈 15°；伪品同样是 15°，与真品网纹夹角一样，但网点特征不一样，真品为方形网点，有棱角，伪品则是不规则的圆形网点；志号的网点排列，伪品与真品也存有细微不同。

④ **用紫光灯鉴别** 在紫光灯照射下，真品呈暗紫色；伪品则呈亮白色。

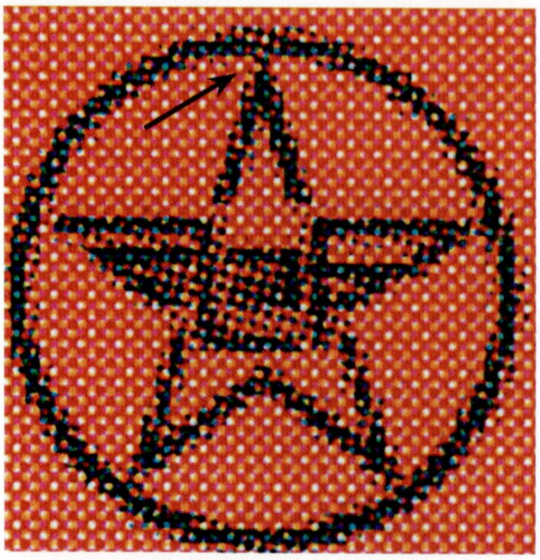

真

伪

真

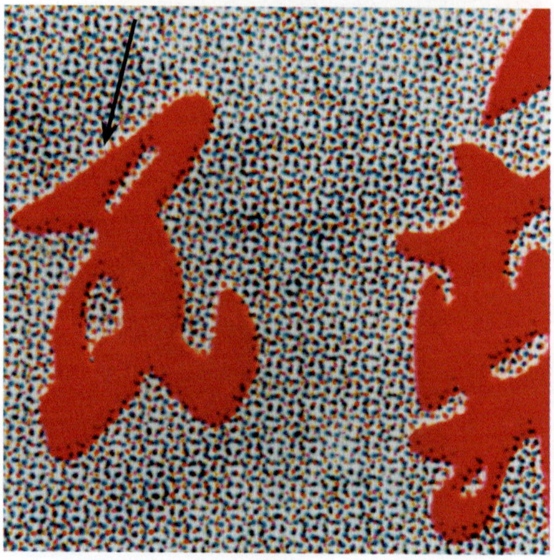

伪

中国邮政明信片
Postcard
The People's Republic of China
40分
CHINA
毛泽东同志题词“人民邮电”五十周年
50th Anniversary of Comrade Mao Zedong's
Inscription "The People's Posts and Telecommunications"
邮政编码
JP74 (1－1) 1998

真

JP74

伪

JP74

图292

JP.75 中华人民共和国第九届冬季运动会

1999年1月11日～19日，中华人民共和国第九届冬季运动会在长春市和吉林北大湖举行。这届冬运会是我国在20世纪末举办的规模最大、项目最多、水平最高的综合性冬季运动会。有全国30多个省、市、自治区40多个代表团参赛，设有速度滑冰、短道速度滑冰、冰球、高山滑雪、越野滑雪、自由式滑雪、冬季两项等，共9个大项62个小项比赛。第九届冬运会开幕式在长春五环体育馆举行。

1999年1月10日，为了祝贺第九届冬运会顺利举行，中华人民共和国国家邮政局发行了1枚纪念邮资明信片，志号为JP.75。王虎鸣设计。胶版。白光卡纸。北京邮票厂印制。邮资片尺寸规格148毫米×100毫米。邮资图规格30毫米×40毫米。邮资片面值40分，每枚售价0.65元。发行量600.63万枚。邮资片图案为“运动会会标、滑雪场”。邮资图为“运动会吉祥物兰兰”。

这枚纪念邮资片发行之后，邮市虽处于低潮，但JP.75在邮市上的市价仍高于售价。造假者为牟利，便利用高科技伪造出足可乱真的JP.75伪品，在邮市上出售。集邮者和邮资票品投资者稍不注意，就可能上当受骗；有些集邮者还可能把这种伪品误认为是JP.75的另一种版型来收集呢！

那么，应该怎样来鉴定JP.75的真伪呢？

① 看刷色的网纹夹角 真品与伪品均采用胶版印制，但在刷色的网纹夹角上，有的存有明显的不同：邮资图上的灰底色上所印黑色网点的网纹夹角，真品呈15°，伪品则呈75°，因此所组成网线走向也不相同；邮资图主图吉祥物君子兰小姐手持火炬柄，手指上的蓝色网点（蓝色套印在黄底色上即变为绿色），真品均呈正方形，伪品则呈不规则的圆点状（见图293）。

② 看邮资图上君子兰小姐的V形手指 君子兰小姐伸出象征胜利的V形手指，上面的网纹夹角真品与伪品存有明显的不同：真品蓝色网纹夹角呈75°，伪品则呈15°。

③ 看志号 真品JP.75志号黑色网纹夹角呈15°，伪品则呈75°，在网点形状和网点组成的网线走向上，都存有明显的不同。

④ 用鉴伪仪鉴别 在鉴伪仪上的紫光灯照射下，真品呈浅紫色，伪品则呈亮白色。

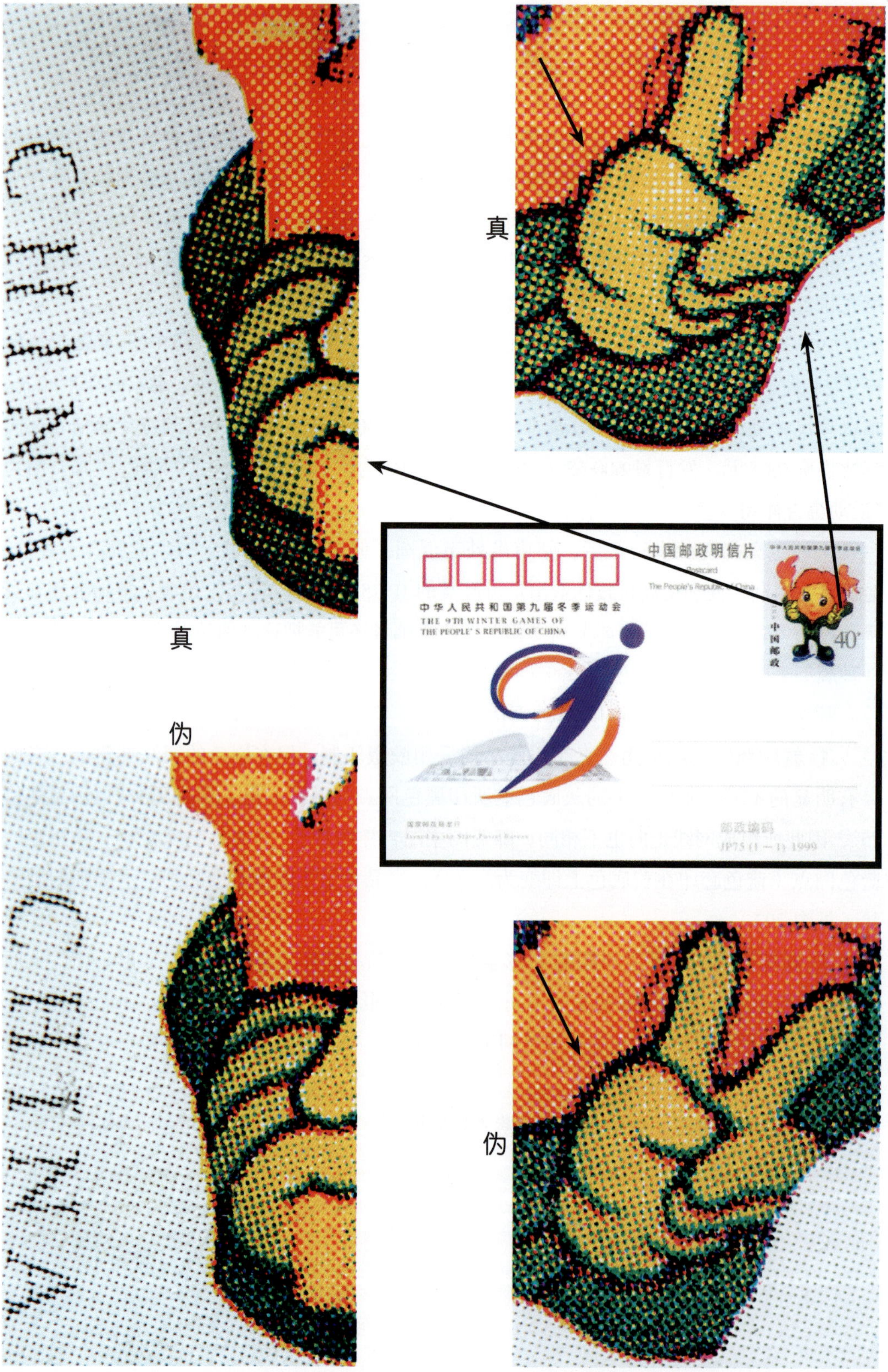
真
真
伪
伪
CHINA
CHINA
中国邮政明信片
Postcard
The People's Republic of China
中华人民共和国第九届冬季运动会
THE 9TH WINTER GAMES OF
THE PEOPLE'S REPUBLIC OF CHINA
中国邮政
40
邮政编码
JP75 (1—1) 1999

图293

JP.86 1999《财富》全球论坛 · 上海

“《财富》全球论坛”由美国时代华纳集团所属的《财富》杂志主办。《财富》杂志是1930年在美国创刊的一本半月刊，主要刊登经济问题研究文章。这一杂志每年评选全球的500家最大企业。该排行榜已为世界众多的跨国公司及商界人士所认可，在同行中具有较高的权威性。自1995年以来，《财富》杂志邀请列入当年500强的全球大公司的总裁、首席执行官以及政界、学界著名人士，在世界上选择一个具有吸引力的地点，举办“《财富》全球论坛”，探讨全球企业界所面临的共同问题。这项活动在全球企业界具有很大的影响。1999年9月27 ~ 29日，“1999《财富》全球论坛”在中国上海举行。据时代华纳集团介绍，本世纪最后一次“《财富》全球论坛”之所以选择在上海举行，是因为在即将来临的21世纪里，中国将在世界经济格局中占据重要地位。参加此次大会的代表806人。论坛安排了11场大会，专题分组会29场，议题多达40多个。这次年会主题为“中国：未来五十年”。江泽民主席到会进行了专题演讲。美国前国务卿基辛格、新加坡内阁资政李光耀作为贵宾，分别发表了有关中国未来发展的演说。

1999年9月27日，为了祝贺“1999《财富》全球论坛”在上海顺利举行，中华人民共和国国家邮政局发行了1枚纪念邮资片，志号为JP.86。阎炳武设计。胶版。白光卡纸。北京邮票厂印制。邮资片尺寸规格148毫米 ×100毫米。邮资图规格23毫米 ×35毫米。邮资片面值60分，每枚售价0.85元。发行量415.03万枚。邮资片图案为“上海浦东国际会议中心、东方明珠塔”。邮资图案为“论坛会徽”。

这枚纪念邮资明信片发行以后，很快即成为邮市上的热门货。不法分子瞅准时机，利用电脑高科技制版，很快伪造出足可以假乱真的伪品，欺骗广大集邮者和邮资票品投资者。

那么，应该怎样来鉴别JP.86纪念邮资片的真伪呢?

① **看刷色** 真品与伪品均采用胶版印制，邮资图案刷色，真品较浓重、瓷实；伪品则较浅淡、轻浮。尽管伪品伪造得很逼真，在网纹夹角上尽力和真品相似，但在个别地方仍出现明显的差异，如“GLOBAL”中的“G”（见图294）。

② **看标头** 真品和伪品标头上的中英文字母网纹虽相似，但网点夹角不同，真品为15°夹角，伪品则为75°夹角。“国”字中“玉”的“、”，真品长而细，伪品粗而短。“China”中的“C”字，真品为大口“C”，伪品则为小口“C”。

③ **看暗记** 真品邮票图案上方的“FORTUNE”中的“TU”两字母间上方相连；伪品则不相连。

④ **看名址线** JP.86真品纪念邮资片名址线为右上旋点状线；伪品名址线采用仿字母缩微暗记组合，但字母很不清楚。

⑤ **用紫光灯鉴定** 在紫光灯照射下，JP.86真品白光卡纸呈现紫红色；伪品白光卡纸呈现雪白色。

真
伪
真
伪
真
伪
中国邮政明信片
Postcard
The People's Republic of China
1999《财富》全球论坛·上海
FORTUNE
GLOBAL FORUM
邮政编码
JP86 (1－1) 1999
真
伪

图294

JP.90 第20届国际大坝会议

国际大坝委员会（简称ICOLD），是一个国际民间组织，成立于1928年，现有81个国家会员。其宗旨是通过相互交流信息，包括技术、经济、财务、环境和社会现象等问题的研究，促进大坝及其有关工程的规划、设计、施工、运行和维护等技术进步。它不仅是一个交流信息的机构，也是一个进入国际水利水电市场的窗口。每3年召开一次大会，会议上交流的论文代表了国际先进水平，具有相当高的权威性。1974年，中国大坝委员会加入了国际大坝委员会，成为国家会员。1987年，中国在北京成功地承办了国际大坝会议第55届执行会议。2000年9月14～22日，国际大坝委员会第68次年会和第20届大会在中国北京举行。年会除讨论有关国际大坝委员会的有关问题外，还对中国三峡工程进展情况作了具体介绍，并组织面板堆石坝专题研讨会；第20届大会将对大坝的风险分析、大坝的效益、大坝的安全监测与大坝安全4个技术专题等进行讨论。出席这次大会的有中外水利水电建设的知名专家、学者近2000多人。为了让更多的代表了解中国水利水电工程，会议推出17条技术考察路线和47个水利水电工程供与会代表参观考察，其中有三峡工程、黄河小浪底水利枢纽工程、二滩水电站等。

2000年9月14日，为了祝贺第20届国际大坝会议顺利召开，中华人民共和国国家邮政局发行一枚纪念邮资片。志号为JP.90。邮资片规格为148毫米×100毫米。邮资图规格为25毫米×31毫米。面值60分，每枚售价0.85元。李昕设计。胶版彩印。白卡纸。发行量400万枚。北京邮票厂印制。邮资片图案为四川省攀枝花市二滩水电站泄洪大坝；邮资图案为本届会议的徽志：大坝、长城、中英文“国际大坝会议”及北京2000。

这枚纪念邮资片采用胶版印制，为加强防伪能力，在制作时除采用胶版所能采用的防伪措施，如反阴、特殊网纹等外，还采用了缩微防伪技术。然而，造假者利用高科技制版，采用与JP.90真品相同的白卡纸用胶版印制，伪造出足可乱真的伪品。这种伪品的邮资图和片图，以及邮资片上的志号、铭记等，均与真品几乎无差别，如果不用高倍放大镜仔细观察，难辨其真伪。

那么，应该怎样来鉴定JP.90纪念邮资片的真伪呢？

① **看特殊部位** JP.90伪品制作得逼真，但只要认真鉴别，还是可以找到突破口的。用高倍放大镜观察邮资图上的徽志中的“长城”，就会发现伪品上的“长城绿地”虽然所印蓝色网纹夹角与真品完全一样（蓝色套印在黄底色上即成绿色），但长城上的烽火台，真品清晰，刷色纯正，伪品则模糊不清，网点杂乱（见图295）。

② **看名址线** JP.90真品上的两条名址线，均采用缩微英文“CHINA POST”组成；而伪品上的两条名址线则采用网点组成，上方名址线与下方名址线又略有不同，图中所示为上方名址线的特征。

③ **看面值“60分”中的“分”字** JP.90真品面值“60分”中的“60”采用反阴版

印制，“分”字采用网纹黑色专版印制；伪品面值“60 分”中的“60”也采用反阴版印制，“分”字则采用黑色专版实印，在“分”字上无网纹，与真品存有明显的不同。

④ **看志号和邮票的边框线** 真品志号“JP.90”和邮资图的边框线，均采用网纹版印制，网纹夹角呈 15°；而伪品也采用网纹版印制，网纹夹角则呈 45°。

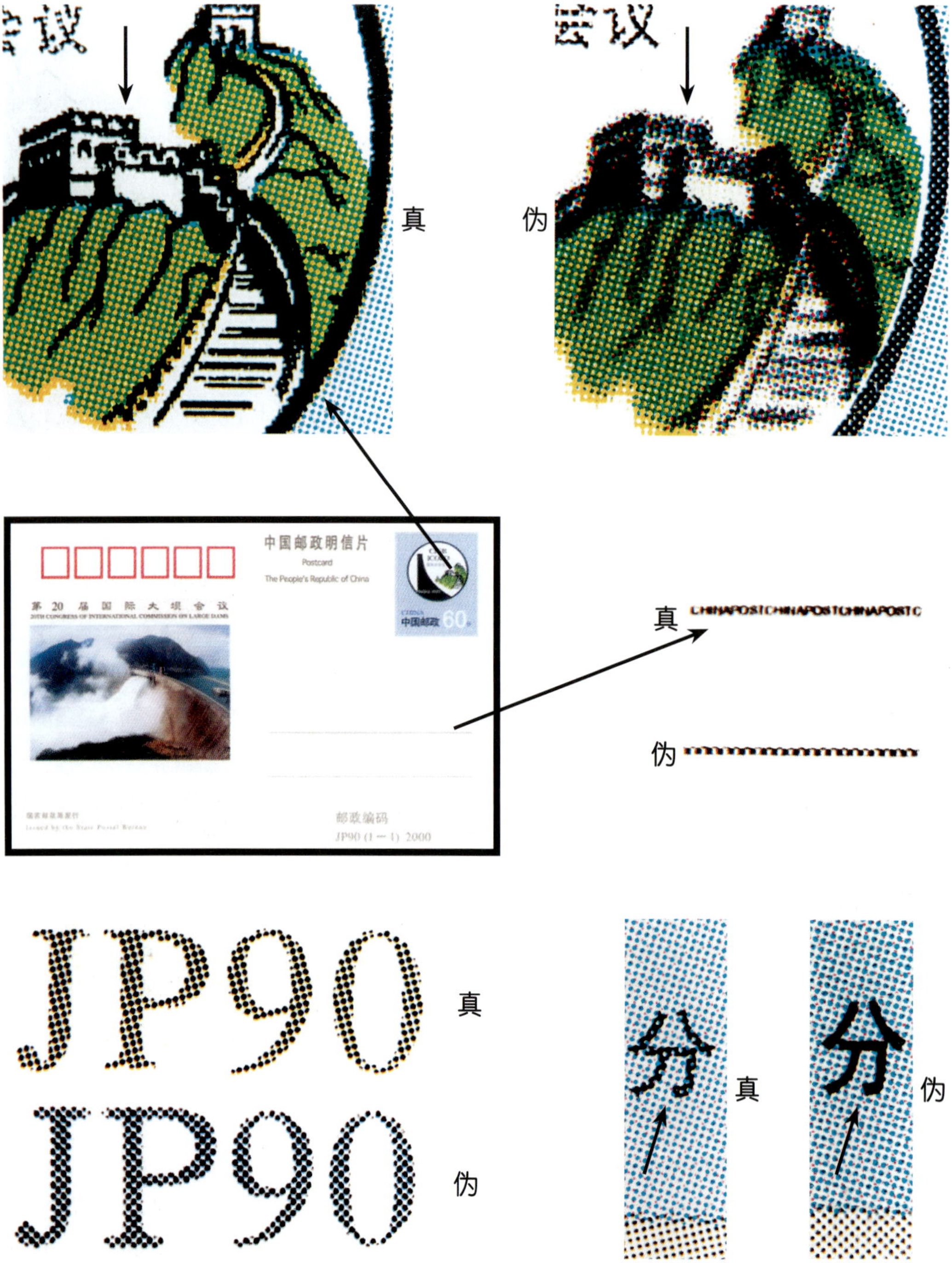

图295

JP.92 中国高新技术成果交易会

在经济全球化进一步发展的形势下，为了进一步推进高新技术产业的发展，促进国际间技术贸易的发展和高新技术成果的交流，提高国民经济增长的质量，我国对外经济合作部与科学技术部、信息产业部、中国科学院和深圳市人民政府，于1999年秋季在深圳市联合举办了首届“中国高新技术成果交易会”。这是一种集高新技术成果交易、技术引进和技术出口、科技研讨与信息交流于一体的综合性交易会，对推进我国高新技术产业的发展，优化产业结构和出口商品结构，都具有重要意义。2000年10月11 ~ 17日，第二届“中国高新技术成果交易会”在深圳市举行。有1300多家海内外投资商参加了第二届交易会，比首届交易会增加了38%；签订项目1046项，包括进口贸易、利用外资、境内交易等项目，总成交额为85.4亿美元，比首届增长31.4%。

2000年10月11日，为了祝贺第二届“中国高新技术成果交易会”在深圳顺利举行，国家邮政局发行了1枚纪念邮资明信片。志号为JP.92。王翔设计。胶版。白光卡纸。北京邮票厂印制。邮资明信片尺寸规格148毫米 ×100毫米。邮资图规格30毫米 ×25毫米。邮资明信片面值60分，每枚售价0.85元。发行量350万枚。邮资明信片图案为“展场”。邮资图案为“会徽”。

这枚JP.92纪念邮资明信片尽管在邮市上持续低迷的2000年发行，但仍没逃脱被不法分子伪造的厄运。伪品制作得很内行、逼真，足可以假乱真，如不用高倍放大镜进行分辨，极易上当受骗。有些缺乏鉴定邮品真伪经验的集邮者，很有可能将伪品误认为是第二种版型。因为伪品也是用白光卡纸印制，胶版彩印，各种规格与真品也完全一样，只是刷色较浅淡些，没有真品那么浓重。

那么，应该怎样来鉴定JP.92纪念邮资片的真伪呢?

① **看邮资图案** JP.92邮资图案蓝底色，真品采用网纹版印刷，伪品则为实印。这用高倍放大镜在面值60分处，可以清晰地分辨出。此外，邮资中心图案印刷网纹，真品与伪品不仅网纹夹角排列不相同，伪品上的蓝色网点在伪造时损失很多，有些蓝网点处出现大面积的白地（见图296）。

② **看缩微暗记** JP.92邮资片上的名址线，真品采用缩微英文“CHINA POST”组成；伪品则尽力仿得真实，但英文字母并不具体。

③ **看志号** 真品JP.92志号采用网纹版印制，伪品虽然也采用网纹版印制，但两者的网纹夹角不相同，真品黑色网纹夹角为15°，伪品则为75°，因此由网点组成个别文字笔画有明显的不同，如JP.92中的“9”字最末笔端，真品是一排单线网点。

④ **看标头** JP.92标头上的英文“China”，真品“C”为大口“C”，仿品则为小口“C”。

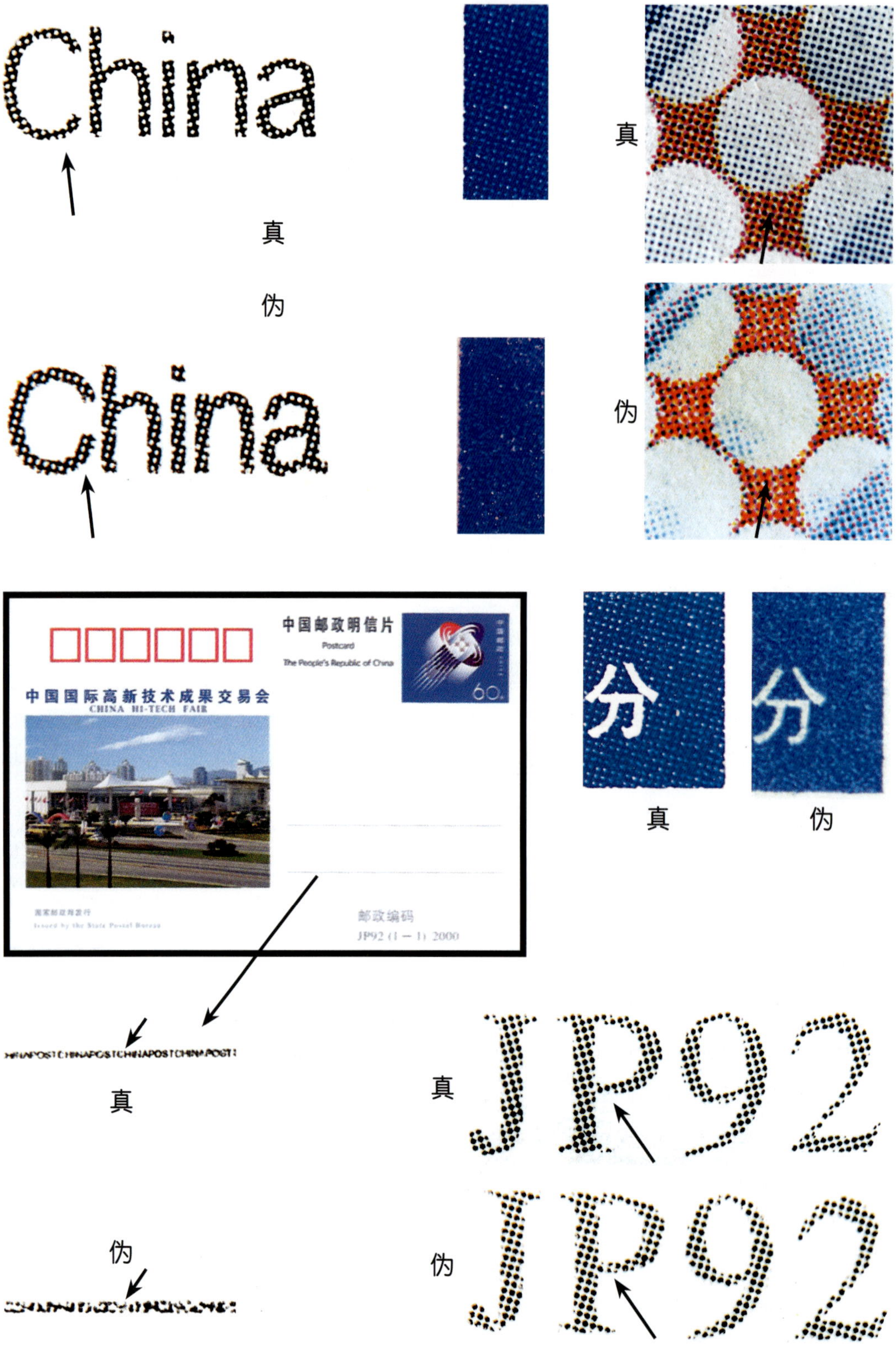
China
真
伪
China
真
伪
中国邮政明信片
Postcard
The People's Republic of China
中国国际高新技术成果交易会
CHINA HI-TECH FAIR
60
邮政编码
JP92 (1—1) 2000
分
分
真
伪
真
JP92
伪
JP92

图296

JP.95 西藏和平解放50周年

1951年5月23日下午，《关于和平解放西藏办法的协议》签字仪式在北京中南海怀仁堂举行。协议主要内容是：西藏人民团结起来，驱逐帝国主义侵略势力出西藏，西藏人民回到中华人民共和国大家庭中来；西藏地方政府积极协助人民解放军进入西藏，巩固国防；在中央人民政府统一领导下，西藏人民有实行民族区域自治的权利；班禅额尔德尼的固有地位及职权，应予维持，实行宗教信仰自由的政策，尊重西藏人民的宗教信仰和风俗习惯，保护喇嘛寺庙，其收入不变；尽量吸收西藏地方人员参加工作……

西藏自古就是我国民族大家庭中的重要成员，1951年西藏和平解放是西藏社会的伟大历史转折，是中国共产党解放全中国的重要组成部分。西藏和平解放后，西藏人民翻身当了主人，过上了新生活。西藏解放50年来，政治稳定，民族团结，人民安居乐业。

2001年5月23日，为纪念西藏和平解放50周年，国家邮政局发行纪念邮资明信片1枚。志号为JP.95。纪念邮资明信片邮资图案为藏族牧羊姑娘深情地放飞和平鸽，在她身边缭绕的祥云巧妙地组成“50”字样。邮资明信片的片图为西藏阿里地区的姑娘在祥云与白鸽萦绕下轻歌曼舞。片图与邮资图遥相呼应，突出了主题，较好地表达了在西藏和平解放50周年这一历史时刻里，西藏人民欢欣鼓舞、喜悦的心情和吉祥如意、和平的景象。纪念邮资明信片规格为148毫米 ×100毫米。邮资图规格为25毫米 ×33毫米。面值60分。每枚售价0.85元。白卡纸。彩色胶印。发行量350万枚。嘎德设计。北京邮票厂印制。

这枚纪念邮资明信片发行量较少，发行后邮市曾一度出现炒作。为牟利，造假者利用高科技，制作出可以乱真的JP.95伪品，在邮市鱼目混珠，使缺乏鉴别邮资票品真伪经验的集邮者上当受骗。

那么，应该怎样来鉴别JP.95纪念邮资片的真伪呢?

① **看版别** 真品采用胶版印制，伪品同样采用胶版印制，在版别相同的情况下，鉴别时主要看胶版各种刷色的网纹特征，以便区别真伪。JP.95真品的面值“60分”中的“60”，其红色网纹夹角呈45°；伪品则呈15°。二者存有较明显的区别（见图297）。

② **看邮资明信片的志号** 真品志号“JP.95”其黑色网纹夹角呈15°；伪品志号“JP.95”网纹夹角则呈45°。

③ **看名址线上的缩微暗记** 真品邮资明信片上的名址线采用“CHINA POST”缩微字母暗记组成；而伪品虽模仿真品缩微暗记来制作名址线，但缩微字母笔画较粗，字母模糊不清，与真品存有明显的不同。

④ **看邮资上的铭记** 真品JP.95上的“中国邮政”中的“国”字，里面的“玉”字上的“、”较短；而伪品上“国”字里面的“玉”字上的“、”则较长，二者存有较明显的区别。真品邮资图案上的红色网纹夹角呈45°，伪品则为15°。

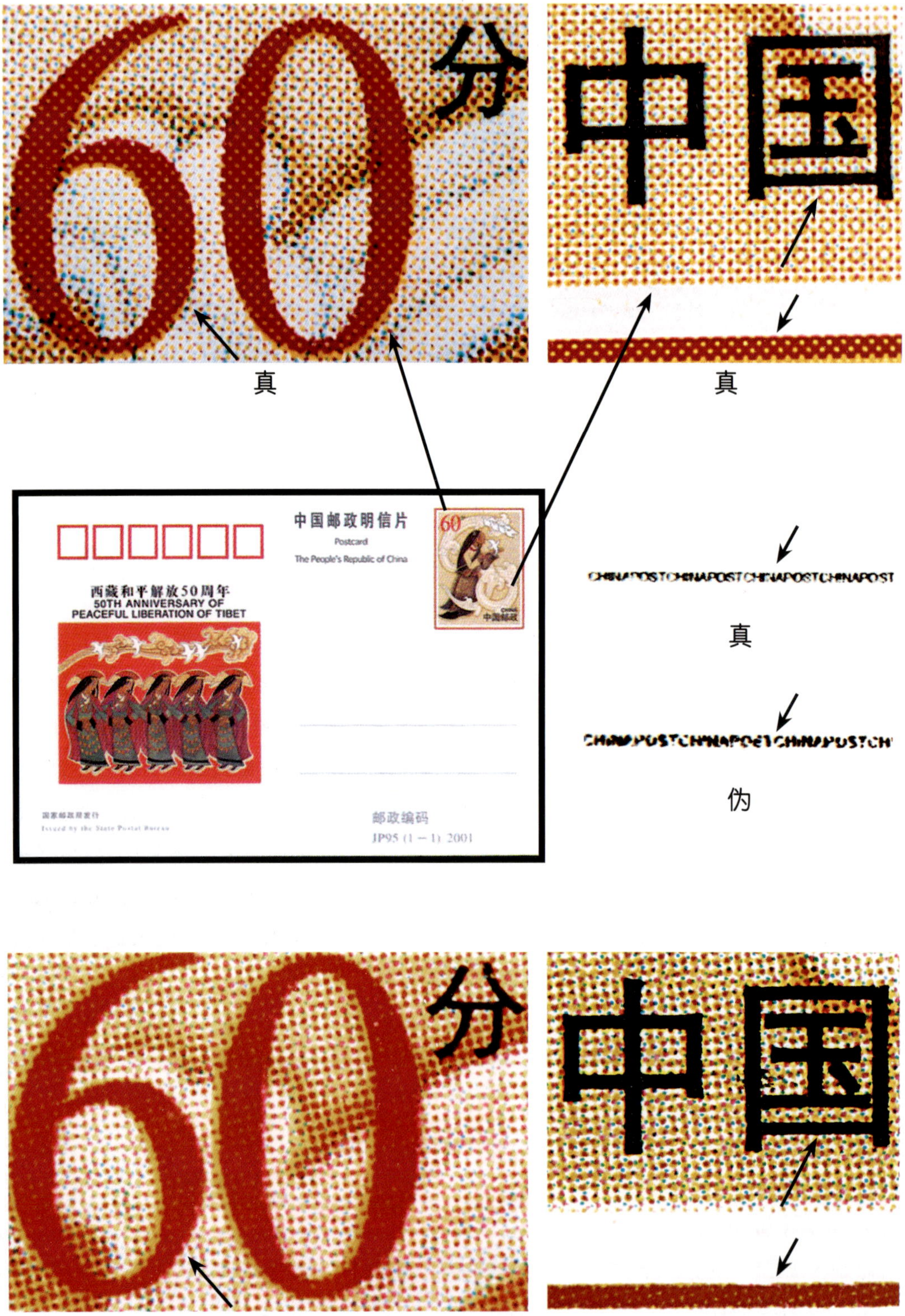

60分
中国
真
真
中国邮政明信片
Postcard
The People's Republic of China
西藏和平解放50周年
50TH ANNIVERSARY OF
PEACEFUL LIBERATION OF TIBET
邮政编码
JP95 (1－1) 2001
CHINAPOSTCHINAPOSTCHINAPOSTCHINAPOST
真
伪
伪
伪

图297

JP.98 世界空间周

1957 年 10 月 4 日，前苏联成功发射了第一颗人造地球卫星；1967 年 10 月 10 日是联合国第一个外层空间条约生效日。1999 年 7 月 30 日，在维也纳召开的联合国外层空间委员会第三届大会上，为了纪念 20 世纪以来人类航天事业的伟大成就，提议将每年的 10 月 4 ~ 10 日定为“世界空间周”。2000 年 10 月 4 日，第一届世界空间周在联合国总部宣布开始。在世界空间周期间，世界各地都举行了丰富多彩的庆祝活动。全球活动主题为“空间千年开始”。中国庆祝世界空间周的主题是“开发空间造福人类”。中国 2001 年的“世界空间周”活动，在“弘扬科学精神，传播科学思想，普及科学知识，提倡科学文化”的思想指导下，使更多公众（特别是青少年）了解中国在空间领域的成就和未来的发展方向，增强了公众对我国和平利用空间事业的参与和支持热情。

2001 年 10 月 4 日，为了宣传世界空间周的意义，中华人民共和国国家邮政局发行了 1 枚纪念邮资片。志号为 JP.98。齐镇宇设计。胶版。白光卡纸。北京邮票厂印制。邮资片尺寸规格 148 毫米 ×100 毫米。邮资图规格 26 毫米 ×35 毫米。邮资片面值 60 分，每枚售价 0.85 元。发行量 350 万枚。邮资片图案为“发射基地、升空火箭和卫星”，邮资图案为“世界空间周徽志”。

这枚 JP.98 纪念邮资片赝品的发现，说来很是有趣。一位专售纪念邮资封片的邮商，在 2002 年 7、8 月份购进一包（箱）JP.98《世界空间周》纪念邮资明信片，打开检查时，意外地发现 1 枚“双面印”纪念邮资片：一面印有 JP.98《世界空间周》纪念邮资片图案，另一面则印有 JP.106《2002 年汤姆斯杯、尤伯杯世界羽毛球团体锦标赛》纪念邮资片图案。这枚“双面印”的纪念邮资片上面所印的 2 种邮资片图案，看上去十分逼真。这引起这位邮商的高度警惕，他仅留下这枚“双面印”，其余的立即退给了卖主。因为他觉得，这两种纪念邮资片不是发行在同一年，怎么可能碰巧印在 1 枚明信片的正反两面，出现极其罕见的“双面印”呢？肯定有诈！事过几天，笔者去邮市，这位邮商因同笔者熟识，特取出这枚奇怪的“双面印”纪念邮资片让笔者鉴别。笔者经过认真鉴定，肯定这全是伪品。这种“双面印”正说明不法分子在伪造 JP.98 的同时，也伪造了 JP.106。两种伪品在一起同时印制，出现这种奇怪的“双面印”也就毫不奇怪了。关于 JP.106 的真伪鉴定，后面将谈及。这里先谈谈 JP.98 的真伪鉴定方法。

伪造这枚 JP.98 纪念邮资片的不法分子对制版印刷十分内行，利用电脑高科技，制作出的反阴版十分逼真。这从邮资图案下方的中英文铭记“中国邮政 CHINA”可以看出，确实让人真假难辨。但是，假的就是假的，它与真品相比较，总会露出破绽。

那么。应该怎样来鉴别 JP.98 纪念邮资片的真伪呢？

① **看邮票面值** 真品 JP.98 的面值“60 分”中的“60”，采用红、黄网纹版印制，红色网纹夹角呈 45°；“分”采用反阴版印刷。伪品的面值“60”虽然也采用红、黄网纹版印刷，但红色网纹夹角呈 15°；“分”的反白部位有稀落的网点（见图 298）。

② 看志号　真品 JP.98 黑色网纹夹角呈 15°，伪品则呈 45°，二者存在明显区别。

③ 看名址线　真品 JP.98 的名址线由英文缩微文字“SJKJZ”组成；伪品也极力模仿，但因字母太细微，难成形，结果杂乱无章。

④ 看明信片左下方图案　真品 JP.98 左下方片图上，火箭上的“中国航天”字样，十分清晰，笔画规正；伪品上的“中国航天”字样，模糊不清，尤其是“国”“航”2 字。

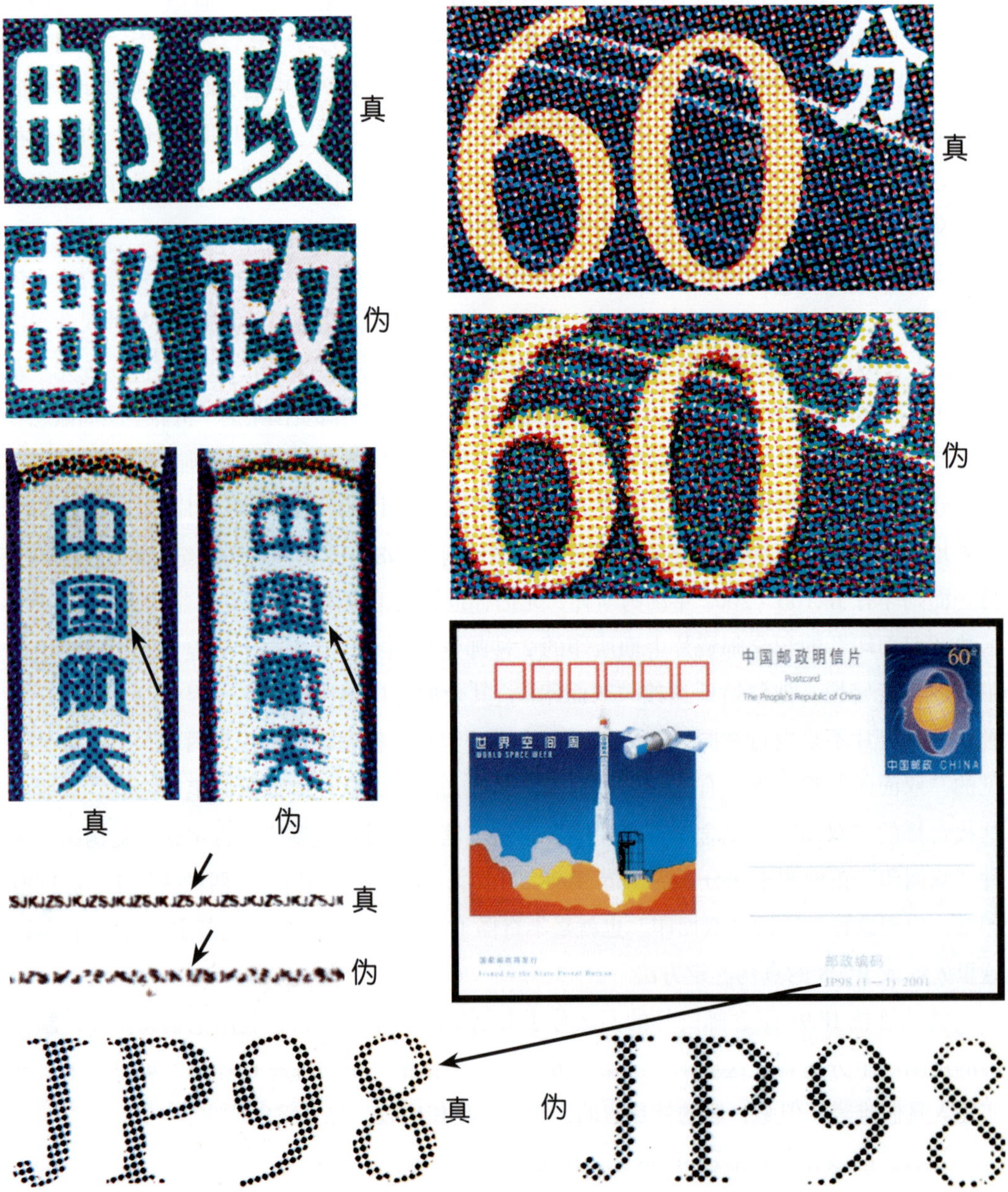

图298

JP.106　2002 年汤姆斯杯、尤伯杯世界羽毛球团体锦标赛

2002 年的汤姆斯杯、尤伯杯世界羽毛球团体锦标赛，原定由马来西亚承办，但因经费不足，马来西亚羽毛球协会于 2001 年 9 月宣布放弃承办权。中国广州市羽毛球协会立即提出了申请承办。2002 年 1 月 15 日，国际羽毛球联合会主席科恩 · 达巴兰西在北京宣布，国际羽联正式批准中国广州市承办 2002 年汤姆斯杯和尤伯杯羽毛球决赛阶段的比赛。2002 年 5 月 9 ~ 19 日，第 22 届汤姆斯杯羽毛球赛和第 19 届汤姆斯杯、尤伯杯羽毛球赛在广州天河体育中心举行。共有 11 个国家和地区的男、女各 8 支队伍参赛。比赛首次采用国际羽联试行的“七分制”新赛制。

2002 年 5 月 9 日，为了祝贺 2002 年汤姆斯杯、尤伯杯世界羽毛球团体锦标赛首次在中国举行，中华人民共和国国家邮政局发行了 1 枚纪念明信片。志号为 JP.106。门立群设计。胶版。白光卡纸。北京邮票厂印制。邮资片尺寸规格 148 毫米 ×100 毫米。邮资图规格 26 毫米 ×36 毫米。邮资片面值 60 分，每枚售价 0.85 元。发行量 350 万枚。邮资片图案为“运动员和吉祥物”。邮资图为“羽毛球和赛场”。

这枚 JP.106 纪念邮资明信片的赝品是与 JP.98 同期伪造的。伪造者对制版印刷都很内行，因此，伪造得十分逼真。

那么。应该怎样来鉴定 JP.106 纪念邮资片的真伪呢？

① 看邮资图案　真品 JP.106 和伪品均采用白光卡纸胶版彩印，但伪品因套色不准确，在反阴版印制的英文铭记“CHINA”白地上有黄色网纹，不如真品规范，与真品存在明显差别；同样，在面值 60 分处，也存在这种情况，“分”字右边绿色羽毛球球场的边线，真品采用嫩绿色专色印制，其网纹夹角呈 45°；伪品则采用蓝色网纹套印在黄色网纹上，蓝色网纹夹角呈 75°（见图 299）。

② 看明信片名址线　真品 JP.106 名址线由缩微字母“TMSUB”组成；伪品在制作时虽极力仿造，但终因“依葫芦画瓢”难过某些技术难关，结果除“U”字仿得像，其他均杂乱无章。

③ 看志号和“邮政编码”　真品 JP.106 和伪品 JP.106 其志号和“邮政编码”文字均采用 45° 网纹夹角黑色网版印制，但真品网点较细小，伪品网点较粗大，因此，真品和伪品尽管字体相同，但构成字体笔画的网点结构，存在一些细微的区别。

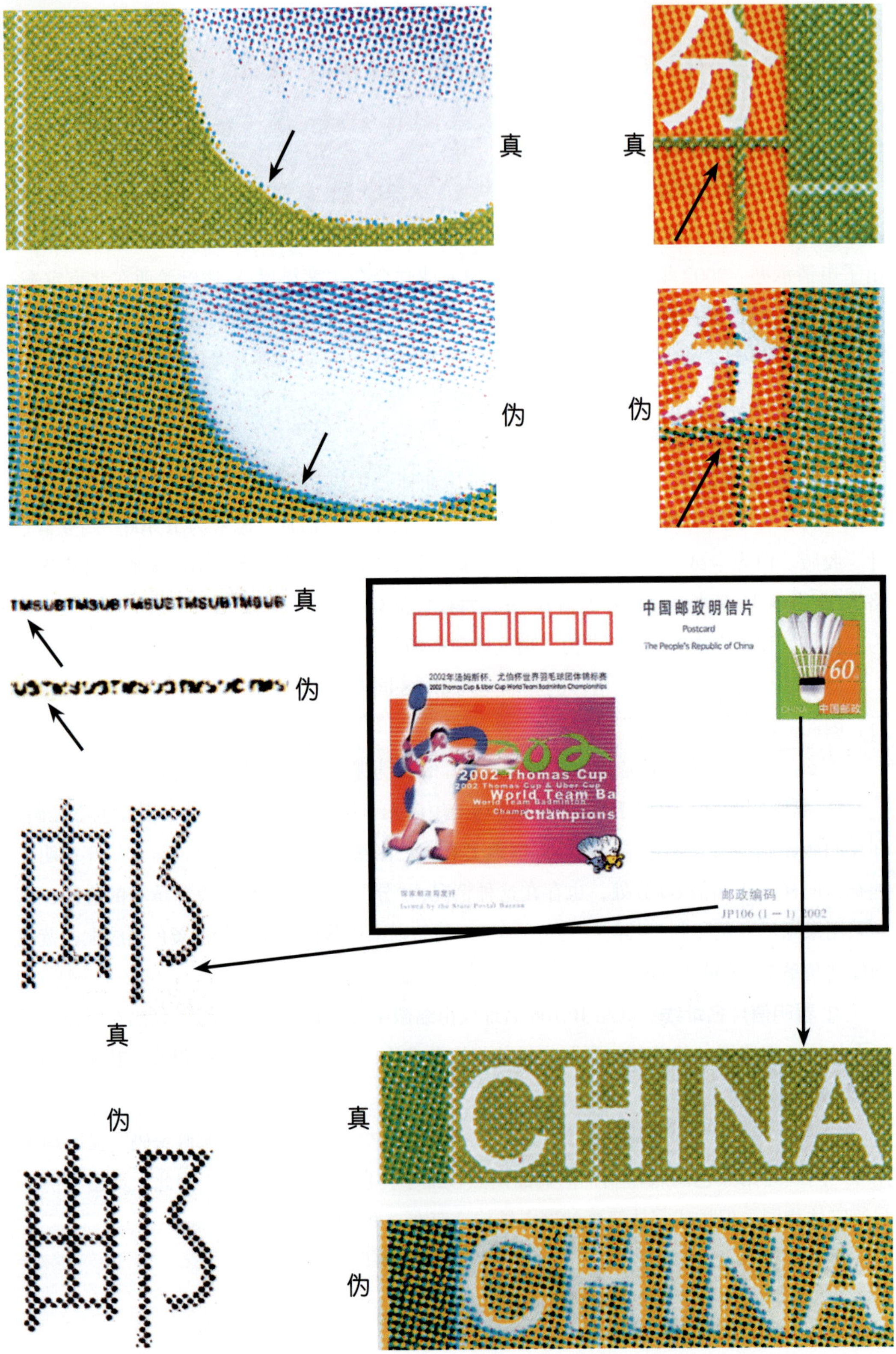
真
真
伪
伪
TMSUBTMSUBTMSUETMSUBTMSUB
真
伪
中国邮政明信片
Postcard
The People's Republic of China
2002年汤姆斯杯、尤伯杯世界羽毛球团体锦标赛
2002 Thomas Cup & Uber Cup World Team Badminton Championships
2002 Thomas Cup
60
中国邮政
邮政编码
JP106 (1—1) 2002
真
伪
真
CHINA
伪
CHINA

图299

15. 普通邮资明信片

PP.12 玫瑰

玫瑰属蔷薇科，落叶灌木，茎密生锐刺。羽状复叶，小叶 5 ~ 9 片，呈椭圆形或椭圆状倒卵形，上面有皱纹。夏季开花，花单生，紫红色至白色，味芳香，原产中国，久经栽培，已成为一种常见的观赏植物。花可提制高级香料芳香油。花及根可入药，有理气活血、收敛作用。

1998 年 5 月 16 日，为满足广大用户通信的需要，中华人民共和国信息产业部发行了 1 枚《玫瑰》普通邮资明信片。志号为 PP.12。任宇、杨文清设计。胶版。白卡纸。北京邮票厂印制。邮资片尺寸规格 165 毫米 ×102 毫米，邮资图规格 27 毫米 ×37 毫米。邮资片面值 40 分，每枚售价 0.65 元。邮资图为“玫瑰花”。

这枚普通邮资明信片发行之后，因图案美丽，深受用户喜欢，许多地方邮政部门使用其来加印成各种广告明信片。为便于管理，信息产业部明确各省市自治区邮政部门以两位阿拉伯数码为代号，置于玫瑰片正面右下方的“邮政编码”字样之前方，如 01、02、03……11、12、13……等，编号 01 为北京，编号 24 为贵州等。笔者研究发现，在印有代号的玫瑰片中，有两种版型：一种为与信息产业部发行的原片完全相同的版型；另一种版型明信片上的英文铭记“CHINA”与原片有所不同。为了便于叙述，不妨将前者称为甲型，后者称为乙型。甲型、乙型的主要区别如下：一是在明信片邮资图上的中英文铭记“中国邮政”和“CHINA”上，甲型均采用等线粗黑体字印制，而乙型的铭记“中国邮政”采用等线粗黑体印制，而英文“CHINA”则采用等线细黑体印制，字体与甲型有所不同：甲型为等线粗体字，“CHINA”铭记字体短而粗，乙型为等线细黑体字，字体则长而细。二是在明信片的标头上，在“Postcard”、“People’S”、“Republic”、“China”中的第一个字母“P”、“P”、“R”、“C”，甲型中的“P”、“P”、“R”上半部“O”形，第一个“P”为宽“O”，第二个“P”为窄“O”；“R”为宽“O”；“C”为小口“C”。乙型中的“P”、“P”、“R”的上半部“O”形，均为窄“O”；“C”为大口“C”。除上述两点区别外，甲、乙两型玫瑰普通邮资片在其他部位，均无区别。牢牢掌握甲、乙两型的特征，对鉴定其真伪具有重要作用。

玫瑰普通邮资片发行之后，邮市上曾一度出现炒连体片的热潮，当时有些不法分子便乘机伪造玫瑰片连体片投放邮市，以牟取暴利。因此，在邮市上的玫瑰片伪品，多为仅带有编号的未印广告的白片，数量较多。这些伪品均采用胶版彩印，较为逼真，但用高倍放大镜进行观察，即可看出较明显的破绽。

这里仅选择编号 01、22、24 的玫瑰片来谈谈其真伪的鉴定方法：

真甲型

真乙型

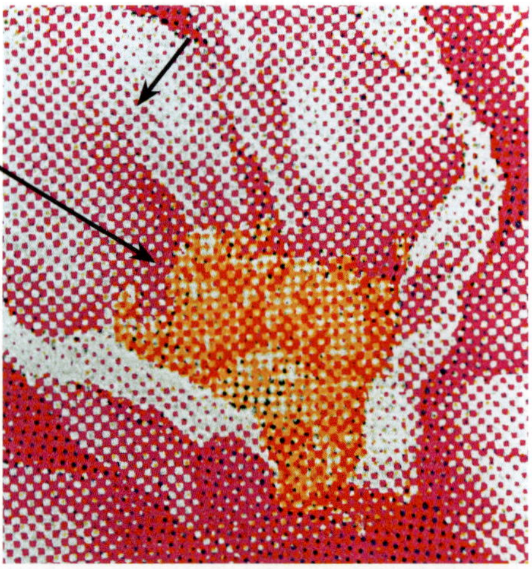

真

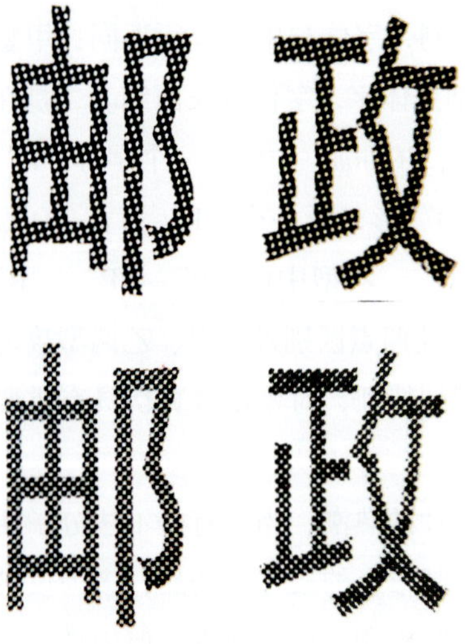

真

伪

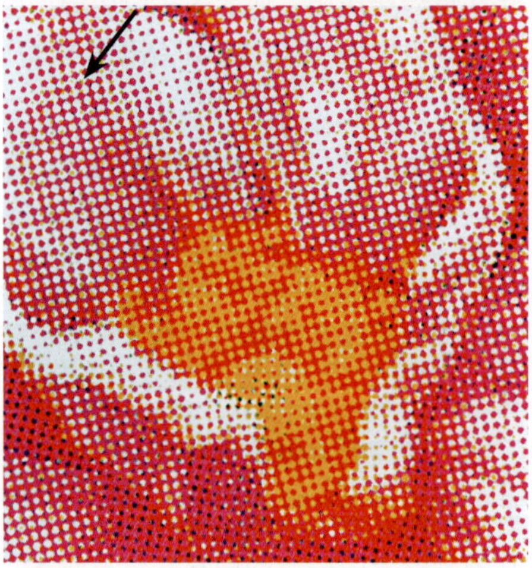

伪

图300

伪01

伪22甲

伪24

伪22乙

真 真

伪 伪

真

伪

伪 伪

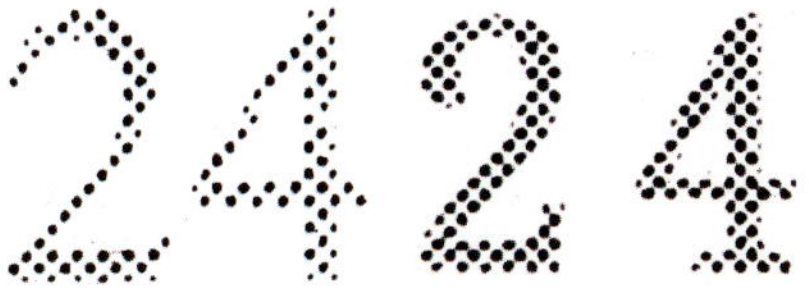

图301

① 看版别 真品玫瑰片和伪品玫瑰片虽然都采用胶版彩印，版别相同，但伪品是利用真品翻拍制版，在各种刷色网纹夹角上常存有不同，真品的红色网纹夹角呈 45°，伪品则均呈 15°。伪品与真品存在较明显的不同（见图 300）。

② 看铭记 真品玫瑰片中英文铭记有两种版型：甲型铭记“中国邮政”和“CHINA”均采用相同字号的粗等线黑体字印制；乙型铭记“中国邮政”采用与甲型相同字号的粗等线黑体印制，而“CHINA”则采用较大字号的细等线黑体印制。伪品中的编号 01 和编号 24，铭记“中国邮政”和“CHINA”，均同真品一样采用相同字号的粗等线黑体字印制，但编号 01“中国邮政”中的“国”字，其“口”中的“玉”字上的“、”，糊笔严重，与真品有明显的不同；编号 24 中的“CHINA”，其第一个字母“C”首尾笔画不平行，呈内窄外宽状，为“张口”形，与真品“C”字笔画首尾相平行，呈“平口”形有明显的不同；编号 22 的真品与伪品玫瑰片上的铭记“中国邮政”和“CHINA”，真品均采用粗等线黑体印制，其“CHINA”中的“C”字，呈“平口”形。编号 22 的伪品有两种，伪 22 甲和伪 22 乙，“中国邮政”均采用细等线黑体印制，其中“国”字与真品存有明显的不同：真品的国字，“口”中“玉”字的“、”与“王”的竖笔和最下方的横笔均相连，伪 22 甲和伪 22 乙则均不相连，除此之外，在“CHINA”的“C”中，伪 22 甲与真品一样，呈“平口”型，伪 22 乙则与真品不一样，呈“张口”形（见图 301）。

③ 看编号 编号 01、22、24 真品玫瑰片的黑色网纹夹角均呈 15°；伪品编号 01、22、24 的网纹夹角则均呈 45°。真品与伪品明信片上的名址线的网纹特征，也均与编号的网纹特征相同。

④ 看邮资图的刷色 真品玫瑰片上的邮资图刷色鲜艳、亮丽，色彩浓淡适中；伪品邮资图虽与真品一样原色、原大，但刷色较浅淡，没有真品艳丽，尤其是玫瑰的绿叶，刷色偏黄，不够嫩绿。

PP.54 马踏飞燕

“马踏飞燕”是我国东汉时期的一件青铜制品。奔马没有辔头，自由奔驰中三足腾空，一只后蹄踏着一只飞燕，体态健美，气势豪放；展翅翱翔中的飞燕，惊诧回首，既支撑着奔马，又巧妙地成为器座。“马踏飞燕”是一件集我国东汉时期绘画、雕刻、冶炼、铸造艺术于一身的不朽杰作。

2002年1月10日，为了适应邮政需要，中华人民共和国国家邮政局发行了1枚《马踏飞燕》普通邮资明信片，志号PP.54。门立群、方军设计。胶版。北京邮票厂印制。邮资片尺寸规格125毫米 ×78毫米。邮资图规格22毫米 ×22毫米。邮资片面值60分，每枚售价0.75元。邮资图为“马踏飞燕”。

这枚普通邮资片发行后，因其尺寸规格仅为125毫米 ×78毫米，小于国家邮政局规定的最小规格140毫米 ×90毫米，一度成为邮市热点，制假贩假者便很快将《马踏飞燕》普通邮资片的伪品投入邮市，鱼目混珠。

笔者研究发现，PP.54“马踏飞燕”真品有多种版型：A型红底色网纹夹角均为15°，但“马踏飞燕”的蓝色网纹夹角A_1型为75°，A_2型为45°；B型的红底色网纹夹角均为45°，但“马踏飞燕”的蓝色网纹夹角B_1型为75°，B_2型为15°。伪品主要为B型，B_1型、B_2型均有伪品。

那么，应该怎样来鉴定PP.54《马踏飞燕》邮资片的真伪呢？

① 看邮资图上的边框线 真品PP.54邮资图黑色边框线采用“8”字形链式黑色专版印制；伪品中伪甲邮资图无黑色边框线，伪乙虽有黑色边框线，但采用的是黑色直线实印，与真品存有明显的不同（见图302）。

② 看面值“60分” PP.54真品面值“60分”文字印得规范，瓷实。伪甲面值“60分”，采用四色套印，“60分”笔画发虚、周边发毛，不清晰，特别是“分”字，已模糊不清；伪乙面值“60分”文字同真品一样采用黑色专版印制，但墨色印得不够瓷实、显得浮浅，其“分”字与真品有区别，为“宽分”，真品则为“窄分”。

③ 看明信片上中英文标头 PP.54真品中英文标头有两种版型：A型采用黑色网纹夹角呈45°的专版印制；B型采用黑色网纹夹角呈15°的专版印制；两种版型中的英文标头中的大写“C”，为大口“C”。伪品的中英文标头也有两种版型：A型采用黑色网纹夹角呈15°的黑色专版印制；B型采用黑色网纹夹角呈75°的黑色专版印制；两种版型中的英文标头中的大写“C”，为小口“C”（见图303）。

这里值得一提的是，在马踏飞燕普通邮资明信片发行之后，国家邮政局又进行了一次邮资调整，邮资明信片资费由原来的60分调整为80分，因此，原来发行的面值60分邮资明信片，已不适用新邮资。之后再印制马踏飞燕邮资明信片，便将面值改为80分。这种面值80分的马踏飞燕邮资明信片，也有伪品。造假者将其印成旅游门票，高价出售，牟取暴

真

真

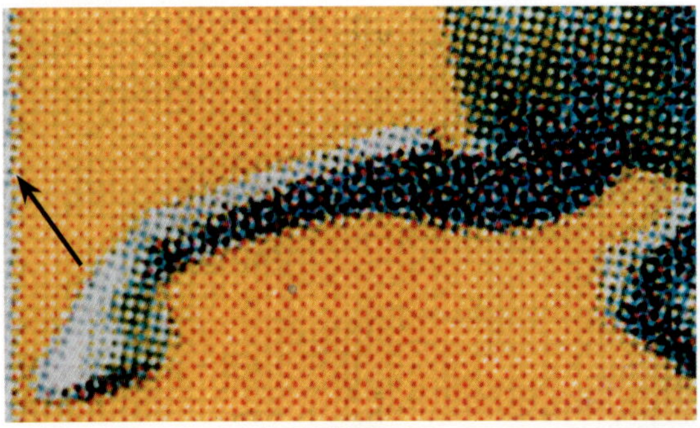
伪甲

伪甲

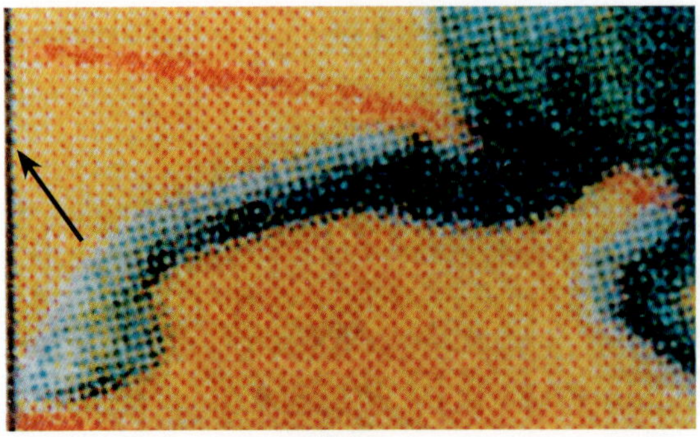
伪乙

伪乙

图302

真

伪甲

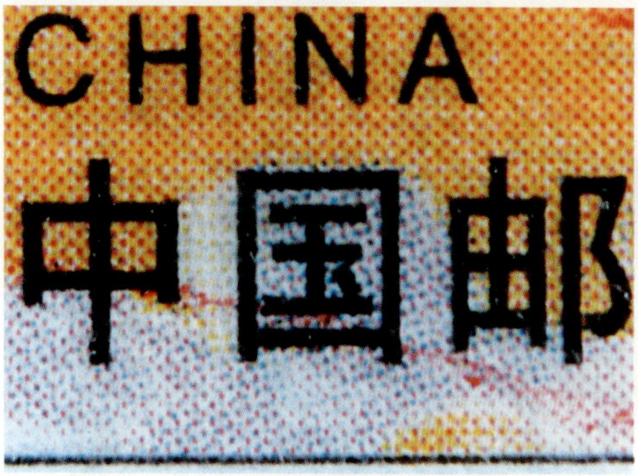

伪乙

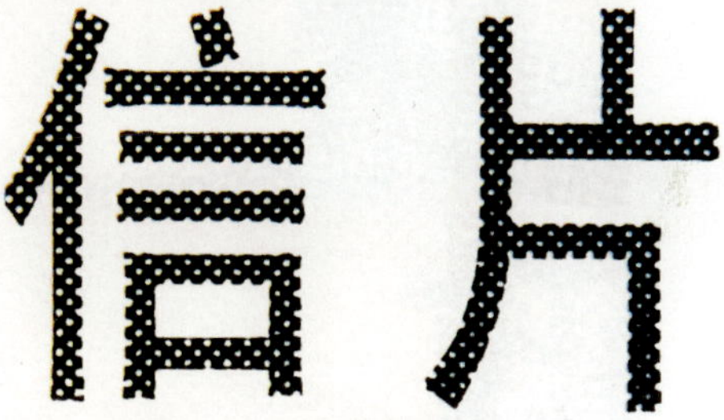

真甲

真甲

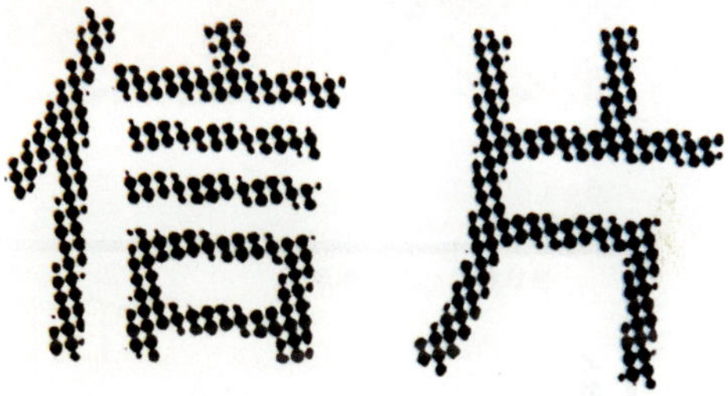

伪甲

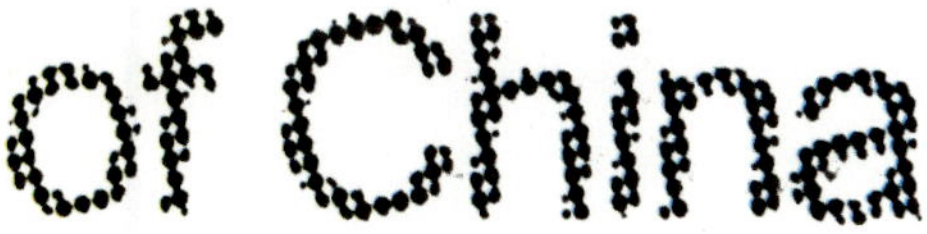

伪甲

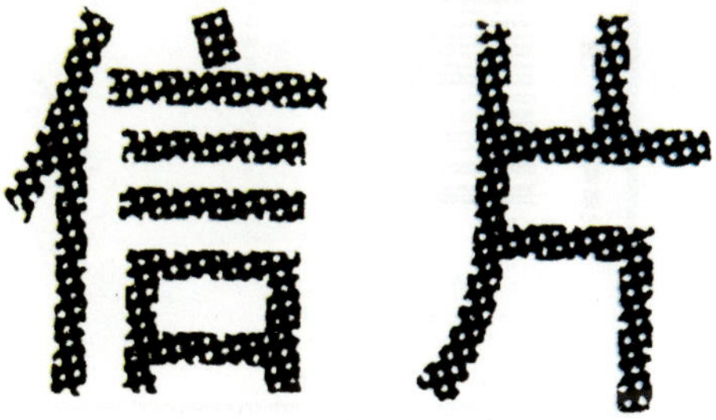

真乙

真乙

伪乙

伪乙

图303

利。这种伪品，其明信片标头、名址线、邮政编码、邮票图案等，均采用胶版套色印制，印制网点粗糙、刷色混杂，邮票图案上面值“80 分”中的“分”字，模糊不清，难于辨认（见图 304）。

伪

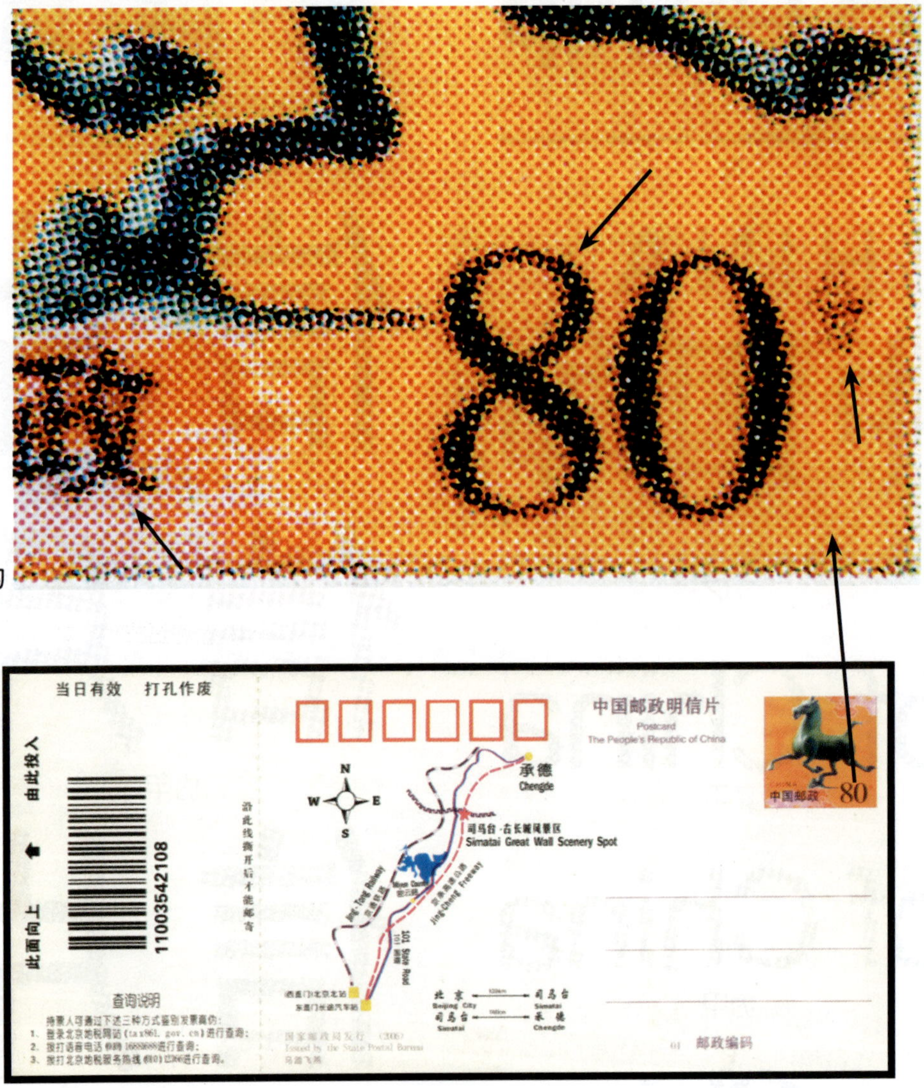

图304

PP.155　第29届奥林匹克运动会会徽和吉祥物

第29届奥林匹克运动会会徽和吉祥物普通邮资明信片发行后，被广大集邮者简称为“奥运会徽和吉祥物小片”，以便与其同时发行的、大规格的第29届奥林匹克运动会会徽普通邮资明信片相区别。

2007年8月8日，正值北京举办第29届奥林匹克运动会倒计时一周年纪念日，中国邮政为此在发行《第29届奥林匹克运动会——运动项目（二）》纪念邮票一套的同时，还发行了《第29届奥林匹克运动会会徽》普通邮资明信片（含国际资费）和《第29届奥林匹克运动会会徽和吉祥物》普通邮资明信片等系列邮资票品。其中“奥运会徽和吉祥物小片”全套共6枚。（6–1）会徽80分、（6–2）福娃贝贝80分、（6–3）福娃晶晶80分、（6–4）福娃欢欢80分、（6–5）福娃迎迎80分、（6–6）福娃妮妮80分。编号PP.155。明信片邮资图规格为16毫米×22毫米。明信片规格为125毫米×78毫米。明信片背面分别印有与正面邮资图相关的图案。全套售价10.8元。白卡纸。彩色胶印。防伪措施：1. 防伪荧光油墨；2. 缩微文字。史渊设计。北京邮票厂印制。

这套邮资明信片发行之后，因片型小巧，印制精美，受到广大集邮爱好者和邮资票品投资者的热捧。顿时，在邮市上掀起了“炒作”的浪潮，再加上传闻此片发行量不足10万套，更是起到推波助澜的作用，致使这套邮资明信片很快由发行时售价10.8元，快速炒高到百元左右，最高时达到每套120元。之后，在炒作时偶尔有人发现明信片上打印的红色流水号，竟有以“3”字打头的6位数字编号！这就清楚地表明：这套邮资明信片的印量绝不会少于30万套！这使炒作者如同晴天遭霹雳，一下子乱了方寸，都傻了眼！致使这套邮资明信片即刻从炒作的高端，快速下跌，最低时曾跌破售价10.8元。后经炒作者强力挣扎，又高于售价。事实上，这套邮资明信片何止仅有以“3”字打头的6位数字编号，以“8”字打头的6位数字编号已不鲜见了！据此推测，此套明信片发行量至少在百万套左右。

这套邮资明信片在邮市上“炒作”之后，很快便出现了伪品。造假者利用高科技制版，采用与真品相同的白卡纸印制；刷色相似；在全套每枚邮资片上，也打有与真品一样的红色6位数字编号；明信片规格和邮资图规格，也均与真品相同；整套邮资明信片也装在与真品相同的塑料袋中出售，完全能够以假乱真。集邮者和邮资票品投资者在购买时，如缺乏鉴别邮资票品真伪的经验，又对真品的防伪措施不了解，很容易上当受骗。

那么，应该怎样来鉴别“奥运会徽和吉祥物小片”的真伪呢？

① **看版别**　尽管伪品采用与真品相同的胶版彩印，甚至有的刷色网纹夹角都与真品相同，但网点粗细存有明显的不同：真品网纹精细，伪品网纹粗糙（见图305）。

② **看刷色**　真品刷色瓷实、厚重；伪品刷色则轻淡、浅薄（见图306）。

③ **看缩微暗记**　真品邮资明信片的名址线采用“OWOD”缩写字母组成；伪品则采用

图305

左上旋网纹线构成。

④ **看邮资图上的铭记** 真品邮资图上的英文“CHINA”采用网纹版印制，伪品则为实印；真品上的“中国邮政”字样与伪品上的“中国邮政”字样，在字形、字体上也存有不同。

⑤ **看明信片背面奥运会徽和吉祥物图案** 真品吉祥物穿戴的肚兜上的奥运会徽图案清晰，伪品则模糊、发虚；5个吉祥物名字在下方印的“TM©”标志性字母，真品与伪品也存有明显的不同（见图307）。

⑥ **用紫光灯照射** 真品采用防伪荧光油墨印制，在紫光灯照射下，邮政编码红方框、6位数字红色编号、邮资图，均呈现鲜红的荧光；伪品则在这些部位均不呈现荧光。

据说，在上述伪品出现之后，邮市上又出现了一种制作更逼真的伪品。集邮者在购买这种邮品时，一定要认真鉴别其真伪。

真

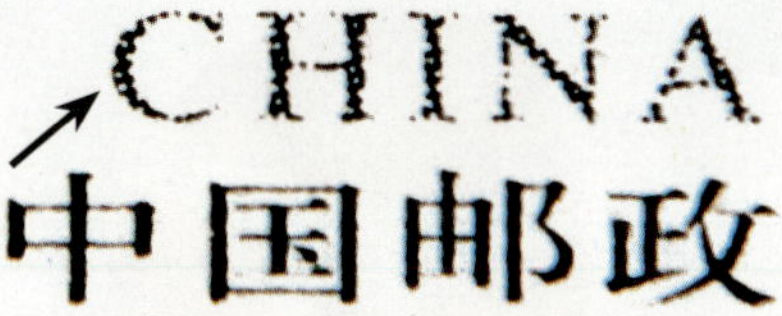
CHINA
中国邮政

真

CHINA
中国邮政

伪

中国邮政明信片
Postcard
The People's Republic of China
80
B14 847083
邮政编码

伪

OWODOWODOWODOWODOWODOWOD

真

伪

图306

图307

16. 中国邮政贺年（有奖）邮资明信片

HP2010 中国邮政贺年（有奖）明信片

2010 年也是我国农历庚寅年，俗称虎年。为此，中国邮政为迎接新的一年的到来，于 2009 年 10 月 9 日发行贺年有奖明信片（普通型）一套，全套共 4 枚。明信片邮资图案由一只卡通生肖虎和“虎”字组成，面值 80 分。明信片邮票规格为 32 毫米 ×32 毫米（菱形）。明信片规格为 183 毫米 ×100 毫米。北京吉茶文化发展有限公司设计。每枚售价 1.80 元。彩色胶印。

这套贺年有奖明信片发行之后，其邮票图案还用来加印广告明信片。由于中国邮政承印的这种广告明信片数量多而杂，有些不法分子便乘机利用高科技制版，伪造出可乱真的广告明信片。这是笔者在进行邮资票品鉴定中，首次见到这种伪品。由于中国邮政代客户承印的这种广告明信片，它同有奖贺年明信片一样，可以兑奖。不知这种广告明信片伪品，造假者是否也用它兑奖？如去兑奖，邮政部门能否发现它是伪品？如果发现不了，中国邮政的损失可就大了，不仅没能收取客户的广告费，还要白搭上兑奖的奖品，真是赔了夫人又折兵！

中国邮政发行的贺年（有奖）明信片，在兑完奖之后，即使新片在邮市上售价都十分便宜，贺年有奖广告明信片就更便宜。因此，集邮者在购买时，并不注意其真伪，也觉得这种兑完奖的新片，十分便宜，谁还去造假。原本不会想到贺年有奖明信片会有伪品。但愿这种贺年有奖广告明信片的出现，能为中国邮政敲响警钟：到了该认真、彻底打假的时候了！

那么，应该怎样来鉴别贺年（有奖）明信片的真伪呢？

① **看明信片上的邮资图案** 真品和伪品均采用胶版彩印，但在印刷工艺上存有不同：真品邮资图案红底色为实印，邮票模拟齿孔边缘均整齐，伪品则采用网版套印，邮票模拟齿孔边缘不整齐，有毛茬；真品邮资图案上的卡通虎刷色精细，红色网纹夹角呈 45°，伪品则刷色粗糙，红色网纹夹角呈 15°（见图 308）。

② **看明信片左下角中国邮政标志** 真品中国邮政标志采用红、黄、蓝 3 色套印，印刷精细，伪品则采用黑、黄、蓝 3 色套印，印刷网点粗糙；真品“中国邮政”和英文“CHINA POST”均为黑色实印，伪品则采用黑色网纹版印制，二者存有明显的不同（见图 309）。

③ **量邮资明信片的规格** 真品为 183 毫米 ×100 毫米；伪品则为 179 毫米 ×99 毫米。

④ **看兑奖号码** 真品兑奖号码为 6 位数字，而伪品兑奖号码则是 7 位数字。

⑤ **用紫光灯鉴别** 真品上的红色兑奖号码采用红色荧光油墨印制，在紫光灯照射下，呈明亮的红色荧光；伪品上的红色兑奖号码，采用普通油墨印制，在紫光灯照射下，不呈现荧光反应。

CHINA
中国邮政

中国邮政 贺年有奖
CHINA POST
H14组
269980
2010
HP 2010Y
80
中国邮政
CHINA POST
邮政编码

真

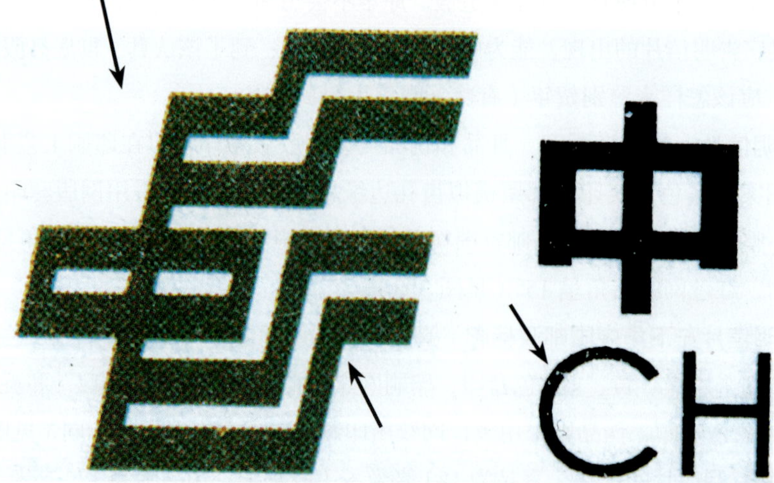

图308

CHINA
中国邮政
虎
80
中国邮政 贺年有奖
CHINA POST
邮政编码
1082629
HP2010Y
中国邮政
CHINA POST

伪

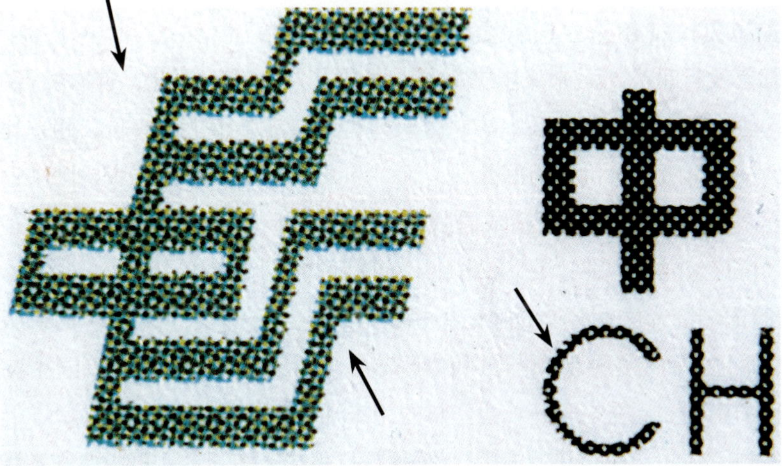
中
CH

图309

二、变 造 品

1.“纪”字头邮票

纪 1 庆祝中国人民政治协商会议第一届全体会议（东北贴用）（原版）

1949 年 10 月 8 日，为了庆祝中国人民政治协商会议第一届全体会议召开，中华人民共和国华北邮政总局以“中华人民邮政”名义向全国发行一套《庆祝中国人民政治协商会议第一届全体会议》纪念邮票，全套 4 枚。志号为纪 1。张仃、钟灵设计。孙传哲绘制版图。胶版。齿孔 12.5 度。无背胶。邮局全张枚数 100（10×10）。上海商务印书馆印制。1955 年 1 月 10 日再版，上海市印刷一厂印制。邮票票幅规格 29 毫米 ×35 毫米。（1）（5）面值为旧人民币 30 元和东北币 1000 元，发行量为 84 万枚和 24 万枚，图案为“北京天安门”；（2）（6）面值为旧人民币 50 元和东北币 1500 元，发行量为 119 万枚和 22.5 万枚，图案为“北京天安门”；（3）（7）面值为旧人民币 100 元和东北币 3000 元，发行量为 149 万枚和 17.5 万枚，图案为“北京天安门”；（4）（8）面值为旧人民币 200 元和东北币 4500 元，发行量 36 万枚和 18 万枚，图案为“北京天安门”。

这套邮票发行量少，后来又根据需要，发行了再版票。因此，首次发行的称原版票，第二次发行的称再版票。这套票中的原版票与再版票在邮市上的售价，相差比较大；原版票存世量少，比再版票售价要高好几倍，而“东北贴用”原版比再版票则高达十几倍。有的不法分子为牟利，将再版票变造成原版票，欺骗集邮者和邮资票品投资者。

那么，应该怎样来鉴别纪 1（东北贴用）原版票的真伪呢？

① **看暗记** 笔者这里所说的暗记，并非指纪 1、纪 1（东北贴用）的原版票与再版票主要区别之暗记，而是指原版票与再版票原本各自所独有的暗记，此暗记并未公布。纪 1、纪 1（东北贴用）原版票与再版票已公布的用来加以区别的暗记，是在宫灯下部云纹图右边的花纹线上，纪 1、纪 1（东北贴用）原版票是相连呈椭圆形；再版票则不相连、呈圆钩形。而不法分子在用再版票变造成原版票时，就是将再版票上的圆钩形花纹，勾画成椭圆形，有的变造票足以乱真。因此，为了能准确无误地区分纪 1、纪 1（东北贴用）原版票和再版票，就必须再看其他暗记。其他暗记有两处：一是邮票图案宫灯上的政协会徽中，地球左侧自下向上数第 3、第 4 根射线，纪 1、纪 1（东北贴用）原版票均相连，呈“U”字形；

而再版票均不相连。二是宫灯灯穗尾部，在天安门顶部上方交接处，纪 1、纪 1（东北贴用）原版票灯穗无边线，不相连接；再版票则有边线，相连接（见图 310）。

② 看宫灯上花纹刷色 纪 1、纪 1（东北贴用）原版票与再版票主要区别是宫灯右下部云纹上的花纹暗记，原版票封口呈椭圆形，再版票不封口呈钩状。用再版票变造成的原版票，与真品原版票必然有某些差异。因此，只要用高倍放大镜仔细观察这个部位的刷色，就会发现，真品原版票刷色一致、均匀，椭圆形规整；而用再版票变造成的原版票，在这个部位刷色不一致，深浅不均匀，椭圆形不规整，或大或小，存在异常（见图 311）。

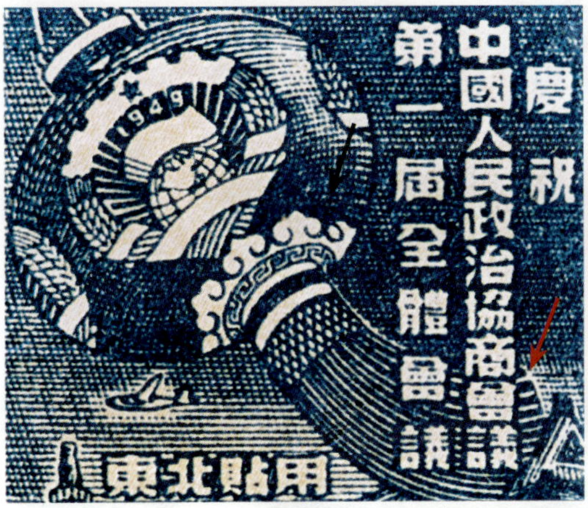

原版

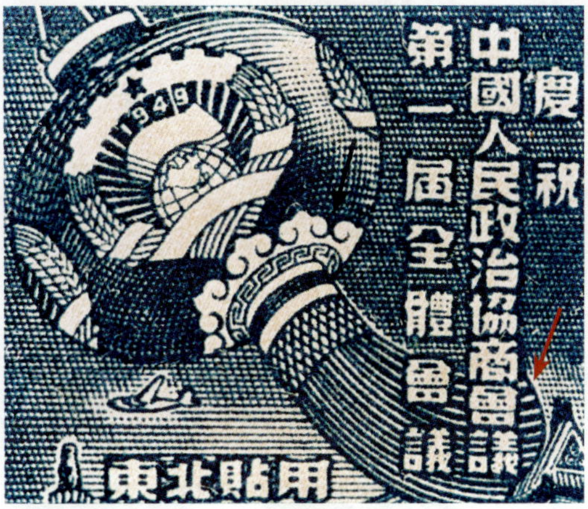

再版

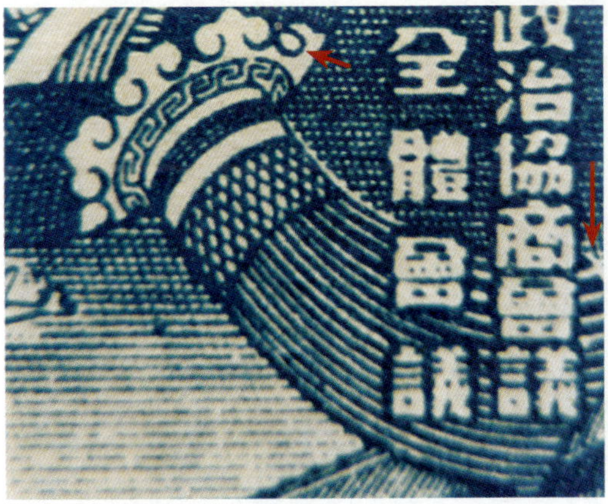
真

变造品

图310

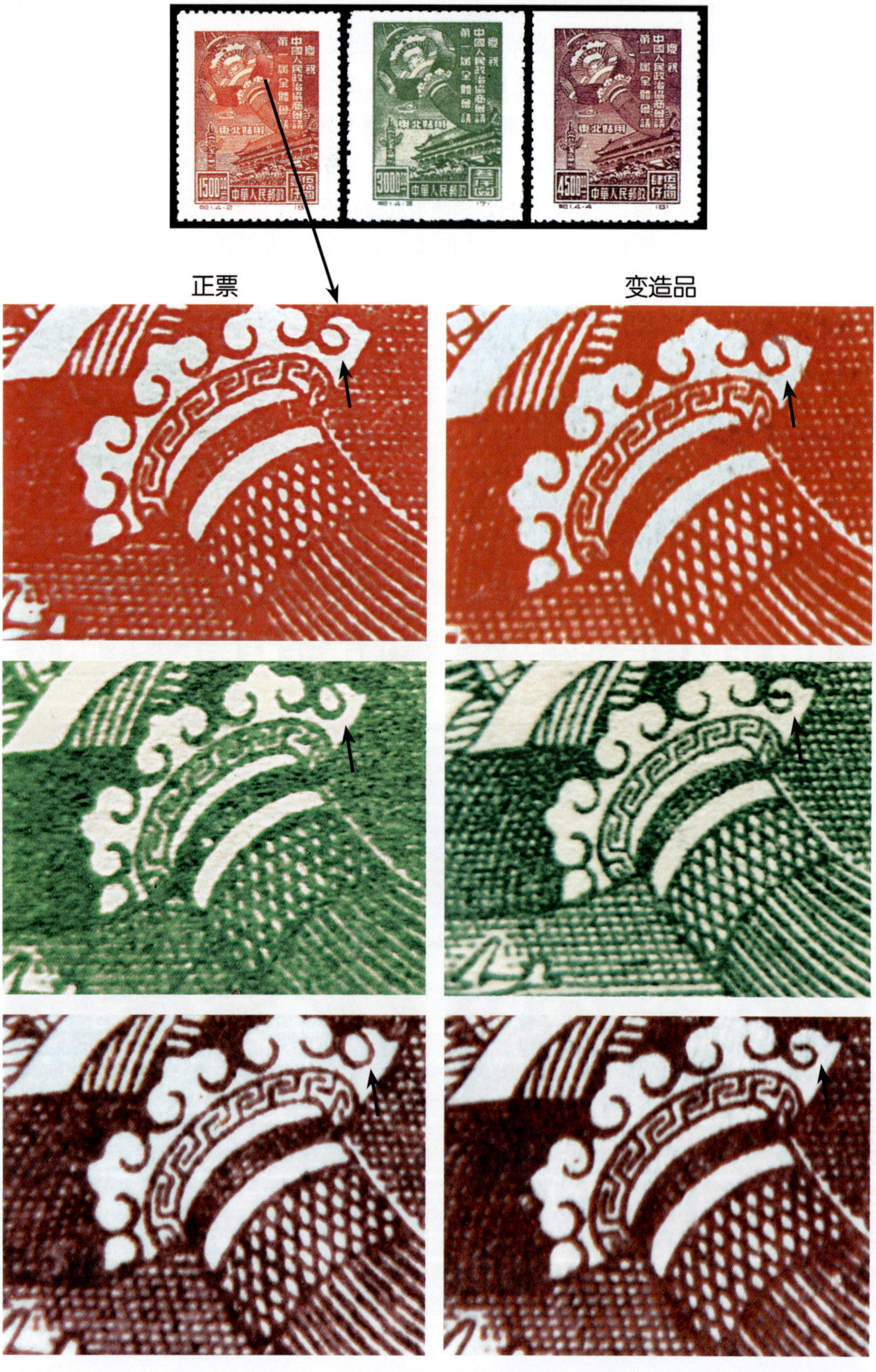

图311

纪77 弗·伊·列宁诞生九十周年

1870年4月22日，列宁生于西姆比斯克城（今乌里扬诺夫斯克）。原姓乌里扬诺夫。真名是弗拉基米尔·伊里奇·乌里扬诺夫。据统计，十月革命前，由于白色恐怖，列宁曾用过146个笔名，其中家喻户晓的即“列宁”。西伯利亚有一条叫勒拿的河流，在俄语中，“列宁”和勒拿河的词根相同。据说，这一笔名，与列宁曾在西伯利亚度过3年流放生活有关。第一次世界大战期间，列宁在《帝国主义是资本主义的最高阶段》一书中，全面地分析了帝国主义时期资本主义国家经济政治发展不平衡的规律，根据这一规律创立了新的完备的社会主义理论，即社会主义首先在几个国家甚至单独在一个国家内胜利是可能的。这一理论是十月革命的指南。1917年10月25日（公历11月7日），在列宁的领导下，伟大的十月社会主义革命获得了胜利。1924年1月21日晚列宁因病与世长辞。全世界劳动者都以沉痛的心情哀悼列宁。在安葬列宁之日，国际无产阶级宣布停止一切工作5分钟。

1960年4月22日，为了纪念列宁诞生90周年，中华人民共和国邮电部发行一套《弗·伊·列宁诞生九十周年》纪念邮票，全套3枚。卢天骄设计。其中（262）（264）为雕刻版，（263）为影雕套印。孙鸿年、孔绍惠、唐霖坤雕刻。齿孔11.5度×11度。背面刷胶。邮局全张枚数50（10×5）。北京邮票厂印制。

这枚邮票发行至今已有半个世纪，就在前几年有邮友寄来一枚他认为是“漏色”的纪77（3–2）列宁像邮票，让笔者鉴定一下真伪。

这枚纪77（3–2）列宁像邮票，正票主图为雕刻版印制的列宁像，邮票底色为红色，采用影写版印制。整个邮票采用影雕混合版印制而成。这位邮友所说的“漏色”，就是指邮票上漏印了红底色。从他寄来的这枚邮票看，确实底色不是鲜红的，而是浅黄色。

这真的是漏印红色吗？

笔者鉴定后，十分肯定地告诉这位邮友：

① 从纸质、刷色（版别）来看 这枚票是真品无疑。刷色如实反映出雕刻版点线的真实和影写版深底色的水波纹特征。

② 这枚票不是漏色（漏印红色），而是变造的褪色票 这是由于红底色在日光长期照射下，红色因不稳定而褪掉之后所呈现的一种貌似漏印红色的假相，不是真正的在印制过程中漏印了红色，这与过去曾“轰动”集邮界“白猴（T.46庚申年）”如出一辙。真正漏印红底色的，纸面应呈现纸质的纯白色；而褪色，红色褪掉大部分后，则仍留有油墨的褪色后的刷色痕迹（见图312）。鉴定这种变造票，一定要注意透过表面看到本质。

正票

褪色

图312

2.“文”字头邮票

文 4 祝毛主席万寿无疆

1967 年 7 月 1 日，为庆祝中国共产党成立 46 周年，中华人民共和国邮电部发行一套《祝毛主席万寿无疆》纪念邮票，全套 5 枚。编号为文 4。其中（3）（4）（5）于 1967 年 9 月 18 日发行。票幅均为 27 毫米 ×40 毫米。齿孔均为 11 度。（1）面值 4 分，发行量 840 万枚；（2）面值 8 分，发行量 850 万枚；（3）面值 35 分，发行量 390 万枚；（4）面值 43 分，发行量 290 万枚；（5）面值 52 分，发行量 490 万枚。邮局全张枚数 70（10×7）。刘硕仁设计。雕刻版。孙鸿年雕刻。北京邮票厂印制。

这套邮票发行量少，当时大量用于通信的 4 分、8 分邮票，发行量才 800 多万枚。经通信大量消耗后，在邮市上要配齐全套文 4 邮票，面值 4 分、8 分票比较稀缺。因此，这两枚票就成了这套邮票中的“筋票”。于是，有些不法分子便乘机用文 4 真品原大翻拍制版，伪造全套文 4 票出售。有关这种伪品的特征，笔者已在 1999 年彩版《中国邮票辨伪必备》一书中做了介绍。这里介绍的是利用文 4 中的（5）面值 52 分票，变造成（2）8 分“筋票”的真伪鉴定。这种变造票伪造得非常技巧：造假者首先将面值 8 分的真票下半部分“祝毛主席万寿无疆”、“中国人民邮政”和“8 分”，采用原大翻拍制版，然后将印制好的这个部分进行裁切、打薄，将其装裱在（5）面值 52 分真票的下半部。就这样利用“障眼法”，巧妙地将“52 分”票变造成“8 分”票。由于（5）面值 52 分邮票确实是真票，集邮者在鉴别时，在版别、纸质、背胶、暗记、齿孔等方面，均不会发现有问题。再加上（2）面值 8 分邮票与（5）面值 52 分票在刷色上又极相近似，仅有少许区别，致使造假者十分狡猾地利用（5）面值 52 分票来变造（2）面值 8 分票。这种变造票，不要说普通集邮者难辨别真伪，就是有鉴别真伪经验的集邮者，稍有疏忽，就会“打眼”。

那么，应该怎样鉴别这种变造票呢？

① 看票题、铭记和面值 在购买邮票时，将这套邮票中的（2）面值 8 分票，与其他面值邮票下半部分的票题“祝毛主席万寿无疆”、铭记“中国人民邮政”、面值“8 分”等文字进行比较，如发现有差异，一定要提高警惕，很可能是变造票。

② 看刷色边缘 用高倍放大镜，沿着邮票下半部分刷色四周仔细观察，看有无装裱留下的痕迹。如有，肯定是变造品（见图 313）。

③ 摸（或测量）邮票纸的厚度 变造的（2）面值 8 分票，其下半部分因是装裱在真品上的，其邮票纸上部与下部就会出现厚薄不一；如用游标卡尺测量邮票纸的厚度，会发现邮票上半部和下半部厚度不一样。

④ **看背面**　因这种变造票是采用52分真票来变造，迎光观察邮票背面，隐隐约约可看到雕刻版所印的“52分”印痕。

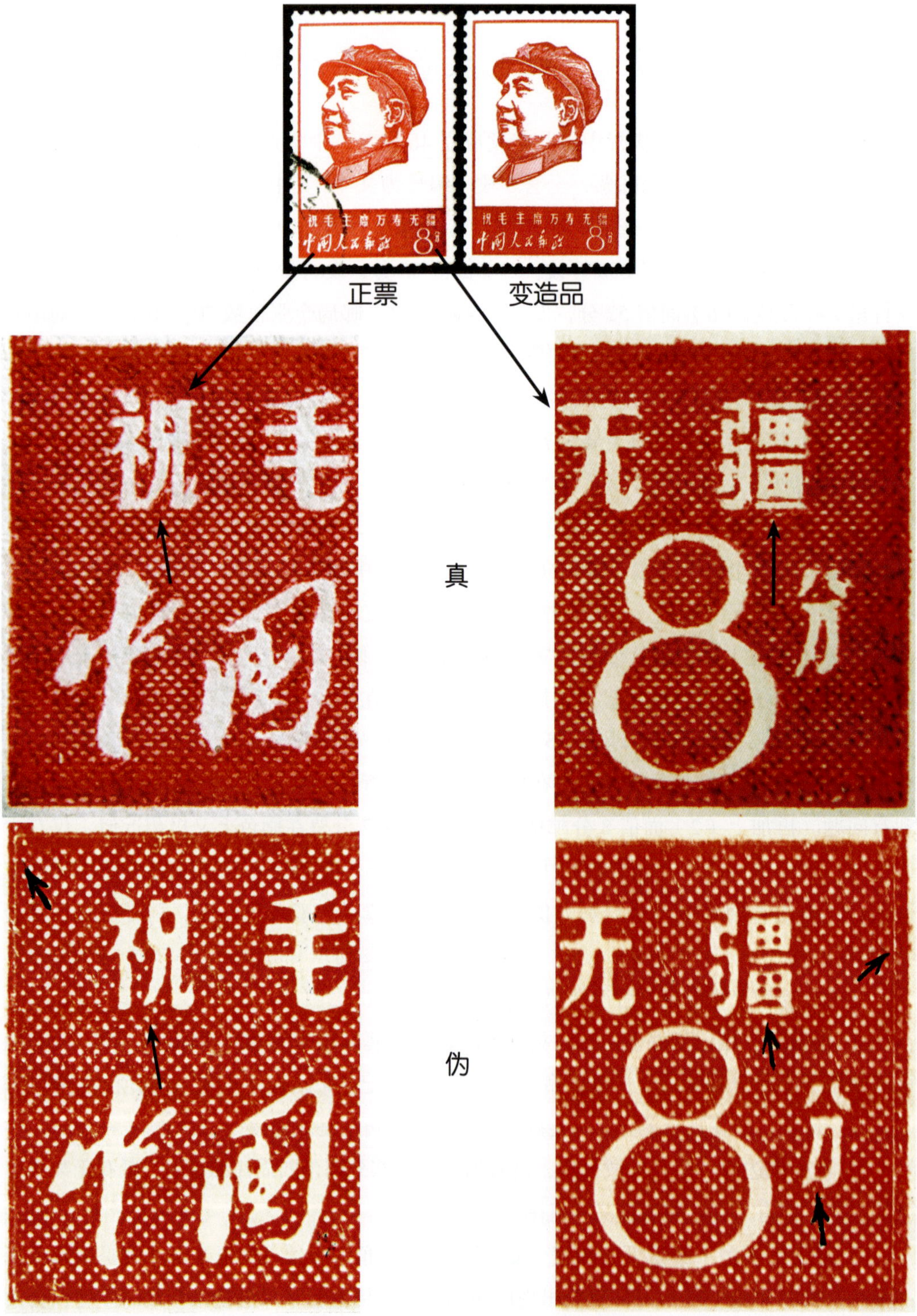

图313

文7 毛主席诗词“满江红 · 和郭沫若”

在漫长的中国革命过程中，毛泽东同志写了几十首旧体诗词，抒发自己的思想与情怀。毛主席诗词是毛泽东思想的重要组成部分。在文学艺术创作史上，毛主席诗词是政治和艺术高度统一的光辉典范，是中国文学宝库中的珍贵精品。

1967年10月1日、10月6日和1968年5月1日，为了宣传毛泽东思想，中华人民共和国邮电部发行一套《毛主席诗词》“文”字头邮票，全套14枚。孙传哲设计。其中（3）《满江红 · 和郭沫若》影雕套印，孔绍惠雕刻。背面刷胶。邮局全张枚数为35（5×7）。北京邮票厂印制。邮票票幅规格54毫米 ×40毫米，面值10分，发行量为700万枚，图案采用了毛泽东同志1963年1月9日创作的《满江红 · 和郭沫若》手稿。这首词的全文是：“小小寰球，有几个苍蝇碰壁。嗡嗡叫，几声凄厉，几声抽泣。蚂蚁缘槐夸大国，蚍蜉撼树谈何易。正西风落叶下长安，飞鸣镝。多少事，从来急；天地转，光阴迫。一万年太久，只争朝夕。四海翻腾云水怒，五洲震荡风雷激。要扫除一切害人虫，全无敌。”

这枚“文化大革命”中发行的邮票，在后来的邮市上，本来就价格不菲，而不法分子为牟取暴利，又用真邮票变造出复印“错体票”。这种用真邮票变造出的“错体票”，因邮票是真的，只是在复印上做了手脚，不明真相的集邮者和收藏家，不知底细；再加上轻信这是从邮票厂流出的传闻，便坚信不疑不惜用高价购买。经笔者鉴定，确定这是变造的假“错体票”。何以见得呢？为彻底让大家明白真相，这里有必要先搞清何谓复印。复印是指在印制邮票时，相同的图文多因两次印刷而重复出现的印刷错误，常被集邮者称为复印“错体票”。既然复印是因将邮票上的图文连印两次所造成的，那么，在现代化印刷机上，邮票的刷色、打孔、裁切，均是在一台联合印刷机上一次完成的，怎么可能出现两次印刷的现象呢？退一万步来讲，邮票在印制过程中，也有可能因纸张滑动造成轻微的复印“变体票”，但这绝不能与这种变造的“错体票”相提并论。这种看上去似乎是两次印刷所造成的复印“错体票”，其实是人为变造出来的。你只要用30倍以上的高倍放大镜仔细观察一下，就能发现问题所在。

① **看版别特征** 毛主席诗词邮票采用影雕套印。手书诗词文字采用雕刻版印制，笔画线条清晰，雕刻版所固有的点、线条特征十分明显，有点、有线、有镂空；变造的复印文字是采用图章盖印上去的，因此，诗词的文字笔画油墨平淡、不饱满，毫无雕刻版印制的点、线、镂空的笔画特征（见图314）。

② **看文字墨迹** 真品邮票上的诗词用雕刻版印制，文字笔墨整齐、清爽、亮丽，字迹凸现在纸面上；而变造的复印文字笔墨不清爽亮丽，有糊笔、堆墨现象，笔画的边缘常有溢墨，有的笔画不规正，这是明显的图章盖印特征。

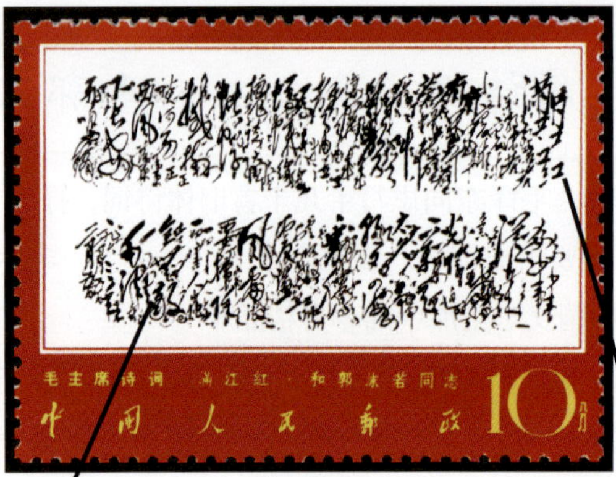

变造品

图314

文11　林彪1965年7月26日为《中国人民解放军》邮票题词

1965年8月1日，中华人民共和国邮电部发行一套特74《中国人民解放军》特种邮票，全套8枚。邮票公开发行前，曾将样票送给当时担任国防部长的林彪。林彪懂得邮票的宣传作用，立即于7月26日为该套邮票题写了这样一段文字：“中国人民解放军是毛泽东思想武装起来的队伍，是全心全意为人民服务的队伍，因而是战无不胜的队伍。”林彪的这段题词在1965年8月号《集邮》上刊出，后由邮电部收存。1968年“八一”建军节前，在研究建军41周年纪念邮票图案时，为了突出宣传林彪“高举毛泽东思想红旗”的形象，有人指定把林彪这段题词印上了邮票。

1968年8月1日，为了庆祝中国人民解放军“八一”建军节，中华人民共和国邮电部发行一套《林彪1965年7月26日为〈中国人民解放军〉邮票题词》“文”字头邮票，全套1枚。孙传哲设计。影雕套印，孙鸿年雕刻。齿孔11.5度。背面刷胶。邮局全张枚数50（5×10）。北京邮票厂印制。邮票票幅规格52毫米 ×31毫米，面值8分，发行量为5000万枚，图案采用了林彪1965年7月26日为特74《中国人民解放军》邮票题词全文。

这套文11邮票在“文化大革命”发行的邮票中，其市场价并不高，于是，有些心术不正者，为牟利，便变造出复印的错体票。与此同时还扬言，这是在“文化大革命”中从邮票厂流出的，确真无疑。因此，有些集邮者和收藏家，轻信传言，不惜出高价购买了这种变造的“错体票”。由于这种“错体票”是用真票变造而成的，所以极具有欺骗性，以致使有的收藏家都坚信不疑，上当受骗了。众所周知，“无产阶级文化大革命”中，为宣传毛泽东思想印制邮票是一项极严肃的政治任务，绝对不允许出现任何差错！何人有如此天大的胆，印制出这样的“错体票”并进行保留？！这在那个特殊年代，是根本不可能有的事！显然，这是现今变造的“错体票”。事实上，变造这种复印“错体票”并不困难。邮票的主图是林彪题词全文，黑色文字采用雕刻版印制，字迹十分清晰。变造者将这种用雕刻版印制的文字，原大复印出后，再刻制成图章。然后用刻好的这种图章，精心蘸上黑色油墨，加盖在文11真邮票上，如此，复印“错体票”就出世了。不明真相者，就这样轻易被欺骗了。鉴别这种变造“错体票”的方法并不复杂，只要有一个30倍以上的放大镜就可以了。

① **看版别**　用高倍放大镜仔细观察邮票上用雕刻版印制的题词文字，每个字的笔画上，其雕刻线条清晰，特征明显；再看变造的复印题词文字笔画，油墨平涂，毫无雕刻版所印文字的特征（见图315）。

② **看文字墨迹**　邮票上用雕刻版印制的题词文字笔墨整齐、清爽，字迹凸现在纸面上；而变造的复印题词文字笔墨不清爽，有糊笔、堆墨现象，文字笔画平盖在纸面上，笔画边缘有溢墨。

变造品

图315

3. 编号邮票

编 66–77 文化大革命期间出土文物

“文化大革命”期间出土文物，即指 1966 年 5 月至 1976 年 10 月这段时间发掘出来的历代埋藏在地下的文物。文物指历代遗留下来的在文化发展史上有价值的东西，如建筑、碑刻、工具、武器、生活器皿和各种艺术品等。

1973 年 11 月 20 日，为了展示中国灿烂的古代文明，中华人民共和国邮电部发行了一套《文化大革命期间出土文物》特种邮票，全套 12 枚。志号为编 66–77。吴建坤设计。影写版。齿孔 11.5 度。背面刷胶。邮局全张枚数 50（10×5）。北京邮票厂印制。邮票票幅规格 31 毫米 ×38.5 毫米。（66）面值 4 分，发行量 700 万枚，图案为青花凤首扁壶；（67）面值 4 分，发行量 700 万枚，图案为鎏金舞马衔杯银壶；（68）面值 8 分，发行量 1000 万枚，图案为黑彩马；（69）面值 8 分，发行量 1000 万枚，图案为唐代泥俑——女俑；（70）面值 8 分，发行量 1000 万枚，图案为石雕柱础；（71）面值 8 分，发行量 1000 万枚，图案为铜奔马；（72）面值 8 分，发行量 1000 万枚，图案为鎏金镶嵌铜砚盒；（73）面值 8 分，发行量 1000 万枚，图案为长信宫灯；（74）面值 10 分，发行量 700 万枚，图案为鸭钮盖铜鼎；（75）面值 10 分，发行量 700 万枚，图案为曾中斿文方壶；（76）面值 20 分，发行量 650 万枚，图案为青铜提梁卣；（77）面值 52 分，发行量 150 万枚，图案为彩绘红陶鼎。

这套邮票中编 66“青花凤首扁壶”，因所刷棕底色油墨不稳定，在日光照射下，邮票的棕底色变为天蓝色。有的不明真相的集邮者还误以为这是“错色票”或“试色样票”当作珍罕品收藏。

那么，应该怎样来鉴别编 66 邮票的真伪呢？

① **看版别和网纹特征** 编 66 真品采用影写版印制，网点为空心圆形网点，网纹夹角均呈 45°；邮票底色上有影写版特有的水波纹。被集邮者误认为的“错色票”或“试色样票”也采用影写版印制，所用纸张，所打齿孔度均与编 66 邮票完全一样；刷色网点特征，也完全一样（见图 316）。因此，可以断定这是编 66 真票，不是用伪品制造的错色票。至于这枚编 66 邮票为何会产生在印刷的底色上与众不同，则需进一步查找原因。

② **查找原因，弄清真相** 编 66 邮票正常所刷的棕底色，油墨厚实，而这枚异常刷的天蓝底色，油墨显得单薄，这用高倍放大镜可看得一清二楚。为什么会这样呢？会不会由于在棕色复合油墨里所含红色油墨成分褪色以后所造成的呢？在原来所印刷的棕底色中，如果褪掉一种红色成分，呈现出的蓝色刷色，自然就显得单薄了。为证实这种判断的正确与否，笔者用一枚编 66 旧票置于日光照射下进行实验。实验结果证明，上述判断是正确的。这种编 66 刷色异常邮票，不是“错色票”或“试色样票”，而是褪色变色票。

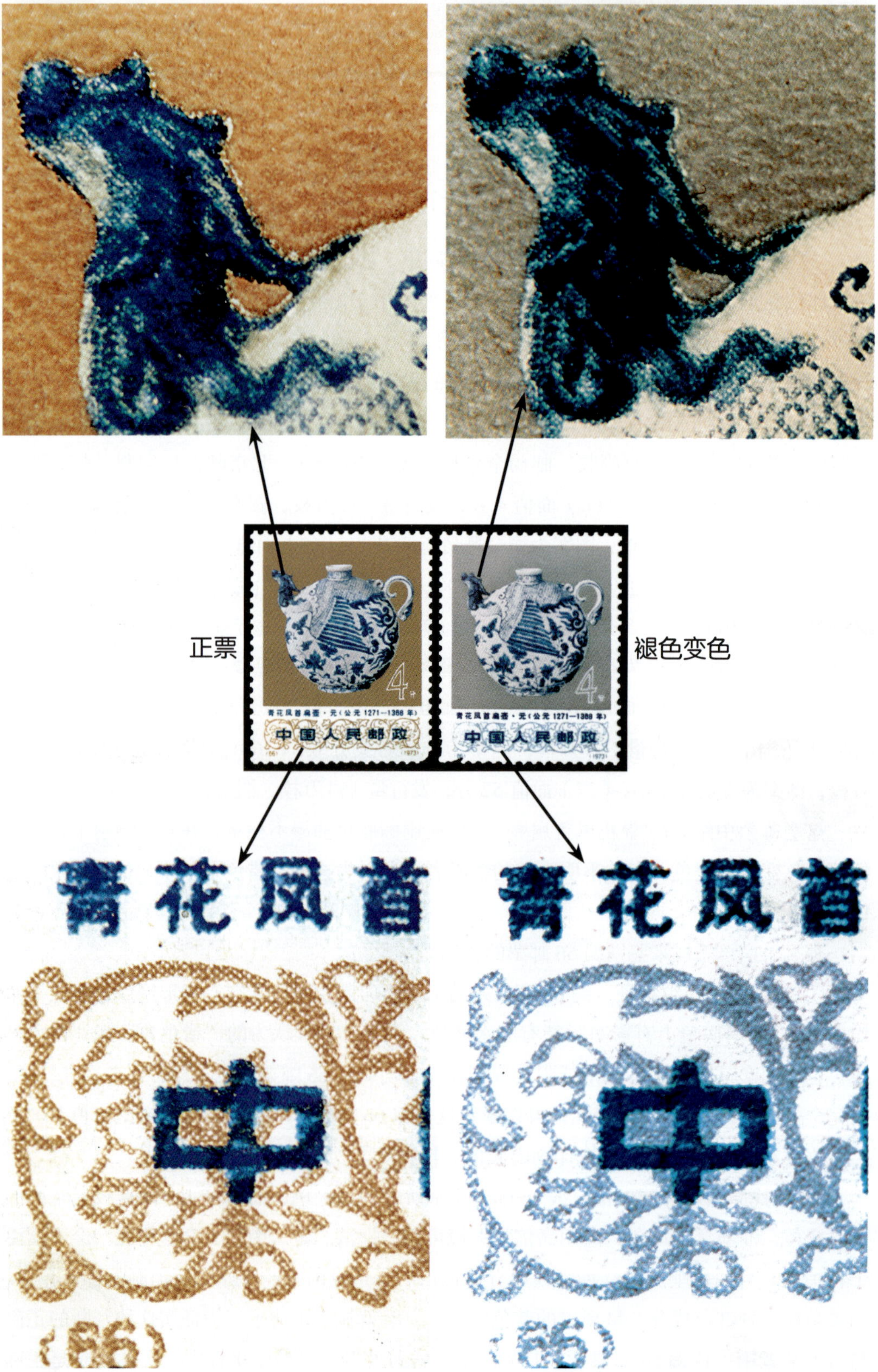

图316

编 95 中国出口商品交易会

中国出口商品交易会是由中国对外贸易公司和有关单位联合举办的定期交易会。交易会的目的在于积极发展国际间的正常贸易往来，展览介绍中国各种传统出口商品和新商品，邀请与会的国外贸易界人士及侨商进行公平合理的交易，以增进互相了解，促进中国对外贸易进一步发展。1957 年 4 月 25 日至 5 月 25 日，第一届中国出口商品交易会在广州举行。自此，每年春、秋季中国出口商品交易会在广州隆重举行，前来参加交易会的有五大洲贸易界人士和海外华侨、港澳同胞。1973 年 10 月 15 日，秋季中国出口商品交易会在广州举行。这届交易会展出了数万种出口商品的样品以及反映中国工农业生产和科学技术新成就的部分产品，还通过图片、实物和模型，介绍了中国各条战线新涌现的一批先进典型事迹，反映了中国国民经济取得的巨大成就和中国对外贸易事业不断发展的兴旺景象。

1973 年 10 月 15 日，为了祝贺中国出口商品交易会开幕，中华人民共和国邮电部发行一套《中国出口商品交易会》编号邮票，全套 1 枚。杨白子设计。影写版。齿孔 11 度。背面刷胶。邮票规格 60 毫米 ×27 毫米。邮局全张枚数 40（5×8）。北京邮票厂印制。

这枚邮票发行之后，笔者从未听说过有漏色错体票。但在一次集邮活动时，有位邮友从他带来的集邮册中拿出一张看上去似乎是漏印红色的编 95 邮票，让笔者鉴定是否真的漏印了红色？笔者用放大镜仔细观察了一下，告诉他说："这不是漏印红色错体票，而是褪色变色票，是一种变造品。"这位邮友一脸茫然。为使他确信无疑，我对他说："我给这枚邮票拍几张显微照片，让你清清楚楚看一下它的本质。"他同意了。

那么，怎样来鉴定这枚编 95 "漏色"邮票的真伪呢？

① 看版别 编 95 邮票采用影写版印制，刷色鲜亮、浓重刷色处，呈现出影写版所固有的水波纹特征，网点呈中空状，各种刷色的网纹夹角均呈 45°。这枚编 95 邮票为旧票，刷色显得陈旧，不鲜亮，但网纹特征均与真品一模一样，是真品无疑。

② 看面值"8 分" 编 95 邮票面值"8 分"处，红色刷色浓重，呈现水波纹特征。这枚编 95 邮票面值"8 分"处，呈现的是淡橘红色，依稀可见有红刷色的本色，这正是红色在化学或物理条件下，褪色之后所呈现的特征。这一特征，从邮票图案大楼顶部飘扬的红旗上，可清晰看出未褪掉的红色，捕捉到这枚旧票是褪色，而不是真的漏色的本质（见图 317）。

笔者研究发现，邮票上的红色刷色，大多不够稳定，在物理或化学条件下容易褪色，褪色后所呈现出的假相，往往被不明真相的集邮者误认为"漏色"或"错色"，不惜花重金购买。有些心术不正者，为牟利，也常想方设法变造这种票，集邮者一定要提高警惕啊！

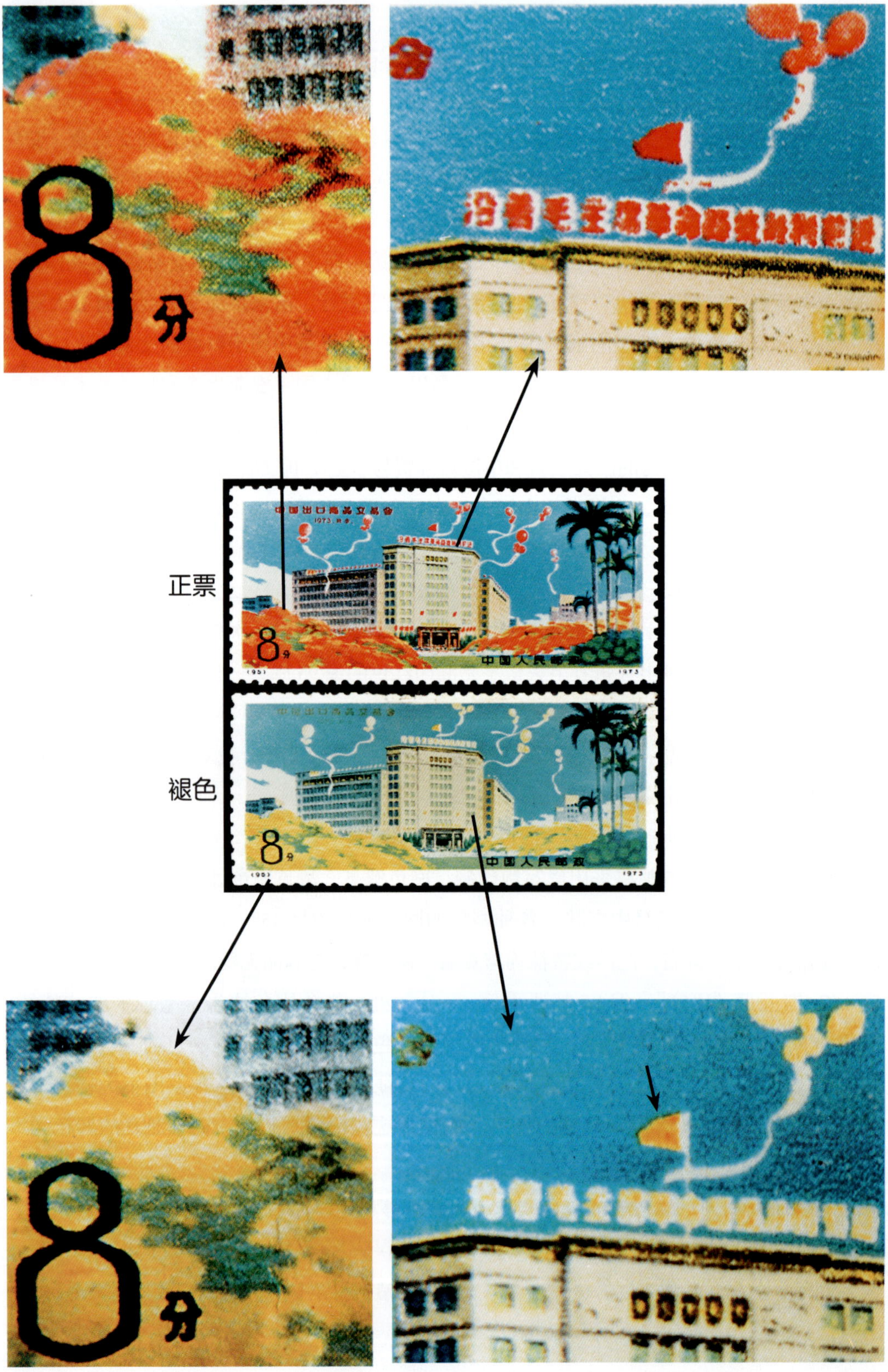

图317

4. "J" 字头邮票

J.13 中国人民伟大的无产阶级革命家、杰出的共产主义战士周恩来同志逝世一周年

周恩来（1898—1976），字翔宇，原籍浙江省绍兴，1898 年 3 月 5 日生于江苏省淮安。1913 年进天津南开中学学习，1917 年留学日本，1919 年回国在天津参加"五四"运动。1922 年加入中国共产党，任中国社会主义青年团旅欧总支部书记。1925 年 2 月，领导黄埔学生进行两次东征，任东征军总政治部主任兼第一军政治部主任。1927 年 8 月，领导了"八一"南昌起义，为创建伟大的人民军队做出了重要贡献。1928 年后在上海坚持地下工作，为坚持国民党统治区的革命工作做出了重要贡献。1931 年 12 月进入中央革命根据地，任中共苏区中央局书记、中央军事委员会副主席。1935 年 1 月，在遵义会议上坚决支持毛泽东的正确路线，严肃批判了王明"左"倾机会主义路线，为确立毛泽东在全党的领导地位起了十分重要的作用。遵义会议后当选为中央三人军事领导小组成员、书记处书记，参加了二万五千里长征，于 1935 年 10 月到达陕北。1935 年 12 月"西安事变"发生，周恩来任中共全权代表去西安，和平解决了"西安事变"，促成了抗日民族统一战线的形成和发展。抗日战争期间，任中共中央代表和南方局书记，长期驻国民党政府所在地武汉和重庆，进行统一战线工作。解放战争期间，任中国人民解放军总参谋长，为推翻国民党统治、武装夺取政权、创建新中国，建立了不朽的功勋。1949 年中华人民共和国成立后，一直担任政府总理，兼任过外交部长，并任中央军委副主席。从党的六大以后，当选为历届中央政治局委员。为了把中国建设成为强大的社会主义国家，和毛泽东一起制定了党的社会主义建设的路线、方针、政策。进行了精心的规划和巨大的组织工作。1954 年，在国际事务中倡导了著名的和平共处五项原则。1955 年 4 月，率中国代表团出席第一次亚非会议，使会议通过了以和平共处五项原则为基础的万隆会议十项原则。1961 年，率中共代表团出席苏共二十二大，对赫鲁晓夫集团分裂国际共产主义运动的行为，进行了坚决斗争。在"文化大革命"中，为了维护党的统一和团结，同林彪反党集团，同王洪文、张春桥、江青、姚文元"四人帮"反党集团，进行了针锋相对的斗争。1972 年患病后一直坚持工作。1976 年 1 月 8 日在北京逝世。

1977 年 1 月 8 日，为了表达中国人民对周恩来总理的深切怀念之情，中华人民共和国邮电部发行一套《中国人民伟大的无产阶级革命家、杰出的共产主义战士周恩来同志逝世一周年》纪念邮票，全套 4 枚。卢天骄设计。影写版。齿孔 11.5 度。背面刷胶。邮票规格：（4–1）（4–2）31 毫米 ×52 毫米；（4–3）（4–4）52 毫米 ×31 毫米。邮局全张枚数（1）（2）为 40（10×4），（3）（4）为 40（4×10）。北京邮票厂印制。

这套邮票发行30年之后，有位邮友拿着一枚J13（4–1）“周恩来总理像”，让笔者鉴定一下是否漏印了红色。这枚邮票，猛一看还真像是漏印了红色，因为周恩来总理像为彩色像，而这枚邮票看上去“确实”像未印上红色。笔者用高倍放大镜仔细进行了观察，肯定地回答：“这不是真的漏印红色，而是红色褪色了，是变造品。”

这位邮友对笔者的鉴定结果并不满意。他认为，邮票上明明没有红色，不是漏色，怎么可能是褪色呢？为解除他的疑惑，笔者让他用高倍放大镜仔细观察周恩来总理像眼睛、鼻子深刷色部位，他终于发现还有未完全褪掉的红色网点依稀可见，他相信了，但仍不解地问道：“这种红色是怎么褪掉的？”笔者根据自己的研究得知，这个时期印制的邮票，其红色不够稳定、牢固，在物理或化学因素作用下，容易褪色。

事后，为了验证笔者的鉴定结果，我们特地从邮册中找出J13（4–2）“光辉的榜样”邮票，进行了科学实验，结果十分满意，J13（4–2）邮票上的红色褪掉了，呈现出“漏印红色”的票面（见图318）。

变造品

正票

褪色变造品

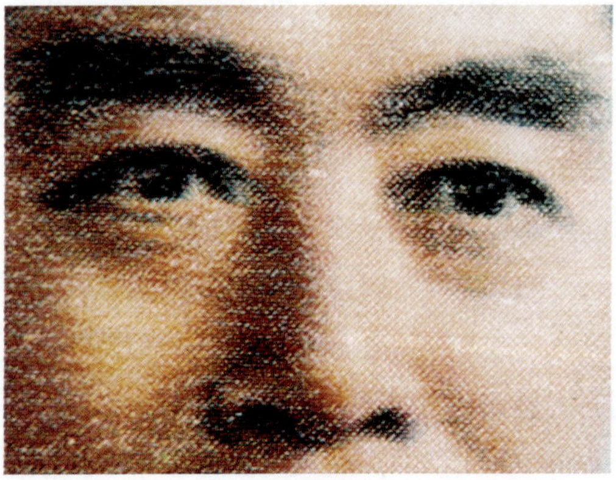

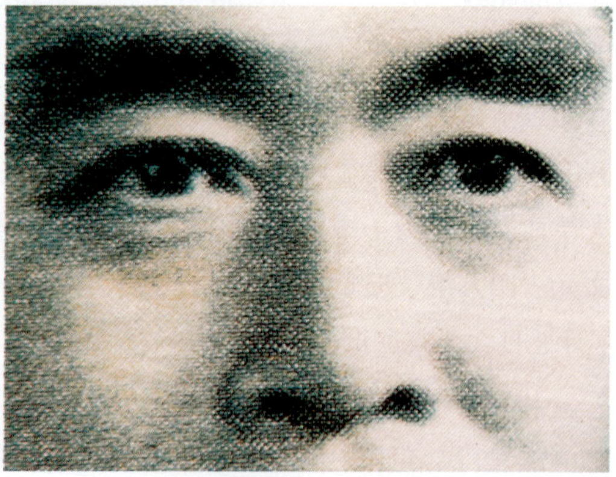

图318

J.135M 中华全国集邮联合会第二次代表大会（小型张）

中华全国集邮联合会是由中国各省、市、自治区集邮协会联合组成的群众性文化团体。简称为“ACPF”。1982 年 1 月 30 日成立，总部设在北京。其宗旨为：团结全国集邮爱好者和邮学研究者，为发展中国集邮事业，建设精神文明，增进与世界各国集邮组织之间的友好合作而努力。其最高权力机构为会员代表大会。1986 年 10 月 17 日至 21 日，中华全国集邮联合会第二次代表大会在北京人民大会堂隆重召开。中共中央顾问委员会副主席薄一波、全国人大常委会副委员长朱学范参加了开幕式。第二届理事会第一次全体会议选出朱高峰为会长，许宇唐、宋兴民、马任全、张包子俊、常增书为副会长，贾明为秘书长。同时选出 25 名常务理事。

1986 年 10 月 17 日，为了祝贺中华全国集邮联合会第二次代表大会顺利开幕，中华人民共和国邮电部发行一枚《中华全国集邮联合会第二次代表大会（小型张）》。小型张规格：130 毫米 ×80 毫米；邮票规格：60 毫米 ×40 毫米。刘硕仁设计。胶版。齿孔 11.5 度。背面刷胶，北京邮票厂印制。

这枚正票小型张边饰图底色呈土黄色，采用复合油墨印制。复合油墨中的红色因不够稳定，在物理或化学条件作用下，就会褪色，于是便呈现出较稳定的浅绿色（见图 319）。笔者对这枚被集邮者误认为“错色”的 J.135M 小型张的鉴定是不是正确呢?

① **看版别** J.135M 真品采用胶版印制，这枚酷似“错色”的 J · 135M 也采用胶版印制，用高倍放大镜观察，二者版别不仅相同，在网纹特征上也完全相同，仅刷色有所不同。据此，可以判断，这枚与正票在刷色上不同的 J.135M，是真品无疑。那么，它是不是真正的“错色”票呢? 答案是肯定的，非也!

② **看刷色** J.135M 正票之所以与这枚所谓“错色”票在刷色上存有不同，并非这枚“错色”票真的刷错了颜色，而是因为这枚票上的原来刷色，在长期光照下，褪色产生的结果。是一枚变造的褪色票！根据是什么呢? 只要用高倍放大镜仔细观察其刷色，就能看出门道。瞧，小型张邮票主图“王命传”虎节，正票刷色为蓝绿色，褪色票显然要比正票浅淡，这正是复合油墨中某种不稳定的刷色褪色后，反映出的特征。观看小型张边饰图刷色，正票为土黄色，褪色票则为浅绿色；再看小型张边饰上红色的传舍用的封泥印、色彩变淡后，上面依稀可见红色，这正是红色褪色后所固有的特征。据此，可以断定，这枚小型张与正票刷色不一样，不是刷错颜色（错色），而是褪色变色所造成的。

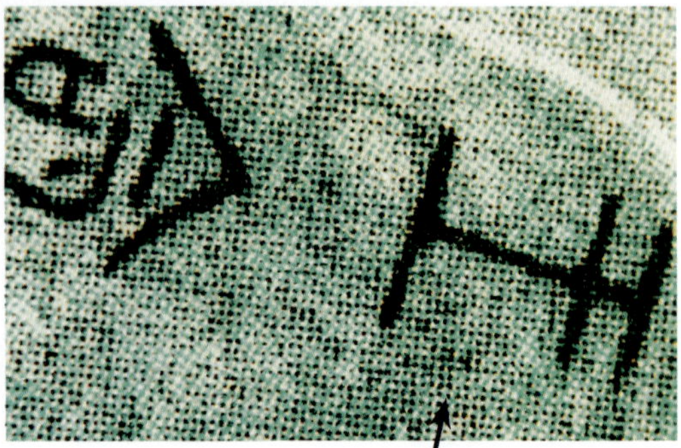

中华全国
集邮联合会
第二次
代表大会
一九八六年
北京
2元
中国人民邮政
J.135(1-1)
1986

正票

中华全国
集邮联合会
第二次
代表大会
一九八六年
北京
2元
中国人民邮政
J.135(1-1)
1986

褪色变色

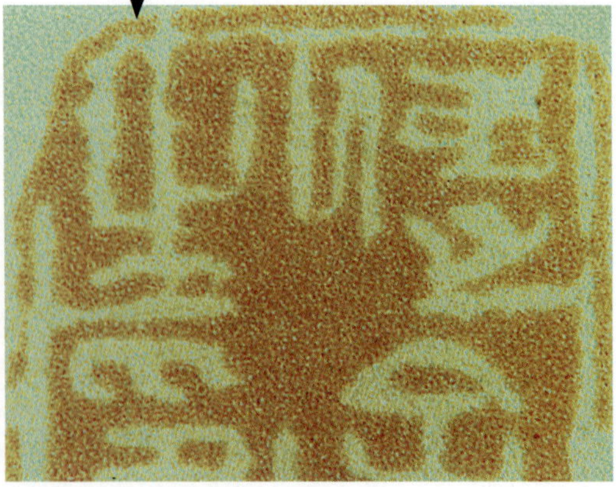

图319

5.“T”字头邮票

T.2 杂技

1974年1月21日，中华人民共和国邮电部发行一套《杂技》特种邮票，全套共6枚。志号为T.2。全套邮票面值均为8分。齿孔11度。背面刷胶。邮票规格，(6–1)、(6–2)、(6–5)、(6–6)均为27毫米 ×60毫米；(6–3)、(6–4)均为60毫米 ×27毫米。万维生设计。影写版。发行量均为1000万枚。北京邮票厂印制。

这套邮票均采用深底色，既突出了杂技演员精彩的艺术造诣，又能够产生一种舞台的现场感觉，让人感到仿佛是坐在台下欣赏杂技表演似的。正是这种深底色，在这套邮票发行之后15年，集邮者朱经文以《T.2（6–6）发现变体票》为题，在1989年第4期《集邮》杂志上发表文章，称这枚变体票与正常票有以下不同：“①此票图案底色、志号、年号与常见票不同。常见票为褚（赭）色，此票为浅蓝色。②此变体票票面的颜色比正常票稍浅。伞的骨架线条比正常票要浅、少。③蹬伞者所穿的黑裙上比正常票多一个金色的花点。④变体票的图案中桌面颜色为灰白色；正常票为灰褐色。”更为奇怪的是，这枚信销“变体票”上销的是“1972”年邮戳。“这枚票是属漏色票、试印票、再版票还是伪造票，或是其他原因所造成，请同好鉴别。”

此文刊出后不久，在同年出版的第6期《集邮》杂志上，刊出北京邮票厂质检科科长冯明举写的《谈T.2〈杂技〉变色票》文章。文章针对当年第4期《集邮》杂志所刊登的T.2（6–6）变体票，进行了详细的解释，也是权威的解释。文章称：“经我们用高倍放大镜仔细观察，它与正印票的区别表现为：①底色不一致，正印票为灰褐色，而此票是灰蓝色。②红色不一致，正印票红色色度较深且鲜艳。表现在红色衣服和伞上层次也较丰富。而此票红色较浅，色相发旧不鲜。③邮票图案上蹬伞者的围裙为黑色，正印票没有东西，而变体票上有一块白色。经观察，系纸张涂料层和油墨一并脱落，露出原纸的本色——白色，而非前文所猜测的金色。这枚与正印品不一致的邮票，从印刷角度鉴定，是北京邮票厂印刷的，不是其他印刷厂的仿制品……但不是正式发行的邮票……属于打样票。正印票在邮寄或在其他途径遇到较强酸、碱溶液或其他有机溶剂及强光、高温，颜色可能发生变化，但大部分是色度变浅，变旧，不可能底色从灰褐色变成灰蓝色。”

笔者当时读了北京邮票厂专家撰写的这篇文章后，也是坚信不疑的。但是对这篇文章的标题称《谈T.2〈杂技〉变色票》觉得有点“文不对题”。文内明明断定T.2（6–6）是“打样票”，应属“试色样票”，为何文章标题却称“变色票”。要知道，“样票”和“变色票”是两个完全不同的概念。“打样票”是指邮票在正式印制前，为求更好的印刷效果，所打印的各种试印样票，如“试模样票”，“试色样票”等；“变色票”是正式印制好的邮票，其刷色因受环境影响，如物理、化学或生物等因素作用，而发生刷色起变化的现象，不同于印刷时油墨颜色异常所造成的印刷“错色票”。这大概是作者一时疏漏造成的不应有的错误。

到了2000年年底，笔者看到发表在《天津集邮》第6期上吴德伟撰写的《拨开T.2（6–6）错色变体票的迷雾》文章，并在封三上刊出他收集的T.2（6–6）“错色变体”新票与正票的对比彩色照片（见图320）。吴文称这种与众不同的T.2（6–6）为“试机样票”。原文这样写道：“这枚错色票是试机样票，但因故混进了成品中，由于质检人员疏忽未被发现……”以此来阐明与北京邮票厂专家在见解上的不同。

当初，笔者在读过北京邮票厂专家撰写的文章后，则认为T.2（6–6）是一种“错色票”，是打样时因油墨调色不准或用错了颜色所产生的错误，准确的称谓应为“错色错体票”，是“错体票”中的一种，也可简称“错体票”。因是打样时所产生的，也可称“错色样票”。在“文化大革命”中，由于管理混乱，工人在打样时产生这样的人为错误，是完全可能的。与此同时，我观察自己的收藏品，也意外地发现在“文化大革命”中发行的编号票里，也有同T.2（6–6）相似的“错色票”。如编66面值4分“青花凤首扁壶”邮票，其正常底色为赭色，笔者藏品中有一枚信销票其底色同吴德伟文中所说“豆绿色”是一样的（见图321）。因此，笔者将这枚编66确认为同T.2（6–6）是一样的“错体票”。之后，还在《集邮》杂志上撰文介绍过，直到2005年初，笔者在《收藏》杂志上的连载文章《错体变体邮资票品的研究与真伪鉴定》时，对T.2（6–6）是“错色票”仍坚信不疑，还在文中作为一个典型例子来介绍。但是，随着笔者对邮资票品真伪鉴定研究的进一步深入，发现这种被邮票厂专家和笔者误认为的“错色票”其实都是由正印票变造而成的；其刷色之所以与众不同，不是在印刷时用错了颜色，而是由于在印制好以后，其正常刷色在外界化学或物理因素作用下，产生了褪色变色现象。这是“变色”，不是“错色”！何以为证？笔者利用手里存有的一枚T.2（6–6）正常刷色票，上面盖有“1974.12”邮戳的信销票进行试

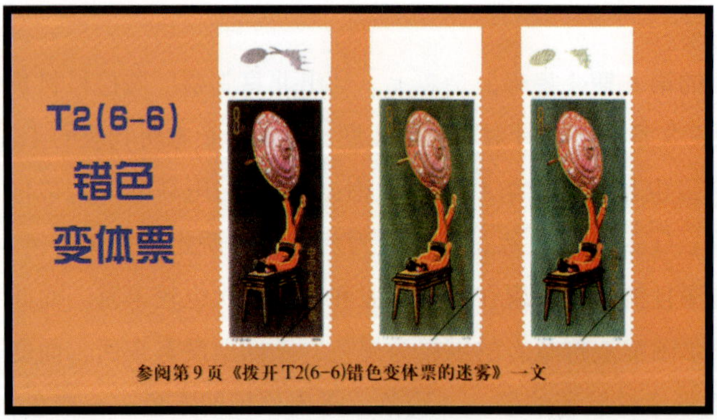

图320

图321

验，在外界条件作用下，这枚刷有灰褐色底色的票，竟然变成灰蓝色底色了（见图 322）。实践出真知！

之后，笔者又找出编 66“青花凤首扁壶”正色票进行试验，结果也出现了褪色变色现象。随着外界条件作用的时间增长，其赭色底色先变为“豆绿色”，最后变为灰蓝色。

为什么会出现这种变色现象呢？笔者研究认为，这种灰褐色、赭色底色，是一种复合油墨，是采用两种以上不同颜色的油墨调配而成，当其中的某种颜色不稳定时，受外界条件影响后，就会慢慢褪掉，导致底色在褪掉某一颜色后，色相也发生了变化，于是便由灰褐色变成灰蓝色，如 T.2（6–6）；或者邮赭色变成豆绿色，再变成灰蓝色，如编 66。由于这种变色票是真票，在褪掉某种颜色成分后，版别特征依然完好无损，只是色彩变淡而已。由此，也会给人一种错觉，感觉邮票图案更“鲜艳”了。如 T.62（6–4）在褪去复合油墨中不稳定颜色成分后，就产生了变色后邮票图案更“鲜艳”的情况。

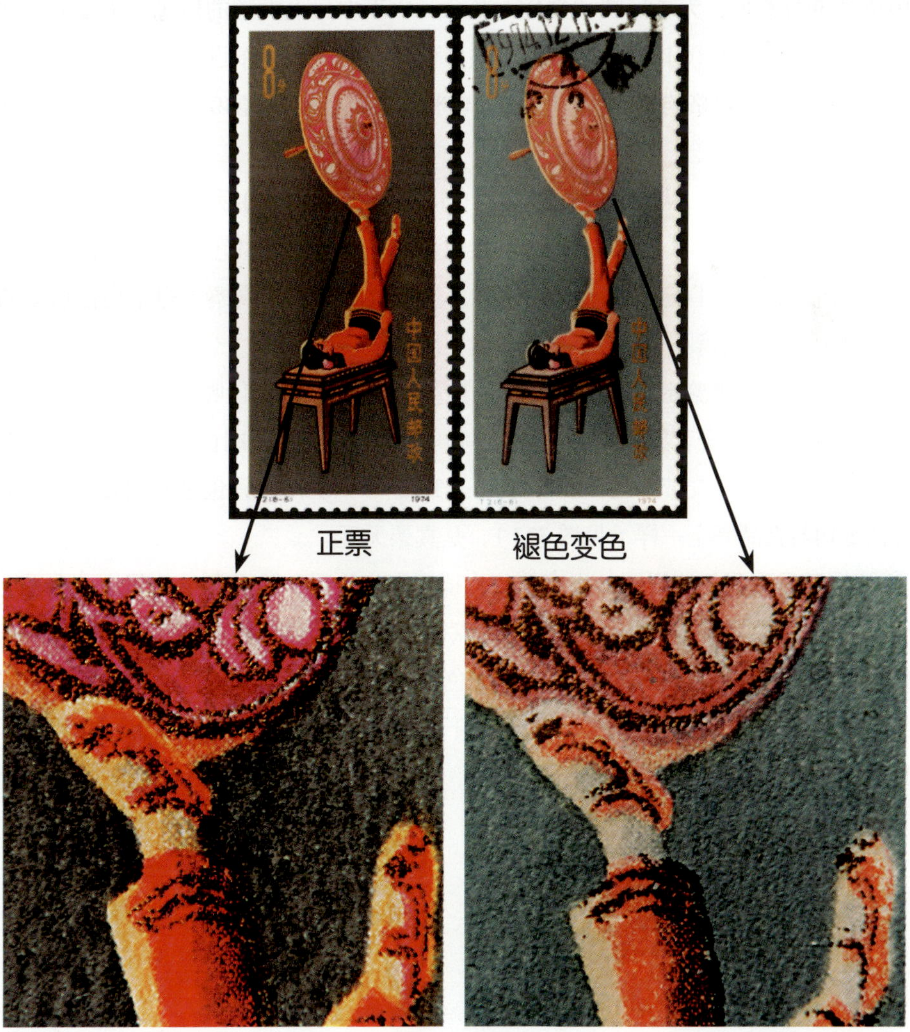

图322

T.18 工农兵上大学

随着“文化大革命”的全面发动，中国高等学校便停止了全国统一考试的招生制度。1968 年 7 月 21 日，新华社播发了《文汇报》记者和新华社记者合写的调查报告：《从上海机床厂看培养工程技术人员的道路》及《人民日报》的编者按。在编者按里，传达了毛泽东主席关于教育革命的指示：“大学还是要办的，我这里主要说的是理工科大学还要办，但学制要缩短，教育要革命，要无产阶级政治挂帅，走上海机床厂从工人中培养技术人员的道路。要从有实践经验的工人农民中选拔学生，到学校学几年，又回到生产实践中去。”根据毛泽东主席的这一指示精神，在“文化大革命”期间，高等学校的新生由工厂、农村、部队进行推荐，称为“工农兵学员”，学制为 3 年。直至 1978 年，才又恢复高等学校招生实行全国统一考试的制度。

1976 年 9 月 6 日，为了反映“文化大革命”中工农兵上大学的情况，中华人民共和国邮电部发行一套《工农兵上大学》特种邮票，全套 5 枚。邹建军设计。影写版。齿孔 11.5 度。背面刷胶。邮票规格均为 52 毫米 ×31 毫米。邮局全张枚数 40（4×10）。北京邮票厂印制。

这套邮票发行之后，从未见过在报刊上有错体票、变体票的报导。在一次集邮活动中，有位集邮者拿出 T.18（5–3）、T.18（5–4）2 枚看上去近似漏印红色的旧票，让笔者鉴定真伪。笔者鉴定后，十分肯定地告诉这位邮友，这 2 枚邮票都是真票，但不是他认为的“漏色”错体票，而是褪色票。

那么，我是怎样来鉴定 T.18（5–3）、T.18（5–4）邮票的真伪呢？

① 看版别 T.16 全套票采用影写版印制，刷色鲜亮，各种刷色网纹夹角均呈 45°，网点呈圆形中空。这位邮友带来的 T.16（5–3）、T.16（5–4）旧票，也是采用影写版印制，其网纹特征也均与真品完全一样（见图 323），是真票无疑。

② 找出不是真漏色的根据 用高倍放大镜观察人物手和脸刷红色的部位，在看上去似是漏印红色的地方，依稀可见淡淡的红色网点；在本来刷有浓重红色的“抓革命”标语上，浓重红色褪掉一部分后，显露出清晰的淡红色网点。由此可以断定，这 2 枚看上去似乎是漏印红色的邮票，其实是在物理或化学条件下，造成红色大大减褪的结果，并不是真正的漏色！

正票

褪色

图323

T.29 工艺美术

工艺美术是一种造型艺术，大多由劳动人民直接创造，和人民的物质生活和精神生活密切相关。工艺美术品采用美术技巧制造而成，既具有实用价值，也具有欣赏价值。工艺美术产品常因历史时期、地理环境、经济条件、文化技术水平、民族习尚和审美观点的不同而表现出不同的风格特色。一般分为日用工艺和陈设工艺两类。日用工艺即经过装饰加工的生活实用品，如一些染织工艺、陶瓷工艺、家具工艺等；陈设工艺即专供欣赏的陈设品，如象牙雕刻、玉石雕刻、装饰绘画等。中国工艺美术历史悠久，传统优良。

为了反映中国工艺美术的传统和水平，1978 年 8 月 26 日，中华人民共和国邮电部发行《工艺美术》特种邮票一套，全套共 10 种。邓锡清设计。影写版。票幅规格为 30 毫米 ×40 毫米和 40 毫米 ×30 毫米。齿孔（1）（3）（5）（7）（9）11 度 ×11.5 度，（2）（4）（6）（8）（10）11.5 度 ×11 度。邮局全张均为 50 枚。北京邮票厂印制。

这套邮票的 10 种图案，精选于 1978 年"全国工艺美术展览"展出的一万多件展品，表现出了中国工艺美术的传统和水平，具有代表性。图案边框装饰统一由郭沫若的题字"全国工艺美术展览"和孔雀的美丽羽屏组成，古朴典雅，富有民族艺术特色，既点明了画题，又寓意全国工艺美术发展前景如孔雀开屏，烂漫多姿，充满勃勃生机。邮票发行之后，深受广大集邮者的喜爱。这套邮票印制精美，未见有印刷变异。但在使用过的（10–1）"大狮子（布玩具）"面值 4 分旧票中，发现有"漏红"、"错色"的大"错体"（见图 324）。这是不是真正的错体票呢？应该如何来鉴别呢？

① 用高倍放大镜观看漏印红底色部位 在高倍放大镜下，在（10–1）漏印红底色部位依稀可见红色网点，和影写版刷色所固有的"水波纹"特征，而"大狮子"图案上所刷红色厚重部位，红色依然存在。由此可见，这是利用物理或化学褪色变造的"漏红色错体"！如果真的漏印红色，在刷红底色部位就不可能有红网点和水波纹，在"大狮子"图案上刷红色厚重部位，也不可能仍留有红刷色。

② 看铭文是否是真错色 （10–1）正票铭文"中国人民邮政"采用蓝色专版、专色印制，套印红底色后，红、蓝套印在一起，呈现出蓝黑色的铭文，看上去很像黑色。但是，当邮票上的红色褪色后，蓝色铭文刷色因稳定，于是便呈现出它本来面貌。因此，这枚变造的"错体"，其铭文并没有刷错颜色，它原本就是褪色变蓝色。

笔者在鉴定邮资票品多年的经验中得知，鉴定邮资票品变造品时，一定要透过现象看本质，只有抓到了本质，才能万无一失。

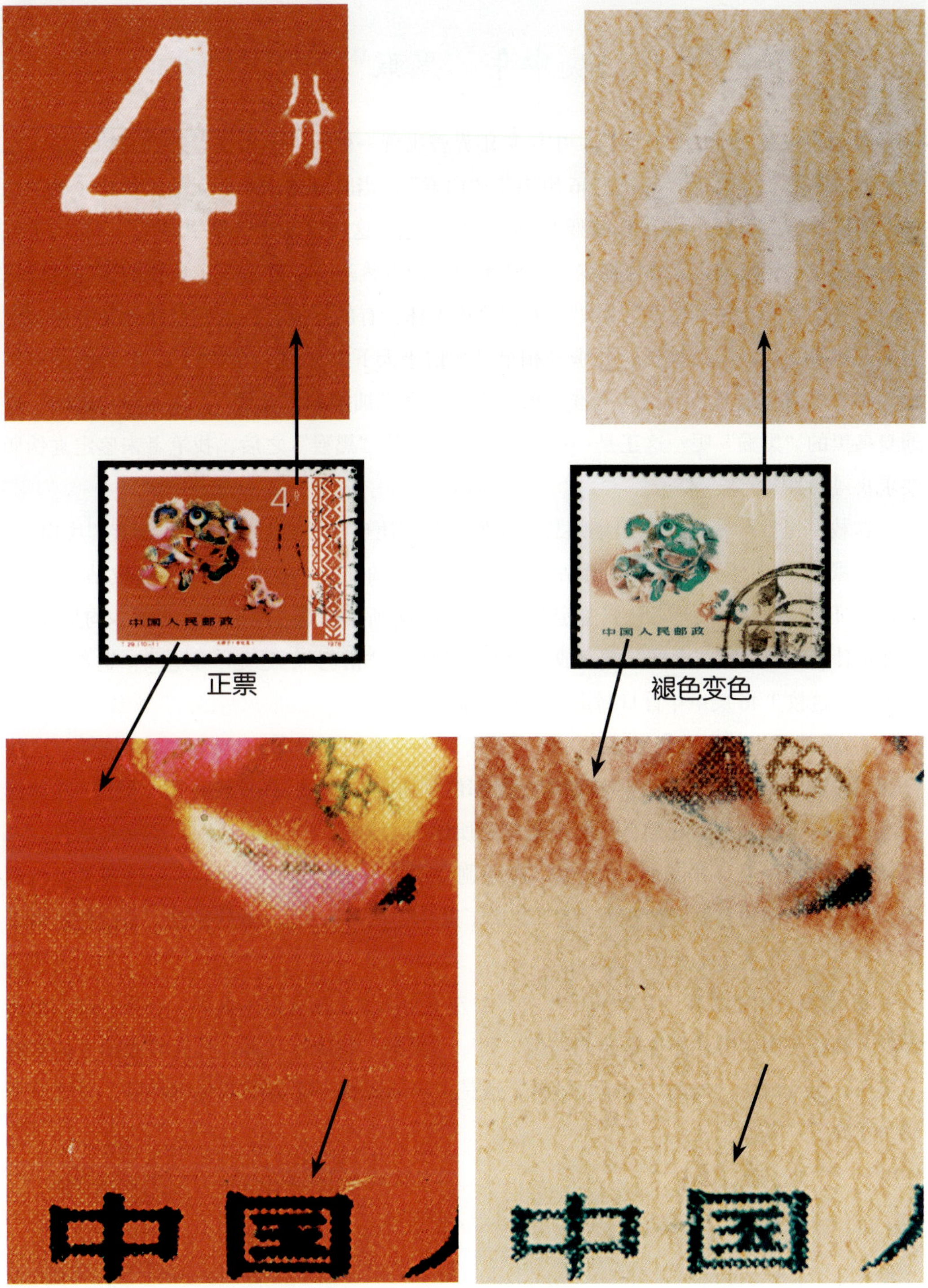

图324

T.46 庚申年“黑猴”首日封

曾记否？在20世纪90年代，中国集邮界曾出现一桩使许多集邮者感到震惊的事：在一个地方邮品拍卖会上，一枚T.46庚申年“白猴”，当时竟拍出4万元的天价！T.46“白猴”何以能这么值钱？因为T.46猴票原本是红底色，这枚猴票底色呈“白色”，漏印了红底色，成了“错体票”，极为稀少。物以稀为贵，当然就会身价不菲了！真的是漏色错体票吗？真的会有这种“白猴”票吗？人们争论不休，有的还扬言，这是经某地某专家鉴定过的，确真无疑。事过境迁，此事真相早已大白于天下。“白猴”消失了，在T.46庚申年猴票中又出现了通身乌黑的“黑猴”票！原本是金光灿灿的“金猴”，怎么会“错印”成通身乌黑的“黑猴”呢？这正是一位邮商在收到这枚“黑猴”之后，找笔者来鉴定真伪所要求获得的答案。

这枚“黑猴”张贴在中国集邮总公司发行的“庚申年”首日封上，加盖有“庚申年”纪念邮戳。“庚申年”首日封上所贴猴票，原本是金灿灿的“金猴”。难道这枚贴“黑猴”票的首日封是伪品？经笔者认真鉴定，这枚封和封上所贴邮票、所盖纪念邮戳，均是真品。那么是什么原因造成“金猴”被变成“黑猴”呢？是“错色”，还是“变色”？笔者用高倍放大镜对这枚T.46庚申年首日封进行观察和鉴定：

① 看邮票上“黑猴”的脸 T.46“金猴”的脸采用金墨印制，因此金光灿灿。这枚“黑猴”是T·46真品无疑，但在原印金墨部位，均变为黑色，因此被称为“黑猴”。值得注意的是，这种黑色呈灰黑色，而用雕刻版所印的“金猴”身上的毛发，呈亮乌黑色，二者黑色不是同一类。很显然，“金猴”邮票刷金部位变为“黑色”，绝不是错刷了黑色油墨，而是原本刷的金墨，经化学变化，变成了黑色（见图325）。不是错色，是变色；由于保存不当，受化学污染所致。

② 看首日封上图案 T.46庚申年首日封左下角图案上的火红的太阳，在黑、红刷色交界处，刷有一圈金墨色，也是金光灿灿。而贴“黑猴”票的首日封，其火红太阳上的那圈金墨色，也变成了“黑色”。显而易见，这是由于同邮票一起遭受到化学污染，导致金墨同时变成了“黑色”。

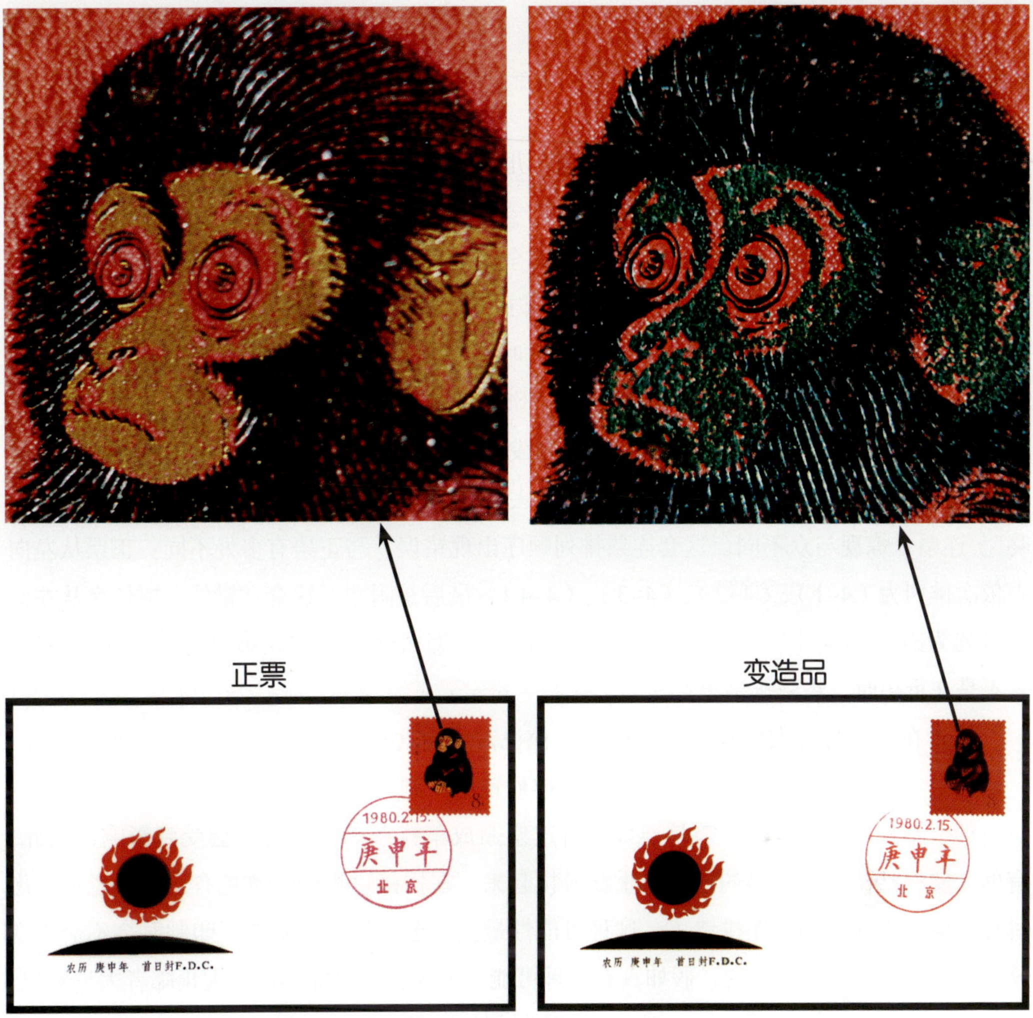
正票
变造品
1980.2.15.
庚申年
北京
农历 庚申年 首日封F.D.C.
1980.2.15.
庚申年
北京
农历 庚申年 首日封F.D.C.

图325

T.51 童话——“咕咚”

1980年6月1日，为祝贺“六一”国际儿童节，中华人民共和国邮电部发行一套《童话——“咕咚”》特种邮票，全套4枚，另有一枚附票，上面印有《咕咚》童话的故事情节。全套邮票与附票采用5连张形式印制。邮局全张为50枚（5×10）。面值均为8分。邮票规格均为40毫米 ×30毫米。齿孔为11度 ×11.5度。全套邮票自左向右依次排列，（4–1）“咕咚——”、（4–2）“咕咚”来了、（4–3）“咕咚！？”、（4–4）“啊！木瓜”，最后是一枚附票。发行量均为1500万枚。万维生设计。影写版。北京邮票厂印制。

这套邮票印制质量上乘，发行以后，未发现有错体、变体票。后来有位邮友给笔者来信，说他在最近整理邮票时，突然发现他过去从邮商那里购买的一套T.51《童话——“咕咚”》连票，惊现与众不同。这套连票排列顺序出现错误，与正票有多处不同：正票从左向右依次排列为（4–1）、（4–2）、（4–3）、（4–4），最后是附票。这套“错体”票依次从左向右排列为附票、（4–1）、（4–2）、（4–4）、（4–3）。怎么会出现如此难以使人想象的错误，是不是在重印时，将版排错了？

笔者在给这位邮友复信时，明确告诉他说，出现这种离奇的“错误”只有两种可能：一是这是伪品，伪造者故意或粗心将顺序排列错了，制造出“错体票”。二是这是用真票变造的“错体票”，因为原票是连票，将连票撕成单枚票以后，售价会受到影响，因此，有的人便将已撕成单枚票的连票，重新拼接起来，在拼接过程中，难免有意或无意地搞出拼接错误，将连票的顺序拼错了。这种可能性最大。至于邮票在邮票厂印制时会不会出现这种错误，笔者认为不会的，假如真有这种可能，至今也不可能不被广大集邮者大量发现，不会仅有这一套。与此同时，笔者还将鉴定拼接连票的方法告诉这位邮友：用高倍放大镜观察连票齿孔处，拼接票在2枚相连的邮票齿孔处有拼接的痕迹，与折痕有明显的不同。在信的最后，笔者还明确表示，如果他在鉴别上有困难，也可将这套票挂号寄来，笔者可给他进行义务鉴定。

之后，这位邮友将这套T.51连票寄来了。笔者一看，果然不出所料，票是真的，但变造者在将已撕成单枚的连票往一起拼接时，将连票排列顺序拼接错了。这是有意或无意变造的T.51《童话——“咕咚”》“错体票”。为使这位邮友能够直观地看到这套拼接连票的实质，特在齿孔拼接处拍摄显微照片，可一目了然（见图326）。

这里值得提醒集邮者注意的是，折齿连票与拼接连票在齿孔连接处所表现的特征是不同的：折齿连票是仅在连票连接的齿孔处经过折叠，但未经过撕开（断），仅有折痕；拼接连票是已将连票彻底撕开后，又将它们拼接在一起，由于邮票齿孔已经断开，拼接得再好，也能用放大镜在齿孔连接处，看出断开的痕迹，再加上拼接时不可能严丝合缝，相邻的两齿孔拼在一起时，出现差异，造成齿孔变形，不够圆润。

正票

变造品

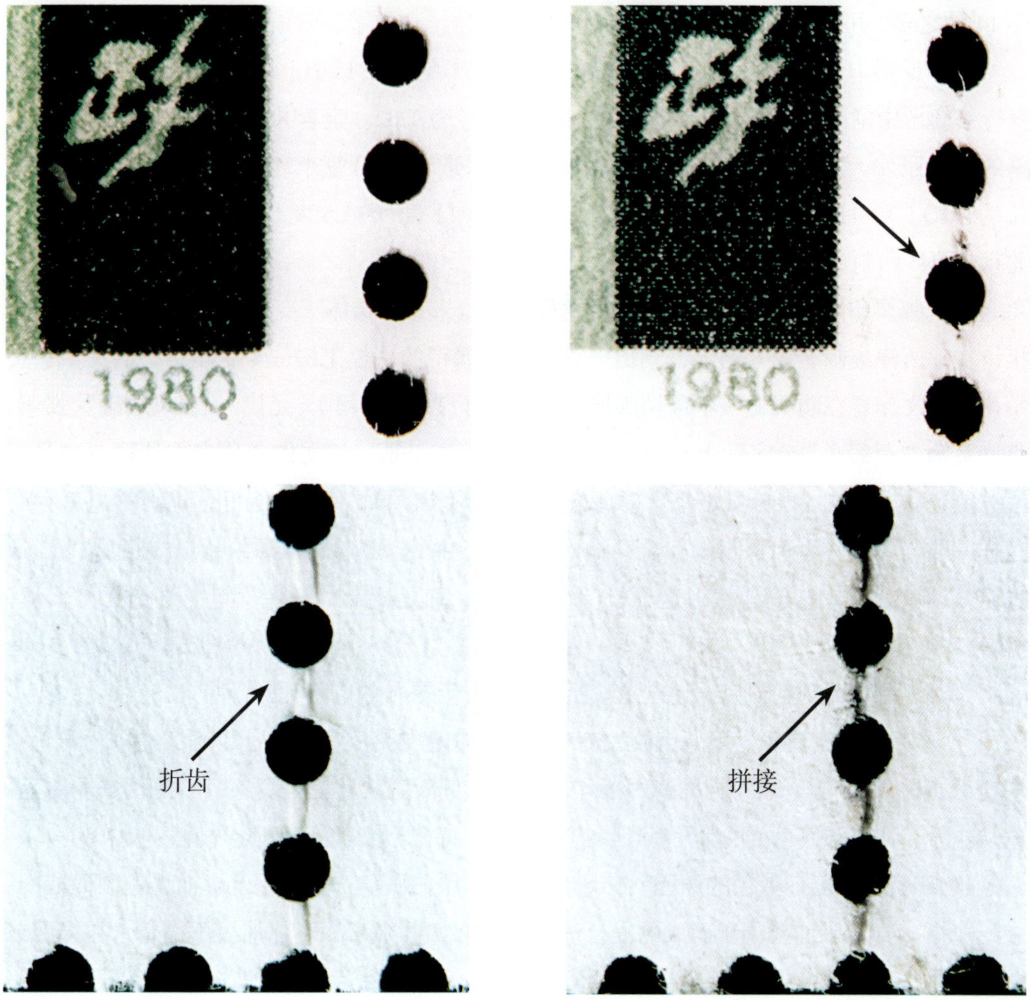

图326

T.62 中国陶瓷——磁州窑系

磁州窑为中国著名瓷窑之一，因地址在磁州境内（今河北省邯郸市磁县彭城镇），故称磁州窑。素有“南有景德，北有彭城”之称。创始于北宋初，历经金、元两朝，在长达五百年之久的时间里，烧制了大量以白地画黑彩纹饰为主的瓶、罐、枕、盘、碗等日用瓷器。这种白地画黑彩纹瓷器，具有中国传统水墨画的艺术效果，把绘画传统与制瓷工艺结合在一起，形成了新的综合艺术；从制瓷工艺说，白地画黑彩纹饰属釉下彩，纹饰画在瓷坯上，然后罩一层透明釉烧成。纹饰因有釉层保护，可以防止磨伤，它比釉上彩有较大的优越性。磁州窑烧制品种繁多，在同时众多瓷窑中首屈一指。除白釉釉下黑彩彩绘外，还有白釉釉下酱彩彩绘、白釉釉下黑彩划花、白釉釉下酱彩划花、白釉釉上红绿彩绘、白釉划花、白釉剔花、白釉绿斑、白釉褐斑、珍珠地划花、绿釉黑花、三彩陶器及黑釉、白釉等 14 种之多，可以说集宋代瓷器装饰之大成。

为了反映中国陶瓷艺术悠久灿烂的历史，1981 年 4 月 15 日，中华人民共和国邮电部发行一套《中国陶瓷——磁州窑》特种邮票，志号为 T.62。全套共 6 种。邮票图案采用王露的摄影照片。万维生设计。邮票票幅规格为 40 毫米 ×30 毫米和 30 毫米 ×40 毫米。齿孔为（1）（3）11.5 度 ×11 度；（2）（4）（5）（6）11 度 ×11.5 度。邮局全张均为 50 枚。北京邮票厂印制。

这套邮票印制精美，质量上乘。自发行以来，未见有错体、变体票的报导；直到 2004 年，在《天津集邮》第 6 期上，刊出一篇题为《偶得的一枚 T.62—4 变体票》的文章，文中谈到该文作者在购买的一本信销邮册中，发现了 T.62（6–4）“元代 · 双凤纹罐”邮票，其底色为“豆绿色”，实际上正票底色为“灰色”。于是，该文作者从多方论证，这是一枚“错色票”，并且很珍贵。笔者对此文作者所下结论不敢苟同。刚好，笔者手里就存有这样一枚与该文作者所偶得的完全一样的 T.62（6–4）《元代 · 双凤纹罐》“错色票”。通过认真研究、鉴定，笔者认为这不是“错色票”，而是变造的褪色变色票，毫无“珍贵”可言！

那么，笔者是如何研究、鉴定这枚所谓的“错色票”的真伪呢？

① **看版别，辨真伪** 用高倍放大镜观看这枚底色与众不同的邮票，确实是采用与正常刷色的 T.62（6–4）真票一样的影写版印制，由此可断定，此票是真票，不是伪造的赝品。这从志号、铭文和底色上的影写版所特有的水波纹特征，完全可以断定（见图 327）。

② **研究、判断褪变色的原因** T.62（6–4）邮票的底色，是采用复合油墨印制而成的。在这个由多种色彩油墨调制而成的复合油墨中，假如其中某一彩色油墨不稳定，在光照或化学药物作用下褪色了，就会导致这种复合油墨总体产生变色。T.62（6–4）所谓的与众不同的“错色票”，正是这种褪色后变造的“错色票”。何以见得呢？明明两枚 T.62（6–4）全是用影写版印制的真票，其底色怎么可能不一样？难道不会是调色错误产生的“错色票”

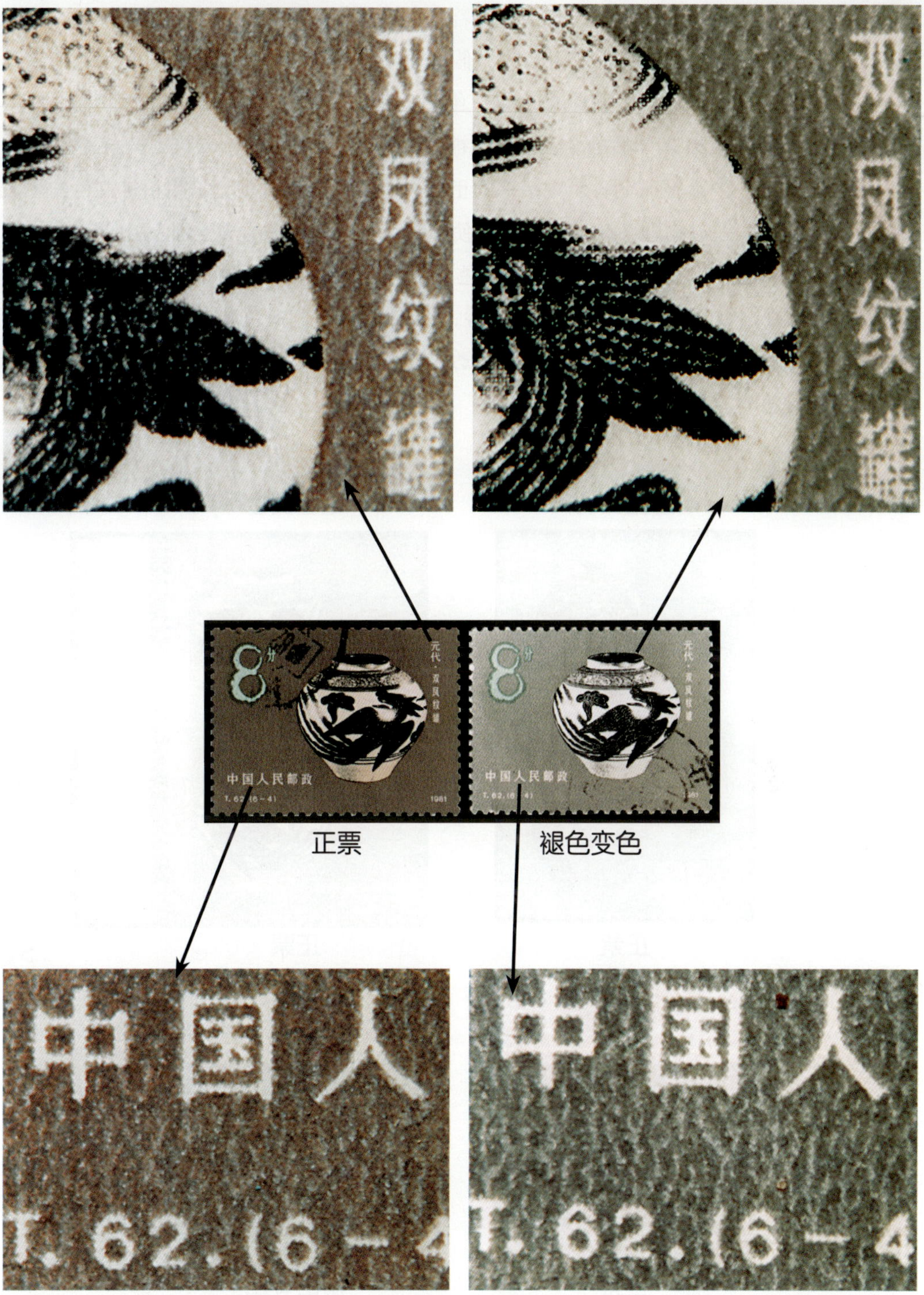

图327

吗？要知道，在正式开机后印制的邮票，如若出现因操作人员粗心大意用错了油墨，出现错色票，质检人员不会放过；退一万步说，假如质检人员也粗心大意放过了，那么流入市场上的这种“错色票”不可能只是极少量，细心的集邮者在邮票发行后，立即就会发现，怎么可能在邮票发行20多年后的今天才偶然被发现呢？

实践出真知。为了验证笔者研究结果的正确，特通过亲自试验，采用正常刷色的T.62（6–4）双连新票，通过物理、化学的方法，使其中一枚邮票的底色复合油墨中不稳定的彩色油墨褪色，变造出一枚褪变色后所谓的错色票，而另一枚让其仍保留原底色。除此之外，还对T.62（6–2）和T.62（6–5）进行了试验，结果均出现了褪色变色现象（见图328）。这纯属研究需要，也是单纯为使广大集邮者透过现象看本质，能正确辨别“错色票”的真伪需要。在此恕笔者不谈变造方法。

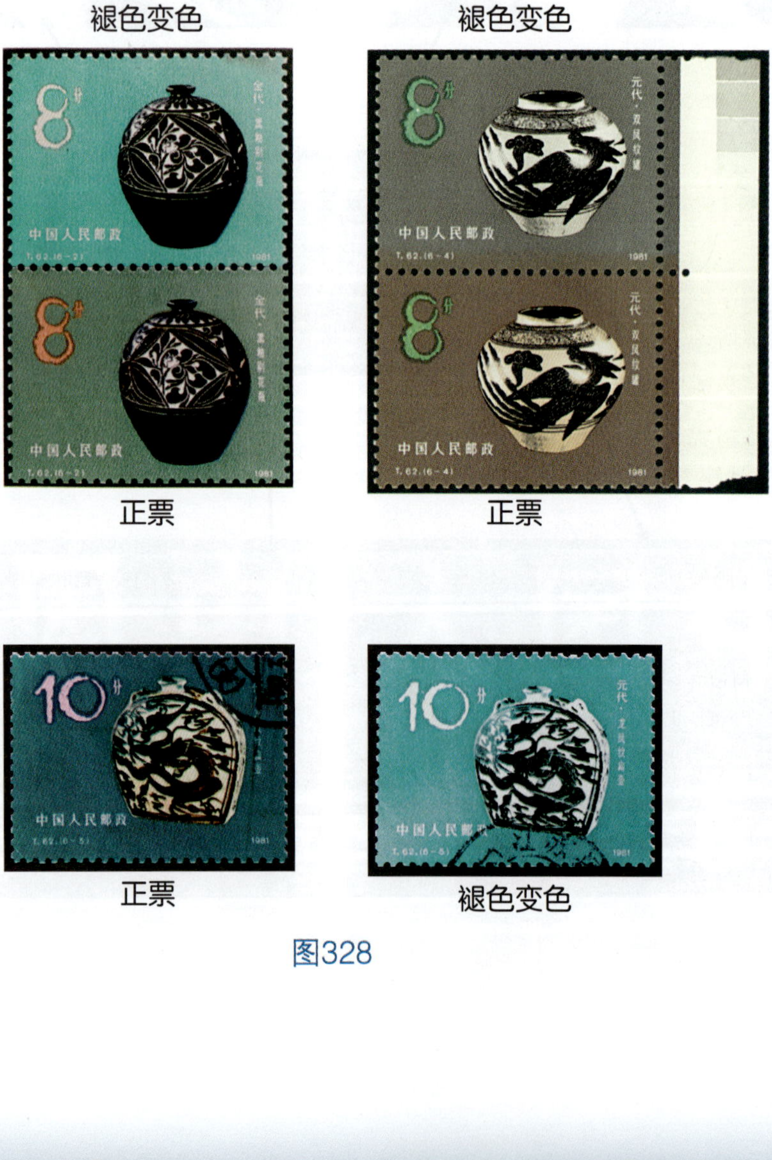

图328

T.80 癸亥年

公历1983年也是中国农历癸亥年，亥猪，也称猪年，凡是在农历这一年出生的人都属猪。

1983年1月5日，时值农历春节前夕，中华人民共和国邮电部发行一套《癸亥年》特种邮票，全套1枚。志号为T.80。这套邮票是中华人民共和国邮电部发行的第一轮十二生肖系列邮票的第4套。卢天骄设计。影雕套印。赵顺义雕刻。齿孔11.5度。背面刷胶。邮局全张枚数80（8×10）。北京邮票厂印制。邮票票幅规格26毫米×31毫米。面值8分。发行量1275.96万枚。图案是中国著名装饰画家韩美林创作的原画—— 一头变形的小猪。与此同时，还发行了小本票，编号SB（8）。小本票规格150毫米×62毫米。售价0.96元。每本含邮票12枚，并带有一枚仅印有与邮票图案完全一样的大型附票。发行量85.5万本。

这套邮票发行后，邮市上曾出现过用小本票上的副票变造漏印铭记和面值、志号等的变体票。这是不法分子利用副票上猪图案同邮票上的猪图案完全一样，仅在图案四周，按照邮票规格打上齿孔，然后分撕掉四边，就伪造出这种变体票，以高价售给不明真相的集邮者。这种变造的变体票，因纸质，猪的图案与版别，均与真邮票一样，具有极大的欺骗性。但是，只要集邮者对邮票的印制工艺有所了解，就能识破骗局。众所周知，“癸亥年”邮票采用影雕套印，红、绿、黄为影写版印制，黑色版所印的黑色为雕刻版。因此，邮票上猪图案所印的黑色和邮票上铭记、面值、志号所印的黑色，是同一块黑色版所印；邮票左上角“癸亥年”红色印章，也是这样。既然邮票上的各色均是分别使用同一块印版印制，怎么可能出现猪图案上的黑色雕刻版线条完整无缺，全印上了，而同一块版上的铭记、面值、志号怎么会全部漏印呢？不可能呀！同样道理，“癸亥年”红色印章也不可能漏印；两种刷色出现在一枚“票”上局部漏印，更是不可能！

猪本票发行之后，邮市上也曾出现过用这种小本票变造的四方连和单枚票。其鉴定方法如下：

① **看邮票上下两边的齿孔** T.80《癸亥年》真品四方连票和单枚票，上下两边齿孔均呈现明显的纸张被撕开后所固有的毛茬儿；变造品则是用小本票中12（6×2）大连票，在上下两个裁切边上打上齿孔，分撕成四方连或单枚票，因此，在变造齿孔的票边上，齿孔打得不够规范、均匀，齿尖上无毛茬儿，呈现出裁切的整齐划一的特征，在边角齿孔上出现异常（见图329）。

② **量规格** T.80真品邮票规格26毫米×31毫米，四方连规格52毫米×62毫米。用T.80小本票变造的四方连或单枚票，有可能出现邮票规格不一样，单枚票或四方连中上下2枚票出现规格不一样。

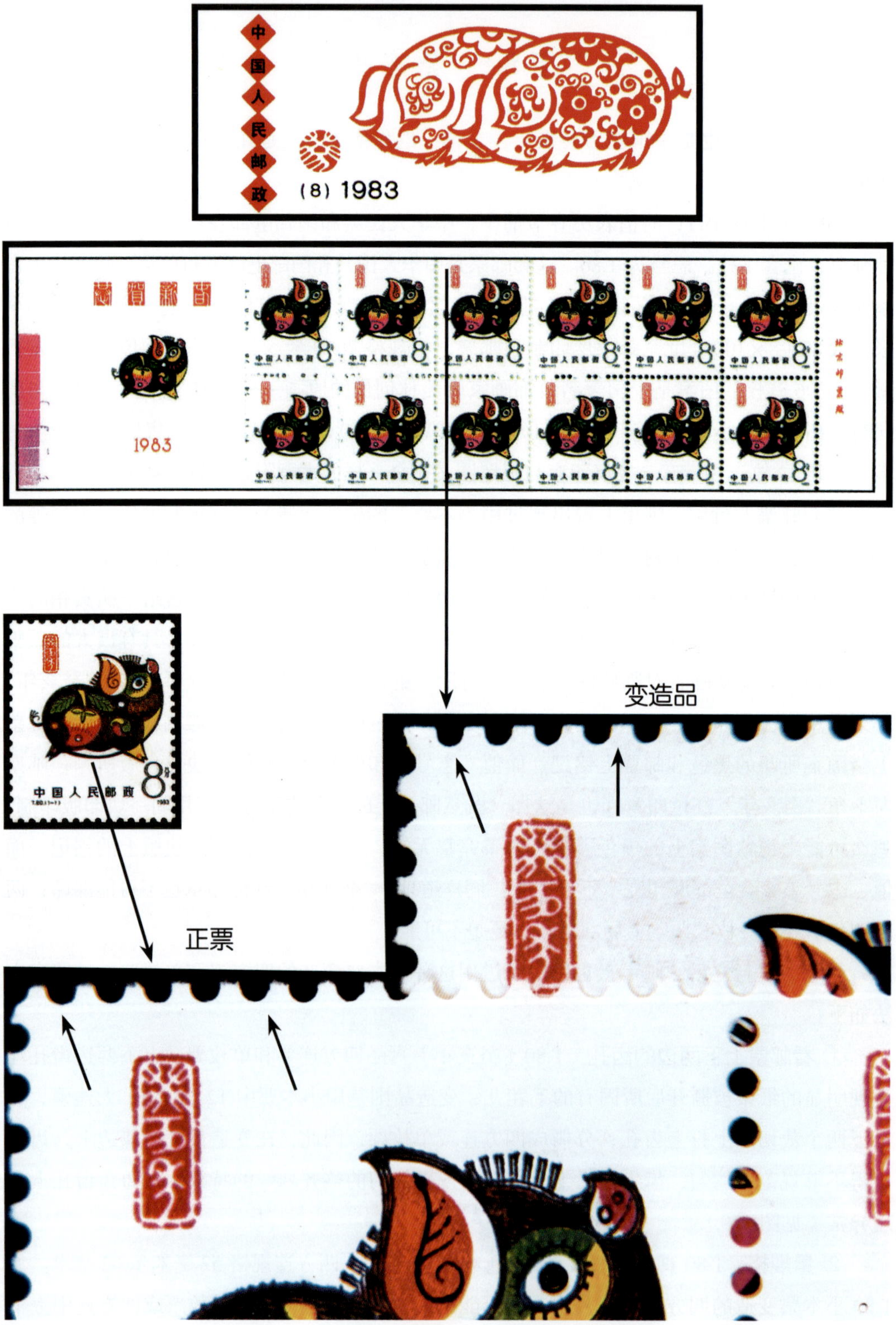

图329

T.90 甲子年

公历 1984 年也是中国农历甲子年，子鼠，也称鼠年，凡是在农历这一年出生的人都属鼠。

1984 年 1 月 5 日，时值春节前夕，中华人民共和国邮电部发行一套《甲子年》特种邮票，全套 1 枚。志号为 T.90。这是中华人民共和国邮电部发行的第一轮生肖系列邮票的第五套。李印清设计。影雕套印。呼振源雕刻。齿孔 11.5 度。背面刷胶。邮局全张枚数 80（8×10）。北京邮票厂印制。邮票票幅规格 26 毫米 ×31 毫米。面值 8 分。发行量 2189.68 万枚。图案是中国著名漫画家詹同创作的原画—— 一只有趣、可爱的老鼠。与此同时，还发行了小本票，编号 SB（11）。小本票规格 150 毫米 ×62 毫米。每本含邮票 12 枚。售价 0.96 元。发行量 62.02 万本。

这套邮票发行之后，曾一度出现小本票中单枚邮票的市场售价，低于从版票上分撕下来的售价。因此，有的人便将小本票中未打齿孔的上下两票边，打上齿孔，分撕成四方连或单枚票来出售。

鉴定这种用小本票变造的 T.90《甲子年》票四方连或单枚票，主要看连票或单枚票的上下两边所打齿孔。因为票是真的，伪造者只是对邮票上的部分齿孔进行了变造。

① **看邮票上下两边的齿孔**　T.90 真品四方连或单枚票，上下两边齿孔均呈现明显的撕开纸张时的毛茬儿；变造品则因用小本票中上下两边未打齿孔的部位变造齿孔，所以在变造齿孔的一边，齿孔不够规范，齿呈现裁切整齐划一状，无分撕齿孔所呈现的毛茬状（见图 330）。

② **量邮票规格**　SB（11）小本票在裁切时，在规格上可能出现误差，因此，用小本票中邮票变造的四方连或单枚票，在邮票规格上必然也会有大小不一的现象。

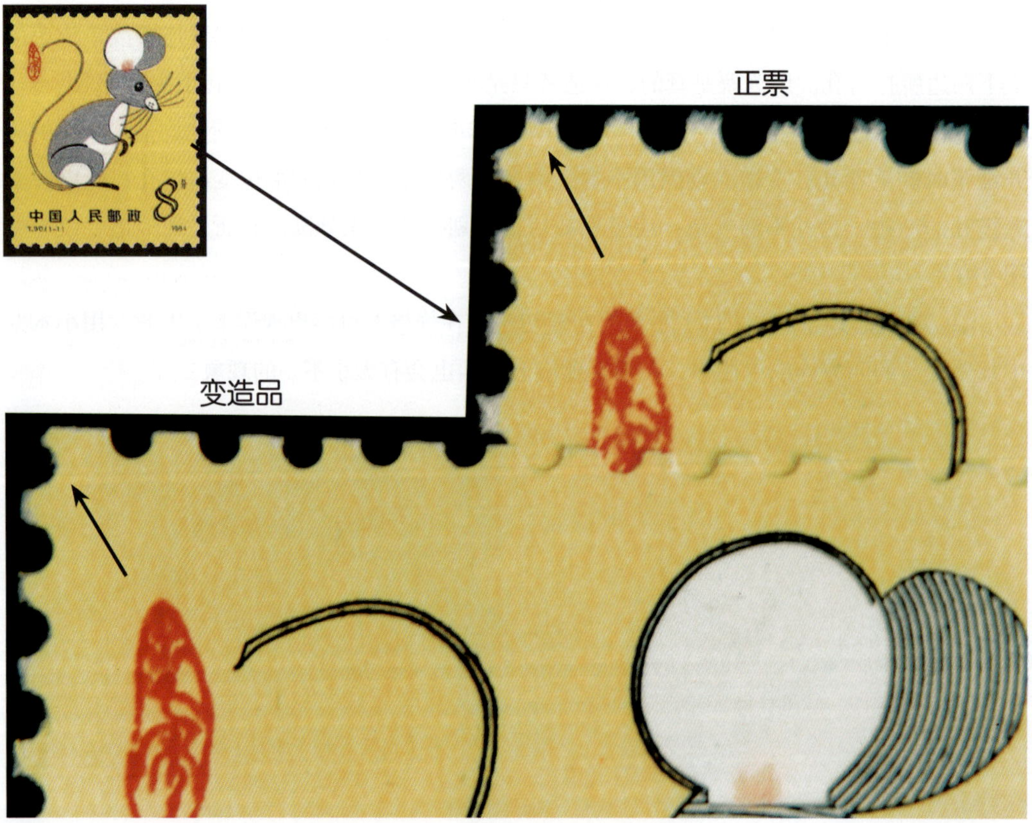

图330

6. 按年份编号邮票

1992–15 党的好干部——焦裕禄（J）

焦裕禄（1922—1964），山东淄博人。1946年加入中国共产党。曾任副区长、区长，中共区委副书记、县委书记等职。1962年年底，任中共河南省兰考县委书记。为了改变兰考县因受内涝、风沙、盐碱等严重自然灾害使粮食产量大幅下降的状况，他克服肝癌带来的痛苦，带领全县干部群众，以大无畏的战斗精神，同自然灾害作斗争，被人民群众誉为“党的好干部”。

1992年10月28日，为了表达人民群众对焦裕禄的敬爱和怀念之情，中华人民共和国邮电部发行一套《党的好干部——焦裕禄》纪念邮票，全套1枚。志号为1992–15。李庆发、姜伟杰设计。胶版。齿孔12度。背面刷胶。邮局全张枚数50（10×5）。河南省邮电印刷厂印制。邮票面值20分，票幅规格30毫米×40毫米，发行量9616.5万枚，图案是根据1963年焦裕禄的一张黑白照片设计的。摄影者是当时兰考县委宣传部搞通讯报道工作的刘俊生。

这套邮票发行量很大，后来成为打折邮票。有些不法分子为牟暴利，将这种存世量很多的打折票变造成刷色“不同”的样票，谎称试色样票，高价出售给集邮者。有些不明真相的集邮者不惜高价购买，并请设计者签名，将这种变色票当作“试色样票”参加邮展，不仅欺骗了用于组编邮集的集邮者，也让那些邮展评审员信以为真，闹出万不该有的笑话！说来这也难怪，评审员精通邮展规则，未必都精通邮资票品的真伪鉴定。这种变造的“试色样票”，票是新票，纸质、齿孔、刷色网纹均与正式发行的1992–15（J）邮票一样，只是邮票上的票题、铭记、志号等文字刷色不一样。要辨别其是否真正的试色样票，实在不那么容易。那么，应该怎样进行鉴别其真伪呢？

① 看刷色网纹夹角与粗细 这种邮票采用胶版印制，用高倍放大镜观察刷色网纹夹角与粗细，先来鉴别“试色样票”是否为真品。如前所述，这种“试色样票”，在纸质、齿孔度、背胶均与真品一样，如果在刷色的网纹夹角与粗细上又均相同，即可判定此票是真品。事实上，其网纹夹角与粗细均与真品1992–15（J）完全一样（见图331）。

② 辨别刷色不同的原因 这是断定这种“试色样票”是真是假的关键。因为邮资票品的某种刷色不同，常有两种原因造成：一种是真的采用不同颜色印制或用错颜色所致；另一种则可能由于褪色变色所致。1992–15（J）“试色样票”，如若是真的采用不同颜色油墨印制，就是真的“试色样票”；如是褪色变色所致，就是变造票，不是“试色样票”。这就需要认真仔细地观看邮票票面上的纸质和刷色是否鲜亮，纸质有无陈旧感，刷色有无褪色、变色的现象。当将这种“试色样票”与正式发行的1992–15（J）新邮票放在一起对比观察

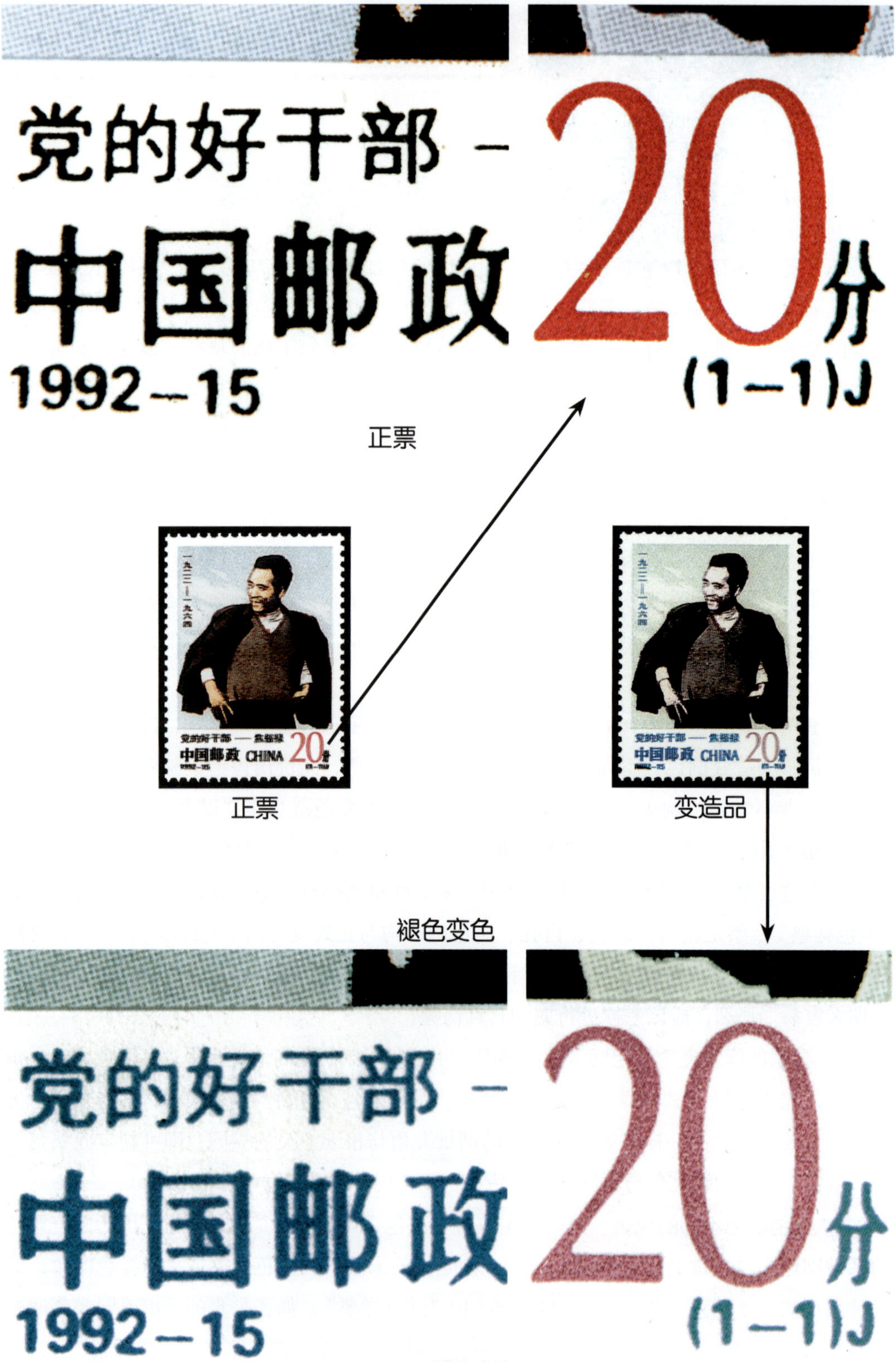
党的好干部 —
中国邮政
20分
1992—15
(1—1)J
正票
正票
变造品
褪色变色
党的好干部 —
中国邮政
20分
1992—15
(1—1)J

图331

时，就会发现“试色样票”白纸面显得略微陈旧，没有正式发行的邮票洁白、鲜亮；刷色中面值“20”的紫红、焦裕禄皮肤的土红色，“试色样票”均显得不鲜亮，有褪色的痕迹。很显然，这种“试色样票”并非真的，而是一种人为的褪色、变色的变造品。至于为什么这种“试色样票”上的票题、志号等文字会成为蓝绿色，它原本是赭黑色呀？！这是因为这种黑色油墨是一种复合油墨。复合油墨中如果某种颜色不稳定，褪色以后，就会呈现出其中稳定油墨的刷色。这是变色的根本原因。

③ **试验证明** 用一枚 1999–15（J）新邮票，采用化学或物理的方法，促使其褪色、变色。实验结果证明，这枚新邮票最终所呈现的刷色与“试色样票”完全一样。这种变造品，极具有欺骗性，因邮票本身是真的，将真品来个“变脸”，顿时，身价猛增百倍！集邮者可要当心啊！

1993-8 爱国民主人士（第一组）（J）

在中国民主革命的历史过程中，许多有识之士怀着对祖国最深厚的忠诚和热爱，以自己的实际行动，反对根深蒂固的封建主义，反对气势汹汹的帝国主义，与民众血脉相连，不断冲破社会成见和传统束缚，表现出了崇高的民族气节和对民主文明的热切追求，后人称他们为“爱国民主人士”。

1993年5月15日，为了表达历史和人民对爱国民主人士的永久纪念，中华人民共和国邮电部发行《爱国民主人士（第一组）》纪念邮票，全套4枚。志号为1993–8。朱振庚设计。胶版。齿孔12度。背面刷胶。邮局全张枚数（4–1）（4–4）为50（5×10），（4–2）（4–3）为50（10×5）。辽宁省沈阳邮电印刷厂印制。邮票票幅规格（4–1）（4–4）40毫米×30毫米，（4–2）（4–3）30毫米×40毫米。（4–1）面值20分，发行量12766.75万枚，图案刻画了爱国民主人士李济深肖像；（4–2）面值30分，发行量9766.75万枚，图案刻画了爱国民主人士张澜肖像；（4–3）面值50分，发行量9546.95万枚，图案刻画了爱国民主人士沈钧儒肖像；（4–4）面值1元，发行量5301.75万枚，图案刻画了爱国民主人士黄炎培肖像。

这套邮票发行量很多，严重供大于求。邮商为促销，将整版票露天置放，在长期日光照射下，产生了邮票志号、铭记、面值由赭黑色变为蓝色的变色票。有的心术不正者，为牟利，便将其作为试色票或错色票高价出售。有不明真相的集邮者，还真的信以为真，不惜高价购买，结果上当受骗。这只能怨自己缺乏邮识和鉴别邮资票品真伪的能力太差，算是长邮识付出的学费。拿这套1993–8《爱国民主人士》来说，变色票是真品无疑，究竟是怎样产生变色的呢？

① 观看变色部位的油墨刷色 1993–8真品邮票，其志号、铭记、面值文字，刷色为赭黑色，是由红色、蓝色混合成的复合油墨色彩。这种油墨，当某色彩不稳定，经日光长期照射，或化学物质作用下消褪后，就会呈现出其中稳定刷色的色彩。邮票上的志号、铭记、面值原赭黑色变成蓝色，正是这样产生的（见图332）。

② 看邮票底色 1993–8真品邮票表面看上去似是白底色，用高倍放大镜观看，原来刷有棕色网点底色。再看变色票，底色上的棕色网点全都看不见——褪去了。由此可证实，变色票是采用物理或化学方法变造的褪色变色票，并非真的是错色票或试色票。

③ 看新票的纸质表面新旧 经物理方法或化学方法变造过的新票，其邮票纸质表面的鲜亮质感常遭到破坏，表面变得无鲜亮感，显得陈旧。

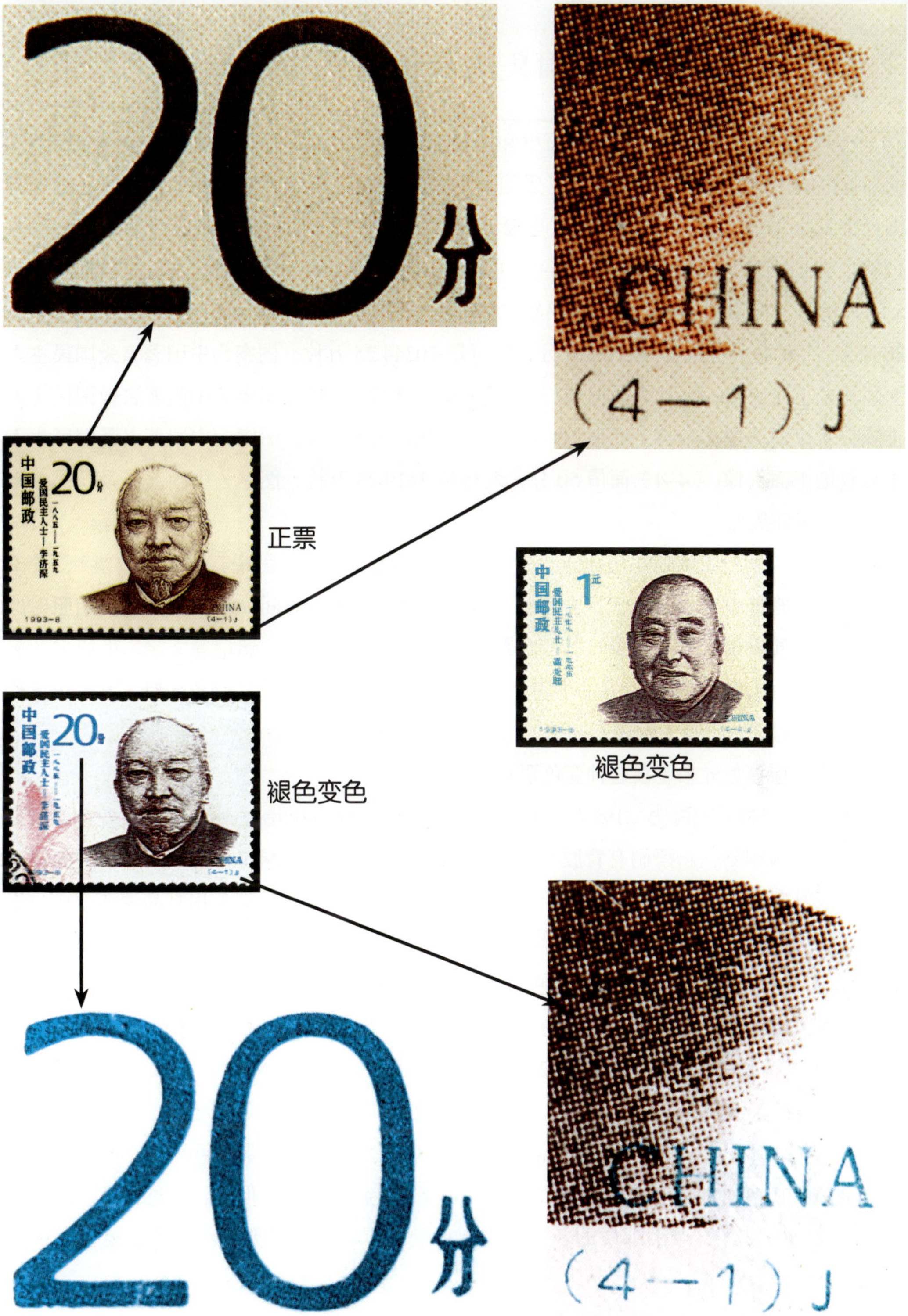
20分
CHINA
(4—1) J
中国邮政
20分
正票
中国邮政
1元
褪色变色
中国邮政
20分
褪色变色
20分
CHINA
(4—1) J

图332

1994–2 爱国民主人士（第二组）（J）

1994 年 2 月 25 日，为了表达历史和人民对爱国民主人士的永久纪念，中华人民共和国邮电部继 1993 年 5 月 15 日发行《爱国民主人士（第一组）》邮票之后，又发行一套《爱国民主人士（第二组）》纪念邮票，全套 4 枚。志号为 1994–2。朱振庚设计。胶版。齿孔 12 度。背面刷胶。邮局全张枚数（4–1）（4–4）为 50（5×10），（4–2）（4–3）为 50（10×5）。河南省邮电印刷厂印制。邮票票幅规格（4–1）（4–4）40 毫米 ×30 毫米，（4–2）（4–3）30 毫米 ×40 毫米。（4–1）面值 20 分，发行量 10244.25 万枚，图案为中国著名爱国民主人士陈其尤正面头像；（4–2）面值 20 分，发行量 5279.25 万枚，图案为中国著名爱国民主人士陈叔通正面头像；（4–3）面值 50 分，发行量 5519.25 万枚，图案为中国著名爱国民主人士马叙伦正面头像；（4–4）面值 50 分，发行量 3419.25 万枚，图案为中国著名爱国民主人士许德珩正面头像。

这套邮票发行量大，供过于求。发行之后，邮商在出售时因视其为“垃圾票”，并不珍视，甚至将整版票长期置于日光照射下也不在意。结果，时间一长，被日光长期照射的这种邮票，便发生了变色现象。其变色部位主要是志号、面值、铭记等文字，由原来的赭黑色变为蓝色（见图 333）。有的不明真相的集邮者，还以为这是“错色”票，不惜出高价购买后收藏起来，上当受骗还不知道。

那么，应该怎样来鉴别这种变色票呢？

① 先辨别邮票的真伪 1994–2 真品邮票采用邮票纸胶版印制，刷有背胶。变色票也采用邮票纸胶版印制，新票刷有背胶，票面上的文字和画面印刷网纹特征，用高倍放大镜观察时，未发现与 1994–2 真品有任何不同，因此，可断定这种变色票是用真品变造而成。不存在用伪品伪造“错色”的嫌疑。

② 查找变色票的破绽 查找变色票的破绽，最好选择新票，仔细观察新票纸面有无陈旧感或有无新鲜感。因为变造的变色票，多是用日光长期照射，用物理条件促使邮票上油墨变色。笔者藏品中有 1 枚 1994–2（4–2）于发行首日 1994 年 2 月 25 日寄发的剪片，票上的文字、面值、志号均为蓝色，票面显得陈旧。邮票纸经长期光照之后，就会显得陈旧，会同未经长期光照的新票纸面有明显的差别。另外，新票也可用化学药品来进行化学变色。在票面上涂上某种化学溶液后，也会造成新票变色。但是，涂过化学溶液的新票，因受溶液洗涤，票面纸质的新鲜明亮感就受到了破坏。只要仔细观察，就能够从中发现异常。

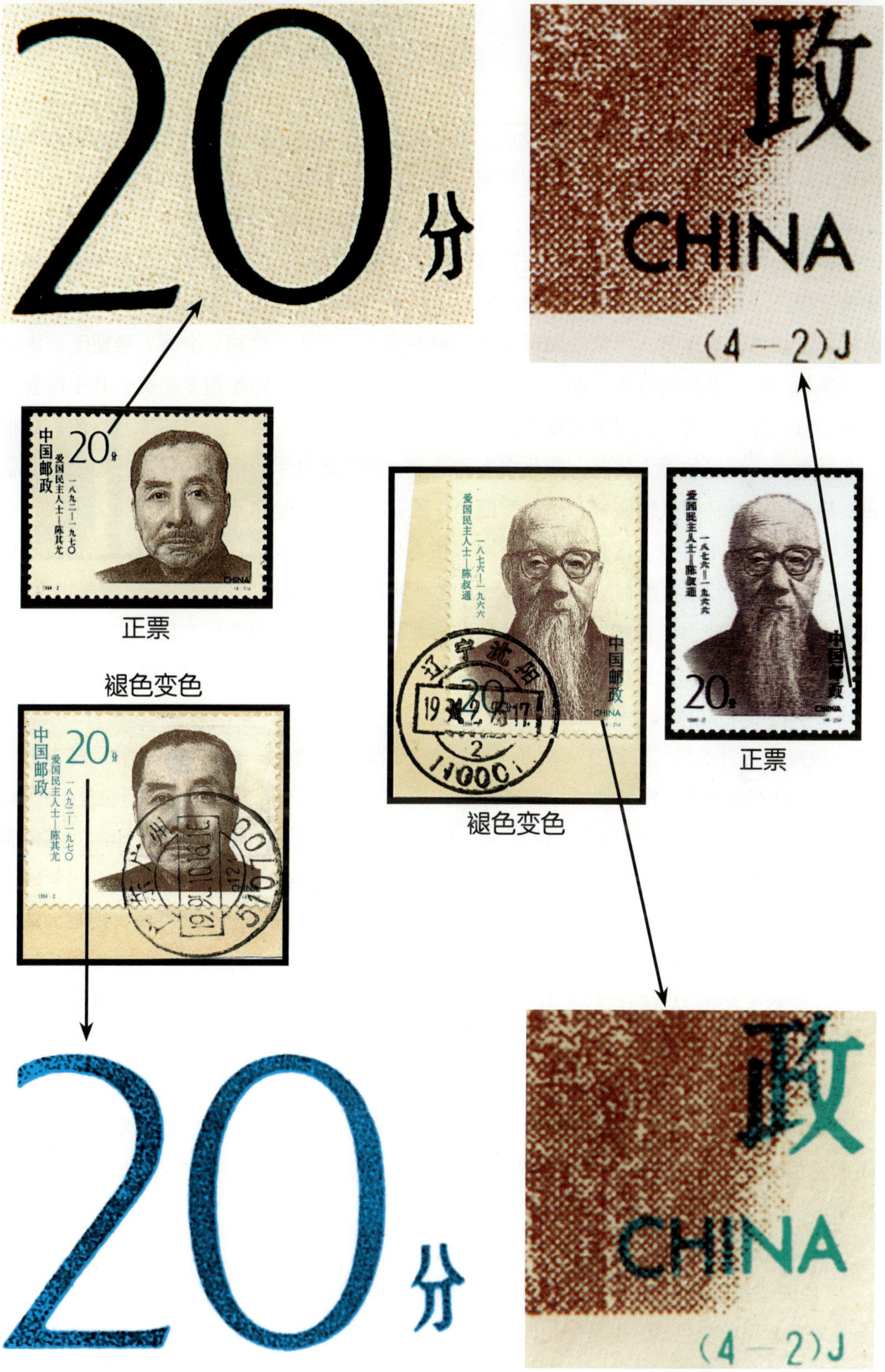

图333

1994-5 宜兴紫砂陶（T）

宜兴位于江苏省南部，1988 年设市，有“陶都”、“陶的古都”之美称。宜兴紫砂陶采用宜兴特产的紫砂泥烧制而成，质地精密，造型大方，装饰纯朴，民间风味极浓。宜兴紫砂陶始于北宋。宋元至明正德年间，为宜兴紫砂陶的初创阶段。明嘉靖至万历年间，因当时品茶、论茶之风盛行，促使紫砂技艺有了大的改革和发展，迎来了宜兴紫砂陶的成熟和繁荣阶段。清初，宜兴紫砂陶进入鼎盛阶段。特别是在明清两代，著名诗人、艺术家都在紫砂壶上亲笔题诗刻字，使紫砂陶形成了一种融文学、书法、绘画、金石、雕塑于一体的独特风格。宜兴紫砂陶有壶、杯、碟、瓶、盆、文具雅玩、人物雕塑等品类，其中以壶为代表。宜兴紫砂壶有“世间茶具称为首”的赞誉，它不仅具有得天独厚的原料材质，古雅的自然色泽，精湛的手工技艺，变化多姿的造型，而且还有无与伦比的优点，即表里不施釉，盛茶不渗漏；透气性能好，烹茗香醇厚；贮茶不变色，越宿不易馊；砂质无土气，泡茶味不走；寒冬不易冷，盛夏不炙手；沸水注不裂，火炖无破忧；赏用日经久，光润暗自留；越发显雅古，蕴蓄茶香悠。按照造型，宜兴紫砂壶可分为光素货、花货、筹瓤货等类，或仿古代器物，或模拟自然，或妙用几何图形变化，或巧借实用器物变化，或融外来茶具之特长，风格各异，千姿百态，将实用性和艺术性和谐统一，文化内涵丰富，成为享誉中外的中华艺术瑰宝。

1994 年 5 月 5 日，正值宜兴举办“中国陶瓷艺术节”之际，中华人民共和国邮电部发行一套《宜兴紫砂陶》特种邮票，全套 4 枚。志号为 1994-5。王虎鸣、李印清设计。胶版。齿孔 12 度。背面刷胶。邮局全张枚数 50（10 × 5）。辽宁省沈阳邮电印刷厂印制。邮票票幅规格 30 毫米 × 40 毫米。（4-1）面值 20 分，发行量 10484.25 万枚，图案为明代紫砂大师时大彬制作的紫砂珍品三足圆壶；（4-2）面值 30 分，发行量 4501.75 万枚，图案为清代紫砂大师陈鸣远制作的紫砂珍品四足方壶；（4-3）面值 50 分，发行量 8131.75 万枚，图案为清代紫砂大师邵大亨制作的八卦束竹壶；（4-4）面值 1 元，发行量 3594.25 万枚，图案为现代紫砂大师顾景舟制作的提壁壶。

这套邮票发行量很大，供大于求，在邮市上成了“垃圾票”。邮商为了推销，常将整版票置于摊位明显处，有些票因长期经受日光（或日光灯）照射，呈现变色或成为变色票。不明真相的集邮者，还以为这是印刷变异或“错色”票。其实这是光照褪色后变造出的变色票。

那么，应该怎样来鉴别这种变色票呢？

① **先鉴别邮票真伪**　1994-5（T）真票采用邮票纸胶版印制，背面刷有背胶。这种看上去刷色有别的变色票，也是采用邮票纸胶版印制，新票背面也刷有背胶，刷色网纹特征与真品无差别，因此，可断定它是真票。

② **查找变色的原因**　将变色票与正常票放在一起，用高倍放大镜进行仔细观察，查看

变色票与正常票在刷色上有哪些明显不同？于是便会发现，变色票上的红色网点明显褪色；邮票底色上所刷赭色网点变成了浅蓝色网点。显而易见，这种变色票是由于在长期光照下，票面上所刷红色油墨成分消褪之后，所造成的赭底色变成了“鸭蛋青”底色（见图 334）。这是因为赭色中含有红色、蓝色油墨，红色褪掉后，便只呈现出稳定的蓝色油墨成分。因蓝色浅淡，使整个票面呈“鸭蛋青”刷色。变色票像魔术师一样，常向集邮者展示变幻莫测、看似真实的戏法！

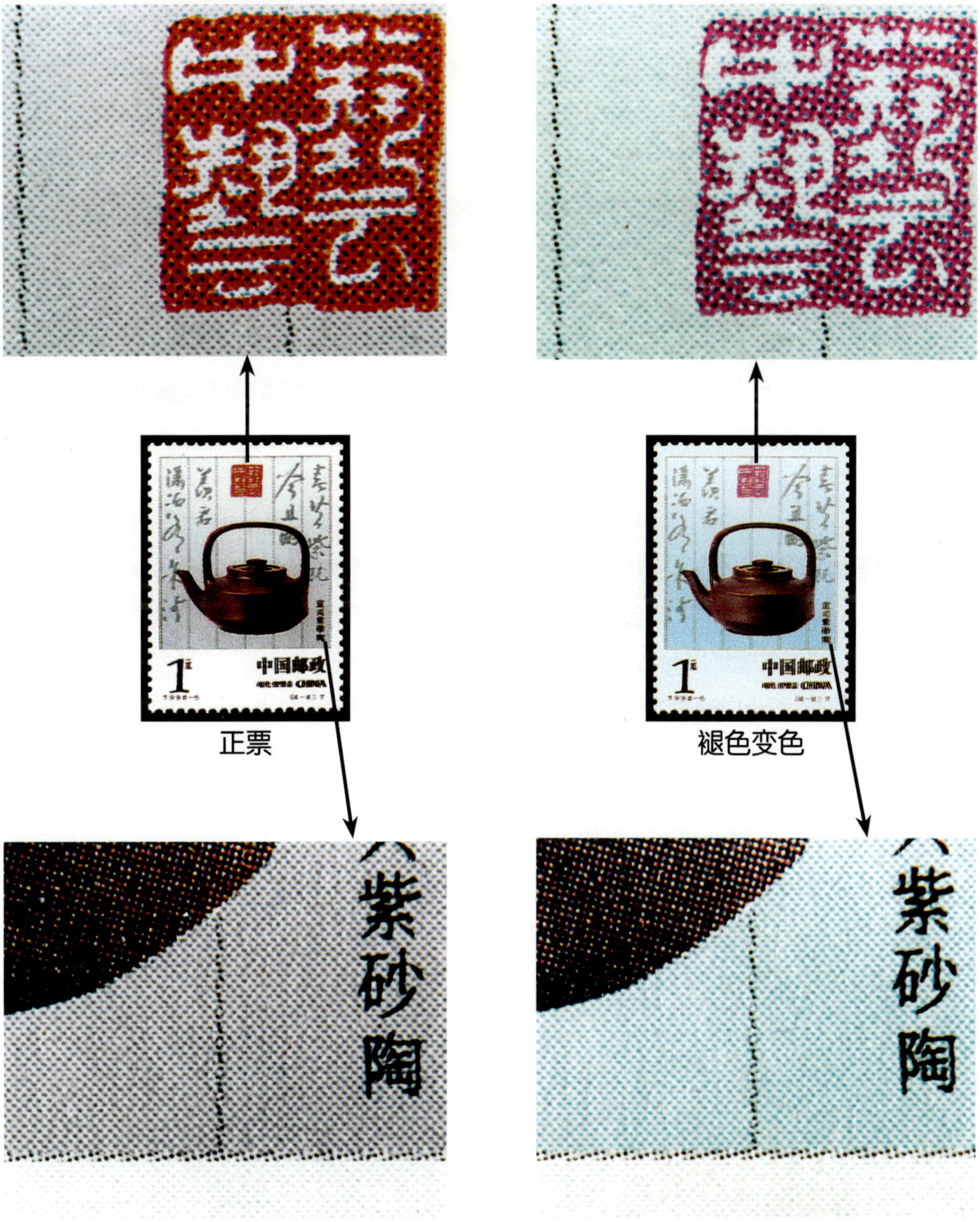

图334

1994–9 中国古代文学家（第二组）（J）

文学是以语言文字为工具形象化地反映社会生活的一种艺术，包括戏剧、诗歌、小说、散文等。从事文学创作而且卓有成就的人，被称为文学家。

1994 年 6 月 25 日，为了展现中国古代文学家的风采，中华人民共和国邮电部发行一套《中国古代文学家（第二组）》纪念邮票，全套 4 枚。志号为 1994–9。黄木设计。胶版。齿孔 12 度。背面刷胶。邮局全张枚数 50（10 × 5）。河南省邮电印刷厂印制。邮票票幅规格 30 毫米 ×40 毫米。（4–1）面值 20 分，发行量 8376.75 万枚，图案描绘了中国古代晋宋时期著名诗人陶渊明的形象；（4–2）面值 30 分，发行量 4201.75 万枚，图案描绘了中国古代三国魏著名文学家曹植的形象；（4–3）面值 50 分，发行量 6271.75 万枚，图案描绘了中国古代西汉时期著名史学家、文学家和思想家司马迁的形象；（4–4）面值 1 元，发行量 3501.75 万枚，图案描绘了中国古代战国楚时伟大诗人屈原的形象。

这套邮票发行量大，供大于求。邮票发行之后，在新、旧邮票中均出现了被误认为“错色”票的变色票：邮票底色原本是浅棕色，却变为“鸭蛋青”色或淡紫色（见图 335）。同一种邮票，其刷色截然不同，如果真有这种情况，当属于用错刷色，属于错色票。因此，有的不明真相的集邮者，还真不惜掏腰包，当作错色票来购买。其实，这是一种褪色变色票。

那么，应该如何来鉴定这种褪色变色邮票的真伪呢？

① 看版别和刷色特征 通过看版别和刷色特征，主要来鉴别这种刷色与众不同的邮票是不是真品，如与 1994–9 真品版别一样，刷色的网纹特征也一样，无任何差异；纸质、齿孔度也一样，那么它就可以确认为是真票。

② 查找刷色不一样的根本原因 用高倍放大镜观察正常刷色票与异常刷色票各种刷色特征，从中发现异常之处。1994–9 邮票，其浅棕底色网点清晰而瓷实，棕黑色面值和红色印章，均鲜亮。而刷色异常票底色网点浅淡、漂浮、红色印章显陈旧、不鲜红，面值刷色变浅淡，褪色。由此不难断定，这种刷色异常的票，不是真错色或刷色变异，而是刷色中复合油墨出现某种油墨颜色褪色后，产生的变色。这是褪色变色票！造成这种变色票的原因是邮票浅棕刷色中的红、黄、蓝复合油墨，其中红、黄色褪色或部分褪色后，便呈现出“鸭蛋青”刷色；红色褪色得少，不彻底，底色即成淡紫色。部分油墨褪色，也造成刷色网点变得浅淡了。

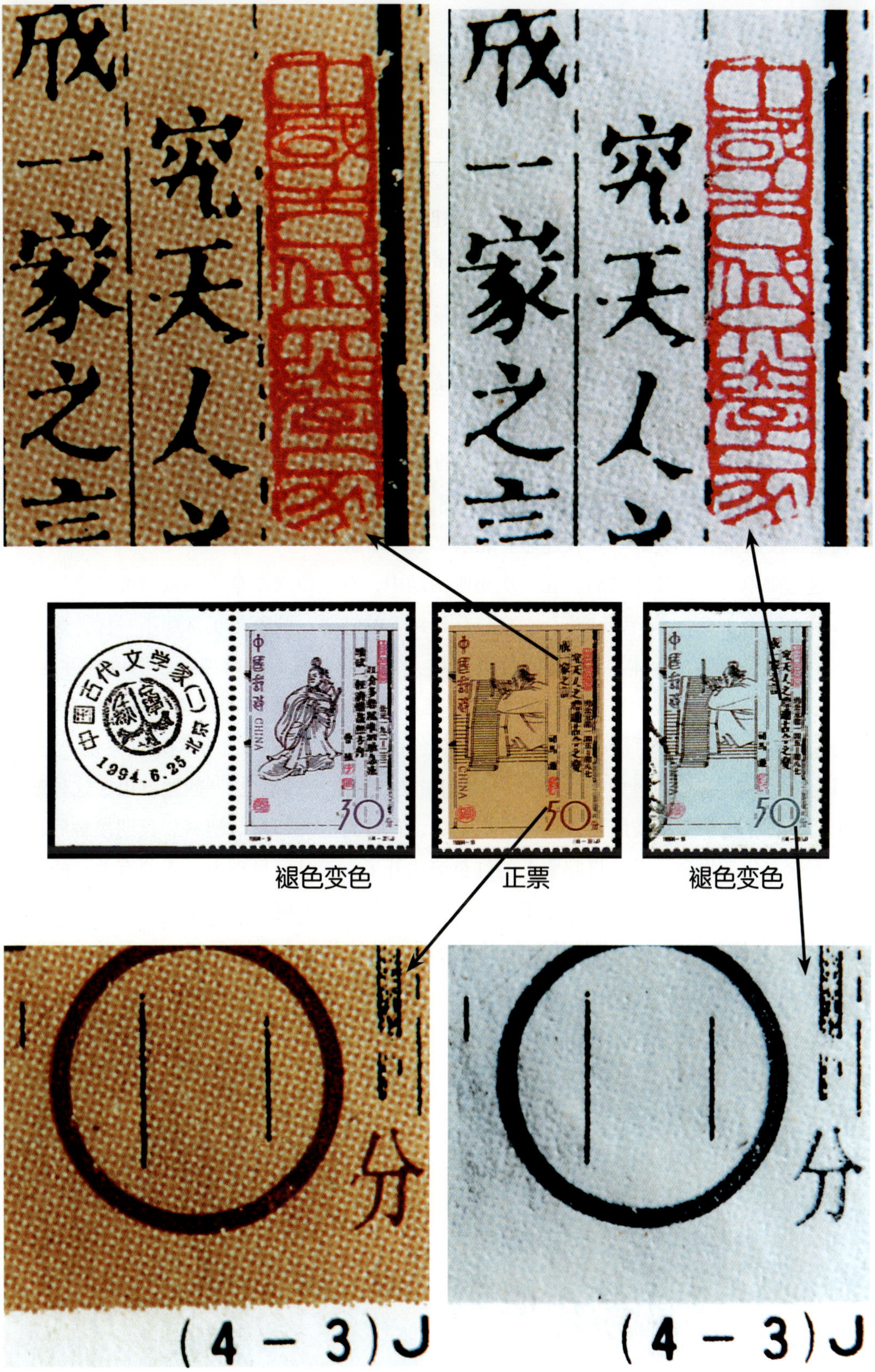

褪色变色 正票 褪色变色

图335

1994–13 武夷山（T）

从广义上讲，武夷山坐落在江西、福建两省边境。东北—西南走向。北接仙霞岭，南接九连山。赣江和闽江的分水岭。海拔 1000 米左右。主峰黄岗山海拔 2158 米，在福建省崇安县西北。从侠义上讲，武夷山是位于福建省崇安县城西南约 10 千米的红色砂岩低山，海拔 600 米左右。武夷山是福建第一名山，素以“碧水丹山”著称，其风景名胜区面积约 70 平方千米，海拔 1500 米。相传，尧舜时代，有位老者彭祖，曾带领彭武、彭夷二子在此山居住。彭氏兄弟合力凿山引水，堆石造峰，创造出了这片风景胜地，故得名“武夷山”。1979 年 7 月 3 日，武夷山被列为国家重点自然保护区。1988 年 10 月，被联合国教科文组织列入“人与生物圈”自然保护区网。

1994 年 9 月 30 日，为了展现中华河山的壮丽风貌，中华人民共和国邮电部发行一套《武夷山》特种邮票，全套4枚。志号 1994–13。邹建军设计。胶版。齿孔 12度。背面刷胶。邮局全张枚数 40（10×4）。4 枚连印。北京邮票厂印制。

这套邮票发行十几年之后，在一次集邮活动中，有一位邮友拿着他收藏的这套邮票的首日封（见图 336），向笔者询问：“这套首日封上的邮票，刷色与正常票不一样，这是为什么？是不是错体、变体票？”笔者用高倍放大镜观察首日封的邮票后，明确告诉他说：“这不是错体、变体票。”首日封上所贴邮票是真票，这种邮票上的刷色与正常票有差异，不是“先天”造成的，而是“后天”因保存不当造成的。这位邮友很纳闷地回答说：“这枚首日封一直装在这个塑料袋里。”笔者一看塑料袋，肯定地对他说：“问题就出在这种塑料袋上。你看，这个塑料袋用手摸着都有点黏糊，首日封上的邮票与塑料袋长期接触后，塑料袋上存有化学物质，慢慢将邮票上的红色溶化开了，于是便呈现出与正票有差异的“浓重”红色。这只要用高倍放大镜仔细观察一下刷色与正票不同的部位上的印刷网点，就可一目了然。”接着，笔者将高倍放大镜对好焦距，让这位邮友亲眼目睹。他看后，高兴地说：“啊，原来是这么回事！”

正票

变造品

图336

1994–14　傅抱石作品选（T）

傅抱石（1904—1965），原名傅瑞麟，祖籍江西新余县章塘村。1904 年 10 月 5 日生于江西南昌。少时家境贫寒，刻苦自学和钻研金石、绘画艺术。1933 年，去日本帝国美术学院深造雕塑和东方美术史。1936 年回国，经徐悲鸿介绍，任中央大学（今南京大学）艺术系教授。中华人民共和国成立后，曾任南京师范学院教授、中国美术家协会副主席、中国美术家协会江苏分会主席、江苏省国画院院长、第三届全国人大代表、全国政协委员等职。1965 年去世。傅抱石的山水画意境深邃，气势磅礴，具有一种震撼人心的艺术感染力，洋溢着清新的时代气息。他的人物画造型典雅，神态丰满，线条飘逸，栩栩如生。傅抱石在美术史和美术理论方面也有博大的建树，美术论著约有 150 篇（本），竟达 200 多万字。

1994 年 10 月 5 日，正值傅抱石大师诞辰 90 周年之际，为了弘扬中国绘画艺术传统，中华人民共和国邮电部发行一套《傅抱石作品选》特种邮票，全套 6 枚。志号 1994–14。王虎鸣设计。胶版。齿孔 12 度。背面刷胶。邮局全张枚数 40（10×4）。河南省邮电印刷厂印制。邮票票幅规格 31 毫米 ×52 毫米。（6–1）面值 10 分，发行量 4641.75 万枚，图案选用了傅抱石 1963 年端午节于南京创作的山水画《听泉图》；（6–2）面值 20 分，发行量 6055.75 万枚，图案选用了傅抱石 1943 年在四川重庆郊区创作的人物画《洗手图》；（6–3）面值 20 分，发行量 3569.75 万枚，图案选用了傅抱石 1942 年在四川重庆郊区创作的山水画《大涤草堂图》；（6–4）面值 40 分，发行量 3503.75 万枚，图案选用了傅抱石 1945 年 2 月于四川重庆创作的人物画《擘阮图》；（6–5）面值 50 分，发行量 4517.75 万枚，图案选用了傅抱石 1963 年创作的山水画《虎跑》；（6–6）面值 1 元，发行量 3501.75 万枚，图案选用了傅抱石 1947 年创作的人物画《山阴道上图》。

这套邮票发行之后，有的邮友发现自己装在塑料袋里保存的首日封，上面所贴邮票出现变色现象（见图 337），便向笔者咨询原因。但是，也有的集邮者因不知底细，还误把这些变色邮票当成“错色”邮票，不惜出高价购买。

那么，应该怎样来鉴定这种变色票是不是“错色”票呢？

① 先鉴别邮票的真伪　1994–14（T）真品，采用胶版用邮票纸印制。变色邮票也采用胶版用邮票纸印制，其各种刷色网纹夹角与 1994–14（T）真品完全相同。因此，这种变色票是真票，不是伪品。

② 查找变色的原因　以 1994–14（T）（6–4）为例，用高倍放大镜观察，正常票上的网点，各种刷色网点完整、清晰。而变色票票面上的红色网点被溶化开了，其他刷色网点依然清晰，因此票面才变成红色。很显然，这枚变色票之所以会变色，是因为在保存过程中，票面接触到某些可使红色油墨溶化的溶剂物质，使邮票上的红色网点在纸面上溶化开了，形成红“云雾”状，致使邮票所刷原棕色票面呈现红色，不知其中奥秘的集邮者，就误认为是错色或印刷变异。邮票上刷的红色网点油墨，遇到溶剂性物质便溶化开，说明这

种油墨不稳定。这是造成邮票变色的根本原因。同样道理，在 1994–14（T）（6–2）邮票中的变色，也是这个原因引起的。拿邮票铭记“中国邮政”变红色来说吧，正常票的铭记为红棕色，其中含有红色油墨。当其中的红色油墨接触到溶剂物质之后，便开始溶化，并将红色洇向四周，致使铭记“中国邮政”文字呈现泛红色。

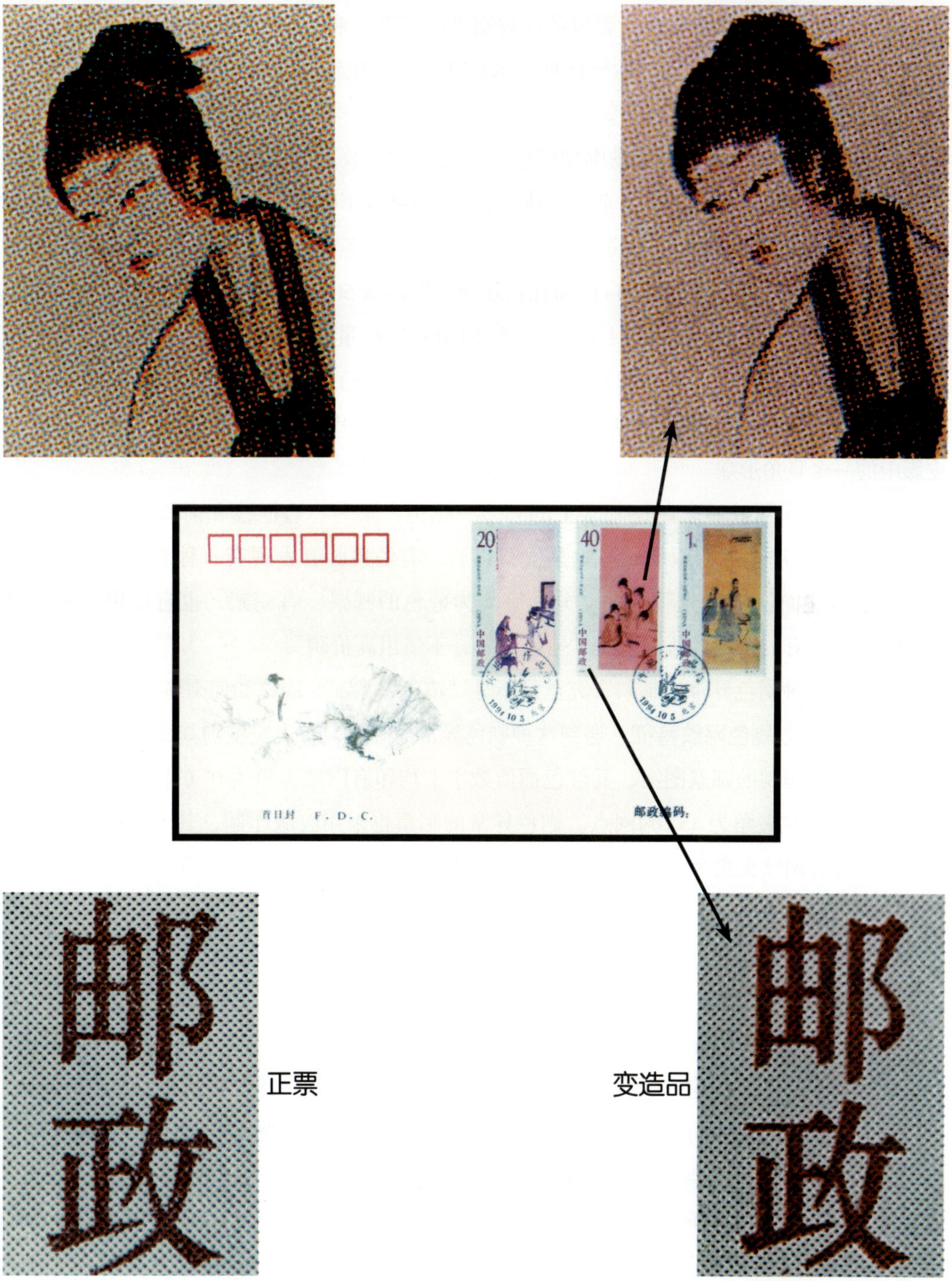

图337

1995–9 中国皮影（T）

皮影戏俗称“土影戏”、“影子戏”、“灯影戏”，是中国的古老剧种之一。它起源于汉代，盛行于宋代，清代几乎风靡全国。中华人民共和国成立后，皮影戏获得新生，不仅能演传统古代剧目，而且能演现代题材的优秀剧目。千百年来，皮影戏以其特有的艺术魅力，为中华民族所喜闻乐见，人们称赞这种艺术形式“三尺生绡做戏台，全凭十指逞诙谐；有时明月灯窗下，一笑还从掌中来。”

1995 年 6 月 8 日，为了弘扬中华民族传统的文化艺术，中华人民共和国国家邮政局发行一套《中国皮影》特种邮票，全套 4 枚。志号为 1995–9（T）。王虎鸣、阎炳武设计。胶版。齿孔 12 度。背面刷胶。邮局全张枚数 40（8×5）。辽宁省沈阳邮电印刷厂印制。邮票票幅规格 31 毫米 ×52 毫米。（4–1）面值 20 分，发行量 5025.75 万枚，图案选用了明末陕西东路皮影中的一个净角形象；（4–2）面值 40 分，发行量 2617.75 万枚，图案选用了清末河北滦县皮影中的一个小生形象；（4–3）面值 50 分，发行量 3001.75 万枚，图案选用了山西孝义早期纸窗影人造型；（4–4）面值 50 分，发行量 3005.75 万枚，图案选用了四川大邑皮影中的一个旦角形象。

这套邮票采用胶版印制，邮票上的志号、铭记、票名、边框线和面值“50 分”中的“分”字，均采用黑色专版印刷。邮票发行以后，有的集邮者发现有一种志号、铭记、票名、边框线和面值“50 分”中的“分”字均为蓝色的邮票，有新票，也有使用过的旧票（见图 338）。有的集邮者认为这是“错色”票，不惜出高价购买。

那么，这种刷色异常的邮票，究竟是不是“错色”票呢？应该如何来鉴别呢？

① 看版别与刷色网纹特征 遇到这种刷色异常的邮票，首先应鉴别其真伪，1995–9（T）真品采用胶版印制的邮票图案，其红色面值数字上均印有网纹夹角为 0° 的网点；邮票白底色上均印有网纹夹角为 45° 的网点。刷色异常的邮票也采用胶版印制，其上面的红色面值数字也均印有网纹夹角为 0° 的网点；在白底色邮票上，也均印有网纹夹角为 45° 的网点。

② 看纸质 1995–9（T）真品采用邮票纸印制，纸质坚韧挺括；刷色异常的邮票采用与真品相同的纸质印制。

③ 看背胶 1995–9（T）真品均刷有背胶，胶面均匀而明亮。刷色异常的邮票新票也刷有与 1995–9（T）真品一样的背胶；旧票背胶均被洗掉。

由上述几点可以判定，刷色异常的邮票是 1995–9（T）真品，并非伪品。既然是真品，何以能产生这种与众不同的“错色”呢？要知道，在现代化印刷技术下，这种“错色”票，几乎是不可能产生的。难道是试色样票？闻所未闻，不太可能。会不会是变色造成的呢？变色多是在化学或物理条件作用下，油墨中的某种色彩成分不稳定，发生化学变化或物理变化之后，某种色彩褪掉后而呈现出复合色彩中牢固的稳定色彩。印制邮票所用的黑色或赭黑色，如果是复合油墨，即含有红色、蓝色，其中如红色不稳定，在长时间光照下，红色褪掉了，复合色便呈现出稳定的蓝色。由黑色或赭黑色变成蓝色，这分明是褪色变色，不是原本的错色。用 1995–9（T）新票放在阳光下进行长时间照射试验，果真产生褪色变色。到此，所谓的 1995–9（T）“错色”票便真相大白了。

图338

2000-1 庚辰年（T）

庚辰是干支。中国古代的历法，采用“干支”纪年。干支是天干地支的简称。中国古代有以天为主（干），以地为从（支）的说法。“天”和“干”联起来就叫“天干”，“地”和“支”联起来就叫“地支”。“天干”有十个字，即甲、乙、丙、丁、戊、己、庚、辛、壬、癸；“地支”有十二个字，即子、丑、寅、卯、辰、巳、午、未、申、酉、戌、亥。把一个“天干”和一个“地支”搭配在一起，“天干”在前，“地支”在后，就成为一个包括两个字的字组，叫做干支。“天干”从“甲”开始，“地支”从“子”开始，“天干”六遍配“地支”五遍，可以得到六十对“干支”，也就是“十”和“十二”这两个数的最小公倍数“六十”。干支纪年法得到普遍应用后，人民群众对它作了生动活泼的改造，即用十二种动物与十二地支相配合，成为“十二生肖”：子—鼠，丑—牛，寅—虎，卯—兔，辰—龙，巳—蛇，午—马，未—羊，申—猴，酉—鸡，戌—狗，亥—猪。2000 年也是农历庚辰年，辰龙，也称龙年，凡是在农历这一年出生的人都属龙。

2000 年 1 月 5 日，为了庆祝新春佳节，中华人民共和国国家邮政局发行了一套《庚辰年（T）》特种邮票，全套 2 枚。志号 2000-1（T）。这是第二轮十二生肖邮票的第 9 套。黄里、郭承辉设计。影雕套印。李庆发、姜伟杰雕刻。齿孔 11.5 度。邮局邮票规格为 26 毫米 ×31 毫米。全张枚数 32（8×4）。北京邮票厂印制。

这套邮票发行后，有位外地邮友发现在他收集的《庚辰年》邮票的实寄封中，有一枚封上所贴这套邮票中（2-1）面值 80 分邮票，其底色与众不同，原票底色为金色，这枚邮票则为淡绿色。因此，他将实寄封寄给笔者，询问这是不是错色票。

笔者对这枚邮票进行了认真鉴定，鉴定方法如下：

① **看版别** 鉴定邮票版别的原因是要首先鉴定这枚邮票是真品呢还是伪品。在鉴定邮票真伪时，只有版别可以行使“一票否决”：版别不一样，必假无疑。2000-1《庚辰年》邮票采用影雕套印，而这枚邮票也是采用影雕套印，其影写版和雕刻版特征，均同《庚辰年》真品完全一样（见图 339）。因此，断定这枚邮票是真品，而不是采用伪品故意制造的“错色票”。

② **找出刷色不同的原因** 这枚邮票既然是真票，为什么会出现与众不同的底色呢？它真的是错色票吗？回答也是肯定的：这枚邮票不是“错色票”，而是“变色票”，是化学变色！属变造品。造成这枚邮票变色的原因是：邮票底色为金色，金色油墨中主要成分为铜粉，铜在接触到酸性物质后，就会与酸发生化学反应，在邮票表面上形成化合物，如在有二氧化碳的湿空气中，或接触酸性物质，就会生成铜绿。这是因为二氧化碳与湿空气中的水结合，形成碳酸，碳酸或酸性物质与邮票底色上的金墨发生化学反应，便使金墨中的铜变成铜绿，使原本是刷有金墨的《庚辰年》邮票底色，变成了淡绿色。而在其刷色较厚重的地方，依稀可见金墨，这是因为还没有完全进行化学反应所致。

图339

7. 普通邮票

普无号 “文革”普通邮票（1）天安门

“文化大革命”期间，为了适应邮政业务的需要，1969年10月1日，中华人民共和国邮电部发行一套《“文革”普通邮票》，全套11枚。其中（6）（7）于1970年1月1日、（8）（9）（10）于1970年4月1日、（11）于1970年4月20日由邮政总局发行。（1）（6）（7）（8）（9）李大玮设计，（2）张克让设计，（3）（4）（5）（10）（11）杨白子设计。（1）（2）（6）为影写版，（3）（4）（5）（7）（8）（9）（10）（11）为胶版。齿孔（1）（2）（6）11.5度；（3）（4）（5）（7）（8）（9）（10）（11）10度，其中（3）（4）（5）（8）（9）有11.5度。无背胶。邮局全张枚数（1）（2）（6）为100（10×10），其中（1）另有80（10×8）；（3）（4）（5）（7）（8）（9）（11）为150（10×15）；（10）为150（15×10）。北京邮票厂印制。

这套邮票中（1）天安门8分邮票，有报刊登出有人发现了“漏印红色的错体票”。因此，有邮友来信向笔者询问，真的是漏印红色错体票吗？笔者也曾看到过这篇报导，当时即认为这不是漏印红色错体票，是人为变造的褪色票。笔者研究发现，这个时期印制的邮票，所刷红色都不稳定，容易褪色。为了万无一失，给这位邮友一个肯定的答复，笔者决定亲自搞个实验。笔者先找出一枚信销票进行褪色实验，结果很成功。之后又用一枚新票进行试验，结果完全一样（见图340）。在大部分红色褪掉之后，还真酷似“漏印了红色”。

事实上，只要用高倍放大镜仔细观察一下，就会发现这种“漏红”，只不过是褪去红色之后给人的一种假相。在高倍放大镜下，便可发现在绝大部分红色褪去以后，依然有极少的红色附着在纸面上，与黑底色混杂在一起，呈现出紫黑色。

笔者在实验时，用的是普无号（1）天安门邮票真品，无须鉴别邮票的真伪。如果集邮者在收集邮票时遇到这种票，则必须先鉴别其真伪。以防造假者利用伪品，故意制作“漏色错体票”。其鉴定方法主要看版别。真品普无号（1）天安门邮票，采用影写版印制，其刷色的网纹夹角呈45°，网点呈圆形中空，线条和文字边缘呈锯齿状。如果鉴定的这种邮票，其版别同真品一样，版纹特征也同真品一样，那么这种票就是真票。反之，则是伪品。然后再进一步鉴别其是真漏色，还是褪色造成的假漏色。如果鉴定出这种邮票是伪品，即使真的是漏色票，也依然是伪品；不，应该算是“双料”的伪造品（票是伪造品，又伪造了“漏色”）！只不过这种“双料”伪造品，是地地道道的“伪品”，已不属“变造品”了。

图340

普 23 （1）面值 1 分“内蒙民居”

在中国建筑史上，对民间居住建筑习惯称为民居。民居在人们的日常生活中占有极为重要的位置。中国的民居建筑，是千百年来劳动人民用自己的勤劳与智慧，在与大自然的搏斗中创造出来的。中国幅员辽阔，民族众多，由于各地区自然地理条件不同、民族风格和传统各异、生产和生活方式各具特点、建筑材料千差万别，使中国的民居建筑多姿多彩，富有创造性。

1986 年 4 月 1 ~ 12 月 15 日，中华人民共和国邮电部为满足通信业务的需要，发行一套普通邮票《民居》，全套 14 枚。编号普 23。其中普 23（1）为“内蒙民居”。1986 年 5 月 15 日发行。面值 1 分。票幅规格 25 毫米 ×30 毫米。齿孔 12.5 度 ×13 度。邮局全张枚数 60（10×6）。邮票图案是内蒙古蒙古包外形。“内蒙古”是“内蒙古自治区”的简称。“蒙古包”一词来源于满族对蒙古族牧民住宅的称呼；“包”是满语“家”或“屋”的意思。陈汉民、励忠发、华健心设计。影写版。北京邮票厂印制。

这枚邮票发行之后，曾发现有局部图案漏印的变体票，于是有的心术不正的造假者，便乘机用这枚邮票的真品，变造出局部漏印面值、铭记和邮票图案的多种局部漏印“变体票”。这种变造品，均是用高级橡皮擦去邮票上的局部刷色来冒充“漏印”，因此，常使邮票纸面遭受或轻微或严重的破坏。鉴定时，只要用高倍放大镜仔细观察“漏印刷色”部位，就会清晰地看到邮票平整光洁的纸面遭受破坏，起毛，凹凸不平（见图 341）。纸遭受破坏严重的，迎光观看，纸张被擦掉刷色部位，明显变薄了。更为可笑的是，造假者在这种变造的局部漏印票的背面，又印上伪造的普 26 面值 80 分“山西民居”，冒充“双面印”“错体票”。这种“双面印”赝品，即使欺骗不了集邮者，也可以用这种面值“80 分”“山西民居”伪品，贴在信封上寄发信件，欺骗邮政。造假者为牟不义之财，真是挖空心思！

图341

8. 加字小型张

PJZ-10 “九龙壁”加字小型张

1999年8月21～30日，中国1999世界集邮展览在北京中国国际展览中心举行。1999年8月21日，为了祝贺邮展顺利开幕，中华人民共和国国家邮政局发行1枚1999-7M（J）《中国1999世界集邮展览（小型张）》。杨文清、高书贤设计。影写版。北京邮票厂印制。齿孔12度。小型张尺寸规格175毫米×68毫米。邮票票幅规格50毫米×30毫米。小型张面值800分。图案为“九龙壁”。发行量2599.35万枚。九龙壁坐落在北京北海公园北岸天王殿西，是一座彩色琉璃砖影壁。清乾隆二十一年（公元1756年）建。面宽25.86米，高6.65米，厚1.42米，底座为青白玉石台基，上有绿琉璃须弥座，壁面前后各有9条奔腾在云雾波涛中的蛟龙浮雕，形态各异，栩栩如生。在发行1999-7M（J）小型张的同时，国家邮政局批准中国集邮总公司发行“九龙壁”加字张1枚，编号为PJZ-10。

这枚PJZ-10加字张与以往发行的加字张有着明显的不同，它是在印制小型张同时，直接用与印制小型张相同的影写版，加印上国际集邮联合会（FIP）徽志和“PJZ-10”等图文。这枚加字张，在邮展期间凭当日的门票可购得一枚。当时的市价每枚20多元。邮展之后，邮市持续低迷，市价为10多元。即使这样，这枚加字小型张的市价也高于“九龙壁”小型张面值50%以上；更何况原小型张市价低于面值。因此，有些不法分子为牟利，便利用“九龙壁”原小型张，在上面用胶版实印，加印上与“PJZ-10”相同的图案和文字，伪造出PJZ-10加字张，欺骗集邮者。因小型张是真的，用金墨加印的图案和文字又基本相同，极具欺骗性，不认真鉴别，很容易上当受骗。那么，应该怎样来鉴定PIZ-10加字张的真伪呢？

① 看加字图案和文字的版别 PJZ-10真品“九龙壁”加字张上加印的FIP徽志等相关图案和文字，均同原小型张版别一样，是用影写版加印的，用30倍以上的高倍放大镜观察，影写版的网纹为大小相同中间空的圆形网点；伪品加字则用胶版实印，无网点。真品加印的相关图案和文字很规范、工整；伪品则不规范、不工整，与真品有明显的区别（见图342）。

② 量加印的相关图案与中国1999世界集邮展览徽志的距离 真品PJZ-10“九龙壁”加字小型张右侧加印的印有“FIP”字样的图案，其左侧距原小型张印的中国1999世界集邮展览徽志的右侧距离为51.5毫米，而伪品则为50毫米；真品PJZ-10“九龙壁”加字小型张左边加印的FIP徽志右侧距原小型张印的中国1999世界集邮展览徽志的左侧距离为50毫米，而伪品则为51.5毫米。

③ 看编号PJZ-10 真品PJZ-10“九龙壁”加字小型张编号用影写版印制，影写版

网点特征明显，字体规范，“J”字顶端呈圆点状；伪品则用胶版实印，字体不太规范，“J”字顶端呈尖钩状；“10”中的“1”，底部也不相同。

正票

变造品

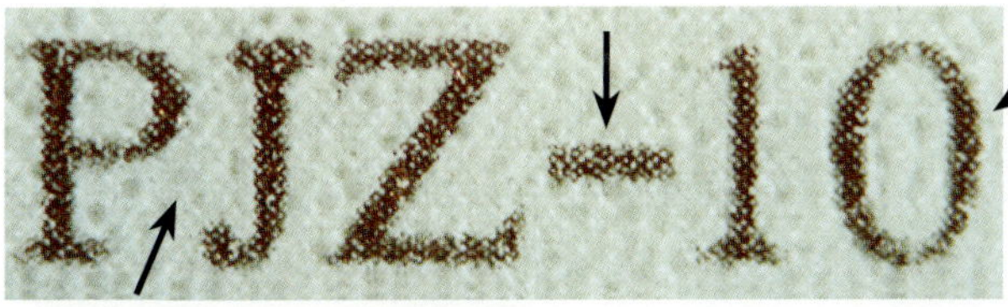

正票

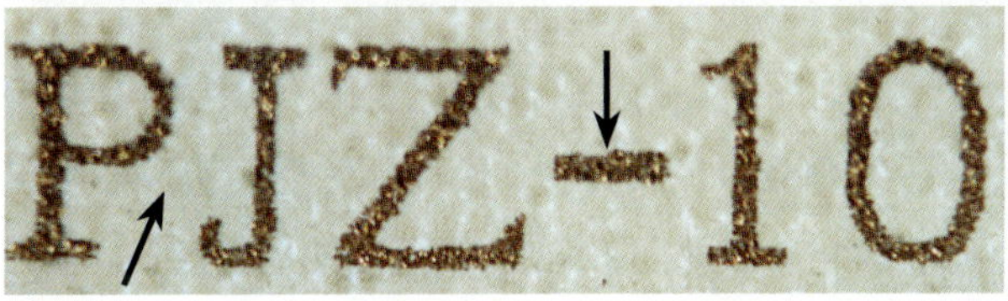

变造品

图342

9. 纪念邮资明信片

JP.1 中国在第23届奥运会获金质奖章纪念实寄片

1984年7月28日～8月12日，第23届奥运会在美国洛杉矶举行。中国派体育代表团参加了这届奥运会，这是国际奥委会恢复中国奥委会合法席位以来，中国首次参加的夏季奥运会。这届奥运会有140个国家和地区的体育代表团参加。中国运动员参加了23个项目中的16项比赛，获15枚金牌、8枚银牌和9枚铜牌，取得金牌总数名列第4位、奖牌总数名列第6位的优异成绩，改变了旧中国在奥运会的零分纪录，是中国体育史上具有历史意义的重大突破，标志着中国体育事业的新飞跃，有力地说明中国人民有自立于世界民族之林的能力。

1984年8月1日～8月19日，为了祝贺中国体育代表团取得的优异成绩，按照金牌获得的时间顺序，中华人民共和国邮电部发行了一套《中国在第23届奥运会获金质奖章纪念》纪念邮资明信片，全套16枚。志号为JP.1。卢天骄设计。胶版。单面布纹白卡纸。北京邮票厂印制。邮资明信片尺寸规格148毫米×100毫米。邮资图规格28毫米×26毫米。每枚邮资图图案均为“中华人民共和国奥委会徽志”。（1）面值4分，发行量80.86万枚，邮资片图案为“男子自选手枪”，许海峰于8月1日获该项目金牌；（2）面值4分，发行量80.66万枚，邮资片图案为“52公斤级举重”，曾国强于8月1日获该项目金牌；（3）面值4分，发行量81.36万枚，邮资片图案为“56公斤级举重”，吴数德于8月2日获该项目金牌；（4）面值4分，发行量81.26万枚，邮资片图案为“男子50米移动靶”，李玉伟于8月2日获该项目金牌；（5）面值4分，发行量80.06万枚，邮资片图案为“60公斤级举重”，陈伟强于8月3日获该项目金牌；（6）面值4分，发行量79.96万枚，邮资片图案为“67.5公斤级举重”，姚景远于8月4日获该项目金牌；（7）面值4分，发行量80.56万枚，邮资片图案为“女子小口径标准步枪（3×20）”，吴小旋于8月5日获该项目金牌；（8）面值4分，发行量80.46万枚，邮资片图案为“女子个人花剑”，栾菊杰于8月6日获该项目金牌；（9）面值4分，发行量80.36万枚，邮资片图案为“男子自由体操”，李宁于8月7日获该项目金牌；（10）面值4分，发行量83.36万枚，邮资片图案为“男子鞍马”，李宁于8月7日获该项目金牌；（11）面值4分，发行量80.66万枚，邮资片图案为“男子吊环”，李宁于8月7日获该项目金牌；（12）面值4分，发行量82.96万枚，邮资片图案为“男子跳马”，楼云于8月7日获得该项目金牌；（13）面值4分，发行量80.56万枚，邮资片图案为“女子高低杠”，马燕红于8月8日获该项目金牌；（14）面值70分，发行量69.86万枚，邮资片图案为“女子排球”，中国女排于8月10日获该项目金牌；（15）面值4分，发行量85.46万枚，邮资片图案为“女子跳台跳水”，周继红于8月13日获该项目金牌；（16）面值4分，发行量80.76万枚，邮资片图案为“奥运会金质奖章”。

这套纪念邮资片是中国人民邮政发行的首套纪念邮资片，发行时间紧迫，发行量也比

图343

较少，因此，在发行首日真正通过邮政窗口进行实寄的首日片十分稀少（见图343）。这套纪念邮资片，从1984年8月1日发行第1枚开始，到8月19日发行结束，每天根据在第23届奥运会上中国选手所获得的金牌数量来发行，每获1枚金牌，即发行这枚金牌的纪念邮资片，数量不等，时间不定，从发行到上市，时间紧迫，集邮者要想在发行首日如期购到并交邮局实寄，困难重重，不要说在外地了，就是在北京，真正能在发行首日交邮局寄发的首日实寄全套片，也寥若晨星。因此，JP.1全套首日实寄片早就是广大集邮者追求、寻觅的紧俏邮品，其市场售价也居高不下。由于真正的首日实寄片很稀少，有些邮商为牟利，便利用集邮总公司出售的盖有发行首日邮戳的盖销片，再倒盖上当地的落地邮戳，冒充首日实寄片；或者利用全套JP.1片，倒盖上发行首日邮戳，然后不再倒盖上落地戳，充当首日实寄片。有的集邮者利用这种倒盖邮戳制作的假首日实寄片，还组编邮集，参加邮展。这显然有悖于邮展规则。

这里笔者展示的是一位集邮者通过民间邮刊邮购的JP.1全套假首日实寄片，为便于集邮者辨别，现选其中几枚示例（见图344）。这套JP.1变造品首日实寄片，是这位集邮者花650元人民币，于1993年从某民间邮刊邮购的。这套变造的首日实寄片，是利用集邮总公司出售的盖有发行首日邮戳的盖销片，再倒盖上收件人所在地的落地邮戳伪造而成。那么怎样来冒充这套JP.1邮资片是发行首日从北京寄发的呢？伪造者在北京寄发地倒盖邮戳比较困难，因此，便仿造“全国体育集邮展览”纪念图章，盖在上面鱼目混珠，冒充从邮展现场寄发。为此，还十分愚蠢地臆造出“全国体育集邮展览”“8月18日闭幕”纪念图章，盖在于1984年8月19日才发行的JP.1最后一枚“金质奖章”片上，真是利令智昏到了极点。既然“全国体育集邮展览”在1984年8月18日已经闭幕了（实际闭幕日是8月12日），那么于8月19日才发行的JP.1“金质奖章”片，怎么可能盖上已经闭幕了的“全国体育集邮展览”上专备的纪念图章？这就清楚地表明，盖在这套JP.1假首日实寄片上的“全国体育集邮展览”纪念图章也是造假者伪造的。难道不是吗？

想当年，在北京中国革命博物馆（今中国国家博物馆）为庆祝中华人民共和国成立35周年和中国体育代表团参加第23届奥运会而举办的“全国体育集邮展览”，其展览时间在所售的门票上清楚地印着“时间：1984年7.28 ~ 8.12日”。而在邮展现场，供参观邮展的集邮者加盖的纪念图章和发行的纪念封上，也清楚地刻着“84北京7.28–8.12日”（见图345）。那么，伪造假JP.1首日实寄片者，为何会在1984年8月19日发行的“金质奖牌”片上盖

图344

有“全国体育集邮展览”的“8月18日闭幕”纪念图章呢？笔者在鉴定之初，对此也百思不得其解，后经查阅大量资料，终于解开了此“谜”。

原来，在1984年第10期《集邮》杂志上，有一篇题为《北京兴起体育邮票热》的报导，称“我国第一届体育邮票展览会（应为“全国体育集邮展览”——笔者注），于7日28日至8月18日在北京举行。”正是根据这个展览时间有误的报导，造假者臆造出了“8月18日闭幕”纪念图章。并盖在“8月19日”才发行的“金质奖牌”片上。这就再清楚不过让集邮者看到，造假者是多么的利令智昏！试想，“全国体育集邮展览”已经闭幕了，在此之后才发行的“金质奖牌”片，还能到邮展上去加盖纪念图章吗？这只能说明，JP.1全套片上所盖“全国体育集邮展览”纪念图章，也是造假者伪造的。

其实，要鉴定这套JP.1全套首日实寄片的真伪，并不困难。

① **看邮戳** JP.1首日实寄片，真品均用收寄局邮政日戳盖销邮资图，邮政日戳销票日期与纪念邮资片的发行日期应相一致。如果用集邮总公司已预销邮戳的邮资片首日实寄，应再盖有收寄邮局的邮政日戳，以示是从哪个邮局收寄的，如无收寄局的邮政日戳，仅盖有集邮总公司的预销邮戳，则为假首日实寄片。这套JP.1假首日实寄片，仅盖有集邮总公司发行首日的预销邮戳，无具体收寄局的邮政日戳，为骗集邮者，加盖上“全国体育集邮展览”纪念图章，冒充纪念邮戳。

再看落地邮戳。这套JP.1假首日实寄片，在投递局所盖的投递日期邮戳，均盖在

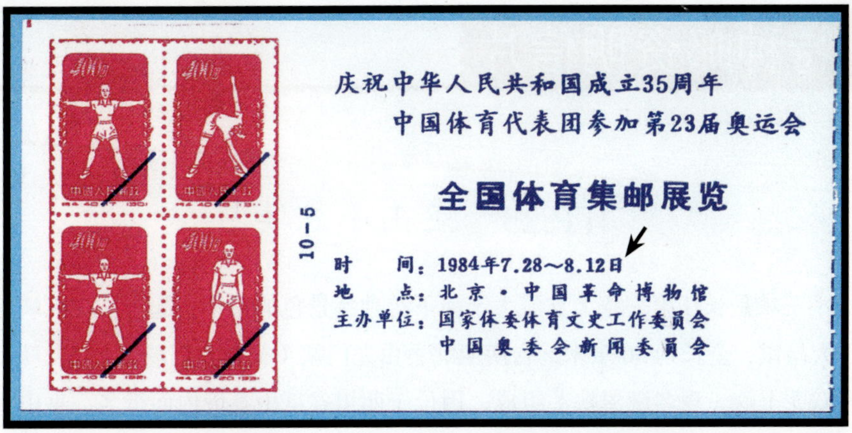

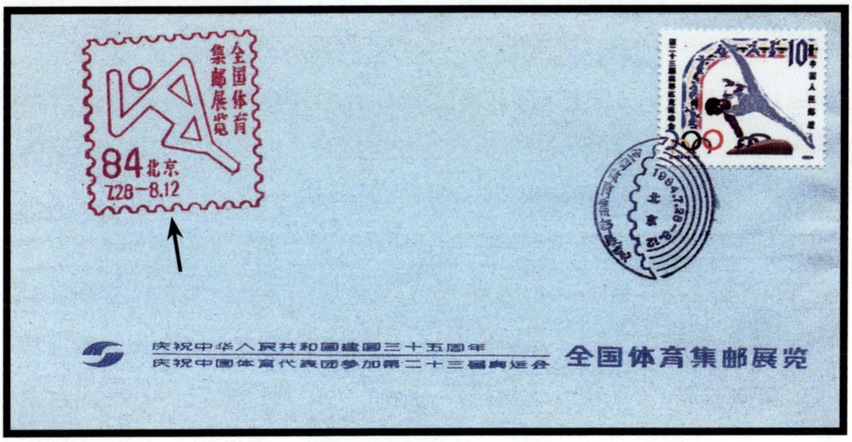

图345

邮资片的正面左下部，如此一致，只能表明这是倒盖的落地戳，并非不同日期投递时所盖。难道不是吗？请看：投递日戳上的日期字钉都错得一致，展示在邮戳腰框上的日期依次为："5.1984.8.6"、"5.1984.8.7"、"5.1984.8.8"、"5.1984.8.10"、"5.1984.8.11"、"5.1984.8.11"……"5.1984.8.25"，很显然，公元年前的"5"出现得莫明其妙，显然是将字钉装错了。邮戳上的日期偶尔装错，在所难免，但从8月6日到8月25日，在长达20天里，落地戳的字钉错得完全一致，这是根本不可能的，也只有倒盖日戳时才会发生。

② **看纪念图章** 这套JP.1假首日实寄片，用盖上"全国体育集邮展览"纪念图章来冒充"纪念邮戳"，事实上，纪念图章并无邮政意义，与"纪念邮戳"是两码事儿。更为可笑的是，所盖的纪念图章，也是造假者仿真图章伪造的，这从图章上图形和文字字形变粗、走形，便可一目了然。

③ **看JP.1片是否全新或经过作旧** 如果是全新或者是经人工作旧的，全套首日实寄片必假无疑。具体到笔者所鉴别的这套JP.1首日实寄片变造品，就是挑选品相不好的，如有折角、蹭脏、磨损了的全新片变造的。这种JP.1首日实寄变造品的鉴别并不困难，只要认真察看一下明信片的正、反两面的纸质表面情况，就可做出正确判断。

10. 特种邮资明信片

TP.25 巫山小三峡

巫山小三峡是长江第一条大支流大宁河下游独特景色的精华，起于长江三峡巫峡入口处，止于大昌镇，全长约50千米，自南至北，由龙门峡（又称罗门峡）、双龙峡（又名巴雾峡）和双龙上峡（现名滴翠峡）组成，因位于四川省巫山县境内而得名。巫山小三峡既以峰奇秀、水奇清、石奇美构成一条美妙动人的自然山水画廊，闻名遐迩，享有“中华奇观”之誉，又有秘存千古的巴人悬棺和至今犹存的古栈道遗迹，展现了一幅幅令人神往的人文景观。1982年被列为全国重点风景名胜保护区，2000年被评为国家首批AAAA级旅游区。

2003年4月12日，为了展现中华山河的壮美风采，中华人民共和国国家邮政局发行一套《巫山小三峡》特种邮资明信片，全套8枚，志号为TP.25。任国恩、杨文清设计。胶版。深圳当纳利旭日印刷有限公司印制。邮资明信片尺寸规格148毫米 ×100毫米。明信片邮资图幅规格（8–1）（8–2）（8–4）35毫米 ×28毫米，（8–3）（8–5）（8–6）（8–7）（8–8）28毫米 ×35毫米。每枚邮资明信片面值60分。发行量50万套。本册式外形规格230毫米 ×100毫米。发行量35万套。每套售价套装式7.20元，本册式9.60元。（8–1）图案为“龙门峡”，（8–2）图案为“巴雾峡”，（8–3）图案为“滴翠峡”，（8–4）图案为“琵琶洲”，（8–5）图案为“小小三峡”，（8–6）图案为“龙门飞渡”，（8–7）图案为“幽谷浅滩”，（8–8）图案为“宁河轻舟”，封套图案为“龙门飞渡”。

这套TP.25系列明信片与前期发行的TP片相比，发行量虽不算太多，但由于发行频率太快，有点无节制，致使其一发行，在邮市上就跌入打折行列。这时，有人发现TP.25的刷色极不牢固，其邮资图和明信片上所印文字，只要用橡皮去擦，就可完全擦掉，变造成“漏印”变体片。有些心术不正的人，用这种变造的“漏印”片，高价出售，骗取集邮者的钱财。

那么，应该怎样来鉴定TP.25“漏印”片的真伪呢？

① 看版别和暗记，先辨别其真伪 TP.25《巫山小三峡》采用胶版印制，在邮资图上设有用“鹅绒黄”印的圆点暗记。“漏印”片采用与真品一样的胶版印制，网纹特征也完全相同，所用纸质也一样，暗记也完全相同（见图346）。因此，这种“漏印”片不是用伪品制造的。

② 鉴别是真漏印还是变造漏印 用高倍放大镜观察“漏印”部位的纸面特征，是否平整光洁，有无擦痕。如发现原纸面遭受破坏，有擦除的痕迹，则肯定是变造“漏印”。如无高倍放大镜，也可以将明信片端放在与双目平行的位置，迎着光亮观察，如观察到有擦除刷色的擦痕，就是变造“漏印”。

这里值得提醒广大集邮者注意的是，在TP系列中，可以用橡皮擦除掉刷色，变造“漏印”的还有TP.10《长江三峡》等。购买这种漏印变体片时，一定要注意认真鉴别。

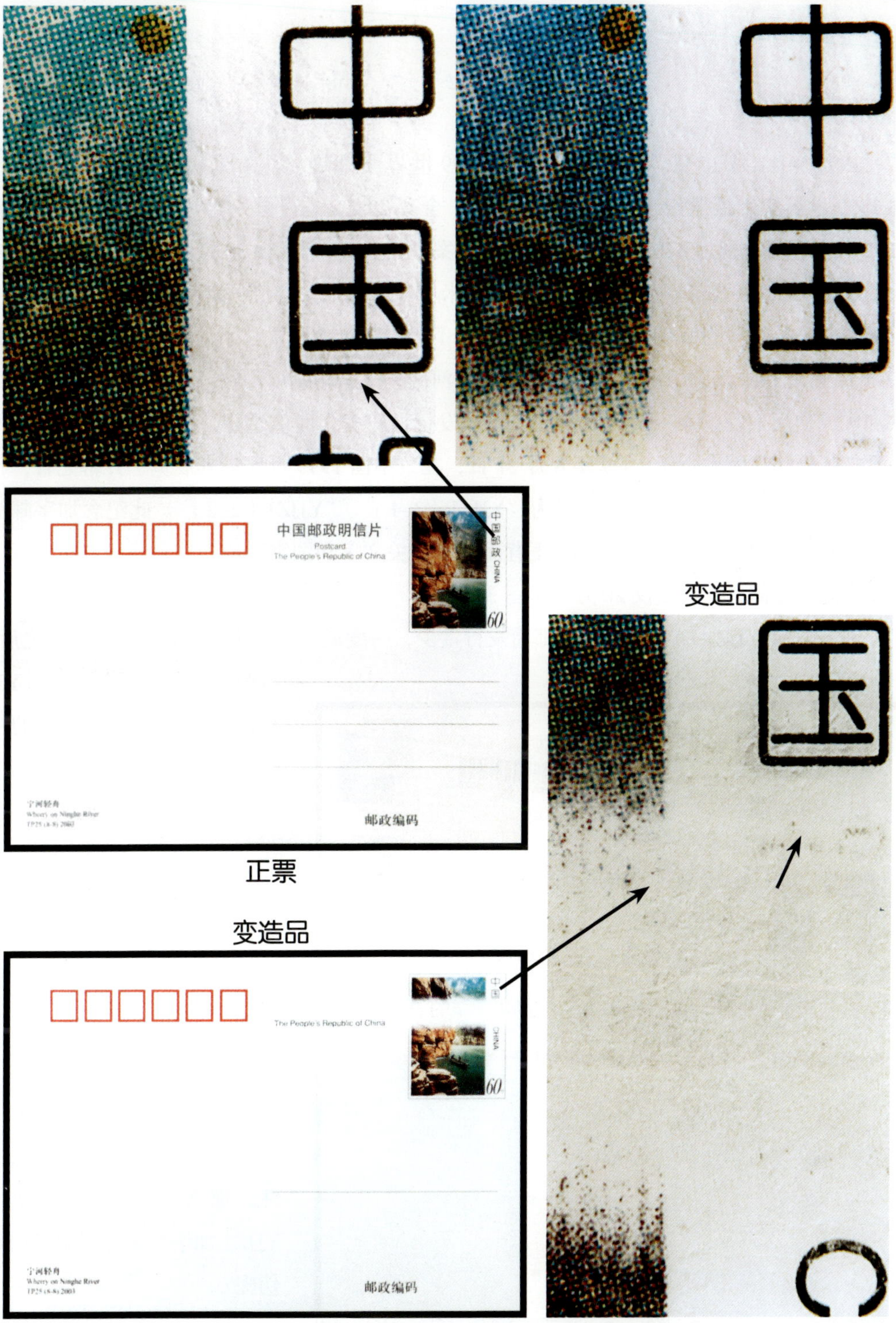

图346

11. 加字纪念邮简

YJJZ1　加字纪念邮简

1998 年 11 月 12 日，为迎接“中国 1999 世界集邮展览”，国家邮政局特发行《中国 1999 世界集邮展览纪念邮资邮简》一套，全套 2 枚。志号分别为“YJ1（2–1）”、“YJ1（2–2）”。面值分别为 520 分、50 分。邮票图案规格为 26 毫米 ×30 毫米。邮简名址面规格为 208 毫米 ×110 毫米，展开规格为 248 毫米 ×337 毫米。售价分别为 5.70 元和 1 元。发行量“YJ1(2–1)”为1003.90万枚，“YJ1(2–2)”为1500.20万枚。邹建军设计。胶版。“YJ1（2–1）”由北京邮票厂印刷，“YJ1（2–2）”由河南省邮电印刷厂印刷。此套邮简是中华人民共和国成立后发行的第一套纪念邮简。但因发行量较多，面值过高，发行之后，邮市上便出现打折出售。因此，于 1999 年 8 月 21 日，在“中国 1999 世界集邮展览”开幕之日，特发行纪念加字邮简全套 2 枚，志号为“YJJZ1（2–1）”、“YJJZ1（2–2）”。此纪念加字邮简系在“YJ1（2–1）”、“YJ1（2–2）”正背面加印相关文字和图案而成。这是我国首次发行加字纪念邮资邮简，发行量仅 20 万套（图 347）。

由于这套 YJJZ1 加字纪念邮资邮简发行量少，一度成为邮市上热炒的“火封”。之后，造假者为牟利便出现了用 YJ1 真品，在上面伪造加字的变造品。由于原纪念邮资邮简是真品，再加上伪造加字制作得很内行，这种变造品与真品很难区分。值得提醒广大集邮者注意的是，YJJZ1 加字纪念邮资邮简变造品邮票图案上也用无色荧光油墨印有与真品一样的防伪图案暗记，贴有与真品一样的邮展标志小票，具有很大的欺骗性。那么，应该怎样来鉴定 YJJZ1 加字纪念邮资邮简的真伪呢？

图347

① 看邮简上贴的邮展标志小票　在邮简邮票图案的

正下方，YJJZ1（2–1）加字纪念邮资邮简贴有印着“中国’99 世界集邮展览”的展徽并打有齿孔的小票；YJJZ1（2–2）加字纪念邮资邮简贴有印有吉祥物并打有齿孔的小票。小票上均用无色荧光油墨印有“中国邮政”字样暗记，（2–1）加字纪念邮资邮简为横印，（2–2）加字纪念邮资邮简为竖印（见图 348）。用高倍放大镜观察小票，真品小票下方“CHINA YJJZ1（2–1）”为胶版四色套印，伪品则为黑色专版实印，伪品将志号“YJJZ1”中的“1”印成为“I”（图为 349）。此项可用来进行快速鉴定。

② 看烫金加字 在 YJJZ1 邮简名址面上方，两枚邮简分别烫金加字“中国 1999 世界集邮展览开幕纪念”和“中国 1999 年世界集邮展览闭幕纪念”，真品加字长度为 100 毫米，伪品则为 101 毫米。烫金字中的“国”字中“玉”字上的一点，真品较小并偏上，伪品则较大并偏下；真品“展”字第 8 笔与第 5 笔不在一条直线上，伪品则几乎在同一条直线上。

③ 看烫金（银）条杠上的志号 在加字邮简封的背面，（2–1）和（2–2）分别烫有

图348

金色和银色条杠。条杠上用黑色专版印有志号、发行年、发行数量 20 万枚。其中志号“YJJZ1”，真品字体规范、整齐，伪品与真品存有差异，尤其是“Y”、“1”字母差别较大。另外，烫金条杠上的反阴白线，真品细而均匀，伪品粗而毛糙。

④ **看加字邮简左下角加字** 在 YJJZ1 的名址面左下角加字“1999 年 8 月 21 日”，真品字体规范，笔画较粗，伪品字体不够规范，笔画较细，尤其是“年”、“月”、“日”3 字更为明显；加字下面的粉红底色，在紫光灯下，真品呈现荧光，伪品则不呈现荧光。

⑤ **看邮简背面烫金和银圆形戳记** 真品圆金和银戳中心图案和圈边文字、烫金和银戳记均清晰；伪品烫金和银戳记文图均模糊。

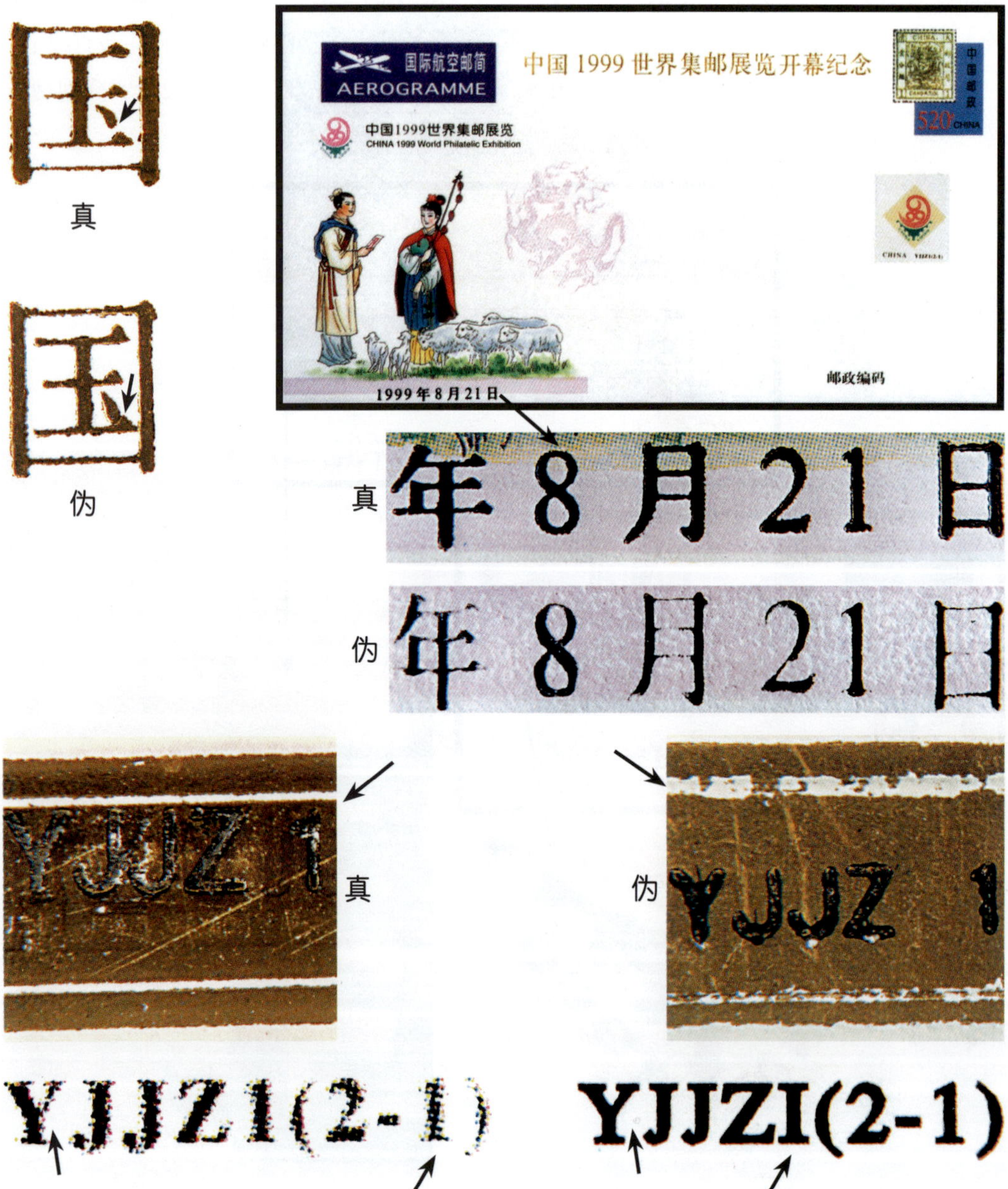

图349

三、臆 造 品

1. 清代印样

“蟠龙图”黑印样

黑白印样，就是集邮者常说的用黑色油墨印成的印样，也称黑色样票，有试模、试版、试色样票等。在试模样票中，多为母模印样。我国清代在海关试办邮政时期，在试制邮票时，确实印过黑色试模印样，其中就有面值 1 分银黑色印样。但这里所说的“蟠龙图”黑印样，与试制邮票时所印过的黑色试模印样，风马牛不相及。“蟠龙图”黑印样是根本未曾有过的臆造印样（见图 350），而清代试制邮票时所印过的黑色试模印样，是的的确确印过并有存世的真正印样。何以见得？这绝不是凭空而言，有以下事实根据。

① 查看中国邮票发行史相关资料 在中国邮票发行史相关资料中，有关龙图案黑色印样有记载的，仅有大龙和小龙黑色印样，大龙黑色印样就是海关试办邮政时期，在试制邮票时所选用的“云龙图”黑色印样，后来被正式（稍有改动）用来印制中国首次发行的大龙邮票；小龙黑色印样，则是继大龙邮票发行之后发行“小龙”邮票而产生的。因此，在清代海关试办邮政时期，根本就没有出现过 1 分银“蟠龙图”黑印样！这完全是造假者臆造出来的！

这里有必要进一步说明的是，到了清代国家邮政时期，曾发行过蟠龙邮票，有日本版蟠龙邮票和伦敦版蟠龙邮票两种，但此“蟠龙邮票”与“蟠龙图”黑印样，依然是风马牛不相及。更何况蟠龙邮票图案与“蟠龙图”黑印样图案，根本不一样，有着明显的不同。那么，这种臆造的“蟠龙图”黑印样所用的图案是从哪里来的呢？此图系在清代海关试办邮政时期试制邮票前，由美国纽约国家钞票公司所提供的黑色圆形“龙抢珠图”图样。此图原属肯门所藏，后被日本水原明窗藏有。在日本集邮家水原明窗先生的《中国邮票藏品展览》图册中，称其为“发行《大龙票》相关连（联）的各种试印品资料”。即使这幅独一无二的真图样，也仅是“资料”，并非真的“印样”！

② 用高倍放大镜观看黑印样图案和文字 真正的黑印样图案和文字都很清晰，线条笔直、均匀。但“蟠龙图”黑印样，图案不清晰，文字不规整，线条不均匀，缺少真正黑印样的印版特征和质感。

③ 看纸质 “蟠龙图”黑印样所用纸，明显经过作旧处理。这是造假者为了要制造出一种此印样产生的年代已久远的假相，使缺少邮识的人更容易信以为真，上当受骗。

臆造黑印样

蟠龙邮票

龙抢珠图样

大龙1分黑印样

图350

“龙凤戏珠图”黑印样

“龙凤戏珠图”赝造黑印样，有边框，图案中心上为夜明珠，下为太极图，在夜明珠和太极图的左右两边，分别为凤和龙，上面印有“叁分银”、“大清邮政”等字样。图幅为 46 毫米 ×29 毫米。

这种赝造的黑色“印样”，采用高科技制作，图案较为清晰，再加上纸张经过作旧，所用图案在海关试办邮政时期试制邮票时，也确实有过这种图样。因此，对于邮识和鉴定邮资票品真伪经验均不够丰富的集邮者和邮资票品投资者来说，很容易上当受骗。鉴定这种印样的真伪，最为重要的是邮识。只要对中国邮票发行史比较精通，鉴定其真伪并不困难。

① 查阅集邮书刊资料 主要断定在海关试办邮政时期是否真有过这种黑色印样：如有，是否就是这种图案和面值？如无，这种赝造的“印样”其图案有无出处？

笔者从查阅过的集邮书刊资料上知道，在海关试办邮政时期试制邮票时，根本没有出过这种图案和面值的黑色“印样”。据此，可以断定这是赝造印样。那么，这种赝造“印样”是凭空赝造的，还是捕风捉影赝造的？这要看赝造印样的图案是否有出处。原来，这种赝造印样所用图案是海关试办邮政时期在试制邮票前，供设计邮票选用的一种图样。这个“龙凤戏珠”图样，为水彩画，图幅为 40 毫米 ×25 毫米。图案中心上为夜明珠，下为太极图，左凤右龙，下方飘带上有“大清一统万年”字样（见图 351）。这幅图样存世仅此一幅。“龙凤戏珠图”黑印样，正是用这幅图的资料伪造出的赝造印样。

② 看纸质 “龙凤戏珠图”黑印样所用纸张，明显经过作旧处理。但是，无论造假者作旧技术多么“高超”，也无法掩盖作旧之假的痕迹。仔细观察纸的表面，常可看到作旧未能全掩盖住的新纸本质。

③ 用高倍放大镜观看黑印样图案和文字 这种赝造印样虽然采用高科技伪造，但是在高倍放大镜下，常露马脚。即图案线条不够清晰，文字笔画不规整，有的还暴露出明显的修饰的痕迹，缺少真正黑印样的版纹特征与质感。

④ 与真原图样比对 赝造印样就“龙凤戏珠”图样而言，与真的原图样存有多处明显不同，如凤爪凤尾，龙须龙尾等。

⑤ 量赝造印样的边框 真的“龙凤戏珠”图样没有边框，伪造者用它来赝造印样时，加了边框，并在边框内图案上加上了面值 3 分银和大清邮政的铭记。所加边框线四角并不全呈直角，这用直尺或量角器一量便可知。“印样”边框线不方正，这可是真正印样的大忌，也根本不可能出现。由此，也进一步暴露出这种“印样”是伪造的本质！

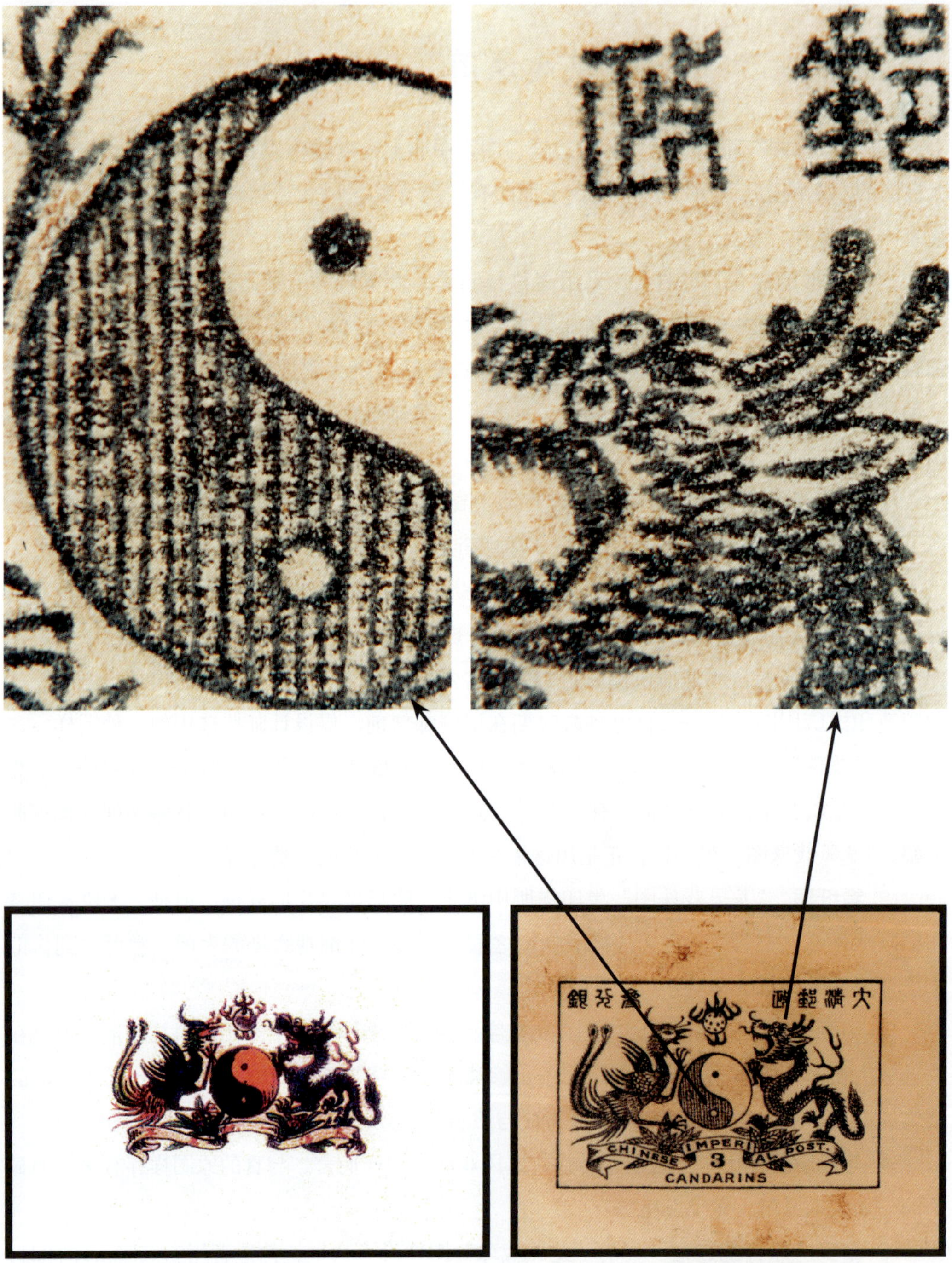

龙凤戏珠图样　　臆造黑印样

图351

“双龙争珠图”黑印样

“双龙争珠图”臆造黑印样，有边框，图案中心上为夜明珠，下为太极图，在夜明珠和太极图的左右两边，各有一条龙，上面印有“伍分银”、“大清邮政”等字样。图幅为55毫米 ×30毫米。

这种臆造的黑印样同“龙凤戏珠图”黑印样一样，采用高科技伪造，图案较为逼真，其所用纸张又经过作旧处理。集邮史料记载也表明，在清代海关试办邮政时期试制邮票时，也确实有过这种图样供制作邮票选用。因此，对于邮识不够丰富，又无鉴定邮资票品真伪经验的集邮者和邮资票品投资者来说，是比较容易上当受骗的。

那么，应该怎样来鉴定这种黑色印样的真伪呢?

① 查阅相关史料 鉴定这种臆造的黑印样，丰富的邮识极为重要。熟知清代邮票发行史，有丰富的邮识，当即就可断定这是臆造印样。因为在清代，无论是海关试办邮政时期，还是国家邮政正式开办之后，均没有过这种“双龙争珠图”黑印样。相关史料表明，在清代海关试办邮政时期准备试制邮票前，确有“双龙”图样。这个双龙图样为水彩画，图幅为98毫米 ×50毫米，四周有边框，四角呈凹圆形（见图352）。此图样原藏赫德遗集中，后被日本集邮家水原明窗收藏。存世仅此一幅。这件孤品，从未制作成印样。由此可断定，“双龙争珠图”黑印样，只是造假者捕风捉影参照“双龙”图样臆造出来的“印样”。

② 用高倍放大镜观看黑印样图案和文字 真的黑色印样，图案和文字都应该很清晰、规范，而这种臆造的黑色印样，尽管是采用高科技进行伪造，但在高倍放大镜下，依然暴露出其黑印样不真实的致命弱点：画面不清晰，文字不规范，缺乏真印样应有的版纹特征与质感。

③ 看纸质 “双龙争珠图”黑印样所用纸张，有较明显的作旧处理的痕迹。从纸的表面，可以看出作旧处理部位与未彻底做到作旧处理而露出的新鲜纸面，极不协调。

④ 与原“双龙”图样进行比较 “双龙争珠图”臆造印样上的“双龙”，与真的“双龙”图样上的“双龙”，在龙爪龙尾等部位，存有明显的区别。这是造假者依葫芦画瓢所导致的必然结果。

臆造黑印样

发行《大龙票》相关连的各种试印品资料

相关资料

图352

“龙凤戏珠图”彩色印样

“龙凤戏珠图”彩色印样，其图案和文字均与“龙凤戏珠图”黑印样相同，所不同的是黑印样仅用黑墨“印制”，彩色印样则用蓝色、红色双色“印制”。“龙凤戏珠图”彩色印样图案中心上为夜明珠，下为太极图，在夜明珠和太极图的左右两边，左边为凤，右边为龙，上面印有“叁分银”、“大清邮政”等字样，图案四周有边框。图幅为46毫米 ×28.5毫米。

这种赝造彩色“印样”，是制假者利用高科技进行伪造，图案和刷色都比较逼真，再加上在清代海关试办邮政时期试制邮票时，也确实有这种图样资料。因此，很容易使某些集邮者和邮资票品投资者信以为真，上当受骗。

那么，应该怎样来鉴定这种彩色印样的真伪呢？

① **查阅相关史料** 鉴定这种印样最重要的是邮识，你如果对清代邮票发行史有较深入的研究，有丰富的邮识，一遇上这种伪造的印样，便可立即断定这是赝造品。你如果缺乏这方面的邮识，只要认真查阅与其有关的集邮史料，便会知道这种“龙凤戏珠图”彩色印样是赝造品。因为相关史料表明，在清代海关试办邮政时期，虽然有过这种“龙凤戏珠”图样，但从未用它试制过邮票，怎么可能会有这种图样印制的彩色印样呢？再说了，这个图样原为水彩画，没有边框，图幅为40毫米 ×25毫米（见图353）。造假者正是参照这幅图样的资料，加上面值和铭记，赝造出“龙凤戏珠图”彩色印样。

② **用高倍放大镜观看彩色印样图案和文字** 这种用现代高科技伪造出的印样，看上去很逼真，但用高倍放大镜来观察，常会发现某些难以掩盖的“马脚”，如图案和线条不规整，文字不规范，有的在图案和文字处，暴露出明显修饰的痕迹，缺少真印样版纹特征和质感，色彩平涂在纸上。

③ **与真图样相比较** 拿这种赝造印样的图案与真图样的图案相比较，就会发现这种赝造印样的图案是参照真图样依葫芦画瓢描画出来的，与真图样在许多部位存有较明显的区别，如凤尾、龙尾等。

清代龙凤戏珠原图样

臆造彩色印样

图353

“双龙争珠图”彩色印样

“双龙争珠图”彩色印样，图案中心上为夜明珠，下为太极图，在夜明珠和太极图的左右两边，各有一条龙，上面印有“伍分银”、“大清邮政”等字样。有边框，边框的四角呈凹圆形。图幅 55 毫米 ×29 毫米。其图案和文字均与“双龙争珠图”黑印样一样，所不同的是黑印样仅用黑墨制作，“彩色印样”则用蓝色、红色、黄色等多种颜色制作。

这种“双龙争珠图”彩色印样，是制假者利用高科技来伪造出来的，其图案和刷色都比较逼真，很像是那么回事。再加上在清代海关试办邮政时期试制邮票时，确实有这种图案的设计图样资料存在。因此，有些不明真相、缺乏相关邮识的集邮者和邮资票品投资者，很容易信以为真，上当受骗。

发行《大龙票》相关资料

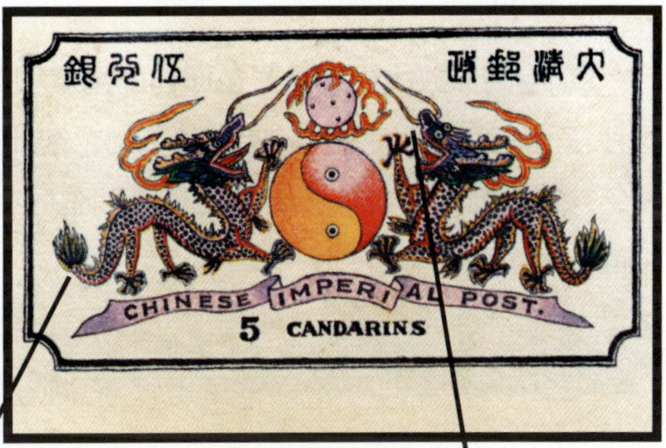

臆造彩色印样

图354

那么，应该怎样来鉴定这种彩色印样的真伪呢？

① 查阅相关邮票发行史料 鉴定这种早期印样，最重要的是你要具有丰富的邮识，如有丰富的邮识，就能做出正确的判断；你如果缺乏这方面的邮识，不妨下点工夫查阅一下相关史料。通过查阅相关史料，你也会做出正确的判断。因为相关史料早已清楚地记载：在清代海关试办邮政时期，确实有这种“双龙”图样资料，但在当时并未被采用来制作邮票。既然它未被用来制作邮票，怎么可能有这种图样印制的彩色印样呢？很显然，现今出现的这种“双龙争珠图”彩色印样，毫无疑问是一种赝造印样！用来赝造这种印样的原图样，是一幅水彩画，带有边框线，边框线四角呈凹圆形，图幅 98 毫米 ×50 毫米。此图样原藏于赫德遗集中，后来被日本集邮家水原明窗收藏。原图样存世仅一幅，是孤品。

② 与原图样相比较 拿这种赝造印样上的图案与原图样进行比较，就会发现这种赝造印样上的图案正是参照原图样依葫芦画瓢用高科技伪造出来的，但因它毕竟不是用真原图样来伪造的，因此，有许多地方与原图样存有明显的区别，如双龙的尾部、头部、夜明珠等（见图 354）。

③ 用高倍放大镜观看彩色印样的图案和文字 在高倍放大镜下，可以清晰地观看出，这种彩色印样上的图案线条不规整，刷色杂乱，文字不规范，有的地方有明显修饰的痕迹，缺乏真印样的版纹特征和质感，其色彩都是平涂在纸面上，不像是印出来的，倒像是画出来的一样，无真实感。

2. 民国样票

航空救国邮票样票（第一组）

这里可以明确地告诉广大集邮者，在中华民国时期，中华民国邮政根本没有发行过“中华民国航空救国邮票”。既然没有发行过这种邮票，怎么可能会有样票？！

那么，造假者臆造出这种“样票”，是凭空主观想象伪造出来的，还是有一定依据臆造出来的呢？笔者在查阅大量史料之后，终于找到肯定的答案。原来在 1937 年 7 月，“卢沟桥事变”爆发后，中华民国邮政曾搞过“航空救国邮票”设计征集。这在已出版的《中国邮票史》上虽然毫无史料记载，但笔者认为，《中国邮票史》上无记载的，并不等于事实不存在。因为事实是，由南京市邮政局、南京市集邮协会、中国第二历史档案馆共同合编的《中华邮政图集（1912 ～ 1949）》一书中，在第 116 页上以整页刊出浙江钱君匋的应征“航空救国邮票”设计稿和应征设计作品封面与说明文字。在说明文字“航空救国邮票考案

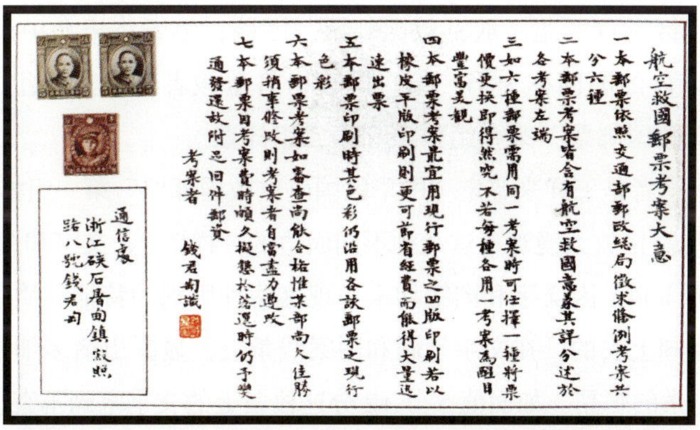

航空救國郵票考案大意

一 本郵票依照交通部郵政總局徵求條例考案共分六種

二 本郵票考案皆含有航空救國意義其詳分述於各考案左端

三 如六種郵票需用同一考案時可任擇一種將票價更換即得然究不若每種各用一考案為醒目豐富美觀

四 本郵票考案最宜用現行郵票之凹版印刷若以橡皮平版印刷則更可節省經費而能得大量迅速出票

五 本郵票印刷時其色彩仍沿用各該郵票之現行色彩

六 本郵票考案如審查尚能合格惟某部尚欠佳勝須稍事修改則考案者自當盡力遵改

七 本郵票因考案費時頗久擬懇於落選時仍予變通發還故附足回件郵資

考案者 錢君匋識

通信處 浙江硤石屠甸鎮寂照路八號錢君匋

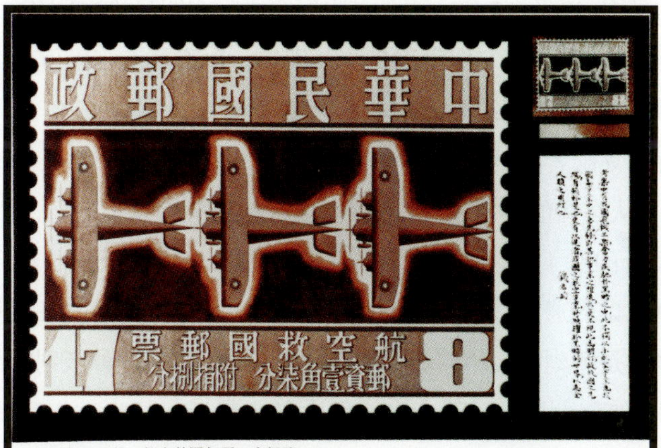

钱君匋设计的“航空救国邮票”应征稿

图355

大意”中称：“一、本邮票依照交通部邮政总局征求条例考案共分 6 种，二、本邮票皆含有航空救国意义，其详分述于各考案左端。……七、本邮票因考案费时颇久拟悬落选时仍予变通发还，故附足回件邮资。考案者钱君匋识。”这就再清楚不过地说明，当时中华民国邮政，的确搞过“航空救国邮票”设计征集，其“征求条例考案共分 6 种”。书中仅公布了钱君匋设计的“航空救国邮票”应征考案 6 种中的一种（见图 355）。但在该书第 115 页上，同时还选载了另外两位设计者的“航空救国邮票”的设计图案，每人各 4 种，分别为上海宋允中于 1937 年 10 月设计的图案 4 种、杭州之江文理学院何鸣歧于 1937 年 10 月 22 日设计的图案 4 种。由此也可以推断，钱君匋所设计的“航空救国邮票”时间，也应在 1937 年 10 月间。这是因为书中所选载的钱君匋设计的 6 种邮票图案之一种，其面值为 17 分 +8 分，而在何鸣歧所设计的邮票图案中，也同样有一枚面值为 17 分 +8 分。这正说明，钱君匋、宋允中、何鸣歧 3 位所设计的“航空救国邮票”图案，均为 1937 年中华民国邮政征集的图稿。

在《中华邮政图集（1912 ~ 1949）》所选载的上海宋允中设计的“航空救国邮票”6 种图案之中的 4 种，面值分别为 5 分 +2 分、10 分 +5 分、25 分 +10 分、50 分 +20 分；所选载的杭州之江文理学院何鸣歧设计的 6 种图案中的 4 种，面值分别为 10 分 +5 分、17 分 +8 分、25 分 +10 分、50 分 +20 分（见图 356）。造假者正是根据这本图册中所选载的宋允中、何鸣歧设计的“航空救国邮票”两组设计图稿，臆造出两组“航空救国邮票”样票。为便于区别这两组“航空救国邮票”图稿，笔者将宋允中设计的图稿称为第一组，将何鸣歧设计的图稿称为第二组。同理，将造假者依照这两组图稿伪造的样票，也分别称为“航空救国邮票”第一组样票和第二组样票。

这里就谈一下笔者是怎样来鉴定“中华民国航空救国邮票”第一组样票的真伪的。

① **看版别** 用高倍放大镜观察这几种不同面值的“样票”，文字和图案虽然比较清晰，但并非凹版或凸版印制，因文字和图案均未呈现这两种版别的特征和质感，刷色混杂，不像印上去的，倒像画上去的，在文字笔画和图案线条上，显露出诸多细小马脚。显然这是利用高科技伪造出来的赝品。如面值 5 分 +2 分这枚票上的文字笔画不直，图案文饰刷色不纯真（见图 357）；面值 10 分 +5 分这枚票上边框线之间有明显涂白刷色，图案线条不规范；面值 25 分 +10 分这枚票，文字和图案刷色深浅不匀，也不规范；面值 50 分 +20 分这枚票，图案刷色呈现涂改痕迹，文字不规范。这诸多细小马脚，只有在高倍放大镜下才能显露出其伪作的本质。普通集邮者较难分辨。

② **依靠邮识** 从掌握的邮识得知，中华民国在 1937 年并未发行过“航空救国邮票”，在此之前或之后发行的航 1 ~航 4 邮票，均采用雕刻凹版。凹版的版纹和线条特征十分明显。按照当时印制邮票的通常情况，“航空救国邮票”如发行，也应采用凹版印制；如存有未发行的样票，也应是雕刻凹版印样。而这组“样票”，不是这种版别特征。

③ **查阅史料** 如前面所述，笔者在查阅大量史料后，找出这组所谓的“航空救国邮票”样票，是造假者利用《中华邮政图集（1912 ~ 1949）》一书中所选载的“航空救国邮票”设计图稿臆造出来的。

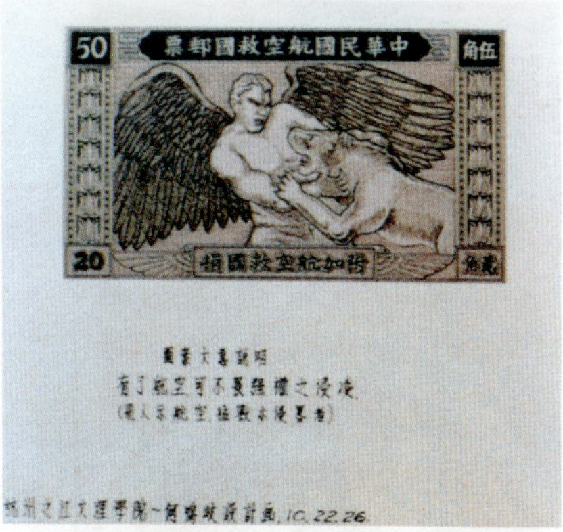

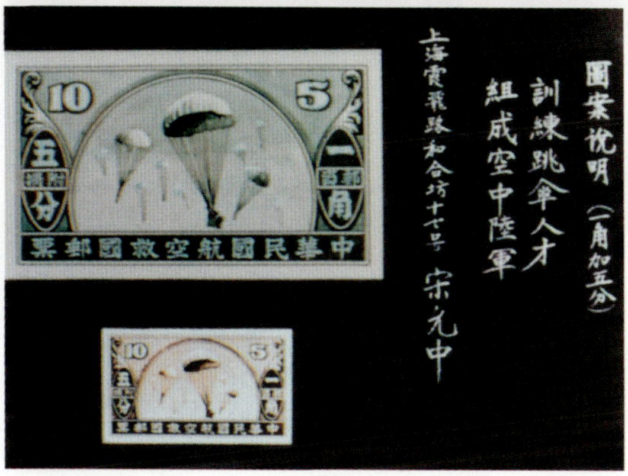

臆造样票

臆造样票

图356

图357

航空救国邮票样票（第二组）

这组“航空救国邮票”与第一组一样只有 4 种。但个别面值有所不同（因全套共 6 种所致），其面值分别为 10 分 +5 分、17 分 +8 分、25 分 +10 分、50 分 +20 分。由杭州之江文理学院何鸣歧设计。正如笔者在第一组中所述，中华民国邮政根本未发行过这种“航空救国邮票”，也没有这样邮票的样票存世。这种被造假者作为“样票”出售的臆造品，是造假者参照《中华邮政图集（1912 ~ 1949）》上所选载的何鸣歧为应征所设计的 6 种“航空救国邮票”图稿中的 4 种伪造出来的，只不过在刷色上与设计图稿有明显不同，在邮票图案和文字上与设计图稿有的有明显差别，有的略有差别。二者对比一下，便可一目了然。

其实鉴定这种利用高科技伪造出的赝品。只要你对邮票版别特征熟知，辨其真伪并不十分困难。

① 看版别 用高倍放大镜认真观察这几种不同面值的“样票”，文字和图案虽然比较清晰，但并不是采用凹版制作。要知道，在当时如制作这种航空邮票，通常采用雕刻凹版，防伪能力强，印制也精美。而这种“样票”，采用高科技伪造，猛看上去像模像样，仔细观看，便能观察出许多不真实之处。如面值 10 分 +5 分这枚票图案，线条粗细不匀，方框不正，蓝色线条间有黑杂色（见图 358）；面值 17 分 +8 分这枚票，图案线条和文字笔画不规范，在绿色上有黑色杂色；面值 25 分 +10 分这枚票，图案线条不规范，文字也不够规整；面值 50 分 +20 分这枚票，图案线条粗细不匀，边框不方正，文字笔画不匀称，有涂改的痕迹。

② 看刷色 这组“航空救国邮票”样票刷色看上去是单色，但在放大镜下可见单色并不专一，还有其他杂色，而且刷色并不瓷实、显得漂浮于纸面，涂染痕迹也较明显。这正是作伪露出的马脚。

③ 查阅史料 如在“航空救国邮票”样票（第一组）中所述，中华民国邮政根本未发行过这种“航空救国邮票”，也根本不存在这种“样票”。这种“样票”是造假者根据《中华邮政图集（1912 ~ 1949）》上所刊载的邮票设计图稿而臆造出来的。

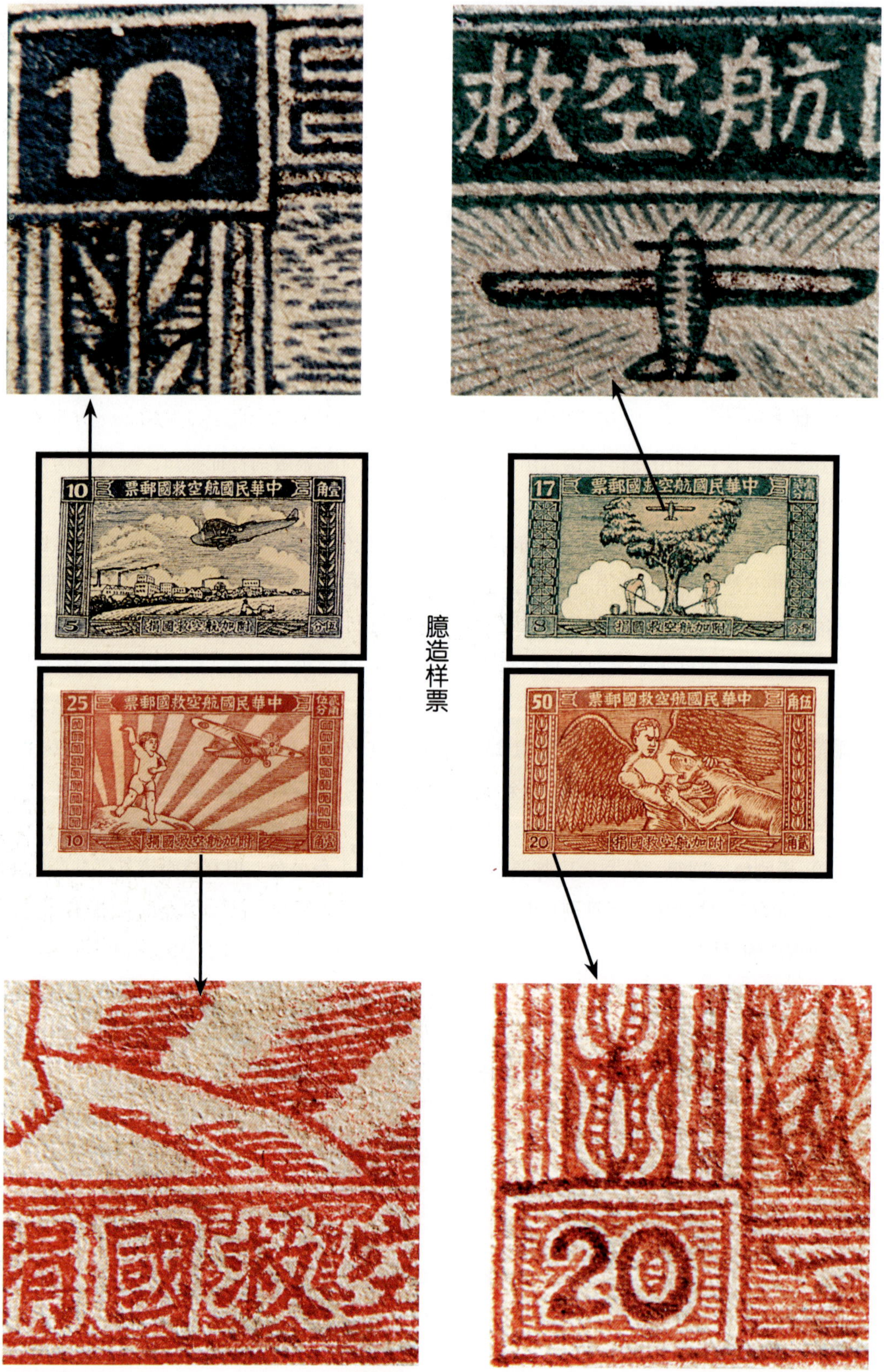

图358

“邮政开办五十年纪念”样票

1896年3月20日（清光绪二十二年二月初七），光绪皇帝批准总理衙门《议办邮政奏折》和赫德所议的《开办邮政章程》。到了中华民国时期，当时的中华邮政把这一天定为邮政节。1946年，正值大清邮政官局成立50周年时，中华邮政准备发行《中华民国邮政总局成立五十周年纪念》邮票。在此之前的1945年3月，中华邮政为发行这套邮票，曾征集到多幅邮票设计图稿。这些设计图稿，在1996年3月出版的《中华邮政图集（1912 ~ 1949）》一书中，曾选载过几幅。其中征集图稿之二，主图被正式发行邮票时所采用（见图359）。这套邮票因在美国纽约印制，直到1947年中期才交货，故发行时间为1947年12月16日。全套邮票共5种3个图案：面值100元紫色，图案为交通工具；面值200元绿色、面值300元棕色，图案均为山区邮运；面值400元红色、面值500元蓝色，图案均为飞机、帆船。图幅分别为31.5毫米 ×22毫米（横式）和22毫米 ×31.5毫米（竖式）。雕刻凹版印制。这里值得指出的是，这套由中华邮政正式发行的纪念邮票，其名称是不准确的，实际应为“大清邮政官局成立50周年”（1896 ~ 1946）或“中国邮政开办50周年”。

回过头谈“中华民国邮政开办五十周年纪念”样票。这枚“样票”面值为5元。图幅为24毫米 ×35毫米。打有齿孔。刷有背胶。看上去似雕刻凹版印刷，刷棕色。图案、文字都清晰，显得很逼真。其实是采用高科技伪造出来的赝品。

那么，应该怎样来鉴别“中华民国邮政开办五十年纪念”样票的真伪呢？

① **查阅相关史料**　邮票发行史料表明，中华邮政时期，的确发行过《中华民国邮政总局成立五十周年纪念》邮票，全套5种，面值分别为100元、200元、300元、400元、500元。但从未发行过面值5元的“中华民国邮政开办五十年纪

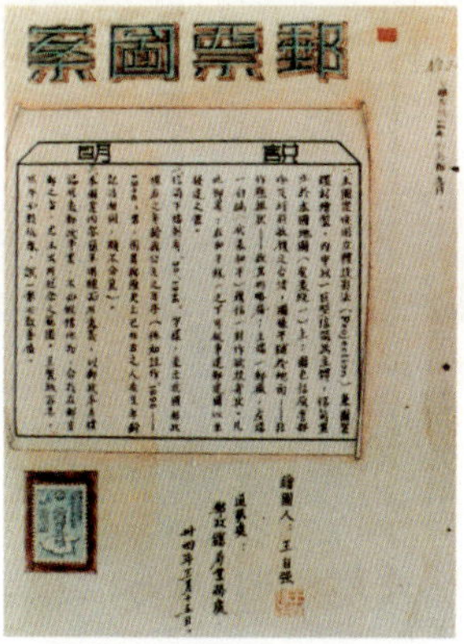

王自强设计的邮票图案说明（1945.3.15）

中华民国邮政开办五十年纪念邮票征集稿之一

王自强设计的邮票图案

中华民国邮政开办五十年纪念邮票征集稿之二（1945.3.7）

图359

真　　臆造样票

图360

念（1896 ~ 1946）”邮票。既然未发行过这种邮票，怎么可能会有这种“样票”存世？！不错，在史料记载中，有面值为5元的中华民国邮政开办五十年纪念邮票征集图稿存世，这是1945年3月设计的。可是到了1945年10月1日，抗战胜利后第一次调整邮资，国内信函由2元调为20元，国际信函由4元调整为30元。这期间，正是准备发行《中华民国邮政总局成立五十周年纪念》邮票准备阶段。显然，即便当时着手要搞这套邮票，也不会再有5元的面值。很明显，这种所谓的“中华民国邮政开办五十年纪念”样票，是造假者臆造的。

② **看版别**　用高倍放大镜观看这种“样票”，就会发现，这种直观像是雕刻版印制的“样票”，并没有雕刻版文字和线条精细的特色和质感，其画面上的层次，不是用雕刻版的点线粗细来表现，而是用直接涂抹颜色多少深浅来表现，有的地方有明显的涂改痕迹（见图360）。这是采用高科技伪造的“样票”，尽管制作得比较像样，但与真正用雕刻版印制的邮票相比，存在着十分明显的区别。

③ **看齿孔**　这种“样票”打有齿孔，但齿孔打得很不规范，齿孔的间距不一样，有的十分明显。这与正规印制的邮票相比，大相径庭。

“熊猫邮票”样票（第一组）

中华民国时期中华邮政发行过熊猫邮票吗？在这里，笔者可以肯定地告诉广大集邮者，当时曾有过准备想发行一套熊猫邮票，但因条件不成熟，尽管准备了熊猫邮票设计草图，却始终未能制成邮票。关于熊猫邮票设计草图，在《中华邮政图集（1912 ~ 1949）》一书中，都已选登出（见图 361）。从草图不同的绘画风格上来看，6 幅草图分别出自 3 位不同的制作者，每个制作者各有一直一横两个图样。那么，这 3 种熊猫邮票草图是怎么产生的呢？它们又分别出自何人之手？要准备发行熊猫邮票的前因后果又是怎样的呢？在《中华邮政图集（1912 ~ 1949）》一书中无文字介绍，在已出版的《中国邮票史》中，也只提及中华邮政曾打算将熊猫列入邮票选题，除此之外，再无其他文字介绍。

熊猫邮票设计草稿

图361

不过，在2004年1月号《集邮博览》上，刊登的一篇由魏升东撰写的题为《民国熊猫邮票“暂缓发行”始末》的文章，较详细地介绍了中华邮政准备发行熊猫邮票的前因后果。但文中未谈这些资料出自何处，读者无从查找核实，只能姑妄听之。

文中称：“1947年4月2日，司格礼先生向交通部递交了发行熊猫邮票的建议，随建议函，附去了二帧图稿。”这二帧图稿，就是刊登在《中华邮政图集》一整页图中顶上方的一直一横草图。“经相关部门论证后，邮政总局于4月28日致函邮政司：司格礼先生建议我国发行熊猫邮票，似属可行。”

文章接着写道：“熊猫邮票不在邮政总局邮票课1947年的发行计划之列。这计划外的选题，成了限时赶急任务。邮政总局在回复邮政司的同一天——5月19日，还急迫地向邮政总局上海供应处发去‘会字第973号’训令，着令供应处向上海、北平各著名印刷厂家招标承印。训令规定，邮票用凹版精印，选用上等纸张和油墨，背面刷胶，打孔需均匀，每邮票全张为50枚。邮票分普通、限东北贴用和限台湾省贴用三类，每类都使用熊猫正面及侧面图案……训令强调：熊猫邮票‘务必雕刻精印，印刷优良；工作切实、出货迅速者，方准交其承印’。训令限供应处两星期内取具投标估价单和邮票图样呈核。邮票图样一经核准，即迅速制版开印，‘限一个半月印齐交清（至迟须在本年八月中交齐）’。”

之后，“1947年5月15（19？）日邮政总局向驻沪供应处发去的局会字第973号训令指出：‘随令签发图样二张，应由该处按邮票大小先行摄成相片，然后将上面华洋文字妥为书写。至（于）熊猫形态，并应设法觅取正、侧面照片各一帧（闻上海有熊猫样本），分别嵌入，使之逼真’。这二张图样……应该是邮政总局相关部门（邮票课？）参照司格礼先生的图稿绘制而成”。这里所说的两张图样，就是《中华邮政图集》一书所刊一整页“熊猫邮票设计草稿”中左下角的两帧绘有邮票模拟齿孔的草图。

文章接着写道：“惟独中央印制厂北平厂有所突破，他们在北平图书馆一画报内找到了逼真的熊猫图片，并转拍嵌入了邮票图样。”这两帧草图样，就是《中华邮政图集》一书所刊一整页“熊猫邮票设计草稿”中右下部的一直一横草图。

至于这套熊猫邮票为什么未能发行，文中说：“1947年7月15日，邮政总局向供应处发出指令：熊猫邮票经呈报交通部，‘奉交通部卅六年七月四日第三〇一号指令，应暂缓发行。’为什么‘暂缓发行’？‘指令’没有说明原因，其实‘暂缓发行’的原因不言自明。……按各环节都十分顺畅计算，也要到8月25日才能开始交货。仅此，已超过了‘至迟须在八月中交齐’的期限。”

就这样，中华邮政为发行熊猫邮票着实忙活过一阵子，但最终还是未能实施。既然仅搞出“熊猫邮票”6帧设计草图，将其制成邮票并未实施，何以会有“样票”存在？其实这种在网上出售的所谓熊猫邮票样票，原本就是赝品。只不过造假者利用现代高科技，以《中华邮政图集》中所刊“熊猫邮票设计草稿”为依据，参照“草稿”仿制伪造出来的。因伪造得比较精细，看上去有点像“雕刻版”印制的邮票，致使有的集邮者上当受骗。

为了便于分组鉴定，笔者现将上述6帧3种熊猫邮票草图稿，依次按组分为第一组、

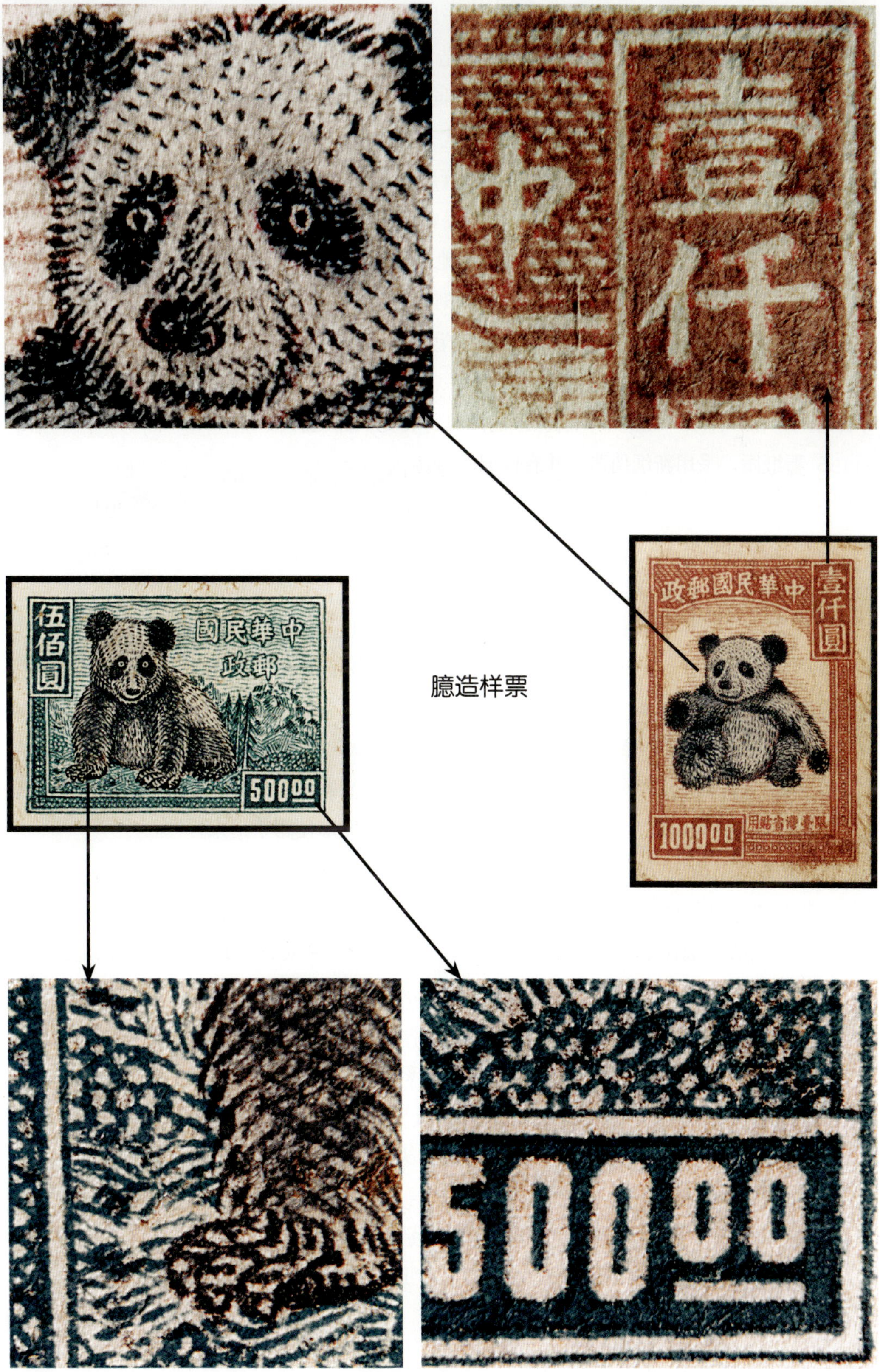

图362

第二组、第三组。那么，应该怎样来鉴定中华民国熊猫邮票样票（第一组）的真伪呢？

中华民国熊猫邮票样票（第一组），是造假者依照司格礼先生向交通部递交的二帧设计图稿伪造而成。“样票”图案与设计图稿大同小异，面值与设计图稿所示一样，横式一枚面值500元，图幅为31毫米×22毫米；直式一枚面值1000元并署有“限台湾省贴用”字样，图幅22.5毫米×32毫米。无齿。刷有背胶。鉴定这组臆造样票的真伪，其实并不困难，只要你有丰富的邮识和鉴定邮票真伪的经验，一眼即可看穿。

① **看版别** 这组（第一组）“样票”猛地一眼看上去，似乎像是雕刻版印制，用高倍放大镜一观察，其原形毕露，根本不具有雕刻版的特征，欠缺雕刻版的刀法，图案线条杂乱无章，粗细不匀、不直（见图362）；文字笔画不清晰，甚至模糊不清。

② **看刷色** 刷色不纯正，在原本是棕色、黑色中涂有红色；蓝绿色上涂有黑色。更为可笑的是，在“样票”图案上竟有涂改的痕迹，真是大露马脚！

③ **看纸质** 采用新纸伪造，并有作旧的痕迹。

“熊猫邮票”样票（第二组）

中华民国熊猫邮票样票（第二组），原本就不存在。这种“样票”是造假者参照《中华邮政图集》一书所刊登的绘有模拟齿孔的设计草图伪造而成。这种臆造“样票”图案与设计草图大同小异，面值与设计草图所示一样，横式一枚面值500元，图幅为30.5毫米×21.5毫米，刷有绿、蓝、黑三色；直式一枚面值1000元，图幅为21毫米×31毫米，刷有红、黄、黑、浅绿四色。均打有齿孔，刷有背胶，伪造得像模像样。集邮者猛地一看，还真像“邮票”，仔细用放大镜观察，漏洞百出，伪造的原形便露了出来。

① **看版别** 这套邮票如果制作，按当时邮政总局的要求，“务必雕刻精印，印刷优良”。若有“样票”存世，理应是雕刻版印制。但这组“样票”，猛地看上去似乎像是雕刻版印制，用放大镜仔细观察，根本不具有雕刻版的特征和质感，其图案和文字线条粗细不均匀，杂乱无章，看不见雕刻版刚劲有力，精湛的刀法。面值方框不成直角，框线歪斜。这从面值500元“样票”中，可明显地看出来（见图363）。

② **看刷色** 按当时的印刷技术，如采用雕刻版印制，多采用单色或双色，根本不会有三色以上的雕刻样票。造假者因利令智昏，居然把这种伪造的样票，采用三色或四色来“印刷”（如面值1000元“样票”），真是天大的笑话。这组“样票”背景刷色，均为平涂上去的，根本无雕刻版的点、线特征。

③ **看个别部位** 这组“样票”图案上的个别部位，未涂抹上颜色，露出纸张的白底色，如面值1000元“样票”左上方“邮政”的“政”字笔画边上，以及其左边邮票边框内侧，均有这种情况。

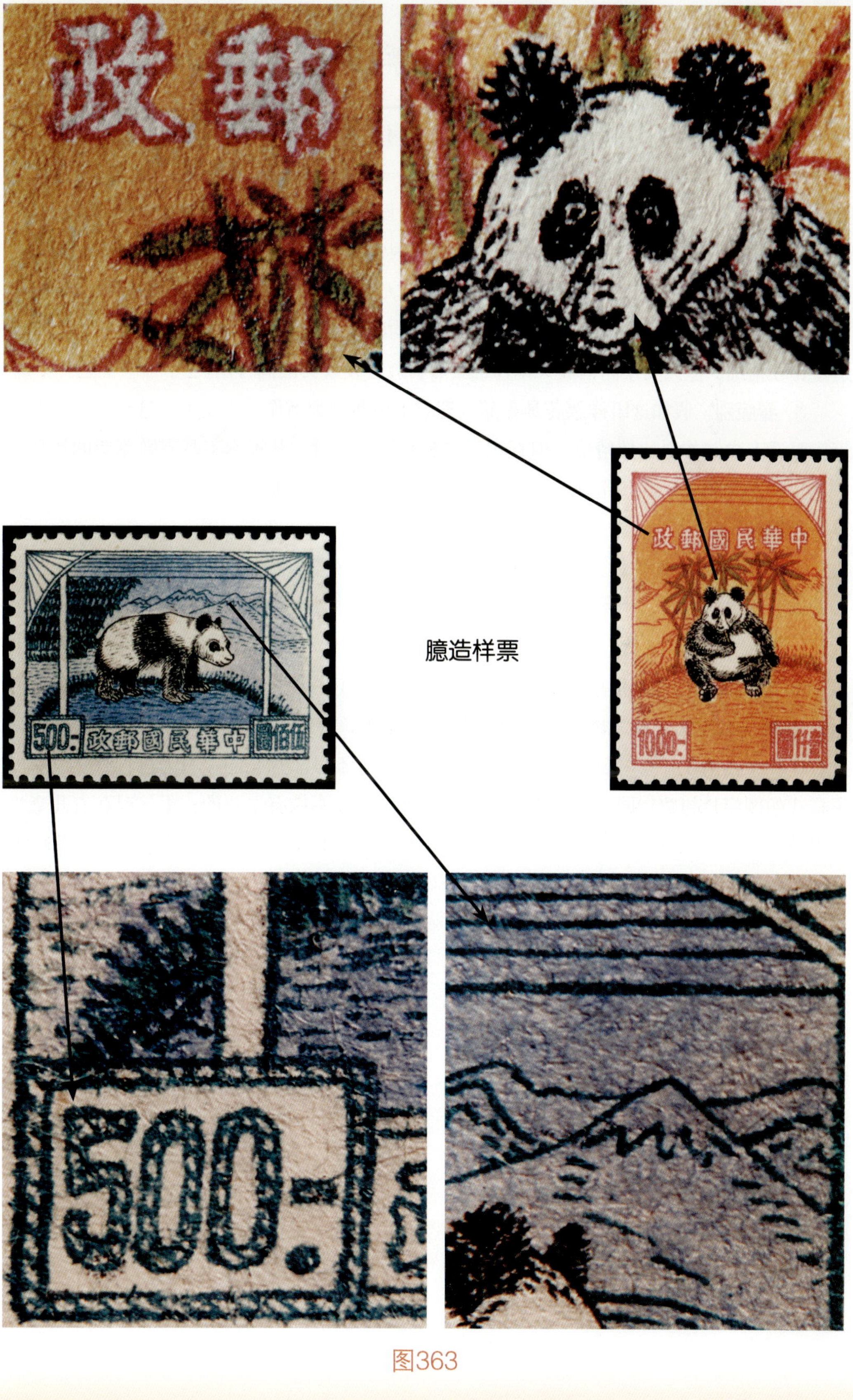

图363

“熊猫邮票”样票（第三组）

中华民国熊猫邮票样票（第三组），根本就不存在，只有设计草图存在档案馆里。这组所谓的样票，是造假者参照《中华邮政图集》一书所刊登的中央印制厂北平厂制作的嵌有逼真熊猫照片的草稿伪造而成，其图案基本与设计草图一样，只有细微差别。这组2枚一套的“样票”，横式一枚面值500元，上有“限台湾省贴用”字样，图幅为27毫米×19毫米，刷有蓝、绿、黑三色；直式一枚面值500元，上有“限东北省贴用”字样，图幅为22毫米×32毫米，刷有紫、红、黑、绿四色。均刷有背胶。无齿阔边。这组“样票”，伪造得比较精细，但只要用高倍放大镜仔细察看，就会发现其漏洞百出。

① 看版别 假如这组样票若是真品，理应采用雕刻版制作。事实上，这组“样票”尽管肉眼看上去制作得比较精细，但在用高倍放大镜观察时，其根本不具有雕刻版的特征和质感，其图案和文字线条粗细不均匀，杂乱无章，没有雕刻版的刀法。图案和文字均无雕刻版的质感（见图364）。

② 看刷色 这组“样票”，采用3种颜色或4种颜色制作。要知道，在当时，用雕刻版印刷是难以达到的，根本不可能！造假者利令智昏，臆造出这样的奇迹，实在让人笑掉大牙。再看这组样票的背景刷色，均是平涂上去的，刷色不纯正，常夹杂有黑色杂色。

③ 看票幅 同组“样票”，一直一横两种样式，但图幅却存在明显的差别。直式图幅为22毫米×32毫米；横式图幅则为27毫米×19毫米，两种票幅大小不一样，竟相差很多。这种情况，在制作邮票时是绝对不允许存在，也根本不可能存在的。因为这种邮票原本要求横式的图幅长与宽；同直式的图幅宽与长要相同，是不应有误差的；更何况存有几毫米的误差！

图364

3. 邮资封

“报春花”普通邮资封

2003年4月中旬，在邮市上突然出现一种名为“报春花”的普通邮资封。此封规格依照6号封标准印制，信封规格230毫米×120毫米。信封上的邮资图规格28毫米×37毫米。邮票图案为“灰石岩报春”，蓝紫色边框。面值80分。信封正面左下角印有蓝紫色的蛋形状城市航拍图；左上角印有红色邮政编码方框；右下角印有“山东 · 风光”、“邮政编码”字样。信封背面左下角印有“国家邮政局发行（2003）”字样；右下角印有“2003 · 1503（PF）–0186（10–1）报春花”字样。封舌上未刷背胶。所用纸质同国家邮政局发行的普通邮资封相同。这种邮资封上的邮票图案，采用的是国家邮政局1999年6月22日发行的特种邮资明信片TP · 9《高山花卉》中（4–1）“灰石岩报春”的图案（见图365）；再加上封上印有“报春花”字样，故称“报春花”封。这种封在邮市上出现时，有实寄封，也有未经实寄过的新封。有的集邮者还以为是国家邮政局新获准发行的普通邮资封，但又未见有发行预告。经查询，真相终于大白于天下：这是不法分子为牟利，蓄意虚构出来的邮资封。因无模仿对象，是臆想虚构的，故称为臆造封。

“报春花”臆造封的出现，绝不是偶然的。这是国家邮政局近几年来为提高邮资票品发行的经济效益，大量、无序地发行普通邮资封和邮资片，放松管理，发行前既无预报，也不公布图案；特别是从2002年5月开始，发行后也不在邮局出售，谁交钱印制的，就全由谁使用、处理，致使这种普通邮资封发行后，邮局人员和广大集邮者都不知道是什么模样。这就给制假售假者有机可乘。他们臆造出原本防伪能力极差的普通邮资封，在邮市上鱼目混珠，是必然的。

图365

“报春花”臆造封，利用高科技制版，用胶版印制，信封用纸和制作也比较规范，与国家邮政局正式发行的普通邮资封，几乎无区别。因此，具有极大的欺骗性。难怪这种臆造封在邮局寄发时，邮政人员也未能辨别出它是伪造封。

对臆造的邮资票品的真伪鉴定，因无真品来做具体的对比，只能查对邮资票品目录和发行预告。假如一种邮资票品在目录和官方的发行预告上，均查找不到它的资料，就有可能是造假者伪造的臆造品。除此之外，还可根据其制作特征，从中找出蛛丝马迹的漏洞，来辨其真伪，比如用纸和印制特征等，就“报春花”臆造封而言，尽管在印制上乔装打扮得同国家邮政局发行的普通邮资封一样，邮资封上臆造的邮票图案，其面值、铭记印制得也十分逼真，但邮资图的边框线，不是专色专版印制，而是用红、蓝双色套印而成蓝紫色（见图366）。这是不正常的。

臆造封

图366

四、仿 造 品

仿造品也称仿制品。通常由邮政部门选早期已停用的珍贵或有纪念意义的邮票，重新制版印售，供集邮者和收藏爱好者收藏和观赏。主要目的不单纯为盈利，而是为满足集邮者和收藏爱好者欣赏和纪念的需要。另外，也有其他部门或单位，经邮政部门获准后，仿印某种早已停用的早期邮票，在纪念活动中进行赠售。这些均不存在欺骗行为。

仿制邮票不同于正式发行的邮票，也不同于再版票、再发行票，不是正式邮票，不能作为邮资凭证用于通信。

现今，某些部门或单位为了捞钱，变着法儿打着某种旗号，假借国家邮政名义，印制现行邮资票品仿制品，或以广告邮资片，或以新发邮资票品另一种“金箔”邮品改头换面发行，高价出售，欺骗集邮者。因此，这种仿制品竟可以作为邮资凭证，用于通信。这是不折不扣的违规仿制品！

PP12 玫瑰“60分”邮资片（拉萨60分玫瑰片）

1998年5月16日，为满足邮政通信的需要，中华人民共和国信息产业部发行了一枚邮资图案为玫瑰花的普通邮资明信片，编号PP12。集邮者称其为“玫瑰片”。全套1枚。明信片邮资图规格为27毫米 ×37毫米。明信片规格为165毫米 ×102毫米。邮资面值40分。每枚售价0.65元。白卡纸。胶版彩印。任宇、杨文清设计。北京邮票厂印制。

玫瑰片发行之后，曾一度在邮市上出现炒作连体片。邮政当局还将这枚片用于印制广告片。1999年3月1日，国家邮政进行邮政资费调整后，玫瑰片面值40分已不适用新的邮政资费，国家邮政局于1999年3月22日发行了面值为60分的牡丹邮资明信片。

那么，“拉萨60分玫瑰片”是不是国家邮政局在调整邮政资费之后重新印制的呢？可以肯定地回答：“不是！”它是怎样产生的呢？笔者研究后认为，这是一种某个邮政部门违规印制的“邮资票品”，是名副其实的违规臆造、仿造品。尽管它是违规臆造品，是违法的，但由于这是某个邮政部门印制，于是便又被披上了“合法”的外衣，具有很大的欺骗性。这便是它为何能够堂而皇之的用于邮政通信，在邮局交寄时畅通无阻。表面上看来，这些违规臆造、仿造品与国家邮政正式发行的邮资票品似乎相同（图案、铭记、面值），实质上则根本不同，大多是违规的仿造品。

那么，应该怎样来进行鉴别呢？

① **看版别** 面值40分玫瑰邮资片采用胶版印制，其红色网纹夹角为45°，蓝色网纹夹角为75°；面值60分玫瑰片也采用胶版印制，其红色网纹夹角为75°，蓝色网纹夹角为

15°。二者尽管版别相同，但刷色的网纹夹角存有明显的不同（见图367）。

② **看铭文** 面值40分玫瑰片铭文“中国邮政”和英文“CHINA”与面值60分玫瑰片的铭文在字体和笔画粗细上均存有明显的不同。

图367

1998–23M 《炎帝陵》“金箔张”

1998 年 10 月 28 日，国家邮政局发行《炎帝陵》特种邮票一套 3 枚，同时发行小全张 1 枚。志号为 1998–23（T）。全套邮票（3–1）午门，面值 50 分；（3–2）行礼亭，面值 100 分；（3–3）陵墓，面值 150 分。邮票规格为 40 毫米 ×30 毫米。小全张规格为 150 毫米 ×80 毫米。小全张面值共 300 分，售价 4 元。胶版。李德福设计。河南省邮电印刷厂印制。

就在这套邮票发行的首日，笔者从邮票公司还购到了《炎帝陵》“金箔”小全张。这种“金箔”小全张有无齿和有齿 2 种，无齿小全张比有齿小全张发行量要少。“金箔”小全张的售价，记得比当时正式发行的《炎帝陵》小全张每枚售价 4 元还要高，这是因为它是“金箔”的！笔者在购得后，立即到邮政局将《炎帝陵》“金箔”无齿小全张挂号实寄（见图 368）。

图368

事后，笔者在对 1998–23M《炎帝陵》小全张和《炎帝陵》“金箔”小全张放在一起进行微观研究时，发现这两种《炎帝陵》小全张“不是一母所生”！尽管这种“金箔”小全张在发行之前已在报刊上登出消息和广告，称其为《炎帝陵》金箔小全张。它的图案、面值、规格均与国家邮政局正式发行的《炎帝陵》小全张一样，只因在图案线条、边饰、文字均烫金并压凸，则显得更为华贵、迷人！正因为如此，才使许多集邮者上当受骗，还一度在邮市上进行炒作，被炒到上百元一枚。

事实上，《炎帝陵》“金箔”小全张并不是国家邮政局正式发行的邮资票品，而是地方邮政部门违规仿制的违规臆造品。它与国家邮政局正式发行的邮资票品有着本质区别。当时集邮者和邮局工作人员之所以都把这种“金箔”小全张，误当国家邮政局正式发行的邮资票品来购买和进行收寄，只因不明真相受到了欺骗！

笔者研究发现，《炎帝陵》“金箔”小全张与国家邮政局正式发行的 1998–23M《炎帝陵》小全张，“不是一母所生”。何以见得？

① 看版别 《炎帝陵》“金箔”小全张采用胶版印制并压凸烫金，与 1998–23M《炎帝陵》小全张采用相同的版别胶版印制，但在胶版版纹特征上有明显的差别。这从小全张边饰网纹特征上可以看出二者的不同。（见图 369）。

② 看暗记 1998–23M《炎帝陵》小全张邮票上设有缩微暗记，每枚邮票所设暗记均为

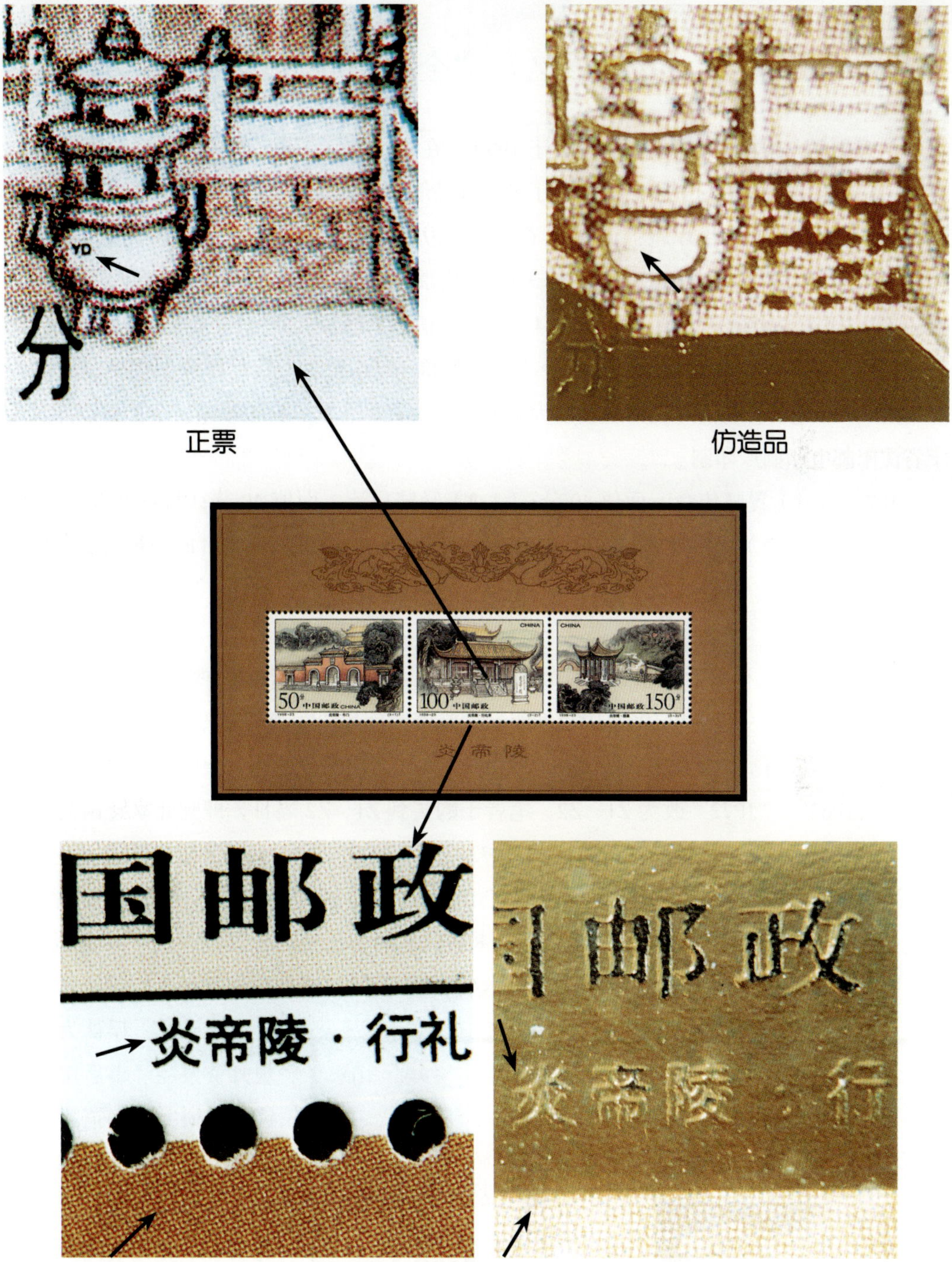

图369

“YD”字母暗记，而《炎帝陵》“金箔”小全张上均没有这种暗记。

③ **看纸质** 《炎帝陵》“金箔”小全张纸质较厚，未刷背胶；1998-23M《炎帝陵》小全张采用邮票纸印制，刷有背胶。

Z1、Z2 “金箔片”

为迎接第22届万国邮政联盟大会于1999年在我国北京召开，国家邮政局分别于1997年10月9日和1998年10月9日发行了两组纪念邮资明信片，志号分别为JP63和JP72。这两组纪念邮资明信片片题：JP63为《第22届万国邮政联盟大会·1999北京（一）》、JP72为《第22届万国邮政联盟大会·1999北京（二）》。JP63和JP72每套均为4枚。JP63（4–1）大会会徽，面值420分；（4–2）长城情怀，面值420分；（4–3）信息烽火，面值40分；（4–4）世纪邮政，面值40分。全套售价10.30元。明信片邮资图规格全套均为26毫米×36毫米。明信片规格全套均为148毫米×100毫米。胶版彩印。李德福设计。辽宁省沈阳邮电印刷厂印制。

JP72（4–1）置邮传命，面值40分；（4–2）驿骑星流，面值40分；（4–3）情绿东方，面值420分；（4–4）绿系五洲，面值420分。全套售价10.30元。明信片邮票规格全套均为25毫米×35毫米。明信片规格均为148毫米×100毫米。胶版彩印。阎炳武设计。北京邮票厂印制。

JP63、JP72发行之后，1998年10月20日，以“第22届万国邮政联盟大会中国组织委员会”名义印制发行了与JP63、JP72两组纪念邮资明信片图案和邮资图相同的“金箔片”，有所不同的是，将“国家邮政局发行”改为“第22届万国邮政联盟大会中国组织委员会”，将志号“JP63”、“JP72”改为Z1、Z2。笔者于购买到Z1、Z2当日，即到北京建国门邮局寄发实寄片。Z1、Z2“金箔片”同JP63、JP72纪念邮资片一样，畅通无阻！笔者所寄“金箔片”为本市挂号（见图370），因此加贴了100分邮资，挂号签条贴在下部，已褪色只显白签条。这两组“金箔片”每套4枚，共计8枚，当时售价每套十几元，两组共20多元。笔者购买后之所以立即去邮局寄发，是因为这组“金箔片”同国家邮政局发行的纪念邮资片售价一样，误认为是正规邮资票品。事后用放大镜仔细研究“金箔片”的印制特征，发现Z1、Z2“金箔片”与同图案、同面值的JP63、JP72纪念邮资明信片，并不是“一母所生”，虽然都是采用胶版印制，但在版纹特征上则不相同。很显然，“金箔片”尽管图案和邮票面值均与JP63、JP72相同，但

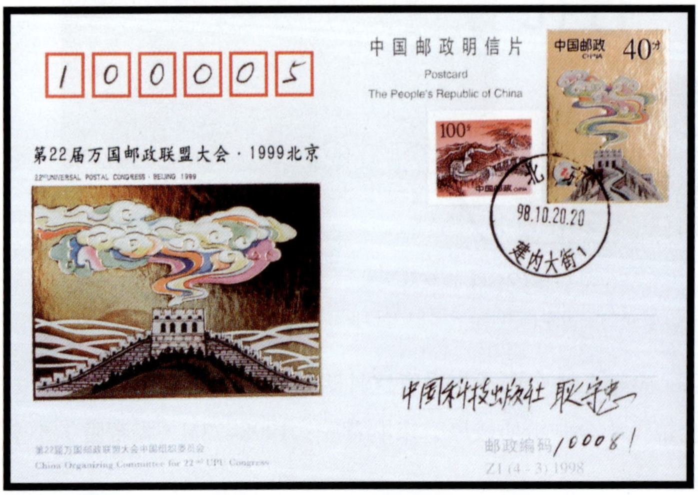

图370

不是国家邮政正式发行的纪念邮资片，而是重新制版（不是原母版的子模板）印制的违规臆造、仿造品。

那么，笔者是怎样来鉴别 Z1、Z2 与 JP63、JP72 的不同呢？

① 看版别　Z1、Z2 与 JP63、JP72 均采用胶版印制，用高倍放大镜观察它们的版纹特征，就会发现二者存有很多不同：首先是片图和邮票图案刷色的网纹特征不同，Z1、Z2 红色网纹夹角呈 15°，而 JP63、JP72 则呈 45°；其次是明信片的标头、邮政编码、志号等，Z1、Z2 其黑色网纹夹角均为 45°，而 JP63、JP72 则均为 15°；再看明信片上的名址线，Z1、Z2 均为实印黑线，而 JP63、JP72 则均为右上旋网点线（见图 371）。

② 看左上方的片题　Z1、Z2 片题文字印得不如 JP63、JP72 瓷实、规整，两者存有细微差别。

③ 看明信片标头上英文字母　Z1、Z2 英文字体大，是小口“C”，JP63、JP72 英文字体明显小，是大口“C”。

④ 用紫光灯照射　Z1、Z2 在紫光灯照射下，白色纸面呈亮白色；JP63、JP72 则呈暗紫色。二者纸质不同。

图371

附 录

第二、三轮邮票评选纪念张的真伪鉴定

自1980年开展最佳邮票评选以来，至今已经历了30多年。以评选纪念张上的十二生肖图为序，每12年为一轮，如今已进入第三轮。第一轮评选纪念张的真伪鉴定，在1999年彩版《中国邮品辨伪必备》一书的书后附录中已做过详细介绍，这里就不再涉及。这里只谈第二、三轮最佳邮票评选纪念张的真伪鉴定。

首先谈第二轮评选纪念张的真伪鉴定。第二轮评选纪念张自1992年猴年开始，到2003年羊年为一轮，整轮12张评选纪念张均由著名画家韩美林设计。自1992年至1997年，前6种评选纪念张“猴”、“鸡”、“狗”、“猪”、“鼠”、“牛”，均采用影写版印制；1998年至2003年后6种评选纪念张“虎”、“兔”、“龙”、“蛇”、“马”、“羊”，其中仅“马”采用影写版印制，其他5种则采用影雕套印。值得一提的是，1999年最佳邮票评选纪念张“兔”张，采用的是雕刻网纹凹版新技术。这样，在第二轮最佳邮票评选纪念张中，有7种采用影写版印制，分别为：“猴”、“鸡”、“狗”、“猪”、“鼠”、“牛”和“马”；有5种采用影雕套印，分别为：“虎”、“兔”、“龙”、“蛇”和“羊”。记住这轮评选纪念张的版别特征，是非常重要的。这是鉴别各种纪念张真伪的重要依据，可以用来进行“一票否决”，即版别对不上号，必假无疑。

现今邮市上已出现第二轮全套12种评选纪念张赝品，印制很精美，用肉眼直观，同真品几乎无多大区别。因此，有许多集邮者购买后，误以为真品，还用于组编邮集，参加开放类邮展。这实在太不应该。邮市上的第二轮评选纪念张赝品，均采用电脑高科技制版，用胶版印制，纸质为铜版纸，较厚，无背胶。尽管伪造者伪造得很逼真，但辨别其真伪并不困难。

① 看版别 真品第二轮评选纪念张分别采用影写版或影雕套印，而伪品均采用胶版印制。真品与伪品在版别特征上存有明显的区别，只要用30倍以上的高倍放大镜进行观察，就能辨别出真伪。如采用影写版印制的评选纪念张“鼠”、真品为大小相同、网纹夹角均为45°、中心呈空心的网点；伪品则为大小不相同、网纹夹角也各不相同的实心网点，套色网点显得杂乱，不如真品单纯。这从署名“美林”二字上可以看出，区别极为明显（见图372）。对于用影雕套印来制作的评选纪念张，辨别起来并不困难，主要应从两方面入手：一看影写版特征，二看雕刻版的点、线特征。这些特征都比较明显。拿第二轮采用雕刻网纹凹版和影写版混合印制的“兔”张来说，它与用胶版伪造的“兔”张有着明显的不同（见图373）。

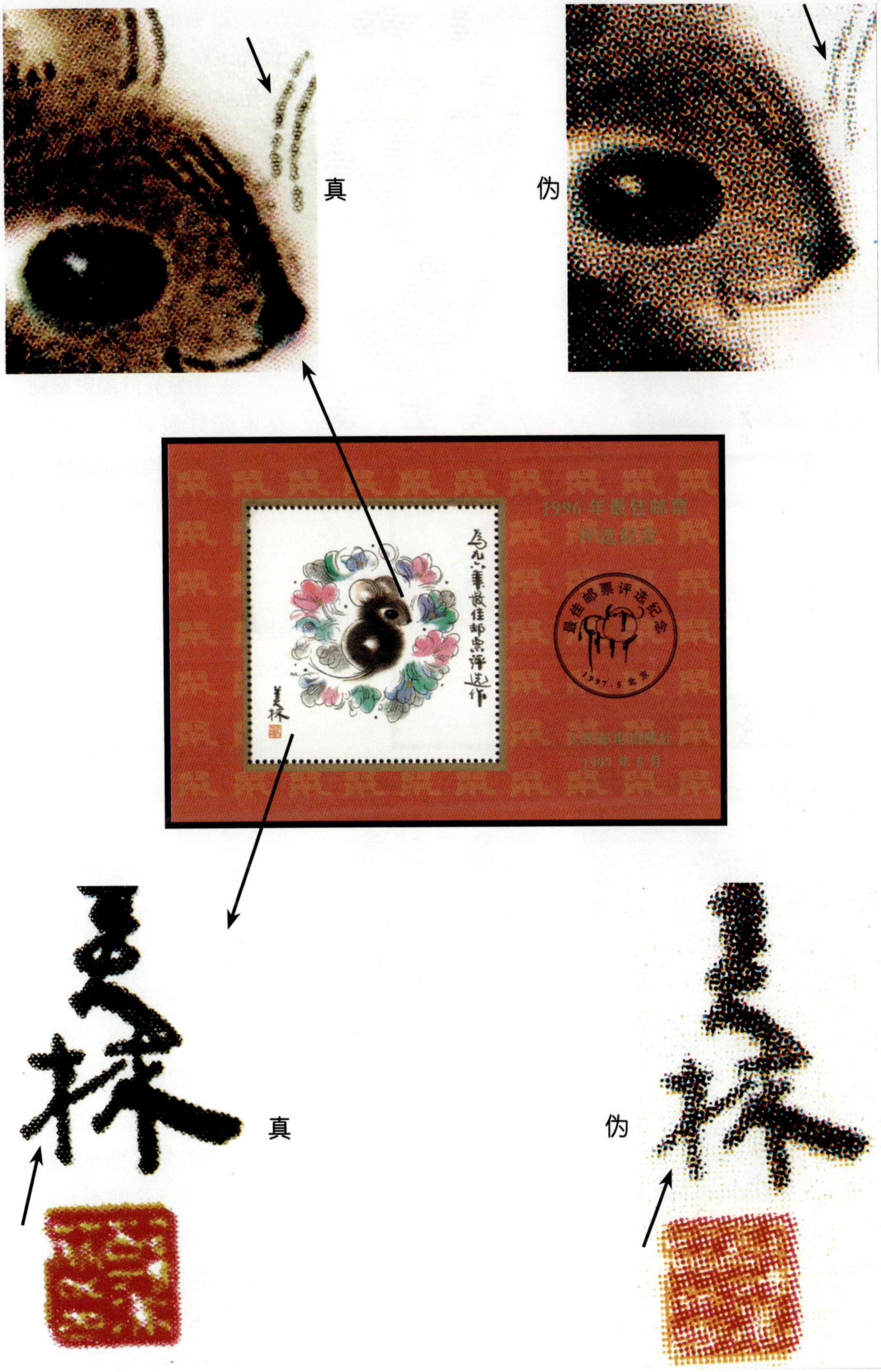

图372

图373

② **看纸质** 真品采用邮票纸印制，纸质坚挺；伪品采用铜版纸印制，纸质不坚挺，较厚重。

③ **看背胶** 真品刷有背胶；伪品未刷背胶，呈原纸状，雪白，仅有“龙”张例外，同真品在纸色上较接近，不怎么雪白。

④ **用紫光灯照射鉴别** 在紫光灯照射下，伪品除“龙”张外，均呈亮白色；只有“龙”张伪品呈与真品十分接近的浅紫色。

2004年，最佳邮票评选进入第3轮，当这轮评选纪念张于2005年下半年寄给中奖者不久，邮市上即出现了伪造逼真的“猴”纪念张。这种伪品采用高科技制版，伪造得十分逼真，如不使用放大镜观察版别，很难直观出它是伪品。因此，售假者将这种伪品与这一年度最佳邮票评选发奖大会纪念张配成一对，一起销售，同邮票公司成对销售的方法一样，但售价要比邮票公司的便宜。于是，有的集邮协会为满足会员的需要，从邮市上购得一批。在分发给会员时，有点疑虑，特请笔者鉴定。经笔者鉴定，评选纪念张是伪品，发奖大会纪念张是真品。售假者采用真假搭配，掺和在一起贩卖，更具有欺骗性。

那么，笔者是怎样来鉴定第3轮第一种“猴”评选纪念张的真伪呢？

① **看版别** 真品采用影雕套印，伪品则采用胶版印制。尽管表面上看伪造得十分逼

真，但版别不一样，二者存有明显的不同（见图374）。

② 看背胶　真品采用邮票纸印制，刷有背胶；伪品未刷背胶，背面比真品显得洁白。

③ 用紫光灯鉴定　在紫光灯照射下，真品刷红色部位，呈现明亮鲜艳的红色荧光；伪品在这些部位则不呈现荧光。这是因为真品为防伪造，采用了红色荧光防伪油墨。

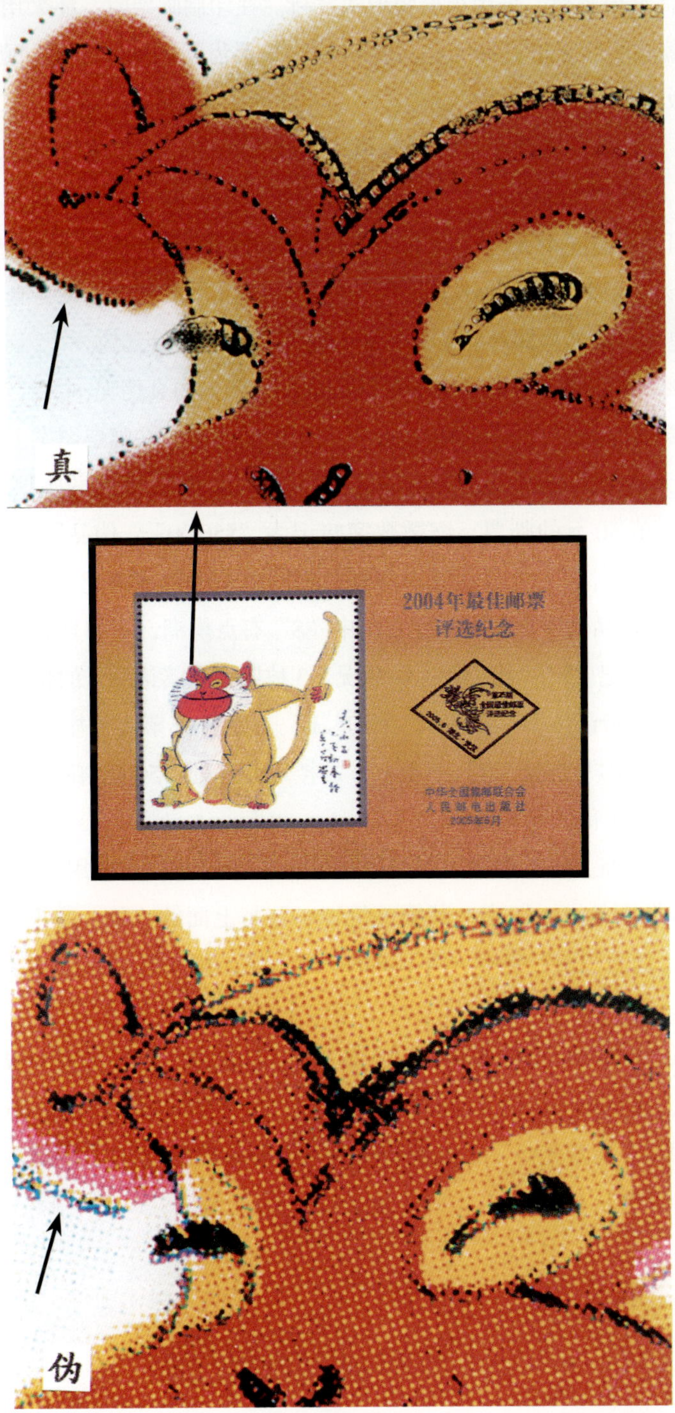

图374

香港通用邮票高面值小全张

1997年，香港在回归祖国的过渡期，发行了香港“过渡”通用邮票一套，其中10元、20元、50元的高面值邮票，采用小全张形式发行。在印制邮票时，还采用了较为有效的防伪措施：用缩微面值数字暗记和无色荧光防伪；邮票齿孔采用大小不同孔径的圆形齿孔，并用邮票纸胶版印制。

1998年11月，香港发现了这种高面值小全张的伪品。据售假者交代，伪品小全张是从内地购得的。这种伪品制作很专业，采用邮票纸胶版印制，刷有与真品相似的背胶。为了达到以假乱真，在伪造时采用了与真品一样的缩微面值数字暗记、无色荧光油墨、孔径大小不同的圆形异径齿孔。伪品小全张尺寸规格、邮票票幅规格也均与真品相同，刷色也与真品无明显差异。集邮者如对真品缺乏深入研究，很难辨其真伪。

那么，应该怎样辨别《香港通用邮票高面值小全张》的真伪呢?

① 看缩微数字暗记 真品高面值小全张采用胶版印制，在邮票图案上均置入缩微数字暗记：面值10元的邮票，缩微数字暗记为“$10.00”；面值20元的邮票，缩微数字暗记为“$20.00”；面值50元的邮票，缩微数字暗记为“$50.00”。伪品同真品一样采用胶版印制，在3枚高面值邮票上也分别置入与真品相同的缩微数字暗记“$10.00”、“$20.00”、“$50.00”，但它与真品仍存有细小区别，其中“$”有点模糊，不如真品清晰（见图375）。3枚伪品邮票上的暗记“$”，均存在这种情况。3枚邮票上暗记所处的位置，真品和伪品均相同：面值10元票暗记位于“HONG”中的“H”左上方邮票边上楼房的底部光亮处；20元票暗记位于“KONG”中的“G”字正上方的楼底光亮处；50元票暗记位于“KONG”中的“G”右上方高楼顶部的光亮处。

② 看小全张边饰上方的票题 小全张边饰上方印的《香港通用邮票》票题文字，真品“票”字“西”下的“示”字，其第一笔“一”与上面的“西”字不一样宽，“一”比“西”略窄一些；伪品“票”字中“西”下的“示”字，第一笔“一”则与上面的“西”字一样宽。

③ 用紫光灯鉴别 在辨伪仪的紫光灯照射下，小全张邮票下边的铭记“HONGKONG”，真品和伪品均采用荧光油墨印制，但在黑暗中真品所呈现的荧光，比伪品呈现的荧光更明亮。在紫光灯下，邮票背面的白纸所呈现的情况也不相同：真品呈现暗紫色，伪品呈现淡紫色。

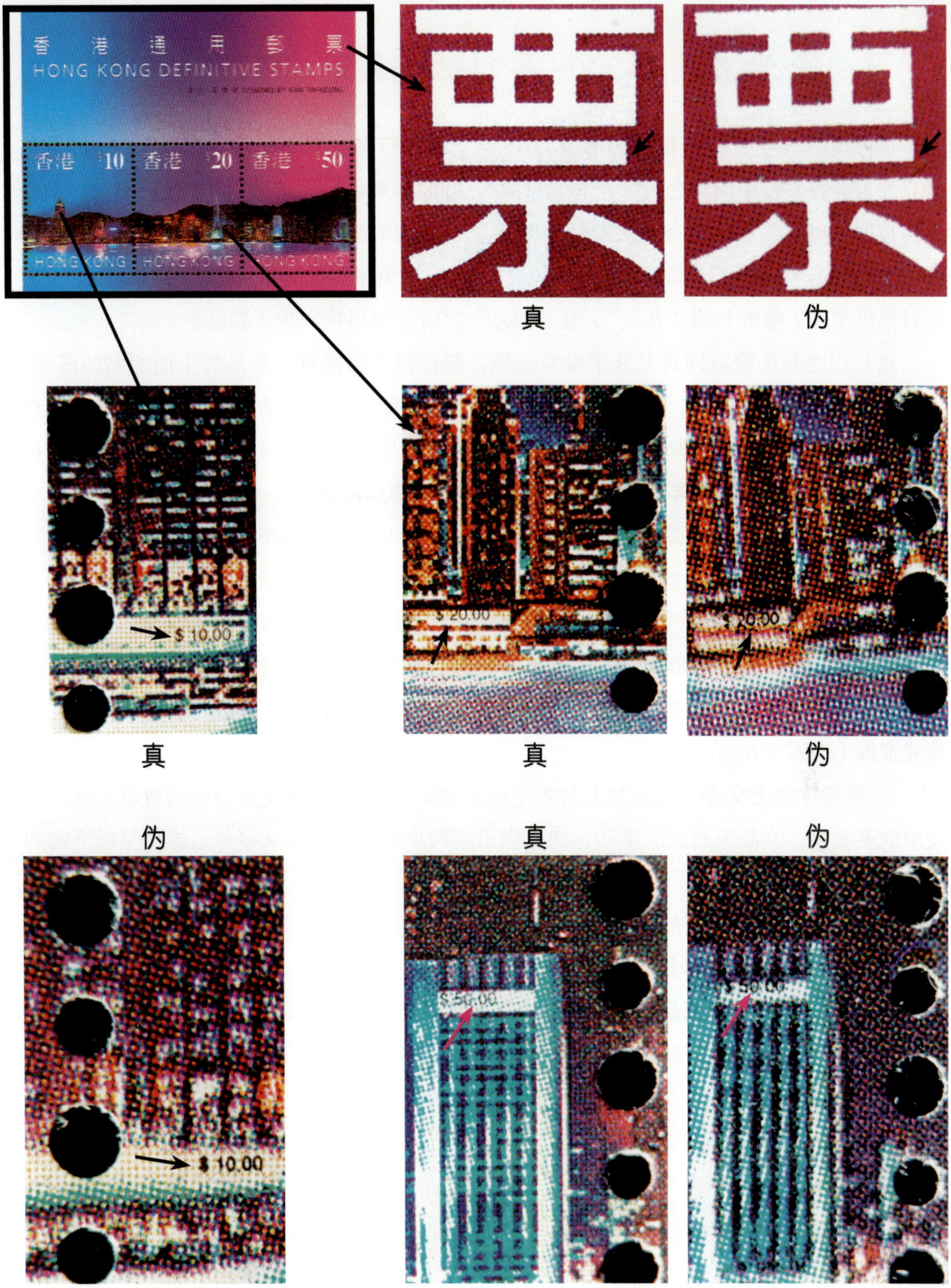
香 港 通 用 郵 票
HONG KONG DEFINITIVE STAMPS
香港 $10
香港 $20
香港 $50
HONG KONG
真
伪
$ 10.00
$ 20.00
$ 50.00
真
真
伪
伪
真
伪

图375

《纪念北京成为 2008 年奥运会候选城市》纪念封

国际奥林匹克委员会于 2000 年 9 月 15 日首次发行奥运会邮票。值此之际，国际奥林匹克委员会特发行中国纪念封《纪念北京成为 2008 年奥运会候选城市》1 枚。纪念封上贴有两枚国际奥林匹克委员会首次发行的奥运会邮票，圆形，直径 3.3 厘米，面值分别为 10 分、20 分，盖有菱形纪念邮戳。纪念封发行之后，正值中国掀起申奥热潮，因此，这枚纪念封很快便成了邮市上的“火封”，在“热炒”之时，也很快出现了赝品。

这枚纪念封的赝品同真品几乎没有区别，制作得十分逼真。赝品封上面所贴的邮票，如果不用高倍放大镜观察，很难辨其真伪。其实这枚纪念封的赝品，不仅封是伪造的，连上面所贴邮票和所盖纪念邮戳均是伪造的。再加上真品封和伪品封均采用胶版彩印，用相同的布纹纸印制，一般集邮者和邮资票品投资者，难辨其真伪。

那么，应该怎样来辨别《纪念北京成为 2008 年奥运会候选城市》纪念封的真伪呢？

① **看邮票** 真品封上所贴两枚圆形邮票，采用不干胶纸影写版印刷；伪品虽然也用不干胶纸，但采用胶版印刷。用高倍放大镜观察邮票上的印刷网纹特征和网纹夹角，便可立即区别出真伪。特别是圆形邮票上方的奥运标志，真品五环中的黄环上铺有红色影写版菱形中空网点；伪品则仅用黄色网版印制，在胶版套色时，因套色不准，在红、绿色环上，造成重影（见图 376）。

② **看纪念封上文字** 纪念封上封名《纪念北京成为 2008 年奥运会候选城市》汉、英文中的英文字，真品采用黑版实印；伪品则采用网点实印，在英文字母边缘，呈现毛密的黑网点。

③ **看封背面文字** 真品封背面右下角“S.A2000-1”，采用黑色专版实印；伪品则为网点实印，字边缘有网点毛刺。

④ **用鉴伪仪辨别** 真品封上所贴两枚圆形邮票，采用不干胶荧光纤维纸印制，在紫光灯下，纸内的荧光纤维清晰可见；伪品封上所贴的邮票在紫光灯下不呈现荧光纤维。

City to host the Olympic Games in 2008
HELVETIA
TIMBRE DE SERVICE
COMITÉ INTERNATIONAL OLYMPIQUE
COMITE INTERNATIONAL OLYMPIQUE
SYDNEY 2000
1000 LAUSANNE

真

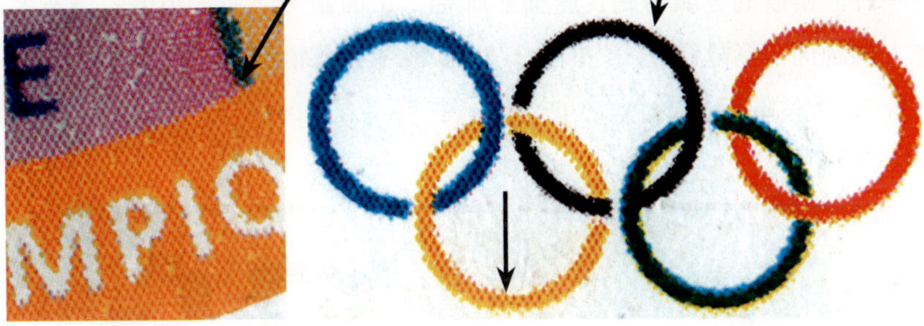

City to host the Olympic Games in 2008
HELVETIA
TIMBRE DE SERVICE
COMITÉ INTERNATIONAL OLYMPIQUE
COMITE INTERNATIONAL OLYMPIQUE
SYDNEY 2000
1000 LAUSANNE

伪

图376

仿制金属《熊猫》邮票镶嵌封

熊猫是世界珍稀动物之一，我国一类保护动物、国宝，其性格温驯、憨态可掬，讨人喜爱。熊猫产于我国四川西部、北部，甘肃南部和陕西秦岭南坡，以食箭竹为主，善爬树，常栖于树洞或岩穴中；性孤独，不群居；一般春季交配，秋季产崽，每胎 1 ~ 2 崽。它是与人类起源于同时代的古生物，极为珍罕。

1985 年 5 月 24 日，为拯危继绝，宣传保护野生动物，中华人民共和国邮电部发行《熊猫》特种邮票一套，全套 4 枚。同时发行小型张一枚，面值 3 元。经邮电部邮票发行局批准，中国邮票公司在邮票发行首日，特发行金属仿制的《熊猫》邮票镶嵌封一套两种，镀金、镀银各一种。镶嵌的金属仿制《熊猫》邮票，正面是《熊猫》小型张图案，背面是著名画家吴作人的题词“拯危继绝”（见图 377）。镀金、镀银镶嵌封均装插在特制的塑料册内，每册售价 20 元。邓锡清设计。

真品

图377

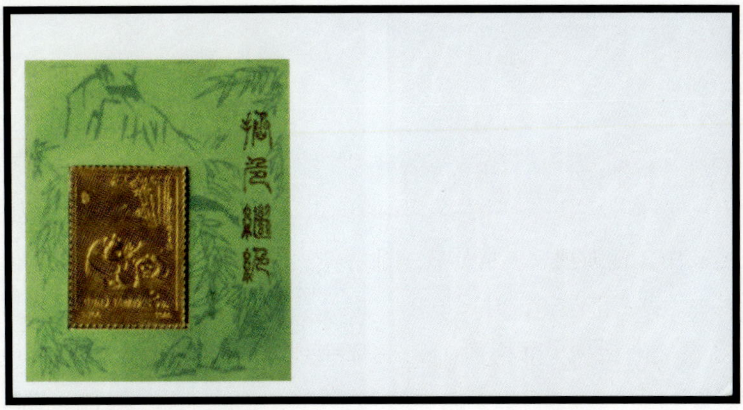

伪品

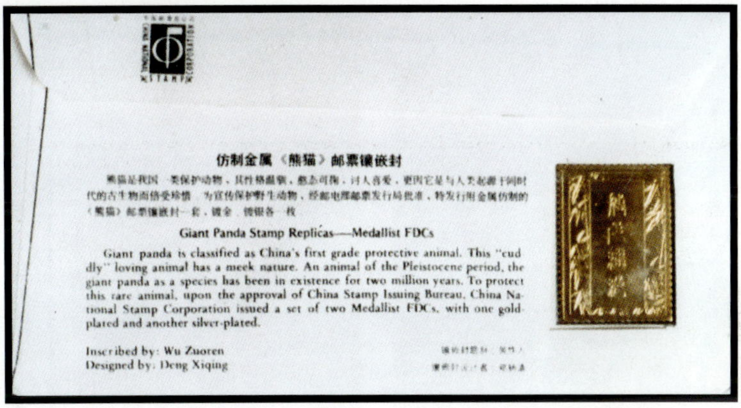

图378

这套镶嵌封设计别致，发行量不多，尽管在当时每套20元的售价已属价格不菲，但仍供不应求。这时造假者便乘机伪造出制作逼真的仿制金属《熊猫》邮票镶嵌封，欺骗广大集邮者，牟取暴利。伪品镶嵌封依照真品镶嵌封样式来制造，镶嵌的镀金、镀银《熊猫》小型张仿制章，其图案、规格与真品大同小异，如无真品对比，或有真品对比，如不认真鉴别，便会当成真品。这种镶嵌封，在市场上出现以后，有人购买，并寄往国外。事过以后，有一部分未贴邮票的这种镶嵌封在地摊上，仍以10元一套的价格出售（见图378）。

那么，应该怎样来鉴定仿制金属《熊猫》邮票镶嵌封的真伪呢？

① 看镶嵌封的纸质 真品镶嵌封采用布纹纸印制，纸质白而坚挺；伪品则采用普通胶版纸印制，无布纹，纸质发灰、软绵。

② 看封图 真品镶嵌封的封图采用仿小型张邮票边饰图，但又不尽完全相同，但在封图右边所展现的吴作人先生“拯危继绝”题词、签名、印章，均与小型张边饰上的一样；伪品的封图与真品上的封图存有多处不同，但最为明显的不同，是伪品封图上的吴作人先生“拯危继绝”题词的左下方有签名，但无吴作人红色印章（见图379）。

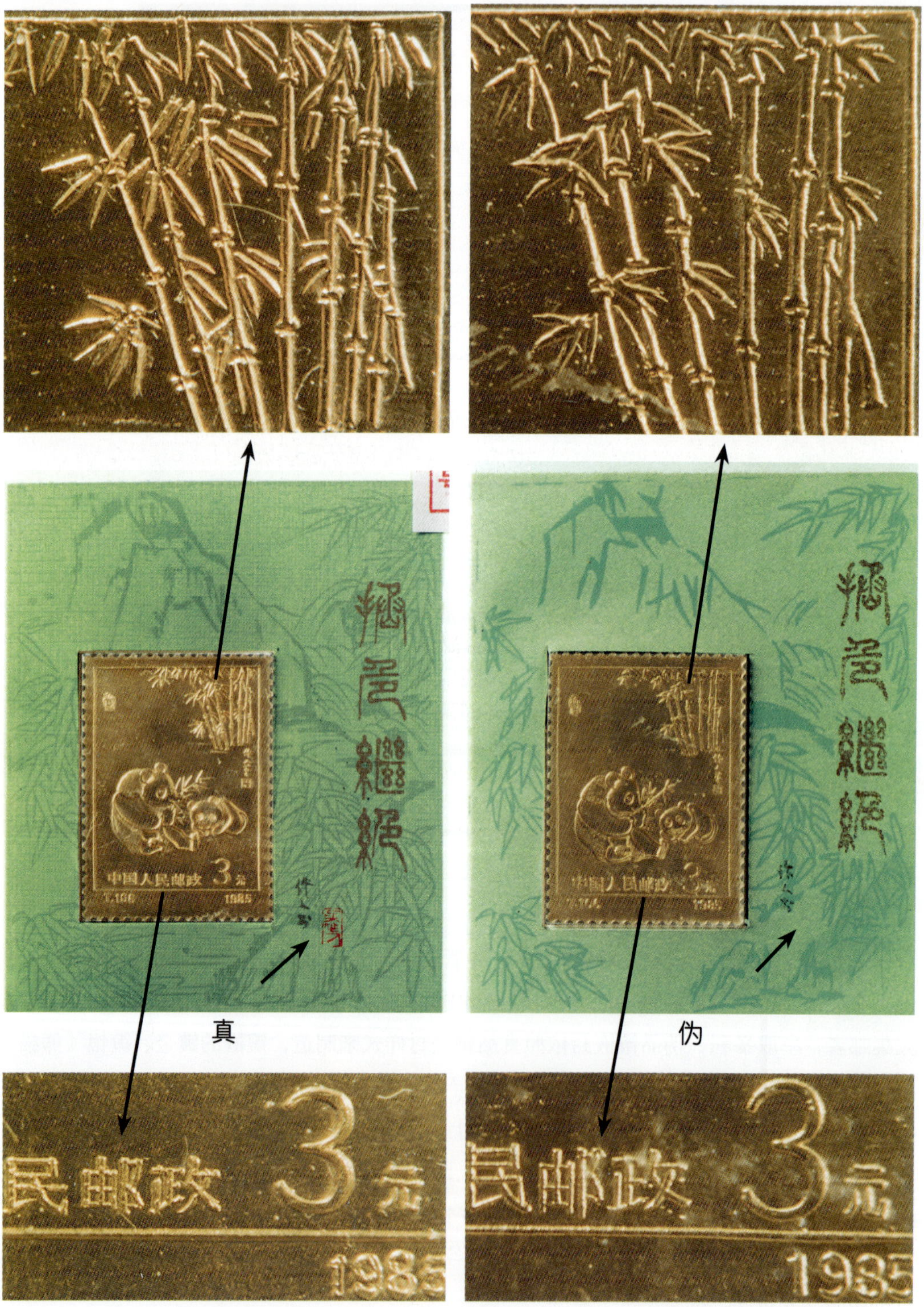

图379

③ 看仿制《熊猫》小型张邮票镶嵌镀金、镀银章的正、反面图案　仿制金属《熊猫》邮票镶嵌封的真品仿制金属《熊猫》邮票，其镀金、镀银章采用同一块版模制作，而伪品

则采用两块不尽相同版模制作，因此，真品与伪品《熊猫》邮票镀金、镀银章的正面与反面均存有某些不同。在金属《熊猫》邮票仿制章的正面，中心图案两熊猫的腿、眼睛和抱食的竹子枝叶，均存有某些不同；在仿制金属邮票正面下方铭记“中国人民邮政”中的“国”、“邮政”和面值“3 元”中的“元”字，真品与伪品均存有明显的不同；在仿制金属邮票正面右上方竹林的枝叶排列上，真品与伪品存有多处细微的不同（见图 380）。

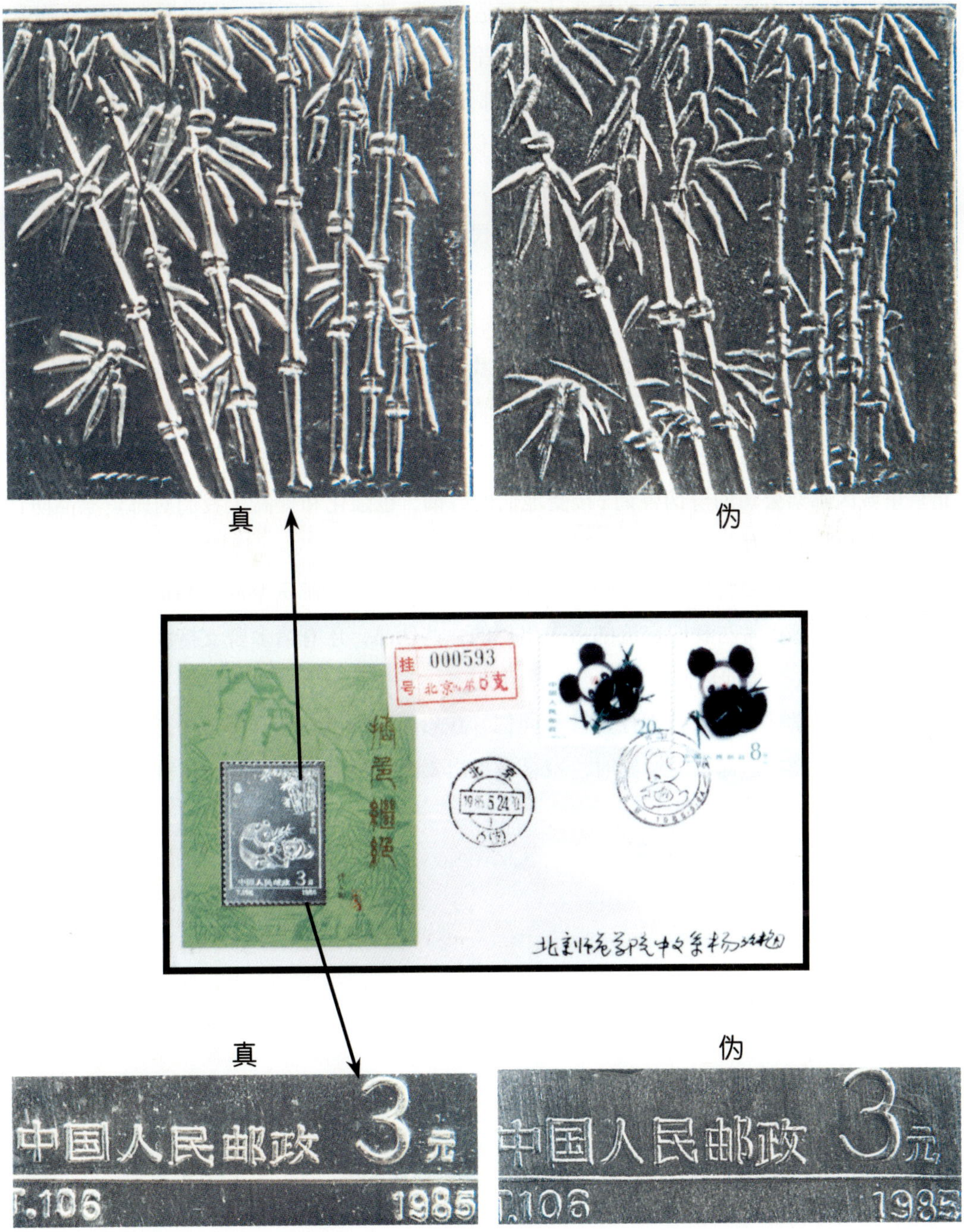

图380

后 记

彩版《中国邮品辨伪必备》于1999年出版之后，我们又历经十几年的时间，在亲自鉴定过的邮资票品中所出现的新的伪造品、变造品、臆造品、仿造品，经过深入研究和筛选，著作成这部续集，现在终于与广大集邮爱好者和邮资票品投资者和经营者见面了。

这部著作的出版，首先要感谢广大集邮爱好者和邮资票品投资者对我们的信任，总是不断地提供各种邮资票品让我们鉴定其真伪。我们鉴定这些邮资票品尽管是义务的，但集邮者对我们的信任，要比金子还纯洁和珍贵。当我们为一位集邮者鉴定出他所购的各种“印样”均是伪品，为他挽回13万余元（人民币）的经济损失时，我们心里感到无比的欣慰和自豪！

我们还要感谢有信誉的邮资票品经营者，他们在经营中发现可疑邮资票品，经常与我们交流，并提供样品让我们鉴赏。这也促使我们在辨伪识真研究上，不断提高，能够掌握造假者的新动向，及时提醒广大集邮者和邮资票品生产部门注意；我们也要感谢北京西城区集邮协会和北京东城区邮票公司聘任耿守忠为顾问，让我们有机会接受北京马甸邮市和北京东城区邮票公司的辨伪咨询；接受他们的咨询，也强化和提高了我们对邮资票品防伪辨伪研究和鉴定能力。

最后，我们还要特别感谢郭润康先生把他收集到的一些邮资票品伪品提供给我们，以及邮友张保先等也常与我们交流邮市上出现的一些伪品；还有诸多曾支持我们防伪辨伪研究的邮友们，在这里向他们表示衷心地感谢！

另外，科学普及出版社现任领导和同仁，在彩版《中国邮品辨伪必备》出版十几年之后得知我们已完成这部书的续集时，诚恳地提出要继续出版这部著作。这种信任，让我们十分感动！

耿守忠　杨治梅

2013年于北京

主要参考文献

1. 耿守忠，杨治梅．新版《中国集邮百科知识》．北京：华夏出版社，1998

2. 耿守忠，杨治梅．新版《中国集邮百科知识》(续集)．北京：华夏出版社，2013

3. 南京市邮政局，南京市集邮协会，中国第二历史档案馆．中华邮政图集（1912—1949）．北京：人民邮电出版社，1996

4. 水原明窗，《中国邮票藏品展览》．中国邮票总公司，1981